Wolf Schneider
Wörter machen Leute

Serie Piper
Band 479

Zu diesem Buch

Die Sprache trägt unsere Gedanken, beflügelt unsere Gefühle, durchdringt unser Leben. Aus der öden Stummheit des Tieres und dem hilflosen Lallen des Säuglings hebt sie uns zur Höhe des Menschseins empor.

Doch Wörter machen Leute in einem noch handfesteren Sinn: Unser Wortschatz ist ein Erbe, das uns mit den Urteilen und Vorurteilen unserer Ahnen speist. Die Wörter ordnen uns die Welt, sie kanalisieren unser Denken, ja sie denken für uns. Wo Begriffe wie »Paradies« oder «Chancengleichheit« sich ausbreiten, erzeugen sie Erwartungen, die ohne dieses Namensschild nebelhaft geblieben oder überhaupt nicht entstanden wären.

Steuert gar ein Volksverführer die Sprache mit klarem Vorsatz und psychologischem Geschick, dann macht er sich mit Wörtern die Leute so zurecht, wie er sie haben will. Wer die verbreitete Meinung teilt, alle Sprachprobleme ließen sich mit Stilfibeln und Sprachlexika lösen, geht den Manipulierern und Wortbetrügern hilflos auf den Leim.

Jenseits der Schulgrammatik fangen die Probleme der Sprache überhaupt erst an. Im korrekten Deutsch stecken die Tücken. Indem wir richtig sprechen, machen wir uns kritiklos zu Geschöpfen unserer Urgroßmütter und der großen Propagandisten.

Es ist die Sprachwissenschaft, die uns aus solcher totalen Verstrickung in die Wörter befreien kann. Eine schwierige Wissenschaft – hier jedoch in einer Übersicht von höchster Lesbarkeit dargeboten, von Platon über Humboldt und Friedrich Engels bis zu Noam Chomsky. Darüber hinaus untersucht das Buch Bereiche, die von der Sprachwissenschaft vernachlässigt werden: die politische Sprengkraft der Wörter; ihre erstaunliche Rolle als Tröster in Not und Einsamkeit; und das traurige Spiel, das viele Zeitungen und Fernsehsendungen, amtliche Bekanntmachungen und Lexika mit der Verständlichkeit von Texten treiben. Dies alles prall von Beispielen aus dem Alltag und Belegen aus Geschichte und Literatur, wobei Christian Morgenstern und Heinrich Böll so wenig fehlen wie Hitler und die Psalmen. Ein Lexikon der Sprachwissenschaft ergänzt den Text und liefert das systematische Handbuch als Dreingabe zur fesselnden Lektüre.

Wolf Schneider, geboren 1925, ist seit über dreißig Jahren Journalist; er war elf Jahre bei der »Süddeutschen Zeitung«, danach Chef vom Dienst und Verlagsleiter beim »Stern«, 1973/74 Chefredakteur der »Welt« und ist seit 1979 Leiter der Hamburger Journalistenschule. Seit 1984 hat er einen Lehrauftrag für Sprachkritik an der Universität Hamburg. Großen Erfolg hatte sein Buch »Überall ist Babylon«.

Wolf Schneider

Wörter machen Leute

Magie und Macht der Sprache

Piper
München Zürich

ISBN 3-492-10479-7
Neuausgabe August 1986
7. Auflage, 40.–43. Tausend Februar 1994
(5. Auflage, 24.–27. Tausend dieser Ausgabe)

Umschlag: Federico Luci,
unter Verwendung einer Karikatur von Hans-Georg Rauch
Satz: H. Mühlberger, Augsburg
Druck und Bindung: Clausen & Bosse, Leck
Printed in Germany

Inhalt

I. Auftakt

1. Wir Wortverbraucher

Wie unsere Ahnen und die Medien uns mit Wörtern füttern

Kommt, reden wir zusammen.
Wer redet, ist nicht tot.
Gottfried Benn, Aprèsludes (1956)

Wir leben nicht nur *mit* der Sprache — wir leben *aus* ihr und *von* ihr. Sie formt uns und wir verbrauchen sie. Ein einziges Wort zu erfinden, ist den wenigsten gegeben: Wir alle zehren von der Phantasie unserer Vorfahren; ihren Glauben und ihren Aberglauben, ihr Denken, Fühlen und Wissen, ihre Ängste und ihre Freuden hat die Sprache gespeichert über zehntausend Generationen hin.

Viel zu kurz wäre die Spanne eines Menschenlebens, um nur einen Bruchteil dieses unermeßlichen Erfahrungsschatzes anzusammeln; wie umgekehrt keines Menschen Kraft imstande ist, sich die Last der Torheiten und Widersprüche von der Brust zu wälzen, die in der Sprache versteinert sind, von »unaufgelösten Resten längst abgestorbener Gedanken«, auch »von ungereimten Regeln, von sinnlosen Ausnahmen und Ausnahmen der Ausnahmen«[1]. Die Macht der Wörter ist die am stärksten konservative Kraft in unserm Leben, stellen die englischen Sprachforscher Ogden und Richards fest, nicht ohne hinzuzufügen: »Zehntausende von Jahren sind vergangen, seit wir keine Schwänze mehr haben, aber wir bedienen uns noch immer eines Kommunikationsmittels, das für die Bedürfnisse des auf Bäumen hausenden Menschen entwickelt wurde.«[2]

Naiv und frohgemut wälzen wir Wortmumien auf der Zunge. *Porzellan:* wieviel abgestandene Geschichte, wieviel Sprunghaftigkeit und Irrtum steckt allein in diesen Silben! Einst verkleinerten die Italiener das lateinische *porcus* (Schwein) zu *porcella* (Schweinchen). Später machten sie daraus ein Vulgärwort für Vagina. Die Venezianer sprangen von dieser Bedeutung über auf ein neues Bild: Nun sollte auch die *Meermuschel* »porcella« heißen. Als die ersten chinesischen Keramiken in Venedig ausgeladen wurden, nahmen die venezianischen Kaufleute fälschlich an, das edle Geschirr sei aus zerpulverten weißen Meermuscheln hergestellt. So nannten sie das Material, nach Muschel, Vagina und Schweinchen, *porcellana.* Und dieser Name eroberte das Abendland!

Wörter sind immer Urenkel, und unsere Nachsicht mit ihnen ist grenzenlos. Daß die *Lust* sich ebenso im Lustspiel wie im Lustmord tummelt, bereitet uns keine unruhige Minute. *Untiefe* — besagt sie das, was die Seefahrer unter ihr verstehen: eine Verneinung der Tiefe, eine flache Stelle, oder das, was Landratten meinen: eine Steigerung der Tiefe, wie »Unmenge« eine Steigerung der Menge ist? Die meisten Wörterbücher entscheiden salomonisch: »Untiefe« bedeutet das besonders Tiefe *und* das besonders Flache. Ein Kompromiß? Ein Unding? Jedenfalls ein Grund mehr, uns vor der Unsitte zu hüten, die John Locke vor bald dreihundert Jahren an den Pranger stellte: »die Wörter auf Treu und Glauben hinzunehmen«[1].

Wortverbraucher sind wir indessen noch in einem andern Sinn, von dem Locke nichts ahnen konnte: Buch und Zeitung, Radio und Fernsehen haben uns auch in der Sprache zum Konsumenten eines Massenguts gemacht. Wer sich als Mitteleuropäer gegenüber Radio und Fernsehen durchschnittlich verhält, *hört* sein Leben lang doppelt soviel, wie er spricht — eine Umwälzung, die bisher kaum analysiert worden ist, ein Abgleiten in die Passivität, das Psychologen, Soziologen und Politikern noch zu beißen geben wird. Man bedenke, wie es vorher war: Der einzelne Mensch *sprach* ebensoviel, wie er andere Menschen *sprechen hörte* — mit Verschiebungen zugunsten von Häuptlingen und Propheten, doch mit der Chance für alle, das aktive Sprechen in das erwünschte Verhältnis zum passiven Hören zu setzen. Vor allem aber wandten sich auch die Bienen des Wortfleißes, die Priester und Lehrer, immer an ein Publikum, das vor ihnen versammelt war, dessen Aufnahmefähigkeit sie kannten und auf dessen Reaktionen sie wiederum reagieren konnten. »So denkt ein Volk, indem die Menschen miteinander reden«, schrieb 1907, das Fernsehen war noch nicht erfunden, Walter Rathenau[2].

Ob das Volk noch denkt? Mehr als 600 Millionen Wörter prasseln im Lauf eines Lebens aus Lautsprechern und Zeitungsspalten auf den durchschnittlichen Mitteleuropäer nieder[3] — ein Sturzbach von Vokabeln, treffenden und verfälschenden, noblen, nichtsnutzigen, qualligen und aggressiven; gespeist von anonymen Redakteuren, die in fernen Sendehäusern sitzen, die Empfänger nicht kennen, ihnen keinen Kanal für Rückfragen überlassen und ihren Wünschen mit der erhabenen Gleichgültigkeit des öffentlich-rechtlichen Auftrags gegenüberstehen. Der *Fernseh-Politische Komplex* ist die größte und zentralste Entladung von Wörtern, seit es Sprache gibt.

Selbst wenn wir bei den Wortproduzenten durchweg guten Willen unterstellen könnten: es bliebe unheimlich genug, in einen so gigantischen Kommunikationsprozeß als Endverbraucher eingestöpselt zu sein. Denn Wörter sind es, die unsere Gedanken kanalisieren, unsere Vorurteile züchten und unser Verhalten steuern. »Ich muß zwangsläufig und verstohlen die Lektüre meiner Frau kontrollieren«, schreibt Arno Schmidt, »nur um zu wissen, was sie denkt.«[1] *Mit Wörtern ordnen wir die Welt:* Wir kleben Namensschilder auf die Fülle der Erscheinungen und den Strom der Gefühle, wir machen uns die Umwelt durch Benennung handhabbar. All die Rüschen und Pleureusen, die hochgeschnürten oder weggebundenen Büsten, das Auf- und Niedersausen der Kleidersäume mit dem einen Wort *die Mode* zu erfassen und noch viel mehr: das Warenlager der Konfektionshäuser, das Straßenbild, einen Lebensstil, Milliardenumsätze, Party-Plausch, literarische Moden, Modeärzte und Modekrankheiten — das war eine Denkleistung von bedeutendem Rang; dieses quirlige Kunterbunt will ja als benennbare Einheit erkannt, aus dem Trubel des Lebens durch Benennung herausgeschnitten sein.

Wer sich die Sprache bewußt machen will, ist zu einer ähnlich schwierigen Denkleistung aufgerufen: Wie, wenn es nun »die Mode« gar nicht gäbe, sondern *nur das Wort* dafür? Wenn unser Begriffsausschnitt aus der uferlosen Fülle unlogisch, unzweckmäßig, irreführend oder, schlimmstes von allen, »aus der Mode« wäre? Wenn einer, der uns vorseufzt, leider sei auch er »der Mode unterworfen«, durchaus nicht unterworfen wäre, sondern sich nur einer entschuldigenden Redensart aus dem Wühltisch des billigen Jakobs bediente? Ja — wenn es überhaupt von frei herumlaufenden Wortungeheuern wimmelte, die wir endlich einfangen und vielleicht einschläfern sollten? In der Weltgeschichte der Wörter war es eine Sensation, daß ein politisches Modewort öffentlich hingerichtet wurde: »Ich wende das Wort *Entspannung* (détente) nicht mehr an«, sagte der amerikanische Präsident Ford am 2. März 1976. »Es ist nur ein Wort, das einmal geprägt wurde. Ich glaube nicht, daß es noch anwendbar ist.« Wie immer man Fords Motive werten mochte — einem Wort zu mißtrauen, war eine vorbildliche Tat, und seine Abschaffung als eine Äußerlichkeit abtun, die nichts verändere, hieße das Wesen der Sprache vollständig verkennen.

Denn *Wörter verführen und attackieren uns:* laut und erkennbar durch Befehl, Drohung, Hohn und Fluch, heimlich durch Sprachlenkung und Manipulation. So viele Wörter, so viele Vorurteile: ob der Finanzminister bei einer Inflationsrate von sechs Prozent die *Wahrung* der Stabilität verspricht oder ob wir ein Kind, das sich am Löwenzahn freut, mit der Wortkeule *Unkraut* auf Vertilgung programmieren. *Ungeziefer?* Die Natur kennt nichts dergleichen; eine willkürlich umgrenzte Gruppe von Tieren benennen wir so, damit es uns leichter fällt, sie zu zertreten. Wörter können Vorboten der Hinrichtung sein: Menschen sagten zu anderen Menschen *Barbaren, Heiden, Nigger, Juden, Kulaken* — und schlugen sie tot.

Die Sprache hat, nach Humboldt, ein »gegen den Menschen selbst Gewalt ausübendes Dasein«, sie enthält, mit Coleridge, »die Trophäen der Vergangenheit und die Waffen für künftige Eroberungen«. Freiheit, Gleichheit, Brüderlichkeit — Klassenkampf, Proletariat, Profit — Soziale Marktwirtschaft, Wohlstand für alle — Chancengleichheit, Mitbestimmung, Emanzipation: jedes dieser Wörter bereitete einer Eroberung den Weg. »Es geht nicht darum, daß die Problematik der Sprache nur Logiker oder exquisite Lyriker beschäftigt«, schreibt Friedrich Dürrenmatt. »Erst wenn sie auch die Politiker, ja die Ideologen beunruhigt, kommt die Welt etwas weiter. Denn es ist nicht abzusehen, wieviel Blut um bloßer vager Begriffe willen geflossen ist, und, wird das nicht begriffen, wieviel Blut noch fließen wird: unendlich mehr als um Geschäfte.«[1]

Sich über *die magische Gewalt* der Wörter klarzuwerden, fällt dem Stadtmenschen von heute besonders schwer. An den Sprachhandlungen unserer Vorfahren muß der Wortzauber einen überwältigenden Anteil gehabt haben: Das Wort war ein flammender Bote der Götter und ein stammelnder Bote der Gläubigen. Geister, Menschen, Dinge glauben wir durch Wortmagie zu gängeln — ja, auch wir, wenn wir einander »Hals- und Beinbruch« wünschen und »Unberufen!« murmeln. Und welch beschwörende Kraft vibriert in der Frage: »Gibst du mir dein Wort?« Gib es mir, ich nehme es; das Wort und nur das Wort macht dich zu einem, dem man vertrauen kann.

So sehen wir die Wortmagie dem *Trost* verwandt. Die Sprache ist eine soziale Veranstaltung, die uns das Leben erleichtert und verschönt — durch Beichte und Galgenhumor, Reim und Witz, Poesie und Utopie, Gespräch und Geschwätz. Und hier liegt ihre eigentlich humane Leistung; in deren Dienst steht wahrscheinlich mehr als die Hälfte aller Wörter, die ein Mensch im Leben spricht. Der Trost kann darin liegen, *das, was ist, auch noch zu sagen* (»Ich bin ja so unglücklich«). Oder darin liegen, *das, was nicht ist, wenigstens zu sagen:* Nächstenliebe ist rar und »Selbstlosigkeit« im Wortsinn unmöglich, und eben deshalb brauchen wir die Wörter dafür. Die *Wiedervereinigung* kommt nicht, *Gleichheit* ist nicht herstellbar, die *Vereinten* Nationen sind meistens die entzweiten, aber die Sprache zaubert uns die Welt, in der wir das Nichtvorhandene und Nichterreichbare wenigstens aussprechen können. Die feierlichen Wörter als Phrasen zu enttarnen, trifft die Sache nicht. Kein Volk und kaum ein Mensch könnte ohne einen Vorrat an Vokabeln existieren, der Utopien formulierbar macht und den Versagungen durch die Wirklichkeit die Erfüllungen durch das Wort entgegenstellt. Sprich oder stirb! Wir schwören »ewige Liebe«, *weil* es sie nicht gibt. Einzelnen allerdings gelingt es, die Wirklichkeit dem anzupassen, was sie über sie gesagt haben: Das sind die Utopisten mit irdischem Erfolg. Sie wissen ihr Trostmittel in ein Kampfmittel umzuwandeln.

Zum *Verständigungsmittel* eignet sich die Sprache nur bedingt. Entgegen einem offenkundig unzerstörbaren Vorurteil, das viele Linguisten mit den meisten Laien teilen, ist Information weder die älteste, noch die typischste, geschweige die häufigste Verwendungsart der Sprache. Von den Billionen Wörtern, die Tag für Tag um den Erdball schallen, entfallen die meisten auf magisches Murmeln, heimtückisches Beeinflussen, tröstendes Plaudern und entlastendes Geschwätz. *Gell?* und *Na so was!* und *Das habe ich ja schon immer gesagt!* sind in der Sprache genauso heimisch wie der Satz: »Ich komme morgen um fünf.«

Eine untergeordnete Rolle in der Sprachstatistik, wie die Information sie spielt, kann, bei dem imposanten Wortfleiß der Menschheit, immer noch eine große Rolle in unserm Zusammenleben sein, und in dessen organisierten, technisierten Formen ist es die entscheidende. Gemessen an diesem Rang muß es verwundern, wie die einschlägigen Institutionen mit ihrem Informationsauftrag umspringen — das Fernsehen, schlimmer noch Zeitungen und Gebrauchsanweisungen, am schlimmsten amtliche Bekanntmachungen und Konversationslexika: Dem Quantum Unklarheit, das in der Sprache unvermeidlich ist, fügen sie vermeidbaren Wirrwarr hinzu; *das*

Handwerk des Informierens beherrschen sie nicht. Der Beweis wird angetreten, Vorschläge zur drastischen Erhöhung des Wirkungsgrades der Wörter werden gemacht: Wie läßt sich die Sprache ökonomischer verwenden? Was läßt sich gegen den gefährlichen Aberglauben tun, Klarheit sei in die Wörter gleichsam eingewebt, und man müsse nur munter sprechen oder schreiben, um das Richtige zu treffen und von jedermann verstanden zu werden? Was sind die Kriterien einer geglückten Kommunikation? Die menschenfreundliche Wissenschaft von der Leichtverständlichkeit steht erst am Anfang, die Grenzen des Sagbaren sind noch nicht erreicht.

Freilich: Wer die Hintergründe der Sprache ausleuchtet, erblickt Narretei, Schwarze Magie und Lebenslüge in greller Häßlichkeit. Auch kann es ihm ergehen wie jenen Rekruten, die, vom Unteroffizier belehrt »Mit dem Vorsetzen des linken Beines schwingt der rechte Arm nach vorn«, ihre Gliedmaßen wie betrunkene Marionetten schwenkten: Die Störung glatter Abläufe ist das Risiko alles Bewußtmachens und eine Hemmung hie und da, wo früher keine war, in der Tat eine häufige Folge des Eindringens in die Keller der Sprache.

Doch die Risiken werden durch die Chancen mehr als aufgewogen. »Es gehört zu den großen Befreiungen«, schreibt Karl Jaspers, »wenn der Mensch sich von dem Irrtum seines Glaubens und Aberglaubens an die Sprache herausarbeitet, indem er inne wird, was eigentlich die Sprache ist und was sie niemals leisten kann.«[1] Wer den Irrtum abstreift, hat zugleich seine Abhängigkeit von der Verführung durch die Wörter vermindert: Es läßt sich ein Mißtrauen schaffen, mit dem wir der Unterwanderung unseres Wortschatzes durch politische und kommerzielle Propagandisten entgegentreten können. Ob einer für Waschmaschinen oder für Lenin agitiert: nichts ist ihm lieber als unsere Arglosigkeit.

Wer solche Chancen wahrnehmen will, hat, zugegeben, keinen leichten Weg. Dieses Buch versucht den Weg zu gehen: immer wieder den Bogen zur Alltagspraxis schlagend und um klares Deutsch bemüht — in leidenschaftlichem Gegensatz zur zeitgenössischen Linguistik, die zwischen griechisch-lateinischen Kunstwörtern, Strukturbäumen und mathematischen Symbolen nur wenige deutsche Wörter durchläßt (»Die Konversationsimplikaturen als konstituierende Elemente der Perlokution«) und so, aus Hochmut oder aus Versehen, ihre Ergebnisse in eine Truhe mit dreizehn Schlössern stopft. Obwohl es doch wenig gibt, worüber wir so viel wissen sollten.

»Man hat seine eigene Wäsche, man wäscht sie mitunter«, schrieb Brecht. »Man hat nicht seine eigenen Wörter, und man wäscht sie nie.«[1] Das zweite läßt sich ändern. Wer dem Volk aufs Maul schaut, hat nicht genug getan. Wenn wir den Genius der Sprache bewundern, sollten wir zugleich bedenken, daß er, wie so viele Genies, den Irrsinn streift.

2. Die stumme Verständigung

Gestik — Mimik — optische Signale

> Wie tief ist doch die Menschheit gesunken! Man hat den Körper zum Schweigen gebracht, nur der Mund redet noch. Aber was kann der Mund schon sagen?
>
> *Alexis Sorbas in dem gleichnamigen Roman von Nikos Kazantzakis*

Tier und Mensch haben viele Möglichkeiten der Verständigung gefunden; die Wortsprache ist bei weitem die jüngste und selbst heute nicht durchweg die wichtigste. Der Vorgang des Sprechens besteht zur Hälfte aus der Mimik, der Gestik, der Körperhaltung, die die Laute begleiten. In der fernsten Fremde hilft nur die Gebärde, in der vertrautesten Nähe zählt nur die Berührung.

»Sprache« ist ein System von Signalen, die von zwei oder mehr Lebewesen benutzt und im großen und ganzen verstanden werden. Also ist es »Sprache«, wenn ein Wegelagerer mir stumm den Dolch auf die Brust setzt oder wenn eine Frau im Trauerkleid an mir vorübergeht: Der erste teilt sein Begehren, die zweite ihre Gemütsverfassung mit klarem Vorsatz und für jedermann verständlich mit. Es ist nicht wichtig, wo man die Grenze zieht — wenn man sich nur klarmacht, in welch kompliziertes Netz von unhörbaren, aber verständlichen Informationen wir eingesponnen sind. Der Körper ist ein Stellwerk mit tausend Signalen, er spricht mit Armen, Händen und Fingern, mit der Rückgratkrümmung und dem Muskeltonus, mit dem Zittern der Unterlippe und dem Zucken der Pupille. Er spricht zum einen mit unwillkürlichen, angeborenen Ausdruckszeichen *(Symptomen)*: dem Erröten, Erbleichen und Zähneklappern. Zum andern sendet er willkürliche Verständigungszeichen *(Signale)* aus — einen unüberschaubaren Vorrat an Haltungen und Bewegungen, die die Wortsprache begleiten und oft für die Verständlichkeit wichtiger, manchmal auch eindrucksvoller sind als die Worte und im Grenzfall der Taubstummensprache sogar eine komplizierte Kommunikation ohne Wörter ermöglichen.

Die Körpersignale können vom Leib insgesamt ausgehen (Tanz, Pantomime, Imponiergehabe, der von Empörung kündende Rücken eines zweijährigen Kindes, das gedemütigt das Wohnzimmer verläßt); oder nur von Armen, Händen und Fingern (Gestik), oder allein vom Gesicht (Mimik); bei großer Erregung oder lebhaftem Ausdruckswillen auch von einer Kombination all dieser Zeichen, wie der Stummfilm sie vorführte — in lautlosen Tragödien, etwa dem »Letzten Kommando« mit dem mimischen Ungewitter von Emil Jannings als geprügeltem General des Zaren (1928), oder in den schweigenden Grotesken von Charlie Chaplin und Buster Keaton, wobei der zweite sogar auf die Mimik mutwillig verzichtete.

Viele Körpersignale sind unmittelbar einleuchtend und keiner Verabredung bedürftig: Wer auf die Knie fällt, macht sich wehrlos, signalisiert Demut und die Bitte um Vergebung — wie Willy Brandt 1970 vor dem Ehrenmal des Warschauer Gettos. Wer den Kopf neigt oder den ganzen Oberkörper beugt, engt sein Blickfeld ein und vermindert seine Kampffähigkeit. Die Arme über der Brust kreuzen, die Hand des anderen schütteln hieß ursprünglich: mindestens für die so bemessene Zeit auf den Gebrauch einer Waffe oder der Hand als Waffe verzichten. Und zum Gebet die Hände zu falten »ist eine feine äußerliche Zucht, und sieht so aus als wenn sich einer auf Gnade und Ungnade ergibt und's Gewehr streckt«, wie Matthias Claudius schrieb[1]. Ohne Verabredung verständlich sind auch die Blähung des Brustkorbs und andere Imponiergebärden, das Kopfschütteln als Verneinungszeichen, das aus der kindlichen Essensverweigerung hervorgegangen ist, und eine breite Palette von Flirt- und Balz-Gesten: das Einziehen des Bauches, das Schieflegen des Kopfes, das Befeuchten der Lippen, das Bebenlassen der Nasenflügel.

Zu selten gewürdigt als die opulenteste Darbietung gemeinverständlicher Körpersignale wird das Symphoniekonzert: Seit es dem Dirigenten eine Starrolle zuweist, ist es eine Veranstaltung mit dem herausragenden Nebenzweck, einen Maestro der optischen Signale zu bewundern. Die kalkulierte Arroganz, den Saal als letzter zu betreten, der federnde Schritt, die herrische Geste der Konzentration, das Locken und das Dämpfen, die totale Herrschaft der Hände über Lärm und Stille! Der Dirigent gewöhnt sich daran, »immer gesehen zu werden, und kann es immer schwerer entbehren,« schreibt Elias Canetti. »Das Stillsitzen der Zuhörer gehört so sehr zur Absicht des Dirigenten wie die Folgsamkeit des Orchesters. Es wird ein Zwang auf die Zuhörer ausgeübt, sich unbeweglich zu verhalten... Sobald er zu Ende ist, sollen sie klatschen. Alle ihre Bewegungslust, die durch die Musik geweckt und gesteigert wird, soll sich bis zum Ende stauen, dann aber losbrechen. Für die klatschenden Hände verneigt er sich. Für sie kehrt er immer wieder zurück, so oft die Hände es wollen.«[1] Das Symphoniekonzert: ein Rausch der Tonsprache, bei dem keiner die Worte vermißt, verbunden mit einem Rausch der Gestikulation, über die selten ein Wort verloren wird. Für die Wortsprache bleibt nur das Nebensächlichste, die Pause, ein scharfzüngiges Lästern über andere Konzertbesucher, ein meist schlaffzüngiges Gespräch über die Tagesform des Dirigenten und ob er wohl die Absichten des Komponisten getroffen habe.

Noch breiter als das Feld der unmittelbar einleuchtenden Körpersignale ist das der Kulturgebärden, der Bewegungsrituale, die der Verabredung bedürfen, um verständlich zu sein. Es sind unzählige: festgelegt für die kultischen Tänze im südlichen Asien, die höfischen Tänze im absolutistischen Europa und das Ballett; durch Sitte entstanden wie der Gestenvorrat der Südländer, der die Worte begleitet oder ersetzt; geprägt von Religionen und Ideologien wie das Kreuzeszeichen, liturgische Umgänge und Verneigungen oder die flach erhobene Hand der Faschisten; reduziert auf das äußerste Stenogramm wie der nach unten gedrehte Daumen, der im römischen Zirkus das Todesurteil über den Gladiator fällte; zur Weltsprache geworden in den Gesten des Fußballschiedsrichters. Einzelne Menschen, die ihre Rolle im Weltgeschehen hoch einschätzten, ersannen ihr eigenes Ritual: Napoleon die Hand in der Weste, Churchill die zu einem V (für »victory«) gespreizten Finger, De Gaulle, ihn übertrumpfend, die zu einem großen V emporgeschleuderten Arme.

Gebärden, die man noch nie gesehen hat, lassen sich oft erahnen: »Eines Tages erblickten wir an der Küste einen Mann von Riesengröße, der unbekleidet tanzte und sang und sich dabei Sand auf den Kopf warf. Unser Generalkapitän sandte sofort einen Matrosen an Land und befahl ihm, diese Gebärde, ein Zeichen der Friedfertigkeit, nachzuahmen. Magallanes irrte sich nicht, und der Riese begriff.« So steht es in der Chronik der ersten Weltumseglung, und an anderem Ort: »Der König besuchte uns an Bord des Schiffes, und zum Zeichen seiner Zuneigung verwundete er sich an der linken Hand und benetzte mit dem Blut seine Brust und die Spitze seiner Zunge. Wir taten dasselbe.«[2]

Schon in der Gebärdensprache übertrifft der Mensch das Tier. Zwar kennen die meisten Tierarten ritualisierte Bewegungsabläufe von hoher Kompliziertheit und Aussagekraft, auch Symptome, die sich dem Menschen leicht erschließen wie der Anstellwinkel des Hundeschwanzes. Aber in zweifacher Hinsicht bleiben die Tiere hinter uns zurück:

1. Der Vorrat an tierischen Signalen ist nicht nur eng begrenzt — wir wissen von keinem Tier, das je ein Signal hinzugelernt oder gar hinzuerfunden hätte; außer wenn es vom Menschen dazu abgerichtet wurde wie viele Haushunde und jene Schimpansen, die von amerikanischen Verhaltensforschern unter unendlichen Mühen gelernt haben, ihre natürlichen Schnalz- und Schwatzlaute durch sechzig Zeichen der Taubstummensprache zu ergänzen oder hundertzwanzig verschiedenfarbige geometrische Figuren zu unterscheiden.

2. Mit wenigen Ausnahmen wie der Tanzsprache der Bienen greift nur der Mensch in die Ferne, nur er schafft den Sprung vom Greifen zum Deuten, nur er kann den Zeigefinger mit den Augen zum gezeigten Ziel verfolgen. »Und dieser scheinbar so einfache Schritt bildet nun eine der wichtigsten Etappen auf dem Wege von der tierischen zur spezifisch menschlichen Entwicklung«, schreibt Cassirer. »Denn kein Tier schreitet zu der charakteristischen Umbildung der Greifbewegung in die hinweisende Gebärde fort . . . Auf der primitiven Stufe des Affekts und des Triebes ist alles ›Erfassen‹ des Gegenstandes nur sein . . . sinnliches Ergreifen und In-Besitz-Nehmen.« Erst der Mensch vollziehe den Übergang vom Greifen zum Begreifen.[1]

Selbst die technischen Grenzen, die dem Deuten in die Ferne gezogen sind, lassen sich sprengen: durch Signalfeuer auf Bergkuppen, durch Wolldecken, die Rauch in Schwingungen versetzen, durch Wimpel, die am Schiffsmast hochgezogen werden, durch rhythmisches Winken oder Blinken mit Flaggen, Spiegeln, Scheinwerfern oder Taschenlampen.

Nimmt man all dies zusammen: die Ausdrucksfähigkeit des Körpers, die Überbrückung von Entfernungen, die jedem Wort überlegene, lebensrettende Klarheit und zwingende Kraft von »Rot« und »Grün« an der Straßenkreuzung — so drängt sich die Frage auf: Warum trat die Wortsprache überhaupt ins Leben? Wissen wir nicht von primitiven Völkern, die ihre Wörter nur unter Zuhilfenahme von

Gebärden verstehen, also nicht die Rede des Missionars begreifen, der auf der Missionsschule bloß den akustischen Teil ihrer Sprache erlernt hat? »Haben wir nicht alle schon einmal der großen, unbeweglichen Wangenpartie eines Deutschen oder Engländers hilflos gegenübergestanden«, klagt ein Spanier, »einem Gesicht ohne innere Vibration, das wie eine Wüste, eine Landschaft ohne Seele ist?«[1]

Die Vielfalt der Ausdrucksmöglichkeiten in unserer *heutigen* Wortsprache beseitigt die Verwunderung nicht — denn irgendwann in der Frühzeit des Menschen mußte ein rohes Vokabular, ein plumpes System von Schrei- und Grunzlauten in Konkurrenz zu einer Körpersprache treten, die vermutlich längst hochentwickelt war. Wie konnten die Wörter die Oberhand gewinnen?

Dazu im »Lexikon« am Schluß des Buches: Piktogramm, Signal, Sprache, Symptom, Zeichen.

II. Die Wortsprache: Entstehung und Konstruktionsmerkmale

3. Von Gott oder vom Schaf?

Sprachursprung und Lautsymbolik

> Was ist das Wort? »Der Verrat des Gedankens.« Wer zeugte das Wort? »Die Zunge.« Was ist die Zunge? »Eine Geißel der Luft.«
>
> *Alkuin in der Academia Palatina Karls des Großen*

Die einfachste Antwort auf die Frage nach dem Ursprung der Wörter ist die: Die Sprache wurde an einem Samstag des Jahres 3761 v. Chr. von Gott in Adam hineingelegt. Der Tag ergibt sich aus der Schöpfungsgeschichte, das Jahr aus den Ahnenreihen des Alten Testaments (noch Friedrich dem Großen galt es als das verbürgte Alter des Universums); und daß Adam sogleich sprechen konnte, noch vor Erschaffung Evas übrigens, steht klar in 1. Mose 2, 19/20: »Denn als Gott der Herr gemacht hatte von der Erde allerlei Tiere auf dem Felde und allerlei Vögel unter dem Himmel, brachte er sie zu dem Mensch, daß er sähe, wie er sie nennte . . . Und der Mensch gab einem jeglichen Vieh und Vogel unter dem Himmel und Tier auf dem Felde seinen Namen.«

In allen Religionen ist die Sprache so entstanden. Im altbabylonischen Gilgamesch-Epos (VII,17): »Es schenkte dir der Gott ein weites Herz, zuverlässige Rede.« Im Koran: »Darauf lehrte Allah Adam die Namen von allem, was existierte« (Sure 2,32). Im Schöpfungsmythos der Quiché von Guatemala danken die vier ersten Menschen den Göttern: »Wir sprechen, denken, gehen. Vorzüglich scheint uns alles.«[1] Oft geht im Mythos die Sprache mit dem Feuer einher: »Der ganze Berg Sinai aber rauchte, darum daß der Herr auf den Berg herab fuhr mit Feuer«, um Moses die Gebote zu verkünden (2. Mose 19,18). »Die Stimme des Herrn sprüht Feuerflammen« (Psalm 29,7). »Rauch stieg auf in seiner Nase und verzehrendes Feuer aus seinem Munde« (2. Samuel 22,9). Novalis nannte den Menschen »die sprechende Flamme«[2]. C.G. Jung erinnert daran, daß wir noch heute von »feurigen«, »zündenden«, »flammenden« Reden sprechen, während umgekehrt das Feuer wie ein Mund tätig zu werden scheint, wenn es »frißt« und »verzehrt«; wahrscheinlich drücke sich darin die Urempfindung des Menschen aus, daß die Sprache und die Gewalt über das Feuer seine beiden größten Triumphe über das Tier gewesen sind.[3]

In Platons Dialog »Kratylos oder über die Richtigkeit der Wörter«, dem ältesten Dokument forschender Sprachneugier, geht die Sprache auf einen »ersten Namengeber«, »eine größere als menschliche Kraft« zurück. Auch für Dante war es klar: »Gott erschuf eine bestimmte Gestalt der Sprache mit der ersten Seele.«[1]

In welcher Sprache Adam Vieh und Vogel benannte, schien bis ins 18. Jahrhundert ebenfalls festzustehen: Natürlich redete er Hebräisch — wie alle Menschen auf Erden: »Es hatte aber alle Welt einerlei Zunge und Sprache«, so lange, bis Gott am Turmbau zu Babel Anstoß nahm: »Wohlauf, laßt uns herniederfahren und ihre Sprache daselbst verwirren« (1. Mose 11,1-7). In Wahrheit, das läßt sich heute sagen, war es umgekehrt: Wir haben uns nicht von einer Ursprache weg zu immer größerer Verwirrung bewegt, sondern von hunderttausend Urmundarten zu einer ständig schrumpfenden Zahl von Kultursprachen; ja noch heute beginnt die Sprache in allen Kindermündern als millionenfältiges egozentrisches Gebilde, das mühsam zur Einheit der Sprachgemeinschaft zurechtgebogen werden muß (im nächsten Kapitel mehr darüber). Gegenwärtig erleben wir allein in Westeuropa den Niedergang des Irischen, des Walisischen und des Baskischen — und, einigen poetischen Gegenströmungen zum Trotz, die Einebnung der Dialekte.

Sich auch nur an ein paar primitive Grundeinsichten über das Wesen der Sprache heranzutasten, *mußte* für unsere Vorfahren eine schwierige Prozedur sein. Auf der einen Seite standen der Glaube an die christliche Verkündigung und die klare Auskunft der Bibel, auf der anderen wenig mehr als nichts: Die gesprochene Sprache hat bis zur Erfindung der Schallplatte niemals ein Dokument hinterlassen, die geschriebene Sprache ist maximal fünftausend Jahre alt, kennzeichnet also den Eintritt ins allerjüngste Stadium der Entwicklung. Sie nachzuvollziehen, ist uns demnach nahezu unmöglich; überhaupt an eine Entwicklung unserer biologischen Art zu denken, war überdies eine Revolution, die erst durch Darwin vollzogen wurde. Was aber den Menschen zum Sprechen eigentlich befähigt, dem einzigen unserer Talente, das wir selbst bei den höchsten Tieren nicht einmal im Ansatz entdecken können — das ist unklar wie nur je, seit Rousseau die Diskussion über den Urzustand der Menschheit entfesselte und Herder zum Angriff auf den Glauben an den göttlichen Ursprung der Sprache blies.

Provoziert durch die 1766 erschienene Schrift »Versuch eines Beweises, daß die erste Sprache ihren Ursprung nicht vom Menschen, sondern allein vom Schöpfer erhalten habe«, verfaßt von Pfarrer Süßmilch aus Berlin, stellte die aufgeklärte Berliner Akademie der Wissenschaften 1769 die Preisaufgabe: »Sind die Menschen, wenn sie ganz auf ihre natürlichen Fähigkeiten angewiesen sind, im Stande, die Sprache zu erfinden?« Herder antwortete 1772 mit seiner feurigen »Abhandlung über den Ursprung der Sprache« und errang den Preis. »Der göttliche Ursprung der Sprache erklärt nichts und läßt nichts aus sich erklären, er ist . . . eine heilige Vestalin: Gott geweiht, aber unfruchtbar, fromm, aber zu nichts nütze! Der menschliche Ursprung erkläret alles und also sehr vieles.«[1] »Ein höherer Ursprung hat nichts für sich . . . Der höhere Ursprung ist, so fromm er scheine, durchaus ungöttlich . . . Der höhere Ursprung ist zu nichts nütze.«[2]

Da hob ein Rauschen in Deutschland an. In Königsberg setzte Johann Georg Hamann dem Neuerer den Kopf zurecht: Gott habe den Menschen geschaffen als »Lehnträger und Erben der durch das Wort seines Mundes fertigen Welt«[3], und in Wandsbek bei Hamburg spottete Matthias Claudius, Herder trage den Leser »über Widersprüch und Stoppeln hin, daß einem die Haare auf dem Schädel sausen« — ob der preisgekrönte Autor denn nichts von der Sprache halte, die Moses beschreibe und die »eine warme Übersetzung ist aus der Originalsprache, darin ein milder und unerschöpflicher Schriftsteller den großen Kodex Himmels und der Erden für seine Freunde geschrieben hat«[4]?

Während der Streit um den göttlichen Ursprung noch wogte, wurde aus einer unvermuteten Richtung das Hebräische als Ursprache entthront. Sir William Jones, britischer Richter in Kalkutta, erkannte 1786 die Verwandtschaft des Sanskrit mit dem Griechischen, Lateinischen und Gotischen und sorgte 1789, als sein erstes Buch darüber in Europa erschien, unter Philologen und Theologen für eine größere Aufregung als die Französische Revolution. Die einen vermeinten nunmehr im Sanskrit die Ursprache der Menschheit entdeckt zu haben, die andern sahen die These von der Ursprache überhaupt relativiert. Es begann die vergleichende Sprachwissenschaft.

An ihrem Anfang stand allerdings ein neuer Irrtum, mindestens eine erstaunliche Unklarheit. Es war, als falle es der neuen Zunft zu schwer, zusammen mit dem Glauben an göttliche Herkunft und Ursprache auch das entscheidende Merkmal dieser Vorstellung abzustoßen: nämlich die Annahme, die Sprache habe sich sofort und voll im Besitz des Menschen befunden. Noch immer blieb kein Raum für eine Entwicklung — es sei denn nach unten. Friedrich Schlegel versicherte 1808 in seinem Werk »Über die Sprache und Weisheit der Indier«, das Sanskrit sei nicht allmählich aus bloßem Geschrei entstanden, sondern in ihm habe »gleich von Anfang an die klarste und innigste Besonnenheit« geherrscht. Schelling schrieb den Spracherwerb »dem Unterricht höherer Geister« zu[1]. Humboldt meinte 1812: »Als ein wahres unerklärliches Wunder bricht (die Sprache) aus dem Munde einer Nation hervor«[2], differenzierte allerdings 1820, man dürfe sich die Sprache »nicht als etwas fertig Gegebenes« denken; sie komme vielmehr notwendig aus dem Menschen hervor, »und gewiß auch nur nach und nach«. Doch »konnte die *Erfindung* nur mit einem Schlage geschehen«[3]. Eindeutig urteilte 1819 Jacob Grimm: Die Sprache habe mit ihrer »Urvollendung« begonnen und befinde sich seither im Niedergang[4].

Dabei war schon vor Christi Geburt die Ansicht verbreitet gewesen, die Sprache sei aus primitiven Anfängen allmählich aufgeblüht. So lehrten es Epikur um 300 v. Chr., Lukrez und Diodor im 1. Jahrhundert v. Chr.: »Die ersten Menschen hatten eine unkultivierte und tierische Lebensart . . . Ihre Stimme war anfänglich unbezeichnend und unartikuliert; allmählich aber artikulierten sie ihre Ausdrücke, nahmen untereinander gewisse Zeichen für jeden Gegenstand an und machten sich die Bedeutung derselben in Ansehung aller Gegenstände bekannt.«[5]

Bei Leibniz und Herder klang der Entwicklungsgedanke wieder an; der schottische Sprachforscher Lord Monboddo verknüpfte ihn bereits 1773, achtzig Jahre vor Darwin, mit der These, daß der Mensch sich aus dem Affen entwickelt habe. Die volle Wendung nahm dann 1863 mit der Schrift »Die Darwinsche Theorie und die Sprachwissenschaft« ein berühmter Professor aus Jena, August Schleicher, vor: »Die Sprachen sind Naturorganismen, die, ohne vom Willen des Menschen bestimmbar zu sein, entstanden, nach bestimmten Gesetzen wuchsen und sich entwickelten und wiederum altern und absterben.«[6]

Ob *nur* Entwicklung oder *auch* Entwicklung — in beiden Fällen stellt sich die Frage: Woraus, auf welche Weise, warum ist Sprache entstanden? Die älteste überlieferte und eine offenbar durch nichts umzubringende Theorie besagt: Am Anfang war die Lautmalerei. Daß Platon diese Annahme nur mit großer Vorsicht einführte, hat ihrer Lebenskraft nicht geschadet. »Ich fürchte zwar, es wird lächerlich wirken, wenn durch Nachahmung mit Buchstaben und Silben die Dinge sich offenbaren sollen«, sagt Sokrates im »Kratylos«. »Doch die Sache ist unvermeidlich. Wir haben nichts Besseres.«

Herder gab sich 2100 Jahre später demselben Irrtum weit beherzter hin: »Der Mensch erfand sich selbst Sprache aus Tönen lebender Natur zu Merkmalen seines herrschenden Verstandes... Das erste Wörterbuch war aus den Lauten der Welt gesammelt.« Wie aber sollte das praktisch vonstatten gegangen sein? Herder beschreibt es genau: Der Mensch, »als ein horchendes, merkendes Geschöpf zur Sprache natürlich gebildet«, würde sich sogar auf einer einsamen Insel Sprache erfinden: »Der Baum wird ihm der Rauscher, der West Säusler, die Quelle Riesler heißen. Da liegt ein kleines Wörterbuch fertig und wartet auf das Gepräge der Sprachorgane.« Sobald der Mensch das Bedürfnis spüre, zum Beispiel »das Schaf kennenzulernen«, geschehe das folgende: »Seine besonnen sich übende Seele sucht ein Merkmal, das Schaf blöket . . . ›Du bist das Blökende!‹ fühlt sie innerlich . . . Der Schall des Blökens . . . ward kraft dieser Bestimmung Namen des Schafs . . . Was ist die ganze menschliche Sprache als eine Sammlung solcher Worte?« Dies dürfe nicht als Nachäffung der Natur mißdeutet werden: Nicht darauf komme es an, daß ein Mensch dem anderen sein Merkmal für Schaf »mit den Lippen vorblöke«, nein — »seine Seele hat gleichsam in ihrem Inwendigen geblökt, da sie diesen Schall zum Erinnerungszeichen wählte, und wieder geblökt, da sie ihn daran erkannte. Die Sprache ist erfunden.«[1]

Das also war der Stand der Sprachphilosophie anno 1772, und noch heute ist es der Geist, in dem manche sprachinteressierte Abendländer die Wörter betrachten. Der Zählebigkeit dieser Theorie kommt der Herdersche Winkelzug zugute, das Schaf zwar nach dem Blöken zu benennen, ohne daß indes die Lippen je zu blöken brauchten — womit das eigentlich Interessante, die Herkunft des Wortes »Schaf«, im dunkeln bleibt. Wie die das Wortes *Hund*, da er doch *wauwau* bellt. In Deutschland jedenfalls; englische Hunde kläffen *bow-wow* oder *arf-arf*, spanische *guau-guau*. Als Schallkopien sind diese Wortgebilde allesamt miserabel; kein Jäger und Tierstimmen-Imitator würde es wagen, sich ihrer zu bedienen. Auch können weder Hunde noch Hähne artikulieren. Jedes artikulierte Menschenwort *muß* eine Fehlimitation sein. Wären die Wörter aus Schallnachahmungen entstanden, so hätten wir vermutlich eine wenig oder gar nicht artikulierte Sprache entwickelt.

Wenn wir aber unterstellen, unsere Ahnen hätten sich durch derart grobe akustische Abweichungen und Irrtümer nicht in der subjektiven Überzeugung stören lassen, sie betrieben Lautmalerei — so bleibt zum anderen doch der Tatbestand: Der Hund heißt in keiner Sprache Wauwau, Arfarf oder Toutou; er heißt *Hund*, *dog* oder *chien*. Auch die Katze heißt nicht *Miau*, das Schaf nicht *Blök* und der Frosch nicht *Quak*. Daß wir den Kuckuck *Kuckuck* nennen, ist eine Ausnahme, die zudem die Regel bestätigt, wonach das Ziel der Schallnachahmung gröblich verfehlt zu werden pflegt: Das arme Tier kann gar kein K aussprechen. Ausnahmen gibt es im übrigen auch andersherum, Namen nämlich, die unter lautmalerischem Aspekt schwer erträglich sind: wie jenes lautlose Insekt, das bei unseren Nachbarn anmutig *papillon*, *butterfly*, *farfalla* oder *mariposa* heißt, auf deutsch jedoch an den Lärm zugeschmetterter Türen erinnert.

Steht es nun um solchen Lärm, um Klangnachahmung abseits der Tierlaute besser? Die grellen englischen Wörter für das Türenschlagen, *slam* und *bang*, klingen danach; ähnlich *quietschen* und *kreischen*, *flüstern* und *murmeln*, *Grille* und *Pfiff*. Soweit wir, wie beim Flüstern, unsere eigenen Geräusche symbolisieren, steht dem Prädikat »leidlich gelungen« nichts im Wege; in den anderen Fällen hat das Abbild eher die Qualität eines Strichmännchens als die einer Porträtfotografie. Dabei kennen wir durchaus Schallnachahmungen von einiger Qualität, die nicht so gänzlich schief zur Natur liegen wie unser kikeriki: Aber sie sind dichterische Einfälle oder volkstümliche Bildungen, die gerade *keinen* Eingang in die Hoch- und Schriftsprache gefunden haben. *Peckenclacker* heißt die Schreibmaschine auf Pennsilfanisch, dem Kauderwelsch der Pennsylvania-Deutschen, *oinkenporker* nennen sie das Schwein. Die zerschellende Venusstatue bei Wilhelm Busch tönt *klickeradoms*, das Spinnrad im alten Arbeitslied (aus dem Braunschweigischen) *Snurburrumpumpedit* und bei Bürger *Hurre, Hurre, Hurre, schnurre, Rädchen, schnurre*, der ewig zurückstürzende Stein des Sisyphos in Voß' Homer-Übersetzung *Hurtig mit Donnergepolter entrollte der tückische Marmor*. Von Goethe stammt eine witzige Tonmalerei mit zum Teil erfundenen Wörtern, aber in herkömmlicher Orthographie — Tanz, Kleiderrascheln und Stühlerücken im »Hochzeitslied«:

Da pfeift es und geigt es und klinget und klirrt
Da ringelt's und schleift es und rauschet und wirrt,
Da pispert's und knistert's und flistert's und schwirrt
. . .
Nun dappelt's und rappelt's und klappert's im Saal
Von Bänken und Stühlen und Tischen . . .

Wer sich zur eigenwilligen Wortprägung eine eigene Rechtschreibung hinzuerfindet, kann noch stärkere Wirkungen erzielen: *thwip* macht der Pfeil im Comic strip, *vrroaamm* der aufheulende Motor des Rennwagens. Kurt Schwitters läßt in seinem »Superbirdsong« (1929) die Vögel zwitschern:

P'gikk
P'p'gikk
Nz'dott Nz'dott

Gleichgültig, ob man solche Experimente für mehr oder für weniger gelungen hält: Die Klangnachahmung scheint dem Original umso näher zu kommen, je weiter sie sich vom Wörterbuch entfernt. Das Lexikon enthält nur wenige Tonmalereien, die diesen Namen allenfalls verdienen; weit zahlreicher enthält es Wörter, die wir »durch Hinein- und Zurechthören«[1] als Klangnachahmungen einstufen. Kinder zumal sind genügsam: Ihr Reimbedürfnis zum Beispiel wird durch die Assonanz »Armes Häschen, bist du *krank*, daß du nicht mehr hüpfen *kannst*« voll befriedigt; viel Phantasie und gelegentlich wohl die Resonanz des eigenen Kopfes mögen ihnen eine Doppelung der Naturlaute vorgaukeln.

Nun ist freilich zu bedenken, daß die Gleichsetzung der Lautmalerei mit bloßer Schall-Imitation eine populäre Beschränkung ist, die nicht einmal Platon im Sinne hatte: In der Tat besagt die Theorie nicht, daß die Sprache Naturlaute nachahme, sondern daß sie Sprachlaute zum Malen verwende, und malen lassen sich Töne, aber auch Farben, andere Sinneseindrücke und sogar Empfindungen. Mit Herder: »Der Blitz schallet nicht, wenn er nun aber ausgedrückt werden soll, dieser Bote der Mitternacht — natürlich wird's ein Wort werden, das durch Hülfe eines Mittelgefühls dem Ohr die Empfindung des Urplötzlichschnellen gibt, die das Auge hatte — Blitz! Das Wort Duft, Ton, süß, bitter, sauer usw. tönen alle, als ob man fühlte.«[1]

Blitz, oft unter die treffenden Bild- und Symbolwörter eingereiht wie Licht, Griff, Riß, Zickzack, heißt in anderen Sprachen *lightning*, *éclair* und *foudre*, *lampo* und *fulmine*, *rayo* und *relámpago* — was uns nicht irremachen muß: Unsere Nachbarn hätten dann eben beim Blitz ihren Schmetterling erlitten. Ist nicht das I im Blitz überhaupt der Vokal des Lichts, der Hitze, des Glitzerns, Flimmerns und Flirrens? Und das U das Zeichen von Grund, Gruft und Dunkelheit? So wird es gern gesehen. Doch neben dem Glitzern steht das *Funkeln*, neben der Hitze die *Glut*, neben der Gruft die *Tiefe*, neben der Dunkelheit die *Finsternis*. Vollends wirr wird das Bild der Vokalsymbolik, wenn man die Dichter befragt, die ein Schema der Vokalfärbungen aufgestellt haben: Das I zum Beispiel ist für Rimbaud rot »wie ein Blutsturz«, für Ernst Jünger »ein dunkles Rot, das an den Rändern ins Schwarze sticht« — soll I denn nicht der Lichtvokal sein, demnach irgendwo zwischen Weiß, Gelb, Gold und Silber zuhause? Bei den übrigen Vokalen widersprechen die Deuter überdies einander: Das A ist für Rimbaud »schwarz«, für Jünger »purpurrot«, das O bei Rimbaud »blau«, bei Jünger »gelb«, woher auch immer.[2] Philipp Lersch erkannte in den Vokalen nicht so sehr Farben als vielmehr »sinnliche Verlautbarungen«: beim E von Ekel (erhebend? beseelt?), bei I von Freude (igittigitt!), beim A ein staunendes Öffnen der Seele gegenüber der Welt (die Angst!)[3].

Wer sich jedoch, wie einige Sprachforscher dies tun, auf die *Wurzeln* (im Althochdeutschen, im Sanskrit usw.) beruft, in denen die Buchstabensymbolik noch deutlich gewesen sei, der macht nichts besser: Er unterstellt, daß eine ursprüngliche Symbolkraft allmählich abgeschliffen worden und verwittert sei — was wohl geschehen sein mag; nur daß auch das Umgekehrte vorgekommen ist: Unser spielerischer Hang zur Lautmalerei hat in vielen Fällen den Anschein der Symbolik nachträglich durch Lautwandel hergestellt. So geht der gerühmte *Blitz* auf einen Wortstamm zurück, den er mit Blech, Blei, bleich, blaß und blaken gemeinsam hat. Das Wort *Kreißsaal* klingt für uns nach Klinik — und kaum nach »Kreischsaal«, was es doch eigentlich bedeutet; wir hören demnach bei zwei Wörtern gleicher Herkunft und sehr ähnlicher Lautbildung im einen Fall Lautmalerei heraus und im andern nicht. Und wie will die Theorie der Lautsymbolik die Homonyme erklären, Wörter gleicher Lautung mit verschiedenem Sinn? Wie könnte da die *Kluft* ein Abgrund sein, aber auch die Garderobe? Wie sollten Wörter nach Art von *als* und *daß* jemals ins Leben treten? Wie kann das T am Wortschluß das Partizip *gescheitert* vom Komparativ *gescheiter* lautsymbolisch unterscheiden?

Nach alldem ist die Strenge der Bilanz, die viele Sprachforscher ziehen, nicht verwunderlich: Die Laute stehen mit unseren Begriffen in keinem natürlichen Zusammenhang (Locke). Wir legen den Naturschall nachträglich in die artikulierten Menschenlaute hinein; wo wir Lautsymbolik wahrzunehmen glauben, erliegen wir einer akustischen Täuschung (Mauthner). Onomatopoetische Elemente werden in allen Sprachen eher geduldet als gefördert (Benjamin). Es gibt überhaupt kein Lautbild, das besser als ein anderes dem entspricht, was es aussagen soll (Saussure). Whorf bietet eine weniger radikale, voll überzeugende Formel an: »Die Sprache hat eine yogaähnliche Kraft, sich von den niederen psychischen Tatsachen unabhängig zu halten, sie zu überwinden, sie das eine Mal zu akzentuieren und ein andermal zu verdrängen — gleichgültig, ob der gefühlsmäßige Klang der Laute paßt oder nicht. Passen die Laute, dann wird ihre Gefühlsqualität verstärkt . . . Passen die Laute nicht, so ändert sich die Gefühlsqualität.« Der objektive Wortklang werde durch die jeweilige Lebenserfahrung »völlig überwältigt«[1] . Der Lebenserfahrung ist dabei vermutlich die Gewöhnung an die Sprache zuzuschlagen: Wenn uns ein neues Wort besonders treffend zu klingen scheint, neigen wir dazu, »die Natur« aus ihm herauszuhören, während wir bloß ein oder zwei vertraute *Wörter* wiedererkennen. Wer etwa ein Übermaß an Fürsorge und Niedlichkeit mit dem Ausruf *tandaradei* verspottet und im Klang der Silben das Spottobjekt selber zu vernehmen glaubt, hat lediglich das *Tändeln* und das *Ei-Ei*-Sagen variiert, sich also in einem Wortzirkel ohne Bezug zur Realität bewegt.

Aus demselben Grund wird, uns zum Trost, der Poesie, wo sie mit dem Anschein der Lautsymbolik operiert, durch die linguistische Einsicht gar nichts weggenommen. Da wir uns einmal angewöhnt haben, das Kikeriki für eine Nachahmung des Hahnenschreis zu halten oder aus dem A mehr Erhabenheit als aus dem E herauszuhören, steht der dichterischen Verwendung von mehr oder weniger lautmalerischen Mitteln und ihrer Wirkung auf den Leser nichts entgegen. Es erfreut uns, die dürftigen Ansätze zur Malerei mit Lauten, die unser Wörterbuch enthält, mit poetischen Girlanden zu umkränzen und ins Wort all das hineinzufühlen, was es *nicht* abstrahlt. Das ist unser subjektives Recht, nur eben kein Indiz für die Herkunft der Sprache. Feuilleton und Wortwitz haben da ihren Abenteuerspielplatz. Wie hübsch, wenn Heinrich Böll der Mutter seines Clowns »eine trügerische I- und E-Sanftmut« vorwirft, in der selten ein A, O oder U vorkämen, oder wenn er am rheinischen Dialekt zu loben weiß, er sei so unmartialisch, weil ihm das R fehle — »genau der Laut, auf dem die militärische Disziplin hauptsächlich beruht«[1]. Auch ist des Professors Ulich zu gedenken, der — bei Morgenstern — einen neuen Vokal erfindet und ihn in Ermangelung eines geeigneten Lautwerts auf den Namen »August-Ulich-Vokal« tauft[2].

Schließlich sollte man nicht vergessen: Es gibt auch völlig treffende Schallnachahmungen von hervorragendem Nutzen — die korrekten Kopien von Menschenwörtern durch Menschen. Das plappernde Kind imitiert den Wortklang, lange bevor es das Wort versteht; viele Schüler täuschen ihren Lehrern durch getreues Echo Einsicht in den Wortsinn vor; Anhänger von Religionen und Parteigänger von Ideologien finden manchmal ihr Leben lang Befriedigung darin, die vagen und großartigen Schlüsselwörter ihrer Meister akustisch völlig zuverlässig nachzuvollziehen.

So wäre denn ein erträgliches Maß von Klarheit hergestellt, wenn nicht die Frage bliebe: Woraus, auf welche Weise, warum ist die Sprache entstanden, wenn sie *weder* von Gott stammt *noch* von der innigen Besonnenheit bei Anhörung blökender Schafe?

Dazu im »Lexikon«: Buchstabenzauber, Echosprache, Homonyme, Lautsymbolik, Lautwandel, Mimesis, Onomatopöie, Synästhesie, Wurzel.

4. Das Wunder der Wortzeugung

Die Geburt der Sprache aus Arbeit, Spiel und Angst

> Ein Hauch unseres Mundes wird das Gemälde der Welt ... Von einem bewegten Lüftchen hängt alles ab, was Menschen je auf der Erde dachten, wollten, taten und tun werden.
>
> *Herder, Ideen zur Philosophie der Geschichte der Menschheit (1785)*

Mindestens vier Millionen Deutschen tat sich am 15. Mai 1972 ein Blick in die Zauberküche der Wortschöpfung auf. Die »Bildzeitung« gab an, sie könne das Geheimsystem der unschlagbaren deutschen Fußballnationalmannschaft enthüllen: Es heiße *Ramba-Zamba.* Der riesigen Schlagzeile folgte die Erläuterung, Ramba-Zamba sei der endlich *gefundene* Name für die Taktik des »doppelten Libero«, wie Franz Beckenbauer und Günter Netzer sie praktizierten. Wer dieses System Ramba-Zamba getauft hatte, ging aus dem Text nicht hervor; der Schöpfer war demnach ein Sportredakteur der »Bildzeitung«.

Zweierlei daran scheint bemerkenswert: die Unbefangenheit, mit der eine Autorität — und das ist das Massenblatt in Sachen Sport — eine frei erfundene Vokabel in die Welt setzte; und der Umstand, daß trotz millionenfacher Verbreitung wenig daraus folgte. Die deutsche Sprachgemeinschaft verweigerte die Zustimmung, die Wortschöpfung ging ein — wie unzählige vor ihr, wie die Millionen Phantasiegebilde aus Kindermund, wie die oft durchaus schöpferischen Koseformen, die in Schlaf- und Kinderzimmern produziert zu werden pflegen. Am Anfang der Wortgeschichte stand das egozentrische Element: Jedes Wort war einmal der Einfall eines Einzelnen oder einer kleinen Runde. Nun kam es darauf an, ob die Neuprägung bei genügend Mitgliedern der Sprachgemeinschaft oder bei einem »Multiplikator« Beifall fand, oder ob der Wort-Erfinder selbst einer jener Häuptlinge oder Medizinmänner war, einer jener Schriftsteller, Lesebuch-Autoren, Nachrichtenredakteure oder Werbetexter ist, auf die das Volk hört — wenn es will. Daß Thomas Mann auf *gedrangen* Pfaden wandelte und Stefan George *sprockes* Holz besang, hat beide Adjektive nicht dem deutschen Sprachschatz einverleibt. James Joyce erfand neben tausend anderen das Verbum *saale,* das in den drei vorliegenden deutschen Übersetzungen mit *sulmen, beschludern* und *besabben* nachempfunden wurde[1]; er blieb ein schäumender Wortzeuger ohne Nachkommenschaft. »Ich schmeichle mir, ein poetisches Wort zu erfinden, dem von einem Tag zum andern sich alle Sinne öffnen«, schrieb Rimbaud[1] — gewiß; nur eben nicht die Ohren. Einwilligung, freudige oder gelangweilte, gehorsame oder übermütige Zustimmung zum Silbenspiel der Mächtigen und der Phantasiebegabten: sie erst macht den Einfall des Einen zur Sprache der Vielen.

Nach solchen Beispielen dafür, wie Wörter sich *nicht* durchsetzen, stellt sich die Frage nach der Herkunft der *siegreichen* Wörter umso dringlicher. Wer ihr nachgeht, bekommt indessen schmerzlich zu spüren, daß es im Wesen der Wortschöpfung liegt, dunkel zu sein. Als die *Schrift* erfunden wurde, war die mündliche Rede längst ein fertiges, hochgezüchtetes Produkt; die »Wurzeln« unserer Wörter, die die Sprachwissenschaftler des 19. Jahrhunderts faszinierten, waren keine, sondern nur ein zufälliges Einrasten auf einem unendlichen Weg. Die letzten Wilden, die am Amazonas und auf Neuguinea leben, gestatten uns zwar mit ihren Werkzeugen und ihren Bräuchen einen Blick in unsere eigene Vorzeit; aber ihre Sprachen sind nicht primitiv, sondern reich an Vokabeln, Ausdrucksschattierungen und Flexion. Eine Sprache im Frühstadium ist weder rekonstruierbar noch auf Erden anzutreffen; viel hilft auch die Kindersprache nicht (darüber später mehr).

Die Neuzeit liefert uns angesichts der Fülle des ererbten Wortvorrats und der unendlichen Möglichkeiten seiner Abwandlung nur wenige Anstöße zur Erfindung neuer Wörter. Nicht von Variationen auf vertraute Wörter ist hier die Rede (von denen handelt das nächste Kapitel), sondern vom Schöpfungsakt, dem Erfinden einer neuen Lautverbindung mit neuem Sinn, von der Urfrage, der Herder so temperamentvoll auswich: wie das blökende Schaf das Wort »Schaf« auf sich ziehen konnte. Der Jesuiten-Missionar Martin Dobrizhoffer aus Graz tastete sich 1784 in seinem Bericht über die Abiponier in Paraguay an den Rand des Rätsels vor: Die alten Frauen des Stammes, schrieb er, prägten laufend neue Wörter, »und jedes Wort, das ihre Billigung fand und das sie in Umlauf setzten, wurde von allen andern ohne ein Wort des Widerstands aufgenommen und verbreitete sich wie ein Lauffeuer in jedem Zelt des Stammes«. Etliche Wörter seien in den sieben Jahren seines Aufenthalts dreimal ausgewechselt worden.[2] Damit ist aufs neue mehr der Vorgang der

Zustimmung beschrieben als ein Beitrag zum Enträtseln der Wortzeugung geleistet. Zu seiner Lösung tragen nur ganz vereinzelte leidlich dokumentierte Fälle bei — so das *Gas* und die *Schnulze.*

Der Brüsseler Alchemist und Mediziner Johan Baptista von Helmont (1579—1644) hat uns schriftlich überliefert, er habe für den »unbekannten Geist«, den dritten Aggregatzustand, einen Namen gesucht und sich »paradoxi licentia« (mit paradoxer Freiheit, mit auffallender Willkür) für *Gas* entschieden. Wieviel Freiheit er wirklich besaß, darüber läßt sich streiten: Von Zehntausenden von Wortbildern und Wortbedeutungen umringt und von Klangassoziationen gesteuert, hat der Mensch zu reiner Willkür der Worterfindung keine Chance mehr. So fällt es den Etymologen leicht, bei den seltenen Wortschöpfungen der Neuzeit auf die Wegweiser zu deuten, an denen sich der sogenannte Erfinder bewußt oder unbewußt orientiert haben müsse; bei Helmont sollen sie *Chaos, blasen, gären, Geist* und *Gaze* geheißen haben. Mag sein; nur daß eine totale Freiheit der Wortschöpfung vielleicht niemals herrschte, da schon das allererste Wort den Spielraum eingeschränkt haben muß, in dem über das Lautbild des zweiten entschieden werden konnte.

Der Name *Schnulze* für den rührseligen Schlager oder Film ist nach der einen Version im Zweiten Weltkrieg in bezug auf die Wehrmachtswunschkonzerte aufgekommen, nach der anderen 1948 in einer Redaktionskonferenz des Nordwestdeutschen Rundfunks. Die Grenzpfähle, zwischen denen dieses Kind geboren wurde, heißen vermutlich *Schmalz, schluchzen, Schnuller, Schmachtfetzen* und das plattdeutsche *snulten* (gefühlvoll reden), aber was bleibt, ist ein Volltreffer, der zielsicher seine Wortlücke fand, und überdies eines jener seltenen Wörter, die kein Etymologe auf eine indogermanische Wurzel zurückzuführen weiß. Die autoritäre Zeugung (Gas) und die spielerische (Schnulze): das könnten zwei, vielleicht die zwei Modelle sein, nach denen die Wörter ins Leben traten.

Doch das fertige, artikulierte, mit einer Bedeutung versehene Wort ist ein spätes Produkt der Sprachentwicklung — was alles muß ihm vorausgegangen sein! Hunderttausende, wenn nicht Millionen von Jahren des Knurrens, Jaulens und Krächzens in Höhlen, an Lagerplätzen, beim Beerensuchen, auf der Jagd; eine Entwicklung, die vielleicht so unendlich langsam und so oft durch Sackgassen und Irrwege unterbrochen war, daß ein Anthropologe, wenn er sie auf

Tonbändern nachvollziehen könnte, nur alle fünfzigtausend Jahre einen Fortschritt heraushören würde; und nie würde sich auf einen Punkt des Weges deuten lassen mit dem Freudenschrei: Von hier an besaßen unsere Ahnen »Wörter«, hier hat der Strom der Töne sinnvolle Zäsuren, oder gar: Hier ist zum erstenmal das Wunder geschehen, daß in eine willkürliche Lautverbindung *Sinn* einschnappte. Wissen wir auch nur, wann dies bei Kindern geschieht? Sie babbeln lange genug *mamamama* vor sich hin, ehe sie lernen, ausgerechnet nach zwei dieser schönen Silben eine Pause zu machen, und sich darunter ihre Mutter vorzustellen, und sie dann gar, Wunder aller Wunder, mit dem neuen Zauberzeug herbeizurufen. Die Suche nach dem Sprachursprung ist ein Griff in solches Dunkel, unser heutiger Grad von Vernunft ein solches Hindernis, wenn es gilt, sich in die Welt der Fetische und der Dämonen einzuleben, in der die Sprache ihren Anfang nahm, daß es weithin als unwissenschaftlich gilt, überhaupt der Herkunft der Wörter nachzuspüren. Und doch: Wir besitzen Indizien. Einige vorsichtige Aussagen sollten möglich sein.

Die Affen sind schnatterfreudige Tiere, an denen bis zu dreißig für unser Ohr unterscheidbare Laute und Ausrufe der Erregung, Warnung und Begrüßung, des Schmerzes und des Behagens registriert worden sind. Sehr wahrscheinlich war das Rohmaterial, aus dem die Menschensprache entstand, von solcher Art, und das bedeutet: Die Kunst, Gemütsbewegungen in vielerlei Töne umzusetzen, brauchte der Mensch nicht zu erfinden, sondern nur weiterzuentwickeln. Durch drei Vorgänge wurde er darin begünstigt: die Vergrößerung seines Gehirns; die Verfeinerung jener komplizierten Organe, die wir heute Sprechwerkzeuge nennen, die jedoch allen Säugetieren gemeinsam sind (Kehlkopf, Gaumen, Zunge, Lippen); und, als Auswirkung des aufrechten Gangs, eine Verlagerung des Schlundkopfs mit der Folge, daß der Kehldeckel, der bei Säugetieren den Eingang zum Kehlkopf schließt, beim Menschen für gewöhnlich offensteht, so daß die Luft kein Hindernis zwischen der Lunge und den Lippen findet. So entstehen Laute ohne Mühe, ja es kann bei heftiger Bewegung des Körpers oder des Gemüts geradezu Anstrengung kosten, *keinen* Laut von sich zu geben.

In dieselbe Richtung wirkte ein Reflex, wie man ihn bei Kindern beobachten kann, wenn sie das Schreiben oder andere Arbeiten ihrer

Hände mit rollenden Bewegungen der Zunge begleiten. Darwin wies darauf hin, daß Menschen, die mit einer Schere schneiden, dazu neigen, die Kinnlade in eine vergleichbare Bewegung zu versetzen. Daß die Angst uns die Kehle »zuschnüren« kann, wissen wir alle. Es findet also in dem hochkomplizierten Apparat des Mund- und Rachenraums, in dieser erstaunlichen Versammlung hochsensibler Nerven, Muskeln, Sehnen, Knorpel, Schleimhäute, Drüsen und Blutgefäße eine unwillkürliche Begleitung unserer Hand- und Gemütsbewegungen statt, eine Art innerer Gestikulation; und da gerade durch diese Kanäle ein ständiger Luftstrom streicht, entstehen Töne — absichtslos, schon durch mäßige Verformung aber zu spaßiger Vielfalt gesteigert. Tausende von Generationen hatten Zeit, das urtümliche Geschnatter zu veredeln, es in Töne von bestimmter Länge, Färbung, Zusammensetzung und Akzentuierung zu zerlegen — bis zur äußersten Differenzierung der Tonhöhe wie im Chinesischen oder zur Artikulation der indogermanischen Sprachen.

Das Artikulieren ist eine so wundersame Leistung, daß einige Theologen zu Herders Zeit die Rückzugsposition bezogen: Wenn schon der Mensch die Laute selbst erfunden haben sollte, die Artikulation könne nur Gott ihm eingegeben haben. Was die Vokale vollbringen, ist auffallend genug: Von denselben Konsonanten eingeschlossen, bilden sie *Farn-fern-Firn-vorn, Mast-meßt-Mist-Most-mußt.* Doch wie erst, wenn ein Wort wie *Strudel* exakt ausgesprochen und überdies beim Sprechen wie beim Hören vom *Sprudel* unterschieden werden soll, der nur den mittleren von drei Anlaut-Konsonanten nicht mit dem anderen gemeinsam hat! Man spreche sich die Reihe *Grab-Grad-Graf-Gral-Gram-Gran-Gras-Graz* vor und rechne hinzu, daß Grab sich von *Trab,* Graf von *brav,* Gran von *Tran,* Gras von *Fraß* wieder nur durch einen Laut unterscheiden, daß folglich zwölf Wörter gänzlich verschiedener Bedeutung nur durch die äußerste Disziplin der Nerven, Muskeln und Sehnen auseinandergehalten werden können; man denke an die Plage, die Kindern damit zugemutet wird, oder an die Leichtigkeit, mit der ein wenig Alkohol die ganze verwickelte Choreographie der Laute durcheinanderpurzeln läßt.

Wo und wozu aber wurde diese neue Kunst eigentlich verwendet? Einige Vermutungen liegen nahe: Der Frühmensch sprach, um Geister zu beschwören und Dämonen zu beschwichtigen. Er sprach heiß in der Brunst, tröstend zu den Kindern, fröhlich im abendlichen Lager. Und gewiß sprach er bei seinen mühevollen Handarbeiten: beim Schärfen von Knochen und Steinen, beim Feuerbohren, beim Nüsseknacken, beim Enthäuten der Jagdbeute. Da geschah es wohl auch, daß die Weiber oder der Häuptling dem toten Tier einen Namen anhängten, der für alle Tiere dieser Sorte gelten sollte, an eine schon benannte Eigenschaft des Tieres anknüpfend oder ihm einfach eine Spottgeburt ihres Palavers überstülpend.

Das Schwatzen, Summen und Singen bei der Arbeit hatte die Wirkung, die Mühsal psychologisch zu verkürzen: es versöhnte die Arbeit mit dem Spiel. Spielerisch zu reden, Silben mit bekanntem oder unbekanntem Inhalt vor sich hin zu murmeln, ist noch heute ein so verbreitetes Vergnügen, daß man seine Rolle in der Altsteinzeit nicht hoch genug veranschlagen kann. »That's what they had in those days instead of radio«, heißt eine amerikanische Redensart, die den Punkt treffen könnte. Ins Spiel verlegt Huizinga den Ursprung jeglicher Kultur [1]. Novalis schrieb: »Das rechte Gespräch ist ein bloßes Wortspiel. Der lächerliche Irrtum ist nur zu bewundern, daß die Leute meinen, sie sprächen um der Dinge willen. Gerade das Eigentümliche der Sprache, daß sie sich bloß um sich selbst bekümmert, weiß keiner.« [2] Wittgenstein setzte Sprache und *Sprachspiel* gleich, das Befehlen und das Aufstellen von Hypothesen ausdrücklich eingeschlossen. [3]

Das so aufbereitete Tonmaterial muß irgendwann, vielleicht zu gleicher Zeit, seine Tauglichkeit zu einem viel weiter gehenden Zweck bewiesen haben. Bei der gemeinsamen Handarbeit und gerade bei ihr wollte man sich ja verständigen. Die Gebärdensprache, die der akustischen Kommunikation aller Wahrscheinlichkeit nach vorausging, war aber nicht nur ausdrucksärmer — sie konnte während der Arbeit nur um den Preis der Unterbrechung dieser Arbeit angewandt werden, der *homo faber* hatte seine Hände nicht mehr zum Gestikulieren frei. Welche Entdeckung, daß die begleitende Gestikulation des Mund- und Rachenraums, indem sie sich mit der Atemluft zu Tönen verband, die Sprache der Hände vollständig ersetzen, also den Menschen frei zu ununterbrochener Arbeit machen konnte! Töne waren bei der Arbeit die einzige ökonomische Verständigung, und dazu lieferten sie die Kurzweil, die die Arbeit erträglich machte. Insofern ist Friedrich Engels recht zu geben, wenn er in seiner

Untersuchung über den »Anteil der Arbeit an der Menschwerdung des Affen« (1876) schrieb, die Herrschaft des Menschen über die Natur habe mit der Ausbildung der Hand begonnen, aus der Handarbeit sei eine größere Notwendigkeit des Zusammenwirkens erwachsen, »kurz, die werdenden Menschen kamen dahin, daß sie einander etwas zu sagen hatten. Das Bedürfnis schuf sich ein Organ. Diese Erklärung der Entstehung der Sprache aus und mit der Arbeit« sei »die einzig richtige«. Die einzige wohl nicht, jedoch eine richtige, obschon Engels das spielerische Moment ignoriert. Den Bogen zwischen Sprache und Arbeit hatte, ohne sozialistischen Ernst, schon Jean Paul geschlagen: »Die Affen reden nicht — wie die Wilden sagen —, um nicht zu arbeiten; aber viele Weiber reden eben doppelt, weil sie arbeiten.«[1]

Wie wenig sich Sprache, Arbeit und Spiel voneinander trennen lassen, machen die *Arbeitslieder* deutlich, jene alten rhythmischen Gesänge beim Melken und Buttern, Spinnen und Weben, Mähen und Dreschen, Hopfenzupfen, Baumwollpflücken, Hirsestampfen, Sensenwetzen. Daß wir sie kaum noch kennen, liegt am Aussterben der Handarbeit; daß wir andrerseits nicht wissen können, wie der Mensch vor hunderttausend Jahren sang, läßt dennoch der Vermutung Raum, er habe sehr ähnlich gesungen, wann immer eine Arbeit langwierig war, und zumal wenn sie der Koordinierung bedurfte.

Rumpe, rumpe Döppche
Aus jedem Haus e Dröppche

sang man beim Buttern an der Mosel und *Zippelde, zappelde, ratz* beim Weben in Sachsen und

Hibadi, hotldi
Howadi, hotldi

beim Dreschen in der Steiermark. Schopp unterscheidet das *Arbeitsfristlied,* das als Zeitvertreib diente, vom *Arbeitstaktlied,* das den Arbeitsrhythmus spielerisch begleitete und überhöhte; nun gleich mit dreifacher Wirkung: Koordinierung, Beschleunigung und tröstliche Annäherung ans Spiel — eine ökonomische Kombination, die sich am Fall der steirischen Dreschflegelschwinger lebhaft nachempfinden läßt und im Blues der Neger weltberühmt geworden ist. Dazu trat der *Arbeitsruf* zur rhythmischen Ballung der Kräfte beim Rammen, Ankerlichten, Segelhissen, Lastenheben (hau-ruck!).

An den Rufen und Liedern zur Arbeit sehen wir noch mehr: Selbst in historischer Zeit mußten Wörter nicht etwa einen Inhalt haben. *Hibadi, hotldi* verhält sich zum Dreschen einfach so wie *Humba, humba tätärä* zum Karneval. Singen und Rufen ist wichtig, es erleichtert das Leben, und wer einer »Bedeutung« lauschen wollte, wäre auf dem falschen Weg. Sollte das nicht für einen erheblichen Teil der Wortsprache noch heute gelten, selbst dort, wo sie sich artikulierter Wörter aus dem Lexikon bedient? Da spricht einer »Ich habe einfach keine Zeit, zu mir selbst zu finden« oder »Nach meinem Selbstverständnis kann ich Repressionen nicht tolerieren« — und vielleicht sagen diese Silben über seine Sorgen etwa so viel aus wie *Hibadi, hotldi* über das Dreschen?

Die Vorzüge, die das Schwatzen und Singen bei der Arbeit hat, die Einheit von Plappern, Arbeit und Spiel wird man als den einen der beiden Wege betrachten dürfen, auf denen das Gekrächz der Affen zur Sprache der Menschen fortgeschritten ist. Den anderen Weg bahnte das *Geschrei.* Der Schrei trifft den »mittleren unserer Sinne, die eigentliche Tür zur Seele«[1]. Schreie, nicht optische Eindrücke fügen uns die stärksten Ängste und Erschütterungen zu: der Schrei des Entsetzens, das Heulen in der Nacht. Wir schreien aus Schmerz und Not, aus Angst und zur Warnung, aus Wut und zum Angriff, aus Wollust und im Triumph.

Kann aber der Schrei der Vater der Sprache sein, wie Rousseau vermutete? Ist er nicht umgekehrt ihr Gegenpol, so wie beim Schmerz noch heute Wort und Schrei in ausschließender Konkurrenz zueinander stehen? Jedenfalls auf dem Höhepunkt des Schmerzes. Sobald er abgeklungen ist, können Wort und Schrei verschmelzen: Eine gedämpfte, stilisierte Wiederholung des Schreis bei gleichzeitigem Deuten auf den leidenden Körperteil — das ist eingängig und schon halb ein Wort. Auch der Schrei der Angst und der Warnung enthält das Potential, sich zum Wort zu verfeinern: In den Warnschrei konnte die Absicht einfließen, die Art der Gefahr möglichst deutlich zu machen. Ob ein Löwe oder eine Schlange drohte, eine Hochwasserwelle oder ein menschlicher Feind, einzeln oder in der Horde — das ließ sich durch Höhe, Stärke, Dauer und Färbung des Tons, Auf- oder Abschwellen und abstufende Wiederholung durchaus unterscheiden; eine bestimmte Art von Schrei konnte also zum Kennzeichen, zum »Namen« des Löwen werden. Nicht anders, nach Darwin, der Schrei der Wut und des Triumphs. Rousseau verkündete die Entstehung der Sprache aus der Leidenschaft: »Nicht Hunger und nicht Durst, sondern die Liebe, der Haß, das Mitleid, der Zorn verliehen dem Menschen die erste Stimme. . . Die frühesten Sprachen waren singende und leidenschaftliche Sprachen, ehe sie einfach und methodisch wurden.«[1] Cassirer versuchte, die Grenzsituation faßbar zu machen, in der der Schrei das Wort gebar: In der Angst, in der Wut habe eine äußerste Verengung der Anschauung stattgefunden, eine »Sammlung aller Kräfte auf einen Punkt«, ein Stau der Affekte, der den Funken überspringen ließ: Der Zufallslaut, die Klangassoziation jenes Augenblicks bot sich als »Name« für den Dämon an, dem der Urmensch in solcher Lage gegenüberzustehen glaubte. Nicht statisch dürfe man sich die Entstehung der ursprünglichen Sprachbegriffe vorstellen, nicht als abgeklärte Vergleichung von Sinneseindrücken, sondern als einen »dynamischen Prozeß, der den Sprachlaut aus sich heraustreibt«[2].

Wie es wirklich war: dafür gibt die *Kindersprache* uns Anhaltspunkte, allerdings nicht viele. Denn gerade in der entscheidenden Hinsicht befindet sich das Kind in einer grundsätzlich anderen Lage als unsere Vorfahren: Die Worte einer fertigen Sprache hüllen es ein, noch ehe es seine ersten Lallversuche unternimmt, und das Lallen selbst wird von den Eltern für gewöhnlich sogleich mit Wörtern — mit den letzten Nachkommen des Lallstadiums — konfrontiert. Es ist ein aufregender Vorgang, der sich da abspielt, oft untersucht und jeglichen Studiums wert, nur eben von bescheidener Aussagekraft über die historische Entwicklung der Wörter, weil die ersten kindlichen Sprachexperimente so rasch mit dem Endprodukt zusammenprallen.

Immerhin, wenn das Kind zu lallen und zu stammeln beginnt, dürfte es dem Urzustand nahe sein, und gewiß hat es diese Nähe auch da, wo es Artikulationen häuft, Zisch-, Schnalz- und Reibelaute, die sich nach Jakobson »nie innerhalb einer Sprache zusammenfinden«, aber bei den Kindern aller Völker die gleichen sind[3]. Dies spricht für die These, die Chomsky im Anschluß an Humboldt vertritt: Ins Gehirn sei, bei allen Menschen gleich, ein System von Informationen über die Sprache eingebaut, gleichsam eine Gebrauchsanweisung für alle Sprachen der Erde; anders wäre der Erwerb konkreter Kenntnisse in einer Einzelsprache nicht möglich. Der Mensch »weiß« über die Sprache mehr, als er je durch Erfahrung lernen kann.[4] Chomsky wendet sich damit gegen die Theorie, der zwischen den Weltkriegen die meisten Linguisten anhingen: Das jeweilige Sprachsystem sei eine Zufallskonstruktion, die das Kind sich durch Nachahmung aneigne oder die ihm durch »Drill« aufgezwungen werde.

Der Unterschied zwischen diesen Auffassungen ist für die Beobachtung der Kindersprache nicht erheblich. Auch die Verfechter angeborener Strukturen bestreiten ja nicht, daß noch nie ein in totaler Isolation aufgewachsenes Kind über sein Lallen hinaus zu einer Sprache eigener Erfindung vorgestoßen ist. Das Kind *kann* Sprache lernen, anders als alle Tiere; doch es muß sie auch *lernen,* um sie zu besitzen. Das Lernen geschieht im Wege der Anpassung an die Bräuche der Sprachgemeinschaft, in die das Kind zufällig hineingeboren wurde. Zur konkreten Sprache muß das Kind »abgerichtet« werden, wie Wittgenstein es nennt[1]. Ihm wird vom Kollektiv »ein Brauch oktroyiert« (Ortega[2]), »es verzichtet auf die Erfindung einer persönlichen Ursprache« (Mauthner[3]), an der Sprache seiner Umwelt prallt »alle Originalität des einzelnen Kindes ab« (Jaspers[4]).

Dies mit einer erheblichen Einschränkung: Der Entwicklung einer originellen Eigensprache muß die Befruchtung durch die Sprache der Erwachsenen vorangegangen sein. Die indischen »Wolfskinder« sprechen nie. Doch würde man zwei bis dahin normal aufgewachsene Sechsjährige für den Rest ihres Lebens isolieren, so würden sie mit Sicherheit eine eigene Sprache entwickeln, die nach wenigen Jahren keinem Dritten mehr verständlich sein dürfte. Ansätze dazu finden sich in vielen Familien, wann immer die Eltern eine kindliche Wortschöpfung oder Verballhornung übernehmen, weil sie sie komisch oder praktisch finden, und Jespersen berichtet von einem einsamen isländischen Gehöft, auf dem die Kinder die Sprache der Mutter zu einer neuen Sprache fortentwickelten, deren sich unter ihrem Druck schließlich auch die Mutter bediente[5].

Die unsterbliche Theorie von der gemeinsamen Ursprache der Menschheit ist unter solchen Umständen nur dann aufrechtzuerhalten, wenn man unterstellen will, unsere gesamte Art stamme von einer einzigen Urhorde ab und habe mit ihrer Ausbreitung über den Globus erst begonnen, nachdem diese Urhorde eine komplette Wortsprache ausgebildet hatte. Alles, was wir *beobachten* können, läuft aufs Gegenteil hinaus: eine ständige Tendenz zur Erfindung von Sprachen ohne Zahl, der ebenso stetig durch Macht entgegengearbeitet wird — die Macht von Eltern, Lehrern, Häuptlingen, Priestern, Meinungsführern und Institutionen. Unerbittlich stellen die Machthaber die Abweichler (und das heißt zumal: die Kinder) vor die Konsequenzen: Sprichst du wie wir, so gehörst du zu uns, wir verstehen dich und sind imstande, dir Wünsche zu erfüllen; du wirst die Kraft des Wortes spüren, deine Umgebung zu beeinflussen und dir Dinge herbeizuschaffen, die du begehrst. Sprichst du nicht wie wir, so bist du ein Fremder, aus der Gemeinschaft ausgestoßen, helfen kann dir keiner, du wirst ausgelacht. Und das Lernen ist nicht schwer: »Hier ist ein Wort. Sein richtiger Gebrauch erfordert die Anwendung einer bestimmten Menge von Beziehungen zu bestimmten Aspekten deiner Umwelt — finde selbst heraus, wie wir das Wort gebrauchen!«[1]

Auch wenn das Kind im Lernprozeß schon weit fortgeschritten ist, liebt es immer noch das *egozentrische* Sprechen, wie Piaget es definiert: Er versteht darunter nicht die Unverständlichkeit, mit der jede eigensinnige Wortschöpfung zunächst zu rechnen hat, sondern die Neigung von Kindern, sich nicht dafür zu interessieren, ob sie Zuhörer haben; sie erzählen nur sich selbst, nur von sich selber. »Das Kind empfindet Freude daran, die bloßen Worte zu wiederholen, wegen des Vergnügens, das sie ihm gewähren, und ohne irgendeine Anpassung an einen anderen Menschen.« Den Anteil der egozentrischen Sprache an der gesamten spontanen (das heißt nicht durch Fragen provozierten) Kindersprache berechnet Piaget auf über 75 Prozent in den ersten Jahren des Spracherwerbs und auf unter 25 Prozent im achten Lebensjahr. Dann habe die *sozialisierte* Sprache gesiegt.[2]

Dann also ist das Kind hinlänglich angepaßt, es hat das ungeheure Erbe der Sprache angetreten — die in jeder Hinsicht *überwältigende* Hinterlassenschaft einer Ahnenkette, die sich zwischen den Hügeln des Neandertals verliert, obwohl unser dortiger Vorfahr doch schon ein später und weitgereister Abkömmling der schnatternden Hominiden auf afrikanischen Savannen war. Aus dem Geschrei der Wut und der Angst, aus dem Geplapper bei der Arbeit, beim Balzen und beim Spiel haben sie unendlich zäh das Dach der Wörter aufgerichtet, unter dem wir leben. Willkür hat sie geleitet, Macht hat sie eingegrenzt. »Ja, die menschliche Sprache wäre ein kümmerliches Ding, wenn sie an ihren Lauten haftengeblieben wäre«[3]: Die Laute ahmen *nichts* nach, *niemand* hat festgelegt, was sie »bedeuten«, aber sie lenken uns, trösten uns und deuten uns die Welt.

Dazu im »Lexikon«: affektiv, Akzent, Appell, Ausdruck 3, Bedeutung, Belehrung, Dialekt, Emotion, Energeia, Entlastung, Funktion, Interjektion, Kontakt, Konvention 2, Laut, Lautstruktur, Monolog, Organon, Sprechzwang, Tonem, Zeigfeld.

5. Wandel durch Faulheit und Phantasie

Lautverfall — Wortbildung — Metapher

> In einer so großen Stadt, als Paris ist, ließen sich jährlich ohne Aufwand vierzig gelehrte Männer aufbringen, die unfehlbar verstehen, was in ihrer Muttersprache lauter und artig ist. Einmal aber in Jahrhunderten geschieht es, daß ein Geschenk der Pallas — ein Menschenbild — vom Himmel fällt, bevollmächtigt, den öffentlichen Schatz einer Sprache mit Weisheit zu verwalten und mit Klugheit zu vermehren.
>
> *J. G. Hamann, Vermischte Anmerkungen über die Wortfügung in der französischen Sprache (1761)*

Ein listiger Vermehrer, aus Paris dazu, war der Physiker Charles Cagniard de Latour. Nicht nur führte er in der Metropole die Gasbeleuchtung ein, er erfand auch (1819) ein heulendes Gerät zur Bestimmung der Schwingungszahl von Tönen, das im folgenden Jahrhundert für die Zwecke der Katastrophenwarnung entfremdet wurde. Auf der Suche nach einem Namen beschritt er nicht wie Helmont den dornigen Weg der Wortschöpfung, sondern ihm fiel der Sprachwitz ein, seine Jaulscheibe nach den antiken Göttinnen des betörenden Gesanges und der grausamen Zerfleischung zu benennen, den *Sirenen*. Der Einfall wurde verstanden und akzeptiert; eine Metapher war geboren.

Von dieser Art ist der Fortschritt der Wörter. Wir wissen darüber Solideres als über ihren Ursprung, weil die Fortentwicklung der Sprache ein Prozeß ist, in dem auch wir noch stehen; er ist, mit Humboldt, die Methode, »von endlichen Mitteln einen unendlichen Gebrauch zu machen«[1]. Waren in einer Horde, einem Stamm erst einmal hundert Wörter heimisch, so ließen sich fünfhundert Wörter, fünftausend Bedeutungen und Beziehungen mit weit geringerem Aufwand an Einfallsreichtum schaffen. Da die Lebensgewohnheiten, die Jagdgeräte, die Handwerkskünste sich einst in Jahrtausenden weniger veränderten als heute in Jahrzehnten, hatte der Frühmensch Zeit genug, ein Netz von Worten für seine Welt zu knüpfen.

Die Sprache verändert sich vor allem durch *Lautwandel*, d. h. durch Faulheit; durch *Wortbildung*, d. h. durch das Spiel mit der

Grammatik; und durch *Übertragung*, d. h. durch das Spiel der Phantasie. Die Grammatik wurde vermutlich vor allem durch Priester und Dichter vorangetrieben, an der Phantasie war auch das Volk, an der Faulheit waren alle ziemlich gleich beteiligt.

Soweit wir es zurückverfolgen können, nehmen die Laute der Sprache nicht zu, sondern ab, sie verfeinern sich nicht, sie verfallen. Mit Humboldt: »Sichtbar charakteristische Laute (werden) immer sorgloser weggeworfen«[1]; mit Whitney: »Unter der Wirkung eines Simplifizierungstriebs werden die Bestandteile der Rede erst zu fester Einheit verbunden, dann verstümmelt und zerstört.«[2] Das schwer Aussprechbare wird abgehobelt, das Unbetonte weggelassen. Nicht durchweg: Die Italiener haben die lateinische äquitas (Gleichheit) zur *uguaglianza* aufgeputzt. Aber überwiegend: Von dem althochdeutschen *hiu tagu* (dieses Tages) ist »heute« übriggeblieben, die *hintbeere* hat sich zur Himbeere geglättet, *huson, hawi, uwila* sind zu Hose, Heu und Eule abgesunken. Die Engländer haben im 19. Jahrhundert ihr klangvolles *thou shouldst* und *thou didst* abgestoßen und es durch das bequeme you should, you did ersetzt. Das französische *Monseigneur* verfiel in der Schrift zu *Monsieur*, in der Aussprache zu *M'sjö*, gar zu *sjö* in der gemeinsamen Anrede von Damen und Herren (». . . sieursdames«). Goethe küßte noch *Lotten* und ließ Faust *Helenen* in jedem Weibe sehen; wir haben dieses N begraben, dazu das E in Verhandelung, Entwickelung, des Königes, es blöket. Gegenwärtig stirbt das Dativ-E: »Im Laufe der Zeit« schreibt nur noch die ältere Generation. Seit einem Vierteljahrhundert steht überdies das Genetiv-S, in manchem Dialekt ohnehin nie beliebt gewesen, unter dem Beschuß des »Spiegels«: »Nixon-Tochter Tricia« schreibt er und »das Auto von Startrompeter Black«.

Nicht nur Bequemlichkeit verwandelt die Laute. Starke Einflüsse gehen auch vom Kontakt mit anderen Sprachen aus: der Beeinflussung durch Nachbarschaft oder kulturelle Durchdringung, wie Deutschland sie erst durch das Lateinische und Griechische, dann durch das Französische, zuletzt durchs Englische erfuhr, oder durch Sprachmischung, die totale Durchdringung zweier Sprachen, wie sie durch militärische Eroberungen oder in Grenzlandschaften stattfindet; im Scherz zu dem mehr oder weniger elsässischen Zuruf verdichtet: »Chass de Gockel aus de Jardin«. Bequem wiederum ist jeder Lautwandel, selbst der durch Fremdherrschaft, insofern, als er sich in Jahrzehnten und Jahrhunderten vollzieht und so der jeweiligen Generation keine schmerzliche Umgewöhnung von Mund und Ohr zumutet. Was allerdings in tausend Jahren geschehen kann, zeigt das griechische Wort *Episkopos*, das sich in Deutschland zu *Bischof*, in Frankreich zu *evêque* verwandelte — zwei Wörtern, die klanglich nichts mehr gemeinsam haben. Ihre Geschichte erinnert an das Schülerspiel, ein Wort wie »Spaghetti« so oft mit so kleinen Abwandlungen vor sich hinzuplappern, bis »Dieselmotor« daraus geworden ist — Lautwandel im Zeitraffer.

Bestünde die Sprache nur aus dem Rückschritt, als der der Lautwandel überwiegend einzustufen ist, so hätten ja doch Grimm und Schlegel recht, die den Zustand der Vollkommenheit an den Anfang der Sprachgeschichte setzten? Nein. Beweisbar ist der Lautverfall nur für die Ära der Schriftdokumente, das heißt kaum für das letzte Hundertstel der Sprachgeschichte. Was den Lauten vorher widerfuhr, wie lange sie aufblühten, ehe sie welkten, wissen wir nicht. Im übrigen wirken der Trägheit, die sich in der Wortabschleifung äußert, zwei starke Motoren entgegen: die Wortbildung und die Übertragung.

Unter *Wortbildung* wird die Erweiterung des Wortschatzes durch Anwendung der grammatischen Möglichkeiten verstanden, in den indogermanischen Sprachen also durch *Zusammensetzung* von Wörtern und *Ableitung* mit Hilfe von Vor- und Nachsilben (Affixen). Daraus entsteht eine Vielfalt neuer Wörter und Bedeutungen, zumal im Deutschen, das unter allen großen Sprachen der Zusammensetzung und der Ableitung den weitesten Spielraum eröffnet.

Nehmen wir die Ableitungen von *setzen* durch Vorsilben (Präfixe): von absetzen, ansetzen, aufsetzen, aussetzen bis versetzen, vorsetzen, voraussetzen, widersetzen, zersetzen, zurücksetzen nicht weniger als 33 Ableitungen mit annähernd hundert Bedeutungen. Dazu die Nachsilben oder Suffixe: absetzbar, unersetzlich, entsetzlich; schließlich Gesetz, Gesetzlichkeit, Gesetztheit, Absatz, Aussatz, Ersatzkaffee, Nachtsitzung in der Setzerei über das Vorgesetztenverhältnis — Aberhunderte von Bildungen, die teils zum lebendigen Sprachschatz gehören, teils bei Bedarf nach jedermann geläufigen Regeln abgeleitet werden können. So wäre es zwar abstraktes und wenig elegantes, aber korrektes Deutsch, von der *Unersetzlichkeit* der Festung Metz und der *Entsetzlichkeit* ihrer *Unentsetzbarkeit* zu sprechen. Wir können aus dem Prahlhans Bramarbas (aus einer Komödie des 18. Jahrhunderts) das *Bramarbasieren* ableiten, aus Münchhausen die *Münchhausiade* und aus dem eigensinnigen Lübecker Drucker Johann Ballhorn die *Verballhornung*. Die Außerparlamentarische Opposition machte sich 1967 daran, die deutsche Öffentlichkeit zu *verunsichern*, was sie sprachlich durfte, weil sie das Muster »verunreinigen« vorfand.

Zwischen der Ableitung und dem anderen Wortbildungselement, der *Zusammensetzung*, sind die Übergänge fließend: Unsere Nachsilbe -heit zum Beispiel war einst ein selbständiges Wort, das Art und Wesen bezeichnete, die »Schönheit« also die Art und Weise, schön zu sein. Gegenwärtig ist das Wort *Zeug* einer Abnutzung unterworfen, die es künftigen Generationen als bloßes Suffix erscheinen lassen wird: Spielzeug, Schreibzeug, Fahrzeug, Werkzeug.

Die im Deutschen typischste Art der Zusammensetzung, die Kopplung von zwei oder mehr Substantiven nach dem Modell *Donaudampfschiffahrtsgesellschaftskapitän*, wird oft belacht und von Deutsch lernenden Ausländern gefürchtet; Mark Twain sprach von »Buchstabenprozessionen«. Sie hat nützliche Kombinationen ergeben wie *Volkslied* (Herder 1773), *Weltschmerz* (Jean Paul 1823) und *Kindergarten* (Friedrich Fröbel 1840); häufig bietet sie auch den Vorzug größerer Anschaulichkeit: *Krankenhaus* ist handgreiflicher als »hospital« und andrerseits die holländische *linnenkist* praller als die deutsche »Truhe«. Aber in der Zusammensetzung steckt die Tücke. Unzählige Hauptwortpaare leben in wilder Ehe, stolpern quer durch die Grammatik und stellen die Logik auf den Kopf.

Das Paar wird teils bloß zusammengeleimt (agglutiniert), zum Beispiel *Himmelbett*, teils gebeugt (dekliniert), zum Beispiel *Himmelstür*. Der unerforschliche Ratschluß unserer Ahnen hat zum *Kalbfleisch* den *Kalbsbraten* produziert, zum *Kindbett* den *Kindskopf*, zum *Rathaus* den *Ratskeller*, zum *Landmann* den *Landsmann*. Obwohl es die Möglichkeit der bloßen Anleimung gibt, hat der Sprachgebrauch oft eine falsche Deklination bevorzugt. Zeitung und Liebe besitzen in keinem Fall ein S, aber wir sagen *Liebesbrief* und *Zeitungsleser*. Weiter: Das *Schneckenhaus* gehört nicht zwei Schnecken, sondern nur einer; die *Zahnbürste* dagegen putzt fast immer mehr als einen Zahn. Im *Kinderbett* liegt meist nur *ein* Kind; im *Kindbett* wiederum liegt die Mutter, aber auch im Wochenbett. Die *Atempause* ist eine Pause zum Atmen, die *Arbeitspause* eine Pause zum Nichtarbeiten — ist nun eine *Denkpause* eine Pause zum Denken oder zum Nichtdenken? Der Juwelendieb stiehlt Juwelen, doch der Strauchdieb nicht Sträucher und der Meisterdieb nicht Meister. Kurzum: Zwischen zusammengesetzten Hauptwörtern ist im Deutschen jede erdenkliche Beziehung und jeder Grad von Unlogik möglich.

Verlassen wir die Niederungen der Dienstunfähigkeitsbescheinigung — und bewundern wir den Prunkwagen des Sprachfortschritts: die Übertragung, die Bildersprache, die *Metapher*. Sie wird von den Philologen (mit vermeidbarem Hintersinn) gegen das Gleichnis abgegrenzt und nach Metonymie und Periphrase, Kenning und Synekdoche unterschieden, nicht jedoch nach dem, was ihre Leistung deutlich macht: Zum einen schmückt die Metapher die Sprache durch bildhafte Vergleiche, von Jean Paul *Sprechblumen* genannt. Zum zweiten verleiht sie konkreten Wörtern zusätzlich eine übertragene, meist abstrakte Bedeutung — und diese zweite, die viel weniger beredete Funktion der Metapher, der *Bedeutungssprung*, ist ihre eigentliche Leistung.

Nichts gegen die Dichter. Was wären allein Sonne, Mond und Sterne ohne sie! Der Mond ist eine Sichel, der Sternenhirte, ein Kupfergong, bei Heine eine Riesenpomeranze, bei Georg Heym ein Partherfürst in goldenem Gelock und bei Brecht »Gottes nackter Lümmel«. In der altnordischen Dichtung bedeutet »Brauenmond« das Auge, »Wimperhimmel« die Stirn. Die Sterne sind »immerfrohe Blumen« (Hölderlin), sie schleudern Speere und weinen (Blake: »When the stars threw down their spears and watered heaven with their tears ...«). Die Wolken werden hartnäckig als Schafe vorgestellt, von Schiller als himmlische Töchter, von Trakl als wilde Rosse und blutige Linnen. Stifter war es bei der Sonnenfinsternis, »als schliche ein bleigraues Licht wie ein wildes Tier heran«.

Wir freuen uns an witzigen Metaphern: »Die Streber im Stab angelten im Lächeln des Kommandeurs nach gebratenen Hühnern« (Isaak Babel[1]), »Ein Satz reibt sich am andern wie die Zunge an einem hohlen Zahn« (Kafka[2]); erst recht an solchen, die zugleich witzig und praktisch sind wie *skyscraper*, Himmelsschaber, Wolkenkratzer, oder *embouteillage*, französisch für Verkehrsstau (von bouteille, der Flasche, also das totale In-der-Flasche-Stecken). Metaphern sind verräterisch: Eine Jungfrau *schänden* konnte nur bedeuten: Was kümmern uns ihr Schmerz und ihre Schwangerschaft, die Schande zählt. Metaphern können in die Irre führen: Das allgegenwärtige Bild von der *Pyramide* behindere eine vernünftige Betriebsgliederung, die eher einem *Orchester* zu vergleichen wäre, meint ein Schweizer Manager[1].

An Metaphernfreudigkeit nimmt der Volksmund es mit den Dichtern auf. Er bezeichnet Schnaps als *Zielwasser*, eine Putzfrau als *Staubwolke*, eine Kneipe als *Untergrundschmuse* und ein hübsches Mädchen als *steilen Zahn*. Modernistische Bauwerke spornen ihn besonders an: *Luthers Achterbahn* hieß in den fünfziger Jahren eine neue evangelische Kirche in München mit ungewöhnlichem Dach, *Kraftwerk Jesu* die neue Gedächtniskirche in Berlin. Für den Fernsehapparat hat Küpper über hundert Metaphern registriert, darunter Schlummerkiste, Flimmerdiesel, Matsch-Auge, Idioten-Ampel, elektrische Großmutter und Glotzophon.

Daß solche Übertragungen flapsig sind, vertreibt sie nicht aus der Sprachwerkstatt, im Gegenteil: Spieltrieb und ein Quantum Zynismus haben auch solche Wörter befruchtet, die wir heute fälschlich als neutral empfinden. Goethe war entrüstet über die Metapher *Komponist*: »Wie kann man sagen, Mozart habe seinen Don Juan ›komponiert‹! Als ob es ein Stück Kuchen oder Biskuit wäre, das man aus Eiern, Mehl und Zucker zusammenrührt!«[2] Die *Beine* waren ursprünglich die Knochen, wie am Jochbein und den Gebeinen noch abzulesen ist, und das Wort »Knochen« auf die längsten Gliedmaßen anzuwenden eine Landsknechtsgrobheit vom Rang der militärischen Redensart: »Reißen Sie gefälligst die Knochen zusammen!« Das scheinbar bürokratisch trockene *sehr* hieß einmal schmerzlich, wund, verletzt, wie die Kriegsversehrten bezeugen; es als Verstärkung einzusetzen, hat das Niveau des englischen *bloody* oder des amerikanischen *damn*, und der »sehr geehrte Herr« ist sprachlich ein verdammt geehrter.

An *sehr* und den *Beinen* ist etwas anderes noch interessanter. Für die Beine steht ja im Deutschen wie in den slawischen Sprachen, außer in Dialekten (»Haxen«), kein Wort zur Wahl. Die Landsknechte haben mit ihrer Übertragung also eine Lücke im Wortschatz geschlossen. Auch das Wort »sehr« hat in seiner heutigen neutralen

Bedeutung keinen Konkurrenten; »ganz« und »viel« helfen manchmal, aber nicht immer. Hier liegt ein für die Sprachentwicklung viel wichtigerer Schritt vor als der Wille, das Kamel ein Wüstenschiff und die Liebe »ce rouge soleil« zu nennen (die rote Sonne, Baudelaire[1]). Wüstenschiffe haben eine schmückende Funktion; sie vermehren die Zahl der Wörter, nicht der Wortbedeutungen, sie schaffen Synonyme, Abwechslung, Spielmaterial, Stilebenen.

Wenn wir dagegen mit dem Wort *Geschmack*, der Beschreibung unserer Zungenempfindung, auch auf Kleider, Möbel, Musik und literarische Richtungen überspringen, so haben wir umgekehrt bei konstanter Zahl der Wörter die Zahl der Wortbedeutungen vermehrt — und dies, die andere Metapher, der Bedeutungssprung, ist der größte Fortschritt, den die Sprache gemacht hat. Das Herauslocken neuer Inhalte aus alten Wörtern war die typische, oft die einzig mögliche Art, unvermutete Entdeckungen und Begegnungen sprachlich zu bewältigen, Ahnungen zu Gedanken zu verdichten, Stimmungen, Vorstellungen und Utopien ins Wort zu heben. Wenn mit der ersten Artikulation die Sprache begann, so mit dem ersten Bedeutungssprung das abstrakte Denken.

Da wurde also irgendwann vom *Auftauchen* nicht nur beim Frosch gesprochen, sondern auch bei einer Idee, da sind nicht nur Bäume *hoch* und Farben *hell*, sondern auch Töne. *Lang* ist nicht mehr nur ein Spieß, sondern auch eine Wartezeit, eine *Aussicht* öffnet sich nicht bloß ins nächste Tal, sondern auch ins nächste Jahr, ein *Ziel* findet nicht allein die Armbrust, sondern auch ein strebsamer Mensch, der Reißzweck im Zentrum der Zielscheibe wird zum *Zweck* überhaupt. Wir *begreifen* nicht nur Holz, sondern auch einen anderen Standpunkt, wir *lösen* nicht nur Schmutz, sondern Probleme. Der Körper hilft uns die Landschaft beschreiben: Land*zunge*, Berg*rücken*, Meer*busen*. *Vererben* war jahrtausendelang ein rein juristischer Begriff, ehe der Lehrer Gregor Mendel aus Brünn ihn als Metapher auf die von ihm entdeckten Gesetze — nun, der »Vererbung« übertrug, wir haben keine Alternative, Vererbung kennt kein Synonym, ohne den Bedeutungssprung hätte Mendel nicht sinnfällig machen können, was er eigentlich entdeckt hatte. Daß wir solche Wörter nicht mehr als Metaphern empfinden, ist gerade ihr Rangabzeichen. Im »Sternenhirten« erkennen wir unvermindert das gewollte Bild, die Ausschmückung, den Überschuß an Phantasie; wenn wir aber im

Zweck die Reißzwecke, im *Kaiser* den Cäsar vergessen haben — dann hat die Metapher unseren Wortschatz und unseren Horizont erweitert.

Auf diesem Wege des Vergessens schleppen wir freilich unzählige Gespenster aus der Urzeit der Sprache mit, wobei wir Gefahr laufen, daß die einstmalige konkrete Bedeutung des Wortes unsere Vorstellungen auch dann kanalisiert, wenn wir die Metapher unbewußt oder ahnungslos verwenden. »Die Toten der Sprache werden nicht begraben«, schreibt Mauthner. »Die Sprache trägt die Leichen aller vorangegangenen Geschlechter mit sich herum.«[1] Der *Kandidat* heißt der »Weißgekleidete« nach der weißen Toga, in der sich im alten Rom der Bewerber um ein Staatsamt vorzustellen hatte. »Mein Mann ist im Büro« hätte früher nur eine Motte sagen können: *Bureau* war ein grober Wollstoff, dann auch der Schreibtisch, der damit bespannt wurde, dann der Raum, in dem die Schreibtische stehen, schließlich der Arbeitsplatz und die Lebenssphäre derer, die die Schreibtische benutzen.

Die Vermengung von Alt und Neu, Hoch und Niedrig, Raum und Zeit, Sichtbar und Verborgen, der Tiefgang des Vergessenen und das Mitschwingen des halb Geahnten — all das erzeugt Farbe, Spannung, Witz und Kraft, es schlägt Zwischentöne an, die den etablierten Wörtern fehlen, es schiebt die Grenzen des Sagbaren hinaus. Dann und wann gelingt es gar, eine Wolke zu greifen, eine Ahnung aus dem Dunkel ins Mondlicht zu ziehen: große Klöster, die »wie Gewänder um ungelebte Leben stehen«[2]; Schatten, von denen wir meinten, daß sie nicht zum Sprechen seien, »so wenig als die Flecken auf meinem Tisch zum Abspielen mit der Geige«[3].

Im »Lexikon« — *zur Lautbildung*: Ablaut, Akzent, Apokope, Assimilation, Dissimilation, Epenthese, Interferenz, Intonation, Laut, Lautstruktur, Lautwandel, Sprachmischung, Tonem, Umlaut. *Zur Wortbildung*: Abkürzung, Ableitung, Agglutination, Analogie, Anomalie, Flexion, Grammatik, Stammwort, Wortbildung, Wortkreuzung, Zusammensetzung. *Zur Metapher*: Bedeutungswandel, Gleichnis, Homonyme 2, Katachrese, Kenning, Metapher, Stilebene.

6. Wie man Wortlücken schließt

Fremdwörter, Wortschwund und Bedeutungswandel

> Verwendet nie ein neues Wort, sofern es nicht drei Eigenschaften besitzt: Es muß notwendig, es muß verständlich und es muß wohlklingend sein.
>
> *Voltaire, Ratschläge an einen Journalisten (1737)*

Der Rat war gut, die Wirkung schwach. Für die neuen Lichtspielhäuser prägten unsere Urgroßeltern das Wort Kinematographentheater, das erst genießbar wurde, als der Volksmund es zum *Kino* verkürzte, unbekümmert darum, daß Kino schon der Name eines Pflanzensaftes für Färber und Gerber war. Unsere Großeltern hoben das Wort *Mumpitz* aus dem Jargon der Berliner Börse in die Umgangssprache, womit, bei dem allgemeinen Zuwachs an dummem Gerede, die Forderung »notwendig« zwar erfüllt war, allerdings nur sie.

Notwendig sind Wörter von zweierlei Art: die einen, weil Benennungsbedürfnisse neu entstehen; so durch die rapiden Veränderungen in Technik und Naturwissenschaften, die Ausweitung des Welthandels, die Einbeziehung von immer mehr Menschen in ein immer dichteres Netz von Informationen, auch durch die wechselnden Strömungen in Politik, Kultur und Mode.

Seltener wird von der anderen Sorte notwendiger Wörter gesprochen: denen, die bei der Entstehung der Sprache vergessen worden sind. Wörter haben sich zumeist aus *praktischen* Bedürfnissen und vielerlei Zufällen entwickelt und zeigen daher »eine bemerkenswerte Ungleichheit in der Verteilungsdichte, wenn wir sie von unseren *theoretischen* Bedürfnissen aus betrachten. Fortwährend muß ein einzelnes Wort Funktionen übernehmen, für die hundert Wörter nicht zu viel wären . . . Die Folge solcher Knappheit der Begriffe ist, daß man bei jedem Sprechen über diese unterernährten Themenbereiche die wenigen Wörter verwenden muß, die verfügbar sind.«[1] Einer, der genug gegessen hat, ist *satt* — aber was ist einer, der genug getrunken hat? Wie praktisch, wenn wir für den *Tag* drei Wörter hätten, verwandt und zugleich genügend unterschieden: nämlich für die Kalendereinheit von vierundzwanzig Stunden, die astronomische Einheit von Sonnenaufgang bis Sonnenuntergang und die subjektive

Zeiteinheit vom Aufstehen bis zum Schlafengehen. Die meisten Sprachen besitzen kein Wort für die elementare Verwandtschaftsbeziehung, die wir auf deutsch *Geschwister* nennen, und keins für *Schadenfreude*, einen Grundzug menschlichen Charakters, der beispielweise auf englisch mit der Formel »malicious joy at another's misfortune« umschrieben werden muß.

Wo die Ausdrucksnot auftaucht, weil die Technik oder die Kultur einen Sprung gemacht hat: da sind wir gemeinhin rascher und erfindungsreicher. Auf sechs verschiedenen Wegen rollt Nachschub heran.

Die *Wortschöpfung* (»Gas«) ist der am seltensten befahrene. Mehr Lücken werden durch *Wortbildung* geschlossen: A.W. Schlegel setzte *Weltliteratur* zusammen, Attentat und Täter kreuzten sich im 19. Jahrhundert zu *Attentäter*, aus breakfast und lunch kombinierten hungrige Spätaufsteher um 1930 den *brunch*. Ein dritter Weg führt vom *Dialekt* in die Gemeinsprache: Aus der rheinischen Mundart streute Konrad Adenauer das Wort *pingelig* über Deutschland aus, von Bayern hat sich, zur Deckung wachsenden Bedarfs und seiner Anschaulichkeit zum Lohn, der *Gschaftlhuber* nach Norden vorgearbeitet. Der vierte Weg wird von den *Zunftsprachen* befahren, so von der des Militärs (Karriere, Verkaufskanone), der Bergleute (Stichprobe, Raubbau), der Elektrotechniker (Kurzschluß, Kontakt), der Autofahrer (Gas geben, ankurbeln).

Den fünften Weg hat das vorige Kapitel angeleuchtet: den Bedeutungssprung, beispielsweise vom Tier zum technischen Gerät: erkennbar beim *Grubenhund*, vergessen beim *Kran*, der sich vom langen Schnabel des Kranichs herleitet (»crane« bezeichnet englisch beides) und bei der *Ramme*, die einmal ein Widder war und dessen Angriff mit gesenktem Kopf man zum Bild für den Fallhammer wählte. Auf den zigarrenförmigen, mit Motorkraft angetriebenen Freiballon wurde entweder ein Bild aus der Seefahrt oder der Name seines Schöpfers übertragen: *Luftschiff* oder *Zeppelin*. *Industrie* hieß erst Fleiß, dann insbesondere Gewerbefleiß, dann Gewerbe überhaupt, schließlich »Industrie« — und dies schon zu einer Zeit, als Friedrich Schlegel seinen eigenen Fleiß noch als seine »nie ermüdende Industrie« bezeichnete.

Der meiste Nachschub kommt auf dem sechsten Weg: Es ist der Griff in die *Fremdsprache* — zumeist in diejenige, die bei den Höflingen oder Professoren gerade im höchsten Ansehen steht. Das sind von alters her Latein und Griechisch (bis hinein in die gestelzte Terminologie der Linguistik, über die das »Lexikon« am Schluß des Buches orientiert), in Deutschland vom 17. bis 19. Jahrhundert zusätzlich Französisch, im 20. Jahrhundert statt dessen Englisch. Seit 1617, als vier deutsche Fürsten auf Schloß Hornstein bei Weimar die »Fruchtbringende Gesellschaft« zur Abwehr der Überfremdung gründeten, haben sich die Sprachreiniger immer wieder gegen die Flut der Ausländerei gestemmt, aus zweierlei Motiven und durchaus nicht ohne Erfolg: Zum einen gab es Puristen und Teutobolde, die jegliches Wort von nichtgermanischer Herkunft aus dem Deutschen verbannen wollten, selbst die indogermanische »Nase« — die dafür vorgeschlagene Metapher *Gesichtserker* entstammt dem 18. Jahrhundert und nicht etwa dem zeitgenössischen Schülerwitz; sowenig wie *Meuchelpuffer* für Pistole, *Dachschnauber* für Schornstein, *Talmund* für Echo und *Zitterweh* für Fieber, die allesamt der Dichter Philipp von Zesen schon im 17. Jahrhundert seinen Mitbürgern an die Lippen legte. Freilich: Vielleicht hat es »nicht eine einzige noch so hervorragende und dem Fremdwort an Schärfe und Feinheit oft überlegene Übertragung gegeben, die nicht zunächst von den Besserwissern mit gekünsteltem Hohnlächeln angeätzt wurde«, schreibt Klages, ein Winkelried im Kampf wider »die Schlammfluten der Fremdwörterei«[1], die beim Turnvater Jahn »Wortmengerei«, »Welschsucht« und »Wißdünkel« geheißen hatte[2]. Auch anerkannte Institutionen haben mit Eindeutschungen Schiffbruch erlitten: Duden nahm 1880 außer dem *Haarkräusler*, in dem man den Friseur wenigstens noch erkennt, *Paradiesfeige* für die Banane und *Selbstverkäufer* für den Automaten auf, und 1929 strich er sie wieder.

Der andere Antrieb der Sprachreiniger verdient Respekt: Ob fremd oder nicht, Wörter sind dazu da, verstanden zu werden. Wer *Hyperbel* oder *overstatement* sagt, obwohl beide nichts enthalten, was nicht auch in *Übertreibung* entweder läge oder mühelos hineingelegt werden könnte, der handelt aus einem von drei nicht besonders eindrucksvollen Gründen: Entweder fragt er sich gar nicht, von wie vielen Hörern oder Lesern er verstanden wird — ein Kernthema dieses Buches. Oder er möchte seine Rede mit Wunderblumen schmücken. Oder er legt geradezu Wert darauf, nicht von jedermann verstanden zu werden, er setzt das Fremdwort zur Herstellung sozialen Abstands ein — ein Beitrag zur Beliebtheit der Zunftsprachen, der noch gründlich beleuchtet werden soll (Kap. 29).

Notwendig wäre das Ausweichen in die Fremdsprache selten. Wohl gibt es in Deutschland kein Wort für *fair*, aber einst gab es auch keine deutschen Wörter für *Billet* und *bel-esprit*, so lange nämlich, bis einer kam und *Fahrkarte* und *Schöngeist* daraus machte, zwei praktikable Anverwandlungen, denen kein Ruch von Deutschtümelei anhaftet. Auf Philipp von Zesen, den Vater des Meuchelpuffers, gehen auch erfolgreiche Umsetzungen wie *Abstand* für Distanz, *Augenblick* für Moment, *Schauspieler* für Acteur, *Verfasser* für Autor zurück. Hundertfünfzig Jahre später sagte man in Deutschland noch »Exkursion« und »Supplikant« — bis J. H. Campe 1801 *Ausflug* und *Bittsteller* dafür anbot, was gewiß ein guter Einfall war. Später wurden das Milieu mit *Umwelt*, der Aeroplan mit *Flugzeug*, der Helikopter mit *Hubschrauber* vorzüglich eingedeutscht.

Doch gute Einfälle sind rar und unnötige Verfremdungen populär geworden. *Benzinkutsche* und *Dampfwagen* lagen längst auf deutschen Zungen, als sich die Kunstwörter *Automobil* und *Lokomotive* vordrängten, die zweite noch dazu in einen sprachlichen Eintopf mit der *Lokomobile* geworfen, der bis zum Zweiten Weltkrieg verbreiteten Straßendampfmaschine. Alle drei Wörter teilen auf die zopfigste Weise mit, daß sich da ein Ding von selbst woandershin bewegt; das, worauf es ankam, nämlich die Unterschiede der drei Fahrzeuge nach Antriebsart und Verwendungszweck, wurde nicht ausgedrückt — wie so oft in der Sprache: Das Unwesentliche kleidet sie in komplizierte Buchstaben, das Wesentliche läßt sie weg. Man denke an das belegte Brot: aus Roggen, heißt es in Norddeutschland *Stulle*, aus Weizen, wird es im Abendland *Sandwich* genannt, aber niemand wage in den Buchstaben den Unterschied der Getreideart zu suchen! Die Stulle kommt entweder von Butterstollen oder von einem friesischen Wort für Klumpen, das angelsächsische Schinkenbrot dagegen von John Montagu, viertem Earl von Sandwich, der als leidenschaftlicher Spieler die Unterbrechung durch die Mahlzeiten haßte und seinem Butler die Zubereitung einhändiger Diners auftrug, damit die andere Hand weiter die Karten halten konnte.

Wenn der *eigene* Sprachschatz eine Wortlücke schließen soll, wird die Not nicht automatisch kleiner. *Besitz* und *Eigentum, verwandt* und *verschwägert* unterscheiden sich im Sprachgebrauch durchaus nicht in der Form, in der die Juristen die Wortpaare differenzieren: Daß ich meinen Schwager nicht zu meinen »Verwandten« zählen soll, ist eine arge Zumutung und trägt noch mehr von dem in die Sprache, wovon sie ohnehin zuviel hat: Wirrwarr — zumal wenn die Fachleute darauf bestehen, daß die für sie nützliche Abgrenzung zugleich für die Sprache insgesamt zu gelten habe. Als Vorbild kann die schöne Klarheit und Zurückhaltung dienen, mit der Sigmund Freud seine Schlüsselwörter vorstellte, zum Beispiel: »Einer gleichförmigen Ausdrucksweise zuliebe wollen wir die Tatsache, daß ein Trieb nicht befriedigt werden kann, *Versagung*, die Einrichtung, die diese Versagung festlegt, *Verbot*, und den Zustand, den das Verbot herbeiführt, *Entbehrung* nennen.«[1]

Erweiterungen und Verschiebungen des Wortsinns finden unablässig statt, zumeist jedoch ungesteuert und kaum erklärbar, oft jahrzehntelang unbemerkt, manchmal in verblüffender Geschwindigkeit. Und das keineswegs allein in Form von Metaphern, sondern so, daß unter den altvertrauten Buchstaben der Sinn einfach wegrückt und eine andere Bedeutung nachdrängt. Wilhelm Meister war »bei üblem Humor«, fühlte sich »innig« gekränkt und verübte »die artigsten Streiche«[2] — das glatte Gegenteil dessen, was unsere Eltern unter »artig« bei einem Kind verstanden, während »ein artiges Vorgebirge« (Goethe 1797) uns ratlos läßt. *Schule* kommt vom lateinischen *schola* und hieß einst Muße, Ruhe — und, immerhin, die wissenschaftliche Beschäftigung in den Mußestunden; nur *Freizeit* hieß es nicht: Denn dieses Leibwort der Gegenwart war dem Grimmschen Wörterbuch (1878) unbekannt, im Großen Meyer von 1926 als kirchliches Seminar aufgeführt und im Großen Brockhaus von 1954 als »neuerer Ausdruck für Muße« zugelassen, aber auch nicht mehr.

Als wir das schöne Wort *recycling* 1973 aus Amerika importierten, bedeutete es das Zurückführen von Rohstoffen in den Produktionsprozeß; 1974, einige Monate nach Verhängung des arabischen Ölboykotts, stand es plötzlich für die Rückführung der Dollarmilliarden aus den Ölländern in die Industriestaaten. Niemand hatte diese Bedeutungsverschiebung beschlossen, niemand darüber abgestimmt, die wenigsten hatten sie auch nur registriert. Die *Droge*, offiziell noch als ein pflanzlicher oder tierischer Rohstoff im Sinne von

Kamillentee definiert, hat unter dem Ansturm des englischen *drug* die überwiegende Bedeutung »Rauschgift« angenommen, wogegen der *Drogist* weiterhin mit Pfefferminz und Seife handelt. Während bei der Droge klar zu sein scheint, warum sie ins Negative abgeglitten ist, sind die Gründe für andere Bedeutungsverschlechterungen nur zu ahnen. *Gift* hieß einst die Gabe, *List* kommt von »leisten« und stand für Können und Wissen, der *Idiot* war ein Laie und Einzelgänger, die *Dirne* ein Mädchen, *gemein* und *ordinär* bedeuteten »allgemein verbreitet«, *niederträchtig* war ein flacher Tisch — ein ewiges Gewoge der Wörter und Bedeutungen.

Wann eigentlich ein Wort gestorben ist, läßt sich schwer entscheiden: wenn es seit einem Jahr — seit zehn Jahren — seit hundert Jahren in keinem Druckwerk mehr auftaucht — oder nur noch in entlegenen Publikationen — oder wenn es in mündlicher Rede nicht mehr verwendet wird, seit wann wiederum, und wer registriert die gesprochene Sprache? Gleichwohl stößt man auf Experten, die sich sogar im Besitz der Gründe glauben, warum der Tod eingetreten sei. (Man sieht den Meinungsbefrager in der Haustüre stehen: »Sie verwenden das Wort *abmurzeln* nicht mehr, das Jean Paul benutzte. Würden Sie mir bitte Ihre Gründe nennen?«) Im besseren Fall sind wir auf Mutmaßungen angewiesen; im schlechteren argumentiert ein Teil der Zunft mit oft widerlegten Kalendersprüchen von der Art, daß die Sprache »nach Klarheit strebt«. Die am ehesten einleuchtenden Hypothesen besagen:

1. Bei Wörtern verschiedener Bedeutung, die genauso ausgesprochen und geschrieben werden (Homonyme), wird die seltener verwendete Bedeutung manchmal abgestoßen: Unter *Schnur* verstanden allmählich zu wenige Leute »Schwiegertochter« und zu viele »Bindfaden«, deswegen habe das Wort aufgehört, eine Verwandtschaftsbezeichnung zu sein. Dasselbe widerfuhr dem *Durst* im Sinne von Kühnheit, der *Beute* in der Bedeutung Bienenstock, den *Englischen Fräulein*, soweit sie sich von den Engeln und nicht von den Engländern herleiten. Erwarb ein Wort eine als unanständig empfundene Nebenbedeutung hinzu, so starb gar die ursprüngliche Hauptbedeutung ab. Das Gesäß unterwirft seine Benennungen raschem Verschleiß: Das germanische *ars* bezeichnete einst einen Erker oder herausragenden Körperteil und wurde als Euphemismus verstanden. Als ein Vulgärwort daraus geworden war, zitierte man,

zunächst wiederum in schönfärberischer Absicht, das Wort *After* herbei — aber die Farbe schlug um und machte Wörter wie *Aftermieter* (für Untermieter) und *Afterwelt* (für Nachwelt) unmöglich.

2. Oft sterben Wörter ab, die in etymologische Isolierung geraten sind, das heißt: die sich als letzte Überlebende einer Wortfamilie an kein anderes Lautbild mehr anlehnen. So erging es dem *galen* für singen (nur noch in Nachtigall) und Lutherwörtern wie *glum* für trübe und *Sponde* für Bettgestell.

3. Viele lebendige Wörter halten dem Anprall der Amtssprache oder eines Zunftjargons nicht stand. Dem deutschen Auswärtigen Amt ist es nach dem Zweiten Weltkrieg gelungen, *Abessinien* in »Äthiopien« zu verwandeln, und *Persien* ist dabei, dem »Iran« zu unterliegen. Der Einzelhandel hat das Wort *billig* nacheinander durch *preiswert*, *preiswürdig* und *preisgünstig* zu ersetzen verstanden, mit der Absicht, einen für den Kunden wesentlichen Unterschied zu verwischen: Ein Pelzmantel für dreitausend Mark mag seinen Preis wert sein; billig ist er nicht.

Ohne einleuchtende Begründung untergegangen sind farbige und kräftige Wörter wie *Tändelwochen* (für Flitterwochen), *kaltsinnig* (für gleichgültig), *Scheelsucht* (für Neid). Warum? Man möchte fragselig werden und sich mit Rachgrimm wappnen. Und solches Bedauern wäre weder Versponnenheit noch Altertümelei: Hunderte von wohlgeratenen Wörtern, die uns als notwendig und normal erscheinen, waren schon tot und wurden von klugen Köpfen wiederbelebt. J. C. Adelung, der Sprachpapst des 18. Jahrhunderts, verwarf in seinem fünfbändigen »Grammatisch-kritischen Wörterbuch der hochdeutschen Mundart« (1774—86) neben anderen die folgenden Wörter als provinziell, veraltet oder lächerlich: *Abenteuer*, *Ärger*, *behaglich*, *Bucht*, *dicht*, *düster*, *hastig*, *unbefangen*, *vergeblich* und, in heftiger Fehde gegen Lessing, *beginnen*. Lessing grub *herzlich*, *erkunden*, *torkeln*, *Wegelagerer* wieder aus, indem er die Epigramme des hundert Jahre zuvor verstorbenen Friedrich von Logau neu herausgab und in seinem Vorwort für die alten Wörter focht: Durch solche Wiedereinführungen könne der Sprache »ein weit größerer Dienst erwiesen werden als durch Prägung ganz neuer Wörter, von denen es ungewiß ist, ob ihr Stempel ihnen den rechten Lauf so bald geben möchte«. Wieland gelang es, *abschätzig*, *Augenschein*, *verzetteln* wiederzubeleben. Jean Paul wünschte sich ein Register aller

»scheintoten« Wörter und hielt seinem berühmten Zeitgenossen Lavater, Pfarrer und Physiognomiker in Zürich, vor, daß er leichtfertig Wortschöpfung statt Wortforschung betreibe: »Sooft er sich nicht auszudrücken wußte, *schuf* er.«[1]

Ohne mit konkreten Vorschlägen aufzuwarten, hatte schon Leibniz in seinen »Unvorgreiflichen Gedanken betreffend die Ausübung und Verbesserung der deutschen Sprache« die »Wiederbringung alter verlorener Worte, so von besonderer Güte« empfohlen und hinzugefügt: »Weil aber viele gute und wohlgemachte Wörter auf die Erde fallen und verlorengehen, indem sie niemand bemerkt oder beibehält, also daß es bisher auf das blinde Glück diesfalls angekommen«, sollten grundgelehrte Kenner solche Wörter am Leben halten und in Übung bringen.[2]

Leibniz wünschte sich für die »grundgelehrten Kenner« also einen Auftrag, der weiter gehen sollte, als er der schon 1635 gegründeten *Académie Française* vom Kardinal Richelieu erteilt worden war: »l'observation et la surveillance«, die Beobachtung und Überwachung der französischen Sprache. Die vierzig »Unsterblichen« von Paris sehen seither ihre zentrale Aufgabe darin, die Wörter Frankreichs zu registrieren und zu definieren — meist mit jahrzehntelangem Rückstand hinter dem Sprachgebrauch: teils, weil durchaus nicht jeder neuen Wortbildung oder Wortbedeutung Einlaß gewährt wird, teils, weil die Arbeit sich hinzieht; an der jüngsten, neunten Ausgabe des Wörterbuchs arbeitet die Akademie seit 1935, und 1975 stand sie beim Buchstaben D. Noch kühner als Richelieu war Präsident Giscard d'Estaing: Am 4. Januar 1976 erschien im Staatsanzeiger ein von ihm unterzeichnetes Gesetz, das den Gebrauch von Fremdwörtern in Rundfunk und Fernsehen, in Inseraten, Gebrauchsanweisungen und Verträgen kurzerhand verbietet, soweit sie durch französische Wörter ersetzt werden können; wer dagegen verstößt, ist strafbar nach einem Gesetz von 1905 zur Bekämpfung des Betrugs. »*Ausländische* Wörter und Ausdrücke«, heißt es exakt, und gemeint ist primär die amerikanische Wort-Invasion; aber wer »le drugstore« französisch ausspricht, hat nach geltendem Recht *kein* ausländisches Wort verwendet. So bleibt darüber nachzugrübeln, wie sich in diesem Akt das Nichtssagende, das Großartige und das Weltfremde durchdringen.

Doch da war einer, der Richelieu und Giscard noch übertraf:

Jonathan Swift. Er unterbreitete — und zwar anscheinend *nicht* als Satire — 1711 dem britischen Lordkanzler Robert Earl of Oxford and Mortimer einen Vorschlag für eine Sprachakademie. Swift trat darin zunächst, wie Leibniz, für die gesteuerte Wiederbelebung sterbender Wörter von Kraft und Wohlklang ein, fuhr jedoch fort, er sehe »absolut keine Notwendigkeit, warum jede Sprache sich dauernd ändern muß«. Wenn das Englische einmal durch ein Gremium hervorragender Fachleute korrigiert, gereinigt und verjüngt worden sei, müsse eine Methode ersonnen werden, »unsere Sprache auf immer festzuschreiben . . . Denn ich meine, es ist besser, daß eine Sprache nicht vollkommen ist, als daß sie sich beständig ändert.« Dies heiße nicht, daß der Wortschatz nicht erweitert werden dürfe: »Vorausgesetzt, daß kein Wort veralten und verworfen werden kann, wenn es einmal sanktioniert worden ist, sollte das Gremium die Freiheit haben, neue Wörter aufzunehmen.« Der Hauptzweck bleibe so erfüllt: daß alle Bücher auch noch nach Jahrhunderten von jedermann ohne Dolmetscher gelesen werden könnten, die historischen Werke zum Lobe des Lordkanzlers eingeschlossen.[1]

Kein Wort darüber, auf welche Weise es gelingen sollte, eine Sprachgemeinschaft am typischen, und das heißt: willkürlichen Umgang mit den Wörtern und ihren Bedeutungen zu hindern; das Ganze gespeist aus einem Geist, der bis heute dem Lateinischen immer wieder die leidenschaftlich argumentierenden Anhänger zuführt: Hier wenigstens ändert sich nichts, hier kann man Wörter aufspießen wie Insekten, und für neue Einrichtungen und Erfindungen zeugt das vatikanische Pontificio Istituto Superiore di Latinità die geeigneten Wortungeheuer: *autoredarum receptaculum* die Garage, *cinematographici distributores* die Filmverleiher, *nuntiorum exquisitores* die Journalisten und *imaginum transmissio per electricas undas* das Fernsehen. Da sieht man die Sprache, wo sie am totesten ist.

Dazu im »Lexikon«: Anglizismen, Bedeutungswandel, Defizienz, Fremdwort, Homonyme, Interferenz, Kernwortschatz, Kunstwort, Sprachgesellschaften, Sprachmischung, Sprachpflege, Wortlücke, Wortschatz, Wortschwund.

7. Inwiefern Ja und Nein dasselbe sind

Die Sprache duldet den Selbstwiderspruch und liebt die Übertreibung

> Des Menschen erstes Wort war A
> Und hieß fast alles, was er sah:
> z.B. Fisch, z.B. Brot,
> z.B. Leben oder Tod.
>
> *Christian Morgenstern*

Die Sprache verschmäht die Klarheit und die Mitte. Eindeutigkeit und Augenmaß sind nicht in die Wörter eingebaut, sie können ihnen höchstens abgelistet werden. Daß Groß zugleich Klein und Ja zugleich Nein bedeutet, ist in allen Sprachen ein gängiger Fall und der Hang zum Extrem ihr Normalzustand. *Anstoß*, Ableitung von stoßen, ist einerseits ein Hindernis und Ärgernis (Stein des Anstoßes), andrerseits das Gegenteil davon: nämlich für Faule ein Ansporn und beim Fußball der erste Schuß. *Gabe*, zusammengesetzt mit Geld und Preis, ist einerseits ein Geschenk (Geldgabe), andrerseits der Verzicht darauf (Preisgabe).

Dies sind indessen nur Verschlimmerungen, die der Sprachfortschritt durch Ableitung, Zusammensetzung und Metapher einer bizarren Uranlage der Sprache zugefügt hat: Viele Wörter traten als Zwillingsbrüder ihres eigenen Gegenteils ins Leben. Dieser Gegensinn der Urworte ist ein vertracktes Phänomen, dem man sich vorteilhaft in zwei Schritten nähert.

Erster Schritt. Für die Urmenschen muß es, nicht anders als für heutige Wortschöpfer, immer nahegelegen haben, die Ausnahme zu benennen und nicht die Regel, den Riesen, den Zwerg und nicht den normalen Menschen. Wörter entstehen dort, wo die Beobachtung oder der Denkablauf einen Stoß bekommen, wo sich ihnen Hemmungen und Hindernisse in den Weg stellen. Die Entwicklung des Wortvorrats ist »das durch Entgleisungsstöße veranlaßte Bemerken von Unterschieden zwischen ähnlichen Dingen«[1].

Da nicht nur die Hitze eine Ausnahme ist, sondern ebenso die Kälte, zwingen wir der Welt mit der Sprache ein Schema der *Polarisierung* auf. Wir haben Wörter fürs Lachen und fürs Weinen; wir können auch feiner abstufen: warm und kühl, lächeln und — nun wird es schon umständlicher — traurig oder finster dreinblicken.

Wenn sich aber die Temperatur von unserer Erwartung oder von unserer Wunschvorstellung absolut nicht unterscheidet, wenn unser Gegenüber die allerdurchschnittlichste Miene macht, so läßt uns der Wortvorrat im Stich. Für das Wetter helfen Ersatzkonstruktionen wie »angenehm« oder »sozusagen temperaturlos« oder »schöne Luft«; für die Mimik, die Gefühle nicht ausdrücklich widerspiegelt, hilft nichts mehr, es sei denn ein dichterischer Einfall — etwa aus dem Lied vom »Fischer«: *Halb zog sie ihn, halb sank er hin*. Um das Schwebende, Ungeklärte zu formulieren, spannte Goethe zwei Extreme zusammen und *halbierte* sie sodann — darin liegt der eigentliche Kunstgriff, denn eine ungeschmälerte Benennung der Kontraste wie bei der *Haßliebe* trägt zwar vorbildlich der häufigen Gespaltenheit unserer Gefühle Rechnung, jedoch wiederum nur dann, wenn es sich um heftige Gefühle handelt; *Antisympathie* würde häufig besser treffen.

Der Hang zum Extrem kann so weit gehen, daß die Verneinung etwas viel Böseres als das Gegenteil ansteuert: Wenn ein junges Mädchen *verschämt* oder *schamhaft* ist, müßte eine Ehefrau in allen Ehren *unverschämt* und *schamlos* sein dürfen, nämlich ohne eine Verschämtheit, die in den meisten Ehen als deplaziert empfunden werden würde. »Schamlos« ist indessen die Hure und »unverschämt« ein Erpresser. Für den Normalfall fehlt das Wort. Ebenso ungedeckt ist der Bedarf an neutralen Wörtern, mit denen eine Einstufung nach Alter, Größe, Höhe, Tiefe vorgenommen werden könnte. Die Frage »Wie *alt* bist du?« läßt die Antwort »Drei Jahre« zu. Das Neutrum, die Mitte, hat kein Wort erzeugt.

Zweiter Schritt. Daß die Wörter die Mittellagen meiden und sich an Extreme heften, ist ein Problem für Poeten, Philosophen, auch Journalisten und sogar Politiker; den Grundbedürfnissen der Verständigung stünde diese Eigenheit der Sprache nicht im Wege, solange jedes der beiden Extreme mit einem unverwechselbaren Wort versehen wäre. Das Kuriosum setzt viel tiefer an: Für Hitze und Kälte, Alles und Nichts gab und gibt es in vielen Sprachen *dasselbe* Wort. Warum? Und mit welchen Folgen für die Kommunikation?

Freud weist auf die merkwürdige Erscheinung hin, daß im Traum jedes Ding sein Gegenteil bedeuten kann; die Gegensätze vertreten einander und werden durch dasselbe Darstellungsmittel ausgedrückt.[1] In der altägyptischen Sprache bedeutete das Wort *stark* zugleich *schwach*, und so mit Dutzenden von Gegensatzpaaren. Die Lösung liegt wahrscheinlich in einer Relation, wie sie sich in dem Sprichwort »Wo kein Licht ist, ist auch kein Schatten« ausdrückt: Objektiv gibt es zum Beispiel Dürre auch in einem Land ohne Überschwemmungen, einer Wüste; subjektiv spürbar, anschaulich, unleidlich, und das heißt: benennungsfähig und benennungsbedürftig wird die Dürre jedoch erst dann, wenn sie auf das Erinnerungsbild eines Überflusses an Wasser stößt. So kann ein gemeinsames Wort für Dürre und Nässe entstehen, indem es den Widerspruch, die Kraßheit des Unterschieds, die Spannweite des Ärgernisses benennt.

Sprachpsychologisch hat das etwas Einleuchtendes — aber wo bleibt die Verständigung? Das Hordenmitglied, das morgens vor die Höhle trat, konnte den Höhleninsassen nur das Signal »extreme Wetterlage« zukommen lassen, mit einem Wort, das von der seltsamen Qualität *Hitzefrost* gewesen sein muß. Welches der beiden Wetterextreme meinte der Späher? Das wird aus seinen Gesten hervorgegangen sein, wenn nicht ohnehin aus den begleitenden Umständen oder einfach der Jahreszeit. Unsere eigenen Anforderungen an die Unterscheidungskraft der Wörter sind ja bescheiden: Wir sagen umgangssprachlich »Dolles Wetter heute« und können damit ebenso ein ideales Badewetter wie ein ideales Skiwetter wie ein katastrophales Wetter meinen.

Wären die Zwitterwörter auf den Traum, das alte Ägypten und ein paar modische Redensarten beschränkt, sie müßten uns nicht beunruhigen. Doch im Lateinischen, angeblich einer hohen Schule der Logik, heißt *altus* zugleich hoch *und* tief; *sacer* heilig *und* verflucht; *clam* leise, *clamare* schreien (Proklamation). Im Englischen kann man *ohne* nicht sagen, ohne *mit* zu sagen: *without*, und auch in Deutschland hört man Kinder rufen: »Mutti, bitte mit ohne Marmelade.« Der *Boden* ist zugleich das Oberste und das Unterste im Haus. Daß man Pillen ebenso *für* wie *gegen* eine Krankheit nimmt, läßt sich noch rechtfertigen; härter klingt es schon, wenn Hölderlin schreibt, »daß *für* den Tod kein Kraut gewachsen ist«[1]. Der *nächste* Freitag müßte der allernächste sein, das Wort scheint keine Wahl zu lassen; am Donnerstag jedoch versteht die Mehrzahl der Deutschen unter »nächstem Freitag« nicht den morgigen Tag, sondern den in acht Tagen, also gerade nicht den nächsten. Noch schlimmer: *erst* bedeutet zwar den Ersten, aber zugleich den Letzten und überhaupt alles, was spät ist: »Nein, *erst* ist Fritz an der Reihe, dann *erst* bist du dran« oder »Jetzt *erst* kommst du nach Hause?«

Ist wenigstens über jeden Zweifel klar, was eine korrekte, eine wirklich verneinende Verneinung ist? Mitnichten. Gerade hier gehen die Meinungen und der Sprachgebrauch weit auseinander, *nicht* und *nein* sind geradezu Vorreiter der Verwirrung. Viele Dialekte huldigen der doppelten Verneinung, aus der nach aller Logik (eben nur nach ihr) eine Bejahung wird: »I hob koa Geld net«; ähnlich im Slang: »You don't know nothing«. *Zwischen* den Sprachen herrscht schon gar keine Einigkeit: Der Deutsche warnt einen Menschen davor, zu schießen, der Engländer warns him *not* to shoot. Der Deutsche fürchtet, daß der andere schießt, der Franzose craint qu'il *ne* tire; dies wiederum nur in der gehobenen Sprache, die Verneinungspartikel wird zunehmend weggelassen — was nach aller Logik (eben nur nach ihr) den Sinn umkehrt. Auch im Hochdeutschen: »Zur Strafe war ihm verboten, zehn Jahre *kein* Gewehr zu führen«, schrieb Goethe[1]. Das Präfix *un-* heißt erstens nein (unmöglich, unzerbrechlich), zweitens aber zweimal ja: Es steigert Mengen, Massen, Gewitter und Geziefer zu Unmengen, Unmassen, Ungewitter, Ungeziefer; und drittens bedeutet *un-* weder Verstärkung noch Verneinung: *Unrat* und *unscheinbar* sind keins von beiden.

Diese Tendenz ist in die Sprache eingelassen und gehört zu ihr seit der ersten Artikulation. Erschwerend kommen im Lauf der Sprachgeschichte außer Wortbildung und Übertragung auch Verschleiß, List und Ironie hinzu.

Verschleiß bis zur Groteske zeigt die französische Verneinung. Als das lateinische *non* sich einmal zum französischen *ne* abgeschliffen hatte, entstand der Bedarf nach einem Füllwort: für *nicht* »kein Schritt«, *ne . . . pas*, für *niemand* »keine Person«, *ne . . . personne*. Inzwischen wird in der Umgangssprache gerade der eigentlich verneinende Teil dieser Koppelung, das *ne*, immer häufiger abgestoßen (c'est pas vrai, je connais personne), ja *personne*, einst »jemand«, fast nur noch in der Bedeutung »niemand« verwendet. Archaischer Gegensinn der Urworte, von einer modernen Hochkultur frisch produziert! Wer als Deutscher die Nase darüber rümpfen wollte, der denke an unser *alle*, das so oft *keine* heißt: In den Sätzen »Die Äpfel sind alle da« und »Die Äpfel sind alle« entscheidet allein das »da« (obwohl es doch den Ort und nicht die Menge bezeichnet), ob viele oder keine Äpfel in Rede stehen.

Vielleicht Verschleiß, vielleicht aber eine bauernschlaue Begriffsaufweichung scheint bewirkt zu haben, daß besonders strikte Wörter wie *sofort*, *grundsätzlich* oder *sicher* nur noch selten innerhalb ihrer Umzäunung anzutreffen sind. Dem Wortsinn nach läßt »sofort« keine Konzession zu: Wer *sofort* kommen soll, hat alles hinzuwerfen und zu kommen. Aber eben dies mögen die Leute nicht, und so hat der bejahende Zuruf »Ich komme sofort« mehr und mehr den Sinn angenommen: »In verhältnismäßig naher Zukunft, sobald ich dieses oder jenes erledigt habe, was mir wichtig ist, *dann* komme ich.« *Sicher* klingt nach der Verläßlichkeit des absolut Gewissen — die Umgangssprache hat es unbeeindruckt zu »wahrscheinlich« aufgeweicht (»Du hast doch sicher Schnaps im Haus«). »Peter hat geheiratet« ist ein Satz von hoher Offensichtlichkeit, die durch die Formel »Peter hat *offensichtlich* geheiratet« nicht gesteigert, sondern vermindert wird. Ähnlich beim *Grundsatz*. »Mit Ihrem Entwurf bin ich grundsätzlich einverstanden« müßte besagen: von Grund auf einverstanden. Zumeist bedeutet es: zwar im Prinzip einverstanden, aber mit so vielen Änderungswünschen im Detail, daß offenbleibt, ob Sie am Grundsatz noch Freude haben werden. Eine ganze Witzgattung, Radio Eriwan zugeschrieben, lebt von dem Prinzip, das sein Gegenteil bedeutet. (Frage an Radio Eriwan: »Ist es wahr, daß man die Partei kritisieren darf?« Radio Eriwan antwortet: »Im Prinzip ja. Doch lebt es sich in den eigenen vier Wänden angenehmer.«)

Die Dritte im Bunde mit Abnutzung und List ist die *Ironie* — ein legitimes Stilmittel und ein Beitrag zur tröstenden Funktion der Sprache (Teil VI), unter dem Aspekt der Klarheit aber ein »verdrießlicher Lippenkrebs«, wie Jean Paul sie nennt; mindestens sollten, meint er, analog dem Fragezeichen »Ironiezeichen« erfunden werden, damit man wisse, ob das Gegenteil gemeint sei[1]. Das ist vermutlich ein ironischer Vorschlag. Je eleganter, je ironischer die Ironie gehandhabt wird, desto eher gefällt sie sich in Doppelbödigkeit und Fopperei. Schließlich kann sie sich, ihrer Absicht zuwider, im Gegenteil festfahren: Ein üppiges Mahl wurde von Deutschen, die das Ironische mit dem Lateinischen verrührten, so oft ein *frugales* (bescheidenes) genannt, bis es für die Mehrzahl der Wortbenutzer gänzlich unironisch eben das üppige bezeichnet.

So ist die Sprache: Wer ja sagt, kann ja meinen, kann nein meinen, kann ja und nein zugleich meinen und muß weder ja noch nein meinen. Und dies alles nicht etwa, weil er faselt oder lügt, die Lüge erhebt die Not mit der Klarheit noch in die Potenz: sondern weil erstens die Wörter sich ihm quallenhaft anbieten, und weil zweitens Unmißverständlichkeit noch nie, in keiner Sprache, in keiner Kultur für die Mehrheit der Sprechenden und Schreibenden das oberste der Ziele war. Sich klar ausdrücken zu wollen, ist selten genug, sich mit voller Klarheit ausdrücken zu können unerhört viel schwieriger, als die meisten Sprachbenutzer sich klarmachen (mehr in Kap. 26).

Ärgert es uns schon, daß Ja auch Nein oder Nichts bedeuten kann, so muß es uns noch mehr kränken, daß selbst ein zwei- oder dreimaliges Ja durchaus nicht für eine besonders kräftige und glaubwürdige Bejahung spricht, sondern häufiger nur davon kündet, daß wir Wortbenutzer die Menge (=Unmenge) lieben. Wiederholung, Verdoppelung, Worthäufung gehören zu den Konstruktionsmerkmalen der Sprache.

Verdoppelungen sind die ersten Wörter der Kindersprache (Mama, Wauwau), doppelt ist die Verneinung der Dialekte, die zwiefache Absicherung der Redensarten (samt und sonders, angst und bange, mit Sack und Pack). Der Repetier-Effekt bringt Rhythmus in die Sprache, entlastet dadurch das Gedächtnis, erzielt suggestive Wirkungen und ermöglicht es, die urtümliche Lust am Gebabbel über längere Zeiträume zu strecken. Wer dasselbe zwei- oder dreimal sagt, schafft sich zum einen Gehör und zum andern Vergnügen. Die Verführungskraft der Wiederholung ebenso wie die Selbstbefriedigung der Sprechwerkzeuge werden in späteren Kapiteln dargestellt; hier geht es darum, festzunageln, daß die Technik des Zwei- und Dreimalsagens ein Kernstück alles Sprechens und Schreibens ist. Die Lust an dieser Technik und die instinktsichere Einschätzung ihres Nutzens verbindet Kinder, Dichter, Schwätzer, Politiker und Propheten.

Schiller: ». . . und des Erdenlebens schweres Traumbild sinkt und sinkt und sinkt«[1]. Tieck: »Ihr kleinen goldnen Sterne, ihr bleibt mir ewig ferne, ferne, ferne«[2]. Brentano: »Singet leise, leise, leise, singt ein flüsternd Wiegenlied«[3]. Mörike: »Kindlein, wir fahren . . . durch die weit weite Welt«[4]. Mallarmé schließt sein Gedicht »L'Azur« mit dem Fanfarenstoß: »L'Azur! L'Azur! L'Azur! L'Azur!« Viele Dadaisten und Avantgardisten unseres Jahrhunderts schwelgen in unerbittlichen Wiederholungen, wobei die Wiederkehr der immer selben Wörter oft das einzige Ordnungselement in einer sonst völlig zertrümmerten Prosa ist: »Has made, as it has made as it has made, has made has to be as a wife has a cow, a love story«, schrieb Gertrude Stein 1926 in Paris, nur um fortzufahren: »Has made as to be as a wife has a cow a love story.«[1] Laut gelesen, entsteht da eine Art Buchstabenmusik, ohne Sinn zwar, zumindest ohne offenkundigen — aber wie ist das Verhältnis zwischen Aussage und Sphärenklang im Auftakt des Johannes-Evangeliums? »Im Anfang war das Wort, und das Wort war bei Gott, und Gott war das Wort. Dasselbige war im Anfang bei Gott. Alle Dinge sind durch dasselbige gemacht, und ohne dasselbige ist nichts gemacht, was gemacht ist.«

Die hämmernde Hartnäckigkeit des unrettbar Selben kann eine magische Kraft gewinnen, die alle Maßstäbe des Schulaufsatzes umwirft — zumal wenn sich der Ingrimm des Beharrens mit rhythmischem Atem verbindet:

Hört ihr Jehovas Donner?
Hört ihr ihn? Hört ihr ihn,
Den erschütternden Donner des Herrn?
. . .
Höret ihr hoch in der Wolke den Donner des Herrn?

So Klopstock[2], und Goethe[3]:

Alles geben die Götter, die unendlichen,
Ihren Lieblingen ganz,
Alle Freuden, die unendlichen,
Alle Leiden, die unendlichen, ganz.

Die Lust am Insistieren, am Zwei- und Dreimalsagen muß sich nicht in der reinen Wiederholung äußern. Öfter gibt sie sich als Häufung gleicher *und verwandter* Wörter kund, als ein reißender Strom von Vokabeln, der nicht in Klarheit mündet, sondern die Sache und den Hörer einkreist und notfalls ersäuft. Das ist germanischer Brauch und bei Grass und Céline so wach wie zu der Zeit, da an den Fürstenhöfen der Wikinger die Skalden Wörter zu Kaskaden türmten. Bei Arno Holz liest es sich so: »Nichts, nichts, nichts, was mich nicht mit seiner blühend, was mich nicht mit seiner herrlichst, was mich nicht mit seiner makellos lauteren, reinen, tröstenden, sänftigenden, lindernden Süße schauernd, rieselnd, grieselnd, schütternd übergnadete, nichts, nichts, nichts, was mich nicht schreckstarr, was mich nicht schlotternd, was mich nicht entsetzensfahl, finster, bis in seinen heimtückisch, bis in seinen schlingernd, bis in seinen mahlstrudelnd tiefsten, grausam, teufelischst, unbarmherzigst, innersten, erzverrucht untersten Schuldschlund zog!«[1] Und so in Wolfgang Borcherts Epos auf das Gras, das er 1946 zwischen den Ruinen von Hamburg entdeckte: »Auf einmal sah er, daß es doch etwas Lebendiges in dieser toten hauslosen lärmlosen leichenfingerigen Stadt gab: Gras. Grünes Gras . . . Millionenhalmig. Belanglos. Dürftig. Aber grün. Aber lebendig. Lebendig wie das Haar der Toten. Grauenhaft lebendig. Gras wie überall in der Welt. Manchmal etwas übergraut, übertaut, überkrümelt, staubig. Aber doch grün und lebendig . . . Gras auf Gräbern. Ruinengras. Grausames gräßliches gnädiges graues Gras. Friedhofsgras, unvergeßlich, vergangenheitsvolles, erinnerungssattes, ewiges Gras auf Gräbern. Unvergeßlich, schäbig, ärmlich: Unvergeßlicher gigantischer Grasteppich über den Gräbern der Welt. Gras.«[2]

Ein merkwürdiger Text, der die Not der Sprache zwiefach zeigt. Ein Versuch, das Alltägliche ins grellste Licht zu heben, die von den Wörtern ausgesparte Mitte zum Sprechen zu bringen, den Wörtern zum Trotz — und wen wundert es, daß es dazu ungewöhnlicher Mittel bedarf? Die Stilfigur des gnadenlosen Hämmerns ist nun aber ihrerseits mit der Maßlosigkeit verwandt. Zur Anleuchtung des Unscheinbaren werden die Scheinwerfer der Übertreibung aufgeblendet, die Mitte wird zum Grenzfall hochgetrieben, damit das Bewußtsein für sie interessiert werden kann. Der Superlativ, das Extrem, ein Hauch von Prahlerei gehören zum Wesen der Wörter, und dieses Wesen überfällt auch den, der den Normalfall, den *weißen* Schnee, das *grüne* Gras in Sprache umsetzen will. Auf Gegensätze fixiert, der Klarheit abhold und durch unendlichen Gebrauch verschlissen, bieten sich die Wörter jeglicher Übersteigerung — und eigentlich nur ihr — als williges Vehikel an; ja man muß wohl sagen, daß mit der Sprache das Übermaß erst in die Welt getreten ist. So viele Wörter — so viele Versuchungen, sich ihrer zu bedienen; und das Moment der Übertreibung wird dabei zumeist nicht nur in Kauf genommen, sondern freudig angestrebt.

Übertreiben macht Spaß! Es muß für unsere Ahnen ein Durchbruch zu neuen Welten gewesen sein, als ihre Phantasie auf den

Schwingen der Wörter das Fliegen lernte. Mythen und Märchen, Kinder, Dichter und Geisteskranke zeugen für dieses Triumphgefühl. Der gewaltige germanische Donnergott nächtigte in einer Kammer, von der er erst am Morgen merkte, daß sie der Daumen des Handschuhs des Riesen Skrymir war. Scott Fitzgerald hatte 1925 von Augen zu berichten, bei denen allein die Pupille einen Meter maß[1], Jerome Salinger 1951 von einem Bett, das zehn Kilometer breit war[2]. Gullivers Reisen verdanken ihre Popularität vor allem der lustvollen Zerstörung der gewohnten Größen. Das Äußerste an Übersteigerung dürfte Rabelais gelungen sein: »Mit fröhlichem Lächeln tat Gargantua seinen Hosenlatz auf, zog den Spritzschlauch hervor und ließ einen solchen Erguß auf die Umstehenden los, daß 260 418 Pariser eines bitteren und feuchten Todes starben, Weiber und Kinder gar nicht eingerechnet.«[3]

Natürlich wimmelte es jeher von Kindern, die davon träumten, groß und stark oder der Stärkste weit und breit zu sein. Um daraus jedoch den Superlativ »Ich werde der stärkste Mann der Welt« zu machen, bedarf es der Wörter, mit deren Hilfe der Aberwitz sich denken, fassen, sagen läßt. Nur mit Wörtern kann der Schizophrene seinen vagen Größenwahn zu dem Verlangen nach einem Schlitten steigern, der »von vierhundert Millionen goldenen Hirschen« gezogen werden soll. Ein vorhandener Wortschatz verführt dazu, durchprobiert und ausgereizt zu werden. Da wird behende die Ableitung *Vorurteilslosigkeit* geprägt — und suggeriert sofort, daß es dergleichen gäbe; was es gibt, ist natürlich nur eine gewisse *Armut* an Vorurteilen, die einige Menschen auszeichnet.

Die Wörter, jedes für sich schon eine Übertreibung, werden von ungeduldigen und maßlosen Medizinmännern, Demagogen und Kalenderspruchverfertigern so lange umgestülpt und aufgeheizt, bis die Sprache von überdrehten Superlativen überquillt. »Für einen Philosophen, der sich mit dem Gegenstand seiner leidenschaftlichen Anteilnahme befaßt, ist die Versuchung nahezu unwiderstehlich, sich all der Wörter zu bedienen, die am ehesten geeignet sind, Aufmerksamkeit zu erregen und den Glauben an die Wichtigkeit des Gegenstands zu wecken«, schrieb Ogden[4], und Shaw: »Einen Standpunkt mit verblüffender Übertreibung vorzutragen, ist immer notwendig, damit die Leute die Köpfe recken und zuhören und damit sie so erschrecken, daß sie handeln (to frighten them into acting on it).«[5]

Nimmt man hinzu, daß wir alle nach Rekorden dürsten und daß die Dichter den Umgang mit Orkan und Leidenschaft bevorzugen, ihrem Temperament gemäß und ihrem Erfolg zuliebe, so rundet sich das Bild einer ständig überreizten Sprachdarbietung, einer Exaltiertheit, der man schwer entrinnen kann.

Wir haben in die Sprache wenig Klarheit eingebaut und die Mitte fast völlig übersehen. Denen, die weder Riesen noch Zwerge, weder Duckmäuser noch Märtyrer sind — uns sozusagen —, bleibt die Umsetzung in Sprache nahezu versagt: mit dem Ergebnis, daß wir uns im Sprechen zu Riesen oder Zwergen stilisieren müssen. Ein Ja, das ja bedeutet und nichts sonst, ist in der Sprache nicht vorgesehen; ein Gesicht, das weder lächelt noch zürnt, verharrt in derselben Unbeschreibbarkeit wie vor Erfindung der Wörter. »Ich werde ins Grab sinken«, schrieb Tucholsky, »ohne zu wissen, was die Birkenblätter tun. Ich weiß es, aber ich kann es nicht sagen.«[1]

Dazu im »Lexikon«: Adynaton, Ambiguität, äquipollent, Bedeutungswandel, Definition, Dichotomie, Etymologie, Homonyme, Ironie, Monosem, Polysemie, Sprachkritik, Superlativ, Synonyme, Übertreibung, Wiederholung, Worthäufung.

8. Symbole für Symbole

Die produktive Frechheit der Schrift

> Die Schrift konnte nur von dichtwohnenden und zur Lüge geneigten Völkern erfunden werden: wo Rechtsverhältnisse wesentlich wurden und Überlieferung nicht ausreichte, sie zu schützen.
>
> *Walter Rathenau (1907)*

Alles Heillose und alles Herrliche am Wort wurde potenziert durch die Erfindung der Schrift, die das Wort durch Jahrtausende und durch Hemisphären transportiert. Die altindische Literatur setzte dreitausend Jahre später, als das Sanskrit nach Europa gelangte, in Deutschland die moderne Sprachforschung in Gang. Die Literatur der Antike, im christlichen Mittelalter verworfen und vergessen, wurde eintausendsiebenhundert Jahre nach ihrer Blüte in Italien ausgegraben und läutete die Neuzeit ein. Geschrieben werden Testamente, Diplome, Pässe, Geburtsurkunden, Bücher, in Deutschland dreißig Millionen Briefe täglich und die Zoten an den Wänden der Pissoirs.

Erfunden wurde die Schrift vor reichlich fünftausend Jahren, von den Priestern im alten Babylonien und Ägypten als eine Geheimwissenschaft nur für die eigenen Zwecke: Sie brauchten beim Eintreiben und Registrieren der Opfergaben an den Tempel eine Gedächtnisstütze, damit kein Hammel ihrer habgierigen Aufmerksamkeit entging. Es dauerte nicht lange, bis auch Könige und Pharaonen nach ihr griffen, weil sie geeignet war, die ruhmreichen Taten für die Nachwelt in Stein zu bannen. So genügte es nicht mehr, die Schriftzeichen mit einem Spatel in feuchten Ton zu drücken, wie es bei der Tempelbuchhaltung üblich war; sondern nun wurde geritzt und gemeißelt in Säulen, Thronsessel, Sarkophage, Obelisken. »Ich eroberte die Städte, machte ein großes Gemetzel unter ihnen, zerstörte, brannte nieder«, rühmte sich im 9. Jahrhundert v. Chr. der Assyrerkönig. »Lebende Krieger nahm ich gefangen. Auf Pfählen vor ihren Städten pfählte ich sie. Assyrer siedelte ich an. Im großen Meer reinigte ich meine Waffen.«

Die dritte Funktion der Schrift nach bürokratischer Registratur und autokratischer Chronik war die Fixierung, Stärkung, Überhöhung von Gesetzen, Geboten und Befehlen. Vor 3700 Jahren ließ Hammurabi von Babylon das von ihm zusammengefaßte und erweiterte Straf- und Zivilrecht seines Reiches in eine Säule meißeln — einerseits für die Nachwelt, und das mit Erfolg, denn der Codex Hammurabi hat das Corpus iuris von Byzanz und damit sogar unser Recht beeinflußt, und der Stein mit den ewigen Zeichen ist noch heute im Louvre zu besichtigen. Aber wichtiger als die Fernwirkung durch Zeit und Raum war die zwingende Kraft, die Untilgbarkeit des Gesetzes, sobald es den Launen der Münder entzogen und in Stein geschlagen war. So empfing auch Moses die Zehn Gebote auf »zwo Tafeln des Zeugnisses, die waren steinern und geschrieben mit dem Finger Gottes« (2. Mose 31,18). Die Schrift, von Priestern ersonnen und in ihren frühen Formen so kompliziert, daß nur Priester und Steinmetze sie erlernen und verwenden konnten, hatte sogleich die Wirkung, die Macht der Priester und der Könige zu festigen und sie zur Organisierung noch größerer Gemeinwesen zu befähigen. »Die einzige historische Erscheinung, die mit dem Aufkommen der Schrift zusammenfiel, ist die Gründung von Städten und Reichen, mit anderen Worten: die Integration einer großen Zahl von Individuen in ein politisches System und ihre Aufteilung in Kasten und Klassen«, schreibt Lévi-Strauss. »Es scheint somit, daß die Schrift der Ausbeutung des Menschen diente, bevor sie seinen Geist erleuchtete . . . Die systematischen Bemühungen der europäischen Staaten um die Einführung der Schulpflicht waren von der Ausdehnung des Militärdienstes und von der Proletarisierung begleitet. Der Kampf gegen den Analphabetismus führte zu einer vermehrten Kontrolle der Bürger durch den Staat. Denn schließlich müssen alle lesen können, damit der Staat sagen kann: Es ist niemandem gestattet, die Gesetze nicht zu kennen.«[1] Falls dies eine Übertreibung ist, so eine mäßige; der enge Zusammenhang zwischen Schrift und Militär wird durch viele Erfahrungen der Neuzeit bestätigt, etwa durch den preußischen Ausspruch, »der preußische Schulmeister« habe die Schlacht von Königgrätz gewonnen.

Gesetz, Befehl, Vertrag und Urkunde sind typische Anwendungen der Schrift geblieben, auch wenn sie sich seither in zwei der größten Revolutionen der Geschichte zweimal demokratisiert hat: durch die Lautschrift und durch den Druck. Zur Lautschrift führte durchaus keine zwangsläufige Entwicklung, wie man an den chinesischen Ideogrammen sieht, und bis heute hat die Bilderschrift neben ihren Nachteilen bedeutende Vorzüge behalten.

Die ersten Schriftzeichen waren vergröberte Abbildungen des gemeinten Gegenstands, in fließendem Übergang aus Elementen entstanden wie den Tempelfriesen, die in einer Kette von Bildern die Taten der Götter zeigten, den Tierzeichnungen, von denen man sich einen Jagdzauber erhoffte, und der simplen Kerbe im Holz. Da die Zahl der praktikablen Zeichen begrenzt war und abstrakte Begriffe sich nicht abbilden ließen, wurden Bilder einerseits kombiniert (Auge + Wasser = weinen), andrerseits übertragene Bedeutungen mit herausgelesen (»Auge« auch »sehen«, »Anblick« und »Aussicht«). Haben die Bildzeichen im historischen Ablauf einen bestimmten Grad der Vereinfachung, der Reduzierung auf Symbole erreicht, so sprechen wir von *Hieroglyphen*, so zum Beispiel, wenn ein Mensch nicht mehr als Strichmännchen erscheint, sondern nur noch als Λ (die Beine als Symbol für den ganzen Mann). Hieroglyphen sind auch die römischen Ziffern: V als Symbol für die Hand = fünf Finger = 5.

Warum nun ein semitischer Stamm auf der Halbinsel Sinai um 1800 v. Chr. auf die Idee verfiel, eine Lautschrift zu erfinden, liegt im dunkeln. Wir wissen nur, daß die Phönizier, Kaufleute und Seefahrer von praktischem Sinn, die Sinai-Methode übernahmen, wobei sie die Lautsymbole, die sich zunächst an die Hieroglyphen angelehnt hatten, ihrer restlichen Bildelemente entkleideten und sie auf rein geometrische Formen zurückschnitten. Eine Umstülpung ohnegleichen: Buchstaben, die nichts darstellen, stehen stellvertretend für Geräusche, die nichts bedeuten, aber in einer Kette von mehreren Gliedern jenes Produkt der Phantasie und des Zufalls ausmachen, das wir »Wort« nennen und das nun seinerseits Bedeutung für sich in Anspruch nimmt. Optische Symbole symbolisieren akustische Symbole für Dinge und Vorstellungen — es läßt sich schwerlich etwas Komplizierteres und Abstrakteres ausdenken als dieser doppelte Salto, der den Apfel am Baum mit dem Schriftbild A-p-f-e-l verbinden soll.

Als die Griechen im 10. Jahrhundert v. Chr. das phönizische Alphabet übernahmen, stießen sie darüberhinaus auf handfeste Schwierigkeiten: Die Phönizier hatten Zeichen für Konsonanten, die es im Griechischen nicht gab; sie wurden als Symbole für Vokale eingesetzt, die die Phönizier zwar kannten, jedoch nicht aufgezeichnet hatten — wie noch heute für die arabische und die hebräische Schrift die Bezeichnung »Lautschrift« irreführend ist, weil die Vokale gar nicht oder nur durch Punkte und Striche über oder unter den Konsonanten wiedergegeben werden.

Schreibt denn aber wenigstens in den europäischen Sprachen die Schrift die Laute auf? Im Englischen zu einem ziemlich niedrigen Prozentsatz, kaum besser im Französischen, ziemlich gut im Spanischen, Italienischen und Norwegischen; im Deutschen weit schlechter, als die meisten Deutschen sich klarmachen. Denn natürlich lassen sich aus unserem Wortschatz auch auf die willkürlichste Weise niemals die 26 Laute isolieren, die das Alphabet zur Verfügung stellt. Die Ungereimtheiten sind eklatant: Das Alphabet enthält fünf Buchstaben, die überflüssig sind, weil ihr Lautwert schon durch andere Buchstaben ausgedrückt wird: c durch k oder z, q durch kw, v durch f oder w, x durch ks, z durch ts. Dagegen enthält es viele Buchstaben nicht, die es enthalten müßte, wenn es eine für die deutsche Sprache nur halbwegs geeignete Lautschrift sein sollte: Es unterscheidet nicht zwischen dem ch in *ich* und dem in *ach*, nicht zwischen dem o in *Ofen* und dem in *offen*, auch nicht zwischen den drei Lauten, die mit e geschrieben werden, W*e*g, w*e*g, hab*e*n. Andere typische deutsche Laute lassen sich nur durch Buchstabenhäufung wiedergeben (sch), wobei der Lautwert des sch keinerlei Beziehung zur Summe der Lautwerte dieser drei Buchstaben hat. Viele Laute, die mit treffenden Buchstaben geschrieben werden könnten, werden törichterweise durch andere Buchstaben symbolisiert: Die Deutschen sprechen *Bat* und schreiben *Bad*.

Ist es also richtig zu sagen, daß wir eine Lautschrift hätten — oder wäre dies wieder eine jener Übertreibungen, wie sie beim Zusammenprall von Mensch und Sprache zu entstehen pflegen? Die Norddeutschen sprechen *Tach* und *Zuch*, die Süddeutschen *Taak* und *Zuuk*. Wenn sie sich trotzdem auf das Schriftbild *Tag* und *Zug* geeinigt haben — ist es dann nicht sinnvoller, unsere sogenannte Lautschrift eine Schrift der *Wortbilder* zu nennen? Die Wortbilder sind das Bindeglied der Dialekte untereinander, zwischen den Dialekten und der Hochsprache, zwischen der Hoch- und der Vulgärsprache, zwischen der Gegenwart und der in Büchern aufgehäuften Vergangenheit. Ob wir, wenn wir WEG lesen, *Week* oder *wäck* (norddeutsch: *Weech* oder *wäch*) zu sprechen haben, darüber entscheidet der einzige richtig wiedergegebene Laut, das W am Anfang: Das große W leitet eine andere Tonfolge ein als das kleine, erst aus dem Wortbild folgt die Aussprache der Buchstaben. Ja wir haben den nicht seltenen Fall, daß wir die irritierende Wirkung von Wörtern gleicher Aussprache, aber verschiedener Bedeutung (Homonyme) wenigstens im Wortbild — und nur in ihm — beseitigen, indem wir *das* gegen *daß*, *seid* gegen *seit*, *Grad* gegen *Grat* abgrenzen. Das alles ist zu bedenken, wenn man eine Rechtschreibreform anstrebt: Sie ist eine Revolution der Wortbilder, und man muß wissen, ob man die haben will (*Klaun* zum Beispiel). Es ist etwas an Mauthners Satz, unsere Schriftsprache sei »wie die chinesische nur für die Augen da«[1].

Selbst eine hohe Übereinstimmung zwischen Wortbild und Wortlaut jedoch wie im Spanischen genügt nur jenen Ansprüchen, auf die wir uns gemeinhin beschränken, weil wir nichts Besseres gewöhnt sind. Die sogenannte Lautschrift macht keinen Versuch, entscheidende akustische Bestandteile der Sprache in Symbole umzusetzen, zu schweigen von den Feinheiten der Modulation: nicht die Melodie des Satzes (außer in roher Form durch ein Frage- oder Ausrufungszeichen); nicht die Lautstärke des Textes insgesamt, schon gar nicht die Heraushebung einzelner Sätze oder Wörter; nicht das Tempo, in dem der Text oder einzelne seiner Bestandteile gesprochen werden sollen. All dies gibt es ja — bei anderen optischen Symbolen für akustische Abläufe: bei den Noten für die Musik. Es wäre technisch möglich, die Buchstaben zwischen Notenlinien zu setzen oder einem Text die Tempobezeichnung *vivace* zu geben; Ernst Jandl hat dies im »Versteckten Hirten« getan (»sehr rasch«), der Dadaist Theo van Doesburg in seiner Zeitschrift »De Stijl« (»zeer snel«), die französischen *Lettristen* erfanden Buchstaben für »Lispeln, Röcheln, Grunzen, Schnarchen« und ein Dutzend weiterer Geräusche, und Brecht empfahl für sein Gedicht »Orges Wunschliste«, nach jedem der Zweizeiler »einen Zungenschnalzer hinzuzufügen«.

Doch umständlich wäre es. Umständlich, wie es die Hieroglyphen waren. Und eben darauf beruht der Triumph der Lautschrift, obwohl sie mit Nachteilen gespickt ist und »Lautschrift« nicht zu heißen verdient: Sie ist praktisch. Mit 26 Buchstaben — genauer: mit den rund 60 Zeichen auf den etwa 45 Tasten einer Schreibmaschine

— läßt sich alles niederschreiben, wofür die Chinesen bis zu 50 000 Ideogramme brauchen. Schlecht und recht niederschreiben zwar, ohne alle optische Eleganz, ohne eine Spur von Anschaulichkeit und überdies unter Aufopferung des immensen sachlichen Vorteils der Bilderschrift, daß sie Menschen verschiedener Sprache verständlich ist: Ein Strichmännchen kann hundert Völkern, die für »Mensch« hundert verschiedene Wörter sprechen, als international verständliches Schriftzeichen dienen; die sechs Buchstaben M-e-n-s-c-h haben schon für einen Franzosen den Informationswert Null.

Nur daß mit dem Verlust an Internationalität ein außerordentlicher Gewinn an Popularität einherging: Das Alphabet war für jedermann erlernbar. Damit wurde das Schriftmonopol der Priester- und Schreiberkaste gebrochen, die Schrift demokratisierte sich — um so mehr, seit im 6. Jahrhundert v. Chr. Papyros und Tusche von Ägypten nach Griechenland gelangten und dem Schreibenden den mühseligen Umgang mit Ton und Stein ersparten. Im 5. Jahrhundert v. Chr. gab es unter den Bürgern von Athen fast keine Analphabeten mehr. Die politische Demokratie und die Demokratisierung der Schrift betraten die Bühne der Geschichte zur selben Zeit und vermutlich nicht ohne Kausalzusammenhang. Nun erst zeigte die Schrift, welchen Wandel sie in der Welt der Worte bewirkte, ja in der Kultur überhaupt.

Man bedenke, daß die Entthronung des Alters, die gern als eine Erscheinung der jüngsten Vergangenheit gedeutet wird, schon damals begann: Bis zur Ausbreitung der Schrift hatten rüstige Greise mit gutem Gedächtnis für die Gemeinschaft einen beispiellosen kulturellen, militärischen und volkswirtschaftlichen Nutzen; was immer sich in der schriftlosen Zeit an Erfahrung und Wissen ansammeln ließ, ruhte in ihren Gehirnen, es gab keinen höheren Grad von Archivierung und Auskunftei. Der Tod eines Greises war wie ein Brand in der Staatsbibliothek — viele wichtige Informationen blieben für immer verloren, an andere konnten sich die Hinterbliebenen erinnern, die meisten mußten von neuem erworben werden.

Die Schrift bricht den Tod. Sie ist das Gedächtnis in der dritten Potenz. Erinnerungen haben auch Hunde, Elefanten, Affen, oft über viele Jahre hin. Aber das Gedächtnis gewann eine neue Dimension, als das Erinnerungsbild mit einem Wort verschmelzen konnte: Das Wort verdichtet den Eindruck und spitzt ihn zu, es macht ihn zur Kennmarke, es ist ein handlich verpacktes Quantum kondensierter Aufmerksamkeit, »ein Informationsspeicher, aus dem man mit großer Geschwindigkeit Erfahrung abrufen kann«[1]. Doch verlorengehen konnte das Wort und mit ihm die Erinnerung noch immer. Da kam die Schrift und nagelte es fest. Sie erst erhob den Menschen zum *time-binder*, wie Korzybski ihn nennt: zum Überbrücker der Zeit, der seine Informationen und Ideen von Generation zu Generation weitergeben und akkumulieren kann. Sie machte es möglich, daß verkannte Genies wie Kleist und Büchner Jahrzehnte nach ihrem Tod zu den Menschen zu sprechen begannen.

Die Schrift trug das Wort zu den Ungeborenen und zu den Antipoden; die andere Revolution, der Buchdruck, machte das geschriebene Wort zur Massenware. Was bis dahin in jedem Exemplar die Jahresleistung eines emsigen Schreibkünstlers gewesen war, wurde nun reproduzierbar, erschwinglich und allgegenwärtig. Eine mittelalterliche Klosterbibliothek brachte es selten auf mehr als 500 Bände; heute bieten Provinzstädte ihren Bürgern Büchereien mit 100 000 Titeln an. In den Wäldern der nördlichen Halbkugel sterben die Bäume zu Millionen, damit die Papierbahnen produziert werden können, auf denen der des Lesens kundige Teil der Menschheit mit dem Auge und oft mit dem Finger entlangfährt; wobei sich ein verschmitztes Schweigen über den Umstand gebreitet hat, daß nicht jedes Gedicht, das den Wald besingt, so schön ist wie der Baum, der gefällt werden mußte, damit es gedruckt werden konnte. Fast eine halbe Million Titel werden Jahr für Jahr neu auf den Markt geworfen, ihre Gesamtauflage erreicht jährlich acht Milliarden Exemplare. Seit Gutenberg wurden schätzungsweise 40 Millionen verschiedene Bücher publiziert (darunter 80 000 über Napoleon I.).

Das geschriebene Wort, ursprünglich nur die Wiedergabe des gesprochenen, hat sich mit dem Buchdruck verselbständigt und lastet nun seinerseits schwer auf der mündlichen Rede. »Die Schrift, die die Sprache zu fixieren scheint, ist genau das, was die Sprache verändert«, wußte schon Rousseau[2]. Die Grammatik, etwas Geschriebenes, neigt dazu, sich an der geschriebenen Sprache zu orientieren, und leitet daraus Anforderungen an die mündliche Rede ab, denen kaum ein Promille der Mitglieder einer Sprachgemeinschaft gerecht zu werden pflegt. Das Geschriebene tendiert zu komplizierteren und blutärmeren Wortbildungen und Satzkonstruktionen, die sich alsbald in der Rede breitmachen, als wäre die Sprache der Schrift zuliebe ins Leben getreten. Auch kann man McLuhan beipflichten, wenn er meint, daß die Gebildeten »mit ihrem anmaßenden, ebenmäßigen Tonfall die Gleichförmigkeit des Buchdrucks nachäffen«[1] — selbst wenn man einige der weiteren Spätwirkungen anzweifelt, die der kanadische Medienphilosoph dem Buchdruck zuschreibt (hier stilgerecht in alphabetischer Reihenfolge): nämlich das Auto, das Fließband, die Grammatik, den Individualismus, die Instrumentalmusik, den Kapitalismus, den Kausalitätsglauben, das Kino, die Massenproduktion, die höhere Mathematik, den Nationalismus, die Orthographie, das Pathos, die Renaissance, das Spezialistentum, den Straßenbau, die Technik und die Toleranz.

Das Auffälligste am Buchdruck ist, daß sich mit ihm die Schrift von der Sprache emanzipiert. Einerseits löst sich das Wortbild vom gesprochenen Wort, das tote Zeichen für den lebendigen Laut übernimmt die Hauptrolle. »Das ist so«, schreibt Saussure, »als ob man glaubte, um jemanden kennenzulernen, sei es besser, sein Photo zu betrachten als sein Gesicht.«[2] Andererseits ist das Wissen der Menschheit von den Köpfen in die Regale abgewandert. Revolutionen werden nicht nur von Rhetoren eingeleitet, sondern auch von Schreibern wie Rousseau und Marx. Für viele sind die Bücher nicht bloß gedruckte Träume oder Informanten über ferne Länder und ferne Zeiten — sie sind zur primären Erfahrungsquelle geworden, sogar für solche Lebensbereiche, die vor der Haustür liegen. Was unter Liebe, Stolz und Eifersucht wirklich zu verstehen sei, dafür haben bei Millionen Menschen die Kitschromane der Hedwig Courths-Mahler die Maßstäbe gesetzt. Selbst die konkreten Dinge ziehen bei Bücherwürmern ihr volles Leben erst aus dem Papier; Sartre schreibt: »Ich habe niemals Höhlen gegraben und Vogelnester gesucht . . . Die Bücher waren meine Vögel und meine Nester . . . Dort hob ich richtige Vögel aus, dort jagte ich nach richtigen Schmetterlingen . . . Außerhalb der Zimmerwände traf man auf matte Entwürfe, die sich den Urbildern mehr oder weniger annäherten, ohne deren Vollkommenheit zu erreichen. Die Affen im Zoo waren weniger Affe, die Menschen im Jardin du Luxembourg waren weniger Menschen.«[3]

Welche Konsequenz aus dem Rationalisierungseinfall der Phönizier! Die andere Rekordleistung der Lautschrift ist die verwegene Idee einiger englischer und französischer Gelehrten des 17. Jahrhunderts, das Wissen aus seinem logischen Zusammenhang zu reißen und es statt dessen in der Reihenfolge dubioser Lautsymbole aufzufädeln wie Perlen auf der Schnur: Wer sich merken kann, daß R vor S kommt, wird zwischen *Paprika* und *Papua* den *Papst* nicht lange suchen müssen. Die Enzyklopädie, die Bibliographie, der Katalog sind die Superlative der Bibliothek. Sie fließen ein in die Vision, die Jorge Luis Borges von der »Bibliothek zu Babel« entwirft: Sie hat nirgends ein Ende, und ihre Bände enthalten *alles*, natürlich in sämtlichen Sprachen: ». . . die Geschichte der Zukunft, die Autobiographien der Erzengel, den echten Katalog der Bibliothek und Tausende von falschen Katalogen, den Nachweis ihrer Falschheit, den Nachweis der Falschheit des echten Katalogs, das gnostische Evangelium des Basilides, den Kommentar dazu, den Kommentar zum Kommentar dazu, die Zitierungen jedes Buches in allen anderen Büchern . . .« Irgendwo aber in der unendlichen Bibliothek soll es ein Buch geben, das Inbegriff und Quintessenz aller Bücher ist — »ein Bibliothekar hat es gelesen und ist gottähnlich«[1].

Welchem Gott ähnlich? Vielleicht Hermes, dem Gott der List, des Meineids und der Diebe? Soviel Irrtum und Lüge, Marotte und Manipulation steckt in den Milliarden Büchern, zwischen soviel Illusion, Pathos, Dummheit und Nabelschau sind Information und Poesie versteckt, daß man zuweilen die Versuchung spürt, allem Gedruckten die größtmögliche Zahl von Analphabeten zu wünschen. »In Buchstaben gefesselt schleicht der Verstand zuletzt mühsam einher; unsere besten Gedanken verstummen in toten schriftlichen Zügen«, schrieb Herder, gespalten auch er: »Dies alles indessen hindert nicht, die Tradition der Schrift als die dauerhafteste, stilleste, wirksamste Gottesanstalt anzusehen, dadurch Nationen auf Nationen, Jahrhunderte auf Jahrhunderte wirken und sich das ganze Menschengeschlecht vielleicht mit der Zeit an einer Kette brüderlicher Tradition zusammenfindet.«[2]

Dazu im »Lexikon«: Buchstabenhäufigkeit, Buchstabenzauber, Laut, Modulation, Piktogramm, Schriftsprache, Sprache, Überlieferung.

9. Die vergessene Hälfte

Von der Kunst des Zuhörens und der Chance des Antwortens

> Wie ich denn immer bemerkt habe, daß mit Geschäfts- und Weltleuten, die . . . immer auf ihrer Hut sind, um nicht hintergangen zu werden, viel besser auch in wissenschaftlichen Dingen zu handeln ist, weil sie dem Referenten aufpassen; da Gelehrte hingegen gewöhnlich nichts hören, als was sie gelernt und gelehrt haben und worüber sie mit ihresgleichen übereingekommen sind.
>
> *Goethe, Kampagne in Frankreich*

Auf die andere Hälfte der Sprache, das Zuhören, hat sich überraschend wenig Interesse gerichtet. Dabei erweist es sich als ein Vorgang, der physiologisch so kompliziert wie psychologisch heikel ist, und überdies: An der verbreiteten Weigerung, einem andern Mund das eigene Ohr zu öffnen, muß alle Kommunikation zerschellen. Seit dem Triumph der elektrisch multiplizierten Stimmen stehen drei Typen des Hörens im Vordergrund.

1. Einem anderen Menschen *pflichtgemäß* zuhören (untergeordnet als Befehlsempfänger oder Schüler, übergeordnet als Psychotherapeut): stets ein Akt der Vernunft, manchmal der Menschenliebe.

2. Einem anderen Menschen *freiwillig* zuhören (Mitmensch, Freund, Liebhaber, Familienmitglied): vorbildlich; oft eine mitschöpferische Leistung; sehr selten.

3. Einem *Lautsprecher* zuhören: zuweilen vernünftig, oft Gegenstand von Langerweile und dann zum bloßen Hinhören abflachend; sehr häufig.

Die Schrift hat den Menschen erzeugt, der nur schwer antworten kann; der Buchdruck macht für alle, die nicht Berufsschreiber sind, das Antworten nahezu unmöglich; das Fernsehen verwandelt das Nichtantwortenkönnen in die typische Feierabendbeschäftigung. Es ist der Todfeind des Dialogs; es vermindert überdies die Zahl der Stunden, die für Gespräche zur Verfügung stehen; und es verbreitet ein Klima des bloßen Hinhörens, Hinsehens, Geschehenlassens und Verbrauchens, das über die Jahrzehnte hin nicht ohne Folgen bleiben kann: Den Bildschirm stillegen und selber reden — dazu könnte eines

Tages ein Grad von Selbstgewißheit vonnöten sein, wie man ihn heute braucht, um eine Pressekonferenz zu veranstalten. »Noch zwei Generationen, und Radiohörer haben vergessen, was ein Gespräch ist.«[1]

Im Verhältnis zum Hör- und Sehfunk sind wir bestenfalls Zeugen; noch dazu solche, die zwar registrieren, was sich abspielt, doch niemals eingeladen werden, darüber eine Zeugenaussage zu machen. So mag das Wort »Zeuge« anfechtbar sein — in einer im übrigen nützlichen Einteilung der Zuhör-Situationen, die Baumann vorgenommen hat. Bei einer förmlichen Rollenverteilung wie im Parlament, im Klassenzimmer oder in der Fernsehdiskussion lassen sich vier Rollen unterscheiden: Zum ersten der *gesprächsbereite Zuhörer*, der auf der Lauer liegt, selbst das Wort zu ergreifen, weil er auf der Rednerliste steht oder ein legitimierter Diskussionsteilnehmer ist. (Seine Ungeduld macht ihn häufig zu einem schlechten Zuhörer.) Zum zweiten der *Zeuge*: einer, der zuhört, jedoch aufgrund der Umstände nicht als Sprecher in Frage kommt, etwa wegen des »Herrschaftsgefälles im Dialog, der festgelegten Tagesordnung oder der eigenen Inkompetenz«. Zum dritten die *Anwesenden*: Sie sind da, aber sie hören nicht hin. Viertens die *Adressaten*: diejenigen, auf die der Sprechende Eindruck machen oder Einfluß nehmen will. Oft sind sie im Saal, ohne zuzuhören; oft sitzen sie vor dem Fernsehschirm. Gerade die Abwesenheit des Adressaten ist typisch für die politische Debatte: Indem die Gegner vorgeben, einen Dialog zu führen, sprechen sie in Wahrheit nicht miteinander *vor* den Wählern, sondern übereinander *zu* den Wählern. Manche treiben das Spiel so weit, zu leugnen, daß ihre Rede überhaupt einen Adressaten habe — gehe es ihnen doch »allein um die Sache«.

Dieser Einteilung der Zuhör-Situationen schließt Baumann eine Kritik der Schulmethodik an: Wenn ein Sprechender die Gesprächsbereiten ausdrücklich übergehe, um stattdessen bloße Zeugen oder Anwesende zum Sprechen aufzufordern, so gelte das im Alltag als Affront — »im Schulunterricht ist gerade dies üblich«. Das gehe zu Lasten der Schüler und gehöre zur »Sozialpathologie der Schule«[2].

Vom unfreiwilligen, passiven Hinhören hebt sich die Kunst, einem Mitmenschen freiwillig und mit voller Hinwendung zuzuhören, strahlend ab. Wer diese Kunst begreifen will, sollte sich den unerhört verwickelten Mechanismus des Hörens und Verstehens klarmachen.

Was alles muß das sensorische Sprachzentrum in der Großhirnrinde leisten, damit die Nervensignale »verstanden« werden können, in die das Ohr die Schallwellen verwandelt hat? Kainz unterscheidet vier Phasen[1].

1. Stufe: *Der Hörvorgang*, die akustische Wahrnehmung. Der Sprechende bläst einen Luftstrom, der im allgemeinen zu schwach ist, um auch nur eine Kerzenflamme zu krümmen, so durch seine emsig agierenden Stimmwerkzeuge, daß eine Abfolge von Luftschwingungen entsteht, beispielsweise mit den Lauten: »Wissen Sie, wo die Alte Pinakothek ist?« Im Gehörapparat des Hörenden werden diese Schwingungen in Nervenerregungen umgewandelt und an zwei verschiedene Zonen des Gehirns weitergeleitet: Zum einen an den *Hirnstamm*, der die motorischen und vegetativen Nerven steuert; auf bestimmte Schwingungen in der Stimme des Sprechenden, die nicht zum Lautbild des Wortes gehören (Rührung, Entsetzen) reagiert der Hirnstamm mit Erschütterung oder Alarm (beim hier gewählten Beispiel: keine Reaktion). Zum andern an das sensorische Sprachzentrum in der *Großhirnrinde*, das die wahrgenommenen Töne registriert — mit drei Schwierigkeiten. Oft sind die Schallwellen schon beim Verlassen des Mundes lückenhaft, so bei Betrunkenen und kleinen Kindern; oft falsch, jedenfalls gemessen am Erwartungsbild des Hörenden, zum Beispiel bei Leuten aus fernen Ländern und Provinzen; oft kommen auch diejenigen Töne, die der Sprechende wirklich produziert hat, im Ohr unvollständig an, denn die Welt ist ein Ort voll störender Nebengeräusche. Wird die Frage nach der Alten Pinakothek zu München im Verkehrslärm von einem Frankfurter gestellt, so trifft in der Großhirnrinde etwa das Lautbild ein: »Wisse Se . . . de Alde Binakethek . . .?«

2. Stufe: *Das Zurechtformen von Klanggestalten*. Der Hörende hat unvollkommene und schiefe Schalleindrücke durch eigene Arbeit »zu dem vom Sprecher intendierten Ganzen« abzurunden. Er assimiliert (»Wisse Se« zu »Wissen Sie«), er assoziiert die im Straßenlärm untergegangenen Wörter »wo« und »ist« — kurz, er trägt dem Gehörten ein komplettiertes Lautbild entgegen, er boxt sich den physikalischen Reiz so zurecht, daß an die nächste Station der Satz weitergeleitet werden kann: »Wissen Sie, wo die Alte Pinakothek ist?«

3. Stufe: *Das Bewußtwerden*, das »Verstehen« im landläufigen Sinne. Die bereinigten Schallbilder werden in der Großhirnrinde mit

den dort gespeicherten Wortbildern verglichen. Der Speicher meldet: Alle Wörter bekannt. Die Frage dringt ins Bewußtsein und kann auf ihren Wortsinn abgeklopft werden: Weiß ich eigentlich, wo die Alte Pinakothek ist?

4. Stufe: *Das Erfassen des Gemeinten*. Die Frage lautete, ob der Angesprochene *weiß*, wo die Pinakothek ist; das *Gesagte* ließe sich mit »Ja« beantworten. *Gemeint* hat der Sprechende etwas anderes: ob man ihm erklären könne, wie er das Museum findet. Es soll also (1) ein undeutlich ausgesprochener und (2) vom Straßenlärm verstümmelter Satz verstanden und (3) darüberhinaus auf die dahinterstehende Absicht geschlossen werden, obwohl sie ungeschickt geäußert wurde, vielleicht im Vertrauen auf die Bereitschaft des Adressaten, zur Verständigung sehr aktiv beizutragen. Der bewältigt das alles und antwortet: »Gehen Sie bis zur nächsten Ampel und dann rechts.« Nun erst ist die Kommunikation geglückt.

Wieviel Geduld, wieviel Bereitschaft zu schöpferischer Mitgestaltung wird vom Zuhörer schon bei einer einfachen Frage erwartet! Länger, intensiver zuzuhören, sich dem Mitteilungsdrang eines Mitmenschen geduldig zu öffnen, auf seine Gründe und Nöte einzugehen — das macht den großen Zuhörer aus. Er ist ein Glücksfall wie der große Redner, doch nicht einmal die Umwelt flicht ihm Kränze, und den »Feiertag zum Anhören fremder Argumente«, den Karol Irzykowski sich wünschte, gibt es nicht.

Zuhören konnten die Jünger von Buddha, Jesus und Mohammed; und hätten sie nicht zugehört, die Religionen wären nicht entstanden, denn ihre Stifter haben nichts geschrieben. Zuhören können wir alle — zuweilen: wenn ein Besucher, ein Bote, ein Nachrichtensprecher Dramatisches mitzuteilen hat, oder wenn auf den Ruf ins Dunkle »Wer ist da?« eine wohlvertraute Stimme erwidert: »Ich«. Nach aller Logik wäre diese Antwort unbrauchbar. Sie enthält jedoch die volle Information im bloßen Schall, der sich ebenso in dem Wort »Apfel« hätte kundtun können. Mutter und Kind, Mensch und Hund verständigen sich überwiegend auf solche Weise, und wir alle tun es mehr, als wir uns klarzumachen wünschen, seit wir Alphabeten geworden sind.

Auch dann zuzuhören, wenn das Mitgeteilte uns nicht fasziniert, dem Mitmenschen Ohr, Herz und Verstand zuzuwenden, wenn er etwas loswerden, wiederkäuen möchte — das ist eine Tugend und eine Kunst, die nur von wenigen Amateuren beherrscht wird, wogegen Berufszuhörer es zu Ansehen bringen: Es sind die Beichtväter, die Psychoanalytiker und die Telefonseelsorger. Nichts muß einer, der von einer Reise heimkehrt und vor Mitteilungsdrang birst, häufiger erleben, als daß es keinen gibt, der seinen Bericht wirklich hören will. Nicht wenige Ehen und Freundschaften sind ein Pakt zu dem Zweck, einander das Glück des Angehörtwerdens zu verschaffen. Wie viele Worte, die einen Hörer suchen, verhallen unverstanden? Es scheint, daß Sprechende oft einsamer sind, als sie glauben: Sie meinen einen Menschen, doch zum Partner haben sie allein das eigene Sprechgeräusch. Die Erde ist mehr ein Planet der offenen Münder als der offenen Ohren.

Dazu im »Lexikon«: Adressat, Empfänger, Frage, Gespräch, Hörer, Kommunikation, Kontakt, Monolog, Rezeption, Sender, Sprechakt, Sprechsituation, Sprechzwang, Zuhörer.

10. Zwischenbilanz (I)

Wie wir mit der Sprache handeln und wozu wir sie verwenden

> Die Sprache ist schlechte Fabrikarbeit, zusammengestoppelt von Milliarden von Tagelöhnern. Sie ist geworden wie eine große Stadt: Kammer an Kammer, Fenster an Fenster, Wohnung an Wohnung, Haus an Haus, Straße an Straße, Viertel an Viertel, und das alles ineinander geschachtelt, miteinander verbunden, durcheinander geschmiert.
>
> *Fritz Mauthner, Beiträge zu einer Kritik der Sprache (1901)*

Die Kapitel 2 bis 9 waren der Versuch, die Entstehung der Sprache, die Wechselfälle ihrer Entwicklung, die wesentlichen Merkmale ihrer Konstruktion, also das *Funktionieren* der Wörter im Umriß anschaulich zu machen. Nun, im Hauptteil des Buches, sollen ihre *Funktionen* beschrieben werden: Wie verwenden wir die Sprache, was leistet sie für uns? Zuvor ein Blick zurück.

1. Die Wortsprache ist nur ein Teil des Signalsystems, in dem wir leben und mit dem wir bewußt und unbewußt operieren. Einen ähnlich großen Anteil daran hat die Körpersprache. In der Nordhälfte Europas und Amerikas ist die Gebärde zwar zurückgedrängt, auch dort aber wird in der Not und in der Leidenschaft das Wort von der Geste überwältigt (Kap. 2).

2. Die Herkunft der Sprache liegt ebenso im Dunkel wie die Art des Talents, das uns zum Sprechen befähigt. Selbst bei Wörtern aus allerjüngster Zeit wie *okay* wissen wir nicht, woher sie kommen; doch erkennen wir daran die totale Zufälligkeit der Verbindung, die zwischen dem Lautgebilde und seinem Sinn besteht. Diese Willkür ist typisch; die populären Theorien über die Rolle der Lautmalerei bei der Sprachentstehung sind beweisbar falsch. Die mutmaßlichen Eltern der Wörter sind das *Plappern* bei Arbeit und Spiel und der *Schrei* der Angst, der Wut und des Triumphes (Kap. 3 und 4).

3. Das Erfinden neuer Wörter — die *Wortschöpfung* — ist seit Jahrtausenden eine Rarität. Die Sprache entwickelt sich durch *Wortbildung*: eine immer noch steigende und objektiv unbegrenzte Zahl von Variationen auf den uralten Vorrat an Stammwörtern; außerdem durch Sinnübertragung (Metapher), Bedeutungsverschiebung und die Hereinnahme von Fremdwörtern (Kap. 5).

4. Die Sprache ist in ständigem Wandel, ein stets gefährdeter Kompromiß zwischen Schöpfung, Bewahrung, Verkrustung und Verfall. Alte Bedeutungen tauchen unter den Wörtern weg, neue schwimmen unbemerkt heran. Alte Wörter sterben, neue Varianten und Importe rücken nach. Nur von toten Sprachen ist eine vollständige und korrekte Bestandsaufnahme möglich — eine Wahrheit, die allen Wörterbüchern und vielen Sprachlehrern immer wieder vorgehalten werden muß. »Diejenigen, welche alle Sprachen so lehren, als ob sie tot wären, nennt man Philologen« (Hofmannsthal[1]) (Kapitel 6).

5. Die Sprache ist weder aus Logik geboren noch durch Logik gekennzeichnet. Sie verfährt nicht nur willkürlich, sondern oft widersinnig. Viele Wörter bedeuten zugleich ihr eigenes Gegenteil, die meisten leiden unter einer verwirrenden Bedeutungsfülle (Kap. 7).

6. Das Wort ist seinem Wesen nach eine Übertreibung. Je extremer der Zustand, desto leichter, das passende Wort für ihn zu finden. Nichts ist mit Wörtern schwerer zu beschreiben als ein unauffällig gekleideter Durchschnittsmensch von Mittelgröße, der mit ausdrucksarmer Miene in normalem Schritt bei zwanzig Grad unter milchigem Himmel durch die Bahnhofstraße geht (Kap. 7).

7. Die Schrift hat die Sprache vom Sprechen getrennt und das Sprechen degradiert. Ist die Sprache das Gedächtnis der Menschheit, so die Schrift die Garantie, daß dieses Gedächtnis keine Lücken hat und nie erlahmt. Unsere Lautschrift ist praktisch, nach allen anderen Kriterien jedoch dürftig und anfechtbar. Der Buchdruck hat das geschriebene Wort zur Massenware gemacht, das Radio auch noch das gesprochene. Funk, Buch und Zeitung haben die große Mehrzahl der Menschen in eine passive Rolle abgedrängt (Kap. 8 und 9).

Wie man auf dieser Grundlage die Untersuchung weiterführt, in welcher Reihenfolge man das unendlich feingesponnene Netz von Beziehungen zwischen Wörtern und Bedeutungen, Wörtern und Sachen, Wörtern und Menschen, Motiven, Typen, Funktionen und Wirkungen auch betrachtet: Da in der Sprache alles mit allem zusammenhängt, wird man zwei Fehler absolut nicht vermeiden können.

Der eine unvermeidliche Fehler sind Rückgriffe, Vorgriffe, Wiederholungen und Überschneidungen. Hier geht es ja, mit Wittgenstein, darum, »ein weites Gedankengebiet kreuz und quer, nach allen

Richtungen hin, zu durchreisen . . . Die gleichen Punkte, oder beinahe die gleichen, werden stets von neuem von verschiedenen Richtungen her berührt.«[1]

Der andere Fehler ist die unvermeidliche Willkürlichkeit der gewählten Gliederung: Es gibt keine, gegen die sich nicht mit guten Gründen drei andere stellen ließen. Eine durchaus interessante Gliederung wäre beispielshalber die, die vom Verhältnis der Sprache *zum Handeln* ausgeht, wie die Vertreter der pragmatischen Linguistik dies fordern:

A. Sprache *löst Handlungen aus*: durch Erzwingung (Befehl, hier Kap.12) oder durch Appell; in der handlungsauslösenden Kraft (operative force) sehen Dewey und Bloomfield die einzige Funktion der Sprache.

B. Sprache *steuert* das Handeln: durch Manipulation (Kap. 13 bis 17), ja schon durch die Werturteile, die in den Wörtern liegen (Kap. 18 bis 20), auch durch erfolgreiche Utopien (Kap. 24).

C. Sprache *erleichtert* das Handeln: Sie koordiniert es (Arbeitslied, Kap.4) und legitimiert es, indem sie ihm das gute Gewissen liefert (Propaganda, Kap.14 bis 16).

D. Sprache *begleitet* das Handeln, sie vollzieht den Lauf der Welt oder die eigene Tätigkeit in Wörtern nach (Tautologie, Kap. 23).

E. Sprache *ersetzt* das Handeln: durch gute Vorsätze ohne Konsequenzen und durch tröstende Utopien (Kap. 24).

F. Sprache *ist* das Handeln: Verleumdung und Beleidigung, die Kriminalität der Wörter, sind Taten, die nur aus Worten bestehen.

Das vorliegende Buch hat diese Gliederung für den nun folgenden Hauptteil *nicht* gewählt: Der elementare Bereich der Information würde nur mit einiger Gewalt in das Schema passen, viele linguistische Probleme und die Poesie wären überhaupt nicht einzubinden. Das kleinste Übel scheint die Aufgliederung nach den *Verwendungsarten* zu sein, wie schon in Kap.1 kurz ausgeführt.

Was also stellen wir mit der Sprache — was stellt die Sprache mit uns an? Dieser machtbesessene Zauberer, dieser wütende Aggressor, dieser heimliche Verführer, dieser große Tröster, dieser ziemlich stark hinkende Kurier, dieser etwas schrullige Ordner der Welt? Die Sprache vollbringt grandiose Leistungen, nur eben überwiegend nicht dort, wo sie vermutet werden: in der Information. Für jede Art von Mitteilung, gleichgültig, ob über das Wetter, die politische Lage oder die Einsichten der Tiefenpsychologie, sind die Wörter ein Notbehelf — wir haben nichts Besseres. Nichts anderes als »jenes ungeheure Gebälk und Bretterwerk der Begriffe, an das sich klammernd der bedürftige Mensch sich durch das Leben rettet«[1].

Gleichwohl *verdient* die Sprache unsere Liebe, weil sie der Tröster ist, der unvergleichliche und bisher kaum gewürdigte; und vor allem *braucht* sie unsere Liebe: Die klapprigen Maultiere der Information rufen kläglich um Hilfe.

III. Das Wort als Zauberer

11. Götterbote und Geisterbeschwörer

Von der ungebrochenen Magie der Wörter

> Wie ein prächtiger Despot wirft seine Bewohner der orientalische Himmelsstrich mit seiner Macht und seinem Glanz zu Boden, und ehe der Mensch noch gehen gelernt hat, muß er knien, ehe er sprechen gelernt hat, muß er beten.
>
> *Hölderlin, Hyperion*

Wahrscheinlich hat annähernd die Hälfte aller Wörter, die auf Erden je gesprochen, geschrien und gestammelt worden sind, dem Zweck gedient, Gott, die hilfreichen oder zürnenden Götter, die Dämonen, die Geister, den Teufel anzuflehen, zu beschwören oder zu beschwichtigen.

Es muß Jahrhunderttausende gegeben haben, in denen der Frühmensch zu genügend Intelligenz und Phantasie erwacht war, um zu staunen über all das Unheimliche in seiner Welt: Geburt und Tod, Blüte und Verfall, Blitzschlag, Erdbeben und Sonnenfinsternis, »die tausendäugige Dämmerung der Waldestiefe. . . Laute in der Wesenlosigkeit der Nacht oder hinter dem Gedröhn des Sturmes, die etwas Niegewußtes zu wissen schienen«: wie sollte er all das erklären und ertragen? »Die Rätselwelt, in die er sich gestellt sah, zwang ihn um Lebens und Sterbens willen dazu, die Namen zu ersinnen, die Worte zu formen.«[1] Was in Arbeit, Spiel und Leidenschaft aus Geplapper und Geschrei entstanden war, bot sich ihm an zum Gebet; ja der wortzeugende Urschrei, wie ihn Cassirer schildert (S. 41), mag sich ihm wohl auch im Grauen über die unbegreiflichen Mächte entrungen haben.

Da aber die Sprache, wie die Menschen meinten, von eben jenen Göttern gekommen war, die sich im Krachen des Donners offenbarten — wie sollten die Götter die Sprache der Menschen nicht verstehen? Also konnte man Bitten an sie richten, sie gnädig zu stimmen suchen, das Entsetzen betend lindern. Manchmal schienen die Überirdischen die stammelnden Menschlein zu erhören. Erfüllte sich indessen der Gebetswunsch nicht, ließen gar Mißernte oder Mißgeschick auf den Zorn der Geister schließen, so war die Antwort klar: Es lag an einem Mangel im Wortritual. Kannte man die richtigen Wörter nicht? Hatte man sie unachtsam gruppiert oder ein heiliges Beiwerk vergessen? Und überdies: Hatte man zu rasch aufgehört?

Die Bewohner der Südseeinsel Dobu begleiten das Wachsen der Yamwurzeln Monat um Monat mit Gebeten, die niemals abreißen dürfen, wenn die Ernte nicht gefährdet werden soll. Einen Rosenkranz herunterbeten heißt fünfzehnmal das Vaterunser murmeln und hundertfünfzigmal das »Gegrüßet seist du, Maria«. Es betete der persische Mystiker Abu Said (in der Übersetzung Friedrich Rückerts): »Gott! Dir danken wir, wie für jede Habe, also auch für die Redegabe, wie für des Hauses Ausgang und Eingang, so für des Geistes Ausklang und Einklang — und wie für des Kleides An- und Ablegung, so für des Sinnes Ein- und Auslegung! Wir danken Dir, wie für Tränkung und Speisung, so für Lenkung und Unterweisung zu Zweck-Bedenkung und Kunst-Befleißung! Wir flüchten zu Dir vor des Sprechens Überfluß wie vor des Hörens Überdruß, vor der Worte schädlichem Wucher und dem Witz, dem Versucher, wie vor dem Mangel an Sammlung und der Zunge schmählicher Stammlung in erleuchteter Versammlung! Behüt' uns vor unbeholfener Unmündigkeit! Laß uns vermeiden die Schlappheit und die Steifigkeit, die Knappheit und die Weitschweifigkeit, die Leere und das Seichte, das Überschwere und das Allzuleichte. . .«

Gebetet wird mit Hilfe von Schnüren und Mühlen, um Gnade, um Regen, um Gesundheit, um Erfolg und um Rache an den Feinden. David bat den Herrn nicht nur, ihn zu erretten, sondern auch, seine Feinde zu züchtigen, »denn sie haben ihr gottloses und falsches Maul wider mich aufgetan und reden wider mich mit falscher Zunge«. Nun sollten ihre Kinder Waisen werden und betteln, und niemand möge sich ihrer erbarmen, und ihr Gedächtnis müsse ausgerottet werden auf Erden (Psalm 109). »Ihr Götter und Göttinnen«, betete Scipio Africanus maior beim Aufbruch nach Karthago, »euch flehe ich an« — um Sieg und Rache, versteht sich, und noch dazu: »daß wir heimkehren mit Waffenraub geschmückt und mit Beute beladen«[1].

Wiewohl es keine Niedertracht gibt, um die nicht irgendwann gebetet worden wäre, so hat doch stets das verehrende, das dankende Gebet seinen Platz behauptet, die reine Zwiesprache mit Gott; oft allerdings mit einer trutzigen Hartnäckigkeit, für die Jakobs »Ich lasse dich nicht, du segnest mich denn« (1. Mose 32,27) die treffendste Formel ist. In den Straßen arabischer Städte stehen Bettler, die rufen die hundert Namen Allahs zehntausendmal am Tag. Und so betete Augustinus: »Gott, der du aus dem Nichts diese Welt erschaffen hast, die aller Augen als die herrlichste empfinden! Gott, der du nichts Böses schaffst und das Sein erschaffst, um das Nichts, den Abgrund alles Bösen, zu verhüten! Gott, der du die kleine Schar, die auf das wahrhaft Seiende sich rettet, das Böse als ein Nichts erkennen läßt! Gott, durch den das All mitsamt dem Widersinn vollendet ist! Gott, dem der Mißklang auch der äußersten Gottferne nicht ein Mißklang ist, wenn das Verkehrte mit dem Rechten Einklang sucht! Gott, den alles liebt, was lieben kann, geschah es bewußt, geschah es unbewußt! Gott, in welchem alles gründet, dennoch unbefleckt von aller Kreatur — von ihrer Schmach, die nicht die deine, von ihrer Bosheit, die nicht dir zum Schaden, von ihrem Irrtum, der dich nicht irre machen kann! Gott, nach dessen Willen nur der Reine die Wahrheit innehaben soll! Gott, du Vater der Wahrheit, Vater der Weisheit, Vater des wahren hohen Lebens, Vater der Glückseligkeit, Vater des Guten und des Schönen, Vater des geistigen Lichtes, Vater unseres Seelenmorgens, unserer Geistbestrahlung, Vater der Stimme, die dich bezeugend uns ermahnt, uns heimzuwenden zu dir!« Das Gebet ist sechsmal so lang, mit zweiundsechzig Anrufungen Gottes und dreizehn Beschwörungen des Vaters.[1]

So ungeheuer ist der Wortfleiß der Gläubigen, so ehern ihr Glaube an die Macht des Wortes und seiner verbissenen, erschöpfenden Wiederholung zumal, so gewaltig ist noch heute die Mehrheit der Betenden auf Erden, daß, in Ermangelung jeglicher Statistik, die Schätzung erlaubt scheint: Gemessen am Gebrauch, den der Mensch von den Wörtern macht, zerfällt die Sprache in die Gebete und den Rest. Wenn eine andere Funktion des Wortausstoßes statistisch in die Nähe des Betens rücken sollte, dann wiederum nicht die Mitteilung, sondern das profane Geschwätz, das nahezu informationsfreie Geplapper in Treppenhäusern, Betriebskantinen und populären Fernsehsendungen.

Es scheint, als hingen der religiöse und der weltliche Worteifer in mehr als einem Punkt zusammen: Sie lassen gleichermaßen dem Urvergnügen der Stimmwerkzeugbetätigung weiten Auslauf. Sie haben beide eine tröstende Funktion. Sie bedienen sich beide der Wunderkräfte des Reimes und des Namenszaubers. Auch der Glaube an die Magie der Wörter ist nicht auf die Religion beschränkt.

Die Schwarze Kunst von Reim und Metrik, die Umarmung der Silben in einem Ringelreihen, zu dem Priester und Dichter, Grabredner und Schlagertexter aufspielen — sie hat vier wichtige Funktionen: Sie erfrischt das Ohr; sie erleichtert die Arbeit (S. 38); sie entlastet das Gedächtnis (was in schriftloser Vorzeit nichts Geringes war); und sie ist geeignet wie nichts sonst für den Umgang mit den Geistern. Dies noch dazu in beiden Richtungen: Verse können Götter gängeln, Verse lassen auf Götterstimmen schließen. Wenn der Medizinmann sich für seine Gebete auf eine höhere Macht berufen wollte, so verlieh nichts ihm mehr Überzeugungskraft als Versmaß oder Reim: Ja, so sprachen die Überirdischen. Gegen Verse hat die Frage »Ist das wirklich so?« einen schweren Stand. Auch der Weiseste, meint Nietzsche, werde zuweilen »zum Narren des Rhythmus, sei es auch nur darin, daß er einen Gedanken als *wahrer empfindet,* wenn er eine metrische Form hat und mit einem göttlichen Hopsassa daherkommt«. Genauso umgekehrt: »Es sollte vermöge des Rhythmus den Göttern ein menschliches Anliegen tiefer eingeprägt werden ... Nicht nur der Schritt der Füße, auch die Seele selber geht dem Takte nach — wahrscheinlich, so schloß man, auch die Seele der Götter! ... Man warf ihnen die Poesie wie eine magische Schlinge um.«[1]

Reim war dabei entbehrlich. Auch Homer, Shakespeare, Schiller (in den Dramen) haben ihn verschmäht, und der Kampfruf »Ho-Ho-Ho Tschi-Minh«, mit dem 1968 in Berlin und Paris die Studenten durch die Straßen stürmten, hätte durch keinen Reim an Brisanz gewinnen können. Als Zutat jedoch war der Zusammenklang der Laute oder Silben hochwillkommen. Vorn konnte es sich reimen wie in der Edda, bei Richard Wagner, in den Sprichwörtern und Redensarten (Mit Mann und Maus), bei Hopkins (»Daylight's dauphin, dappledawn-drawn Falcon«), bei Rilke (»Schimmernde Schwäne in prahlenden Posen gleiten leise auf glänzendem Glatt«) und noch 1975 in der »Neuen Zürcher Zeitung« (»Klippen und Klüfte im Nahen Osten«); hinten konnte es sich reimen wie Sang und Klang; hinten und zugleich innen reimen wie Brentanos »hoffendes Ranken der kranken Gedanken« und die Gebete Abu Saids; elend reimen wie *widow* auf *forbid too* (Byron), *Zweige* auf *Gesträuche* (Frankfurts göttlicher Goethe) — egal: Der rhythmische Klingklang steigerte die behexende Kraft der Sprache gegen Menschen und Dämonen.

»Der ernsthaften Erwägung könnte es fast als ein Hochverrat gegen die Vernunft erscheinen«, rügte Schopenhauer, »wenn einem Gedanken, oder seinem richtigen und reinen Ausdruck, auch nur die leiseste Gewalt geschieht, in der kindischen Absicht, daß nach einigen Silben der gleiche Wortklang wieder vernommen werde . . . Ohne solche Gewalt aber kommen gar wenige Verse zustande.«[1] (Worin Eichendorff ihm beipflichtete: »Wie träge Silb' aus Silbe schleichet — mit Not hab ich den letzten Reim erreichet.«) Hochverrat gegen die Vernunft: das eben reimt sich vorzüglich auf Spielerei und Zauberei und auf den Vorrang an Alter und Gewicht, den diese Elemente in der Sprache innehaben. Im Rhythmus der Silben, im »Tanz der Wiederkehr«[2] hörten unsere Ahnen den Einklang der Wörter, der Götter, der Menschen. Das Leben in der archaischen Phase der Kultur, meint Huizinga, war »sozusagen selbst noch metrisch und strophisch gebaut. Das Gedicht ist die natürlichere Ausdrucksweise, sobald es sich um höhere Dinge handelt.«[3]

Wie der Reim bindet der *Namenszauber* das Göttliche mit dem Irdischen zusammen. Namensverheimlichungen, Namensverbote und vor allem ein heiliger Eifer der Namensgebung haben die Menschheit begleitet, seit sie spricht. Was einen Namen hat, hört auf, fremd, chaotisch, bedrohend zu sein. »Welcher Berg ist denn das?« fragt der Tourist, und die Antwort »Das ist der Similaun« befriedigt ihn vollständig, auch wenn er den Namen weder je gehört hat noch mit irgendeinem Sinn erfüllen kann: Denn da der unheimliche Schneehaufen einen Namen trägt, ist er offenbar von der Menschheit katalogisiert und in Besitz genommen, und das ist gut. Linné wurde von den Zeitgenossen als »Heros der Naturwissenschaft« gefeiert, weil es ihm gelungen war, alle damals bekannten Pflanzen und Tiere systematisch mit griechisch-lateinischen Namensschildern zu versehen; er war ein Heros der Benennung — selbst seine ärgsten Verehrer behaupten nicht, er habe je eine bedeutende Entdeckung gemacht. Den letzten unbenannten Bergen des Himalaya und der Kordilleren stülpen die Erstbesteiger gierig die Namen ihrer Vereine, ihrer Kinder, ihrer Königin oder ihres Papstes über.

Aber Linné und die Alpinisten taten nur, was Adam getan hat: Nachdem Gott den Tag, die Nacht, den Himmel, die Erde und das Meer benannt hatte, verlieh Adam den Tieren und Pflanzen seine Namen, es war seine erste Handlung und der Ausdruck seiner gottgewollten Herrschaft über sie. Wer die Namen gibt oder nimmt, hat die Macht — wie jene Stadtratsmehrheiten, die 1945 aus den

Kaiser-Wilhelm-Straßen die Friedrich-Ebert-Straßen und später zumeist wieder Kaiser-Wilhelm-Straßen machten; wie die Diktatoren, die Zarizyn in Stalingrad und Stalingrad in Wolgograd verwandelten. Zaunkönige der Namensgebung sind die Romanciers, wenn sie von *Thunder ten Tronckh* (Voltaire) bis *Serenus Zeitblom* (Thomas Mann) ihren Übermut und ihren krausen Geschmack gewähren lassen können; die kleinsten Fürsten sind wir selber, wenn wir unsere Kinder taufen. Sei es auch auf solche Weise: Susan Atkins aus der Mörderbande des Charles Manson (Kalifornien 1969) nannte ihren Sohn *Zezozose Zadfrack Glutz* — in der offenkundigen Absicht, mit den Namenssitten der verhaßten Gesellschaft deren sämtliche Wertvorstellungen über den Haufen zu werfen.

Namenlos zu sein, war unter unseren Vorfahren ein verbreiteter Alptraum: »Hjörward und Siglind bekamen einen Sohn, der wurde groß und schön, aber er war stumm, kein Name haftete an ihm«, berichtet die Edda. Da rief eine Walküre ihn »Helgi«, und sogleich konnte er sprechen.[1] Tschingis Khan demütigte den unterworfenen König Burhan, indem er ihm den Namen »wegnahm«, bevor er ihn erdrosseln ließ.[2] Noch heute gilt ein Findling so lange als eine besonders bemitleidenswerte Kreatur, bis Nonnen, Behörden oder Pflegeeltern sich erbarmen, ihm einen Namen anzuhängen; in katholischen Landen ist der Namenstag ein höheres Fest als der Jahrestag der Geburt.

Den von anderen verliehenen Namen mutwillig zu ändern, mit einem Pseudonym vor die Welt zu treten, das spricht von Selbstherrlichkeit, oft zur Markierung einer Lebenswende: beim Rabbi Saulus, der sich Paulus nannte, bei dem Kardinal, der Papst wird und die Krone irdischer Pracht mit einem Namen eigener Wahl verziert. So auch verwandelten sich Aurore Dupin in *George Sand,* Samuel Clemens in *Mark Twain,* Uljanow, Bronstein, Dschugaschwili und Skrjabin in *Lenin, Trotzki, Stalin, Molotow.*

Denn steckt schon Zauber darin, *daß* wir heißen — erst der Umstand, *wie* wir heißen, verstrickt uns ganz ins magische Netz der benennenden Klänge. Nomen est omen, sagten die Römer, und nicht nur des Reimes wegen. Legionäre, die »Felix« hießen (der Glückliche) oder »Scipio« wie der Sieger über Hannibal, wurden bei schwierigen Aufgaben vorgezogen. Als drei Päpste namens Hadrian im ersten Jahr ihrer Regierung gestorben waren (der III., der V. und 1523 der

VI.), nahm kein zum Papst gewählter Kardinal mehr diesen Namen an. »Wie viele Caesars und Pompejusse sind durch den bloßen Einfluß der Namen derselben würdig geworden!« philosophierte Laurence Sterne. »Wäre Ihr Sohn Judas getauft, die habsüchtige und betrügerische Idee, die von dem Namen untrennbar ist, würde ihn sein ganzes Leben hindurch wie ein Schatten verfolgt und ihn zuletzt zu einem Schurken gemacht haben.«[1] So wunderte sich der achtjährige Goethe, als er von Klopstock hörte, »wie ein so vortrefflicher Mann so wunderlich heißen könne«[2], und im »Zauberberg« probiert Hans Castorp der schönen Russin Clawdia Chauchat »den Namen an«[3]. 1945 verschwand in Deutschland der Vorname »Adolf« aus den Taufregistern, während viele erwachsene Adolfe sich hinter den Stummelnamen »Dolf«, »Olf« oder »A.« versteckten. Daß Hitlers und Stalins Truppen sich gerade in *Stalingrad* die blutigste Schlacht des Zweiten Weltkriegs lieferten, daran hat Namenszauber mitgewirkt: vermutlich bei Stalin, der außer der Stadt selbst auch ihren Namen angstvoll verteidigt haben könnte; mit annähernder Sicherheit, worüber die Historiker sich einig sind[4], bei Hitler, der mit der Stadt den Erzfeind treffen wollte, den Namen als Pfeil benutzend.

Man faßt sich an den Kopf und fragt sich wieder: Kann das alles sein? Sollte ein solcher Grad von Irrationalität, gestopft in eine zufällige Lautverbindung, die Mensch oder Sache mit einem hinfälligen Schild versieht, über Krieg und Frieden, Tod und Leben entscheiden? Die Welt ist voll davon. Worthexen umtanzen uns. Allein das Verbot, einen Namen überhaupt oder ohne Ritual zu nennen, treffen wir in fünf Formen an.

Erster Fall: Jeder kennt den richtigen Namen, aber keiner spricht ihn aus, weil sonst die Macht des Namensträgers furchtbar über ihn kommen könnte. Also sagt man nicht »der Teufel«, sondern der »Gottseibeiuns«. Wo im Alten Testament *Jahwe* steht, wird in der jüdischen Religion *Herr* gelesen: Der Name Gottes ist tabu, »schem hammephorasch«. Einst wurden die Frevler gesteinigt, die gegen dieses Gebot verstießen; noch heute wird nach Luthers Katechismus gelehrt, Gott werde »den nicht ungestraft lassen, der seinen Namen mißbraucht«.

Zweiter Fall: Ein Kreis von Eingeweihten kennt den richtigen Namen, verhehlt ihn jedoch vor der Masse; Medizinmänner und Priester schöpfen daraus Macht. In Teilen des alten Griechenland ritzten sie die Namen der Götter in Tafeln, die sie im Meer versenkten.

Dritter Fall: Der richtige Name wird zwar preisgegeben und darf öffentlich verwendet werden, doch ist die Preisgabe eine heikle Prozedur. Zur gesellschaftlichen Vorstellung gehört ja in unseren Breiten, daß der Name des Jüngeren oder sozial niedriger Stehenden zuerst fällt; theoretisch hat nun der Ältere oder der Höhere die Freiheit, seinen eigenen Namen zu verschweigen und sich der Machtverschiebung zu freuen, die aus der einseitigen Namenskenntnis folgt. Praktisch genießt er diesen Vorteil nur eine Sekunde lang. Eine überdrehte Deutung? Offensichtlich nicht nach den Maßstäben jener Honoratioren, die auf den herkömmlichen Ablauf Wert legen, ohne daß sie zu sagen wüßten, warum; die Kenntnis historischer und psychologischer Zusammenhänge ist eben nicht üblich.

Vierter Fall: Götter und Geister suchen mit allen Mitteln das Geheimnis ihres Namens zu wahren, damit niemand Gewalt über sie bekommt. »Und Manoah sprach zum Engel des Herrn: Wie heißest du? Daß wir dich preisen . . . Aber der Engel des Herrn sprach zu ihm: Warum fragst du nach meinem Namen, der doch wundersam ist?« (Richter 13, 17/18). Als Rumpelstilzchen seinen Namen entlarvt sah, packte er in seiner Wut »den linken Fuß mit beiden Händen und riß sich selbst mitten entzwei«. Und dieser deutsche Kobold hat in ganz Europa Vettern, die dasselbe tun: in England Tom Tit Tot, in Frankreich Ricdin-Ricdon, in Schweden Titteliture.

Fünfter Fall: Der Tod eines Namensträgers ändert die Sprache. Wenn bei den Australnegern ein Krieger starb, der »Möwe« hieß, war das Wort Möwe auch als Zeichen für das Tier tabu und wurde vom Stamm durch ein neues Wort ersetzt.[1]

Das Wort und der Name geben den Göttern Macht über die Menschen, den Menschen aber Macht über Götter und Menschen zugleich. Eine Grenze zwischen religiöser und weltlicher, erhoffter und erwiesener Macht, zwischen dem Greifbaren und dem Unbegreiflichen ist gar nicht zu ziehen. Der christliche Bauer betet zu Gott, den er im Himmel weiß, er möge das Korn gedeihen lassen. Der Dobu-Insulaner betet zu den Geistern, die er in den Yamwurzeln weiß, sie möchten die Wurzel wachsen lassen. Der großstädtische Atheist sagt »Mal den Teufel nicht an die Wand«, und gelassen bedient er sich der Metapher Friedrich Theodor Vischers von der *Tücke* des Objekts, die ihre Kraft doch daraus schöpft, daß wir das

Wirken eines feindseligen Kobolds in zusammenbrechenden Stühlen nicht gänzlich ausschließen möchten. Man mag das eine »Glauben« und das andere »Aberglauben« nennen — gemeinsam ist ihnen dies: Die Sprache ist, ihrem innersten Wesen und ihrer häufigsten Verwendung nach, ein Instrument des Umgangs mit Gott und der Beschwörung der Geister. Ein wenig gehen wir alle mit ihr um wie Karl Roßmann (in Kafkas »Amerika«) mit dem Klavier: »Karl erhoffte in der ersten Zeit viel von seinem Klavierspiel und schämte sich nicht, wenigstens vor dem Einschlafen an die Möglichkeit einer unmittelbaren Beeinflussung der amerikanischen Verhältnisse durch dieses Klavierspiel zu denken.«[1]

Worin unterscheiden sich denn die Hoffnungen des Klavierspielers von denen, die ein Betender hegt? Ist nicht die Eidesformel ein Versuch der Gerichte und der Armeen, durch ein Wortritual einen höheren Grad von Wahrheit oder Treue zu erzwingen? Schwingt nicht in manchen ausschweifenden Reden in der Vollversammlung der Vereinten Nationen, in manchem Dorfklatsch und in mancher Predigt am Ende ein Stück der Gesinnung mit, wie die Dobu-Insulaner sie hegen: daß der Lauf der Welt, um nicht ins Stocken zu geraten, unablässig beredet werden müsse? Oder daß zumindest die Plagen und Nöte des Lebens gemildert werden können, wenn man ihnen die bittenden, zaubernden Wörter Schwall um Schwall entgegenschickt?

Nichts spricht mehr für solche Mutmaßungen als der Rang des Gotteswortes in den großen Religionen: Die Welt wurde aus dem Wort geboren und wird mit dem Wort regiert. Nicht stumm schuf Gott das Licht, wie es gewiß in seiner Macht gestanden hätte, sondern er *sprach:* Es werde Licht, und es ward Licht. »Gott war das Wort«, »Im Wort war das Leben« (Johannes 1,4), als »Geschöpf des Wortes« sieht sich die Evangelische Kirche. Mohammed lauschte dreiundzwanzig Jahre lang der Offenbarung durch Allahs »unverfälschtes Wort«; daß der Prophet nur der Übermittler *göttlicher* Worte sei, wird den Gläubigen vom Koran mit dem Hinweis eingehämmert, andernfalls »hätten wir ihm die Herzadern durchschnitten« (Sure 69,45).

Göttlich, mit Zauberkraft begabt, Vehikel der Offenbarung, der Segnung, des Gebets und der Hexerei, im Glauben verwurzelt, dem Aberglauben herzlich zugeneigt — das alles ist das Wort, und mehr dies als irgend sonst etwas; durchgewalkt in Milliarden von Flehrufen, Fürbitten, Lobpreisungen, Rosenkränzen, Litaneien und Verfluchungen. Wer mit diesem Werkzeug *informieren* will, so gänzlich gegen seine Herkunft und gebräuchlichste Verwendung, der braucht entweder die Scheuklappen der Ahnungslosigkeit oder einen sehr kühlen Kopf. Abrakadabra, Bricklebrit, Abraxas, Fortschritt, Hokuspokus, Sesam, Nächstenliebe, Simsalabim, so heißen die magischen Formeln. Die Wörter sprechen selig, manchmal heilig, selten wahr. Aber Milliarden Menschen gaben und geben sie Kraft, und vielleicht ist das mehr als das, was Lehrer, Linguisten, Journalisten von der Sprache erwarten.

Dazu im »Lexikon«: affektiv, Buchstabenzauber, Emotion, Glossolalie, Kultsprache, Name, Namenstabu, Onomantie, Palindrom, Sprachtabu, Wortmagie.

IV. Das Wort als Aggressor

12. Fahnenträger der Gewalt

Befehl und Drohung, Hohn und Fluch

> Ja, geh, Saint-Just, und spinne deine Perioden, worin jedes Komma ein Säbelhieb und jeder Punkt ein abgeschlagener Kopf ist!
>
> *Barère in Büchners »Dantons Tod«*

Sprechen ist Macht. Die Wörter sind Verführer, Generale und Scharfrichter. Sie verführen heimlich durch Parteilichkeit, sie verführen öffentlich durch Predigt, Plädoyer, Reklame, Propaganda, sie erteilen pauschale Weisungen durch Norm und Gesetz und gezielte durch Befehle, und die Macht des Henkers haben sie auch.

Im Befehl zeigt sich die Gewalt des Wortes nackt. Nächst dem Beten hat sich das Gebieten am tiefsten in die Sprache eingekerbt. Das Sollen, Müssen und Nichtdürfen, die Erlasse, Gesetze und Verfügungen, das Edikt, der Ukas und die Direktive absorbieren einen großen Teil der Sprache und färben ab auf den Rest. Fast jeder ist ein kleiner Imperator im täglichen Umgang mit dem Imperativ: So komm doch endlich! Laß mich in Ruhe! Halten Sie den Mund! Befehle verstecken sich im Wollen, Mögen und Wünschen (»Ich wünsche nicht, daß du . . .«), im scheinbar neutralen Futurum (»Sie werden morgen um 11.10 Uhr . . .«) und in höflichen Floskeln (»Wie wäre es denn, wenn Sie . . .«).

Schon indem wir *heißen*, sind wir alle Objekte von Befehlen: »Heißen«, das bedeutete befehlen, auffordern, antreiben, drängen; erhalten in alten Formeln wie »Ich heiße dich hoffen« oder »Auf Geheiß des Kaisers«. Das englische *call* steht für rufen, befehlen, wecken, schimpfen, *the call* auch für Signal und Kommando. Das französische *appeler* bedeutet unter anderem »vor Gericht laden« und *l'appel* das militärische Antreten zum Befehlsempfang. So hat die Sprache den Ursprung des Heißens bewahrt: Die Sätze »Ich heiße dich kommen« und »Ich heiße dich Fritz« waren nach derselben Weise konstruiert und hatten beide einen Befehl zum Gegenstand, bei Fritz nämlich: »Ich heiße dich herbeieilen, wann immer ich die dir aufgeprägte Formel Fritz ausrufe.« Das war praktisch für die Stammesorganisation und zugleich Ausdruck einer klaren Hierarchie von Nennenden und Benannten. Zu Jakob sprach der Herr: »Ich habe dich bei deinem Namen gerufen, du bist mein« (Jesaja 43,1). Noch heute wächst jedes Kind in mindestens zwei Namen hinein, unter denen der Staat es erfaßt, selbst wenn sie ihm mißfallen.

»Das Herrenrecht, Namen zu geben, geht so weit, daß man sich erlauben sollte, den Ursprung der Sprache selbst als Machtäußerung der Herrschenden zu fassen«, schreibt Nietzsche. »Sie sagen ›Das *ist* das und das‹, sie siegeln jegliches Ding und Geschehen mit einem Laute ab und nehmen es dadurch gleichsam in Besitz.«[1] Der Geheißene und in In-Besitz-Genommene hat zu *gehorchen* — was sich, ebenso enthüllend, historisch aus dem *hören* entwickelt hat, genau wie: *Das gehört sich nicht*. Wir tragen Namen, damit uns befohlen werden kann, wir haben Ohren, damit wir auf die Befehle *horchen* können.

Dabei sind die Wörter nicht selbst mit Macht geladen, sie transportieren nur die Autorität des Befehlenden — falls er sie hat. Hat er keine, so ist seine Sprache wirkungslos, oft lächerlich. Das Befehlen ist mithin zwar die direkteste und brutalste, eine überaus typische und eine meistens unterschätzte Verwendung der Wörter; nicht jedoch von jener magischen, verführenden Kraft, wie das Gebet sie über die Götter und die Propaganda sie über die Menschen hat.

Wortzauber ist dagegen schon bei der *Einschüchterung* im Spiel. Moses genügte es nicht, das Gesetz Gottes zu *verkünden*; seine Befolgung zu *erzwingen*, stand nicht in seiner Macht; aber wahrlich tat er das äußerste, um Israel den Geboten gefügig zu machen: Er ließ einen Katarakt von Verwünschungen auf sein Volk niederschäumen, wie die Wortüberlieferung kaum einen zweiten kennt. Dreiundfünfzig Verse lang (5. Mose 28) häuft er die Schreckensbilder: Falls du, Israel, dem Gesetz nicht folgst, wird der Herr dir die Pestilenz anhängen, deinem Lande Staub und Asche für Regen geben, dich schlagen mit Feigwarzen, Grind und Krätze, mit Wahnsinn, Blindheit und allen Seuchen Ägyptens, mit einer bösen Drüse an den Knien und Waden, die von der Sohle bis zum Scheitel reicht, und du wirst unsinnig werden vor dem, das deine Augen sehen müssen, und wirst ein Scheusal sein unter allen Völkern, die Frucht deines Leibes wirst du fressen vor Hunger und das Fleisch deiner Söhne und Töchter, und die Weiber werden ihren Männern die Nachgeburt mißgönnen, die zwischen ihren eigenen Beinen ausgegangen ist, denn sie werden sie heimlich essen in der Angst und Not — und noch viel mehr dergleichen; das Entsetzen, mit dem Israel eingemauert werden sollte, springt noch heute aus den Zeilen. Auch das ist Sprache und gerade dies, möchten Zeitungsleser es nicht vergessen.

Einschüchterungen können ebenso *leise* vorgenommen werden, in Form einer kalkulierten Drohung, die dem Bedrohten Angst einjagen soll. Wieviel Angst, hängt von zwei Umständen ab: wie der Bedrohte die Macht des Drohenden einschätzt — und welchen Grad von Entschlossenheit er aus den drohenden Worten herausliest. Droht ein *Staat* dem andern und wählt er dafür die Form des Ultimatums, so benutzt er Wörter an Stelle der Waffen; diese Wörter auf den Grad ihrer Ernsthaftigkeit abzuhören, ist neben dem politischen auch ein psychologisches und linguistisches Problem. Der Vorgang wird noch interessanter, wenn der drohende Staat statt des Ultimatums mit seinen meist verhältnismäßig klaren Bedingungen und Fristen eine formlose, gar verklausulierte Drohung wählt: Dann schickt er ein Wortkunstwerk als Spähtrupp oder Kommando-Unternehmen vor. Ein Fall, in dem ein Staat mit solchen Wörtern und nur mit ihnen siegte, lohnt die Analyse.

Am 5. November 1956 protestierte der sowjetische Ministerpräsident Bulganin in Botschaften an den britischen Premierminister Eden und den französischen Ministerpräsidenten Mollet gegen die Landung englischer und französischer Fallschirmjäger am Suezkanal. Diese Operation sei deshalb besonders verwerflich, weil Ägypten erst vor kurzem die Unabhängigkeit erlangt habe und keine ausreichenden Verteidigungsmittel besitze. »*Wie wäre die Lage Englands*«, fuhr Bulganin fort, »wenn es seinerseits von stärkeren Staaten überfallen würde, die über sämtliche Arten moderner Vernichtungswaffen verfügen? Solchen Ländern wäre es heutzutage möglich, von der Entsendung von See- oder Luftstreitkräften nach England abzusehen und andere Mittel, zum Beispiel die Raketentechnik, einzusetzen. *Würden Raketen gegen England oder Frankreich eingesetzt*, so würden Sie das sicherlich als ein barbarisches Vorgehen bezeichnen. Wodurch unterscheidet sich aber hiervon der . . . unmenschliche Überfall auf das fast wehrlose Ägypten?« So an Eden; an Mollet nur: »*Wie wäre die Lage Frankreichs*, wenn es von anderen Staaten, die über moderne furchtbare Zerstörungsmittel verfügen, überfallen würde?«[1]

Das war nun alles andere als die klare Ankündigung schlimmer

Folgen, wie sie im Wesen des Ultimatums liegt, eine bloß rhetorische Frage mit drohendem Unterton. Psychologisch und politisch war es überdies ein erkennbarer Versuch, von der gleichzeitigen sowjetischen Aggression in Ungarn abzulenken — woran Eden in seiner Antwort auch erinnerte. Aber die Schlagzeilen der westlichen Zeitungen waren auf den Ton gestimmt: »Moskau droht mit Raketen«. Die gleichzeitige, viel klarere Androhung von »Gewalt gegen die Aggressoren« *in Ägypten* machte Engländer und Franzosen nicht schaudern. Bulganin hatte also mit äußerster Behutsamkeit eine Rakete vorgezeigt und etliche Fragezeichen durch den Äther geschickt. Zufrieden konnte er sie wirken sehen: Sie werden in der erwünschten Richtung überinterpretiert, der Westen ist zu Tode erschrocken, tags darauf stellen Engländer und Franzosen am Suezkanal das Feuer ein.

Die Fallschirmjäger ziehen allerdings nicht ab. Der Kreml baut ein neues Sprachkunstwerk: »*Führende Kreise* der Sowjetunion«, meldet die amtliche Nachrichtenagentur TASS am 10. November, hielten den Waffenstillstand für ein bloßes Manöver, *das Sowjetvolk* sei besorgt: »Ein klarer Ausdruck der heißen Sympathien der *Sowjetmenschen* gegenüber dem ägyptischen Volk sind die zahlreichen Erklärungen sowjetischer Bürger, . . . die darum bitten, sich als *Freiwillige* nach Ägypten begeben zu dürfen, um gemeinsam mit dem ägyptischen Volk für die Vertreibung der Aggressoren vom ägyptischen Boden zu kämpfen . . . In führenden Kreisen der UdSSR wurde erklärt, daß die zuständigen Organe der Sowjetunion der Ausreise solcher Freiwilligen keine Hindernisse in den Weg legen werden.«

Ein Geniestreich: Die noch härtere Wirkung soll mit einer Drohung erzielt werden, die noch weicher ist als zuvor. Von Raketen gegen England und Frankreich wird nicht einmal im Konditional gesprochen, und Bulganins Entschlossenheit, in Ägypten »die Aggressoren mit Gewalt zurückzuschlagen«, wird auf die Nichtbehinderung von »Freiwilligen« reduziert. Von diesem Wort wiederum weiß die Sowjetführung, daß der Westen es als Lüge durchschaut, und eben das soll er, damit die Angst zunimmt. Bei alldem verpflichtet sich Moskau zu nichts, es schickt einen Text ohne Absender, wie dies erst seit Erfindung der Schrift möglich ist, weil ein *Sprechender* sich als Person hätte entlarven müssen — während man doch die Unperson der »führenden Kreise« vorzog, damit Bulganin die Freiheit behielt, sich jederzeit aus staatsmännischer Verantwortung dem anonymen Kollektiv entgegenzustellen. Noch mehr Vorsicht war schwerlich denkbar. Und doch zogen London und Paris am 5. Dezember ihre Truppen aus Ägypten ab.

Nicht nur unter russischem Druck, auch unter dem der Vereinten Nationen und sogar der Vereinigten Staaten. Vor allem aber unter dem Druck der Angst, in die Moskau ohne eigenes Risiko zwei Völker zu versetzen verstand, indem es zwischen Bluff und Imponiergehabe, zwischen Imperativ und Konjunktiv die richtigen Wörter durchschleuste. Wörter als vergiftete Pfeile, ein militärischer Sieg durch zwei geschickt plazierte Fragezeichen. Zugleich ein Lehrstück für alle, die auf die »Strategie der Abschreckung« vertrauen: Raketen schrecken nur dann ab, wenn Wörter glaubhaft machen, daß die Raketen abgeschossen werden würden.

Wer die Macht hat, liebt es, dem Befehl, der Drohung, dem Triumph den *Hohn* hinzuzufügen: »Die Geißel macht Striemen, aber ein böses Maul zerschmettert das Gebein« (Jesus Sirach 28,21). So war das Verhöhnen in Deutschland bis zur Reichspolizeiordnung von 1577 ein Rechtstitel des Gläubigers. Den säumigen Schuldner durfte er in Wort und Bild öffentlich verächtlich machen, »Schelmschelten« hieß die Prozedur. So konnte Hitler es nicht lassen, noch einmal mit Worten über das längst zerstörte Polen herzufallen: »Eine der wirklichkeitsfremdesten Schöpfungen des Versailler Diktats, politisch und militärisch nur ein aufgeblasener Popanz, beleidigt monatelang einen Staat und droht ihm, ihn zusammenzuschlagen, die deutschen Armeen zu zerhacken, die Grenze an die Oder oder an die Elbe zu verlegen und so fort. Und . . . Deutschland sieht monatelang diesem Treiben geduldig zu, obwohl es nur einer einzigen Armbewegung bedurft hätte, um diese von Dummheit und Hochmut aufgeblähte Blase zusammenzuschlagen.«[1]

So schleuderten die Chinesen, als die Amerikaner 1975 Vietnam verließen, ihnen das alte Schmähwort »Papiertiger« nach. So war es Alfred Krupp nicht genug, seinen elftausend Arbeitern 1872 jede politische Betätigung zu verbieten — im Vollgefühl der Macht gestaltete er ihnen noch den Feierabend: »Eine ernste Beschäftigung mit der Landespolitik erfordert mehr Zeit und tiefere Einsicht in schwierige Verhältnisse, als Euch zu Gebote steht. Das Politisieren in der Kneipe ist nebenbei sehr teuer, dafür kann man im Hause Besseres haben. Nach getaner Arbeit verbleibt im Kreise der Eurigen . . . *Da* sucht Eure Erholung, sinnt über den Haushalt und die Erziehung. *Das* und Eure Arbeit sei zunächst und vor allem Eure Politik.« Und noch ein Satz obendrauf, ein Satz des Auftrumpfens und der äußersten Schurigelei: »*Dabei* werdet Ihr frohe Stunden haben.«[1] Hier wird das Wort zur Peitsche, mit der man dem längst am Boden Liegenden die Nase kitzelt.

Auch den Machtlosen kann das Wort als Waffe dienen: Im Trutz, im Haßgesang üben sie Rache an den Mächtigen. »Du wirst«, sprach Danton hochmütig auf dem Schafott, »dem Volk meinen Kopf zeigen. Er ist dieser Mühe wert.«[2] »Haben Sie Angst?« fragte der Angeklagte Georgi Dimitrow 1933 im Reichstagsbrandprozeß den Reichstagspräsidenten, Reichsluftfahrtminister und preußischen Ministerpräsidenten Hermann Göring, der ihn angeschrien hatte: »Sie sind in meinen Augen ein Gauner, der an den Galgen gehört!« Dreimal wurde Dimitrow vom Vorsitzenden das Wort entzogen, dreimal begehrte er auf und sprach: »Haben Sie Angst vor dieser Frage, Herr Ministerpräsident?«[3]

Karl Kraus wollte es noch erleben, »wie die österreichische Gehirnjauche aufspritzt«[4]. Ezra Pound geiferte in seinem »Höllen-Canto« (XIV) gegen Politiker, Zeitungsmacher und Kapitalisten: »Profiteers drinking blood sweetened with shit«. Unflat scheint vielen ein Vergnügen zu bereiten, dem sie sich freudig hingeben, sobald Haß und Zorn einen einigermaßen auskömmlichen Anlaß bieten. Luther auf Herzog Heinrich von Braunschweig: »Unsinniger, wütender Tyrann, der sich voll Teufel gefressen und gesoffen hat . . . und stinkt wie ein Teufelsdreck.« Die Saporoger Kosaken 1675 an den türkischen Sultan: »Du alexandrinischer Ziegenmetzger, du Erzsauhalter des großen und kleinen Ägypten!« Schopenhauer über Hegel: »Bierwirtsphysiognomie« und »Frechheit des Unsinnschmierens«. Marx über Lassalle: »der jüdische Nigger«. Herbert Wehner im deutschen Bundestag über seine politischen Gegner: »Schleimer, Brunnenvergifter, Pappkamerad, Bankrotteur, Dreckschleuder, Selbstbefriediger«, und natürlich über die andern: »Sie haben Spott und Hohn auszugießen, auszupissen versucht.«[5] Ein deutsches Schullesebuch 1974 über die Lehrer: »Arschgeiger, Arschpitscher, Tintenscheißer«[6].

Streift der Unflat da die Wortmagie? Im alten Athen war es Sitte, einem Prozeßgegner dadurch Unheil zuzufügen, daß man kleine Bleitafeln (»Fluchtafeln«) mit eingeritzten bösen Wünschen in die Erde grub, damit die Unterirdischen sie befolgen könnten. Der Haß gipfelte in dem Versuch, den Geistern Befehle zu erteilen. Und wenn ich meinen Feind ein Rindvieh oder einen Ziegenmetzger heiße, so könnte darin ein Fünkchen Hoffnung glimmen, die Schicksalsmächte möchten ihn im Wege des Namenszaubers entsprechend behandeln. Falls aber nicht, so habe ich ihm wenigstens etwas angetan, wovon er sich nur schwer erholen wird — wie Brecht es Benn antat, indem er es als verfehlt bezeichnete, »aus der Unverkäuflichkeit seiner Bücher auf eine Unverkäuflichkeit seiner Seele« zu schließen[1]; wie Ludwig Thoma es seinen ärgsten Feinden, den Pastoren aus dem fernen Preußen, mit der Ballade vom Pastor Klops heimzahlte:

Der alte Klops hat auch fünfzehn Töchter
Durch deren Anblick der Trieb der Geschlechter
In der ganzen Gemeinde erstorben ist.
So wirkete er als Pfarrer und Christ.[2]

Zu alldem geben sich die Wörter, einst vom Schrei und von der Leidenschaft befruchtet, Tag und Nacht als willige Diener und hochgemute Fahnenträger her. Und doch ist das Befehlen, Drohen und Fluchen nicht einmal ihre gefährlichste Funktion.

Denn wehe, wenn sie ihre Dienste *leise* leisten!

Dazu im »Lexikon«: Appell, Befehl, Effekt, Name.

13. Die Maschinen der Überredung

Rhetorik: Neun Regeln einer hinterlistigen Kunst

> Ihr Mund ist glätter denn Butter, und haben doch Krieg im Sinn. Ihre Worte sind gelinder denn Öl, und sind doch bloße Schwerter.
>
> *Psalm 55*

Die Verführung ist die schlimmere Form der Aggression: Sie wirkt tiefer als Drohung und Befehl, und dabei verletzt sie nicht. Wenn der Befehl auf Gehorsam abzielt und die Drohung auf Angst, so nehmen beide in Kauf, daß sie ihr Ziel oft nur um den Preis von Erbitterung und Rachedurst erreichen können. Die Verführung will Einigkeit. Die Unterwerfung soll in netter Form erfolgen — sie soll nicht als Last, ja im Idealfall soll sie überhaupt nicht empfunden werden.

Die Technik der Verführung — heute mit den Schwerpunkten Werbung und Propaganda — hieß zunächst Rhetorik, ihre Erfinder waren die Griechen, ihre berühmtesten Foren die Plätze von Athen und Rom, später das britische Unterhaus, die französische Nationalversammlung und der Berliner Sportpalast. Daß die Kunst der Rede die Kunst der Überredung sei, wurde dabei nie bestritten, sondern von Aristoteles und Cicero bis auf Gottsched, Gellert und Walter Jens immer wieder als selbstverständlich herausgestellt; höchstens, daß der Redner aufgefordert wurde, der Gerechtigkeit zu dienen (Platon) und ein guter Mensch zu sein (Quintilian). So ist die Rhetorik nach dem Beten und dem Befehlen der dritte große Sprachbereich, in dem die Information nicht das Ziel, sondern eher den gefürchteten Abgrund bildet. Hitler und Goebbels kannten kaum einen Redetrick, den sie nicht schon bei den antiken Lehrern der Beredsamkeit hätten nachlesen können. Ihre Wirkung wurde allerdings dadurch begünstigt, daß die Deutschen keine rhetorische Tradition besaßen und mithin kein geschultes Mißtrauen gegen die Kunstgriffe der Beredsamkeit. Für die Deutschen verfertigte Faust (laut Goethe) den treuherzigen Kalenderspruch: »Es trägt Verstand und rechter Sinn mit wenig Kunst sich selber vor.«

Doch leider ist es falsch, daß das Richtige sich gleichsam von allein darbiete und überall auf verständnisinnig lauschende Ohren rechnen dürfe. An dieser Einsicht prallt auch die Empörung ab, mit der Kant der Kunst der Überredung entgegentrat: Es sei unter der Würde eines so wichtigen Geschäfts wie der Wahrung von Recht und Pflicht,

»auch nur eine Spur von Üppigkeit des Witzes und der Einbildungskraft . . . blicken zu lassen«. Ideen der Vernunft wohllautend und wohlanständig vorzutragen, habe »hinreichenden Einfluß auf menschliche Gemüter, als daß es nötig wäre, noch *die Maschinen der Überredung* hierbei anzulegen, welche, da sie ebensowohl auch zur Beschönigung oder Verdeckung des Lasters und Irrtums gebraucht werden können, den geheimen Verdacht wegen einer künstlichen Überlistung nicht ganz vertilgen können«. Er, Kant, habe bei der Lektüre von Volks-, Parlaments- und Kanzelreden das Gefühl einer »hinterlistigen Kunst . . ., welche die Menschen als Maschinen in wichtigen Dingen zu einem Urteile zu bewegen versteht, das im ruhigen Nachdenken alles Gewicht bei ihnen verlieren muß«. Die Beredsamkeit könne daher »weder für die Gerichtsschranken noch für die Kanzeln angeraten werden«[1].

Das ist so nobel wie weltfremd. Vor den Schranken des Gerichts, von denen Kant die Rhetorik fernhalten wollte, ist die »Beschönigung des Lasters« eine legitime Aufgabe des Verteidigers. Der heilige Augustinus, als junger Mann Lehrer der Rhetorik (»Wortverkäufer«, wie er selber sagte) lehrte »die allbesiegende Geschwätzigkeit . . . und die Künste des Trugs, die (seine Schüler) einst zum Nutzen der Schuldigen handhaben sollten«[2]. Das angelsächsische Schwurgericht, in dem allein die Geschworenen über Schuld und Unschuld entscheiden, bietet dem Rhetor das günstigste Forum: Während der Parlamentsredner selten die Chance hat, nur einen einzigen Abgeordneten umzustimmen, ist die Jury Wachs in den Händen des Überredungskünstlers.

Eben dies scheint für Kant zu sprechen. Doch entspringt andrerseits die Einrichtung des Schwurgerichts dem Glauben, daß das Volk zum Herrschen und Richten berufen und mit entsprechender Weisheit ausgestattet sei. Es ist also eine demokratische Institution — und eine demokratische Kunst ist auch die Rhetorik. Mit allem, was sie an Rabulistik und Heuchelei enthielt, war sie in Griechenland der erste und wichtigste Ausdruck beginnender Volksherrschaft: Macht über das Volk hatte nicht mehr der Herr des Schwertes oder der Sohn des Tyrannen, sondern der Meister des Wortes. Mochte er den Sieg im Redewettstreit mit noch so dubiosen Mitteln erringen — es gab doch einen Weg ins höchste Amt, der von Gewalt, Geburt und Reichtum unabhängig war. Die Rede ist das Machtmittel der Bürger.

Die Mächtigen befehlen, die Ohnmächtigen argumentieren. Die Rede kann die schwächere Sache in die stärkere verkehren. Sie läßt »Worte gleich flammenden Sternen . . . aus der Höhe herabschießen und die Paläste verbrennen und die Hütten erleuchten« (Heine[1]). Sie war »der Orkan, welcher die Satelliten des Despotismus unter Wogen von Bajonetten begrub« (Danton bei Büchner[2]). Sie war die Waffe des Rebellen Jack Cade in Shakespeares »Heinrich VI«: »Verbrennt alle Urkunden des Reichs — mein Mund soll das Parlament von England sein!«[3] »Welche andere Macht«, fragte Cicero, »konnte die zerstreuten Menschen an einem Ort zusammenscharen oder von der wilden und rohen Lebensweise zu der jetzigen menschlichen und bürgerlichen Bildung leiten? . . . Dem Redner kommt es zu, ein Volk anzufeuern, wenn es sich schlaff zeigt, es in die Schranken zu weisen, wenn es zügellos ist . . . Wer kann feuriger zur Tugend auffordern, wer vor den Lastern nachdrücklicher warnen? Wer die Schlechten strenger tadeln? Wer die Guten schöner loben? Wer die Leidenschaft wirksamer bändigen? Wer die Trauer sanfter mildern?«[4]

Das war Rhetorik und folglich ins Erbauliche verzerrt, aber es macht den Rang der Rede deutlich, die in Griechenland und Rom die edelste der Künste, das Medium der Philosophie, die Grundlage aller höheren Bildung und ein verbreiteter Broterwerb war. Der Rhetor wurde Lehrer, Prozeßführer, Politiker und Wanderprediger. Gorgias (um 400 v. Chr.) rühmte sich, durch Griechenland ziehend, er könne jederzeit über jedes Thema eine formvollendete Rede halten, egal ob dafür oder dagegen. Die Rhetoriker übten und lehrten, wann und wie sie die Stimme zu heben und zu senken, wann sie die Augen zu rollen, den Kopf zu schütteln und mit dem Fuß aufzustampfen hätten (Cicero: Stampfen nur »beim Beginn oder am Schluß leidenschaftlicher Stellen«[5]). Über den Volkstribun Gaius Gracchus wird berichtet, er habe sogar seine Feinde zum Weinen bringen können. Beim Reden stellte er einen Flötenspieler hinter sich, »der ihm schnell den Ton anblasen mußte, welcher ihn anregte, wenn er zu schlaff redete, oder zurückrief, wenn er zu heftig geworden war«[6]. Im 2. Jahrhundert n. Chr. wurden in Rom die Rhetoren ebenso wie die Ärzte vom Kriegsdienst und von den Steuern befreit, und der Stellenplan römischer Provinzhauptstädte sah neben zehn Ärzten fünf Rhetoren und fünf Grammatiker vor.

Die antiken Handbücher der Redekunst bieten, in trautem Verein mit englischen Parlamentserfahrungen und der modernen Massenpsychologie, zumeist dieselben Rezepte der Überredung an. Wenn wir viele von ihnen als abstoßend empfinden, so sollten wir dabei nicht übersehen, daß über den ethischen Rang der Rhetorik nicht so sehr die Wahl der Mittel entscheidet, als viel mehr die Antwort auf die Kardinalfrage: Ist die Rhetorik die Kunst der Schwachen, sich gegen die Starken zu behaupten, oder sind es die Starken, die auch noch die Gewalt des Wortes an sich reißen, um ihre Macht zu zementieren? All das abgerechnet, was der Ausgestaltung der Wörter durch optische und akustische Hilfsmittel diente, kristallisieren sich folgende Regeln heraus — dargetan an Ciceros »De oratore«, verglichen unter anderem mit Hitlers »Mein Kampf« und den Notizen des britischen Abgeordneten William Gerard Hamilton, der von 1754 bis 1796 im Unterhaus nur zweimal sprach, aber Tausende von Reden analysierte.

1. *Die Sprache sei volkstümlich und simpel.* Cicero: »In der Rhetorik ist es der größte Fehler, von der gebräuchlichen Redeweise und dem gemeinen Menschenverstand abzuweichen.«[1] Goebbels: »Weil wir die Sprache des Volkes sprachen, haben wir das Volk erobert.«[2] Wie die Sprache des Volkes jedoch nur selten eine klare Sprache ist, so läßt sich auch mit simplen Wörtern durchaus vernebeln und verwischen (Regeln 6 und 7).

2. *Der Redner stelle wenige Grundbehauptungen auf.* Mustergültig dafür ist das rhetorische Zwiegespräch in der Broschüre »Quest-ce que le Tiers-Etat?«, mit der Abbé Sieyès 1789 die Französische Revolution herbeiführen half: »Was ist der Dritte Stand? — Alles! — Was bedeutet er heute? — Nichts. — Was fordert er? — Etwas zu sein.« Aldous Huxley: »Es liegt im Wesen der Rhetorik, daß bei Politikern und Geistlichen stets die Neigung vorhanden war, verwickelte Fragen übermäßig zu vereinfachen. Von der Kanzel und der Tribüne herab findet es auch der gewissenhafteste Redner schwer, die volle Wahrheit zu sagen. Die großen Tagesfragen müssen in höchstens fünf Minuten behandelt werden.«[3] Hitler: »Die Vorsicht bei der Vermeidung zu hoher geistiger Voraussetzungen (kann) gar nicht groß genug sein.«[4]

3. *Man wähle geeignete Schlag- und Reizwörter.* Shaw: »Ein guter Schlachtruf ist die halbe Schlacht.«[5] Spengler: »Allein die Schlagworte sind Tatsachen; der Rest aller philosophischen und sozialethischen Systeme kommt für die Geschichte nicht in Betracht.«[1] Horkheimer: »Zum Geschäft der Demagogen gehört es, edle Losungen zu finden, die zugleich der Feindschaft ein Objekt versprechen.«[2]

4. *Die Reizwörter und Grundbehauptungen sind unermüdlich zu wiederholen.* Cicero: »Ich weiß wohl, daß es oft scheint, als sagte ich Neues, während ich doch nur ganz Altes sage.«[3] Goethe: »Scheltet mir nicht die Pfaffen« (die heute wie gestern plappern): »Sie kennen des Menschen Bedürfnis! Denn wie ist er beglückt, plappert er morgen wie heut!«[4] Kleist: »Was man dem Volk dreimal sagt, hält das Volk für wahr.«[5] Goebbels: »Die katholische Kirche hat seit zweitausend Jahren keinen neuen Gedanken gehabt . . . Das Volk will nicht immer neue Eindrücke, sondern es will nur die alten Eindrücke in immer verfeinerterer Form.«[6] Die berühmteste und folgenreichste Wiederholung der Geschichte kam sogar ohne Verfeinerung aus: Catos »Ceterum censeo Carthaginem esse delendam«. Wiederholung stößt nicht etwa ab, sie wird nicht als lästig empfunden, auch nicht nur achselzuckend hingenommen — viel schlimmer, das bloße Wiederholen eines Reizes genügt, um Sympathie auszulösen: In einem Experiment der Universität von Michigan wurden erfundene Wörter wie *Civadra* oder *Zabulon* kommentarlos in die Hauszeitung eingerückt; dann sollten die Studenten den Wortsinn erraten — ihre Deutungen fielen um so positiver aus, je öfter das Wort abgedruckt worden war.[7] Hitler: »Nur einer tausendfachen Wiederholung einfachster Begriffe wird die Masse endlich ihr Gedächtnis schenken.«[8]

5. *Der Redner übertreibe.* Cicero: »Alles, was man für böse, beschwerlich und verwerflich hält, stellt der Redner weit ärger und greller dar; wie er andrerseits das, was der Menge als begehrenswert erscheint, ausschmückt und verherrlicht.«[9] Goebbels: »Die Propaganda muß sich *der* Mittel bedienen, die durchschlagend wirken, und durchschlagend wirkt beim Volk immer das Extrem.«[10]

6. *Man verwische die Grenzen zwischen Wahrheit und Lüge.* Das ist wirksamer als die schiere Lüge und viel schwerer aufzudecken. Protagoras, ein Freund des Perikles, lehrte: Über jede Sache kann man zwei Reden halten — die eine dafür, die andere dagegen. Seine Schüler unterwies er, über Personen des öffentlichen Lebens jeweils eine Lobrede und eine Schmährede einzustudieren. Hamilton liefert ein schönes Kurzbeispiel: *»Für einen Krieg:* Nach Lage der Dinge sei jetzt die Zeit gekommen, mit denen abzurechnen, die uns verletzt haben; unsere frevlerisch überfallenen Verbündeten zu unterstützen; für das Gemeinwohl; der Ehre wegen; Reichtum zu erwerben. Zeige, daß uns alles zu begünstigen scheint, was einen erfolgreichen Krieg verspricht, wie Huld des Schicksals, Anzahl der Bürger, Reichtum, kluge Generale, zuverlässige Verbündete, vorteilhafte Stützpunkte. Setze die Stärke unserer Gegner herab und rühme unsere eigene. *Gegen einen Krieg:* Finde Gründe, daß die Freveltaten, die uns zum Krieg reizen, nicht der Rede wert oder gar nicht vorhanden sind, daß ein Krieg nicht vorteilhaft sein kann. Schildere die Leiden, die ein Krieg im allgemeinen mit sich bringt, besonders aber jetzt; weise nach, daß alle Vorteile auf der Seite des Feindes liegen.«[1] Lenin forderte 1920, die Kommunisten müßten, um in die Gewerkschaften der bürgerlichen Länder einzusickern, »zu allen möglichen Listen, Kniffen, illegalen Methoden, zur Verschweigung und Verheimlichung der Wahrheit bereit sein«[2].

7. *Man verneble überhaupt.* Cicero empfiehlt, den Nutzen nur im Gewand der sittlichen Würde auftreten zu lassen: ». . . das Beispiel der Ahnen beschwören, die auch unter Gefahren Ruhm erstrebten, das unsterbliche Andenken der Nachwelt hervorheben und dann behaupten, daß der Nutzen dem Ruhm entsprieße und immer mit der sittlichen Würde verbunden sei«[3]. Hamilton: »Setzt dich eine Frage in Verlegenheit, dann richte es so ein, daß du nichts klar ausdrückst, sondern im Allgemeinen und Weitläufigen schwebst. Es ist eine große Kunst, einen Eindruck zu erwecken, ohne sich an bestimmte Wörter zu binden . . . Notiere die schwachen Argumente, die in die Debatte geworfen wurden, und widerlege sie; die starken überlasse sich selbst . . . Setze auseinander, was zu beweisen sei, zeige, wie man es beweisen müsse, und behaupte sodann, es sei bewiesen.«[4]

8. *Den Gegner ringe man mit allen Mitteln nieder.* Drei vor allem bieten sich an. Man verletze ihn durch Hinterlist: »Im allgemeinen macht es sich gut, dem Gegner zu erklären, was er hätte dartun müssen, um das zu erreichen, worauf er abzielte . . . Erkläre (mit der Miene aufrichtigen Zugeständnisses) denjenigen Teil der gegnerischen Argumentation für den beweiskräftigsten, den du am gewissesten widerlegen kannst.« Wenn das nicht reicht, verleumde man: »Taugt deine Sache nichts, berufe dich auf die Partei. Taugt die Partei nichts, berufe dich auf die Sache. Taugen beide nichts, verwunde den Gegner.«[5] (Alle Ratschläge von Hamilton.)

9. *Vor allem ziele der Redner aufs Gefühl.* Man rühre den Hörer, stachle ihn auf, treffe ihn ins Rückenmark. Unter Lehrern, Analytikern und Praktikern der Rede herrscht hier totale Einigkeit. Denn wie schrieb Pascal: Für die Wahrheiten, die wir fassen können, »sind der Geist und das Herz gleichsam die Tore, durch die sie von der Seele eingelassen werden, aber sehr wenige gehen durch das Tor des Geistes«[1]. Cicero definierte die Rhetorik als die Kunst, »die Gemüter der Menschen zu gewinnen, ihre Neigungen zu leiten, wohin man will, und sie abzulenken, wovon man will . . . Die ganze Kraft und Kunst der Rede muß sich in der Beruhigung oder Aufregung der Gemüter unserer Hörer zeigen.«[2] Hitler: »Das Volk ist in seiner überwiegenden Mehrheit so feminin veranlagt und eingestellt, daß weniger nüchterne Überlegung als vielmehr gefühlsmäßige Empfindung sein Denken und Handeln bestimmt.« Es gelte »das Instinktmäßige zu wecken und aufzupeitschen«[3].

Welches aber sind die Leidenschaften, die der Redner wecken muß, um den kürzesten Weg ins Herz zu finden? Haß und Neid, lehrt Cicero; die Kunst des Rhetors bestehe darin, Wohlwollen in Haß und Mitleid in Neid zu verkehren, oder auch umgekehrt, falls er dies ausnahmsweise für zweckmäßig halte[4]. Hamilton meint ähnlich: »Die verbreiteten Leidenschaften, die man aufstacheln muß, sind: Neid, Angst, Wünsche, Hoffnungen und Haß.«[5]

Und welche Umstände sind dem Sieg über das Gemüt am günstigsten? Es muß Abend sein, schreibt Hitler: »Morgens und selbst tagsüber scheinen die willensmäßigen Kräfte der Menschen sich noch in höchster Energie gegen den Versuch der Aufzwingung eines fremden Willens zu sträuben. Abends dagegen unterliegen sie leichter der beherrschenden Kraft eines stärkeren Wollens . . . Der überragenden Redekunst einer beherrschenden Apostelnatur wird es nun leichter gelingen, Menschen dem neuen Wollen zu gewinnen, die selbst bereits eine Schwächung ihrer Widerstandskraft in natürlichster Weise erfahren haben . . . Dem gleichen Zwecke dient ja auch der künstlich gemachte und doch geheimnisvolle Dämmerschein katholischer Kirchen.« In beiden Fällen handle es sich »um Beeinträchtigungen der Willensfreiheit der Menschen«[6].

Zweierlei kam Hitler zu Hilfe, was die historische Rolle der Rede vollständig veränderte: ihre Vervielfältigung durch das Radio und ihre Einbettung in eine raffinierte Propaganda, die ein ganzes Volk bis ins letzte Dorf umgarnte. Hörfunk und Fernsehen verdienen es nun wirklich, »Maschinen der Überredung« zu heißen, jedenfalls wenn sie einem Seeleningenieur in die Hände fallen, der die Talente und die Skrupellosigkeit des Joseph Goebbels besitzt. Und dabei ist die Rhetorik nur noch ein kleiner Teil der Verführung durch das Wort, dem wirksamsten biologischen Kampfmittel des 20. Jahrhunderts.

Dazu im »Lexikon«: Ambiguität, Chriё, Euphem, Lüge, Manipulation, Rhetorik, Sprachlenkung, Wiederholung.

14. Wörter wie Arsen

Propaganda: Die Päpste, Lord Northcliffe und Goebbels

> Das ist das Geheimnis der Propaganda: den, den die Propaganda fassen will, ganz mit den Ideen der Propaganda zu durchtränken, ohne daß er überhaupt merkt, daß er durchtränkt wird. Selbstverständlich hat die Propaganda eine Absicht, aber die Absicht muß so klug und so virtuos kaschiert sein, daß der, der von dieser Absicht erfüllt werden soll, das überhaupt nicht bemerkt.
>
> *Joseph Goebbels vor den Rundfunkintendanten, 25. März 1933.*

Seit dem 22. Juni 1622 wirkt in Rom die *Sacra Congregatio de Propaganda Fide*, die Heilige Kongregation zur Verbreitung des katholischen Glaubens, die Mutter und Taufpatin aller Propaganda bis auf den heutigen Tag; gegründet von Papst Gregor XV., bestimmt zur Waffe gegen das Luthertum, mit der Zusatzaufgabe, die Heiden zu missionieren. Um die protestantischen Fürsten nicht zu beunruhigen, sollten die Nuntiaturen ausstreuen, es sei nicht an Tribunale und nicht an Gewalt gedacht, sondern an »sanfte und liebevolle Mittel wie Pedigt, Belehrung, Ermahnung, Gebet, Fasten, Almosen, Sakramente, Bitten und Tränen, ohne Geräusch und mit sanftem Schweigen«[1].

Die Propaganda mit ihren Säulen Wort, Bild und Tat wird hier anschaulich beschrieben, ja noch die überaus milde Intonation der Beschreibung ist Propaganda, an die Rhetorik-Regel erinnernd: Man lasse den Nutzen nur im Gewand der sittlichen Würde auftreten. Erheblich lauter stößt die Gründungsbulle Gregors XV. für die Propaganda Fide ins Horn: Sie variiert wenige Grundbehauptungen, zielt aufs Gefühl, liebt das Extrem und verteufelt den Gegner, ein Stück nach den klassischen Regeln der Rhetorik. »Als vornehmste Aufgabe Unseres Hirtenamts betrachten wir es«, heißt es darin, »die elendiglich verirrten Schafe zur Hürde Christi zurückzuführen, . . . damit sie nicht mehr durch die unseligen Öden des Unglaubens und der Ketzereien schreiten und das todbringende Wasser dieser Pest trinken, dafür aber auf der Weide des wahren Glaubens und der heilsbringenden Lehre sich sättigen und zum Quell des Lebens geführt werden ... Wenn wir Unsern Blick den vielen Menschen zuwenden, die seit Jahrhunderten in Wahnsinn und Irrtum befangen und durch die Lüge der Finsternis verblendet sind, dann werden wir vom Mitleid angerührt, da wir sehen müssen, wie so viele einst durch die Gaben des Himmels berühmte Völker nun durch Unwissenheit oder Unsinn aus Menschen fast zu Tieren geworden sind und so dem ewigen Feuer des Teufels entgegeneilen. Es sei zugegeben, daß sich darunter Völker befinden, die in Gerechtigkeit leben und Christi Namen anrufen. Sie sind jedoch vom Gift des alten Irrglaubens angesteckt ... Wo aber im Abendland durch Unsere Schuld der böse Feind nach dem guten Samen den Unglauben ausgestreut hat, da ist diese unselige Saat schon so hochgeschossen, daß zahlreiche Seelen verdorben und dem Reiche Christi ganze Provinzen entrissen und unter die Herrschaft des Bösen gebracht worden sind.«[1]

So also trat die Propaganda ins Leben: aggressiv, wortgewaltig und aufs Wort mehr als auf Bild und Tat gestützt; über die Rhetorik indes weit hinausgreifend durch langfristige Zielvorstellungen, gesteuerten Masseneinsatz von Rhetoren (Predigern) und durch eine straffe, reich mit Geld versehene Organisation. Die Größe des Entwurfs und die Dauerhaftigkeit des Instituts sind bis heute ohne Parallele. Und doch kam die Propaganda erst im 20. Jahrhundert zur vollen Entfaltung ihrer unheimlichen Kraft: durch die Massenmedien und einige Genies der Massensuggestion. Zwei von ihnen, Hitler und Goebbels, beriefen sich dabei ausdrücklich auf die Erfahrungen und Methoden der Katholischen Kirche. Ihre anderen bewunderten Vorbilder waren die psychologische Kriegführung der Alliierten im Ersten Weltkrieg und die Praxis des Marxismus.

Die westliche Kriegspropaganda hatte England zur Heimat. Das ergab sich zum ersten aus einem in Jahrhunderten geschulten Talent, das der britische Außenminister George Canning 1826 im Unterhaus so beschrieb: »Wenn wir uns an einem Krieg beteiligen, werden wir unter unserer Fahne alle Unzufriedenen desjenigen Landes versammelt sehen, mit dem wir in Unfrieden leben.« England könne überall und jederzeit die Mächte der Revolution entfesseln, es besitze den »Schlauch des Äolus« (das ist bei Homer der Zauberschlauch, in dem die zum Segeln günstigen Winde verschlossen sind und den Äolus dem Odysseus schenkt). Canning, ein brillanter Rhetor von gefürchteter Bosheit, drosch kein leeres Stroh: Er unterstützte erfolgreich die Lateinamerikaner und die Portugiesen gegen die Spanier, die Griechen gegen die Türken, ließ vor Kopenhagen die dänische Flotte kapern und sprengte Metternichs Heilige Allianz.

Englands Führungsrolle in der Kriegspropaganda ergab sich zum zweiten daraus, daß es das Mutterland der Massenpresse, das heißt der erfolgreich angewandten Psychologie der Massen ist, und folgerichtig wurde der Gründer der »Daily Mail« und des »Daily Mirror«, Lord Northcliffe, der in seinen Zeitungen 1914 das Bild der kinderschändenden deutschen Bestie entworfen hatte, 1918 von Lloyd George zum Leiter der Propaganda in den Feindländern berufen. Mit gloriosem Erfolg führte er fort, was England auf den Flugblättern von 1915 begonnen hatte: die ins unendliche wiederholte Behauptung, Deutschland werde eher verhungern als den Krieg gewinnen, unbeschreiblich sei die Not der Lieben daheim; der allgemeinen Friedenssehnsucht aber stünden allein die beiden Erzfeinde der Menschheit im Wege: der *Kaiser* und der preußische *Militarismus*. Wenn das deutsche Volk diese Mächte der Finsternis abschüttle, sei ihm ein ehrenvoller Frieden im Kreis der freien Nationen gewiß.

Nach dem Urteil der Encyclopaedia Britannica war Lord Northcliffe der erfolgreichste Massenzeitungsmacher (popular journalist) der Geschichte und die alliierte Kriegspropaganda eine der drei Ursachen des Sieges — die anderen der Landkrieg und die Seeblokkade. »Blockade und Propaganda«, schrieb Ludendorff 1919, »begannen nach und nach unsere geistige Kriegsfähigkeit ins Wanken zu bringen . . . Auf die feindliche Propaganda starrten wir wie das Kaninchen auf die Schlange . . . Sie war sich bewußt, wie die Worte *Verständigungsfrieden*, *Abrüstung nach dem Kriege*, *Völkerbund* und dergleichen mehr auf das deutsche Volk . . . in seiner großen Not wirken würden . . . Endlich kam das Schlagwort von dem *Selbstbestimmungsrecht* der Nationen.«[1]

Dieses Schlagwort war einer der brisanten Beiträge, die der wortmächtige Präsident der Vereinigten Staaten, Woodrow Wilson, mit Wörtern zum Sieg der Alliierten leistete. 1917 versprach er »einen Frieden ohne Sieg«, bei dem keine Seite die Rechte der anderen verletzen dürfe. Den Kriegseintritt Amerikas erhob er zum »Kreuzzug für die Freiheit«, wie vierundzwanzig Jahre später Roosevelt, und damit erreichte er zweierlei auf einen Schlag: Seinem eigenen Land verschaffte er die *Legitimation*, die Selbstrechtfertigung — jenes Kampfmotiv, das den Anforderungen der Kirche, der Schule, der Kneipe genügte. Dies ist ein oft unterschätzter Punkt und eine der großen historischen Funktionen der Sprache: Verhilft sie einer Gruppe oder einem Volk zu dem guten Gewissen, auf das die meisten angewiesen sind, wenn sie schlüssig handeln wollen? Wenn man einen Krieg nicht einmal »benennen« kann wie die Amerikaner ihr Eingreifen in Vietnam, wo, nach Gehlen, eine nicht »wortfähige« Verfilzung von Interessen und Infiltrationen vorlag[1] — dann ist es schwer, ihn zu gewinnen. »Kreuzzug für die Freiheit« dagegen: das war ein Schlagwort, das Kräfte weckte und Sorgen beschwichtigte.

Wilsons Formeln brachten zu gleicher Zeit die Eignung mit, die Kampfmoral der *Deutschen* zu schwächen: Denn Amerika gab ja an, einen Krieg »für die Freiheit, die Gerechtigkeit und die Selbstbestimmung aller Nationen der Erde« zu führen, »das deutsche Volk eingeschlossen«, das es verdient habe, von seinem »unbarmherzigen Herrn«, dem Kaiser, befreit zu werden.[2] In den berühmten Vierzehn Punkten vom 8. Januar 1918, von der deutschen Regierung später als Grundlage für Friedensverhandlungen akzeptiert, forderte Wilson die Abrüstung aller kriegführenden Staaten — nicht nur Deutschlands, wie sie in Versailles herauskam. Das war ein Wortbetrug von historischen Dimensionen. Noch der Held von B. Travens »Totenschiff« (1926) fragte die Grenzer, die seine Hosentaschen durchwühlten, ob sie vielleicht »die verlorengegangenen Vierzehn Punkte« suchten[3].

Daß Wilson, seit 1919 ein körperliches Wrack, objektiv scheiterte, muß die subjektive Redlichkeit seiner Absichten nicht in Frage stellen. Im Effekt aber waren seine Worte eine Täuschung genau wie die von Lord Northcliffe und damit die andere Schneide eines furchtbaren Schwertes. Hitler bescheinigte 1925 der alliierten Kriegspropaganda »unerhörte Geschicklichkeit und wahrhaft geniale Berechnung«; er selbst habe daraus »unendlich gelernt«. Von keinerlei humanitären oder ästhetischen Bedenken, von keiner Halbheit und keinem »Objektivitätsfimmel« angekränkelt, habe sich zumal die englische Propaganda rücksichtslos an Gefühl und Instinkt gewandt und den Deutschen sämtliche Schuld aufgebürdet. »Das Zeichen für die glänzende Kenntnis der Primitivität der Empfindungen der breiten Masse lag in der diesem Zustande angepaßten Greuelpropaganda . . . Sie war im Anfang scheinbar verrückt in der Frechheit ihrer Behauptungen, wurde später unangenehm und ward endlich geglaubt. . . Die Armee lernte allmählich denken, wie der Feind es wollte« *(Arrange the minds of the enemy*, hieß das bei T.E. Lawrence[1]). »Nach viereinhalb Jahren brach in Deutschland eine Revolution aus, deren Schlagworte der feindlichen Kriegspropaganda entstammten.«[2]

Gegen das Lob durch Hitler war auch die Katholische Kirche nicht gefeit. Er wie Goebbels empfahlen immer wieder, von ihr zu lernen; so zum Beispiel, wenn sie nicht bereit sei, wegen mancher Widersprüche zur Wissenschaft »auch nur eine kleine Silbe von ihren Lehrsätzen zu opfern«. Sie habe erkannt, daß ihre Widerstandskraft nicht in der Anpassung, sondern im starren Festhalten an den Dogmen liege, »die dem Ganzen erst den Glaubenscharakter verleihen«[3].

Es sollte geglaubt werden. An Hitler, der sich als »Werkzeug der Vorsehung«, ja als »Heiland« feiern ließ, die sechzehn Toten von der Feldherrnhalle »meine Apostel« nannte und 1932 eine Rede im Berliner Sportpalast mit dem Wort »Amen« beendete.[4] »Wir alle sind von Adolf Hitler und durch Adolf Hitler«, salbaderte Göring. »Wir brauchen nicht zu wissen, was der Führer tun will — wir glauben an ihn!« rief Goebbels — aus katholischem Hause, als Schüler zum Priesteramt bestimmt, Student mit einem Stipendium des katholischen Albertus-Magnus-Vereins, biblische Formeln auf den Lippen wie »Ich aber sage euch« und in vertrautem Kreis immer wieder die Kirche als Beispiel zitierend: »Wenn in einer Stadt alle Menschen katholisch sind — löst sich dann die katholische Kirche auf? Sagen dann etwa die Pfarrer: Na, die sind ja doch alle katholisch, was sollen wir mit der Kirche? Nein, die Kirche bleibt, damit die Menschen katholisch bleiben, und wenn das ganze Land nationalsozialistisch ist, die Partei bleibt, damit die Deutschen nationalsozialistisch bleiben!«[5]

Beim dritten Vorbild seiner Propaganda, dem marxistischen, unterschied Hitler zwischen Marx, der ein bloß formales Werk »jüdischer Gedankenarbeit« geliefert habe, und, ohne Lenins Namen zu nennen, den Rhetoren, die seine Lehre durchsetzten. (Das war schon deshalb ungerecht, weil das Wort »Propaganda«, um 1790 von einem unscheinbaren jakobinischen »Club de Propaganda« dem kirchlichen Ursprung entfremdet, zuerst 1848 von Marx in positivem

Sinn politisch verwendet wurde.) »Was dem Marxismus die Millionen von Arbeitern gewonnen hat«, rühmte Hitler 1927, »das ist weniger die Schreibart marxistischer Kirchenväter als vielmehr die unermüdliche und wahrhaft gewaltige Propagandaarbeit von Zehntausenden unermüdlicher Agitatoren, angefangen vom großen Hetzapostel bis herunter zum kleinen Gewerkschaftsbeamten . . . Das sind die Hunderttausende von Versammlungen, bei denen, in qualmiger Wirtsstube auf dem Tische stehend, diese Volksredner auf die Massen einhämmerten.«[1]

Diesen drei großen Beispielen nacheifernd — dem englischen, dem katholischen und dem marxistischen, mochte er sie nun richtig oder falsch verstanden haben —, zimmerte Hitler die Maßstäbe für die Propaganda, mit deren Hilfe er ein verlachtes Häuflein verkrachter Existenzen zur stärksten Partei in Deutschland machte, sich tief im deutschen Gemüt einnistete und Europa aus den Angeln hob. Seine Kernsätze lauteten:

»Die Propaganda versucht eine Lehre dem ganzen Volke aufzuzwingen. Die erste Aufgabe der Propaganda ist die Gewinnung von Menschen für die spätere Organisation; die erste Aufgabe der Organisation ist die Gewinnung von Menschen zur Fortführung der Propaganda. Die zweite Aufgabe der Propaganda ist die Zersetzung des bestehenden Zustandes und die Durchsetzung dieses Zustandes mit der neuen Lehre, während die zweite Aufgabe der Organisation der Kampf um die Macht sein muß, um durch sie den endgültigen Erfolg der Lehre zu erreichen.«[2]

Gegenüber der ebenfalls außerordentlichen Propagandaleistung Lenins fallen drei Unterschiede ins Auge. Erstens war Lenin auf ein weit kleineres Forum beschränkt: Es gab noch kein Radio, Rußland war viel weniger durch Zeitungen erschlossen, und die russischen Bauern waren überwiegend Analphabeten; so galt die bis dahin größte Propagandawelle in der Sowjetunion 1921 eben der Verbreitung des Lesens, zusammen mit Anweisungen für Traktor- und Körperpflege. Zum zweiten kam Lenin nicht durch Massenpropaganda und Wahlen, sondern durch Kaderschulung und einen Handstreich zum Ziel. Und zum dritten hat der Kommunismus einen geringeren Ehrgeiz, nach seinem Sieg Macht über alle Seelen auszuüben. Lenin verstand unter Propaganda nur die Indoktrinierung der Kader, von der er die Beeinflussung der Massen als *Agitation* abgrenzte; diese wiederum habe primär die Aufgabe, die Klassenkräfte »zum letzten und entscheidenden Kampf« zu mobilisieren[1]. Die Sozialistische Einheitspartei Deutschlands unterscheidet Partei- und Massenpropaganda, setzt die zweite mit Agitation gleich und bezeichnet als deren Zielgruppe hartnäckig die »Werktätigen«[2]. Eine politische Bearbeitung von Rentnern, Nurhausfrauen und Jugendlichen ist theoretisch nicht vorgesehen — was zumindest in bezug auf die Jugend der Praxis widerspricht.

Für Hitler und Goebbels wäre es unvorstellbar gewesen, sich auch nur in der Theorie nicht an sämtliche Bürger zu wenden. »Die Macht haben wir«, sagt Hitler am 9. Juli 1933, »nun aber müssen wir den deutschen Menschen für diesen Staat erziehen.« Und Goebbels in vielen Abwandlungen: »Es mag vielleicht schön sein, über die Bajonette zu gebieten, aber schöner ist es, über die Herzen zu gebieten! ... Wir müssen den Zwang des Herzens zum gebieterischen Gebot des Handelns im deutschen Volke machen.«[3]

Und so begann 1933 die vermutlich umfassendste, raffinierteste und folgenreichste Massenbeeinflussung der Geschichte, gelenkt von dem 35jährigen Dr. phil. Joseph Goebbels, Reichsminister für Volksaufklärung und Propaganda, Präsident der Reichskulturkammer, Reichspropagandaleiter der NSDAP und Gauleiter von Berlin; betrieben mit Film und Wochenschau, Aufmärschen und Sammelbüchsen, Bücherverbrennungen und sogenannten Kunstausstellungen, vor allem aber mit dem Wort: in Versammlungsreden, Rundfunkreden, gelenkten Zeitungen, zentral gesteuerter Schlagwort-Produktion und methodischer Flüsterpropaganda. Die NSDAP, bei den letzten freien Wahlen im November 1932 auf 33,1 Prozent beschränkt, schrieb sich bei der sogenannten Reichstagswahl vom 12. November 1933 nun 92,1 Prozent der Stimmen gut — »und wenn dieses Resultat auch manipuliert und durch einen terroristischen Wahlzwang erzielt worden war«, schreibt der Hitler-Biograph Joachim Fest, »brachte es doch die Stimmungstendenz der Öffentlichkeit annährend zum Ausdruck«[4]. Churchill machte Goebbels das Kompliment, jahrelang habe er die erhoffte Wirkung des Bombenkriegs durchkreuzt: »Mit eiserner Faust hielt er die Moral der Bevölkerung aufrecht und verhinderte, daß örtliche Katastrophen sich auf die ganze Nation auswirkten.«[5]

Wie hat er das geschafft, der schmächtige Germanist und hinkende

Frauenheld aus der Rheinprovinz, der eine im übrigen Deutschland unangenehm klingende Aussprache besaß, als Reichslügenmeister abgestempelt war und es ständig nötig hatte, gegen sein Amt wie gegen sein Erscheinungsbild anzureden?

Seine Ämter gaben Goebbels die totale Macht über alle Wörter, die in Deutschland öffentlich geschrieben, und die meisten Wörter, die öffentlich gesprochen wurden. Das wichtigste Forum des öffentlichen Sprechens, den Rundfunk, belegte er so rasch und so gründlich mit Beschlag, als ob er McLuhan gelesen hätte (»Das Radio ist ein heißes Medium und nimmt Witzfiguren ernst«[1]). Doch hier zeigt sich, wes Geistes Kind er war: Er weitete sein Forum aus, er brachte die Masse zum Medium. »Zur Erinnerung an die Volkserhebung vom 30. Januar 1933« gab er bei der Industrie sogleich den »Volksempfänger VE 301« in Auftrag, der zu dem damals sensationellen Preis von 76 Mark (einschließlich Antenne) auf den Markt kam, und unterbot ihn noch durch den »Deutschen Kleinempfänger 1938«, der sogar nur 35 Mark kostete. Die Zahl der Rundfunkgeräte schnellte von 4,2 Millionen im Jahr 1932 auf 13,3 Millionen im Jahr 1941 empor. Und bis zu den Rückschlägen im ersten Rußland-Winter blieb das Radio in der Tat nicht weit hinter dem Bild zurück, das Goebbels 1933 vor den Rundfunkintendanten mit der Lüsternheit des erfolgsgewissen Verführers gemalt hatte: »Das Volk wird dann wissen: Das ist der Übermittler, das ist der Segenspender. Genau so, wie ein Verliebter mit Sehnsucht den Briefträger erwartet und ihn gleich umarmen möchte, wenn er kommt — genau so wird das einmal beim Volk mit dem Rundfunk der Fall sein.«[2]

Seiner widrigen Stimme zum Trotz war der Propagandaminister ein großer Rhetor. Wie kaum ein anderer beherrschte er die Regeln der Überredungskunst und wandte sie über die Rede hinaus auf die gesamte Propaganda an. Der jüdische Romanist Victor Klemperer aus Dresden, der sich die zwölf finsteren Jahre lang Notizen über die Sprache des Dritten Reiches machte und sie 1947 zu einem scharfsinnigen, witzigen und erschütternden Buch vereinigte, weist auf ein weiteres Talent des Redners Goebbels hin: »Das Höchste und Charakteristischste der nazistischen Sprachkunst liegt nicht . . . darin, daß man der Menge mit ein paar gelehrten Brocken imponiert. Sondern die eigentliche Leistung, und in ihr ist Goebbels unerreichter Meister, besteht in der skrupellosen Mischung der heterogenen Stilelemente, in den schroffst antithetischen Sprüngen vom Gelehrten zum Proletenhaften, vom Nüchternen zum Ton des Predigers, vom kalt Rationalen zur Rührseligkeit der männlich verhaltenen Träne, von Fontanescher Schlichtheit, von Berlinischer Ruppigkeit zum Pathos des Gottesstreiters und Propheten. Das ist wie ein Hautreiz unter dem Wechsel kalter und heißer Dusche, genauso physisch wirkungsvoll; das Gefühl des Hörers (und Goebbels' Publikum ist immer Hörer, auch wenn es die Zeitungsaufsätze des Doktors liest) — das Gefühl kommt nie zur Ruhe, wird dauernd angezogen und abgestoßen, angezogen und abgestoßen, und für den kritischen Verstand bleibt keine Zeit zum Atemholen.«[1]

Am verblüffendsten war seine Technik, das Freiwillige, Zukünftige und Unberechenbare schamlos zum Befehlsobjekt zu machen: »Der Aufforderung zur Beflaggung wird binnen einer halben Stunde in Stadt und Land *in überwältigender Form* Folge geleistet«, verkündete er am 15. Januar 1935 nach der Saar-Abstimmung. »Die Bevölkerung versammelte sich ... zu großen Kundgebungen *spontanen Charakters.*« Gleichzeitig spürte der Propagandaminister durchaus die Gefahr, daß die Propaganda auch übertrieben werden konnte, der Häufigkeit wie dem Grade nach. Wunschkonzerte, Revuefilme, Operettenmelodien wurden planmäßig als »Erholungspausen« in die politische Berieselung der Massen eingeschoben, und nach den achttägigen Rundfunkübertragungen vom jeweiligen Nürnberger Parteitag waren politische Sendungen wochenlang verpönt.

Noch ungeschickter als die Überfütterung der Massen durch pausenlose Propaganda wäre die Alarmierung des Gegners durch ungezügelte Propaganda gewesen. »Wenn ich eine Wunde schlage — dann muß ich gleich die Watte zur Hand haben, um sie wieder über die Wunde zu breiten. Denn es ist nicht richtig, dem Gegner überhaupt keine Chance mehr zu lassen. Denn da bleibt ihm ja nichts anderes übrig, als zu kämpfen. Wenn ich in der Propaganda zum Ausdruck bringe: Die Juden haben überhaupt nichts mehr zu verlieren — ja, dann dürfen Sie sich nicht wundern, wenn sie kämpfen. Wenn Sie ihnen aber eine Chance geben, eine geringe Lebensmöglichkeit, dann sagen sich die Juden: Wenn die jetzt im Ausland wieder anfangen zu hetzen, dann wird's noch schlimmer — also, Kinder, seid doch mal still, *vielleicht* geht's doch!«[2] Unter den Rezepten, die Goebbels selbst verkündete, war dies das satanischste.

Seine stärksten Wirkungen erzielte er indessen auf eine Weise, die er nie schriftlich oder öffentlich analysiert hat: durch die Umwertung der Wörter. Zum Beispiel so: Er verabscheute Kritik und spürte zugleich, daß die Verdächtigung jeglicher Art von Kritik in Deutschland verhältnismäßig leicht volkstümlich zu machen war. Nun beschritt er zwei Wege. Die Kunstkritik untersagte er: In seiner Eigenschaft als Präsident der Reichskulturkammer schaffte er sie einfach ab und ersetzte sie durch die »Kunstbetrachtung«, die stets konstruktiv zu sein habe. Die Kritik an Partei und Regierung hingegen, die sich nicht per Ukas unterbinden ließ, manövrierte er ins Abseits der Sprache. Die Kritiker wurden umgetauft: vorzugsweise in *Meckerer* und — in einer am 2. Mai 1934 eröffneten Versammlungswelle der NSDAP, die speziell diesem Ziel diente — in »*Miesmacher* und *Kritikaster*, *Gerüchtemacher* und *Nichtskönner*, *Saboteure* und *Hetzer*«. Das war eine wohlkalkulierte sprachliche Abwertung, die Goebbels sogar in Büchmanns »Geflügelte Worte« schleuste; abgesichert dadurch, daß die Kritik mit Unfähigkeit und Sabotage verschwistert wurde.

Bei der Treibjagd auf die Kritiker gelangen ihm Bocksprünge des Sarkasmus: »Es gibt Menschen, die möchten am liebsten das Licht ausblasen, weil es einen Schatten wirft. Sie sind nicht fähig, politisch, geschweige historisch zu denken. Sie beurteilen die Weltsituation vom Horizont des Buttereinkäufers. Und dabei geht es ihnen nicht einmal um die Butter, sondern es geht ihnen nur darum, dem nationalsozialistischen Reiche Schwierigkeiten zu machen. Die wütendsten Vegetarier werden aus Opposition gegen uns zu radikalen Schweinefleischfressern. Sie kritisieren auch nicht, um zu bessern, sondern sie kritisieren nur um der Kritik willen. Es gibt Menschen, die sich nicht einmal selbst leiden mögen, wie können sie uns leiden mögen?«[1] Und dann war da noch etwas: der von Goebbels stammende oder ihm zugeschriebene Ausspruch »Schimpfen ist der Stuhlgang der Seele« — eine tückische Redensart, weil sie unter dem Vorwand des Verständnisses für so viel Notdurft den Kritisierenden mit Kot bespritzte.

Dies ist ein kleiner Zipfel einer Methodik, die in ihrer Gesamtheit von Klemperer so trefflich beschrieben worden ist, daß sich nichts Besseres tun läßt, als ihn zu zitieren. »Was war das stärkste Propagandamittel der Hitlerei? Waren es Hitlers und Goebbels' Einzelreden, ihre Ausführungen zu dem und jenem Gegenstand, ihre Hetze gegen das Judentum, gegen den Bolschewismus? Fraglos nicht, denn vieles blieb von der Masse unverstanden oder langweilte sie in seinen ewigen Wiederholungen. Wie oft . . . in der Fabrik während der Luftwache, wo die Arier ihr Zimmer für sich hatten und die Juden ihr Zimmer für sich, und im arischen Raum befand sich das Radio (und die Heizung und das Essen) — wie oft habe ich die Spielkarten auf den Tisch klatschen und laute Gespräche über Fleisch- und Tabakrationen . . . führen hören, während der Führer oder einer seiner Paladine langatmig sprachen, und nachher hieß es in den Zeitungen, das ganze Volk habe ihnen gelauscht.

Nein, die stärkste Wirkung wurde nicht durch Einzelreden ausgeübt, auch nicht durch Artikel oder Flugblätter, durch Plakate oder Fahnen, sie wurde durch nichts erzielt, was man mit bewußtem Denken oder bewußtem Fühlen in sich aufnehmen mußte. Sondern der Nazismus glitt in Fleisch und Blut der Menge über durch die Einzelworte, die Redewendungen, die Satzformen, die er ihr in millionenfachen Wiederholungen aufzwang und die mechanisch und unbewußt übernommen wurden. Man pflegt das Schiller-Distichon von der ›gebildeten Sprache, die für dich dichtet und denkt‹ rein ästhetisch und sozusagen harmlos aufzufassen . . . Aber Sprache dichtet und denkt nicht nur für mich, sie lenkt auch mein Gefühl, sie steuert mein ganzes seelisches Wesen, je selbstverständlicher, je unbewußter ich mich ihr überlasse. Und wenn nun die gebildete Sprache aus giftigen Elementen gebildet oder zur Trägerin von Giftstoffen gemacht worden ist? *Worte können sein wie winzige Arsendosen*: sie werden unbemerkt verschluckt, sie scheinen keine Wirkung zu tun, und nach einiger Zeit ist die Giftwirkung doch da. Wenn einer lange genug für heldisch und tugendhaft *fanatisch* sagt, glaubt er schließlich wirklich, ein Fanatiker sei ein tugendhafter Held, und ohne Fanatismus könne man kein Held sein. Die Worte ›fanatisch‹ und ›Fanatismus‹ sind nicht vom Dritten Reich erfunden, es hat sie nur in ihrem Wert verändert und hat sie an einem Tage häufiger gebraucht als andere Zeiten in Jahren . . .

Die nazistische Sprache weist in vielem auf das Ausland zurück, übernimmt das meiste andere von vorhitlerischen Deutschen. Aber sie ändert Wortwerte und Worthäufigkeiten, sie macht zum Allgemeingut, was früher einem Einzelnen oder einer winzigen Gruppe gehörte, sie beschlagnahmt für die Partei, was früher Allgemeingut war, und in alledem durchtränkt sie Worte und Wortgruppen und Satzformen mit ihrem Gift, macht sie die Sprache ihrem fürchterlichen System dienstbar, gewinnt sie an der Sprache ihr stärkstes, ihr öffentlichstes und geheimstes Werbemittel . . . Im letzten war es vielleicht der einzige Goebbels, der die erlaubte Sprache bestimmte, denn er hatte vor Hitler nicht nur die Klarheit voraus, sondern auch die Regelmäßigkeit der Äußerung, zumal der Führer immer mehr verstummte, teils um zu schweigen wie die stumme Gottheit, teils weil er nichts Entscheidendes mehr zu sagen hatte.« [1]

Da wurden also ursprünglich negative Wörter wie *fanatisch* ins Positive und positive Wörter wie *Kritik* ins Negative umgedreht. Entlegene Wörter wie die *Vorsehung*, von der Hitler meinte, sie leite ihn, und die *Gefolgschaft*, die zu Recht meinte, von Hitler geleitet zu werden, breiteten sich täglich in den Zeitungsspalten aus, von *Glaube* und *Gelöbnis* begleitet. Die totale Einkreisung des Bürgers durch Partei und Staat spiegelte sich in Wörtern wie *Erfassung*, *Schulung*, *Gleichschaltung*, *Organisation*, *Einsatz* und *verschworene Gemeinschaft* wider. Das *Volk* wurde von der NSDAP usurpiert und in den Bildungen *völkisch* und *volkhaft*, *Volksgemeinschaft* und *Volksgenosse* vollends zum Parteiabzeichen gemacht. Wörter wie *Lebensraum, Rasse, arisch* und *nordisch*, schon vor Hitler dubios, verwandelten sich unter seinem Zugriff in Dynamit. Hinter dem Kunstwort *arisieren* und dem zynischen Tarnwort *Endlösung* versteckte sich die Ausrottung der Juden.

Die Technik, Wörter einzuhämmern, umzuwerten oder mit unnatürlicher Bedeutung aufzuladen, wurde durch eine nie erlahmende Leidenschaft für den Superlativ ergänzt: durch Bevorzugung von Begriffen, die in sich schon die höchste Steigerungsform enthalten, wie *fanatisch*, *heroisch*, *ehern*, *graniten*, *einmalig*, *Tausendjähriges Reich*, *Ewiges Reich der Deutschen*; durch den grammatischen Superlativ als achtlos benutzte Stilfigur (Hitler: »die allgemeine Diskussion mit ihren *übelsten* Folgeerscheinungen«); durch Propagandaformeln wie die vom »größten Feldherrn aller Zeiten« (1940), der »noch nie dagewesene Siege über den gefährlichsten Feind aller Zeiten« (1941) errungen habe. »Wenn die Menschen über eine Sache nichts Klares zu sagen haben, pflegen sie, statt zu schweigen, das

Gegenteil zu tun: Sie reden im Superlativ, das heißt sie schreien«, schreibt Ortega y Gasset. »Und der Schrei ist das Vorspiel zu Angriff, Kampf und Totschlag.«[1]

Als der Angriff ins Stocken geriet, wurde der Meister des Superlativs zum Künstler der Nebel- und Schleierwörter, zumal zur Tarnung der Rückzüge und verlorenen Kesselschlachten. Er begann mit eleganter Frechheit: »An der Peripherie unserer Kriegführung sind wir hier und da etwas anfällig« (im »Reich« vom 2. Mai 1943). Später häuften sich die Formeln *Frontbegradigung*, *Frontverkürzung*, *elastische Front*, *beweglicher Verteidigungskrieg*, *wandernde Kessel*, *sich freikämpfen*. Heute klingt das alles durchschaubar und verfehlte doch damals seine Wirkung nicht: Es konnte schon Situationen geben, in denen eine »Frontverkürzung« die Mütter wie die Stammtischstrategen aufatmen ließ. Das Stichwort *Wunderwaffe*, die aufsteigende Reihe *V 1 und V 2 und . . .*, das V für »Vergeltung« — das war in jedem Detail geschickt ersonnen, es gab 1944 Millionen Deutschen neue Zuversicht, ja hie und da ließ es bis in die letzten Kriegswochen Hoffnung auf den *Endsieg* keimen. »Endsieg« — eine arglistige Prägung, weil sie die Niederlagen der Gegenwart scheinbar ehrlich einbegriff, sie aber zugleich als bloße Stationen auf einem Weg hinstellte, an dessen Ende nur der Sieg stehen konnte; auch weil ein anderes Wort für das Kriegsende gar nicht in Umlauf war. Selbst die galgenhumorige Redensart des letzten Kriegswinters »Genießen wir den Krieg, der Friede wird fürchterlich!« hatte noch etwas von der Wirkung einer Durchhalteparole — kurz, es schien die Kardinalforderung von Orwells »Newspeak« erfüllt: »alle anderen Arten zu denken unmöglich zu machen«[2]. Wer jemals in den letzten Kriegsjahren Wörter wie *Endsieg* oder *Wunderwaffe* in den Mund nahm, ohne sie ausdrücklich zu verspotten — über den hatte Goebbels einen seiner hunderttausend kleinen Siege errungen. Das Arsen zeigte Wirkung.

Gegen eine so erfolgreiche Unterwanderung der Alltagssprache war es kein ausreichendes Gegengift, sich dann und wann über den *Gröfaz* lustig zu machen, womit dem »größten Feldherrn aller Zeiten« zusammen mit der Superlativ-Manie auch noch der Abkürzungswahn um die Ohren geschlagen wurde, durch den technokratische Diktaturen sich auszeichnen, man denke an die DDR. Immerhin, »Gröfaz« war ein volkstümlicher Ansatz zur Sprachkritik, insofern ein Signal, leider mit der Unverbindlichkeit der Ironie — nicht gänzlich ausschließend, daß Hitler doch ein großer Feldherr sei, der sich nur mit allzu feisten Wörtern habe dekorieren lassen.

Stand dann wirklich mal einer auf, der die Wahrheit sah und tollkühn die Wahrheit sagte: So kam er ins KZ oder an den Galgen. An der Sprachherrschaft durfte nicht gerüttelt werden, gegen sie sich aufzubäumen, war das eigentliche Verbrechen. Am Schluß von Klemperers Buch steht die Antwort einer einfachen Frau auf die Frage, warum ihr Mann ins Konzentrationslager gekommen sei: »Wejen Ausdrücken«, sagte sie. Da wollte einer kein Arsen mehr schlucken, und es kam ihn teuer zu stehen. Die »Miesmacher« von 1933 konnten vielleicht durch Propaganda noch gewonnen werden; wer ihr 1943 trotzte, wurde »Volksschädling« getauft und war zu vertilgen. *Schädling*, das ist der Oberbegriff für Unkraut und Ungeziefer. Wörter wie Fallbeile: Sie sprechen das Urteil, und als Rechtfertigung tönen sie dem Urteil voraus.

Lenin und Stalin hatten es vorgemacht. »Die russische Erde von allem *Ungeziefer* zu säubern«, sei jetzt das oberste Ziel, verkündete Lenin zwei Monate nach der Oktoberrevolution. Ungeziefer: das waren laut Solschenizyn Hausbesitzer, Lehrer, Eisenbahner, Telegrafisten, Priester, Mönche, Nonnen und Mitglieder von Kirchenchören[1]. Die Intellektuellen, nach Lenin eine Zwischenschicht und keine ökonomische Klasse, hießen alsbald »Zwischenschicht-*Insekten*« und wurden ausgemerzt. Gegen wen gar nichts vorlag, dessen Verhaftung rechtfertigte sich mit dem Zauberwort »soziale Prophylaxe«. Denn stets war es nötig, so Lenin schon 1897, »unter der Arbeiterschaft die richtigen Begriffe zu verbreiten«[2].

Stalin übertraf den Meister bei weitem. Ehe er zum großen Bauernjagen blies, wurden die Bauern als »Organisatoren der Hungersnot« entlarvt, und dann wurden sie mit einer Vokabel liquidiert, die der physischen Hinrichtung als Vorbote und Wegbereiter vorauseilte: *Kulak*. Ursprünglich war das ein Schimpfwort für einen Wucherer, der die Bauern schröpfte. Lenin übertrug den Namen auf die Bauern selbst, soweit sie als »Ausbeuter« galten, weil sie Landarbeiter beschäftigten — unter der Aufsicht des Dorfsowjets, versteht sich, so daß Ausbeutung eigentlich nicht stattfinden konnte. Stalin tat den nächsten Schritt: »Kulak« war plötzlich das Etikett für jeden Bauern, der einen Ertrag erwirtschaftete — das demaskierte ihn ja als mutmaßlichen Feind der Kollektivierung, schlimmer: als lebendes Argument gegen den Segen der Kolchose. Kaum war der Name »Kulaken« durchgesetzt, da verkündete Stalin »die Liquidierung des Kulakentums als Klasse« und vollzog sie in Form der Liquidierung der Kulaken selbst: Zu Millionen wurden sie mit Weib und Kind von ihren Höfen vertrieben, nach Sibirien verfrachtet und umgebracht. Wie aber sollten die örtlichen Parteigrößen auch solche Dorfbewohner in die Verbannung schicken, an denen sie sich privatim rächen wollten? »Ein neues Wort war nötig«, schreibt Solschenizyn: »*Kulakensöldling* . . . Ich erinnere mich sehr gut, daß uns dieses Wort in meiner Jugend ganz vernünftig schien, nichts Unlogisches daran.«[1] Ganz vernünftig! Arsen auch hier.

Der russische Lyriker Ossip Mandelstam, der 1934 verhaftet wurde und 1938 in der Verbannung starb, hat der Sprachherrschaft Stalins, der Despotie über die russischen Wörter ein Denkmal von gräßlicher Ausdruckskraft gesetzt: »Seine dicken Finger sind fett wie Würmer, seine Worte reell wie Zehnpfundgewichte . . . Um ihn, den Großen, seine dünnhalsigen, hohlwangigen Berater . . . Rührend und komisch sind ihre Tierlaute. *Er allein spricht Russisch. Seine Sätze treffen wie Hufeisen*, einen nach dem anderen stampft er nieder . . . Nach jedem Tod . . . schiebt er sich eine Himbeere in den Mund.«[2]

Das also waren die Sprachen, die aufeinanderschlugen, 1945 in Berlin. Konnte es geschehen, daß ein Opfer der einen Sprachdiktatur einem Opfer der anderen Sprachtyrannei ohne Haß entgegentrat? Ja — um den Preis des Schweigens. Max Frisch beschrieb den Fall 1947 in seinem Tagebuch: »Die Geschichte mit dem russischen Oberst und der deutschen Frau: das Ganze hat drei Wochen gedauert. Die Frau ist ohne jeden Zweifel, daß es auch von seiner Seite eine wirkliche Liebe gewesen ist; für sie ist es die Liebe ihres Lebens. Was mich an dem Fall fesselt: Daß er eine Ausnahme darstellt . . ., erleichtert durch das Fehlen einer Sprache. Es wäre kaum möglich gewesen, wenn sie sich sprachlich hätten begegnen können und müssen. Sprache als Gefäß des Vorurteils! Sie, die uns verbinden könnte, ist zum Gegenteil geworden, zur tödlichen Trennung durch Vorurteil. Sprache und Lüge! Das ungeheure Paradoxon, daß man sich ohne Sprache näherkommt . . . Sie geht zu einem Russen, einem Feind, sie hat bereits eine Waffe unter ihrem Kleid, aber da sie einander nicht verstehen können, sind sie gezwungen, einander anzusehen, und sie ist imstande, wirklich zu sehen, den einzelnen Menschen zu sehen, ... ein Mensch zu sein gegen eine Welt, die auf Schablonen verhext ist, gegen eine Zeit, deren Sprache heillos geworden ist, keine menschliche Sprache, sondern eine Sprache der Sender und eine Sprache der Zeitungen, eine Sprache, die hinter dem tierischen Stummsein zurückbleibt.«[1]

Das geschah zwei Jahre nach Goebbels, und man könnte hoffen, seitdem hätten die Wörter sich entdämonisiert. Aber wie schon die Sprache Gregors XV. weniger ein Beitrag zur Menschlichkeit als vielmehr zur »tödlichen Trennung« war, so bleiben im Mund der Ideologen die Wörter Hasser und Henker. »In der Herrschaft durch Sprache ist ein Herrschaftsgrad von Menschen über Menschen erreicht, demgegenüber physische Gewalt geradezu harmlos und veraltet ist.«[2]

Dazu im »Lexikon«: Legitimation, Lüge, Manipulation, Propaganda, Sprachkritik, Sprachlenkung, Wiederholung.

15. Fallstudie

Das Schlagwort »Gleichheit« und die Gründe seiner Explosivität

»Freiheit, Gleichheit, Brüderlichkeit!« Aber wie gelangen wir zu den Tätigkeitswörtern?

Stanislaw Jerzy Lec

Ginge es darum, einem einzigen Wort den Preis für die äußerste politische Sprengkraft zu verleihen: vermutlich würde die Wahl auf die *Gleichheit* fallen, *égalité*, *equality*, *igualdad*, *uguaglianza*, *jämlikhet* — auf ein Wort, das in einem Dutzend Bedeutungen schillert, in »Ist mir egal« und »Komme gleich« der kraftlosesten Alltagssprache angehört und dennoch von Sphärenklängen umrauscht wird wie die *Ewigkeit*: Triumphwagen des sozialen Fortschritts und Schinderkarren des Individualismus, so recht ein Begriff, große Politik damit zu machen.

Wenn das Wort nur ein Etikett wäre, nur der Name für Zustände, Tendenzen oder Forderungen, die ohne den Namen genauso herrschen oder erhoben werden würden — wir brauchten uns in einem Buch über die Sprache bei der Gleichheit nicht aufzuhalten. Wörter sind jedoch ihrem Wesen nach Zuspitzungen, sie können Handlungen auslösen, die ohne sie nicht stattgefunden hätten, vor allem wenn man sie hartnäckig wiederholt; und wir werden noch sehen, wie Wörter das Denken kanalisieren oder gar imstande sind, die Wirklichkeit dem anzupassen, was ein Schlagwort fälschlich über sie behauptet: Haben wir oft genug vernommen, alle Menschen seien »gleich«, so glauben wir schließlich daran; mehr noch: Wir beginnen die Unterschiede abzuhobeln, die unserm Glauben an das heilige Wort im Wege stehen. »Die Gleichheit«, schrieb Tocqueville, »legt dem Menschengeist etliche Ideen nahe, auf die er ohne sie nicht gekommen wäre, und modifiziert fast alle seine früheren Ideen.«[1]

Aber was ist das — »die Gleichheit«? In deutschen, englischen und französischen Wörterbüchern lautet die oberste Definition einhellig: völlige Übereinstimmung, das Fehlen von Unterschieden. »Gleich« wären folglich zwei Autos desselben Typs, derselben Farbe, wohl auch der gleichen Innenausstattung, notgedrungen ohne Unterschied im Kilometerstand, genaugenommen mit derselben Zulassungsnummer, und was ist mit den Rostflecken und der Abnutzung der Bremsbeläge? Zwei »gleiche« Autos im strikten Wortsinn gibt es nicht. Und zwei gleiche Menschen sollte es geben? Völlig gleich, hat Leibniz nachgewiesen, kann ein Ding allein mit sich selber sein; nur sprechen wir dann nicht mehr von Gleichheit, sondern von *Identität*. In seiner engsten und obersten Bedeutung hebt das Wort sich selber auf.

Doch die Wörterbücher lassen ja die Abstufungen folgen. Egalité bedeutet nicht nur Übereinstimmung in *allen* Merkmalen, sondern auch in *vielen*, oder in *einigen*, oder wenigstens in *einem*. »Gleich« dürfen demnach ein Rennauto und ein Lastwagen heißen, wenn sie beide sechs Zylinder haben. *Gleichheit* ist einerseits eine so strenge Forderung, daß keine zwei Dinge auf Erden ihr entsprechen können, andrerseits eine derart lockere Übereinstimmung, daß die meisten Leute sich scheuen würden, nur von *Ähnlichkeit* zu sprechen. Ein starkes Wort! Ein hochelastischer Ballon, aus dem man nahezu jede Definition herauszaubern kann. Die *mathematische Gleichheit* stiftet nur zusätzliche Verwirrung: Sie hat sich im Mittelfeld der vielen Definitionen angesiedelt. 3 plus 5 *gleich* 8 sagen wir nicht von ungefähr — der Mathematik genügt die Gleichheit des Resultats. Sie nennt Körper »gleich«, wenn sie bei verschiedener Form dasselbe Volumen, und Dreiecke, wenn sie bei beliebigen Winkeln die gleiche Fläche haben; Dreiecke von gleicher Größe *und* gleichen Winkeln heißen *kongruent*: das ist für die Geometrie mehr als gleich, obwohl die Logik eine Steigerung von Gleichheit nicht zuläßt.

Da schon die *Zahl* der geforderten Merkmale im Dunkel bleibt — wieviel teilt uns das Zauberwort über die *Art* der Merkmale mit, die sich zur Gleichheit ergänzen sollen? Das Problem beschäftigte bereits die griechische Philosophie. Aristoteles unterschied die *arithmetische* von der *proportionalen* Gleichheit, doch wiederum nicht sauber, da »proportional« für ihn einmal »nach Gebühr« und ein andermal »in geometrischer Reihe« bedeutet, also erstens mathematisch ungleich und zweitens in einer anderen Form mathematischer Vergleichbarkeit[1]. In der Praxis: Wenn knappes Essen unter hundert Menschen »gleich« verteilt werden soll — bekommt dann jeder die gleiche Menge (arithmetisch), oder jeder so viel, daß siebzig Prozent seines Hungers gestillt werden (proportional), oder am meisten die, die am schwersten gearbeitet haben (nach Gebühr), oder Magere doppelt soviel wie Dicke (zum Zweck der Angleichung)? In der Vollversammlung der Vereinten Nationen hat jeder Staat eine Stimme, obwohl der größte mehr als tausendmal so volkreich und so produktiv ist wie der kleinste. Dadurch fühlen sich von jeher die großen Nationen benachteiligt — neuerdings auch die kleinen: Die Entwicklungsländer müßten ihre Schwäche durch ein Mehrfachstimmrecht *kompensieren*, forderte der Delegierte Kenias 1975 auf dem Weltkongreß für Rechts- und Sozialphilosophie in St. Louis [1].

Dies alles vor Augen, kann man sich nur zitternd der Frage nähern: Welche »Gleichheit« meinte wohl die amerikanische Unabhängigkeitserklärung von 1776, die das heiße Wort zum erstenmal in der Geschichte in den Rang einer Garantie erhob? »Wir halten es für Wahrheiten, die keines Beweises bedürfen, *that all men are created equal*, daß alle Menschen gleich geschaffen und von ihrem Schöpfer mit bestimmten unveräußerlichen Rechten ausgestattet sind; darunter dem Recht auf Leben, auf Freiheit und auf Streben nach Glück . . .«

Der große Satz litt an zwei Schwächen. Zum einen waren unter den »Menschen« die Negersklaven nicht mitgezählt — unter dem Protest des Autors Thomas Jefferson, der gleichwohl nie auf die Idee verfiel, seine eigenen Sklaven freizulassen. Und zum anderen blieb gänzlich unklar, welche Qualität die »Gleichheit« haben sollte. Sicher war die *Gleichheit vor Gott* gemeint, die christliche *égalité*, die früheste Stufe, schon häufig verkündet, politisch belanglos oder gar irdische Ungleichheit stabilisierend, mithin selbst für die Neger geeignet. Wahrscheinlich war überdies an die *Gleichheit vor dem Gesetz* gedacht, dies nun aber nicht mehr für die schwarzen Sklaven; auch stehen ja für diese spezielle Art der Gleichheit die Wörter *equity*, *équité*, *Gleichberechtigung* zur Verfügung, und wer sie nicht benutzte, könnte sich dabei etwas gedacht haben. Eine dementsprechende Formel wählte die französische Nationalversammlung 1789 in ihrer Menschenrechtserklärung: *égaux en droits*, »gleich an Rechten« sollten alle Menschen sein — was man freilich ebenfalls richtig lesen mußte: Darein fügte sich nämlich, daß die Sklaverei bestehen blieb, wo immer sie auf französischem Territorium herrschte, das heißt in den Kolonien; wobei die Sklaven nicht etwa vergessen, sondern 1790 von den Menschenrechten ausdrücklich ausgenommen wurden, mit der listigen Formel, auf die innere Verwaltung der Kolonien habe die Menschenrechtserklärung keinen Einfluß.

Sollte Jefferson unter equality die *politische Gleichheit* verstanden haben — gleiches Recht und gleiche Chance, zu wählen und gewählt zu werden? Dergleichen strebte in den neuen Vereinigten Staaten niemand an, das Wahlrecht besaßen nur die männlichen Grundbesitzer unter den Weißen; die Frauen bekamen es erst 1920.

Doch merkwürdig: Während juristische und politische Gleichheit noch im argen lagen, hörten vermutlich viele Menschen in dem Schlagwort *equal* über das Juristische und Politische hinaus schon die *soziale Gleichheit* mitschwingen, die Nivellierung des Vermögens; denn was brächte sonst das »Streben nach Glück« den Armen? Ja man muß davon ausgehen, daß auch Jefferson die Möglichkeit einer solchen Deutung bekannt war. Schließlich hatte Montesquieu 1748 in seinem Hauptwerk »Vom Geist der Gesetze« gerade die Gleichheit des Vermögens als notwendigen Bestandteil der Demokratie eingestuft: »Reichtum verleiht eine Macht, die der Bürger für sich nicht ausnutzen kann, weil er sonst den anderen nicht mehr gleich sein würde; und Reichtum verschafft Freuden, die der Bürger nicht genießen darf, weil sie ebenso die Gleichheit verletzen würden.«[1] Gewiß hatte Jefferson dies gelesen, er übersetzte sogar eine Montesquieu-Biographie ins Englische; und selbstverständlich kannte er die Geschichte der *Levellers* (Gleichmacher), einer radikaldemokratischen Partei, die um 1650 in England die politische Gleichheit durchsetzen wollte und sich dabei den Vorwurf zuzog, das könne nur in wirtschaftlicher Gleichheit enden.

Allenfalls läßt sich also mutmaßen, was die Väter der *equality* von 1776 primär meinten oder anstrebten. Völlig offen dagegen ist, welche Nebenbedeutungen des Wortes sie achselzuckend oder nicht ungern in Kauf nahmen, und zumal, was darunter von den Millionen Menschen aller Bildungsschichten verstanden wurde, auf die das Schlagwort niederbrach — vielerlei und wenig, alles und nichts und natürlich von jedem etwas anderes. Eben dies aber scheint den Reiz großer Schlagworte auszumachen und ihnen die Chance historischer Wirkung zu gewähren. Ein umstürzendes Wort muß offenbar folgende Eigenschaften besitzen:

1. Es muß geeignet sein, erhabene Assoziationen auf sich zu ziehen, die alle Gegner entmutigen.

2. Es muß unbestimmt genug sein, um die, die es in Umlauf setzen, zu allem zu berechtigen und zu nichts zu verpflichten.

3. Es muß so unbestimmt sein, daß alle, die es hören, diejenige Bedeutung hineinlegen können, die ihnen am meisten zusagt.

4. Es muß so elastisch sein, daß Jahrzehnt um Jahrzehnt mehr, Umfassenderes, Radikaleres aus ihm herausgelesen werden kann.

Für die Dauerhaftigkeit, die Langzeitwirkung, die historische Durchschlagskraft ist die letzte Eigenschaft die wichtigste. Gerade bei der Gleichheit läßt sich das Ausgreifen der Interpretation zu immer weiterreichenden politischen Forderungen deutlich verfolgen. Die Eskalation des Begriffs setzte in Frankreich sogleich nach 1789 ein. Beim »Bundesfest« vom 14. Juli 1790 sangen die Hunderttausende in den Straßen von Paris die mitreißende Hymne der Gleichmacherei:

Ah! Ça ira, ça ira, ça ira!
Celui qui s'élève, on l'abaissera,
Et qui s'abaisse, on l'élèvera!

(Ja, so wird's gehn, so wird's gehn, so wird's gehn! Wer sich erhöht, der wird erniedrigt, und wer sich erniedrigt, der wird erhöht!) 1792 sprach Robespierre: »Jetzt kommt es darauf an, auf den Trümmern des Thrones *die heilige Gleichheit* zu errichten.«[1] 1793 forderten die Jakobiner, in der Verfassung die Gleichheit über die Freiheit zu stellen, und einige von ihnen plädierten dafür, die Kirchtürme niederzureißen, weil ihre Höhe den Gleichheitsgrundsatz verletze. 1794 gründete François Babeuf den »Club der Gleichen«, prägte 1796 ein anderes welthistorisches Schlagwort, die *Diktatur des Proletariats*, predigte die Beseitigung aller Bildungsunterschiede und forderte die Gleichheit des Geldes durch Abschaffung des Eigentums: »Die Natur hat jedem Menschen das Recht gegeben, sich eines gleichen Anteils an jeglichem Eigentum zu erfreuen.«[2]

Zu ersinnen blieb nun nicht mehr viel — vielleicht noch die blauen Kittel für alle Chinesen; oder die Verwischung der Geschlechtsunterschiede, wie sie seit Mitte der sechziger Jahre in der westlichen Welt in Mode ist; oder die Vereinheitlichung der Erbmasse, die Aldous Huxley 1932 in seiner »Wackeren neuen Welt« kommen sah; oder der amerikanische »Handicapper General«, der laut Kurt Vonnegut im Jahr 2081 darauf achtet, daß die Starken mit Schrotsäcken beschwert und die Klugen durch Radioempfänger im Gehirn am kontinuierlichen Denken gehindert werden[1]. Dazwischen der originelle Vorschlag Shaws, zum Maßstab der Gleichheit, wenn einmal jedermann wohlgenährt und seinem Talent gemäß voll ausgebildet sei, die »Volksheiraterei« zu nehmen, die *national intermarriageability:* das heißt die Chance für jeden Bürger eines Landes, seine Gattenwahl ohne den geringsten Rest von Berufs- und Standesvorurteilen zu treffen — »weiter kann Gleichheit nicht gehen«[2].

Was in der Praxis auf Babeuf und aus ihm folgte, war im wesentlichen zweierlei: im Marxismus die systematische Ausformung seiner Ideen, im demokratischen Sozialismus die praktische Annäherung an den von Babeuf beschriebenen Zustand.

Die Nationen, die das Marxsche Lehrgebäude bezogen haben, wohnen zur Zeit noch im Parterre: dem Sozialismus, in dem keine Gleichheit in der Verteilung der materiellen Güter herrscht; der Grundsatz »gleicher Lohn für gleiche Arbeit« ziehe Ungleichheit nach sich, »da die Menschen unterschiedliche Talente und Fähigkeiten haben«. Erst in der Beletage des kommunistischen Endzustands, im Reich des Überflusses soll es so weit sein, daß Talent und Tätigkeit »kein Vorrecht des Besitzes und Genusses mehr begründen«[3].

Mit der Gleichheit des Sozialismus haben viele westliche Nationen auf milde Weise gleichgezogen; ja längst sind in einigen von ihnen Entwicklungen im Gange, die dem verkündeten Fernziel des Ostens nicht nachstehen, während sie über seine Praxis schon hinausgehen.

Aus der von Babeuf geforderten Beseitigung der Bildungsunterschiede ist das Schlagwort *Chancengleichheit* aufgeblüht: Jeder soll die gleiche Chance haben, seine Talente zu entfalten. Anfänglich bedeutete das: den gleichen Zugang zu Schulen und Universitäten, und bis dahin gibt es gemeinhin keinen Parteienstreit. Sehr bald jedoch ließ sich der Frage nicht ausweichen: Da der angeborene Teil der Begabung von unterschiedlicher Größe ist — haben dann Kinder von gleicher Schulbildung die *gleichen* Chancen? Oder läßt der gleiche Unterricht nicht vielmehr den Abstand zwischen den Klugen und den weniger Klugen genau so, wie er in den Windeln war? Müssen also nicht die benachteiligten Kinder einen gründlicheren Unterricht erhalten als die klugen? Der farbige Schriftsteller James Baldwin forderte das 1963 zugunsten der Neger; an vielen amerikanischen Colleges, in Schweden und an den integrierten Gesamtschulen der sozialdemokratisch regierten Länder der Bundesrepublik wird es inzwischen praktiziert. Damit kommt Zündstoff auch in diesen Teil der Gleichheitsforderung, die Parteien entzweien sich, ein Widerspruch tritt auf: Der Grundsatz gleicher Erziehung wird verletzt, in der Absicht, durch ungleiche Erziehung gleiche Fähigkeiten zu erzeugen. »Eine Schule, die sich um alle Schüler gleich intensiv kümmert, zementiert die Unterschiede . . . Chancengleichheit erfordert die Parteinahme der Schule für die Schwächeren. Zugespitzt formuliert: Chancengleichheit ist nur durch Ungleichheit zugunsten der benachteiligten Schüler zu erreichen.«[1]

Eine ähnliche Wirkung hat das Quotensystem, das Präsident Johnson 1965 in Amerika einführte, soweit es in seiner Macht stand: Alle Firmen, die Regierungsaufträge bekommen wollen, und alle Institutionen, die juristisch oder finanziell von der Regierung abhängig sind, müssen den benachteiligten Minderheiten zu *arithmetischer Gleichheit* verhelfen, und das sind Frauen, Neger, Indianer, Asiaten und »Personen mit spanischem Nachnamen« (d. h. Mexikaner und Portorikaner). Den Universitäten zum Beispiel wird mitgeteilt, wie groß der Anteil dieser Minderheiten an der Summe aller lehrbefähigten Personen auf dem Arbeitsmarkt ist; bleiben im Lehrkörper die Minderheiten hinter diesen Quoten zurück, so dürfen frei werdende Lehrstühle so lange nur mit Negern, Indianern usw. besetzt werden, bis das Soll erreicht ist.

Damit sind bereits etliche Forderungen aus dem Langzeitprogramm der schwedischen Sozialdemokraten erfüllt, dem Myrdal-Report von 1969. Die Gesellschaft habe die Aufgabe, »dort das Gleichgewicht wiederherzustellen, wo die Natur allzu große Ungleichheit geschaffen hat«, heißt es darin. »Es muß als selbstverständlich gelten, . . . daß für die Schwachen besondere Anstrengungen gemacht werden, eben weil es *die Ungerechtigkeit der Natur zu korrigieren gilt*.« Das ist Babeuf total, und weiter: Beim liberalen Ideal der bloßen Chancengleichheit werde »das Unheil in den gesellschaftlichen Mechanismus eingebaut . . . Denn die Menschen entwickeln sich je nach den Umständen auch bei gleichem Start unterschiedlich.« Mithin könne die Gleichheit nicht eines Tages »erreicht« sein. »Das Gleichheitspostulat verlangt, neu entstehende Unterschiede zu mildern, und vor allem, ihnen vorzubeugen . . . Die

Gleichheit wird zum übergeordneten Ziel. Auch die Freiheit muß gleich verteilt werden, politisch, ökonomisch und kulturell.«[1] Die Gleichheit über die Freiheit: das ist der Verfassungsentwurf, mit dem die Jakobiner 1793 nicht durchdrangen; es ruft die Sorge prominenter Liberaler wach, daß wir im Begriff stehen könnten, »die Realität der Freiheit für den Anschein der Gleichheit zu opfern«[2].

Die deutschen Sozialdemokraten vermieden in ihrem Godesberger Programm von 1959 das Wort »Gleichheit« aufs sorgfältigste; aus Freiheit, Gleichheit, Brüderlichkeit machten sie das maßvolle Postulat *Freiheit, Gerechtigkeit und Solidarität*, und in ihrem »Orientierungsrahmen für die Jahre 1975—1985« beließen sie es dabei. Im SPD-Wahlprogramm vom Oktober 1972 übernahm die Chancengleichheit eine zentrale Rolle, und dazu tauchte eine Formel von großer Deutlichkeit auf, die sich an extreme Definitionen der Gleichheit anlehnt: *Vereinheitlichung der Lebensverhältnisse*. Aus Schweden und England kommen unterdessen die ersten Forderungen nach gleichem Lohn für ungleiche Arbeit, das heißt für alle — vorgeprägt im biblischen Gleichnis vom Weinberg (Matthäus 20), wo der Einheitslohn allerdings Unfrieden stiftet; die Arbeiter, die sich elf Stunden lang geplagt haben, murren: »Diese letzten haben nur eine Stunde gearbeitet, und du hast sie uns gleich gemacht, die wir des Tages Last und die Hitze getragen haben.« Solche Abkehr vom Leistungsprinzip wollen die schwedischen Sozialdemokraten noch weiter treiben: Bei der überfälligen »radikalen Veränderung der Lohnrelationen« solle die körperliche Schwerarbeit eher höher als die geistige Arbeit bezahlt werden, weil sie monotoner sei und nicht an angeborenen Eigenschaften hänge[3]. Von dem Wort »Gleichheit« wird das alles geduldig gedeckt.

Läßt man die Expansion der Gleichheitsidee Revue passieren und dazu die Frustrationen, die sie nach sich zieht, nimmt man die Feststellung des Myrdal-Reports hinzu, daß Gleichheit nie erreicht, sondern nur unablässig angestrebt werden kann, besieht man sich die Menschen, wie sie sind, die dicken und die langbeinigen, die faulen und die musikalischen, die Watussi und die Pygmäen — so möchte man lauthals eine simple Frage stellen: Meinen wir, wenn wir von Gleichheit reden, nicht allesamt *Annäherung* oder *Ähnlichkeit*? Wären diese Wörter nicht ungleich treffender, da Gleichheit doch weder vorhanden noch erreichbar, noch im strengen Sinn nur denkbar ist? Wäre das Streben nach mehr Ähnlichkeit der Chancen und der Erfolge nicht ebenfalls ein humanitärer Impuls, wie die einen ihn aus der Lehre Jesu, die andern aus der von Marx empfangen? Wären die Wörter nicht überdies fair, weil sie, anders als die Gleichheit, ihre Unschärfe, ihre Dehnbarkeit wenigstens erkennbar machen, die weltfremde Definition »völlige Abwesenheit von Unterschieden« ausschließen und niemanden zu der Forderung verleiten können, alle Türme einzuebnen?

Freilich, es hätte zwei Nachteile, von »Annäherung« zu sprechen. Der Verzicht auf die rabiate Totalität des Anspruchs würde die Sprengkraft des Anspruchs vermindern. Und zum andern wäre ein Transparent mit der Aufschrift »Mehr Freiheit, mehr Ähnlichkeit, mehr Brüderlichkeit« zwar vorbildlich in seinem Augenmaß, nur eben kein Transparent mehr. Es klänge wie »Persil bleibt im großen und ganzen Persil« oder »Wünsche Hitler vorsichtshalber Heil und Segen«. Die Schlagwörter sonnen sich im Glück der Undefinierbarkeit, und sie speien Feuer gegen jeden, der sich mit der gerade gängigen Deutung kritisch auseinandersetzen will. Der Physikprofessor Lichtenberg zu Göttingen war klug genug, sein abwägendes Urteil von 1793, der Höhezeit jakobinischen Wütens, nur seinem privaten »Sudelbuch« anzuvertrauen: »Die Gleichheit, die wir verlangen, ist der erträglichste Grad von Ungleichheit. So vielerlei Arten von Gleichheit es gibt, worunter es fürchterliche gibt, ebenso gibt es verschiedene Grade der Ungleichheit, und darunter welche, die ebenso fürchterlich sind. Von beiden Seiten ist Verderben.« [1]

Dazu im »Lexikon«: Ambiguität, Bedeutungswandel, Definition, Manipulation, Propaganda, Sprachkritik, Sprachlenkung, Wortinhalt.

16. Umwertung der Wörter

Imponiervokabeln beiderseits der Elbe

> ... nach Kants Weise, der neuerdings den Leuten gleich ihre Ausdrücke so erklärt, daß sie wohl Unrecht behalten müssen, sie mögen sich anstellen, wie sie wollen.
>
> *Johann-Gottlieb Fichte, Ankündigung einer neueren Darstellung der Wissenschaftslehre (1800)*

Die Leitvokabeln kommen und gehen, und die Epochen, die man an ihnen erkennt, scheinen kürzer zu werden. Kurzlebig ist selbst die *Ewigkeit*. »O Ewigkeit, du Donnerwort!« dichtete Pastor Johann Rist aus Ottensen bei Hamburg vor dreieinhalb Jahrhunderten. Sein Lied steht noch heute in evangelischen Gesangbüchern, aber das Donnerwort wird großenteils in Redensarten wie »Ich warte hier schon eine Ewigkeit« verwendet und bezeichnet folglich etwa eine halbe Stunde. *Demut* und *Keuschheit*, *Anstand* und *Tugend*, heilige Wörter noch in der ersten Jahrhunderthälfte — wer benutzt sie heute ohne Augenzwinkern? *Reich*, *Volk* und *Lebensraum* — wer spricht davon ohne Übelkeit? Ein relativer Langläufer wie der *Fortschritt* wird mehr und mehr von vielsagendem Lächeln begleitet oder versteckt sich hinter dem weniger abgenutzten Fremdwort *progressiv* — einem modischen Synonym für »gut« (ein anderes Synonym dafür ist *emanzipatorisch*). Ja schon sind, nach kaum zehn Jahren, einige Wortkeulen aus der Frühzeit des Neomarxismus wie *Establishment* ziemlich ramponiert, vermutlich durch übermäßigen Gebrauch bei den einen und ironische Aushöhlung durch die anderen (»Wer zweimal mit derselben pennt, gehört schon zum Establishment«).

In solcher Selbstaufhebung mag man eine listige Ökonomie der Sprache sehen. Dennoch gibt sie neuen Grund zur Sorge. Denn wenn sich Wert und Sinn zentraler sittlicher und politischer Begriffe so hurtig ändern — was werden dann Wörter, die heute noch leidlich in Ehren stehen wie *Freiheit* oder *Recht*, morgen gelten? Und was heißt bei *Recht* »in Ehren«! *Law and order*, Ordnung und Gesetz, einst unumstritten die Pfeiler des Staates und Gegenstand schwärmerischer Philosophie, ließen sich in einem tollkühnen Salto zum Schimpfwort machen — bei den Meinungsführern jedenfalls, während die Mehrzahl der Bürger auf Gesetz und Ordnung vermutlich nicht weniger erpicht ist als unsere Urgroßväter. Wieviel Entleerung und Sinnverschiebung kann da anderen Vokabeln, die wir noch arglos benutzen, inzwischen widerfahren sein, in Schichten und Zirkeln, denen wir nicht angehören, die aber die Mode oder eine revolutionäre Theorie auf ihrer Seite haben? Jede Revolution geht mit einer Umwertung der Wörter einher. Die »richtigen Begriffe« in Lenins Sinn tragen die roten Fahnen und pflanzen die neue Herrschaft in die Hirne.

Die Sprache ist der Ausdruck von Herrschaft, »das wesentliche (aber nicht einzige) Mittel des Aufbaus, der Stabilisierung und/oder Veränderung der gesellschaftlichen Verhältnisse«[1] — eine unbestreitbare, wiewohl nicht neue Entdeckung der politischen Linguistik. Die großen Fragen liegen erst hinter dieser Einsicht: Sind die Mitglieder einer Sprachgemeinschaft mit den Verhältnissen im großen und ganzen einverstanden wie offenbar die Mehrzahl der Bürger in der Mehrzahl der westlichen Staaten? Wenn ja — sind sie es, wie im Westen überwiegend üblich, im Zustand mäßiger Manipulation, die sich noch dazu durch Pluralismus neutralisiert? Oder versucht ein unbeliebtes Regime seine Macht durch Monopolisierung der Sprache, durch »Sprechfolterung« zu festigen, wie Peter Handkes »Kaspar« sie erleidet? Oder legt eine emsige Wortumwertung die Vermutung nahe, daß eine zielstrebige Minderheit versucht, die derzeitigen Herrschaftsverhältnisse durch andere zu ersetzen, natürlich unter dem Vorwand, sie wolle die Herrschaft als solche beseitigen? »Die entscheidende Schlacht ist völlig unblutig gewonnen, wenn es gelingt, dem Gegner eine Sprache aufzuzwingen, die ihn daran hindert, seine Interessen und eine eigene geistig-politische Position zu artikulieren.«[2]

Was sich seit 1945 in der DDR und seit etwa 1966 in der Bundesrepublik Deutschland an Versuchen in dieser Richtung abspielt, ist, in erfreulichem Gegensatz zu anderen akuten linguistischen Problemen, oft beschrieben worden. Hier mag eine Übersicht genügen, die die gemeinsamen Grundsätze und die abweichenden Schattierungen deutlich machen soll — beim jüngsten Sproß der organisierten Verführung, die der Papst 1622 ins Leben rief. Die Marxisten rechts der Elbe und die Neomarxisten links von ihr bedienen sich vorwiegend der folgenden Methoden:

1. *Wörter werden umgewertet*. Das Abschätzige wird geheiligt (*Proletariat*). Das einst Neutrale wird geschmäht: *Profit* — so lange,

bis es als mutig gilt, wenn ein sozialdemokratischer Bundeskanzler vor einem Gewerkschaftsforum die alte Ordnung wiederherstellt wie Helmut Schmidt am 14. Oktober 1975 vor der DAG: »Unternehmen brauchen Gewinne, und es ist Unsinn, Gewinne als Profite zu denunzieren.« Oder das einst Neutrale wird geheiligt: *Gesellschaft*; auch das unscheinbare und desto wirksamere Wort *verändern*, in dem so viel Explosivstoff steckt: Seit Marx es 1845 auf den Schild hob[1], haben wir uns angewöhnt, im Verändern einen Wert an sich zu sehen, obwohl das Wort doch nichts enthält, was einen Wandel zum Besseren wahrscheinlicher als einen Wandel zum Schlechteren machen würde. Früher positive Wörter erhalten negative Vorzeichen (linkselbisch: *Leistung*, *Autorität*); läßt sich der positive Beigeschmack nicht tilgen, so wird das Wort durch einen automatischen Zusatz herabgezogen (linkselbisch: Konsum*terror*, *repressive* Toleranz), oder es wird ausgetauscht (rechtselbisch: Fluchthilfe gegen *Menschenhandel*). »Wenn die Wörter und Begriffe mit der Sache, dem Tun und den Verhältnissen, die sie bezeichnen, überhaupt kaum noch zusammenhängen, so daß man diese letzteren ändern kann, ohne die ersteren ändern zu müssen, oder die Wörter ändern kann und Sache, Tun und Verhältnisse im alten Stand belassen werden . . . « (und wenn, mit Brecht, noch vielerlei), »so kann die Kultur vom Proletariat in demselben Zustand übernommen werden wie die Produktion: in zerstörtem Zustand.«[2]

2. *Die bisherigen Bedeutungen werden auf den Kopf gestellt,* der Idealfall der Umwertung — links der Elbe *law and order*, rechts der Elbe *frei*: Im »Freien Deutschen Gewerkschaftsbund« und in der »Freien Deutschen Jugend« der DDR besagt das Wort sein eigenes Gegenteil; nach dem Muster von Orwells Zukunftsstaat, in dem das »Ministerium der Wahrheit«, das die amtlichen Lügen verbreitet, die Inschrift trägt: »Freiheit ist Sklaverei«. Das Wort *frei* läßt sich 1984 überhaupt nicht mehr auf Politik, Geist oder Meinungen anwenden, sondern nur noch in dem Sinn, daß ein Hund »frei von Läusen« ist[3]. Ähnlich das Schmuckwort *Friedens*lager für den Ostblock, der seine Soldaten zum »Haß auf den Klassenfeind« drillt und an seiner Westgrenze die größte Panzerarmee der Geschichte unterhält.

3. *Wortbedeutungen werden verschleiert und durcheinandergemengt.* So ist es seit Lenin üblich (und für seinen Erfolg war es konstitutiv), folgende Begriffe sprachlich gleichzusetzen oder unde-

finierbar miteinander zu verfilzen: das Volk — das heißt die werktätigen Massen (nur sie als Ziel der Agitation, vgl. S. 126) — das heißt die Arbeiterklasse — das heißt die Partei der Arbeiterklasse — das heißt das Zentralkomitee der Partei der Arbeiterklasse. So war Lenins Putsch von 1917 die *Revolution* und die ungarische Volkserhebung von 1956 die *Konterrevolution*. So wußte die Außerparlamentarische Opposition in der Bundesrepublik die Gewalt, die sie in provozierender Absicht anwandte, mit dem Namensschild *Gegengewalt* zu versehen. So auch schließt die *friedliche Koexistenz* das Recht »der vom Imperialismus unterdrückten Völker« ein, »nationale Befreiungskriege zu führen«, selbstverständlich ferner jede Form der Aggressivität gegen den »Kapitalismus« mit Ausnahme des Atomkriegs. Mit einem ähnlichen Trick setzte die Vollversammlung der Vereinten Nationen dank ihrer Mehrheit von kommunistischen und blockfreien Staaten im Dezember 1974 das Wort *Aggression* matt: Einerseits schien völlig klar, was da verabschiedet wurde: »Keine Erwägungen irgendwelcher Art, weder politische noch wirtschaftliche, noch militärische, noch sonstige, können als Rechtfertigung einer Aggression dienen« (Art. V) — keiner Rechtfertigung aber bedarf, was nicht Aggression *heißen* soll: ein Krieg gegen ein kolonialistisches oder rassistisches Regime (Art. VII).

4. *Die Sprache ist immer im Angriff*. Dynamische Wörter sind gut: Fortschritt, Entwicklung, Aufgabe, Zukunft. Aggressive Wörter sind noch besser: Entlarvung, Kampf, Zerschmetterung — Ausbeuter und Klassenfeind — Bullen, Scheißer, Folterknechte (nur linkselbisch) — Schluß mit, jagt sie, brecht ihnen! So lautstark, selbstsicher und allgegenwärtig sind die Wortverbreiter, daß sie den Lauen imponieren, die Gegner einschüchtern und niemanden an eine Gegenoffensive denken lassen. Damit setzen sie das in Gang, was Noelle-Neumann die *Schweigespirale* nennt: Der einzelne neige dazu, keine Meinungen zu äußern, von denen er annimmt, daß sie ihn von der Mehrheit *isolieren* könnten. Durch sein Schweigen werde die tatsächliche Mehrheit gestärkt — oder die vermeintliche Mehrheit in eine tatsächliche verwandelt: »ein Spiralprozeß, der eine Meinung immer fester als die herrschende etabliert«. Die Schweige-Hypothese lasse Voraussagen zu: »Bei zwei verschiedenen Meinungsfraktionen hat diejenige die Zukunft für sich, die eine stärkere Bereitwilligkeit zur Meinungsäußerung zeigt. Eine Minderheit, die von ihrer zu-

künftigen Vorherrschaft überzeugt und daher bereit ist, sich zu exponieren, besitzt eine große Wahrscheinlichkeit, zur herrschenden Meinung zu werden . . . Ihr gegenüber zeigt eine Mehrheit, die zweifelt, ob sich ihr Standpunkt in Zukunft behaupten wird, eine abnehmende Tendenz, sich zu äußern.«[1]

Das ist eine perfekte Beschreibung des Prozesses, dem viele westliche Industrienationen gegen Ende der sechziger Jahre von den Neomarxisten unterworfen wurden: Sie brachen mit ihrem aggressiven Vokabular in eine Umwelt ein, die gewohnt war, mit den Wörtern läßlich umzugehen, also der geballten Energie und schneidenden Selbstgewißheit der neuen Wortführer nichts entgegenzusetzen hatte. Wörter deuten die Welt; wer seine Deutung durchzusetzen weiß, ist Herr über die Seelen. Führt er gar ein geschlossenes Wertsystem mit einer Phalanx militanter und »alles« erklärender Begriffe ins Feld wie heute der Marxismus und früher die Katholische Kirche, so wird selbst dem aufgeklärten Bürger die Selbstbehauptung schwer. Wer, umgekehrt, für seine Handlungen keine deutenden und legitimierenden Wörter mehr findet oder zu äußern wagt, wird gelähmt wie Amerika in Vietnam (S. 123).

In der DDR, wo kein freies Wort der Lähmung entgegenwirken kann, steigert sich die Undeutbarkeit zur Undenkbarkeit. Im Osten wird jeder verketzert, »sobald er nicht ganz genau die vom Dialektischen Materialismus einmal festgelegte Sprache benutzt oder es auch nur unterläßt, auf gewisse Termini, die durch die DiaMat-Kirchenväter geweiht sind, Bezug zu nehmen«, schreibt Adorno. »Sobald ein Mensch dort versucht, wirklich lebendig zu denken und diesem Denken auch in der eigenen sprachlichen Gestalt . . . Ausdruck zu verleihen, trifft er auf die maßloseste Wut.«[2] Auch dafür hat Orwell das Modell parat: *Newspeak* bietet subtil unterscheidende Vokabeln für alles an, was die Partei zu denken erlaubt; wer dagegen behaupten wollte, der Große Bruder sei »nicht gut« (und Schlimmeres wäre ohnehin nicht ausdrückbar), »der hätte diese Feststellung nicht mit Argumenten untermauern können, da die dafür notwendigen Wörter fehlten«[3].

Wofür hat man Wörter in der DDR und wofür nicht? Martin Gregor-Dellin, bis 1958 Lektor in Halle, hat es untersucht: indem er eine Rede Erich Honeckers Satz für Satz und Wort für Wort analysierte und eine Statistik dazu lieferte, die als häufigste Wörter

Entwicklung, *Aufgabe*, *Kampf* und *Leitung* ausweist, als Höhepunkt aber *gewaltig*, *flammend*, *gebieterisch*, *grandios*, *überzeugende Manifestation*, *historische Aufgabe*, *heilige Pflicht* [1]. Gregor-Dellins Fazit: Mit Honeckers Standardvokabeln ließe sich ein Computer füttern, der bei korrekter Einfügung von *haben* und *sein* ein Referat herstellen könnte, das dem Original nicht nachstünde. Honecker spreche »ein rudimentäres Basis- oder Hühner-Deutsch . . ., das eigentlich nur noch dazu dienen kann, streng kontrollierte und von vornherein genormte Denkschemata auszutauschen. Die Kommunikationsfähigkeit dieser Schrumpfsprache nach außen, zum Andersdenkenden hin womöglich, ist erloschen. Es ist keine bloße Vermutung, daß Honecker so denkt, wie er spricht.« Textbeispiel: »Die Kunst der Führung der gesellschaftlichen Prozesse besteht in der wissenschaftlichen Voraussicht der gesellschaftlichen Entwicklung, im Treffen richtiger Entscheidungen, in der Beratung wichtiger Fragen der politischen, ökonomischen und kulturellen Entwicklung mit allen Schichten des Volkes und in der Entwicklung einer von hohem Bewußtsein getragenen Initiative der werktätigen Menschen zur Stärkung der sozialistischen Gesellschaft.«

Nur an einer Stelle unterläuft Honecker ein Satz, der einen Zipfel der Wahrheit lüftet. Über die Zukunft der Landwirtschaft sagt er: »Das ist ein gesetzmäßiger Prozeß, den unsere Partei auf lange Sicht plant und leitet.« Dazu Gregor-Dellin: »Hier verrät das Vokabular den Betrüger, es stellt den angeblichen Sachverwalter der Gesetze als Manipulator bloß. Also werden Gesetze nicht, nach Marx, von den wirtschaftlichen und gesellschaftlichen Gegebenheiten bestimmt, sondern von der Partei, die selbst die ›gesetzmäßigen Prozesse plant und leitet‹. Es ist mir nicht darum, nachzuweisen, daß Honecker den Marxismus verrät. Das Beispiel zeigt nur, daß durch den Selbstlauf einer vom Intellekt kaum mehr kontrollierten Sprache hier plötzlich für eine Sekunde das Visier geöffnet wird: Was hervorblickt, ist der Zynismus des Zentralkomitees, in dem man sich längst darüber einig ist, daß Gesetzmäßigkeiten nicht eingehalten, sondern vorgeschrieben werden müssen.«

Das Visier, genauer gesagt, ist ständig offen: So steht über das sogenannte objektive »Gesetz des stetigen Wachstums der Arbeitsproduktivität« im Politischen Wörterbuch der DDR zu lesen, daß es die Erhöhung der Produktivität »bewirkt«, und sogleich im nächsten

Satz: Das Gesetz »verlangt«, daß sich im Sozialismus der Arbeitsaufwand zur Herstellung eines Gebrauchswerts ununterbrochen verringert[1]. *Objektive* Gesetze bewirken nichts, sondern beschreiben natürliche Abläufe; *verlangende* Gesetze sind nicht objektiv, sondern veränderbar und überdies dauernder Verletzung preisgegeben wie das Strafgesetzbuch. Das Ewige mit dem Wandelbaren, das Postulat mit der Prognose zu verrühren — das eben ergibt jenes Ragout der Gedanken und Begriffe, aus dem die Dämpfe der großen Utopie aufsteigen (mehr in Kap. 24).

Uns bleibt der Trost, daß niemand die Macht zu haben scheint, die Wahrheit völlig zu verbergen: Zumindest enthüllt er mit der Sprache, die er spricht, eine Wahrheit über sich selbst, und die ist mitunter schlimm. Was übrigens, mit Abstrichen, auch für die nicht-ideologische Manipulation, das heißt für die Sprache der Werbung gilt.

Dazu im »Lexikon«: Bedeutungswandel, Lüge, Manipulation, Propaganda, Sprachlenkung.

17. Die geheimsten Verführer

Werbung, Sprichwörter und Euphemismen

> Der gebildete Verbraucher ist ein Mensch, der, wenn er nach Weimar kommt, genau weiß, wie man einen Weimaraner kauft.
>
> *Randall Jarrell, A Sad Heart at the Supermarket (1962)*

Alle Kunstgriffe der kirchlichen und politischen Propaganda finden sich in der Wirtschaftswerbung wieder — darüber läßt sich schwerlich streiten: gleichgültig, ob man die Werbung verdammt, weil sie nur Bedürfnisse befriedigen helfe, die ohne sie nicht vorhanden wären; ob man sie als Motor von Wirtschaft und Wohlstand preist; oder ob man sie im Prinzip bejaht und nur ihre Auswüchse kritisiert — eine Unterscheidung, auf die die Werbebranche Wert legt und zu deren Erleichterung sie das Wort *Reklame* in Pacht genommen hat: Es soll alle schwarzen Schafe zudecken, auf daß die *Werbung* desto weißer strahle.

Dreierlei jedoch hebt die Reklame von der Propaganda ab. Zum ersten eine Äußerlichkeit: der größere Anteil des *Bildes* — die Fata Morgana des kalt angelaufenen Bierglases über der Wüste, der Ritt durch die Brandung, der die wilde Frische einer Seife symbolisieren soll, das erleuchtete Schloß mit der Dame im knöchellangen Nerz, die den Hintergrund des neuen Mittelklassewagens bilden. Zum zweiten eine Annehmlichkeit: Der Aggressivität der Werbesprache sind in den meisten Ländern gesetzliche Grenzen gezogen. Anders als der politische Gegner darf der kommerzielle Konkurrent nicht mit Namen genannt werden, was seine Verunglimpfung schwierig macht.

Der dritte, der entscheidende Unterschied wird anscheinend selten bedacht: Werbung ist selbst im Überschwang humaner, toleranter, liberaler als Propaganda — im Effekt, und auf den kommt es an. Anders als die politische Verführung kann und will die kommerzielle Manipulation uns kein geschlossenes Weltbild liefern, sie krempelt äußerstenfalls den *halben* Menschen um. Und anders als bei der Propaganda ist es nicht *gefährlich*, sich ihr zu entziehen. *Schwierig* durchaus: Im Paukenwirbel der Waschmittelhersteller das vernünftige Produkt zu wählen oder sie gar allesamt abzuwehren zugunsten der Kernseife — das schaffen nicht viele. Doch wer es schafft, wird weder verhaftet noch geächtet.

Ohne Staatsmacht hinter sich, überdies durch die staatliche Zügelung ihrer Aggressivität gehemmt, ist die Sprache der Werbung auf den Weg des Nichtssagend-Wonnigen und den Weg des Bombastischen verwiesen; sie züchtet also zwei Erzübel jeglicher Sprache mit Milliardenaufwand zu bizarrer Blüte hoch. Karikatur: Modernste Computer halten 26 erlesene Buchstaben für Sie gespeichert! Realität: Vollmundig-geistvoller Gaumengruß des Urwalds, Milch von glücklichen Kühen, Gobibraunes Bordüren-Imprimé, Der Duft der großen weiten Welt. Die Firma, die den Duft sechzehn Jahre lang versprühte und ihn nächst »Mach mal Pause« zum bekanntesten aller Werbeslogans machte[1], schaltete 1975 auf einen anderen Kernsatz um: »Die Stuyvesant-Generation geht ihren Weg.« Wer dies für erläuterungsbedürftig hielt, bekam vom Erzeuger folgende Gebrauchsanweisung: »Wir haben uns entschlossen, in der werblichen Ausrichtung der Marke wieder die Aktualität, den Leitbildcharakter und die Dynamik in den Mittelpunkt der Ansprache zu stellen. Dabei orientieren wir uns am Zeitgeist von heute und zielen darauf ab, die positive Lebenseinstellung unserer Konsumenten bewußt anzusprechen. Die Stuyvesant-Generation — das sind die Macher von heute, Menschen, die ihr Ziel klar vor Augen haben. Eine Generation, die sich durch Weitsicht, Phantasie und Durchsetzungsvermögen auszeichnet. Menschen, die den Mut zur Zukunft haben.«

Damit ist der zweite Schwerpunkt angedeutet: kühne Begriffsbildung und ausufernde Metaphorik. Eine *Stuyvesant-Generation* existiert so wenig wie *Marlboro Country*, jenes Land, in dem immer dieselben Cowboys im stets goldroten Licht der Abendsonne die gleichnamige Zigarette genießen — eine Kampagne, mit der sich die Marke »Marlboro« 1975 zur größten auf Erden machte. Wiederum ist es keine Besonderheit der Werbesprache, Menschen mit Wörtern zu beeindrucken, die Nichtvorhandenes bezeichnen: Manche Religion und ein großer Teil der politischen Propaganda lebt davon; ja selbst bei scheinbar unproblematischen Wörtern wie *Frühling* läßt sich darüber streiten, ob sie überhaupt eine Realität benennen (mehr in Kap. 19).

Die Technik, wenig oder nichts mit viel Ungestüm zu sagen, setzt sich fort im törichten Komparativ (Waschmittel, die »mehr als sauber« waschen) und Superlativ (das strahlendste Weiß meines Lebens). Mit dem Superlativ zieht oft die Irreführung ein, der dritte

Schwerpunkt der Werbesprache: Daß Superlative nicht unbedingt etwas Positives behaupten, ja ein Produkt von sehr schwacher Qualität korrekt kennzeichnen könnten, erschließt sich zwar dem mißtrauischen Sprachbetrachter, nicht jedoch dem typischen Konsumenten. Karikatur: Hier sehen Sie den größten Zwerg der Welt! Realität: Der größte Wagen seiner Klasse, Nie war er so wertvoll wie heute, Die beste Tabakmischung, die Reemtsma herstellt. Eine gute Irreführung kommt auch ohne Superlative aus: Die Behauptung, Katzen würden sich, wenn sie Dosenfutter kaufen könnten, für Whiskas entscheiden, ist schwerlich beweisbar, der Satz »Zucker zaubert« sogar leicht zu widerlegen. Eine Hemdenfabrik handelte sich mit dem Schlagwort »Bügelfrei auf Lebensdauer« (gemeint war: des Hemdes, nicht des Trägers) wenigstens Ärger ein.

Wieder läßt sich mildernd geltend machen, daß die Werbesprache ein bezahlter und gezielter Unfug ist, während sich dieselben Eigenschaften — Verführung, Irreführung, Übertreibung und prätentiöses Geschwätz — normalerweise absichtslos und ohne Honorar in der Sprache breitmachen. »Warum sollte die Industrielyrik, mit der die Produzenten die Konsumenten umwerben, mehr objektive Information enthalten als gewöhnliche Liebesgedichte?«[1]

Das lockere Verhältnis der Werbung zur Wahrheit und ihre verführende Kraft haben in der Allgemeinsprache weitere Parallelen: im Sprichwort und im Euphemismus. Die *Sprichwörter* der Völker stellen in merkwürdiger Vermengung viele Eigenheiten der Wörter noch einmal, nur besonders deutlich dar. Im besten Fall enthalten sie eine Lebensweisheit in anekdotischer Zuspitzung — grimmig warnend wie das russische »Wer schweigt, hat einen Stein in der Tasche«, zur Tat aufrufend wie jene chinesischen Sprichwörter, die Mao gern zitiert: »Ziehe die Brauen zusammen, und du kommst auf eine Idee« oder »Wer keine Angst vor Vierteilung hat, wagt es, den Kaiser vom Pferd zu zerren«.[2]

Die meisten hingegen, zumal in deutscher Sprache, sind Sittenregeln: die Verführung, das zu tun, wovon unsere Ahnen meinten, daß es getan werden müsse. Im Unterschied zum direkten Imperativ — »Du sollst nicht töten« oder »Edel sei der Mensch, hilfreich und gut« — kleiden sich hier die Normen in die Gewänder von Erfahrungssätzen: »Ehrlich währt am längsten«. Einem Großversuch würde diese Aussage vermutlich nicht standhalten; schon gar nicht die tollkühne Behauptung »Jung gefreit hat niemand gereut«. Hätte nun die Gemeinschaft ihren Bedarf an ehrlichen Bürgern, hätten Kaiser und Papst ihren Wunsch nach reichem Nachwuchs an Soldaten und Katholiken in durchschaubare Aufforderungen gepackt — »Sei ehrlich« oder »Heirate früh, damit du viele Kinder kriegst«: die Wirkung wäre nach aller Wahrscheinlichkeit geringer gewesen als bei jener Verquickung mit vermeintlicher Lebenserfahrung, der der Einzelne nie entgegentreten konnte, weil es ihm an Weltkenntnis gebrach. »Frisch gewagt ist halb gewonnen« war ebensowenig ein Fazit der Weltgeschichte oder einer statistischen Erhebung; aber so tief vertrauen wir dem Spruchgut der Großmütter, daß wir nicht einmal jenes Quantum Korrektheit heraushören, das der Satz enthält: Frisch gewagt ist ja, eben dem Sprichwort zufolge, halb *verloren* — eine Feinheit, auf die schon Johann Peter Hebel hingewiesen hat.

Kommt »Hochmut vor dem Fall«? Dann hätte der vielfache Boxweltmeister Cassius Clay nie einen Kampf gewinnen können, und David hätte ebenso fallen müssen wie Goliath: Alle drei berauschten sich vor dem Kampf an den unsinnigsten Prahlereien. Was sich da mit Erfahrung tarnt, scheint indessen nicht nur der Wunsch der Gemeinschaft »Hochmut wollen wir nicht« zu sein; das Sprichwort schmeckt überdies nach Tröstung für den kleinen Mann: Wenn er am unverhohlenen Stolz eines Dorfgenossen Anstoß nahm, wollte er eine Handhabe besitzen, dem Strebsameren oder Erfolgreicheren eine düstere Zukunft vorauszusagen — für dergleichen ist die Sprache schließlich da, Teil VI dieses Buches handelt davon. Der gängigste Trost liegt darin, daß die Wörter es uns gestatten, den Lauf der Welt schwatzend zu begleiten, und auch dazu trägt die sogenannte Spruchweisheit vorzüglich bei: Kann ich heute plappern »Gleich und gleich gesellt sich gern«, so läßt mich doch morgen, in der umgekehrten Situation, die Sprache nicht im Stich: »Gegensätze ziehen sich an«.

Trost und List begegnen sich auch in den *Euphemismen* (oder Hüll-, Hehl-, Glimpf- und Schmeichelwörtern). Im Zweiten Weltkrieg warfen die westlichen Alliierten über der deutschen Front Flugblätter mit der Überschrift *I surrender* ab (Ich ergebe mich) — mit mäßigem Erfolg, der sich jedoch sogleich vervielfachte, als sie den Titel *I cease resistance* wählten (Ich beende meinen Widerstand); die freundlichere Deutung erleichterte den deutschen Soldaten den Entschluß. So verführt man Menschen. Wenn man nicht Putzfrauen sucht, sondern *Raumpflegerinnen*, findet man sie leichter; wenn man nicht Perücken verkauft, sondern *Zweitfrisuren*, verkauft man mehr; wenn man statt einer Verteuerung die *Entzerrung des Preisgefüges* oder eine *Preisbereinigung auf der Verbraucherstufe* anbietet, setzt man sie leichter durch; wenn man die Verwüstung eines Hörsaals zum *go-in* deklariert, hat man einen Teil der öffentlichen Meinung auf seiner Seite. Einer menschenfreundlichen List bedienen sich die Spanier, wenn sie im Hochsommer nur den halben Tag arbeiten: Niemand denkt daran, die vermehrte *Freizeit* zu benennen — man schmeichelt sich vielmehr besonderen Fleißes in den verbliebenen Stunden, die darum *horas intensivas* heißen und zugleich das Etikett für die gewonnenen faulen Stunden sind.

Das Grobe zu mildern, die andere Funktion der Schmeichelwörter, ist als Sitte zwar im Niedergang: Wir sagen nicht mehr *Beinkleid* für Hose und *Unaussprechliche* für Unterhose, nicht mehr *erkennen* für schwängern und nicht mehr *Kammerlauge* für Urin. Aber Hemmungen gegenüber grobfäkalischen Wörtern sind weiterhin verbreitet, mindestens in der älteren Generation, die sich in gemeinsame Anlaute wie *besch-eiden* oder *Scheibenkleister* flüchtet. Weithin tabu ist noch der Krebs, der in den Todesanzeigen fast durchweg *unheilbare Krankheit* heißt. Doch wer wollte dagegen argumentieren? Müssen wir es nicht sogar begrüßen, daß die *Irren* erst *Geisteskranke* und dann *geistig Behinderte* geworden sind? Euphemismen verführen zum Guten und zum Schlechten — wie die Sprache überhaupt, nur intensiver als Wörter ohne Schönfärberei.

Hier stutzen wir wieder. Gibt es das: Wörter, die nicht färben? In Mengen sicher nicht. Auf diese Einsicht lassen unsere Redensarten schließen »kein Blatt vor den Mund nehmen« und »das Kind beim Namen nennen«; wer immer sie verwendet, kann eigentlich nur der Meinung sein, daß die zupackende Benennung die Ausnahme und das Blatt vor dem Mund die Regel ist. *Wie* packen unsere Wörter zu? Wie schälen sie aus dem Chaos der Erscheinungen den Kosmos der Begriffe? Wie gerinnen Millionen Pflanzen zu dem einen Kennwort *Baum*? Wie deuten und ordnen die Wörter uns die Welt?

Dazu im »Lexikon«: Euphem, Lüge, Manipulation, Reklame, Werbung.

V. Das Wort als Ordner

18. Kobolde deuten die Welt

Die Väter der Begriffe: Vermenschlichung — Verdinglichung — Vergöttlichung

> Wir machen Aussagen über sämtliche Gegenstände des Universums, wobei wir dem, was die Leute sagen, ohne weiteres Kredit einräumen, also gleichsam Schecks auf ein Konto ausstellen, dessen Bilanz wir niemals gelesen haben.
>
> *José Ortega y Gasset, Der Mensch und die Leute*

Der Urquell aller Verführung ist die Art, wie wir Begriffe bilden, um die Außen- und Innenwelt zu ordnen, zu verschönen und mit Etiketten zu versehen: durch Personifizierung und Hypostasierung, durch Verdünnung und Phantasie — einäugig auf tollkühner Irrfahrt durch Raum und Zeit.

Da ist das *Echo*. Ein Zwerg, meinen viele Kinder: tückisch oder übermütig wirft er ihre Rufe zurück. Dies scheint die leichteste, oft die einzige Form zu sein, in der das kindliche Gemüt den akustischen Schabernack mit seinem Weltbild versöhnen kann. Und merkwürdig: Solche Kinder wissen natürlich nichts von der griechischen Mythologie; sie haben die Nymphe Echo, die nur als Stimme in den Schluchten hauste, ahnungslos von neuem ersonnen. Da hat man nicht viel Mühe, ihnen das Weihnachtsfest als die huldreiche Veranstaltung von Christkind oder Weihnachtsmann nahezubringen, und daß beide sich zumeist im Verborgenen halten, ganz wie Zwerg »Echo«, irritiert kleine Kinder nicht — denn nichts ist dem erwachenden Verstand gemäßer, als in den Naturerscheinungen und allen Wechselfällen des Lebens Götter, Geister, Gnome, Elfen, Feen und Wichtelmänner unsichtbar am Werk zu wissen. Die Welt wird personifiziert, genauer: zwischen Personen und Gegenständen wird nicht unterschieden, »Sachen« in unserer kalten Bedeutung gibt es nicht, nicht einmal Rätsel; Zwerg Echo erklärt genug. Alles, was wir aus den Mythen der Völker wissen und an unseren Kindern registrieren können, legt die Vermutung nahe: Die ersten Substantive der Sprache waren Eigennamen für die Dämonen, als die man Dinge, Abläufe und Zustände wahrnahm — und viele dieser Namen, nicht nur Echo, sind noch im Gebrauch.

Protestanten, da sie nicht zu Heiligen beten, und Atheisten haben es besonders schwer, sich ein Bild von dem Gewimmel der Geister zu machen, die im alten Griechenland Himmel und Erde mit ihrem grellen Leben erfüllten — den Göttern, Titanen, Heroen, Giganten und Zyklopen, den Horen, Parzen, Erinnyen und Plejaden, den Harpyien, Sirenen, Lemuren und Gorgonen, den Meergöttern Poseidon, Triton und Okeanos, natürlich mit einer Schar von Okeaniden, dazu Proteus, Glaukos und andere Meerdämonen, auch Nereus mit seinen *fünfzig* Töchtern — wer zählt die Namen? Die Sonne war ein Gott und der Mond eine Göttin, das Glück kam von Tyche, die in Rom Fortuna hieß (und »fortune« mußten noch die Generals des Alten Fritzen haben), jeder Baum hatte eine Stimme, und im Plätschern jeder Quelle hörte, wer nur wollte, eine Nymphe flüstern.

Obzwar dies die am feurigsten beschriebene aller uns bekannten Geisterversammlungen war — das Pantheon und Pandämonium primitiver Völker ist ähnlich vielgestaltig, und alles deutet darauf hin, daß von solcher Art auch das Weltbild unserer Ahnen war, als die Sprache sich zu bilden begann. Für jene Vorzeit läßt sich überdies mit Sicherheit die Frage bejahen, ob die Götter und Gespenster durchweg als wirklich galten — was für die Antike weniger klar ersichtlich ist. Glaubte der Bürger von Athen, wenn das Glück ihm lächelte, an eine Gabe der Tyche, glaubte er, der Nutznießer und Mitgestalter einer Hochkultur, dennoch in naiver *Personifizierung* — oder bediente er sich des Kunstprodukts der nachträglichen *Allegorie,* weil er seinen Homer gelesen hatte und weil es zu seiner Zeit so üblich war?

Die Unterscheidung ist einerseits nützlich und andererseits nur schwer vollziehbar. Die Historiker neigen überwiegend zu der Annahme, die Mehrzahl der Griechen habe an Götter und Geister ganz simpel geglaubt. Das Wort »Glauben« hat allerdings durch das Christentum ein Gewicht bekommen, das dem Lebensgefühl des Atheners fremd war: Gewiß »glaubte« er nicht im Sinne seelischer Aufwallung und Befriedigung, sondern dergestalt, daß er keine Fragen stellte. Zu fragen wäre ohnehin schwierig gewesen: *Boreas* hieß der Gott des Nordwinds, der die Flotte des Xerxes vernichtete, aber auch der Nordwind selbst. *Helios,* der Sonnengott, war zugleich das einzige verfügbare Wort für die Sonne — eine Unterscheidungsmöglichkeit, eine Distanzierung vom Sonnengott wurde sprachlich nicht angeboten, zu kritischem Nachdenken gab es weder Anreiz noch Handhabe. Im übrigen *will* man dergleichen ja nicht immer wissen, man denke an die Millionen Christen, die nur zu Hochzeiten und Taufen in die Kirche gehen: Glauben sie oder glauben sie nicht, und legen sie Wert darauf, sich klarzumachen, ob sie glauben? *Eos,* römisch Aurora, hieß der Sonnenaufgang, aber auch die Göttin des Sonnenaufgangs, die Morgenröte, die strahlende Tochter der Nacht: In safrangelbem Mantel schirrt sie mit ihren Rosenfingern die Rosse »Glanz« und »Schimmer« an den goldenen Wagen, mit dem sie ihrem Bruder, dem Sonnengott, vorauseilt, um den Tag zu verkünden; aber sie weint dabei um ihren toten Sohn, und ihre Tränen sind der Tau. Dergleichen »glaubt« man nicht — man freut sich der Herrlichkeit des Bildes, und unwillkürlich wünscht sich unsereins die Kraft, den Tag so üppig anbrechen zu sehen.

Auch wir ziehen ja keine scharfen Grenzen. Gewiß, wenn in Psalm 85 »*Gerechtigkeit* und *Friede* sich küssen«, wenn Franz von Assisi *die Armut* seine »Braut« und Heinrich Seuse *die Weisheit* seine »Geliebte« nennt, wenn Faust den *Augenblick* mit »Du« anredet (»Verweile doch, Du bist so schön«) und Heine das *Glück* eine leichte Dirne schilt, während *Frau Unglück* sich der Treue rühme; wenn *Uncle Sam, John Bull* und der *Deutsche Michel* ganze Nationen repräsentieren und der Mississippi *Vater der Ströme* heißt — so sind das Allegorien, Produkte einer späten Stufe der Kultur. Doch die naive Personifizierung hat daneben stets ihren Platz behauptet, und das nicht nur in Kinderhirnen. Im Mittelalter galten Kranke, zumal Geisteskranke, als von bösen Geistern besessen — entsprechend wurden sie behandelt. Papst Paul VI. stellte 1972 fest: »Wer sich weigert, die Existenz von Dämonen anzuerkennen, verläßt den Bereich der biblischen und kirchlichen Lehre.«[1] Wenn wir den Fernsehnachrichten glauben wollen, dann haben Flugzeugunglücke fast immer »Todesopfer gefordert« — *Opfer fordern,* das tat der Moloch, dem man Kinder in den von Priestern scharf beheizten Rachen warf, damit er über das Volk kein Unglück bringe; und es ist nicht einmal erheblich, ob wir im Fernsehdeutsch noch die gräßliche Wortmumie erkennen oder nur Bürokratensprache mit einem schiefen Drang zum Höheren, der sich ahnungslos aus den Sümpfen der Vorzeit speist.

Prall von Titanenleben sind die Berge: Sie »recken« sich und »rächen« sich, sie »rufen« und »schlagen zurück«. Alpine Zeitschriften schmücken sich mit Gedichten wie »Du Berg des Herzens, ich weiß, du glaubst an mein Kommen«; und in Zermatt wurde noch 1975 eine

Ansichtskarte verkauft, die zum Bild des Matterhorns den Text enthielt: »Dieser stolze König der Berge, dieser Hüne des Hochgebirgs, dieser gefesselte und gezähmte Widerstandskämpfer, dieser launische Trotzer ohne Leibstandarte, dieser einsame Riese, dieser gefürchtete Alleinherrscher . . .« Da lobt man sich die nüchternen Weltkriegserfindungen *Kohlenklau* und *Groschengrab,* die ein öffentliches Anliegen geschickt personifizierten, in der zutreffenden Annahme, daß dies mehr Sparsamkeit bewirken würde, als abstrakt vor »Verschwendung« zu warnen.

Unauffällig traten sie in die Spuren der alten Götter, die uns treu zu Diensten sind: Das Echo heißt Echo wie eh und je, der Donar Donner, Ozean der Okeanos, Glück und Geld auf englisch *fortune* wie Fortuna, in allen romanischen Sprachen haben die Wörter für Sonne und Mond den antiken Götterglauben konserviert. »Der Mond warf sein kaltes Licht . . .« Wer mit Licht wirft, hat mehr von einer Person als von einer Sache an sich. Und was ist *Geographie?* Die Beschreibung einer griechischen Erdgöttin namens Gaia oder Ge, die von der Erde sprachlich nie zu trennen war. *Mutter Erde* sagen wir ja immer noch. Auch *Vater Staat,* was C.G. Jung durchaus nicht als Jux oder bloße Redensart einstufen möchte: »Wörter wie *Gesellschaft* und *Staat*«, schrieb er 1957, »sind dermaßen konkretisiert, daß sie beinahe personifiziert sind. Im Vulgärglauben ist der Staat, noch mehr als je ein König der Vorzeit, zum unerschöpflichen Spender aller Güter geworden, der Staat wird angerufen, verantwortlich gemacht, angeklagt usw. Die Gesellschaft wird zum Range eines obersten ethischen Prinzips erhoben, ja man traut ihr sogar schöpferische Fähigkeiten zu.«[1] Wenn Jung recht hätte? Personifizieren wir weiter, jenseits der antiken Sprachreste, der Kindermythen und der Alpenlyrik, bis in die Politik hinein, ohne es zu merken und wahrscheinlich in heftiger Abwehr solchen Verdachts? Treiben Kobolde ihr Wesen in der Sprache, mit Tarnkappen natürlich, wie es sich für sie gehört? Haben auch nur, fragt Huizinga, »die heutige Philosophie und Psychologie das Ausdrucksmittel der Allegorie gänzlich aufgegeben — oder schleicht sich nicht doch zuweilen in die Terminologie, mit der sie psychische Impulse und Haltungen benennen, die uralte Allegorie ein?«[2] »Das Unbewußte« beispielshalber, dem man ja schon vorgeworfen hat, es sei kein sinnvolleres Wort als »das Unmögliche«.

Damit ist der Punkt erreicht, an dem die Personifizierung in einen

Nachbarbereich übergreift: die Vergegenständlichung, Verdinglichung, mit dem Fachwort: *Hypostasierung.* Neben die noch verhältnismäßig leicht faßbare Tendenz der Sprache, hinter Dingen und Abläufen *Personen* zu sehen, tritt die schwerer durchschaubare und noch heiklere Neigung, Abläufe, Zustände, Eigenschaften zu *Dingen* zu verdichten.

Den *Mai* etwa. Korrekt beschrieben, ist er eine Abfolge von einunddreißig Tagen, an denen auf Neuseeland die Blätter fallen und in Deutschland die Blätter sprießen, was sie freilich schon im April und noch im Juni tun; ein Stück Zeit also, das aus der astronomischen Einheit des Jahres mit einem kalendarischen Willkürakt herausgesägt und durch das Etikett »Mai« mit dem Anschein höherer Einheit versehen worden ist: »Der Mai ist gekommen«. Wer, bitte, kam da? »Alles neu macht der Mai.« Der 30. April nicht, aber in der folgenden Nacht passiert's? Es ist offensichtlich, daß »dem Mai« nicht jene handgreifliche Existenz zukommt, die uns von der Sprache suggeriert wird, zumeist mit der Nebenwirkung, daß wir aus dem fröhlichen Namensschild die Forderung nach fröhlichem Wetter ableiten; so wenig existiert wie *der Winter* in der Schlagzeile, die uns mitteilt, er sei »zurückgekehrt«. Gemeint ist ein Frosteinbruch im März, niemand und nichts kam wieder, »der Winter« ist eine fragwürdige Verdinglichung — mit einer bequemen Brücke zur Vermenschlichung: Auf »General Winter« hofften im Zweiten Weltkrieg die Alliierten. »Fortuna lächelte ihm«: Allegorie. »Das Glück war ihm hold«: Hypostasierung. Denn natürlich gibt es kein definierbares Ding, das es verdiente, »das Glück« zu heißen, und gar imstande wäre, Huld zu gewähren.

Die *sichtbare* Welt in Begriffe zu fassen, ist schwierig genug. Was, zum Beispiel, nennen wir *Wald?* Die Vereinten Nationen definieren: jede Fläche mit Bäumen, deren Wipfel mindestens fünf Prozent dieser Fläche bedecken (nach europäischen Begriffen ist das kein Wald, sondern eine Heide oder Savanne). Die deutsche Forstwirtschaft definiert: jede Fläche, die für die Forstproduktion genutzt wird — unter Einschluß von Forststraßen und von Kahlschlägen, die in vierzig Jahren wieder Wälder sein werden. Wie klein übrigens darf eine Baumgruppe sein, um gerade noch Wald zu heißen? Die Grenze zieht der Eigentümer: Spricht er von Wald, ist es einer.

Unsere Muttersprache sei, meint Whorf, ein »Abkommen« darüber, wie die Umwelt begrifflich zerlegt werden soll; da wir den Wald haben wollen, sehen wir ihn auch. Die Sprachen »zerschneiden die Natur, damit jene Elemente entstehen, aus denen sie die Sätze aufbauen. Dieses Zerschneiden ergibt die Wörter im Lexikon . . ., mit deren Hilfe wir den Brocken unserer Erfahrung ein halbfiktives, isoliertes Dasein zuschreiben. Himmel, Hügel, Sumpf verführen uns dazu, irgendeinen ungreifbaren Aspekt der unendlich mannigfaltigen Natur wie ein abgesondertes Ding, ungefähr wie einen Tisch oder einen Stuhl zu betrachten. Wir denken über die Welt so, als wäre sie eine Kollektion von gesonderten Dingen und Vorgängen, die unseren Wörtern entsprechen . . . Wir projizieren die Bedingungen unserer jeweiligen Sprache auf das Universum und *sehen* sie dort.«[1]

Verlassen wir den Umkreis des Greifbaren, so steigern sich Willkür und Verworrenheit. Wo ist der Wind, wenn er nicht weht? Er ist im Lexikon. Es gibt keinen »Wind« über das jeweilige Wehen hinaus; während wir jedoch den Satz »Das Wehen weht« als töricht erkennen, glauben wir mit der Zwillingsprägung »Der Wind weht« eine Aussage gemacht zu haben. Ausgesagt haben wir indessen lediglich, daß indogermanische Sätze Subjekte und Prädikate brauchen und daß die Realität uns dabei wenig kümmert.

Andere Sprachgemeinschaften haben andere Wege beschritten. Das Japanische beispielsweise ist uns deutlich überlegen, wenn es gilt, einen bloßen Zustand, eine Untätigkeit, ein Verharren zu beschreiben: Wenn wir sagen »Der Baum *spendet* Schatten«, stilisieren wir den Baum zu einem Täter, der die vorgebliche Tätigkeit des Spendens von Schatten verrichtet; für die Japaner ist die weit treffendere Formel »Des Baumes Schatten« ein normaler und kompletter Satz. Uns scheint nichts so statisch oder tot, daß es uns nicht zum Aktionisten würde: Der Wald *steht* schwarz und *schweiget,* der Berg *ragt* in den Himmel.

Auch die Japaner machen sich freilich der Übertreibung schuldig, nur in der anderen Richtung: Selbst das Dynamische drücken sie statisch aus, »die Kinder schreien im Garten« zwingen sie in die Formel *Im Garten das Schreien der Kinder.* Wir wiederum, von Taten und Tätern besessen, sind rasch bereit, Aktion, wo sie wirklich stattfindet, *doppelt* zu benennen: Der Wind weht, der Blitz blitzt — ein Ausdruck von Wortaberglauben, eine Quelle der Begriffsverwirrung. »Wir lesen dauernd in die Natur fiktive Täterwesen hinein, nur weil unser Satzbau verlangt, daß Verben, wenn sie nicht im Imperativ stehen, Substantive vor sich haben. Wir sind genötigt zu sagen ›Es blitzt‹ oder ›Ein Licht blitzt auf‹. Damit konstruieren wir einen Täter ›Es‹ oder ›Ein Licht‹, der das tut, was wir eine Handlung nennen: blitzen. Aber das Blitzen und das Licht sind dasselbe; es gibt gar kein Ding, das etwas tut, und kein Tun. Ein Hopi-Indianer sagt nur *rephi*, blitzen. Die Hopi-Sprache kann Verben ohne Subjekte verwenden. Sie erscheint dadurch als ein logisches System, das für die Analyse gewisser Aspekte des Universums sehr geeignet wäre.«[1]

So wenig Durchsichtigkeit bei dem, was man *sehen* kann — welche Gewähr bieten unsere Wörter für Abläufe in der Zeit (*das Wetter, die Zukunft)* oder gar für bloße Vorstellungen? Das *Phlogiston* wurde von den Naturwissenschaftlern des 17. und 18. Jahrhunderts als der unsichtbare Inbegriff der Brennbarkeit von Körpern betrachtet wie auch als Quelle von Farbe, Geruch und Geschmack. Der *Äther* (nicht mit dem Narkosemittel zu verwechseln, das Äthyläther heißt) galt jahrtausendelang als Himmelssubstanz, Weltseele und Wohnsitz der Götter, dann bis ins 20. Jahrhundert als das nicht näher beschreibbare Fluidum zwischen den Himmelskörpern, ohne welches die Ausbreitung des Lichts nicht erklärt werden konnte. Zwei Fälle, in denen eine unzulässige Verdinglichung von der Naturwissenschaft widerlegt worden ist — zäh genug, die *Wörter* standen im Wege, die Forscher schienen »erblindet infolge der Wortgläubigkeit«[2]; zwei kostbare Beweise, die wir gegenüber tausend anderen Hypostasierungen als Anstöße zum Argwohn verwenden sollten.

Zwar ist das Mißtrauen alt. 1764 fragte Voltaire: »Diese Blume wächst; doch wo gibt es ein wirkliches Wesen, das *Wachstum* heißt? Dieser Körper stößt einen anderen fort — allein wo hat er ein deutliches Wesen namens *Kraft* an sich? . . . Würdest du nicht einen Neunmalklugen auslachen, welcher die sagte: ›Alle Tiere leben, ergo gibt es in ihnen ein Ding, ein Wesen an und für sich, welches *das Leben* ist‹?«[3] 1795 spottete Schiller: »Wer Metaphysik studiert, weiß, daß das Nasse feuchtet und daß das Helle leuchtet.«[4]. 1939 spottete Brecht: »Solche Sätze wie, daß der Beweis für den Pudding im Essen liege oder der, daß das Leben die Daseinsweise des Eiweißes sei, beruhigen mich ungemein.«[5] 1963 spottete Böll: »Mir brach während der Predigt der Schweiß aus . . . Daß das Seiende sei und das Schwebende schwebe — mir wird Angst, wenn ich solche Ausdrücke höre.«[6]

Aber Konsequenzen daraus zu ziehen, die Verdinglichungen auf Hohlheit abzuklopfen, mehr von ihnen so zu zertrümmern wie »Phlogiston« und »Äther« — das ist nur selten Gegenstand gehobener Bildungsansprüche und nicht einmal ein Anliegen der gegenwärtig tonangebenden linguistischen Schulen.

Wehe, wenn wir die übertriebene Vergegenständlichung erst in den philosophischen Ideen, den moralischen Kategorien, den politischen Reizwörtern aufspüren wollen, in der *Demut* und der *Keuschheit,* dem *Fortschritt,* der *Freiheit* und der *Nordischen Rasse!* Das Wort *Selbsterhaltungstrieb* schafft (nach dem Beispiel von Konrad Lorenz) über unsere Motive etwa soviel Klarheit, als wenn wir die Tatsache, daß ein Auto fährt, mit einer *Automobilkraft* erklären würden. Schopenhauer machte sich daran, *gut* und *böse* »auf ihre eigentliche Bedeutung zurückzuführen« — »damit man nicht etwan in einem undeutlichen Wahn befangen bleibe, daß sie mehr enthalten, als wirklich der Fall ist«. Er selbst sei so wenig gesonnen, »in der Ethik hinter dem Worte *gut* einen Versteck zu suchen, als ich solchen früher hinter den Worten *schön* oder *wahr* gesucht habe, um dann etwan durch ein angehängtes *-heit* . . . und durch eine feierliche Miene glauben zu machen, ich hätte durch Aussprechung solcher drei Worte mehr getan, als drei sehr weite und abstrakte, folglich gar nicht inhaltsreiche Begriffe bezeichnet.«[1]

Dies ist kein Angriff auf die Moral: Schopenhauer bestreitet nicht, daß es Handlungen gibt, die es verdienen, gut, nützlich, sittlich wertvoll genannt zu werden. Es ist eine Attacke auf die Überdrehung und die Überreizung der Begriffe und den kritiklosen, rauschhaften Umgang mit ihnen — auf die *Begriffsgötter,* wie sie bei Nietzsche, die *Wortidole,* wie sie bei Herder, die *Wortfetische,* wie sie bei Mauthner und Ogden/Richards heißen. Nietzsche selbst hat freilich einem Begriffsgott gehuldigt, dem »Willen zur Macht«. Platons *Weltseele* und Hegels *Weltgeist,* der *Staat* bei Hegel und Hobbes, bei Kant die erhabene *Pflicht,* Schopenhauers *Wille* und *Vorstellung,* das *Ich* bei Fichte und Stirner, der *Klassenkampf* bei Marx und der *Neid* bei Helmut Schoeck — wo immer ein zielstrebiger und ruheloser Denker alle Wechselfälle des Lebens auf ein einziges Urprinzip zurückführt: da könnte ein Wort zum Götzen geworden sein.

Niemand bestreitet, daß es Arbeiter gibt. Aber sollte nicht *der Arbeiter* im Sinne von Ernst Jünger und Karl Marx ein Begriffsgott sein und dazu die *Arbeiterklasse,* das *Proletariat?* Ist »der Proletarier aus Marx hervorgegangen«, wie Saint-Exupéry es formulierte[1]? »Erschuf« die Russische Revolution das Proletariat, um es an die Macht zu bringen, wie Dürrenmatt behauptet[2]? Marx selbst hatte 1843 »das Proletariat« nicht als Zustandsbeschreibung, sondern als Forderung in sein Denksystem eingebaut. Die KPdSU »hatte immer schon Mühe, in ihrer Führungselite auch einen Arbeiter vorzuweisen«[3]. Wie weit der Wortkult getrieben werden kann, zeigen die Sorgen arrivierter SED-Genossen, ob ihre Söhne studieren dürfen, da sie doch keine »Arbeiterkinder« mehr sind. Da ist ein Grad der Verselbständigung des Begriffs erreicht, der an das deutsche Gesetz von 1953 erinnert, womit das Wort *Vertriebener,* das zunächst ein Schicksal bezeichnete, als Titel vererbbar wurde.

Ob es *die Krankheit* gibt? Unter Ärzten ist das längst umstritten. Krankheitsbilder verschwinden (wie die »Schwindsucht«), neue wachsen nach: *Legasthenie* (an deren Definition man zweifeln möchte, wenn man hört, daß in Baden-Württemberg ein Prozent der Schulkinder an ihr leiden, in Hamburg aber zwanzig Prozent) und *Zellulitis,* ein Schmeichelwort für feiste Oberschenkel. Vor allem jedoch wächst die Zahl der »Kranken«. Sie wächst mit der Bereitschaft des Staates, das Wort »Krankheit« mit Geld aufzuwiegen und selbst denjenigen Bürgern, die sich bis dahin für gesund gehalten hatten, die Behandlungsbedürftigkeit zu attestieren. Sie wächst mit der Zeit, die einer hat, ängstlich oder hoffend in sich hineinzulauschen; sie wächst mit der Ausbreitung medizinischen Halbwissens, das es Millionen Menschen ermöglicht, schon die zartesten Abweichungen als Krankheitssymptome zu formulieren, und mit der zunehmenden Neigung, sich als »krank« einzustufen, sobald man einen Schnupfen hat. Nicht zuletzt vermehrt sich die Zahl der sogenannten Kranken mit dem Ehrgeiz vieler Ärzte, möglichst vielen vorgeblich Gesunden das Kranksein nachzuweisen (bei Füßen, Zähnen und Neurosen beherzt bis zu achtzig Prozent eines Volkes) und als »gesund« nur noch den passieren zu lassen, den sie ausdrücklich gesundgeschrieben haben.

Vom Wortfetisch geht ein doppelter Sog aus: auf Ärzte, die in die Versuchung kommen, statt des Patienten den Namen seiner Krankheit zu behandeln; auf Laien, indem sie der Lockung erliegen, dem Fetisch nachzuleben, so daß er »eines Tages sein Bezugsobjekt findet«[1]. Den Begriffsgöttern *Krankheit* und *Gesundheit* haben selbst die Vereinten Nationen Altäre errichtet, indem sie »Gesundheit« in einer wahrhaft uferlosen Deutung als den Zustand »vollen körperlichen, geistigen und sozialen Wohlbefindens« definierten[2]. »In der wissenschaftlichen Diskussion«, schrieben Ogden und Richards, »gibt es gewisse Schlüsselwörter, die jedes Weiterkommen unmöglich zu machen scheinen. Sie verblüffen und verwirren den forschenden Geist, befriedigen ihn jedoch auch in gewisser Weise; sie bringen zwar jene Menschen zur Verzweiflung, die wissen möchten, was sie gesagt haben, sind jedoch ein Genuß für all die anderen, deren Hauptanliegen an die Wörter ist, daß sie keinen Ärger machen.«[3]

Während schlimme körperliche Leiden und hart arbeitende Arbeiter noch greifbare Realitäten sind, die schuldlos einem Begriffsrausch unter Nichtarbeitern Vorschub leisten, erreicht die Wortvergötzung ihre stolzesten Höhen dort, wo nicht auf eine Spur von Substanz, nicht auf ein Körnchen Erfahrung verwiesen werden kann. Wir kennen nicht nur manches Wirkliche, das sich nicht benennen läßt (die *Wortlücken),* sondern auch Benennungen, denen keine Wirklichkeit entspricht. Dies klar zu sehen, ist vor allem englische Tradition: Zu den »Götzenbildern, welche die Worte in den Geist einführen«, zählte Francis Bacon 1620 »die Namen von Dingen, die es nicht gibt — denn so wie es Dinge gibt, die aus Unachtsamkeit keinen Namen bekommen haben, so gibt es Namen, mit denen die Philosophie uns täuscht und denen der Gegenstand fehlt«[4]. Locke wandte sich 1690 gegen »die Verwendung von Zeichen ohne jegliche Bedeutung«, eingeführt zumeist von philosophischen oder religiösen Schulen, deren Anhänger diese Wörter als Erkennungszeichen im Munde führten[5]. Ogden wettert gegen Leute, die »blind dem urtümlichen Impuls gehorchen, aus einem Wort auf ein Objekt zu schließen«, und sich *dem Wort zuliebe* »ein passendes Objekt zurechtmachen«[6].

Nichts indessen scheint uns weniger einsichtig, als daß es Wörter geben könnte, die *nichts* bedeuten, da doch »Vater, Lehrer, Pfarrer und dieser oder jener hochwürdige Doktor sie verwendet haben«[7] — Überbleibsel aus finsterer Vorzeit, die wir endlich beerdigen sollten, grandiose Ausgeburten isolierter Philosophenhirne, denen ein Staatsbegräbnis gebührt, und Produkte kritikloser Geschwätzigkeit, die beim Anblasen umfallen würden, nur daß keiner bläst. Die Wortmagie hat Macht wie eh und je: Wenn wir so aufgeklärt sind, nicht mehr an einen magischen Zusammenhang zwischen den Wörtern und den Dingen zu glauben, so wollen wir uns wenigstens dem Denkzwang unterwerfen, in jedes Wort, das nun einmal da ist, einen Sinn zu schieben. Es wäre so unsäglich ungewohnt, zu *prüfen,* ob ein Wort irreführend, überholt, selbstherrlich, hohl und entbehrlich sein könnte. Selbstverständlich folgern wir aus der Existenz von Wörtern wie *Wahrheit* oder *Schande,* daß da etwas existieren müsse, was es verdiene, Wahrheit oder Schande zu heißen. Aber vielleicht ist »Wahrheit« ein schöner Traum und »Schande« der dubiose Versuch einer Gemeinschaft, Abweichler mit Wortkeulen niederzuschlagen.

Nicht, ob es sich wirklich so verhält, ist hier die Frage, sie lautet anders: Könnte nicht dann und wann ein Teil der bohrenden Kraft des Denkens, die in selbstauferlegte Deutungszwänge fließt, in den gegenteiligen Denkansatz geleitet werden — in die Untersuchung also: Ist dieses Wort es wert, gedeutet zu werden? Müßte es nicht ein möglicher Grenzfall jedes Ringens um Worterklärungen sein, daß man zu der Einsicht käme: »Dieses Wort taugt nicht viel, legen wir es ab wie Präsident Ford die *Entspannung*«?

Zu den bemerkenswertesten Leistungen der von keinem Mißtrauen angefochtenen Kunst der Interpretation gehören die Deutung der *Seele* seit Jahrtausenden und der *Produktion* seit Marx. Im Weltbild der Marxisten gibt es nichts, was nicht entweder »Produktion« wäre oder seinen Lebensatem von der »Produktion« empfinge. Produktionsmittel, -beratung, -feld, -instrument, -prozeß, -sphäre, -weise und -verhältnisse, die Menschen betreiben »die gesellschaftliche Produktion ihres Lebens«, die sozialistische *Reproduktion* des gesellschaftlichen Gesamtprodukts schließt die Reproduktion des Volkes ein, und die *Produktivkräfte* — das »belebende Element der Produktion«, das »revolutionäre Element der Entwicklung« — sind die Summe von Werktätigen, Produktionsmitteln und Wissenschaft; diese drei wiederum, Menschen, Geräte und eine abstrakt benannte Zunft, »*fordern* die Produktionsverhältnisse, die ihrem Charakter und ihren Entwicklungsbedürfnissen entsprechen«[1]. Man erfinde eine »Kraft« und lasse sie »fordern«: Millionen gibt man damit eine Welterklärung und einigen einen Einblick in die Hexenküche der Verdinglichung. Der Mensch ist erfindsam und die Sprache geduldig. Wenn einer seine Leidenschaft darauf würfe, das Leben nicht aus der »Produktion« zu begründen, sondern, sagen wir, aus der

»Vertilgung« oder der »Verweigerung« oder der »Verblödung«, lückenlos, versteht sich: es müßte ihm gelingen. Mit einem abstrakten Wort läßt sich jederzeit die ganze Welt überziehen, hinlängliche Verliebtheit in das Wort vorausgesetzt und dazu trickreiche Ausbeutung der Unklarheiten, die in ihm beschlossen sind, eben weil es ein Wort ist.

Die Deuter der *Seele* wollten nicht die Welt erklären, die Seele selbst jedoch umso verbissener. Zunächst war »Seele« etwas Bedrohliches, dem Gespenst verwandt: Fast alle Naturvölker sind von der Angst besessen, die Verstorbenen seien nicht völlig tot, sondern trieben als Geister ihr Unwesen; dementsprechend rührt das deutsche Wort von dem See her, in dem die Geister der Verstorbenen und der Ungeborenen schwammen. Das war nun um einiges zu grob für die antike Philosophie und die christliche Theologie, ein zweitausendjähriger Prozeß der Verfeinerung, Veredelung, Aufsplitterung, Verdünnung setzte ein, Bibliotheken füllten sich, hoher Geist und heißer Eifer wurden in den Dienst immer komplizierterer Deutungen gestellt. Die griechischen Philosophen stritten sich, ob die Seele luftartig, feuerähnlich oder aus Atomen gebildet sei, ob sie aus dem Wasser, aus dem Blut oder aus dem Samen komme, ob sie der Harmonie, dem Erkennenden, dem Bewegenden oder der »sich selbst bewegenden Zahl« entspreche. Aristoteles definierte sie als »die erststufige Wirklichkeit eines organischen Körpers, das begriffliche Wesen, das heißt das eigentümliche Sein«[1]. Thomas von Aquin beschrieb das Wesen und die Kraft der Seele auf zweitausend Seiten, wobei er die nährende, die wachsende, die zeugende, die geistige und die vernünftige Seele unterschied. (Für Luther war die Seele kein zentraler Begriff; Frömmigkeit ist also durchaus nicht an dieses Wort gebunden.) Bei Hegel findet sich die Seele als »der reine Zweckbegriff oder das Allgemeine, welches in seiner Teilung ebenso allgemeine Flüssigkeit bleibt und daher in seinem Sein als das Tun oder die Bewegung der verschwindenden Wirklichkeit erscheint«[2]. Und wer dies alles schwer verstünde, den belehrt die Brockhaus-Enzyklopädie, die Seele sei »der metaphysische Faktor, der in allem Leben die Ganzheit stiftet«, auch »die in oder am Menschen erlebte numinöse Mächtigkeit«.

Man fühlt sich an Vischers Parodie »Faust III. Teil« erinnert, als deren Autor *Deutobold Allegorowitsch Mystifizinski* angegeben ist. Gewiß gibt es in den beiden Teilen der Goetheschen Tragödie viel, was der Deutung bedürftig ist und die Deutung lohnt. Aber daneben müßte es erlaubt sein, das Urteil zu fällen, daß etwa der Vers »Ich grüße dich, du einzige Phiole, die ich mit Andacht jetzt herunterhole« nicht so sehr gedeutet als vielmehr gestrichen werden sollte, wie manche Wörter der Sprache. (Übrigens nicht ganz ohne Anstiftung durch Goethe — schließlich läßt er Mephisto skeptisch sagen: »Gewöhnlich glaubt der Mensch, wenn er nur Worte hört, es müsse sich dabei doch auch was denken lassen.«) Canetti wünscht sich »Akademien, deren Aufgabe es wäre, von Zeit zu Zeit gewisse Worte abzuschaffen«[1]. Ein Rat, der gerade noch praktikabel wäre, könnte etwa lauten: Hörst du ein abstraktes Substantiv, so wappne dich mit Skepsis — zumal wenn das Wort der Grundstein eines Lehrgebäudes ist oder einer ganzen Wahlkampagne voranflattert. Wer immer behauptet, ein solches Abstraktum habe einen »Sinn«, der komme und weise es dir nach.

Freilich: Zufriedenheit steht *nicht* am Ende dieses Weges. »Seligkeit«, so Saint-Exupery, »ist der Besitz des höchsten Begriffs, der Zugang zu einem Gesichtspunkt, der die Welt vereinheitlicht. Meine Kenntnis der Welt hat sich dadurch nicht vermehrt. Aber es gibt keinen Streit mehr zwischen der Welt und mir.«[2]

Dazu im »Lexikon«: Allegorie, Deutung und Ordnung, Hypostasierung, Personifizierung, Universalien, Zugriff.

19. Die Artistik der Begriffe

Abstraktion und Klassifizierung

> Bloß der Unstudierten wegen merke ich an, daß man es mit dem Verpacken von Begriffen hält wie mit dem Verpacken von Waren: Wenn alles in der Kiste ist, was eigentlich hineingehört, und es schlottert noch, so steckt man etwas anderes dazu.
>
> *Lichtenberg (1795)*

Wenn ein Kind zum erstenmal aus eigenem Antrieb »Vier Nüsse!« ruft und dabei auf eine Haselnuß, eine Walnuß, eine Erdnuß und eine Kokosnuß deutet — dann hat es eine Hochebene des Sprechens und Denkens erklommen, die nicht nur allen Tieren unerreichbar ist, sondern wahrscheinlich dem Menschen in der längsten Zeit seiner Existenz unvorstellbar war: Es hat *abstrahiert*. Der Weg vom ersten Wort, das der Urmensch lallte oder schrie, bis zur ersten Abstraktion, die er kühnen Geistes formulierte, war vermutlich länger als all die seither verstrichenen Jahrhunderttausende.

Denn vier Nüsse sind, entgegen dem Anschein, *nichts* Konkretes. Schon im Wort »Nüsse« liegt eine Denkleistung: Was hat die Haselnuß mit der Kokosnuß gemein? Nach welchen Kriterien, mit welcher Vollmacht werden hier zwei derart verschiedene Baumfrüchte unter das Dach eines gemeinsamen Oberbegriffs geschoben? Und »vier« erst, welcher Hochseilakt! An Äpfeln oder Streichhölzern hat das Kind gelernt, vier Gegenstände zu zählen — »zählen«, wie leicht geht uns das Wort von den Lippen, obwohl es doch bedeutet, von den Äpfeln deren Anzahl zu isolieren und schließlich die Äpfel zu vergessen, die Anzahl aber nicht, damit das Allerabstrakteste, die Zahl, die Vier, auch auf Nüsse, Stöcke, Käfer übertragen werden kann, nach einer stets paraten Theorie, zu deren Höhen manche primitive Völker bis heute nicht vorgestoßen sind: Sie können nur eins — zwei — viele oder ich — du — viele zählen.

Auch verwendet das Kind die Zahl irgendwann einmal nicht nur für sichtbare Objekte, sondern überdies für Abläufe in der Zeit: Wenn es »seit vier Tagen« sagt, zählt es mit dem Gedächtnis, wenn es »in vier Tagen« sagt, zählt es mit der Phantasie. Dabei setzen wir den *Tag* als ein Ding dem Apfel gleich — wiederum eine halsbrecherische Konstruktion: Was den Tag mit seinen dreiundzwanzigtausend

Atemzügen und seinen hundertfünfzehntausend Pulsschlägen zu einer zählbaren Einheit zusammenbindet, ist mehr gesellschaftliche Übereinkunft als ein drängendes individuelles Bedürfnis; obendrein setzt Zählen die Existenz mehrerer Objekte voraus — in bezug auf »Tage« eine Unterstellung, die zum Beispiel die Hopi-Indianer, die Lieblinge der amerikanischen Sprachforscher, nicht mitmachen: Der morgige Tag ist für sie kein anderer, sondern der heutige noch einmal, wie ein Freund, der immer wiederkommt, wobei er zwar ein wenig älter wird, ohne indessen je ein zweiter, dritter oder vierter Freund zu werden.[1]

Wie verfuhr der Mensch bei seiner größten Geistesleistung, der Bildung abstrakter Begriffe? Wie stehen wir, die Heutigen, zu den Abstraktionen, die aus der Steinzeit zu Tausenden auf uns gekommen sind? Sehen wir neue Abstraktionen entstehen, und wenn ja: Wie verhalten sie sich zu Lenins elementarem Satz, alles hänge davon ab, unter der Arbeiterschaft »die richtigen Begriffe« zu verbreiten? Kurz: ein Thema, das ebenso kompliziert wie faszinierend ist. Bei der Abstraktion lassen sich fünf Ebenen oder Stufen unterscheiden, in aufsteigender Reihe zu immer größerer Denk-Artistik, aber auch zu immer fahlerer Gedankenblässe.

1. Abstraktion durch Übertragung: die bedeutungserweiternde Metapher, der Bedeutungssprung — der »Himmel« wird zugleich das Paradies. Dieser Schritt ist der älteste, einfachste und möglicherweise noch heute häufigste (Kap. 5). Er wurde und wird vor allem dadurch erleichtert, daß der Sprecher kein neues Lautbild zu erfinden, sondern nur ein vorhandenes mit zusätzlichem Sinn zu erfüllen braucht.

2. Abstraktion durch Verallgemeinerung, der Bau einer Begriffspyramide. Mein Hund heißt »Wotan«, das Wort »Hunde« ist bereits eine Abstraktion: Ich kann es ja nur verwenden, wenn ich von vielen Eigenschaften absehe, die unter allen Hunden allein der Schäferhund und unter allen Schäferhunden allein Wotan besitzt. Es könnte sein, daß jemand den Oberbegriff »Hunde« schlechthin ablehnte, daß er es unzweckmäßig oder unzumutbar fände, Bernhardiner und Pekinesen unter demselben Wort zu suchen, so wie wir es heute ablehnen, zur Ordnung der »Primaten« (Herrentiere) außer Menschen, Affen und Halbaffen auch die Fledermäuse zu zählen, obwohl Linné dies tat. Wir könnten weitergehen und es uns verbitten, noch immer zusammen mit einem rattengroßen Koboldmaki aus der Unterordnung der Halbaffen in der Begriffsschublade »Primaten« zu stecken. Die Abstraktion durch Verallgemeinerung hat einen tyrannischen Zug. Auch einen komischen: etwa wenn im Wetterbericht Regen und Schnee nur unter dem Begriffsdach der »Niederschläge, die teils als Regen, teils als Schnee fallen«, niedergehen dürfen.

3. Abstraktion durch Verknüpfung. Sie geht, wie die Verallgemeinerung, von konkreten Dingen aus, faßt jedoch nicht verwandte, sondern grundverschiedene Elemente zu einem abstrakten Oberbegriff zusammen: Menschen, Kleider, Kerzen, Gebete, Gesänge und ein Bewegungsritual zum Wort *Prozession*; Produktionsmethoden, Besitzverhältnisse und einen Lebensstil zum Wort *Kapitalismus*; eine aggressive Handlung, ihre Motive und das Eintreten des gewünschten Erfolgs zum Wort *Mord* (bei anderen Motiven würde dieselbe Handlung Totschlag, bei Mißerfolg Mordversuch heißen).

4. Abstraktion durch Isolierung, Absonderung, Vereinzelung. Während die Verallgemeinerung und die Verknüpfung *viele* Objekte unter *ein* Begriffsdach bringen, geht der abstrahierende Verstand hier den umgekehrten Weg: Er trennt von den Äpfeln ihre Anzahl, von Flächen oder Körpern die geometrischen Figuren (Kreis, Dreieck, Kugel), von den Dornen der Rose »das Stechen« ab. Während auf den drei unteren Stufen der Abstraktion der Begriff Vorbilder oder Anstöße in der Wirklichkeit findet, wie willkürlich die Sprache sie gruppieren mag, wird hier der reine Denkakt vollzogen, die Zerteilung der natürlichen Einheit, das Abziehen und Verselbständigen einer einzelnen Eigenschaft: von den Siegen des Königs »der Ruhm«, von der gerechten Regierung »die Gerechtigkeit«. Ein großer Teil unserer Denkleistung, unserer Weltansicht, unserer Kultur besteht im »Erarbeiten solcher Kernwörter«, wie Weisgerber es nennt, ja mit der Bildung von Begriffen wie *Recht*, *Schuld*, *Verantwortung* »vollzieht sich zum guten Teil der Aufbau der Rechtskultur selbst«[1]. Die Benennung *schafft* das Benannte.

Ein wenig erleichtert wurde der bewundernswerte Prozeß der Isolierung dadurch, daß er an zwei simplere Vorgänge anknüpfen konnte: an die Personifizierung und an die *Sublimierung*, Verfeinerung, Veredelung, eine häufige Form der bedeutungserweiternden Metapher: Hat die Phantasie einmal den Sprung vom »schlechten Wetter« zum »schlechten Menschen« gewagt, so ist der halbe Weg zur »Schlechtigkeit der Menschen« bereits zurückgelegt. »Harmlose Adjektive wie *gut* und *schlecht*, die die halbtierische Zufriedenheit oder Unzufriedenheit des Wilden in einer bestimmten Situation ausdrücken . . ., werden zum *Guten* und *Schlechten* sublimiert und schaffen ganze theologische Welten.«[1] Auch *Personifizierung* erleichterte die isolierende Abstraktion: Da die Göttin des Glücks und das Glück denselben Namen trugen, brauchte nur die Göttin langsam in Vergessenheit zu geraten, damit das Glück isoliert im Wortschatz stand. Gerade die früheste und primitivste Form der Begriffsbildung ebnete also der spätesten und schwierigsten den Weg. Entpersonifizierung ist Abstraktion. Freilich, die Grenzen bleiben fließend, die Fachausdrücke können etlichen verschlungenen Pfaden der Sprachentwicklung nur mit Ächzen folgen. So schlägt die Isolierung häufig in die *Hypostasierung* um, die unzulässige Verdinglichung, von der das vorige Kapitel handelte: Kaum haben wir ruhelosen Geistes den schieren Begriff ersonnen, da beeilt er sich, den Anschein konkreter Existenz zu erwecken, »die Sünde« liegt auf dem Herzen wie ein Stein.

5. Abstraktion durch äußerste Verdünnung. Die obersten Allgemeinbegriffe und die gewagtesten Isolierungen bilden gemeinsam einen Sprachbereich, aus dem alle Vorstellbarkeit entwichen ist: Nichts, Leere, Null und Tod, das Erhabene, das Seiende, die Wesenheit, die Grundbefindlichkeit, das Numinose, die Monade (Leibniz), das Ding an sich (Kant), das Umgreifende (Jaspers), das negativ Absolute (Hegel). Es sind Wörter wie Dämpfe oder Spiegelungen, für die der Rat Korzybskis gilt: sie stets in »Gänsefüßchen« setzen, damit wir vor Verwendung stutzen.

Die Abstraktionen zimmern uns die Dächer der Begriffe, in deren Schutz wir uns dem Leben gewachsen fühlen. Sie sind Kunstgriffe des Verstandes, mit denen wir die unendliche Fülle der uns umgebenden Objekte »von der Vereinzelung befreien« (Cassirer). Eine Horde, die ihr Lager unter einem großen einsamen Baum aufschlug, mochte dazu neigen, ihr Wort für »Baum« nur auf dieses Exemplar anzuwenden, als einen Eigennamen wie »Fritz«, und andere Bäume entweder unbenannt zu lassen oder jeden mit einem neuen Namen zu belehnen. Ein solches Verfahren hatte nicht einmal nur Nachteile. »Da alle existierenden Dinge Einzeldinge sind, könnte es folgerichtig scheinen, wenn die Wörter es ebenfalls wären«, stellte Locke fest[2].

Die Horde, die im fremden Baum das Fremde benannte, weil sie jene Buche ihrer Eiche nicht genügend ähnlich fand, besaß ein durchaus rühmenswertes Unterscheidungsvermögen und obendrein in ihrer Sprache »Reichtum an sinnlicher Fülle der Lautbilder«, wie Jaspers meint — nur eben ohne Ordnung, Übersicht, Zusammenhang[1]. Im Vorteil war diejenige Menschengruppe, die von allem absah, was am anderen Baum anders war, und ihre Aufmerksamkeit auf das richtete, was alle Bäume bieten: Festigkeit, Schatten, Laub, Feuerholz, leidlichen Schutz vor Regen, Gefahr bei Gewitter. Im fremden Baum wiederzuerkennen, was den eigenen auszeichnete, und das Verbindende zu benennen, einen Gattungsnamen zu erfinden — das speicherte Erfahrung und erleichterte die Verständigung ebenso wie die Suche nach dem nächsten Lagerplatz; es war ein Bündel Nützlichkeit, gestopft in eine einzige Silbe, die sich noch dazu ohne Mühe an die Kinder weitergeben ließ und sie auf diese Weise mit der Erfahrung der Ahnen versorgte. So, im Aufstieg zu immer höheren Begriffseinheiten, haben unsere Vorfahren die Sprache ausgebaut, haben sie die Welt in Begriffe geordnet und handhabbar gemacht.

Verschiedene Sprachgemeinschaften haben dabei verschiedene Zuordnungen vorgenommen. Die Franzosen bildeten einen Oberbegriff für Blume plus Blüte (*fleur*), für Haut plus Fell (*peau*), aber keinen für *Uhr*: Sie können und müssen unterscheiden nach *montre* (Armband-, Taschen-, Stoppuhr), *pendule* (Tisch-, Wand- oder Standuhr, soweit sie ein Pendel hat) und *horloge* (Turmuhr, Normaluhr). Die Deutschen können bei *Fleisch* nicht unterscheiden zwischen dem eßbaren Fleisch der Tiere (französisch viande, englisch meat) und dem lebenden Fleisch von Tier und Mensch (chair, flesh).

Der Aufstieg zur höheren Begriffseinheit ist nicht etwa ein erledigter historischer Prozeß. Newton war ein großer Abstrahierer, als es ihm gelang, den Fall eines Apfels und den Lauf der Gestirne unter dem Oberbegriff *Schwerkraft* zu vereinen. Luther kannte noch kein Wort für die Summe der Lebewesen, die weder Menschen noch Pflanzen sind: *Tiere* waren für ihn nur die laufenden freilebenden Tiere im Unterschied zum *Vieh*, den laufenden, aber nicht freilebenden Haustieren, zum *Gewürm*, den freilebenden, aber nicht laufenden Kriechtieren, sowie zu *Fischen* und *Vögeln* (vgl. 1. Mose 1,26). Unser vom Molch bis zur Giraffe alles überdeckender Oberbegriff ist, wie man sieht, nicht nur ein Fortschritt: Gegen Luthers anschauliche Unterscheidung tauschen wir im wesentlichen die Chance ein, Grundsatzfragen nachzuhängen wie der, ob »Tiere« eine »Seele« haben.

Überhaupt sollte das Nützliche und zum Teil Großartige an der verallgemeinernden Abstraktion uns nicht den Blick für ihre Schwächen trüben. Bacon eröffnete das Zeitalter der Zweifel mit der Feststellung, viele unserer Wörter seien voreilig und ungeschickt von ein paar Objekten abstrahiert und würden nun fälschlich auf alles angewendet, was diesen Objekten ähnlich sei[1]. Mauthner meinte: »Die bloße Ähnlichkeit, d. h. die wissenschaftliche oder mathematische Unvergleichlichkeit der Dinge hat unser Denken oder Sprechen erst möglich gemacht, d. h. erst die Lücken unserer Vorstellungen, die Fehler unserer Sinneswerkzeuge haben unsere Sprache veranlaßt. Würde unser Gehirn von Natur auch nur annähernd so genau arbeiten wie Mikroskope, Chronometer und andere menschliche Werkzeuge, würden wir von jedem Einzelding ein so scharfes Bild auffassen und im Gedächtnis behalten — dann wäre die begriffliche Sprache vielleicht unmöglich. Es wäre uns dann einfach versagt, den Begriff ›Nelke‹ zu bilden; die einzelnen Nelken wären einander zu unähnlich. Vielleicht sehen Insekten so scharf und können darum im Denken keine Fortschritte machen . . . Je weniger wir von etwas wissen, desto leichter werden wir von Ähnlichkeiten ›frappiert‹. Wir gebrauchen *Ähnlichkeitsbilder oder Worte* umso leichter, je unwissender wir sind.«[2]

Woher eigentlich nehmen wir den Mut, so behende auf der Abstraktionsleiter herumzuturnen? Wahrscheinlich aus der selbstverständlichen Unterstellung, die uns, wie so vieles, aus der Urzeit der Wortmagie begleitet: daß unsere Begriffe nichts anderes zu tun brauchten, als die natürlichen Verhältnisse widerzuspiegeln. Dabei ist diese Annahme durch jede Beobachtung der Kindersprache leicht zu widerlegen. Ein Sohn des Verfassers verstand unter seinem allerersten Oberbegriff, *Wauwau*, nicht nur Hunde, sondern auch Pferde, Kühe, Ziegen — also schlechthin Tiere? Nein, überdies Autos (Isolierung des Beweglichen am Hund) und Reiterstandbilder (Isolierung des Figürlichen am Hund). Es wäre gewiß übertrieben, von einer natürlichen Ordnung zu sprechen, die den Oberbegriff »Wauwau« provoziert hätte. Dies war weder ein seltener noch ein pathologischer, noch ein bloß infantiler Fall, sondern ein in der

Literatur längst beschriebener, für die Sprachentstehung absolut typischer Ablauf. »Wir benötigen Allgemeinbegriffe zur sofortigen Verwendung, deshalb warten wir nicht die vollständige Ermittlung aller derjenigen Qualitäten ab, die uns die Unterschiede und die Gemeinsamkeiten *am besten* erkennen lassen würden« (Locke[1]). »Unsere Kurzsichtigkeit muß sich Ähnlichkeiten aussuchen, um vieles auf einmal behalten zu können. Diese Begriffe werden immer unrichtiger, je größer die Geschlechter sind, die wir uns machen« (Lichtenberg[2]).

»Das ist ein Baum«, sagen wir und »Das ist ein Strauch«. Doch wo wäre in der Wirklichkeit eine Grenze zwischen Bäumen und Sträuchern gezogen? Mit wenig Mühe lassen sich hundert Pflanzen finden, die von hundert Betrachtern begrifflich bald der einen, bald der anderen Gattung zugeschlagen werden. Was ist »natürlich« am Begriff der *Liebe*? Wir unterscheiden doch nach *Geschlechtsliebe* und *Nächstenliebe*, glauben an einen Graben zwischen *Sexualität* und *Erotik*, haben die lateinische *caritas* und die griechische *agape* zu bedenken und ebenso *Sadismus* und *Sodomie,* wir finden von Freud alles wieder in den Eintopf der *libido* gerührt, werden durch das Wort *Haßliebe* um die letzte Sicherheit gebracht und müssen bei Nietzsche lesen, daß die Liebe im Grunde »der Urhaß der Geschlechter« sei.

Die Unterteilung der Liebe in Sektoren, die den jeweiligen theologischen, psychologischen und pädagogischen Bedürfnissen am ehesten entsprechen, zeigt, wie die Abstraktion bei ihrem Aufstieg zu immer umfassenderen Oberbegriffen der gegenläufigen Tendenz begegnet: der *Klassifizierung*. Sie ist ebenso beliebt wie die Abstraktion, auch ebenso nützlich und hat ebensooft verwirrende Konsequenzen. Sie begegnet uns in drei Formen.

Klassifizierungen sind erstens die Stufen der Abstraktionsleiter, nur von oben betrachtet. Wiederkäuer, Nichtwiederkäuer und Schwielensohler bilden die Ordnung der *Paarhufer*; dieser Oberbegriff läßt sich, wen wundert es, genauso nach unten wieder in Klassen teilen.

Klassifizierungen sind zweitens nachträgliche Verfeinerungen dessen, was in eiliger Abstraktion begrifflich zusammengezwungen worden ist: Vermutlich war das Wort *Baum* früher da als seine Gliederung nach Eichen, Buchen und Linden.

Die Klassifizierung bringt drittens nachträgliche Ordnung in das Begriffsdurcheinander, das aus dem Wildwuchs der Sprache folgt: Baum, Strauch und Busch, Mut, Tapferkeit und Kühnheit wuchsen aus verschiedenen Wurzeln aufeinander zu und rufen nun den gliedernden Geist, gleichsam den Platzanweiser auf den Plan. Die Welt wird mit Wörtern *kartographiert*, mit einem Raster überzogen — wobei eine gewisse Chaotik der Benennungen immer noch mehr Ordnung verbürgt als das Chaos unbenannter Erscheinungen. Aus dem Wort *Rundfunk* sollte nach aller Vernunft die Unterteilung *Hörfunk—Sehfunk* oder *Fernhören—Fernsehen* folgen; aber da der Rundfunk in seiner Frühzeit ein reiner Hörfunk war, ist er vom Hören besetzt und muß dem Sehen eine andere Wortbildung anweisen. *Obst* hieß eigentlich die Zuspeise, die überwiegend aus *Früchten* bestand, kam dadurch diesen sprachlich ins Gehege, überdeckte schließlich die einheimischen Früchte, jedoch nur sie (»Obst *und* Südfrüchte« hieß lange Zeit das Ladenschild) und ist heute der anerkannte Dachbegriff für alle eßbaren Früchte, soweit sie nicht *Gemüse* heißen, klassifiziert nach Kernobst, Steinobst, Südfrüchten und noch mehr, auch die Nüsse einbegreifend (obwohl diese kaum einem Deutschen einfallen, wenn er von »Obst« spricht), dagegen die Tomaten ausschließend, obgleich sie dem Apfel näher sind als dem Spinat.

Unsere Lust an der Klassifizierung und die Eignung der Wörter gerade zu diesem Zweck sind ungleich höher entwickelt als die Eignung unserer Umwelt, sich klassifizieren zu lassen. Am augenfälligsten wird dies in der Art, wie wir die Landmasse der Erde nach *Erdteilen* und *Inseln* unterteilen: in einer grotesken Mischung aus historischen Zufällen, partieller Blindheit und unzähmbarer Lust an falscher Benennung, wenn sie nur Klassen schafft. Wir sollen traditionsgemäß an »fünf Erdteile« glauben, wobei die Antarktis vergessen, zwischen Europa und Asien aber ein rein politischer Graben gezogen worden ist, der auf den Hochmut der Griechen gegen die Perser zurückgeht. (Ebenso politisch hat die Republik Madagaskar entschieden, daß sie nicht zu Afrika gehöre, während man Engländer immer noch von »England und Europa« reden hört.) Auf die »Erdteile« folgen die »Inseln«, Grönland soll die größte sein, und eine Reportage über Grönland ohne den Hinweis, daß es sich dabei um »die größte Insel der Erde« handle, kommt nicht vor. Welch krauser Klassenwahn! Kümmerformen des Menschen nennen wir *Zwerge*, Zwergformen von Bergen *Hügel* und Zwergkontinente *Inseln*, das ist logisch einwandfrei. Solche Benennung entartet zur Geistesverwirrung, sobald wir das Liliputanische in sein Gegenteil, in den Superlativ erheben: »Der größte Zwerg der Welt« oder »Deutschlands höchster Hügel« sind nur humoristisch verwendbar. »Die größte Insel« aber, der größte Zwergkontinent also: das geht uns glatt von den Lippen.

Man findet nicht leicht einen drastischeren Beweis dafür, wie die Macht der Begriffe uns die Augen verschließen kann: Wir stehen vor dem Globus *und sehen nicht hin*. Sehen würden wir nämlich zwei dominierende Landmassen, zwei Riesenkontinente: Europa-Asien-Afrika (einen Block, der durch den Suezkanal nicht wirksam zerrissen werden kann) und Amerika. Dann folgt der Rest, die tausend größeren und kleineren Kleckse: Antarktis, Australien, Grönland und so weiter, bis hinab zu Sylt (falls der Globus es noch zeigt).

Dies wäre eine Beschreibung der *Realität*. Können wir sie nicht beschreiben oder wollen wir nicht? Man betrachte die sogenannten *Jahreszeiten*. Die Natur hat keine gemacht; allenfalls, bei hinlänglich bescheidenen logischen und meteorologischen Ansprüchen, lassen sich *zwei* unterscheiden: Regenzeit und Trockenzeit, oder Laubzeit und Kahlzeit, oder Frostzeit und Tauzeit, oder Heizzeit und Nichtheizzeit. Wir bestehen jedoch darauf, daß es *vier* Jahreszeiten gebe, und richten, da wir dem ewig wendischen Wetter nun einmal die sprachliche Klassifizierung aufgenötigt haben, sogleich bestimmte Erwartungen an dasselbe: Im Sommer soll es warm und im Frühling schön sein. *Frühling!* Für Astronomen, Taschenkalenderredakteure und den Durchschnittsbürger beginnt er am 21. März, mit einer Gewißheit, die dem Fernsehen am 18. März die klassische Einsicht ermöglicht: »Drei Tage vor Frühlingsanfang ist in Deutschland schon der Sommer ausgebrochen«. Keiner will beschreiben, was *war*: Am 18. März herrschten 25 Grad im Schatten. »Wärme« wäre ein angemessenes Wort dafür, auch »überraschend frühe Wärme«, sogar »endlich Frühling«. Aber da darf nichts Frühling heißen, der beginnt am 21. März, so will es unser Klassifizierungsdrang — noch dazu im Widerspruch zu anderen Einteilungen: Für die Meteorologen hat der Frühling schon am 1. März begonnen, und die Phänologen beschreiben den Frühling so: Der *Vorfrühling* setzt mit dem mittleren Beginn der Schneeglöckchenblüte ein, der *Erstfrühling* mit dem Aufbrechen der Stachelbeerknospen oder dem Erscheinen der Blattoberfläche der

Roßkastanie, der *Vollfrühling* mit der Flieder- oder Apfelblüte, die in Deutschland je nach Jahr und Gegend zwischen Anfang April und Anfang Juni einsetzt. »Der Frühling« beginnt also ununterbrochen von Februar bis Juni, ist ebenso reich an Schnee wie an Sommerhitze und sollte einem Menschen, der seine Begriffe hin und wieder an einem Blick aus dem Fenster orientiert, überhaupt nicht ohne ironisches Lächeln von den Lippen kommen. Wer sich aufs Katalogisieren der Jahreszeiten einläßt, handelt offensichtlich nicht aus Erfahrung, sondern aus dem Wunsch, den Fluß der Tage zu rubrizieren, ob die Rubriken passen oder nicht. Mit unseren Wörtern legen wir selber die Fallstricke, in denen wir uns zu verheddern gedenken.

Mißtrauen gegen Inseln und Jahreszeiten ist keine Wortklauberei. Aus solcher Klassifikation folgen Erwartungen von oft tyrannischer Kraft, ja Handlungen von massiver politischer Wirkung. Die Aussage »X ist Briefmarkensammler« oder »Y ist Kriegsdienstverweigerer« schlägt X und Y jeweils einer Klasse zu, die mit dem unwillkürlichen Anspruch auftritt, die so Bezeichneten mit Haut und Haaren in ihrer ganzen Existenz erfaßt zu haben, so als ob die Klassifizierung »Kriegsdienstverweigerer« den Einzelnen seiner Individualität beraubte und nichts von ihm übrigließe, was vielleicht ebenfalls der Benennung würdig wäre. Viel schlimmer bei der schulmeisterlichen Einteilung der Menschheit in »fünf Rassen«, die die weiße, gelbe, schwarze, rote und braune hießen und weithin noch heißen sollen. Schon die Farben sind falsch: Als braun ließen sich am ehesten die sogenannten Schwarzen beschreiben, die Weißen schillern zwischen rosa, beige und oliv und die Rothäute sind fast genauso gelb wie die Gelben, von denen sie auch abstammen. Von der falschen Benennung zur schlechten Behandlung ist aber nur ein Schritt.

Unsere Farbwörter sind nicht einmal dann von der Natur veranlaßt, wenn wir Rassenhochmut und Bildungsmangel beiseiteschieben und uns auf die Physik des Sehens konzentrieren; sie sind vielmehr »ein in der Natur selbst in keiner Weise abgegrenzter oder untergeteilter Ausschnitt aus einer durchgehenden Folge von Wellen«[1]. An bestimmten Stellen dieser fließenden Skala ist unsere Aufmerksamkeit eingerastet — rot wie Blut, grün wie Wiese, blau wie Himmel, weiß wie Schnee — und hat den Namen festgelegt. Die Relativität und Willkürlichkeit unserer Benennungen wird beim Vergleich mit den alten Griechen deutlich, die unter Philologen lange als farbenblind galten, weil sie etwa für das Pflanzengrün, die Farbe der menschlichen Haut und die des Honigs dasselbe Wort verwendeten. Heute neigt die Wissenschaft zu der Annahme, es habe sich dabei auf eine noch nicht völlig aufgeschlüsselte Weise um sogenannte gegenstandsgebundene Farbwörter gehandelt, wie wir im Wort *blond* noch eines besitzen: Es läßt sich nur von Haaren (scherzhaft auch von Bier und Zigarren) sagen, von denen jedoch zu einem Dutzend Farbtönen mit den Elementen gelb, gold, rot, grau und braun (weizenblond, rotblond, aschblond, dunkelblond).

Die Farbwörter machen anschaulich, bis zu welchem Grade unsere Klassifizierungen von der Richtung unserer Aufmerksamkeit bestimmt sind. »Die Sprache folgt niemals einfach dem Zuge der Eindrücke und Vorstellungen, sondern tritt ihm mit selbständiger Aktion gegenüber«, schreibt Cassirer. »Sie unterscheidet, wählt und richtet und schafft vermöge solcher Stellungnahme erst bestimmte Zentren . . . der objektiven Anschauung.«[1] Ihr »Zugriff« (Weisgerber) gliedert die Welt. Nicht Erkenntnis war das Ziel unserer Ahnen, als sie die Natur in Klassen teilten, sondern die Nützlichkeit im Kampf um die nackte Existenz. Wir wissen von Negersprachen mit fünfzig Wörtern für Palmenarten, aber keinem Oberbegriff für alles, was wir Palmen nennen. Die argentinischen Gauchos kannten zweihundert Wörter für die Farbschattierungen von Pferden und Kühen (entscheidend für die Verständigung darüber, welches Tier aus einer Herde herausgeholt werden sollte) und nur vier Wörter für alle Pflanzen der Pampa: was das Vieh frißt, was Menschen essen können, was sich als Streu eignet und den Rest. Lappen und Eskimos besitzen bis zu vierzig Wörter für die verschiedenen Arten des Schnees, zwanzig für die des Eises, zehn für die Kälte. In den Alpen werden mindestens Neuschnee, Altschnee, Tiefschnee, Pulverschnee, Pappschnee, Preßschnee, Firn, Harsch und Schneematsch unterschieden, während im deutschen Flachland kaum mehr als das nackte Wort »Schnee« in Gebrauch ist. Immer weniger Großstadtbewohner können noch Getreidearten auseinanderhalten, manche haben für Vögel oder Schmetterlinge kein Wort mehr, das den Gattungsbegriff differenziert: Brauchen tun sie's nicht und wissen wollen sie's nicht.

Wie selbstherrlich wir mit unsern Wörtern wählen und richten, wird den meisten nie bewußt. Der Satz »Der Apfel ist sauer« enthält gar keinen Versuch, über den Apfel etwas auszusagen, das *für ihn* kennzeichnend wäre; was wir benennen, ist das *für uns* Wichtige, unsere Beziehung zum Apfel, unser höchst privater Geschmackseindruck. Ebensowenig ist *Hitze* eine Eigenschaft, die irgendeinem Ding zukäme — es ist unsere Empfindung von der Sache, noch dazu eine sehr unstete, nach dem bekannten Experiment: Wenn meine linke Hand in zwanzig Grad warmem Wasser und meine rechte in vierzig Grad warmem Wasser steckt und sich dann beide in einem Becken von dreißig Grad treffen, so wird die linke das Wasser als warm, die rechte als kalt registrieren. »Links und rechts« bilden den Höhepunkt sprunghafter Ichbezogenheit: Sie sagen nicht nur nichts über Wirklichkeit, Natur und Umwelt aus, sie bezeichnen eine Richtung, die nicht einmal für andere Menschen gilt und oft sogar in der nächsten Sekunde für mein eigenes Blickfeld nicht mehr.

Wenn ein so großer Teil unserer Begriffe von unseren Interessen und Bedürfnissen geprägt ist — sollte es da nicht erlaubt sein, den Umkehrschluß zu vollziehen, das heißt vom Wortschatz eines Volkes auf seine Interessen zu schließen? Gewiß mit Behutsamkeit: Denn zu voll ist die Sprache von Zufallsprägungen und von den Wortmumien längst erloschener Bedürfnisse, während andrerseits naheliegende und nützliche Oberbegriffe nicht gebildet, klaffende Wortlücken nicht geschlossen worden sind, weil die Sprachgemeinschaft zu ungelenk oder zu träge war (Kap. 6).

Doch wie ein Vokabular von vierzig Wörtern für »Schnee« auf die Bewohner eines kalten Landes tippen läßt, so künden Begriffe wie *Milliarde*, *Megatonne* oder *Wal* mit vergleichbarer Wahrscheinlichkeit von maßlosen Völkern und Zeiten. Napoleon verkaufte 1803 Französisch-Nordamerika für *fünfzehn* Millionen Dollar, Rußland 1867 Alaska für *sieben* Millionen Dollar an die Vereinigten Staaten, und Alfred Krupp brachte es 1866 mit der größten Fabrik der Welt auf einen Umsatz von *zwanzig* Millionen Mark. Doch 1871 preßte das deutsche Kaiserreich den geschlagenen Franzosen eine Kriegsentschädigung von *fünftausend* Millionen Franken ab, und aus den Studierstuben der Mathematiker sprang ein neues Wort in die Alltagssprache: fünf *Milliarden*! Es signalisierte die Dimension der modernen Industrie und zugleich die Rücksichtslosigkeit des Siegers. So, wie später das Atomzeitalter nach einem handlichen Wort für das gespeicherte Vernichtungspotential verlangte: *Megatonne*! Die

Sprengkraft von einer Million Tonnen Trinitrotoluol, in einer einzigen Raketenspitze und, in sprachlicher Entsprechung, in neun Buchstaben zusammengedrängt, auf englisch gar in sieben. So, wie das althochdeutsche Wort *Wal* (in nur zufälligem Gleichklang mit dem Meerestier) uns treffender als manche Bücher über das Weltbild der Wikinger informiert: Der Wal, das war die Gesamtheit der Toten, die auf dem Schlachtfeld — der Walstatt — lagen und von den Walküren nach Walhall geleitet wurden, in einen Himmel der Völlerei und immer neuen Kampfes. So viel Ehre und Hoffnung winkte dem Gefallenen, so wichtig war es, möglichst viele Leichen in einem möglichst kurzen Wort zu bündeln! Hätte ein friedfertiges, den gewaltsamen Tod verabscheuendes Volk je das Wort »Wal« ersinnen können? Muß also nicht umgekehrt aus der Existenz dieser griffigen Silbe auf kriegerischen Geist geschlossen werden und auf Verklärung des Sterbens zum Heldentod? Werden die Megatonnen einen Wal von Milliarden produzieren?

Ja, es gibt Wörter, aus denen uns eine Wahrheit angrinst. Wahrheit über die Menschen, die solche Wörter prägen und benutzen, über ihre Wünsche und Nöte, ihre Marotten und Gefährdungen. Solche Wahrheiten aber sucht kaum einer. Gesucht wird in und mit der Sprache weit häufiger etwas, wohin sie weit weniger wahrscheinlich führt: Einsicht in das Wesen der Natur, Erkenntnis, Wahrheit an sich. Können die Wörter das leisten?

Dazu im »Lexikon«: Abstraktion, Bedeutung, Begriff, Bezug, Dichotomie, Klassifizierung, Manipulation 4, Oberbegriff, Wortinhalt.

20. Wie die Wörter für uns denken

Das Verhältnis zwischen Sprache und Realität

> Schaut jener Frau zu — der Krankenpflegerin oder der Mutter: aber hört sie nicht an! Um die Welt zu erfassen, stehen ihr nur diejenigen Kategorien zur Verfügung, mit denen der ›Lyoner Stadtanzeiger‹ sie befruchtet.
>
> *Antoine de Saint-Exupéry, Carnets*

»Anschließend ergriff der Ministerpräsident das Wort.« Das ist ein korrekter Satz; sprachkritisch gesehen enthält er allerdings Ansätze zur Irreführung. Denn das Wort, das wir zu ergreifen meinen, ist zumeist ein Wort, das uns ergriffen hat. Die Sprache denkt für uns, ob wir wollen oder nicht. »Die Worte tun dem Verstande Gewalt an«, schrieb Francis Bacon 1620, und seither könnten wir es wissen, wenn wir wollten: »Die Menschen glauben, daß ihr Geist dem Worte gebiete; aber oft kehren die Worte ihre Kraft gegen den Geist um.«[1]

Wie mag das zusammenhängen? Geht das Denken dem Sprechen voraus, historisch betrachtet ebenso wie in den Köpfen der einzelnen Sprecher — bei allen immer, oder bei einigen manchmal, oder bei keinem je? Oder werden die Gedanken *beim* Reden allmählich verfertigt, wie Kleist es in einem der großartigsten Stücke deutscher Prosa beschrieben hat?[2] Oder kommt es vor, daß einer gar nicht denkt, vor dem Sprechen nicht und beim Sprechen auch nicht? Offensichtlich, im Lallstadium der Kindersprache zum Beispiel, auch bei manchem Alltagsgeschwätz und bei vielen Menschen mit Hilfe jener vertrauten und verschlissenen Formeln, die sie, nach Schopenhauer, »alles ferneren Denkens überheben«[3]. »Ich denke ja gar nichts, ich sage es ja nur!« betont Horvaths »Karoline«[4].

Kann es, umgekehrt, sprachloses Denken geben, ein Denken, das sich an Bilder und andere wortlose Vorstellungen heftet? Ebenso gewiß. Bühler spricht vom »Werkzeugdenken«, das aller Wortsprache vorausgegangen sei; es findet weiterhin statt, wenn etwa ein Autofahrer auf tanzende Lichter in der Ferne mit vorsorglichem Bremsen reagiert: eine intelligente Handlung, für die der Instinkt nicht ausreichen würde, doch so anschaulich, direkt und problemlos, daß Wörter als Brücken zur Wirklichkeit oder Krücken der denkenden Bewältigung keine Funktion und kaum eine Chance haben. Es ist möglich, schreibt Jaspers, »in Bildern, Gestalten, Mythen, Göttern, in Landschaften, Farben, Naturerscheinungen, in Handlungen und Vollzügen zu ›denken‹ . . . Sprachloses Denken scheint es als Keim und als Übergang zu geben. Vielleicht geht das Entscheidende des Erkennens — der Sprung zum Neuen, der Ansatz, das ursprüngliche, vorwegnehmende Begreifen — im sprachlosen Denken vor sich. Aber was hier im Keim ergriffen wird, versteht sich nicht ohne Sprache, noch wächst es ohne sie.«[1]

Das Denken ohne Wörter ist demnach eine Randerscheinung, überdies offenbar seltener als das Reden ohne Denken. Im Normalfall gehen Denken und Sprache Hand in Hand: Das stumme Grübeln kommt nicht ohne die Begriffe der Wortsprache aus, vermutlich ist es ohnehin die letzte Verfeinerung des hörbaren Selbstgesprächs; und der Sprechakt selbst folgt entweder aus einem Plan, den der Sprechende sich zuvor in begrifflichem Denken zurechtgelegt hat, oder er läuft in einer Verschränkung von Wortwahl, Satzbau und Gedankenfolge ab, die jede Unterscheidung nach Vorher und Nachher unmöglich macht: Die Sprache ist »das Dasein des Geistes«, »der Leib des Denkens« (Hegel[2]).

Die typische Gleichzeitigkeit, das unentwirrbare Ineinander, so offenkundig sie sind, lassen dennoch die interessanteste Frage offen: Schafft das Denken sich die Sprache, die es benötigt, um sich auszudrücken und in die Wirklichkeit zu greifen — oder gängelt die Sprache den Menschen, der sie benutzt? Daß wir durch die Parteilichkeit der auf uns einstürzenden Wörter oft verführt und weithin bevormundet werden, ist unbestritten. Doch schlimmer: Der Einfluß unserer ureigenen Gedanken auf die Sprache kann nur einen Bruchteil des Einflusses ausmachen, den umgekehrt die Wortüberlieferung auf unser Denken nimmt. Würden wir von zwei zweijährigen Kindern, die auf eine einsame Insel verschlagen werden, mehr erwarten, als daß sie in siebzig Lebensjahren einen höchst primitiven Wortschatz und eine ebenso dürftige Grammatik entwickeln? Wundert es uns, wenn ihre Lebensspanne nicht ausreicht, aus eigener Phantasie das nachzuholen, was in zehntausend Generationen gewachsen und verfeinert worden ist und als fertiges Kunstwerk auf uns übertragen werden kann?

Wohl leben unter uns Grübler und Genies, die für einen neuen, bis dahin wortlosen Gedanken das Wort finden, das ihn sagbar, übertragbar, nachvollziehbar macht — aber, fragte Locke: »Bildet wohl einer unter tausend je die abstrakten Begriffe ›Ruhm‹ und ›Ehrgeiz‹, ehe er ihren Namen gehört hat?«[1] Der eine prägt das neue Wort, und für die Millionen um ihn und nach ihm ist damit plötzlich zweierlei geschehen: Sie haben die Möglichkeit, etwas zu *denken*, das ihnen vorher nicht oder nur vage durchs Bewußtsein geglitten war; doch zugleich sind sie dem Druck der Sprachgemeinschaft ausgesetzt, bei gegebenem Anlaß mit diesem Wort zu operieren und es mit dem allgemein gebilligten Inhalt zu erfüllen. Am Ruhm nichts Rühmliches zu finden oder für die Wiederabschaffung des Wortes zu plädieren, würde eine geistige Unabhängigkeit erfordern, die ungewöhnlich wäre — und die, das ist der springende Punkt, gar nicht vonnöten war, solange es das Wort »Ruhm« nicht gab. »Den größten Teil der Ideen, mit denen und von denen wir leben, haben wir niemals selbständig gedacht, ja wir haben sie nicht einmal nach-gedacht«, schreibt Ortega. »Wenn es nicht unmöglich wäre, so wäre es sicher sehr reizvoll, einmal statistisch zu erfassen, wieviel Angehörige eines Volkes jemals wirklich *gedacht* haben, daß zwei und zwei vier sei oder daß morgen die Sonne aufgehen werde.«[2]

Sich denkend gegen all die zehntausend oder zwanzigtausend Wörter stemmen zu wollen, die unsereiner zu erlernen pflegt, wäre aussichtslos. Die Denkleistungen und die Parteinahmen, die Zufallstreffer und die Nieten unserer Ahnen, kondensiert und konserviert im Wortschatz und in der Grammatik unserer Muttersprache — sie sind das Material, mit dem wir denken können und denken müssen. »Es ist keineswegs gleichgültig, wie man die Sachen nennt . . . Der Name schon bringt eine *Auffassungstendenz* mit sich, kann glücklich treffen oder in die Irre führen. Er legt sich wie Schleier oder Fessel um die Dinge.«[3]

Mit parteilichen Wörtern sorglos umzugehen, selbst wenn sie sich vermeiden ließen, ist Menschenart. Wir prüfen nicht lange, ob einer, dem wir Geiz oder Habgier nachsagen, mit »Sparsamkeit« nicht besser gekennzeichnet wäre; wir suchen nicht nach Kriterien dafür, wie oft einer gelogen oder gestohlen haben muß, damit wir ihm das Etikett *Lügner* oder *Dieb* ankleben. Wir sprechen von *Eingeborenen*, wenn es sich um Farbige handelt; Weiße werden *Einheimische* genannt. Auch *Götzendienst* deutet auf Afrika oder Asien, da das Abendland sich *Gottesdienste* leistet.

Mit gutem Willen und einer Denkanstrengung können wir diesen Teil der Parteilichkeit durchschauen und vermeiden. Bei den *Raubvögeln* ist — ermutigender Anfang — ein solcher Prozeß öffentlich in Gang gekommen: Immer mehr Schulbücher und Vogelfreunde nennen sie *Greifvögel*, was inzwischen etlichen Habichten das Leben gerettet haben soll. Für *Raubtier* hingegen gibt es noch kein Synonym; daß der Löwe ein »Räuber« sei, ist ein Feindbild aus der Sprache von Viehzüchtern, das in die Zeit der Tiergehege und der Rettungsaktionen für aussterbende Tierarten nicht mehr passen will.

Wo immer Menschen oder Dinge allein durch eine *Verneinung* bezeichnet werden können, bietet uns die Parteilichkeit der Sprache einen Zipfel an, an dem wir kräftig zerren sollten. Nur durch Negation der Muße, *otium,* konnten die Römer ausdrücken, was Arbeit für sie war: *negotium*, das ärgerliche Gegenteil des müßigen Normalzustands. Alle, die keinen Tabak konsumieren, haben sich das Etikett *Nichtraucher* anhängen lassen, das sie als die Regelwidrigen einstuft; hätte sich eine ähnliche Dosis Parteilichkeit gegen die Raucher gekehrt, die Schilder würden vielleicht »Süchtige« und »Nichtsüchtige« lauten. Am Wort *Atheismus* kritisierte Mauthner, daß es eine Abqualifizierung durch die Theisten sei, nicht sinnvoller, als wenn in einer Blindenanstalt die sehenden Pfleger als die »Unblinden« bezeichnet würden. Eine Entlarvung deutscher Bräuche nimmt das Wort *Nichtseßhafte* vor, amtsdeutsch für eine Menschengruppe, die umgangssprachlich *Landstreicher* oder *Gammler*, kulturgeschichtlich und völkerkundlich *Nomaden* heißt — aber da thront die Behörde auf dem Kothurn der Seßhaftigkeit und vermag alle, die das heilige Gut des festen Wohnsitzes verweigern, nur per Verneinung zu erfassen; dies auch noch lückenhaft, denn wer käme auf die Idee, die Stars des internationalen Musikbetriebs mit dem Wort »Seßhaftigkeit« in Verbindung zu bringen?

Doch die Vorurteile stecken noch tiefer in der Sprache, Detektivarbeit ist nötig, um ihnen auf die Spur zu kommen, und selbst dann macht der Wortschatz uns Unparteilichkeit oft genug unmöglich. Halten wir nichts für allzu selbstverständlich! Daß ein Wort uns *nicht* erstaunt, könnte ein Grund mehr sein, ihm zu mißtrauen: Vielleicht hat es unsere Vorstellung so vollständig kanalisiert, daß wir, mangels Reibung, den Kanal nicht beachten, sowenig wie der Fisch das Wasser. Es war mehr als ein Ulk, daß eine amerikanische Frauenvereinigung in den sechziger Jahren die Losung ausgab: »Vertraue auf Gott, *sie* wird dir helfen« — es war ein schlüssiger Versuch, mit der Emanzipation in die Sprache zu greifen, einen der vielen Wortpanzer zu sprengen, in die das dominierende Geschlecht sich hüllt. Woher die Selbstverständlichkeit, mit der der *Mann* sich und nur sich zum *Menschen* ernannt hat wie im Englischen und den romanischen Sprachen, in denen *man*, *homme*, *uomo*, *hombre* beides bedeuten? Warum ist die *Bäuerin* sprachlich eine Ableitung vom *Bauern*? Historisch ist umgekehrt der Bauer eine Ableitung der Bäuerin: Der Ackerbau wurde einst von Frauen eingeführt, und noch heute steht eher die Leistung des Bauern hinter der der Bäuerin zurück als umgekehrt. Indem nun die Sprache den Bauern zum Stammwort machte, drückte sie eine männliche Rangordnung aus und durchdrang uns mit ihr. Sollte indessen, was natürlich denkbar wäre, die Ableitung ohne ausdrückliche Wertzumessung erfolgt sein, weil sie das Modell »Löwe — Löwin« vorfand, so wird die Frage nur verschoben: Warum mußte der männliche Löwe das Stammwort usurpieren? Offenbar wiederum, weil es Männer waren, die die Wörter lenkten. Hätte bei der Entstehung des Löwenmusters der schiere Zufall gewaltet, so würde er immer noch die unwillkürlichen Wertvorstellungen der Nachgeborenen beeinflussen. »Der Mensch lebt mit den Gegenständen hauptsächlich, ja, da Empfinden und Handeln in ihm von seinen Vorstellungen abhängen, sogar ausschließlich so, wie die Sprache sie ihm zuführt«, schrieb Humboldt. »Durch denselben Akt, vermöge dessen er die Sprache aus sich herausspinnt, spinnt er sich in dieselbe ein, und jede zieht um das Volk, welchem sie angehört, einen Kreis.«[1] »Und diese unmittelbare und unbewußte Bindung«, fügte Cassirer hinzu, »ist schwerer zu durchschauen als alles, was der Geist mittelbar, was er in bewußter Denktätigkeit erschafft.«[2]

Die Bindung an die Wörter wird durch unsere Einbindung in die *Grammatik* unseres Sprachsystems zu einem rundum geschlossenen Käfig komplettiert, zu einer »eigentümlichen Weltansicht« (Humboldt), der zu entrinnen nur wenigen Köpfen mit großer Anstrengung auf kurze Zeit gelingt. Ein Beispiel dafür war die Unfähigkeit der indogermanischen Sprachen, Untätiges untätig auszudrücken (Der Baum *wirft* oder *spendet* Schatten) — was Japaner komisch finden. Die Hopi-Indianer wiederum, die schon für die sprachliche Umsetzung des Blitzens einen Preis bekamen (S.165), fänden es unzumutbar, die Sätze »Ich sehe, daß es *rot* ist« und »Ich sehe, daß es *neu* ist« mit derselben Formel *Ich sehe, daß* einzuleiten, auf die wir Europäer angewiesen sind. Die Hopi spüren und markieren den Graben zwischen diesen beiden Feststellungen: Daß etwas rot ist, kann ich *sehen*; daß es neu sei, kann ich nur *folgern*; ich muß verschiedene sichtbare Indizien addieren, über die der Satz nichts mitteilt. Die Aussage »Ich *höre*, daß es rot ist« verlangt in der Hopi-Sprache wiederum eine andere Konjunktion an Stelle unseres Allerweltsworts »daß«, nun allerdings für »rot« und »neu« dieselbe, denn *beides* erfahre ich nur durch Vermittlung eines Sprechers. »Zeigt die Hopi-Sprache hier nicht ein höheres Niveau des Denkens und eine rationalere Analyse der Situationen als unser gepriesenes Englisch?« fragt Whorf. »Denken ist eine Angelegenheit verschiedener Muttersprachen.«[1] Gegen Abweichungen habe jede von ihnen Widerstände eingebaut. »In der Partnerschaft von Sprache, Kultur und Verhalten ist die Sprache der autokratische Faktor; sie begrenzt die Formbarkeit der Kultur und des Verhaltens und zementiert die Kanäle der Entwicklung.«[2]

Gleichgültig in welcher Sprache: in einer Hinsicht *müssen* wir die Wirklichkeit falsch erfassen. Die Wörter entfalten sich *nacheinander* (sukzessiv, diskursiv). Das hat Vorzüge, von Herder temperamentvoll beschrieben: »Das Gesicht stellt uns alles auf einmal vor und schreckt also den Lehrling durch die unermeßliche Tafel des Nebeneinander ab. Durchs Gehör, sehet, wie uns die Lehrmeisterin der Sprache schone! Sie zählt uns nur einen Ton nach dem andern in die Seele, gibt und ermüdet nie, gibt und hat immer mehr zu geben, sie übet also das ganze Kunststück der Methode: sie lehret progressiv.«[3] Doch das In-die-Seele-Zählen ist zugleich ein Zwang, der uns gegenüber allem, was gleichzeitig ist, in die Lage des Blinden versetzt, der die Möbel seines neuen Zimmers Ecke um Ecke, Kante um Kante abtasten muß, während der Sehende sie mit einem Blick erfaßt. Die Reihung in Zeit und Raum — dem Raum des Buches, der Zeit des Sprechens, Hörens, Schreibens oder Lesens — steht nur dann in einem angemessenen Verhältnis zur Realität, wenn die Wörter von fortlaufenden Ereignissen berichten, wenn sie in der atemlosen Erzählung, in der linearen Novelle einen natürlichen Zeitablauf nachvollziehen; auch dies zwar mit Abstrichen: Denn schon der Satz »Der

Vogel zwitschert« ist eine Aneinanderreihung gegen die Natur: Sie könnte den Eindruck erwecken, als wäre über den Vogel früher als über sein Zwitschern, ja über das »der« früher als über den Vogel zu berichten.

Wo aber Zustände, Stimmungen, Gedanken oder ganze Lehrgebäude in Artikeln, Vorträgen, Büchern ins Wort gehoben werden, da ist der Zwang zum Nacheinander die nackte Not und eine Quelle der Verwirrung. Lessing litt darunter (»Oft geschieht es, daß wir bei dem letzten Zuge den ersten schon wiederum vergessen haben«[1]), Zbigniew Herbert klagt: »Man wird nicht auskommen, ohne die Sätze wie Bandagen abzuwickeln«[2], und der damals einunddreißigjährige, unbekannte Privatgelehrte Dr. Arthur Schopenhauer war so frei, den Lesern seiner »Welt als Wille und Vorstellung« sogleich im Vorwort die *zweifache* Lektüre des Gesamtwerks dringend zu empfehlen — denn es handle sich um einen einzigen Gedanken, der sich, »aller Bemühungen ungeachtet«, nicht auf kürzerem Wege als in dem ganzen Buch habe mitteilen lassen; während der Gedanke die vollkommenste Einheit bilde, müsse das Buch »eine erste und eine letzte Zeile haben und insofern einem Organismus allemal sehr unähnlich bleiben«.

Gleichzeitig müßte man zwei Sätze lesen können, aus der Qual der zwanzigstündigen Lektüre »eines einzigen Gedankens« sich emporschwingen zum »Einheitserlebnis« der Mystiker, der *unio mystica*, oder in eine einzige Sekunde so viel Erleuchtung drängen, wie Dostojewski sie im letzten Augenblick vor seinen epileptischen Anfällen erlebte, jedenfalls den Fürsten Myschkin im »Idioten« sie erleben ließ: eine blitzartige Erhellung von Kopf und Herz, eine ungeheure Bewußtseinssteigerung, die Auflösung aller Zweifel, die Harmonie, die Fülle — eine Sekunde wie jene, »da der bis zum Rand mit Wasser gefüllte Krug des Epileptikers Mohammed umstürzte und doch nicht Zeit hatte, überzufließen, während Mohammed alle Wohnstätten Allahs überschaute«[3]. Wir aber brauchen die Zeit, und mancher Vortrag dauert gar zwei Stunden, ob er einen einzigen Gedanken enthält oder nicht.

Die Not des Nacheinander erschwert nicht nur die Einsicht in große Zusammenhänge — sie ist Ausdruck und zugleich Stütze unserer Neigung, *falsche* Zusammenhänge herzustellen. Nichts verwechseln wir häufiger als Zeitfolge und Ursachenverkettung. Dies ist zunächst eine vor- und außersprachliche Tendenz: Wenn einer am Freitag betet, auf ihn möge der Hauptgewinn im Lotto treffen, und am Samstag gewinnt er ihn, so hält er den Gewinn für die »Folge« des Gebets. Wenn die Nachbarin im Kuhstall war und *danach* eine Kuh erkrankte, so war die Nachbarin als »Hexe« entlarvt. Und durchaus ernsthafte Leute kann man sagen hören, der Wolkenbruch am Nachmittag sei nun »die Folge« davon, daß man am Vormittag das herrliche Wetter »berufen« habe.

Dieser populäre Kurzschluß hat in der Sprache seinen perfekten Gegenpol. An sich heißt ja »Folge« nichts, als daß im Lexikon Dujardin auf Duisdorf folgt, wahrlich ohne den geringsten Kausalzusammenhang. Aber wer »die Folgen zu tragen hat«, muß offenkundig nicht das zeitlich Folgende hinnehmen, sondern die Wirkungen seiner Tat. Aus dem richtigen Satz »*Auf das* Gebet folgte der Lottogewinn« wird flugs die dubiose Feststellung »*Aus dem* Gebet folgte der Lottogewinn«. *Folgerung*, *folgerichtig*, *infolgedessen*, *Konsequenz* haben sich allesamt von der Zeitfolge in die Ursachenverknüpfung hinübergemogelt. Obwohl diese Entwicklung unserer Verstandesschärfe ein fürchterliches Zeugnis ausstellt, geht sie munter weiter: Unser *während* und das Englische *while* befinden sich gegenwärtig im Zwitterstadium zwischen zeitlicher und kausaler Verwendung, das begründende *nachdem* (»Nachdem du ein Depp bist«) dringt aus Bayern nach Norddeutschland vor, das *weil* hat sich schon im 18. Jahrhundert von den Zeitbezeichnungen weg zur Ursachenbeschreibung geschlichen: Es kommt von Weile, weiland, verweilen und besagte einst lediglich »zu der Zeit, als«.

Diese törichte Grenzverwischung bleibt nicht ohne Folgen. Wer die Sätze »Cäsar ist ermordet worden, und Brutus ist ein ehrenwerter Mann« nacheinander spricht, kann darauf bauen, daß unsere Gier, das Folgende für die Folgerung zu halten, sogleich einen Verdacht auf Brutus wirft — wie von Antonius beabsichtigt. Daß Brutus in der Tat der Mörder war, ist für den Sprachkritiker ein geringer Trost: Denn der gleiche Verdacht läßt sich mit den gleichen sprachlichen Mitteln auf einen lenken, der es *nicht* gewesen ist. Der beliebten Entgleisung von der Zeitfolge in die ursächliche Verknüpfung helfen die Wörter immer wieder freudig nach.

Eine weitere Not jeglicher Wortsprache liegt in der Steuerung unserer Gedanken durch *den Zufall der präsenten Wörter*. Wir treffen bei unseren täglichen Sprechhandlungen eine Auswahl aus unserem aktiven Wortschatz, die je nach dem Adressaten, der Situation und dem Thema wechselt, aber auch je nach unserer Stimmung, unserer »Tagesform«. Das kann nur bedeuten: »Wir drücken unsere Gedanken immer mit den Worten aus, die uns zur Hand sind«, wie Nietzsche schreibt. »Oder, um meinen ganzen Verdacht auszudrücken: Wir haben in jedem Momente eben nur den Gedanken, für welchen uns die Worte zur Hand sind, die ihn ungefähr auszudrücken vermögen.«[1] Wortkünstler schweben in der stetigen Versuchung, nicht das zu sagen, was sie denken, sondern das zu denken, was zu sagen ihnen so köstlich gelungen ist. Oft, meinte Ogden, wähle der Sprecher seine Wörter nicht, »weil er bereits ein Gefühl hätte, dem er Ausdruck geben wollte, sondern nur deshalb, weil das Wort ein Gefühl hervorruft, das er zu haben wünscht; wobei man ein Gefühl, das man bei anderen wecken möchte, selbstverständlich nicht selbst zu haben braucht«[2].

So kompliziert sieht die Sprachkritik den Zusammenhang zwischen dem Wort und dem, was es bezeichnen soll. Wie stellt dieser Zusammenhang sich dar, wenn wir von einer »eckigen Kugel« reden oder die Aussage »Gestern bin ich hingerichtet worden« formulieren? Carnap spricht da von *Scheinsätzen* und stellt die These auf, die gesamte Metaphysik sei über Scheinsätze nicht hinausgekommen[3]. Weiter: Wie verhält sich der Satz »Alle Behauptungen auf dieser Seite sind falsch« zur Wahrheit? *Sind* alle Behauptungen falsch, so ist gerade dieser Satz richtig; also sind nicht *alle* Behauptungen auf dieser Seite falsch, also ist der Satz falsch.

Die antiken Sophisten trieben solche Spiele in der Meinung, damit die Logik auf den Kopf zu stellen; in Wahrheit reizten sie nur die Möglichkeiten der Sprache aus und holten sich »Beulen« beim Anrennen an ihre Grenzen[4] — ohne doch darin einen Anstoß zur Sprachkritik zu sehen. Das Mißtrauen gegen die Wörter ist jung und den meisten Zeitgenossen nach wie vor unzugänglich. Es war jahrtausendelang die Überzeugung der Philosophen, es ist der selbstverständliche Denkansatz aller Kinder und es scheint den meisten Erwachsenen unauslöschlich eingeprägt zu sein, daß die Wörter die Wirklichkeit exakt abbildeten, Sätze einen Sinn haben müßten und die Welt um uns so beschaffen sei, wie sie in unserer Muttersprache *heißt*. Man kennt die Empörung des Südtirolers über die Italiener, weil sie zum Pferd »cavallo« sagen: »Wir sagen ›Pferd‹, und es *ist* auch ein Pferd!« Oder die Verwunderung des Bäuerleins im Planetarium: »Daß man die Bahnen der Sterne berechnen kann, begreife ich — aber wie in aller Welt haben sie ihre Namen herausgebracht?«[1] Gleich neben der Anekdote hat die Philosophie sich angesiedelt: »Es ist eine größere als menschliche Kraft gewesen, die den Dingen die ersten Namen beigelegt hat, und eben deshalb sind die Namen notwendig richtig«, schrieb Platon[2]. Und der deutsche Grammatiker J. G. Schottel verstieg sich 1641 dazu, »die Verwandtschaft der natürlichen Eigenschaft der Dinge mit den teutschen Wörtern« zu rühmen[3].

Wie das Gebet die Götter lenken konnte, wenn man ihnen nur die richtigen Wörter weihte, so kam es dem Philosophen, dem Wahrheitssucher allein darauf an, die Geheimnisse der Welt den Wörtern abzulauschen: Sie wußten ja mehr als der Mensch, wundersame Fügung hatte sie zum unverzerrten Abbild der Natur gemacht. Es schien viel wichtiger zu sein, »wie die Dinge heißen, als was sie sind«[4]. Nicht nur zwischen dem Eigennamen und seinem Träger bestand ein magischer Zusammenhang, sondern zwischen allen Benennungen und allem Benannten, zwischen dem Tisch aus Holz und dem Tisch aus Lauten und Buchstaben; im Wortaberglauben war die Menschheit vereint. Noch als Herder den Satz wagte »Keine Sprache drückt Sachen aus«, empfand er ihn als »eine demütigende Bemerkung«[5].

Seine Krönung fand der Glaube an die Allmacht des Wortes in Platons Lehre, daß »die Idee« das unerreichbare Urbild der Dinge sei, und in Goethes wunderlichem Glauben an die »Urpflanze«. Die Blumen im Öffentlichen Garten zu Palermo bewundernd, schrieb er 1787: »Im Angesicht so vielerlei neuen Gebildes fiel mir die alte Grille wieder ein, ob ich nicht unter dieser Schar die Urpflanze entdecken könnte. Eine solche muß es denn doch geben! Woran würde ich sonst erkennen, daß dieses oder jenes Gebilde eine Pflanze sei, wenn sie nicht alle nach einem Muster gebildet wären?«[6] Und einen Monat später an Herder: »Die Urpflanze wird das wunderlichste Geschöpf von der Welt sein, um welches mich die Natur selbst beneiden soll. Mit diesem Modell und dem Schlüssel dazu kann man alsdann noch Pflanzen ins Unendliche erfinden, die konsequent sein müssen, das heißt, die, wenn sie auch nicht existieren, doch existieren könnten.«[7]

Beneiden sollte ihn die Natur! Goethe schrieb es wohl ironisch, aber die Beharrlichkeit, mit der er, zumal in der »Farbenlehre«, dem botanischen Urphänomen nachspürte, läßt nur den Schluß: Er hielt, wie einst Platon, das Abstrakte für das Modell des Konkreten; sprachkritisch ausgedrückt: Er unterstellte, daß die Wörter die Sachen *machen*.

Nun wäre das ja sogar richtig — sobald man Abstand davon nähme, die Stühle, auf denen wir sitzen, als »Folgen« und ärmliche Nachahmungen der eigentlichen »Stuhl-Idee« einzustufen. Alle konkreten Dinge werden von den Wörtern nicht gemacht, sondern schlecht und recht benannt. Im Reich der Ideen hingegen, auf dem Feld der Abstraktionen sind die Wörter und nur die Wörter die »Macher«: Vom *Paradies* und von der *Seele*, vom *Weltgeist* und vom *Fortschritt* wissen wir positiv nur eins — daß es diese Wörter gibt. Ihre Beziehung zu den »Sachen«, die angeblich dahinterstehen, ist so unklar wie möglich, ja keiner kann die Behauptung widerlegen, daß *nichts* hinter ihnen stehe, daß die Schlagwörter und Begriffsgötter ihre Kraft ganz aus sich selber saugen müssen. Was, fragte Benedetto Croce, ist *das Erhabene*? »Alles, was von denen, die dieses Wort verwendet haben oder verwenden werden, so genannt wurde oder künftig so bezeichnet werden wird.«[1]

Aus der Zerbrechung des magischen Zusammenhangs zwischen Wort und Wahrheit, Wort und Ding läßt sich freilich auch neuer Respekt vor der Sprache gewinnen. Solange sie uns vorgaukelte, die Welt sei auf okkulte oder natürliche Weise gleichsam nach Vokabeln eingeteilt, erschien ihre ordnungspolitische Leistung in matterem Licht als nun, da wir wissen, daß es allein der Zugriff der Wörter ist, der die Ordnung in die Welt trägt: Die Wörter nötigen dem Chaos um uns her eine Ordnung des Denkens und Betrachtens auf — eine willkürliche, zwielichtige und vielfältig anfechtbare, aber eine Ordnung eben, und ohne Ordnung könnten wir das Leben nicht ertragen. So schließt, wie es Cassirer sah, »die radikalste Fassung der Skepsis bereits die Überwindung der Skepsis in sich«: Erst dort, wo der unmittelbare Zusammenhang zum Sinneseindruck aufhöre, fange die Sprache an; gerade in der Distanz von der Wirklichkeit, in der Spannung zu ihr lägen der Wert und die Eigenart der sprachlichen Gestaltung, ebenso wie der Wert der Kunst.[2]

Schon richtig — und doch ein geringer Trost für Wissenschaftler,

Journalisten und andere Leute, denen man den Wunsch zutrauen kann, zu sagen, was ist.

Dazu im »Lexikon«: Abbildtheorie, Antinomie, Bezug, diskursiv, Grammatik, Idee, Nominalismus, Sprachkritik, Sprachphilosophie, Überlieferung, Universalien, Wortschatz, Zugriff.

21. Eine Kunst, die keiner kann

Und viele wollen es nicht einmal: definieren

> Wie viele Trugschlüsse und Irrtümer... gehen auf Kosten der Wörter und ihrer unsicheren oder mißverstandenen Bedeutung! Bisher hat man dieses Hindernis so wenig als Übelstand erkannt, daß man vielmehr die Kunst, es zu vergrößern, zum Gegenstand menschlichen Studiums gemacht hat, und diese Kunst hat manchem den Ruf der Gelehrsamkeit und des Scharfsinns eingetragen.
>
> *John Locke, Untersuchung über den menschlichen Verstand (1690)*

Die Selbstherrlichkeit, mit der wir die Sprache dazu verwenden, uns die Welt zu ordnen und zu rubrizieren, sie überschaubar und handhabbar zu machen, wird voll erst dem bewußt, der den Wörtern — diesen primitiv personifizierenden, keck abstrahierenden, mutwillig klassifizierenden, unser Denken kanalisierenden Wörtern — eine Antwort auf die Frage abverlangt: Habt ihr das Talent, wenigstens in simplen Zusammenhängen, in bescheidenem Umkreis *Klarheit* zu stiften? Ist der Auftrag erfüllbar, den Richelieu der Académie Française erteilte: *l'usage certain des mots*, den sicheren Gebrauch der Wörter festzulegen? Wäre eine Autorität erkennbar, die den Wörtern einleuchtende und verbindliche Eingrenzungen, »Definitionen« also, entlisten oder aufnötigen könnte?

Sie ist es nicht. Adorno rügte den »allherrschenden Aberglauben an die Definition«[1], Kant sagte schneidend, Definitionen habe nur die Mathematik[2]. Wer definiert uns »die Gerechtigkeit«, wenn wir nicht einmal imstande sind, »das Matterhorn« oder »die Bratwurst« sprachlich, logisch und praktisch einzukreisen?

Nicht einmal das *Matterhorn*. Denn wo fängt es an? Nicht oben, da herrscht Einigkeit — unten! Bei den letzten Häusern von Zermatt? Oder dort, wo man höher und dem Gipfel näher ist, etwa am Schwarzsee? Oder da, wo die Bergsteiger zu klettern beginnen? Oder gar erst hundert Meter unter seiner Spitze — denn schimpft nicht jeder, der eines Wettersturzes wegen in dieser Höhe umkehren mußte, er habe »das Matterhorn nicht geschafft«? Es bleibt kein Ausweg: Das Matterhorn ist nicht definierbar, sein Name *franst nach unten aus* — wie so viele Wörter. Zu den *Unternehmern* beispielsweise zählt laut Handelsgesetz der Taxifahrer, falls das Produktionsmittel, das Taxi, sein Eigentum ist. Wenn nun eine Gewerkschaft gegen »Unternehmerwillkür« auf die Straße geht — meint sie dann auch den Taxifahrer? Oder lebt die Demonstration davon, daß man der Frage ausweicht, wo das Wort »Unternehmer« nach unten auszufransen beginnt?

Der Einwand, in der Praxis komme es auf so bohrende Begriffsbestimmungen nicht an, sollte nicht zu rasch erhoben werden. Es lohnt, wie das Beispiel »Gleichheit« zeigte, sehr wohl, sich Wörtern mit größerer als der volkstümlichen Gründlichkeit zu nähern — eine Meinung, der übrigens auch das Deutsche Lebensmittelbuch anhängt. »Der Begriff *Bratwurst*«, hieß es da 1975, »ist nicht einheitlich zu definieren. Einerseits faßt er Erzeugnisse zusammen, die Bratwürste heißen, und zwar unabhängig davon, ob sie vor oder nach der Abgabe an den Verbraucher in der Regel einem Bratprozeß unterzogen werden oder in der Regel ohne eine solche Behandlung zum Verzehr gelangen. Andererseits versteht man unter Bratwürsten Erzeugnisse, die tatsächlich gebraten werden. Dazu zählen auch Erzeugnisse, die zwar für einen Bratprozeß bestimmt sind, jedoch nicht gleichzeitig als Bratwürste bezeichnet werden (z.B. Wollwürste, Augsburger und Schweinswürstel). Auch diese Erzeugnisse gehören sowohl zu den Rohwürsten als auch zu den Brühwürsten und Kochwürsten.«[1]

Die Schwierigkeit alles Definierens hat ihre erste und gravierendste Ursache darin, daß die Bratwurst und das Wort dafür ungleich älter sind als das Deutsche Lebensmittelbuch — will sagen: daß die Definition fast ausnahmslos ein nachträglicher, oft um hunderttausend Jahre verspäteter Versuch ist, in den Wildwuchs der Wörter Ordnung zu bringen: »Die Sprache wurde gemacht, bevor die Menschen denken lernten.«[2]

Das zweite Kardinalproblem liegt in einer Unterstellung, die von der Bratwurst aufgeweicht und vom Unternehmer zerpflückt wird: daß die Wörter, die Begriffe und die Sachen, die sie bezeichnen oder bezeichnen sollen, *Konturen* hätten. Wir können aber nicht eingrenzen, was seinem Wesen nach keine Grenzen hat: Das Matterhorn hat keine natürliche Grenze nach Zermatt, der Atlantische Ozean keine zum Pazifik und der Fortschritt keine zum Rückschritt (was wir spätestens seit dem Aufkommen des Umweltbewußtseins und den Warnungen des Club of Rome wissen könnten, wenn wir wollten).

»Noch suchen die Juristen eine Definition zu ihrem Begriffe vom Recht«, schrieb Kant 1787[1] — sie haben sie bis heute nicht gefunden. Die Welt ist chaotisch, sagt Nietzsche, sie verhält sich nicht »nach dem Rezept eines Musterbeamten«, und Adorno fügt hinzu: »Man wird dem Leben nicht gerecht, wenn man um des Idols der Sauberkeit und Eindeutigkeit willen die Begriffe aufspießt.«[2] Die Wörter sind der Wirklichkeit insoweit angemessen, als *beide* keine Konturen haben.

Wo die Wörter Konturen zu zeichnen scheinen, sind diese infolgedessen anfechtbar und treiben oft die Willkür zum Extrem — die dritte Schwierigkeit des Definierens. Damit die Aussage »Die *Elbe* ist 1144 Kilometer lang« formuliert werden kann, muß irgendwo im kilometerbreiten Mündungstrichter der Elbe eine Grenze zwischen ihr und der Nordsee gezogen werden — man suche sie mal. Auch die Frage, wer »das Auto« erfunden habe, wird zum Definitionsproblem: Dem Wortlaut nach (»Selbstbeweger«) müßte *Automobil* die Lokomotiven umfassen; wünschte man einen Dachbegriff für die nichtschienengebundenen Kraftfahrzeuge, so sollten die Dampfwagen einbegriffen sein — und schon wäre »das Auto« weder von Daimler, noch von Benz, noch von Siegfried Marcus erfunden worden, sondern ein Jahrhundert früher (1769) von dem Konstrukteur des ersten Straßendampfwagens, Nicolas Cugnot; wünschte man indessen einen Dachbegriff nur für Kraftwagen mit Verbrennungsmotor, so war das Wort »Automobil« ein Fehlgriff.

Oft genug drehen wir uns beim Einkreisen selbst im Kreis herum, *Zirkeldefinition* heißt das Verfahren. Der Satz »Links ist, wo der Daumen rechts ist« will ein Scherz sein, aber er exemplifiziert eine verbreitete Untugend und eine häufige Not. Brockhaus teilt unter »Vorfrühling« mit, er beginne mit der Schneeglöckchenblüte, unter »Schneeglöckchen«, sie blühten im Vorfrühling; wann das ist, erfährt man nie, auf den Kalender wird nicht Bezug genommen. Schon der Satz »Die Zitrone ist sauer« macht den Zirkel rund: da Säure eben die Geschmacksempfindung ist, die wir so kraß nicht kennen würden, wenn es keine Zitronen gäbe.

Die fünfte und offenkundigste Schwierigkeit des Definierens hört auf den Namen *Polysemie*: die oft unüberschaubare und schwer erträgliche Vieldeutigkeit der Wörter. Man muß nicht nur in die konkretesten, sondern überdies in die seltensten konkreten Benennungen hinabsteigen, um auf ein völlig unverwechselbares Wort (ein *Monosem*) zu stoßen: Spulwurm zum Beispiel oder Mandelkleie, während schon »Gorilla« in der Umgangssprache außer dem Affen einen Leibwächter bezeichnet, von »Ochsen« und anderem Rindvieh zu schweigen. Ein *lauter* Ton und *lauter* Lügen, einen Fußgänger *anfahren* und einen Untergebenen *anfahren,* eine *gute* Stunde, die entweder keine schlechte, oder keine böse, oder keine knappe Stunde war, Schiffs*mast* und Schweine*mast*, eine *Mutter* für das Kind und eine *Mutter* für die Schraube, elf Hauptbedeutungen für das Wort *Welt* im Grimmschen Wörterbuch, *achtundvierzig* Übersetzungen für *Logos* in Brockhaus und Meyer, hundertneun Verwendungen für *run* im Webster! »Meine Konditorei« kann, mit dem Beispiel Fränkels, heißen: die, deren Eigentümer ich bin; die, in der ich arbeite; die, in der ich Kuchen zu kaufen pflege; und die ideale Konditorei, von der ich vergeblich träume. *Erst* benennt den ersten, aber auch den letzten (S. 65), *sollen* drückt den Imperativ, doch ebenso die Ungewißheit aus, *müssen* in dem Satz »Du mußt betrunken gewesen sein« enthält keineswegs einen Zwang. »Ich wünsche mir« ist ein Wunsch, »Ich wünsche, daß . . .« ist ein Befehl und die Wünschelrute keins von beiden. Das häuft sich und kreuzt sich und schillert und schwankt, da muß einer kräftig in die Saiten greifen, wenn er die Vielbedeuterei noch karikierend übersteigern will, wie Jorge Luis Borges, der über die Sprache der (bei Swift entlehnten) Yahoos schreibt: »Jedes einsilbige Wort entspricht einer allgemeinen Vorstellung, die aus dem Zusammenhang und aus den Grimassen hervorgeht. Das Wort *nrz* zum Beispiel erinnert an Zerstreuung oder Flecken; es kann den gestirnten Himmel bedeuten, einen Leoparden, einen Vogelschwarm, die Pocken, das Bespritzte, den Akt des Verströmens oder die auf die Niederlage folgende Flucht. *Hrl* dagegen meint das Zusammengepreßte oder das Dichte; kann den Stamm bedeuten, einen Baumstamm, einen Stein, einen Haufen Steine, deren Anhäufen, die Versammlung der vier Zauberer, die fleischliche Vereinigung und ein Gehölz. Auf andere Art oder durch andere Grimassen ausgedrückt, kann jedes Wort einen entgegengesetzten Sinn annehmen.«[1]

Ein weiteres Problem des Definierens — und es sind unzählige, elf werden hier vorgestellt — folgt aus dem *Changieren* der Bedeutungen, der semantischen Unschärfe der meisten Wörter. Nicht in dem eben beschriebenen Sinn einer totalen Verschiedenheit der Hauptbedeutungen wie bei Kindsmutter und Schraubenmutter, sondern auf eine weniger auffallende und daher eher noch verwirrendere Weise: durch den Kranz der Nebenbedeutungen (Konnotate), die sich um die Hauptbedeutung (das Denotat) schlingen und sie zuweilen überwältigen. *Angeblich* heißt im Hauptsinn: wie einer angibt oder berichtet. Aber der Nebensinn »wie er in durchschaubarer Hinterabsicht oder aus ziemlich trüber Quelle berichtet« drängt sich mit ins Ohr. Im Beispiel der *Mutter*: Zur Hauptbedeutung, bei Kainz der *logischen* Komponente — der leiblichen Mutter eines Menschenkinds — treten zum einen die *sphärischen* Komponenten, das sind Randbezirke und metaphorische Abwandlungen des Mutterbegriffs: Pflegemutter und Hundemutter, Schwiegermutter und Stiefmutter, Mutter Erde und Mutter Courage. Dazu kommen, wiederum nach Kainz[1], zum zweiten die *emotionalen* Komponenten, der Gefühlswert, für den bei den meisten ihre eigene Mutterbeziehung entscheidend ist: War die Mutter gütig oder streng, leidend oder glücklich, geschieden, früh verwitwet, kinderreich, gesellig, fröhlich, abgehärmt, eine Rabenmutter? All diese Bedeutungen und noch mehr oder einige von ihnen in verschiedener Auswahl schwingen beim Sprechen mit, selbst wenn wir das Wort »Mutter« nur in seiner Hauptbedeutung meinen; sie tauchen die leibliche Mutter in eine bestimmte, von Sprecher zu Sprecher wechselnde Atmosphäre ein.

Wer nach alldem »Mutter« nur nach seiner Hauptbedeutung definieren wollte, würde die Hälfte der Bedeutungspalette ignorieren; wer alle Nebenbedeutungen erfassen will, kommt spät zum Ziel. Auch das ist keine Theorie. Die Praxis zeigt sich zum Beispiel, wann immer eine Adoptivmutter ihr angenommenes Kind mit den typischen Worten aufklärt: »Ich bin gar nicht deine richtige Mami!« Ist das nicht ein merkwürdiger Kotau vor der lexikalischen Hauptbedeutung, der alles Sphärische und Emotionale beiseite schiebt und damit am Ende sogar die Hauptsache verfehlt: daß nämlich eine liebende Mutter wichtiger und »richtiger« sein kann als eine leibliche Mutter, wenn sie dem Kind davongelaufen ist? Folgt, mit anderen Worten, aus falschem Respekt vor dem Wörterbuch und einer allzu primitiven Definition nicht sogar eine vermeidbare Verwirrung des Kindes?

Eine siebente Schwierigkeit liegt in der häufigen Diskrepanz zwischen *Intention* und *Interpretation*: dem Widerspruch zwischen dem, was der Sprecher oder Schreiber im Sinn hat, und dem, was der

Adressat darunter versteht. Mit einer Selbstverständlichkeit, die durch Lebenserfahrung nicht gedeckt wird, pflegen wir davon auszugehen, »daß der Sprecher immer das meint, was wir meinen würden, wenn wir dasselbe sagten wie er«[1]. Dies trifft allenfalls dann zu, wenn einer mit überdurchschnittlich klaren Worten eine verhältnismäßig einfache Aussage macht und nach Alter, Herkunft und Lebenserfahrung in einer günstigen Beziehung zum Hörer steht. Das jedoch ist so selten, daß Goodman als die eigentliche Aufgabe der Linguistik »die Beziehung, oft die Spannung zwischen dem, was der Sprecher sagt, und dem, was der Hörer hört« bezeichnet[2]. Sonderfälle dieses Verständigungsproblems sind die folgenden Schwierigkeiten acht bis zehn.

Als achte Hürde steht dem Definieren die häufige *Diskrepanz der Bedeutungsnormen* im Wege: der Umstand, daß der Sprachgebrauch von der lexikalischen Norm abweicht. Unter *Totschlag* scheint eine Mehrheit der Deutschen die fahrlässige Tötung oder die Körperverletzung mit Todesfolge zu verstehen, unbekümmert darum, daß laut Lexikon und Strafgesetzbuch der Totschlag eine vorsätzliche Tötung ist wie der Mord, nur ohne die erschwerenden Umstände, die die besondere Verwerflichkeit des Mordes ausmachen. *Flair* ist im Wörterbuch der Spürsinn, die Witterung des Hundes für das Reh; nach der dominierenden Verwendung in der gehobenen Umgangssprache bedeutet es Fluidum, Ausstrahlung, Beigeschmack (»Diese Frau hat *ein Flair von* großer Welt«, während es heißen müßte: »Dieser Playboy hat *ein Flair für* solche Frauen«). Nicht, ob sich der Sprachgebrauch dem Wörterbuch anbequemen sollte oder umgekehrt, ist hier die Frage, sondern: Hat wohl der Sprecher, dem ich jetzt zuhöre — hat der Adressat, zu dem ich spreche, die korrekte oder die gängige Definition im Sinn? Und welche Deutung soll ich als Buchautor oder Vortragsredner bei meinem mir überwiegend unbekannten Publikum zugrunde legen?

Das neunte Problem der Definition: Wörter so zu verstehen, wie der Sprecher sie gemeint hat, setzt einen Mindestvorrat an *gemeinsamer Erfahrung* voraus. Große Unterschiede von Alter oder Umwelt stören dieses Postulat. Wenn Greise sich über alte Zeiten unterhalten, wenn Jugendliche von der gerade tonangebenden Richtung in Musik, Tanz und Mode, von Hasch, Pop und Erlösung reden, hat die andere Generation oft nur die Wahl zwischen Unverständnis und

Mißverständnis. Es laufen da Interpretationsvorgänge von hoher Kompliziertheit und ungewissem Ausgang ab; ein solcher sei hier vorgeführt am Beispiel des Wortes »irre«.

Schema einer Sprechsituation

Der Sprecher (20 Jahre) sagt: »Der Film war irre!«
Was versteht der Adressat (40 Jahre alt)?

A.	Was bedeutet das Wort »irre« nach der Sprachnorm?	irrsinnig, total verrückt
B.	Glaubt *der Sprecher* die Sprachnorm zu kennen?	ja
	Kennt er sie wirklich?	ja
	Wünscht er sich nach ihr zu richten?	nein
	Was will er stattdessen unter »irre« verstanden wissen?	großartig, fabelhaft
	Was, glaubt der Sprecher, versteht der Adressat darunter?	Wenn der Adressat unter 25 wäre: großartig. Wenn er über 50 wäre: verrückt. So: weiß nicht; ist mir egal
C.	Glaubt *der Adressat* die Sprachnorm zu kennen?	ja
	Kennt er sie wirklich?	ja
	Was also versteht der Adressat unter »irre«	verrückt
	Glaubt er, daß der Sprecher die Sprachnorm kennt?	wahrscheinlich
	Glaubt er, daß der Sprecher sich nach der Sprachnorm richtet?	wahrscheinlich nicht
	Was also soll einer, der den Sprecher kennt, unter »irre« verstehen?	großartig

Klafft nicht das Alter, sondern die Umwelterfahrung auseinander, so können die Probleme noch größer sein. Als die zweihundertsechzig englischsprachigen Bewohner der südatlantischen Insel Tristan da Cunha 1961 vor einem Vulkanausbruch nach England flohen, kannten sie kein Geld und keine Steuern, kein Auto und kein Pferd, keinen Zahnarzt und keine Waschmaschine, keine Polizei und kein Verbrechen. Ein uns fast niemals bewußtes Lebenselement der Sprache fiel da wie eine eiserne Schranke zwischen ihnen und ihrer britischen Umwelt nieder: Jeder Begriff ist die Beschreibung einer Lebensszene, alle Kommunikation basiert auf einem Minimum an gemeinsamer Vergangenheit, oder, wie Luther meinte: »Den Vergil kann niemand verstehen, er sei denn fünf Jahre Hirt und Bauer gewesen.«[1] Von der Zivilisation verwirrt, von Wörtern ohne Bedeutung feindselig umstellt, kehrten die Insulaner nach zwei Jahren zu ihren Schafen und Robben zurück. Denn »nicht die Worte der Sprache vermitteln uns das Verständnis der Welt, sondern unsere individuelle Orientierung in der Welt vermittelt uns das Verständnis der Worte und Sätze«[2].

Die zehnte Schwierigkeit folgt aus dem uralten Menschenrecht, mit einem Wort das Gegenteil von dem zu meinen, was man zu sagen scheint: im Wege der *Ironie*, der *Lüge* und auch des *Euphemismus*, der sprachlichen Beschönigung (Kap. 17). Alle drei sind manchmal leicht und manchmal schwer zu durchschauen, je nach der Absicht und der Geschicklichkeit von Sprecher oder Hörer. *Ja* kann »nein« bedeuten und *vorzüglich* »miserabel«. Das schönste Beispiel dafür, wie schwer die Definition eines einzigen Wortes wird, sobald der Adressat eine Lüge wittert, bietet der jüdische Witz. Der Kohn und der Levi stehen auf dem Bahnhof von Lodz. Fragt der Levi: »Na, Kohn, wohin fährste.« Sagt der Kohn: »Nach Bromberg.« Sagt der Levi: »Kohn. Wenn de sagst de fährst nach Bromberg, willste doch, daß ich glaube, daß de fährst nach Posen. Also fährste doch nach Bromberg. Also warum lügste!«

Solch mutwillige Erschwerung ist ein Stück des *Widerwillens*, der sich — und das ist der elfte Punkt — aus vielerlei Motiven und überraschend oft gegen das Definieren richtet. Unpräzise Wörter sind so *praktisch*: »Ein Wort wie ›Interesse‹ zieht seine Beliebtheit gerade daraus, daß es unverbindlich bleibt.«[3] Unpräzise Wörter sind so *nützlich:* Sie gestatten es jedem Politiker, mehrstündige Reden über wenig mehr als nichts zu halten, und alle Schlagwörter bleiben auf

Ungenauigkeit absolut angewiesen, wie am Exempel »Gleichheit« abzulesen. Auch am *Sozialismus*: Er bezeichnet zum ersten das heute herrschende Vorausstadium des Kommunismus, unterscheidet sich zum zweiten ziemlich weich von diesem, denn die *sozialistischen* Staaten werden von *kommunistischen* Parteien regiert, und begreift zum dritten den *demokratischen* Sozialismus ein, der den Kommunismus nicht will und dennoch den unterscheidenden Zusatz »demokratisch« oft beiläufig beiseite schiebt (wie die SPD in ihrem »Orientierungsrahmen 1975—1985«, der nach einmaligem Gebrauch des Zusatzes sogleich zur »Idee des Sozialismus« und der »Entscheidung für den Sozialismus« übergeht).

Vor allem sind unpräzise Wörter so *bequem*: »Da die Menschen seit frühester Kindheit daran gewöhnt wurden, Wörter zu erlernen, ehe sie die komplexen Ideen kannten, mit denen diese Wörter verknüpft waren«, schreibt Locke, »verfahren sie meist ihr ganzes späteres Leben ebenso. Sie verwenden ihre Wörter für die schwankenden und verworrenen Vorstellungen, die sie besitzen . . . Sie greifen die Wörter auf, die ihre Nachbarn benutzen; damit es nicht so scheine, als wüßten sie nicht, was die Wörter bedeuten, verwenden sie sie zuversichtlich . . . Daraus entspringt, neben der Bequemlichkeit des Verfahrens, der Vorteil, daß sie . . . zwar einerseits selten im Recht sind, andrerseits aber ebenso selten davon überzeugt werden können, daß sie unrecht haben: Denn wenn man Menschen ohne feste Begriffe von ihren Irrtümern zu befreien sucht, so ist das, als wollte man einen Landstreicher aus einem festen Wohnsitz jagen.« Würde einer fordern, die Leute sollten ihre Wörter immer in demselben Sinn gebrauchen, so hieße das ihnen zumuten, sie dürften »nur über Dinge reden, von denen sie klare Vorstellungen besitzen. Das aber darf niemand erwarten, der nicht so eitel ist sich einzubilden, er könne die Menschen dazu bringen, entweder sehr einsichtsvoll oder sehr schweigsam zu sein.«[1]

Elf Gründe, warum das exakte Eingrenzen von Wortinhalten nicht gelingen kann — weil Menschen und Wörter sind, wie sie sind. »Erst im Individuum erhält die Sprache ihre letzte Bestimmtheit«, sagt Humboldt. »Keiner denkt bei dem Wort gerade und genau das, was der andere, und die noch so kleine Verschiedenheit zittert, wie ein Kreis im Wasser, durch die ganze Sprache fort. Alles Verstehen ist daher immer zugleich ein Nicht-Verstehen.«[2]

Gegen diese pessimistische Betrachtungsweise wird natürlich vorgebracht, sie gehe am Kern der Sache vorbei: Sie schneide die Wörter willkürlich und weltfremd aus dem Zusammenhang heraus, eigens um ihnen ihre Vieldeutigkeit zum Vorwurf machen zu können. Die Praxis laufe anders ab: Die Frage »Wann geht der Zug?« werde von jedermann verstanden, obwohl »Zug« auch einen Luftzug oder einen Festzug meinen könne und ein »gehender« Eisenbahnzug schwer vorstellbar sei.

Gewiß tritt mit der jeweiligen Sprechsituation zumeist eine Bedeutungsverengung ein, die viele Zweifel ausschließt — doch alle nicht, und manchmal keinen. Grund zum Rätseln bleibt genug. Zum einen lassen etliche Satzzusammenhänge die Unklarheit der Wörter genauso, wie sie vorher war, das *lassen* beispielsweise in seinem Doppelsinn von zulassen und veranlassen: Nichts wird zur Klärung beigetragen durch die Sätze »*Lasset* die Kindlein zu mir kommen«, »*Laßt* dicke Männer um mich sein« (Cäsar bei Shakespeare) oder »Laßt hundert Blumen blühen« (Mao 1956). Wenn der Zwanzigjährige seinem Urteil »Der Film war irre« den erläuternden Zusatz gibt: » . . . weil eine schnafte Maus mitspielt«, erhöht er die Verständlichkeit für den Fünfzigjährigen um keinen Deut.

Zum zweiten führt das Einpassen der Wörter in ein Satzgefüge nicht nur zu höherer, sondern ähnlich oft zu geringerer Verständlichkeit. Kein Wort ist so klar, als daß es nicht von einem Schwätzer zerredet oder von einem Dummkopf zerstammelt werden könnte. Redakteure, Wissenschaftler und Behörden demonstrieren Tag für Tag, wie man auch aus verhältnismäßig durchsichtigen Vokabeln Satzschachteln und Buchstabenburgen basteln kann, in denen die Summe der Teile die Teile nicht erleuchtet, sondern verdunkelt. Davon wird Kap. 28 handeln — ein Beispiel vorweg, aus einem fünfbändigen zeitgenössischen sprachwissenschaftlichen Werk: »Vor der Folie Herders erscheint jetzt die Lage des Menschen mit Hilfe des Denkokulars Nietzsche so: Der Mensch ist ein Wesen, das von Haus aus, in sich gestaut, flattert. Stellt man — wer? doch wohl der Mensch — an dieses Wesen die einigermaßen Aristotelische Frage: ›Warum sind diese Sehnen und Knochen da ein Mensch?‹, so gibt es keine Antwort.«[1]

Zum dritten hängen viele Aussagen, vom Zuruf bis zum Buch, an einem einzigen Wort: Ob ein »Ja« ironisch gemeint oder erlogen sein könnte, wird oft durch keinen Zusammenhang geklärt; wenn ein Festredner zum Muttertag achtzigmal »die Mutter« würdigt, hat er immer noch keinmal klargemacht, ob er Rabenmütter, Stiefmütter, Schwiegermütter und Pflegemütter einzuschließen wünscht oder nicht.

Zum vierten ist es nicht zufällig so, daß wir von *Schlagwörtern* sprechen: Was von den Büchern bleibt und wirkt, was die Völker unterwandert und in Revolutionen die Massen auf die Straße treibt, ist höchstens mal ein Satz (»Proletarier aller Länder, vereinigt euch!«), zumeist indessen nur ein Wort oder eine Reihung von Wörtern: Freiheit, Gleichheit, Brüderlichkeit — Klassenkampf, Kalter Krieger, Lebensqualität. Daß der Text den Sinn ergäbe, ist ein schönes Vorurteil von Bücherwürmern; jeder Wortsinn, der Geschichte macht, verschmäht die Texte und pumpt Ahnung, Hoffnung, Aggression in zehn Buchstaben von aufs äußerste gesteigerter Undefinierbarkeit. »Die leisesten, schlagwortlosesten Texte erobern sich am schwersten die Geister, weil sie am meisten verlangen, daß ein jeder selbst denke und selber etwas sei«, schreibt Jaspers. Was hilft der Zusammenhang! »Es ist möglich, aus irgendwelchen Texten, welche als autoritativ anerkannt werden, fast jedes beliebige Problem herauszuholen . . . Aus Anlaß gegebener Texte werden nicht diese verstanden, sondern in der Scheinform des Verstehens eigene Gedanken entwickelt.«[1]

Nein, die Sätze helfen uns zu wenig, und oft genug verweben sie leidlich klare Wörter zu einem unleidlichen Gespinst. Zu Recht verspottet Mackensen »die Heilslehre vom definitorischen Zauber der Kontexte«[2]. Wer bei der entmutigenden Einsicht in den Doppelsinn, die Zehnfachbedeutung, die schwankenden Schatten der Wörter nicht verharren will, der kann sich mit den Sätzen nicht trösten. Er muß zwei andere Schritte wagen: viele scheinbar selbstverständliche Erwartungen nicht mehr an die Sprache richten — und eben im Irisieren der Bedeutungen eine Chance sehen.

Vielleicht ist es ein Relikt unseres Glaubens an die magische Kraft der Wörter, daß wir uns so schwer von dem Vorurteil freimachen können, sie seien ein zuverlässiges Instrument der Verständigung, der Wissenschaft, der Philosophie. Sie sind es nicht; aber auch wer sich mit Argwohn gegen die Sprache vollgesogen hat, kann mit ihr leben. Er kann definieren, wo immer dies einen Fortschritt verspricht, weil es sich um konkrete oder konkretisierbare Objekte handelt; der Deutsche Normenausschuß betreibt eine förmliche, häufig vernünftige *Sprachnormung*, und dem Muttertagsredner wäre die ausdrückliche Einbeziehung der Pflegemütter zuzumuten. Im übrigen kann man Skepsis walten lassen (wie auf Seite 171 empfohlen), Schlagwörter mit dem Warnschild »Gift« versehen und sich, wo immer möglich, der Mathematik bedienen. Die größte Chance, aus schwankenden Wörtern dennoch ein stabiles Haus zu zimmern, bietet der Bau wohlüberlegter Sätze, für den die Kap. 27 bis 30 Skizzen liefern.

Das praktikable Maß von Zurückhaltung und Verzicht hat Wittgenstein anhand des Tennisspiels wie folgt beschrieben: »Betrachte zum Beispiel einmal die Vorgänge, die wir *Spiele* nennen . . . Was ist allen diesen gemeinsam? Sag nicht: Es *muß* ihnen etwas gemeinsam sein, sonst hießen sie nicht ›Spiele‹ — sondern *schau*, ob ihnen allen etwas gemeinsam ist . . . Was ist noch ein Spiel und was ist keines mehr? Kannst du die Grenzen angeben? Nein. Du kannst welche *ziehen*: Denn es sind noch keine gezogen. (Aber das hat dich noch nie gestört, wenn du das Wort ›Spiel‹ angewendet hast.) ›Aber dann ist ja die Anwendung des Wortes nicht geregelt?‹ . . . Es ist nicht überall von Regeln begrenzt; aber es gibt ja auch keine Regel dafür, wie hoch man im Tennis den Ball werfen darf, oder wie stark, aber Tennis ist doch ein Spiel, und es hat auch Regeln . . . Soll man sagen: Ich gebrauche ein Wort, dessen Bedeutung ich nicht kenne, rede also Unsinn? *Sage, was du willst, solange dich das nicht verhindert, zu sehen, wie es sich verhält.*« Wenn man ein Wort nur unexakt erklären könne, sei es damit noch nicht widerlegt: Den Abstand der Sonne von der Erde nicht auf einen Meter genau anzugeben, sei gewiß unexakt, aber durchaus brauchbar.

Wittgenstein betritt dann rauhen Boden: Alle philosophischen Probleme würden durch Einsicht in das Arbeiten der Sprache gelöst — entgegen einem »Trieb«, dieses Funktionieren mißzuverstehen. »Die Philosophie ist ein Kampf gegen die Verhexung unsres Verstandes durch die Mittel unserer Sprache . . . Wir führen die Wörter von ihrer metaphysischen wieder auf ihre alltägliche Verwendung zurück.« Die Philosophie dürfe mithin »den tatsächlichen Gebrauch der Sprache in keiner Weise antasten . . . Sie läßt alles, wie es ist.« Nur wenn die Sprache »leerläuft« oder »feiert«, verwirre sie uns;

man möge sie *arbeiten* lassen, damit sie nicht dazu komme, sich mit sich selbst zu beschäftigen. Und noch brutaler: »Was ich lehren will, ist: von einem nicht offenkundigen Unsinn zu einem offenkundigen übergehen.«[1]

Das ist mit äußerster Konsequenz gedacht und kann uns das Fürchten lehren. Aus derselben radikalen Diagnose läßt sich indessen eine hoffnungsvollere Nutzanwendung ziehen. In der Ungenauigkeit der Wörter, in ihrem Überfluß an Anspielungen und Zwischentönen liegt nicht nur ein Grund zur Preisgabe philosophischer Sprach-Artistik, sondern auch ein Potential: Die Wörter sagen uns mehr, als wenn sie auf eine einzige Bedeutung fixiert wären; und sie sagen heute etwas anderes als gestern, obwohl sie von vorgestern stammen.

C. G. Jung nahm Zweideutigkeit und Doppelsinn nicht nur in Kauf, er forderte sie — »um der psychischen Natur mit ihrem Doppelaspekt gerecht zu werden«. Eindeutigkeit gehe auf Kosten der Wahrheit, für Tatsachenfeststellungen sei sie geeignet, bei der Deutung von Zusammenhängen müsse sie versagen.[2] Martin Buber rühmte am Gespräch die Spannung, die durch das verschiedene Verständnis der gemeinsamen Begriffe entstehe: »Die Mehrdeutigkeit erzeugt die Problematik des Redens und sie erzeugt deren Bewältigung im Verstehen, das keine Angleichung, sondern eine Fruchtbarkeit ist.«[3]

Vor allem aber würden sich die Wörter, hätten sie einen exakten Sinn, weit schlechter oder gar nicht dazu eignen, jene erstaunliche Leistung zu vollbringen, die wir von ihnen selbstverständlich erwarten: daß sie über alle politischen, wirtschaftlichen, geistigen und technischen Umwälzungen der Jahrtausende hinweg tauglich bleiben, uns ein erträgliches Quantum an Verständigung und an Weltdeutung zu ermöglichen. Und zwar nicht immer neue Wörter, sondern ganz überwiegend dieselben. Der Wortschatz des Raumfahrtzeitalters deckt sich zu neunzig Prozent mit dem der Postkutschen-Ära. Wäre es damals gelungen, alle Wörter eisern einzugrenzen, wir stünden noch im 20. Jahrhundert vor den Zäunen: ratlos und mit gelähmter Phantasie. Die Summe von Exaktheit und Plastizität ist konstant — mit abnehmender Genauigkeit nimmt die Formbarkeit zu.

So erweist sich die Sprache als ein Ordner, der uns Raum zu Bewegung und Entwicklung läßt. Der Fortschritt der Philosophie, meint Adorno, vollziehe sich in immer neuen Deutungen der immer alten Begriffe[1]. Selbst der Sprung von der Metapher zur Metapher, zur Verballhornung, zum Irrtum und zur nächsten Metapher, wie wir ihn bei »Porzellan« und tausend anderen Wörtern kennen oder ahnen, gerade der Umstand, daß jedes Wort im Lauf der Menschheitsentwicklung den seltsamsten Dschungel durchirrt hat, »Leopard, Vogelschwarm und Flucht« in einem, daß, wenn man »der Tiger« sagt, man »auch die Tiger einbegreift, die ihn zeugten, die Rehe und Schildkröten, die er verschlang, die Wiese, auf der die Rehe grasten, den Himmel, von dem die Wiese Licht empfing«[2] — gerade all das Schwammige, Uferlose und Labyrinthische an der Sprache versetzt uns in die Lage, mit dem alten Wortvorrat in immer neuen Situationen immer neue Gedanken zu denken und immer neue Wirklichkeiten zu bewältigen. So, wie die Wörter gewachsen sind, sagt Jaspers, haben sie die Kraft, »einen Reichtum schlummernden Bedeutens zu jederzeit möglichem Erwachen zu bewahren«[3].

Dazu im »Lexikon«: Ambiguität, Bedeutungswandel, Definition, Disambiguierung, Entropie 2, Homogramm, Homonyme, Homophon, Interpretation, Ironie, Kommunikation, Komponente, Konnotation, Kontext, Logos, Monosem, Oberbegriff, Polysemie, Semantik, Sprachkritik, Sprachnorm, Sprachnormung, Sprechsituation, Verständlichkeit, Vorverständnis, Wortinhalt.

22. Zwischenbilanz (II)

Mehr Grund zum Mißtrauen und viel Grund zum Respekt

> Die Macht des Schalls ist stets größer gewesen als die Macht der Vernunft. Das soll keine Verunglimpfung sein. Es ist besser für die Menschheit, beeindruckbar zu sein als nachdenklich.
>
> *Joseph Conrad, Über mich selbst*

Es wird Zeit, sich wieder einmal umzusehen. Das Geflecht der Begriffe, der Beziehungen und der Funktionen, die Allgegenwart der Wörter, die Unmöglichkeit, ihnen denkend zu entrinnen, das Dilemma, daß wir nur mit ihrer Hilfe mit ihnen rechten können — all dies ist geeignet, den Sprachkritiker schwindlig zu machen. »Die Sprache ist ein Labyrinth von Wegen. Du kommst von einer Seite und kennst dich aus; du kommst von einer andern zur selben Stelle und kennst dich nicht mehr aus.«[1]

Seit der ersten Zwischenbilanz, die zwischen das Funktionieren und die Funktionen der Sprache eingeschoben war, haben wir drei entscheidende Leistungen der Wörter Revue passieren lassen: daß sie zaubern können, jedenfalls nach Meinung ihrer meisten Benutzer; daß sie verführen können, und zwar uns alle; und daß sie Ordnung stiften, wiewohl eine rein menschliche, die sogleich zerfällt, wo immer sie in den Richtstrahler der Kritik gerät. Dabei traten folgende Punkte in den Vordergrund:

1. *Wortmagie*, Gebet, Beschwörung, Namenszauber sind tief in der Sprache verwurzelt und noch heute die häufigste Art, die Wörter zu verwenden. Ganz vermag keiner von uns diese Erbschaft auszuschlagen (Kap.11).

2. Das Wort ist ein Aggressor: Willig transportiert es *Befehle*, und der *Drohung*, die sich beim Tier auf eine grobe Gebärde beschränken muß, hat die Sprache zu unerhörter Verfeinerung und zum Rang einer menschheitsbewegenden Waffe verholfen. Dem Sieger wie dem Besiegten dienen die Wörter zudem als Begleitmusik in der Form von Hohn und Fluch (Kap.12).

3. Schlimmer als die laute Aggression ist die leise *Verführung*, die nicht verletzen und am liebsten nicht einmal bemerkt sein will. Sie

begann mit der antiken Rhetorik und erreichte ihre bisherigen Höhepunkte in der Gegenreformation, in der alliierten Kriegspropaganda des Ersten Weltkriegs sowie in der Person des Joseph Goebbels (Kap. 13 und 14).

4. Ihr Maximum an politischer Wirkung erzielt die Sprache in einzelnen *Schlagwörtern*, unter denen der »Gleichheit« die Krone gebührt. Schlagwörter können nicht definiert werden, sie sollen es auch nicht; schon der Versuch gilt denen, die das Wort geschlagen hat, als öffentliches Ärgernis (Kap. 15 und 21).

5. *Sprache ist Macht*. Die Wörter drücken Herrschaftsverhältnisse aus, konservieren sie und können sie verwandeln. Die Marxisten in Ost und West wissen das und handeln danach: In der DDR wird die Sprache gestanzt und entleert, um die Macht der SED zu festigen; in der Bundesrepublik wurde sie seit 1967 unterwandert, um die Verhältnisse umzustülpen (Kap.16).

6. Die Verführung durch die *Werbung* ist in zwei wesentlichen Punkten von harmloserer Art: Es ist absolut ungefährlich, sich ihr zu entziehen, und da der Werbung in den meisten Staaten die direkte Aggression verboten ist, flüchtet sie sich ins Alberne, Erbauliche und Bombastische. Sie zeichnet damit für viel Geld eine Karikatur der Alltagssprache, die dieselben Eigenschaften und den gleichen Willen zur Verführung enthält, nur in geringerem Grade (Kap.17).

7. Die am schwersten zu durchschauende Manipulation tun uns die Wörter dadurch an, daß sie uns die Welt *gliedern, deuten und etikettieren*. Denkleistung und Phantasie unserer steinzeitlichen Ahnen haben sich zu Begriffen verfestigt, die wir unverzagt im Munde führen, obwohl es darunter schiefe, gefährliche und höchst entbehrliche gibt: Wörter, deren Konto weit überzogen wird, wie »Krankheit«, und solche, in denen möglicherweise nie ein Goldkorn steckte, wie »Wahrheit« oder »Seele«. »Wie wir auch das *Volk* definieren wollen . . . nie stoßen wir außerhalb der Sprache zu ihm vor«[1] (Kap.18).

8. Die Bildung der *Begriffe* hat mit Personifizierungen begonnen, die wir heute kindlich finden (»die Echo«), sich mit oft dubiosen Verdinglichungen fortgesetzt, die uns das Denken erschweren (»die Natur«) und schließlich die bewunderungswürdige Leistung vollbracht, nach oben zu abstrahieren und nach unten zu klassifizieren. Ohne Willkür und Unlogik ging es dabei nicht ab. Wir sehen die Welt

weniger so, wie sie ist, als vielmehr so,wie unsere Ahnen sie rubriziert haben. Den Triumph der Wörter über die Wirklichkeit zeigt unsere groteske Art, den Globus zu beschreiben (Kap. 18 und 19).

9. *Denken* können wir nur so weit, wie die Sprache reicht. »Ein Volk hat keine Idee, zu der es kein Wort hat« (Herder[1]). Auf *eine* Chance, für einen neuen Gedanken ein neues Wort zu ersinnen, treffen tausend Versuchungen, das zu denken, was der vorhandene Wortschatz uns zu denken erlaubt und nahelegt. Darin liegt wiederum eine Verführung; selbst Wörter wie »Raubtier« oder »Bäuerin« sind gespeicherte Vorurteile (Kap.20).

10. Die Beziehungen zwischen *Wortschatz und Realität* sind überaus locker. Dies einzusehen, wird uns durch die uralte Tendenz erschwert, das Wort als Instrument zur Beherrschung des Benannten zu betrachten, ja die Wirklichkeit dafür zu tadeln, daß sie das Vorbild des Wortes nicht erreiche (Kap.20).

11. Wörter zu *definieren*, ist als Versuch stets nützlich und andrerseits im strengen Sinn nicht möglich. Die simpelsten Begriffe haben keine scharfen Grenzen, viele komplizierte verwandeln sich unterm Definieren rasch in Rauch. Das vermindert die Tauglichkeit der Alltagssprache und ist nach Wittgenstein ein absolutes Hindernis für jedwede Philosophie. Die Unschärfe der Wörter schafft jedoch zugleich die Voraussetzung dafür, daß wir mit dem ererbten Wortschatz immer neuen Lebensverhältnissen gerecht werden können (Kap.21).

Zwischenbilanz: Das Mißtrauen gegen die Sprache wächst, mit ihm freilich die Hochachtung — vor der unausdenklichen Kompliziertheit des Instruments, vor den zehntausend Generationen, die es geformt haben, vor der Menge an Geist, Erfahrung, Phantasie, die in ihm gebändigt ist, vor der Kraft des Weitergebens und Bewahrens, die den einzelnen Sprachbenutzer zur Eintagsfliege degradiert. Die Mehrzahl der Sprechenden ahnt von alldem nichts: Sie badet frohgemut in der bewährten Melange aus Aberglauben und Ahnungslosigkeit.

Nach den stürmischen Tiefen der Propaganda und den kalten Höhen der Abstraktion winkt nun freundlicheres Land: das, wo die Wörter blühen, wo sie uns trösten, entlasten, verbinden.

VI. Das Wort als Tröster

23. Kontakt — Entlastung — Gaumenkitzel

Der Trost der Geselligkeit, des Bekennens und der Tautologie

> Die meisten Freundschaften haben keinen anderen Grund als den Haß gegen das Schweigen.
>
> *Maurice Maeterlinck*

Zwei Menschen sagen einander »Auf Wiedersehen« — leichthin, absichtslos, trivial, und doch: wie voll von Bedeutung! »Es ist uns beinahe unmöglich auszudenken, wie es wäre, wenn wir dies und dergleichen nicht sagen könnten, wenn sich Freunde, Gatten wortlos, sprachlos trennen müßten, jeder seines Weges ginge ohne solchen Austausch der beiderseitigen, der gemeinsamen Hoffnung und Absicht, ohne solche holde Zusage und Zusicherung von Wiederkehr und Dauer.«[1] Dolf Sternberger hat das geschrieben und die Sprache ins Herz getroffen — dorthin, wo die meisten Linguisten nie vorgedrungen sind, weil sie sich auf vordergründige, rationale Deutungen der Sprachfunktionen konzentrieren oder gar die Sprache insgesamt mit ihrem hie und da auftauchenden Informationszweck verwechseln. Die andere dominierende Verwendungsart der Wörter, neben Gebet und Wortmagie, ist aber nicht Mitteilung, »Ausdruck« und »Appell«, sondern das informationsfreie und oft ziellose Geplauder, das tröstend, entlastend und gemeinschaftsbildend wirkt — also so eindeutig positiv, wie sich dies von keiner anderen Art der Sprachbenutzung sagen läßt. Novalis klagte, kaum einer merke, »daß das verächtliche Schwatzen die unendlich ernsthafte Seite der Sprache ist«[2], und viel hat die Wissenschaft seither nicht dazugelernt.

Der Gedanke von der sozialen Bindekraft der Wörter ist zwar alt, doch kaum je Objekt methodischer Untersuchung gewesen. »Die Menschen gesellen sich zueinander vermittelst der Rede«, schrieb Bacon[3], die Sprache ist nach Locke »das große Band, das die Gesellschaft zusammenhält«[4], nach Herder »die große Gesellerin der Menschen«[5]. Révész stellt den *Kontakt* heraus als »die angeborene Grundtendenz gesellschaftsbildender Lebewesen zu gegenseitiger Annäherung, Fühlungnahme, Zusammenarbeit und Verständigung«, und in diesem Rahmen bewirke die Sprache den *geistigen* Kontakt: Sie habe den Sinn, »Erfahrungen, Gedanken, Wünsche, Bestrebungen in adäquater Weise kundzugeben«[6].

Das geht noch immer an einem zentralen Punkt vorbei: daß nämlich die Wörter nicht primär so gewichtige Dinge wie Gedanken und Erfahrungen transportieren, sondern das beruhigende, pausenfüllende Nichts — »Erkundigungen nach dem gesundheitlichen Befinden, Bemerkungen über das Wetter, Bestätigungen eines auch für den Dümmsten offensichtlichen Sachverhalts, zweckfreie Ausdrücke der Vorliebe oder der Ablehnung, Berichte über Vorgänge ohne Belang«. So sieht es Malinowski, der die schärfste unter den wenigen Diagnosen des Kontaktgeplauders gestellt hat, und er fährt fort: »Das Schweigen eines andern ist ein beunruhigender Faktor.«

Dieses Schweigen zu brechen, war von jeher die Funktion des *Grußes:* Wir plappern ein paar Silben fast beliebigen Inhalts und wollen unser Gegenüber zu ebensolchem Plappern provozieren; »grüßen« geht in der Tat auf ein westgermanisches Wort zurück, das »sprechen machen, zum Reden bringen« bedeutete — Fragen sind daher als Grußformeln besonders geeignet: Wie geht's? Ça va? How do you do? Die Redensarten (nun wieder Malinowski) seien nötig, »um die eigentümliche und unangenehme Spannung zu überwinden, die die Menschen empfinden, wenn sie einander schweigend gegenüberstehen. . . Durch den bloßen Austausch von Wörtern werden Bande der Gemeinsamkeit geknüpft. . . Es ist ein Gebot der Höflichkeit, etwas zu sagen, auch wenn es kaum etwas zu sagen gibt... Die Sprache als Mittel des Ausdrucks von Gedanken zu betrachten, heißt eine ihrer spezialisiertesten Funktionen einseitig in den Vordergrund rücken.«[1]

Wahrscheinlich geht selbst diese treffende Beschreibung noch nicht weit genug. Denn den nichts besagenden Sprachfiguren (»Dolles Wetter«) lieben wir die *zweimal nichts* besagenden Rückversicherungsfloskeln nachzuschieben (bei Bernstein »sympathetic circularities«): »nicht wahr?« »oder?« »gell?« »isn't it?« »n'est-ce pas?« — mit einem erstaunlich hohen Anteil an unserem Wortaufkommen. Überdies scheint Malinowski nur das Zusammensein von Erwachsenen im Sinn zu haben, die nicht in den Grenzsituationen des Liebens, Leidens oder Sterbens stehen. Zwischen Liebespaaren, von der Mutter zum Kind, von der Krankenschwester zum Patienten auf der Intensivstation wird noch primitiver und elementarer gesprochen und mit noch höherer Wahrscheinlichkeit ohne jeglichen informatorischen Gehalt: Hier geht es darum, dem andern den Genuß oder den Trost der Stimme zu verschaffen, die sich nicht einmal des üblichen Wortschatzes oder auch nur der Artikulation zu bedienen braucht. Werden aber die Signale der Verbundenheit in Form herkömmlicher Wörter ausgestrahlt, so kann in solchen Situationen der Wortinhalt wenig bewirken: Mehr als auf ihn kommt es auf den »segnenden Regen unverstandener Reden« an, wie ihn Joseph Roth beschrieben hat[1]. Die Laute zu identifizieren, die Wörter zu definieren, den Text zu interpretieren, wenn eine Mutter ihr weinendes Kind in den Schlaf spricht, wäre ein vollständig unangemessener Ansatz. Und nicht nur dann: Alles liebevolle, tröstende oder entlastende Reden und Stammeln — das heißt vermutlich annähernd die Hälfte unseres gesamten Wortaufkommens und bei Menschen, die nicht beten, noch viel mehr — entzieht sich allen Kategorien der Logik und den meisten der Information, während es von der Linguistik ignoriert oder falsch rubriziert zu werden pflegt.

In der tröstenden und entlastenden Funktion der Sprache lassen sich drei Antriebe erkennen. Zum ersten: sich der Gemeinsamkeit versichern — durch Gruß, Plausch und Floskeln im Sinne Malinowskis; durch das Raunen der Liebespaare; durch den Zuspruch für die Leidenden. Zum zweiten: den Weltlauf tautologisch bereden (darüber später mehr). Zum dritten: sich aussprechen, sich darstellen, beichten — *Ausdruck* im Sinne Bühlers und im Unterschied zu den beiden anderen Motiven zugleich mit Elementen der *Mitteilung*.

Selbstdarstellung, Kundgabe der inneren Freuden und Nöte ist eine der stärksten Triebkräfte aller, die reden oder schreiben. Ortega spricht von »einer Art lyrischen Geständnisdrangs«, dem »unabweisbaren Bedürfnis, dem Andern zu offenbaren, was einem im eigenen verborgenen Inneren zu schaffen macht«[2], Spengler von »der Sehnsucht alles Lebens, sich vor Zeugen zu verwirklichen«[3]. Und es liegt ja, wie Kleist zu rühmen weiß, »ein sonderbarer Quell der Begeisterung für denjenigen, der spricht, in einem menschlichen Antlitz, das ihm gegenübersteht«[4]. Freunde, Ehepartner und Geliebte, Pfarrer und Ärzte, Barkeeper, Prostituierte und zuweilen sogar Kriminalbeamte sind Quellen solcher Begeisterung: Mancher Verbrecher spürt nach dem Geständnis eine wohlige Erleichterung.

Die Beichte stillt ein menschliches Urbedürfnis. Sie abgeschafft zu haben, ist ein häufiger Vorwurf gegen Luther, viele Psychotherapeuten verstehen sich als Beichtväter für Glaubenslose. Eine reiche Bekenntnisliteratur demonstriert das Maß des Beichtdrangs, von Augustinus über Rousseau und De Quincey bis zu jenen Zeitgenossen, die von Zolas Versprechen, sich »nackt und wahr bis zur Roheit« zu bekennen[1], wenigstens die Nacktheit wahrmachen. Unbezähmbar ist die Beichtwütigkeit Dostojewskischer Gestalten: der drei Brüder Karamasow, auch des Raskolnikow, der der Prostituierten Sonja »in düsterer Schwärmerei, gereizt, verzweifelt, hochmütig« seinen Mord gesteht[2]; vollends selbstzerstörerisch bei Nikolai Stawrogin in den »Dämonen«, der in dreihundert Exemplaren drucken läßt, er habe eine Zwölfjährige verführt, die sich daraufhin erhängte, und seine Reaktion sei Haß, Verachtung, Ekel, Angst und Langeweile gewesen[3]. Sich öffentlich schuldig zu bekennen, gehört zum Ritual der Heilsarmee und zur Seelenwäsche der chinesischen Kommunisten. In Amerika wird es mehr und mehr auch ein sozialer Zwang: organisiert in Gestalt des modischen Sensitivitätstrainings, dessen Teilnehmer »erst die Kleider ablegen, dann die erlaubten Gefühle, dann die verbotenen Gefühle, dann die wirklichen Geheimnisse und zum Schluß das Selbst«; unorganisiert in der Form, »daß heutzutage niemand Stellung, Gesundheit, Jungfernschaft, Persönlichkeit oder den Verstand verlieren kann, ohne ein Buch darüber zu schreiben oder den Verlust in einer talk show zu bereden«[4].

Reden, reden, Botschaften aus der Innenwelt entlassen, damit ihr Überdruck gemildert wird — das ist oft ein so mächtiger Impuls, daß der Trostsuchende und Beichtwillige sich durch das Fehlen von Zuhörern nicht irritieren läßt. Greise und Betrunkene hört man auf der Straße sprechen. Im Grimmschen Märchen darf die Königstochter, die für eine Gänsemagd gehalten wird, sich bei Strafe ihres Lebens keinem offenbaren; da rät ihr der Gänsehirt: »Wenn du mir nichts sagen willst, so klag dem Eisenofen da dein Leid! Da kroch sie in den Ofen und schüttete ihm ihr Herz aus.« Das ist ein eindrucksvolles Stück Volkspsychologie. Bei manchem Buch, das ein Einsiedler und Misanthrop geschrieben hat, bei mancher Heiratsanzeige, in der ein Mensch mit schöner Seele seine Einsamkeit hinauszuschreien scheint (»Partner für Gespräch und Reise«, »Ich will nicht mehr allein spazierengehen!«), darf man sich fragen, ob Buch und Inserat nicht gleichsam der Eisenofen waren, der den Zuhörer vertreten mußte. Bei Mutter Sprache kann selbst der noch Trost finden, den keiner hören will: Sie ist ja das Produkt hunderttausendjähriger Geselligkeit, aus ihr sprechen die Ahnen und die Andern, sie selbst bietet sich zum Partner der Zwiesprache an. Nicht nur die Erfahrungen und die Vorurteile sind in ihr gespeichert, auch der Trost; das Wort kann noch der Einsamste sich zur Gesellschaft nehmen.

Die informatorische Nebenwirkung, die die Sprache beim herkömmlichen Bekenntnis hat, wird bei der Klage im Ofen oder vor den Steinen auf dem Felde wiederaufgehoben — ohne daß dies jedoch ihre entlastende Funktion zunichte machte. Es bleibt ein Trost, das, was ist, im zwischenmenschlichen Medium der Sprache nachzuvollziehen. Wir sprechen, um zu sprechen, weil Sprechen unsere Lust und unser Wesen ist (Novalis[1]), weil das niemanden informierende Ausdrücken dessen, was wir ohnehin wissen und schon mehrfach, gestern oder vor zehn Sekunden ausgesprochen haben, uns tröstet und erfrischt.

Sucht man nach einem Wort für dieses Phänomen, so bietet sich *Tautologie* an, freilich in etwas weiterem als dem landläufigen Sinn. Der griechische Begriff bedeutet »dasselbe sagen«, wird oft durch das unscharfe Synonym *Pleonasmus* (Überfluß) ersetzt, heißt volkstümlich »doppelt gemoppelt« und meint zunächst: *Wiederholung des bereits Gesagten*. Es ist die Technik des Zwei- und Dreimalsagens, von der unter anderem Aspekt schon Kap. 7 handelte: in Übereinstimmung mit der Sprachnorm (wortwörtlich, niederknien) oder gegen sie verstoßend (neu renoviert), als guter Stil geltend (mit Sack und Pack) oder als schlechter (Ich möchte nochmals wiederholen); offenkundig (weißer Schimmel) oder für viele schwer durchschaubar: *Maßnahmen ergreifen* bedeutet das Ergreifen des Nehmens von Maß, *Tatsachenbehauptung* sagt nicht mehr als Behauptung, da es ja im Wesen des Behauptens liegt, das Behauptete als Tatsache auszugeben. Die Wiederholung hat ihren Platz in der Umgangssprache (»Da sag ich doch zu ihm: ›Mensch!‹ sag ich«), in der Lyrik (Hölderlin: »Schon tönt, schon tönt es ihm in der Brust«); nicht minder in der Philosophie, zum Beispiel in Hegels königlichen Formulierungen »Die als Seele existierende Seele« oder »Das Fürsichsein hat sein Fürsichsein zum Gegenstande«[2].

Reichlich tritt die Tautologie im Journalismus auf, so wenn er die Formel »strengstes Stillschweigen bewahren« kultiviert oder wenn der »Spiegel« seinen Aufmacher in Heft 1/75 mit den nahezu hegelschen Worten schloß: »Schnaps wird dann wieder Schnaps sein. Warten wir auf den Mai. Windige Wende. Wendige Winde. Oder auch: windige Wände. Tendenz, Tendenz . . .« (vollständiges Zitat der letzten fünf Zeilen). Tautologie ist das Schild »Unbefugten ist der Zutritt verboten«, da er Befugten nie verboten sein kann; tautologisch die Standardformel im Wetterbericht des Schweizer Radios: »Bei wechselnder Bewölkung zeitweise sonnig«. Wer also lacht über die Preußische Aufzugsverordnung vom 8. September 1926, wonach es »verboten ist, Personen in Aufzügen zu befördern, bei denen das Mitfahren von Personen verboten ist«? Hier wurde lediglich mit deutscher Gründlichkeit ans Licht gezerrt, wie wir zu reden lieben.

Daß in diesen Beispielen leere Geschwätzigkeit walte und das Thema »Entlastung durch Sprache« damit verlassen worden sei, wäre kein zutreffender Einwand. Erstens, weil das Sprechen, egal wie und worüber, vom Sprecher fast immer als Lust empfunden wird. Zweitens, weil gerade solches Schwatzen die Urfunktion erfüllt, Kontakt herzustellen. Und drittens, weil eben die Wiederholung, und bestünde sie aus dem dürftigsten Wortgeklingel, ein positives Grunderlebnis vermittelt, dessen Rolle in der Sprache nicht hoch genug eingeschätzt werden kann, wiewohl es nicht auf die Sprache beschränkt ist: das Gefühl »Kenne ich, erkenne ich wieder!« Dieses Stück Glückseligkeit beginnt mit dem Kuckuck-Spielen, wie Freud es schildert: Das Baby ist bekümmert, denn der Kopf der Mutter ist plötzlich verschwunden. Doch er taucht wieder auf, hurra! Und nun, wenn das Gesicht zum zweitenmal unsichtbar wird, setzt das Lusterlebnis ein, das vielen Kindern das erste Gelächter ihres Lebens entlockt: Ich glaube, der Kopf wird wiederkommen, in dieser Hoffnung läßt sich die kleine Angst ertragen, ich durchschaue den rhythmischen Ablauf, sehe das Gesicht — und lache!

Nach derselben psychologischen Gesetzmäßigkeit läuft das »Mitsingen« beim Bunten Abend ab. Der Sänger allein beherrscht den Text, er bereitet dem Publikum das leichte Unbehagen, Neuem zu begegnen. Aber siehe, am Schluß der zweiten Strophe werden die letzten zwei Zeilen der ersten wiederholt, ein *Refrain* ist entdeckt. Die dritte Strophe hört man anders, der künstlich verzögerten Wiederkehr des Gleichen entgegenfiebernd; und »Alle!« ruft der Sänger, nun jubeln sie, die Wörter, die *nichts* Neues sagen, sind der Quell der Lust. Fast alle Volks-, Jux- und Kinderlieder pflegen den Refrain und schöpfen eben daraus ihre Popularität, durch die wiederkehrende Melodie des strophischen Liedes unterstützt. Vom Reiz der Reprise macht Homer Gebrauch, wenn er den Auftritten des Achilleus immer wieder die Worte »der mutige Renner« voranstellt, und nicht anders Raymond Queneau, der Marceline (in »Zazie«) nichts sagen läßt, was sie nicht »sanft« zu sagen hätte. Als Schmuck und Entlastung wirkt das Leitmotiv bei Richard Wagner wie bei Thomas Mann; die Ouvertüre schickt der Arie im dritten Akt einen freundlichen Hauch von Bekanntheit voraus, auf die Arie folgt das Da Capo — und auf die Pointe dieselbe gleich noch einmal, weil Witz-Erzähler sie nachzuschmecken lieben. Zugleich erklärt dieser Reiz die teuflische Macht der Propaganda: Wer ihrer Grundregel »tausendfache Wiederholung einfachster Begriffe« (S.116) folgt, vergewaltigt nicht etwa seine Hörer, er schmeichelt sich bei ihnen ein. Mit bis zu elfmaliger Wiederholung pro Gedicht spielt Brecht, fünfmal zum Beispiel im »Lied gegen den Krieg« mit dem Refrain: »Dreck euer Krieg! So macht ihn doch allein! Wir drehen die Gewehre um und machen einen andern Krieg — das wird der richtige sein.«

Daß die hartnäckige Wiederholung hier mehr der Bekräftigung als dem Wohlgefallen dient, nimmt dem Urvergnügen des »Kenne ich!« nichts weg — im Gegenteil: Wir erleben ja mehrstündige Veranstaltungen, in denen der Genuß der Wiederbegegnung mit dem Altbekannten sich ebenso aus der Wiederkehr der Floskeln wie der Bekräftigung der Meinungen speist: die Festrede mit ihrem vertrauten Gedankengut und ihrem das Neue kunstvoll meidenden Wortschatz, der in Formeln wie »So möge denn...« und »In diesem Sinne« kulminiert. »Festliche Rede ist sprachliches Ritual«, schreibt Glaser. »Die standardisierten Formen und Formeln ermöglichen es dem Hörer, sich zurechtzufinden; er erlebt, was er erwartet hat, und er erwartet, was er immer erlebt hat.«[1] Das erinnert an die Belehrung, die die »Einsager« Handkes »Kaspar« erteilen: »Du brauchst häusliche Sätze . . . Sätze, die du dir eigentlich sparen konntest . . . Alle Gegenstände, bei denen es noch etwas zu fragen gibt, sind unordentlich, unschön und ungemütlich . . . Jeder Satz, der nicht stört, nicht droht, nicht zielt, nicht fragt, nicht würgt, nichts will, nichts behauptet, ist ein Bild von einem Satz.«[2]

Für gewöhnlich sind Festreden affirmativ, performativ, geschwätzig und geschwollen; und folglich haben sie mit der Sprache der Werbung gemein, daß sie den Alltagsgebrauch der Wörter stilisieren oder karikieren. Denn affirmativ, performativ und geschwätzig sind wir werktags auch, nur der Schwulst wird als mühsam oder unpassend empfunden.

Die *affirmative*, bejahende, bestätigende Aussage — das ist die andere Standardform der Tautologie und ein Grundpfeiler menschlichen Zusammenlebens. Während wir uns bisher mit der *Wiederholung des schon Gesagten* auseinandersetzten, kommen wir nun zum *Bereden des jedermann Bekannten*. Das ist der häufigste Gegenstand von Parlamentsdebatten: Die Sprecher der Parteien tragen Standpunkte vor, die erstens wohlbekannt und zweitens ohne Chance sind, den Standpunkt irgendeines Abgeordneten zu verändern. Affirmativ ist die Bestätigung »eines auch für den Dümmsten offensichtlichen Sachverhalts«: Stürmt es, müssen wir *sagen*, daß es stürmt, schneit es, müssen wir *sagen*, daß es schneit, schwitzen wir bei dreißig Grad im Schatten, müssen wir *sagen*, daß es heiß sei. Wir müssen: Denn unser Kontaktbedürfnis drängt uns, und obendrein treibt uns der Instinkt, uns dadurch zu entlasten, daß wir zur stummen Wirklichkeit eine sprachliche Parallele ziehen.

Je mehr wir uns von der Realität bedroht oder geärgert fühlen, umso wichtiger wird der Trost des begleitenden Wortes. Wenn zwei Männer bei klirrender Kälte an der Omnibushaltestelle stehen, läßt sich zumeist folgendes Brauchtum registrieren. Der eine sagt: »Donnerwetter, ist das kalt heute.« (Den scharfen Frost *nicht* zu bereden, wäre ein Ausdruck der Kontaktscheu oder einer seelischen Verklemmung.) Der andere antwortet: »Ja, unheimlich kalt!« War die Feststellung des ersten nur naheliegend, so ist die Reaktion des zweiten absolut zwingend: Die affirmative Aussage unerwidert zu lassen, wäre ein feindseliger Akt oder »die unheimliche Gleichgültigkeit eines Wahnsinnigen«[1]. Ist die Kälte dergestalt beredet worden, so kann auf die Kontaktfunktion die tröstende Leistung der Sprache folgen: Der beschwatzte Frost beißt nicht mehr ganz so wie der unberedete, formuliertes Leid ist gemildertes Leid. »Was gehört dem armen Mann?« fragt der Bahnarbeiter in Horváths »Bergbahn«. »Wenn die Sonn' scheint, der Staub, wenn's regnet, der Dreck«[2]. Muß es nicht ein Trost für den Armen sein, seine Not so trefflich formuliert zu hören? Woyzeck sagt von den armen Leuten noch drastischer: »Ich glaub, wenn wir in Himmel kämen, so müßten wir donnern helfen.«[1] Das treffende Wort ist ein entlastendes Wort und jedes Wort besser als keins.

Nie war das deutlicher als am Abend des 22. November 1963. Durch Telefone, in Treppenhäusern, über Gartenzäune wurde millionenfach leidenschaftlich über ein einziges Thema geredet: »Haben Sie's gehört? Kennedy ermordet!« Bestätigte der andere, es gehört zu haben, so war jeglicher Informationszweck der Sprache erfüllt. Aber das Gespräch begann nun erst: daß dies ungeheuerlich, grauenvoll und nicht zu glauben sei, und dieser großartige Mann, und in welcher Welt man eigentlich lebe. Das Entsetzen schaffte sich Luft; die völlige Übereinstimmung der Partner, das Fehlen von Diskussionsstoff und Detailinformationen konnte den Fluß der Worte nicht stoppen: reden, reden, um nicht an den Wörtern zu ersticken, die jetzt gesagt werden mußten.

Wie die affirmative gibt die *performative* oder vollziehende Aussage etwas Sichtbares und Selbstverständliches wieder. Von performativen Sätzen reden wir jedoch in dem Sonderfall, daß das Offenkundige eine eigene Handlung des Sprechers ist, die ohne seine Worte in derselben Form und meist auch ebenso verständlich ablaufen würde. Das beginnt mit der Kindersprache (Piaget: »Das Kind muß beim Handeln sprechen«[2]) und erfreut uns noch am Festredner, wenn er sagt: »Hiermit überreiche ich Ihnen die Ehrenurkunde für fünfzigjährige Mitgliedschaft.« Die Kuhmagd sang: »Stripp, strapp, strull, ist der Eimer vull.« Der Bastler, der die Schrauben noch einmal nachzieht, sagt: »Sicher ist sicher«, wobei er in drei Wörtern gleich zwei Tautologien begeht: die der Wortwiederholung und die des arbeitsbegleitenden Gemurmels. Sich die Arbeit durch Sprüche und Lieder technisch zu erleichtern oder psychologisch zu verkürzen, gehört zu den Ursprüngen der Sprache (S.39) und war in der großen Zeit der Handarbeit die häufigste Form performativen Redens. Man denke an die keuchenden Männer, die an Seilen eine schwere Handramme hochziehen mußten, um sie alsdann auf den einzurammenden Pfahl niedersausen zu lassen — sie hatten hundert Sprechgesänge, meist mit einem vielsilbigen Text zur Überbrückung der Hebezeit und einem Ausruf, der den Fall einleitete; in Holstein beispielshalber so:

Min oll Großmodder
— rrumms!

War söben Jahr in Himmel
— rrumms!
Nu will se wedder rünner
— rrumms!
Nu is se unn!
— rrumms.

Begleitend, entlastend, von jedem Mitteilungscharakter frei und sogar ohne inhaltlichen Bezug zur gleichlaufenden Arbeit, nur aus Freude am Rhythmus, am Kontakt und an der stets tröstlichen Betätigung der Stimmwerkzeuge — so benutzte man die Wörter, und eben von dieser Art quillt unsere Alltagsrede über.

Eine merkwürdige Form performativen Redens legt die Höflichkeit uns nahe: Indem wir versichern, wie satt wir seien, bedienen wir uns zum zweitenmal. Die Sitte gebietet, bestimmte Handlungen mit bestimmten Worten zu begleiten, wobei die Wörter, wenn man denn töricht genug ist, ihrem Inhalt zu lauschen, der Handlung stracks zuwiderlaufen können. Unter höfischen und bäuerlichen Verhältnissen schnurrten da komplizierte Wortrituale ab, anschaulich etwa bei Jeremias Gotthelf nachzulesen: Eine Berner Bäuerin besucht die Nachbarin. Vor der Haustür einigen sie sich, »sie könnten ja drinnen *einander sagen, was der Brauch sei«,* und was war der Brauch? Das angebotene Frühstück abzulehnen, denn das möge doch keiner glauben, »daß sie ungegessen aus dem Hause ginge«. Und nun ein Wettlauf zwischen dem Aufnötigen, dem Verweigern und dem schließlichen Verzehren von Speise und Trank: Wenn schon Kaffee, dann wenigstens keinen Zucker hinein, »und da warf ihr doch die Frau den Zucker in denselben«. Warum die Nachbarin keine Küchli wolle — sie glaube wohl, die seien nicht sauber oder nicht fett genug? »Und nun erhob sich ein eigentlicher Streit«: Die Besucherin dreht die Tasse um — der Kaffee schmecke ihr wohl nicht, ob sie besseren gewöhnt sei? Unter solchem Zeremoniell mästen sich die Weiber an einem Frühstück, »wie es Fürsten selten haben und keine Bauren auf der Welt als die Berner«[1].

Warum ein Wortschwall, der nichts bewirkt und nichts bedeutet, es sei denn sein Gegenteil? Offensichtlich übertreibt Jean Paul, wenn er dem »ewigen Pulsschlag der weiblichen Zunge« die Funktion zuschreibt, im Interesse guter Luft »der Erschütterung und Umrüttelung der Atmosphäre fortzuhelfen«[2]. Aber wofür dann all das

»Schnarren, Schreien, Pfeifen, Singen und andere lärmende Unterhaltungen?« fragt Kant. »Ich sehe keinen anderen Bewegungsgrund hiezu, als daß sie ihre Existenz weit und breit um sich kundmachen wollen.«[1] Sie wollen noch mehr: den Weltlauf mit Wörtern doppeln — vielleicht in geheimer Verwandtschaft mit den Dobu-Insulanern, die das Wachstum ihrer Feldfrüchte murmelnd begleiten (S. 94), mit einem letzten Anflug des Wahnes also, ein unbeschwatztes Leben wäre der Tod. Und wahrscheinlich, noch primitiver, mit der bescheidenen Lust, wie das Kind sie beim Daumenlutschen empfindet: Der Kehlkopf, die Zunge, die Lippen werden in die ihnen gemäße Tätigkeit versetzt und belohnen uns obendrein mit Geräuschen, die uns so erfreuen wie ein Kind die köstliche Erfahrung, daß aus dem Klavier ein Ton kommt, wenn man auf die Taste tippt.

Festredner, Parlamentarier, Nachbarn und Kollegen lassen es selten dabei bewenden. Und da wird irgendwo die Schwelle überschritten, hinter der die Entlastung des einen zur Last für die andern werden kann: Die soziale Errungenschaft des Kontaktes und der humanitäre Vorzug des Trostes durch Sprache schlagen um ins Gegenteil; die Gründlichkeit, mit der der Sprecher sich zu entlasten wünscht, wird den Zuhörern zum Ärgernis, das wiederum in ihnen den Bedarf nach Entlastung staut. Dem Parlamentsgeschwafel — in Bonn »Kies« genannt — widmete die »Frankfurter Allgemeine« 1975 einen Leitartikel, in welchem sie unter anderen folgende Unterscheidungen traf: der gewöhnliche Kies (Dies soll hier deutlich gesagt werden, Wir sollten das weder über- noch unterbewerten); der Selbstbespiegelungs-Kies (Das erkläre ich an dieser Stelle in aller Deutlichkeit), der Kraftmeier-Kies (Ob Ihnen das paßt oder nicht!) und der rhetorische Edelkies oder Schwulst (Das kostbare Gut der Gesundheit)[2].

Wo sich Geschwätz und Schwulst vermählen, entsteht die große Rede. Karl Valentin bot dafür das Muster an: »Wehe dem, der sich selbst, wehe dem, dem derjenige nur das ist, was wir uns von diesem erwartet haben. Selbst ist die Frau! Meine Herren! Wenn die Besonnenheit uns von unseren Sorgen, deren wenige ein verblendendes Spiel in uns gesetzt zum Zwecke des Mittels, einen wie bei jedem, wir können nicht das gute Gewissen mit derselben Resignation verknüpfen, der unserem Standpunkt von vorneherein gegenüberstand.«[3] So reden die Wichtigtuer, die Wörter wie Murmeln durcheinanderwerfen, die Schöngeister mit dem hölzernen Vokabular, die schlimmen Schwätzer, die ihre Wörter in der Mundhöhle zum Salat anrichten. »Es ist das Schicksal Hunderttausender, nicht reden zu können, gleichwohl nicht schweigen zu wollen«[1] — nicht schweigen zu *können*, um es korrekt zu sagen; reden zu *müssen*, wie die Kühe wiederkäuen, und wie diese ziemlich zufrieden dabei. »Zweierlei Bestien sind die dümmsten«, heißt es in Mauthners Zoologie: »die gar nicht reden können, wie zum Beispiel vermutlich die Austern, und die gar nicht schweigen können. Beiden ist es versagt, sich mitzuteilen.«[2]

Doch seien wir nicht ungerecht. Die Aussage »Unheimlich kalt heute!« ist unstreitig *wahr* — und von wie vielen Sätzen, die wir sprechen, ließe sich das so eindeutig behaupten? Auch müssen wir das Schwafeln und Salbadern wohl in Kauf nehmen, weil es die Kehrseite einer Medaille ist, mit der wir zu unserem Trost das Leben dekorieren.

Dazu im »Lexikon«: affirmativ, Aphasie 2, Entlastung, Frage, Gespräch, Kommunikation, Kontakt, Monolog, performativ, Sprechzwang, Tautologie, Verbigeration, Wiederholung, Worthäufung.

24. Vom Trost des Märchens und der Utopie

Wie Wörter die Wirklichkeit schmücken und verändern

> Warum, Milena, schreibst Du von der gemeinsamen Zukunft, die doch niemals sein wird, oder schreibst Du deshalb davon?. . . Manchmal verstehe ich nicht, wie die Menschen den Begriff »Lustigkeit« gefunden haben, wahrscheinlich hat man ihn als Gegensatz der Traurigkeit nur errechnet.
>
> *Franz Kafka an Milena Jesenska-Pollak, 1923*

»Das Briefgeheimnis ist unverletzlich« heißt es in Artikel 10 des Grundgesetzes und in Artikel 8 der Menschenrechtskonvention des Europarats. »Beschränkungen dürfen nur aufgrund eines Gesetzes angeordnet werden.« Beschränkungen dürfen also angeordnet werden. Das Briefgeheimnis ist demnach verletzlich. Für die Verletzlichkeit wählt die Verfassung das Wort »Unverletzlichkeit«. Darin liegt eine Entlastung. Die Sprache tröstet uns nicht nur, indem sie uns erlaubt, das, was ist, auch zu sagen; sie verschafft uns den noch größeren Trost, *das, was nicht ist, wenigstens zu sagen.* Wir nennen »unverletzlich«, was wir verletzen. »Gott verläßt keinen Deutschen«, verkündete Turnvater Jahn[1]. »Prawda« heißt Wahrheit und verbreitet die Lügen der Partei. Die Festrede, zumeist nur wiederkäuend, schwingt sich, wenn sie aus dieser Quelle trinkt, zum Schöpfertum empor: Den Edelmut, den sie beschwört, muß sie zuvor erfinden.

Das Nichtseiende zu sagen, gelingt uns mit Hilfe des Konjunktivs, des Märchens, des erhabenen Vorsatzes, der frommen Lüge und der Utopie. Die Sprache benutzen wir damit in der kühnsten Form: Sie begann vermutlich mit Bezeichnungen dessen, worauf man zeigen konnte, bezog sodann, in den sogenannten Symbolwörtern, abwesende Menschen, Tiere und Sachen ein und erklomm schließlich die Stufe, das Niegeschaute, bloß Vorgestellte, Befürchtete und Ersehnte zu benennen: unsere Wunschträume, Alpträume und jene Sonntagsgedanken, die wir eigens denken, um dadurch des Handelns enthoben zu sein, wie Musil formulierte: »Warum die Menschen nicht gut, schön und wahrhaftig *sind,* sondern es lieber sein wollen«[2]. Ähnlich Shaw: »Wer sich darüber beklagt«, schrieb er im Nachwort zu seinem dreißigjährigen Briefwechsel mit der Schauspielerin Ellen Terry, »daß alles nur auf dem Papier stattfand, der halte sich vor Augen, daß die Menschheit es bisher nur auf dem Papier zu Ruhm, Schönheit, Wahrheit, Weisheit, Tugend und ewiger Liebe gebracht hat.«

Die Formulierung des Nichtvorhandenen, das Tagträumen findet in jedem Kinderzimmer statt: Das Kind, gewohnt, beim Handeln zu sprechen (S. 225), »kann dieses Verhältnis umdrehen und sich der Worte bedienen, um das zu erreichen, was die Handlungen nicht verwirklichen können«[1]. Auch Mythen und Märchen sind solche Wunsch-Erfüllungen, über alle Maßen machen sie das Tröstende der Sprache deutlich: voran das Märchen vom Aschenbrödel, dem geschundenen Mädchen, das den Prinzen bekommt, in Tausenden von Fassungen in allen Weltteilen erzählt. Da ist der Traum von Reichtum, Sättigung und Sicherheit in »Tischlein deck dich«, die Geschichte vom »starken Hans«, der als Zehnjähriger eine Räuberbande niederschlägt, vom »jungen Riesen«, der Eichen ausreißt, obwohl er als Däumling ins Leben trat, »von einem, der auszog, das Fürchten zu lernen« und es selbst zwischen Leichen und Gespenstern nicht lernen konnte — welch herrliche Ersatzbefriedigung für Hungernde, Gequälte, Angsthasen und Schwächlinge.

Viele Schriftsteller, höchst angesehene darunter, sind schiere Märchenerzähler — wenn es das Märchen kennzeichnet, das Unwirkliche ins Wort zu setzen, damit wir uns glücklich, reich und unverletzlich fühlen können. Indem solche Schreiber eine Gegenwelt der Worte schaffen, sind sie die Großmeister der Selbsttröstung und zugleich die Tröster ihrer Leser: Karl May ersann mit Old Shatterhand, Ian Fleming mit James Bond den perfekten Traum von Allmacht. Mit Sieben schrieb Sartre seinen ersten Roman, worin der Held drei Tage gegen die Haifische kämpfte, die Wüste durchquerte und seine Eingeweide in den Händen trug, »sich aber weigerte, genäht zu werden, bevor er mit dem General gesprochen hatte«[2]. In solchen Werken, meint Freud, erkenne man »ohne Mühe Seine Majestät das Ich«. Während unsereins seine tagträumerischen Phantasien meist vor anderen verberge, ja es als peinlich empfände, wenn ein Mitmensch ihm seine privaten Utopien im Gespräch enthüllte, habe der Dichter mit seiner Selbstgewißheit, auch durch eine Tarnung hier, eine Verfremdung dort die Form gefunden, die es uns ermögliche, »unsere eigenen Phantasien nunmehr ohne jeden Vorwurf und ohne Schämen zu genießen«[3].

In der literarischen Gegenwelt hausen nicht nur Prinzen und Helden. Sie ist die Wohnstatt aller Phantasien, die über das Halbe, Laue, Rauhe und Widrige der realen Welt hinausweisen: Heimat dem schieren Edelmut, dem Triumph des Guten, auch dem »Verkümmert-Möglichen«, wie Thomas Mann es nennt[1] — in ihr springen jene Knospen auf, die verdorren mußten, weil die eine Wirklichkeit allen Raum einnahm. Vom Theater sagt Max Frisch, es habe einen »Hang zum Sinn«, der dem Leben fehle; es sei die Stätte, an der das geschehe, was die Realität versäumt[2].

Das Äußerste in der Kunst, gegen das Leben anzuschreiben, hat vielleicht Adalbert Stifter in seiner ersten veröffentlichten Erzählung, »Der Condor«, geleistet. Wiewohl seit drei Jahren verheiratet, trauerte Stifter seiner großen Liebe Fanny Greipl nach, einer reichen Kaufmannstochter, die ihm, dem vierschrötigen Dorfkind, erfolglosen Maler und verbummelten Studenten, den Kameralsekretär Fleischanderl vorgezogen hatte. Im »Condor« stellte Stifter diese traurige Welt auf den Kopf, er nahm sich »Schadenersatz«[3]: Wie, wenn gar nicht Fanny ihn verlassen hätte, sondern er die nachmalige Fleischanderl? Eine mutige und unbeschreiblich schöne Jungfrau (Hier: Cornelia) liebt einen jungen Maler namens Gustav, »unsäglich und ewig« liebt sie ihn — er aber reißt sich mit erhabener Geste von ihr los, um seiner Kunst zu leben. Später ist Cornelia »die gefeiertste Schönheit« von Paris, doch Tränen zerdrücken ihr das lechzende Herz, als sie in einer Ausstellung ein Gemälde von Gustav findet. Wo aber ist Gustav? »Fern, fern von ihr in den Urgebirgen der Kordilleren wandelte ein unbekannter, starker, verachtender Mensch, um dort neue Himmel für sein wallendes, schaffendes, dürstendes, schuldlos gebliebenes Herz zu suchen« (Schluß).

Wir möchten das komisch oder peinlich finden; umso mehr, als dem Seelenschmalz grandiose Naturschilderungen mit zynischen, gleichsam modernen Untertönen gegenüberstehen: Die Sonne »glotzte« mit vernichtendem Glanze aus dem schwarzen Abgrund des Himmels, umstanden von »entsetzlichen« Sternen wie Geistern, die bei Tage umgehen. Allein: Wie tief leiden mußte ein Mensch, um ein solches Wortprodukt aus sich herauszutreiben — und was ist alle Eignung der Sprache für Telegramme und Gebrauchsanweisungen, verglichen mit dem Trost, den sie den Leidenden gewährt?

Wer das Existieren durch das Fabulieren verklärt oder ersetzt, dem erschließen sich Mondschlösser, Schlaraffenländer und Paradiese, und die Liebe währet ewiglich — bei Philemon und Baucis wie bei Hebels »Unverhofftem Wiedersehen«: Fünfzig Jahre weinte die

Verlobte des verunglückten Bergmanns um den Liebsten »und vergaß ihn nie«. Hier ist die Treue dem Tod verschwistert, und seltsamerweise wird in den berühmtesten Liebesgeschichten fast durchweg gestorben: Es stirbt der Mann (Werther), häufiger die Frau: Manon Lescaut, die Kameliendame, Hamsuns Victoria; auch Muschlers »Unbekannte« im Bestseller der dreißiger Jahre und 1970 die Jenny in der »Love Story«. Oder es sterben beide: Hero und Leander, Romeo und Julia, Tristan und Isolde. Welche Vorstellung von Liebe ist da zu Worten geronnen? Werden hier Erfahrungen resümiert, verbotene Hoffnungen gestaltet, Ängste hinausgeschrien?

Denn so ist es ja nicht, daß die Utopien allein die Seligkeit und das Goldene Zeitalter zum Gegenstand hätten: zu jedem Himmel wurde eine Unterwelt ersonnen, von Tod und Mord handeln viele Märchen, die Tragödie und der Kriminalroman. Auch die meisten der Worttempel, die im Dienst angeblich idealer Staaten und Gesellschaftsformen errichtet worden sind, enthalten Schreckenskammern: So rügt Bloch an Platons »Staat«, daß er »statt des Goldenen Zeitalters das der schwarzen Suppe« setze[1]; eine Umstülpung, die der ostdeutsche Philosoph Wolfgang Harich 1975 sogar an den marxistischen Endzeitvorstellungen vom seligen Kommunismus vornahm[2]. Die meisten systematischen Utopien schwelgen in Phantasien von totaler Reglementierung, bis hin zu den Kinderzuchtanstalten in Campanellas »Sonnenstaat« und Dostojewskis Vision vom Großinquisitor von Sevilla, der den auferstandenen Jesus einfangen und aus der Stadt jagen läßt, weil er der Kirche das Konzept verderbe: die ahnungslosen Menschen glücklich zu machen, indem sie sich einer wissenden, mit dem Teufel verbündeten Priesterkaste unterwerfen[3].

Solcherlei läßt sich denken und sagen, seit sich die Wörter vom Handgreiflichen emanzipiert haben, und gesagt wird es mit Inbrunst und mit Gründlichkeit. Bewerten lassen sich Utopien unter verschiedenen Aspekten: nach dem Grad ihrer Entfernung von der Realität; nach ihrem ethischen und sozialen Rang; oder, wie es hier geschehen soll, nach ihren Funktionen: Hat das Entwerfen eines Zukunftsbildes den Effekt der Tröstung und Entlastung — oder der Vertröstung — oder verwandelt es sich in eine bewegende Kraft?

Entlastung: Das ist der Vorsatz am Silvesterabend, im neuen Jahr weniger zu rauchen, mehr Sport zu treiben und eine bessere Ehe zu führen; die redliche Absicht legt sich als versöhnlicher Schimmer auf die folgenden dreihundertvierundsechzig Tage, an denen alles bleibt, wie es war — denn »Sein ist schwieriger und wird deshalb gern durch Worte ersetzt« (C. G. Jung[1]). Zu den Entlastungen zählt ebenso die verbreitete Tendenz, über das, was man tut und läßt, *etwas Angenehmes zu sagen,* ob es zutrifft oder nicht — Motive zu verbrämen, psychologisch ausgedrückt: zu *rationalisieren.* Was einer ohnehin tut, jedoch aus Gründen, die das Licht scheuen oder die für ihn selbst im dunkeln liegen, versieht er mit einem rationalen Überbau, der seine Handlung für ihn und seine Umwelt akzeptabel macht. Die Rationalisierung in diesem Wortsinn ist dem verwandt, was manche Historiker in bezug auf Staatsaktionen die *Rechtfertigungsgründe* (im Unterschied zu den Bestimmungsgründen) nennen, so Montesquieu über die Kreuzzüge: Als Papst Urban II. jedem Teilnehmer Vergebung aller Sünden verhieß, habe er jenen Rittern, die den Krieg liebten und viele Untaten zu sühnen hatten, de facto vorgeschlagen, »ihre Sünden mit ihrer Lieblingsbeschäftigung abzubüßen«[2]. Eine Rationalisierung bescheideneren Stils ist in der Fabel der Entschluß des Fuchses, die Trauben, die er nicht bekam, als »sauer« abzuwerten; eine oft genannte ist Tolstois Hymnus auf die Keuschheit, den er mit 58 Jahren nach einem oft ausschweifenden Leben sang (»Kreutzersonate«); eine modische ist die Neigung, von sich selbst statt »Ich bin unheimlich faul« lieber »Ich bin frustriert« oder »Ich bin nicht motiviert« zu sagen. Die Rationalisierung ist also dem Euphemismus verwandt; sie erinnert an die Rhetorik-Regel 7: den Nutzen nur im Gewand der sittlichen Würde auftreten lassen; in der Propaganda wird reicher Gebrauch von ihr gemacht, weil sie dafür sorgt, daß schlechte Handlungen mit gutem Gewissen begangen werden können (Legitimation, Kap. 14); und auch viele Erfolge der Werbung gehen auf die unterschwellige Anlieferung von Rechtfertigungsgründen zurück: »Sie haben hart gearbeitet — Sie sollten sich einen guten Whisky gönnen«.

Etwas zu sagen, das nicht ist, oder es so zu sagen, wie es nicht ist, hat neben der tröstenden oft eine *vertröstende* Funktion — ein Vorwurf zumal gegen die Religionen, der seit Heine und Marx immer wieder erhoben wird: Mit der Phantasmagorie der Unsterblichkeit werde den Elenden und Zukurzgekommenen die irdische Existenz annehmbar gemacht und damit das Elend verewigt. Die Erde sei aber groß genug, »daß sie jedem hinlänglichen Raum bietet, die Hütte seines Glücks darauf zu bauen«, frohlockte Heine 1833, »und daß wir nicht nötig haben, die größere und ärmere Klasse an den Himmel zu verweisen«[1]. Das war die Basis, auf der eine andere Art von Utopie errichtet werden konnte: die Verheißung eines irdischen Paradieses, die Marx systematisiert und zu einer Triebkraft der Weltgeschichte gemacht hat.

Wortkunstwerke nämlich können die Welt auch *verändern*. Fabulieren, sagen, was nicht ist, hat zweierlei Funktion: die häufigere, uns über das, was ist, hinwegzutrösten; die seltenere, aber brisantere, *die Wirklichkeit dem anzupassen, was man über sie gesagt hat*. Das ist ein merkwürdiger, höchst komplizierter, andrerseits psychologisch zwingender Vorgang und eine gewaltige moralische und politische Macht — war doch nach Dürrenmatt die Russische Revolution »eine Tat von Intellektuellen, die ein politisches Gebilde so lange umkneteten, bis es angeblich ihren Begriffen entsprach«[2].

Der Weg von der Entlastungsformel zum Schlachtruf »Verändert die Welt!« läßt sich in den Modi des Verbums nachzeichnen: vom Konjunktiv über den Optativ und den Imperativ zum Indikativ. Schon der Konjunktiv, die Form der Möglichkeit (»Wenn ich Millionär wäre . . .«), ist nach Arno Schmidt »eine innere Auflehnung gegen die Wirklichkeit . . . sogar ein linguistisches Mißtrauensvotum gegen Gott: Wenn alles unverbesserlich gut wäre, bedürfte es gar keines Konjunktivs!«[3] Zum Optativ, der Wunschform im Altgriechischen, führt ein kurzer Schritt: »O wäre ich doch Millionär!« Von diesem Pfeiler die Brücke zur Realisierung zu schlagen, das ist der entscheidende Schritt: »Du sollst Millionär werden!« (Imperativ), und die Zwangsläufigkeit der Geschichte wird auf deiner Seite sein: »Du wirst Millionär werden« (Indikativ).

Die Sprache ist nicht nur der Indikator solchen Wandels vom Trostspruch zur Tat — sie ist sein *Werkzeug*. Sie drückt »nicht nur Sachen und Verhältnisse aus, sie wirkt im gleichen Atemzug auf sie ein«[4]. Da die Wörter das Denken machen, kann die Wiederholung von Wörtern erst recht nicht ohne Einfluß auf das Denken bleiben, und was eine Utopie oder eine Lüge war, als einer es einmal sagte, kann zur Wahrheit werden, wenn es oft genug ausgesprochen worden ist. Dementsprechend riet schon Ovid in seiner »Liebeskunst«: »Rede dir ein, daß du liebst, wo du flüchtig begehrtest. Glaub es dann selbst . . . Aufrichtig liebt, wem's gelang, sich selbst in Feuer zu sprechen.«[1] Vergleichbar der Rat, den der englische Geistliche John Wesley, der Begründer des Methodismus, in einer Phase des Zweifels von seinem deutschen Mentor Peter Böhler bekam: »Predige den Glauben, bis du ihn hast, und dann wirst du predigen, weil du ihn hast!«

Unwillkürlich wittern wir da Heuchelei, aber das wäre eine zu einfältige Reaktion, auch ein Mißtrauensvotum gegen die Macht der Wörter, das sie nicht verdienen. »Wie oft muß man sagen, was man ist«, fragt Canetti, »bis man es wirklich ist?«[2] Die simpelste Formulierung dieses ebenso schlüssigen wie unpopulären Zusammenhangs scheint André Gide gelungen zu sein, wenn er einen Abbé sagen läßt: Die Hauptsache sei »nicht so sehr, zu sagen, was man denkt (denn man denkt oft sehr übel), sondern was man denken *sollte;* denn ganz natürlich, fast wider Willen, komme man dahin, zu denken, was man gesagt hat«[3].

Nochmals: Auch wer sich in Treu und Redlichkeit gegen solche Formeln bäumte oder wer die Ironie in ihnen suchte (zu Recht, wer weiß), kommt um den Tatbestand nicht herum: Daß die Wörter das Denken machen, gilt selbst dann, wenn wir sie zunächst gegen unsere Überzeugung verwenden. Alle Meister der Propaganda handeln ja danach, und man darf das Positive daran nicht übersehen: Utopische Sätze wie »Liebet eure Feinde« haben es im Wege millionenfacher Wiederholung dahin gebracht, daß Feinde, wenn schon nicht geliebt, so doch in ihrer Menschenwürde geachtet werden — *mehr* wahrscheinlich, als wenn der provokante Imperativ nie ausgesprochen worden wäre. Dem zehnfachen »Du sollst« in den alttestamentarischen Geboten wird eine ähnliche Wirkung zuzuschreiben sein: Einen Teil der Menschheit haben sie dem verkündeten Ideal um einiges angenähert.

Der Verfassungsnorm vom sogenannten Briefgeheimnis bleibt gleichfalls zuzubilligen: Es der Wahrheit zuwider als unverletzlich zu proklamieren, ist politisch vernünftig, weil das die Zahl der Verletzungen besser in Schranken hält, als wenn die Deklaration unterbliebe. Unsere Normen, Gesetze und Sprichwörter sind utopische Imperative, die der Wirklichkeitsform und der Wirklichkeit eine größere Chance geben, als wenn sie nicht gesprochen worden wären. Wörter können ihren Inhalt nach sich ziehen. Viele Übertreibungen sorgen dafür, daß sie eines Tages aufhören, welche zu sein. Viele sprachliche Vorgriffe in eine bis dahin unwahrscheinliche Zukunft wirken zusammen, diese Zukunft wahrscheinlicher zu machen oder gar herbeizuführen. »Häufig ist die Prophezeiung die Hauptursache für das prophezeite Ereignis«, schrieb vor dreihundert Jahren Thomas Hobbes im »Behemoth« — die klassische Formel für die *self-fulfilling prophecy,* die Prognose, die sich selbst bestätigt. Auf diesem Mechanismus beruhen gewisse Teilerfolge der Astrologie: Wer mir einen Unfall oder einen Triumph voraussagt, verändert mit der Prophezeiung meine Gemütslage derart, daß ein Unfall oder ein Triumph wahrscheinlicher geworden sind.

Und eben in dieser Verkettung, Durchdringung und Verwechslung von Prognose und Wahrscheinlichkeit liegt auch der historische Erfolg von Marx begründet. Von keinen konjunktivischen Zweifeln angekränkelt, den Optativ beiläufig überspringend, hielt sich Marx nur kurz beim Imperativ auf (». . . vereinigt euch!«), um seine Lehre im übrigen in geradlinigem Futurum vorzutragen: Der Kapitalismus *wird* untergehen, die Arbeiterklasse *wird* siegen. Predige den Glauben, bis erst du ihn hast und dann die andern. Glaube an eine Zukunft, bis sie eintritt, *weil* du an sie glaubst. Nur dann freilich, wenn der Utopist, nach Blochs Unterscheidung, nicht zu weit vorausgeträumt hat, sondern nur der »vorausgeschickte Quartiermacher« einer Zeittendenz war, der »im Auftrag der kommenden Gesellschaftsträger« handelte. Dann könne der positive Erwartungseffekt der Hoffnung ansetzen.[1] Wer es versteht, das, was nicht ist, zu etwas, das *noch* nicht ist, zu stilisieren, putzt sein Wolkenkuckucksheim zu einer Zwingburg auf, vor der alsbald die ersten Passanten den Hut ziehen.

Zwei Kreise schließen sich hier. Der Kreis vom Trost zur *Aggression*: Die Utopie, die siegen will, ist im Angriff. Und der Kreis von der gerühmten Utopie zur geschmähten *Vertröstung:* Denn zum Erfolg der Utopie trägt eine Endzeitverheißung bei, die das Wort »Paradies« (nur jetzt auf Erden) an sich reißt und damit so viel Not und Zweifel besänftigt oder übertüncht wie nur je eine Religion.

Dazu im »Lexikon«: Entlastung, Legitimation, Utopie, Zeigfeld.

25. Die Grenzen des Sagbaren

Von den Dichtern und vom Schweigen

> Mich auszudrücken, ist mir so wenig gegönnt gewesen im Leben.
> *Hölderlin in seinem letzten Brief (an die Mutter)*

Der edlere Bruder des Sprechens sei das Schweigen — so belehren uns östliche Weisheit und westliche Redensarten (Schweigen ist Gold). »Ausbrechen aus den Wortzäunen, den Satzketten, den Punktsystemen . . . ausbrechen in die Freiheit des Schweigens«, Wolfgang Bächler träumt davon[1], in Worten, versteht sich. »Was können die Buchstaben sagen? Sie sind das Gefängnisgitter, hinter dem der Geist ruft und erstickt«, Kazantzakis schrieb es in Buchstaben auf[2]. Jaspers rühmte »die Fülle des sprachüberwindenden Schweigens«[3], Novalis die Stummheit selbst: »Die Steine und Stoffe sind das höchste; der Mensch ist das eigentliche Chaos«[4].

Es sollte unterschieden werden: nach den Gründen für das Schweigen. Was seine Lobredner meinen, ist der bewußte Verzicht auf Äußerungen, zumal der, den viele Religionen lehren: als Zeichen der Andacht, der mystischen Versenkung, des Einklangs mit Gott und als Weg dorthin. Das Zurückhalten parater Wörter kann eine Lebensklugheit sein: nicht jeden Menschen in jeder Lebenslage mit Worten überziehen, sondern *die Zunge hüten*, wie eine alte Metapher treffend sagt: »Sie stürzen wie Bergbäche aufeinander zu, sie jubeln wie *ein* Wald, sie liegen einander in hundert Armen; *da verspricht sich der eine zu einem Wort, das er nicht meint* . . . und sie hassen sich wieder auf den Tod.«[5] Auch nicht alles beständig beschwatzen: »Nicht diese Wortbegier!« ruft Ingeborg Bachmann. »Laßt eine Weile jetzt keins der Gefühle sprechen . . . Zum Tod fall dir nichts ein.«[6] Das Schweigen, meint Kainz, beziehe »den größten Teil der ihm gewidmeten Hochschätzung aus dem Umstand, daß es ein höchst widerliches Gegenstück hat, das Geschwätz«; dieses freilich sollte weniger vom Schweigen als von der knappen und gehaltvollen Aussage abgehoben werden[7]. Nichts zu sagen, wo man sprechen könnte, kann selbst als Waffe dienen wie (bei Vercors) dem französischen Schreinermeister gegenüber dem einquartierten deutschen Offizier: verächtlich, demütigend, verwirrend.

Von den weniger noblen Formen des Schweigens wird seltener Kenntnis genommen. Auch aus Unterwürfigkeit bleiben Wörter unausgesprochen, die auf der Zunge liegen: beim Schweigen des Befehlsempfängers, oder des Trappisten, oder des altväterlich erzogenen Kindes (»Du sprichst nur, wenn du gefragt wirst«). Aus Angst vor Übermacht *schlucken* wir eine Beleidigung *herunter* — mit einer Metapher ausgedrückt, die anschaulich macht, wie mühsam wir die Wörter wieder von der Zunge holen müssen und wie sehr das Sprechen eine innere Gestikulation der Kehle ist. Wir schweigen aus Sorge, uns durch eine Meinungsäußerung zu isolieren, woraus die in Kap. 16 vorgestellte »Spirale des Schweigens« folgt, oder aus einer Scheu heraus, die vor allem in größeren Gesprächsrunden vielen den Mund verschließt: Sätze zu bauen, erscheint ihnen als ein Kunststück mit dem Risiko der Blamage.

Doch wo steht geschrieben, daß einer, der schweigt, seine Wörter zurückhält — also Wörter verfügbar hat? Begegnen wir nicht viel häufiger der *Sprachlosigkeit* im Griff des Entsetzens, im Zustand der Überwältigung, in geistiger Leere, und der *Wortlosigkeit*, das heißt dem Umstand, daß unser Wortschatz, unsere Sprachkraft nicht hinreichen, dem Außerordentlichen oder dem Allzugewöhnlichen, dem Zwielichtigen, Heimlichen, Schillernden, Erahnten Ausdruck zu verleihen? Viele Autoren wollen dies nicht als »Schweigen« gelten lassen, nur die bewußte Enthaltung vom Reden dürfe so heißen; wer keine Worte finde, »rede nicht« und sonst nichts. Aber dann wäre ja der Satz »Die Vögel *schweigen* im Walde« falsch? Und wer zieht die Grenze, da wir doch bei vielen, die aufs Reden weise zu verzichten scheinen, nicht wissen können, ob sie nicht ihr Unvermögen, zu sprechen, zum »Verzicht« vergolden?

Schweigen kann Größe haben, das Verstummen des Schwätzers eine Wohltat sein. Mehr Segen stiften die Menschen, die das Ungesagte Schritt um Schritt ins Sagbare verwandeln, die dem großen Schweigen ein neues Wort abtrotzen, die *sagen* können, wie sie leiden, die Menschen, die Büchners Lenz erlösen aus dem Grauen: »Hören Sie denn nichts? Hören Sie denn nicht die entsetzliche Stimme, die um den ganzen Horizont schreit und die man gewöhnlich die Stille heißt?« Rimbaud rühmte sich: »Ich *schrieb* die Stille und die Nacht. Das Unsagbare hielt ich fest. Den Taumel bannte ich ins Wort.«[1]

Da steht also einer tief angerührt und sprechselig in der Nacht und vermag doch den Mond, über den er das Treffende sagen möchte, nur anzuschweigen oder täppisch zu beschwatzen. Aber Brentano raunt für ihn die Worte, die er immer finden wollte:

Mond! Mond!
Wie die Wellen kühlen,
Wie die Winde wühlen
In den dunklen Mähnen der Nacht!

Da wandelt einen bei der Sonnenfinsternis ein unbestimmter Schrecken an, und Stifter *sagt* ihm, was er dumpf empfindet: »Die Tiere entsetzten sich; was ist das schrecklichste Gewitter, es ist ein lärmender Trödel gegen diese todesstille Majestät . . . Es war nicht anders, als hätte Gott auf einmal ein deutliches Wort gesprochen, und ich hätte es verstanden.«[1] Da hat einer zwischen Traum und Tag eine bleiche Vision, etwas Halbes, Vorsprachliches und Entschlüpfendes, das, was Weininger eine *Henide* nennt[2], und Kafka fängt es ein und zeigt den Käfig vor: »Wenn man schlecht geschlafen hat, fragt man und weiß nicht was. Ewig wollte man fragen, Nichtschlafen heißt ja fragen; hätte man die Antwort, schliefe man.«[3] Und ist es nicht, als wenn sie Lenzens Stille überschrie, die Klage des Ödipus, wie Hölderlin[4] sie faßte?

Weh! Weh! Weh! Weh! . . .
Wo breitet sich um und bringt mich die Stimme?
Jo! Dämon! Wo reißest du hin? . . .
Jo! Nachtwolke mein!

Darin zittert »der Wahnsinn der Musen«, den Platon für den Dichter forderte[5]: Er lauscht verschollenen Klängen nach und vernimmt die Rufe aus den Träumen. Wahnsinn vibriert in der Vision Jean Pauls: »Und als Christus das reibende Gedränge der Welten, den Fackeltanz der himmlischen Irrlichter und die Korallenbänke schlagender Herzen sah, und als er sah, wie eine Weltkugel um die andere ihre glimmenden Seelen auf das Totenmeer ausschüttete, wie eine Wasserkugel schwimmende Lichter auf die Wellen streut . . .«[6] Wahnsinn grollt in Heines Prophezeiung: »Die alten steinernen Götter erheben sich aus dem verschollenen Schutt und reiben sich den tausendjährigen Staub aus den Augen, und Thor mit dem Riesenhammer springt endlich empor und zerschlägt die gotischen Dome.«[7] Der Wahnsinn kann den Witz berühren und Sätze produzieren wie diese:

»Wir geben aber auch heut abend einen transparenten Ball mittelst der Löcher in unsern Jacken und Hosen und schlagen uns mit unsern Fäusten Kokarden an die Köpfe.«[1] Oder wie Isaak Babels Lob auf die Köchin der Jesuiten: »Ihre Biskuits dufteten wie Kruzifixe, betörender Saft war darin und der wohlriechende Zorn des Vatikans.«[2]

Gibt es, über den schuldigen Wahnsinn hinaus, ein Kriterium für den Rang von Sprachleistungen, für die Wohltat, die ein Wortkunstwerk einer Sprachgemeinschaft anzutun vermag? Ezra Pound hat vorgeschlagen: Die äußerste Verdichtung, das Maximum an Sinn pro Silbe soll es sein — Sprache, die bis zur Grenze des Möglichen mit Bedeutung aufgeladen ist[3]. Ingeborg Bachmann folgt ihm darin: »Sich anstrengen müssen mit der schlechten Sprache, die wir vorfinden, auf diese eine Sprache hin, die noch nie regiert hat . . . Wir besitzen sie als Fragment in der Dichtung, konkretisiert in einer Zeile oder Szene . . .«[4] Wo sind sie, die Zeilen, die die Grenzen des Sagbaren gegen die Stille vorgeschoben haben, die auf schlichte Silben einen Sturm von Emotionen ziehen? Vielleicht die Anrufung Gottes im Matthäus-Evangelium: »Denn Dein ist das Reich und die Kraft und die Herrlichkeit in Ewigkeit«; oder die Beschwörung der Mondnacht durch Matthias Claudius: »Der Wald steht schwarz und schweiget«. Vielleicht Hölderlins fröstelnde Klage: »Die Mauern stehen sprachlos und kalt, im Winde klirren die Fahnen«. Vielleicht Byrons Abschied von seinen griechischen Illusionen: »For Greeks a blush, for Greece a tear«. Vielleicht Blochs eisiger Satz im »Prinzip Hoffnung«: »Vieles fiele leichter, könnte man Gras essen. Hierin hat es der Arme, sonst als Vieh gehalten, nicht so gut wie dieses.«[5] Vielleicht Celan: »Ein Wort noch wie dies, und die Hämmer schwingen im Freien«[6].

Ein halb und halb gezähmter Wahnsinn scheint indessen vielen Dichtern nicht genug. Zu wenig ist es ihnen, die Wörter aufzustacheln, zu enthäuten, »böse« zu machen, wie Brecht es forderte[7], und Fangball zu spielen mit Metaphern: Sie verbrennen die Brücken zur Verständlichkeit. Sie hassen, wie Jean Genet, »die Worte, die mit klaren Gedanken belastet sind«[8], »wegfegen« will Ingeborg Bachmann *die angezettelten Wortopern*[9]. Manchmal bleiben da Reste und Fetzen von Licht wie im »Fragment« Ernst Jandls:

wenn die rett
es wird bal

übermor
bis die atombo
ja herr pfa

Aber dahinter ist nichts mehr. Verbrannte Brücken bei Kurt Schwitters: »Hier darf nicht geschossen werden saure Soße gipfelt in sich selbst. Das Veilchen hat ein Auge, mit dem es grüne Fische wimmern rundum sich eine Leiche von gelben Möwen zusammenbacken.«[1] Selbstdeutung: »Das ergibt keinen Sinn, aber es erzeugt Weltgefühl, und darauf kommt es an.«[2] Weltgefühl? »Pitroscoi marabisca patòmba lemba zagamba strapùlica!« Das hat noch Musik dazu und ist der selbsterfundene Fluch eines italienischen Paranoikers[3]. Verbrannte Brücken bei Max Bense: »Behauptung: Wo die Leute sind denen die Namen gehören die nicht vergessen werden können weil sie mit den ersten Lauten da waren: Hobohm Trittel Assel Dube Bertram und dann noch diese und jene und dann und nur dann wenn so oder so und der und die und das oder alle nicht einige oder nur einer wird hingehen und nicht schweigen.«[4]

Selbst solche Texte sind noch konventionell insoweit, als sie zwar Satz und Sinn zertrümmern, das einzelne Wort jedoch unbeschädigt lassen. Warum lösen wir die Wörter nicht in Buchstaben auf? fragen Dadaisten und Lettristen. So:

e
l
u
n
o
s
i
r
a
l
n
s
r

Das ist von Gerhard Rühm[5]. Und warum, scheint E.E. Cummings zu fragen[6], erkennen wir nicht die Poesie und Gleichberechtigung des Semikolons an?

what does
do,
has always done
;&
will do alw
-ays something
is(guess)yes
you're
right: my enemy
Love

Computer dichten schließlich auch nicht gemeinverständlicher: »Warm trillert der wertvolle Unsinn«[1].

Unsinn würde die Leute nicht einmal verschrecken — wenn noch ein Rest von Sinn, und zumal, wenn Komik in ihm erkennbar wäre. Christian Morgenstern hat eine große Gemeinde, ähnlich in England Ogden Nash (»Who wants my jellyfish? I am not sellyfish«) und Lewis Carroll, der zugleich die Kinder entzückte. Schon verhältnismäßig kleine Kinder reagieren ja freudig auf die mutwillige Wortverwechslung des Zirkusclowns. Der *Wortlustgewinn*, der nach Freud aus dem Witz im allgemeinen und dem Wortwitz im besonderen folgt[2], kann auf diesem Niveau so gut entstehen wie durch den Geniestreich des unbekannten Spötters, der die Psychoanalyse den *Genitalmud* nannte, oder durch die augenzwinkernd angesteuerte Doppeldeutigkeit beim politischen Witz von 1933: »Haste gehört? Der Tünnes ist gestorben!« Woran denn? »Er lag verkohlt vorm Volksempfänger.« Der Mensch ist dankbar für Gelegenheiten, ein paar Atemzüge lang seinem Käfig aus Logik und Grammatik zu entrinnen; zumal wenn er zusammen mit den Regeln die Mächtigen verspotten kann.

Aber wer wie Helmut Heißenbüttel schreibt: »Denkfäden Denkpfützen die absolute Kombinatorik phantastischt Phantastik Unermöglichbarkeit aufkommt: dazwischen: die aufkommt die Schönheit die aufläuft Mäander quer: quer die auflautet laut«[3] — der ist wieder egozentrisch geworden, wie die Sprache des Kindes es war. Er hat das Grenzland verlassen, durch das jene Dichter schweifen, die den Menschen eine Hilfe sind.

Nicht nur damit helfen sie, daß sie die tröstende Gegenwelt erfinden; es gibt die anderen, wohl die größeren, die *das Leiden ge-*

stalten, statt sich von ihm hinwegzudichten. Sie spenden sich und uns den Trost der Tautologie: Sie binden die widrige Wirklichkeit in die vertraute Ordnung und Musik der Wörter ein. Sie finden die Formeln, die selbst das große Schrecknis neutralisieren, wenn nicht zum Gegenstand ästhetischen Genusses machen können. Kafka hat diesen bewunderungswürdigen Entlastungsvorgang zu der Behauptung zugespitzt: »Es ist unleugbar ein gewisses Glück, ruhig schreiben zu dürfen: Ersticken ist unausdenkbar fürchterlich.«[1] Borges sagt es noch rabiater: »Ich wünschte, daß jemand töte, damit ich es nachher erzählen und mich erinnern könne«[2]. Die Erklärung bietet Schopenhauer an: Von der Realität unterscheide die Poesie sich dadurch, »daß in ihr das Leben interessant und doch schmerzlos an uns vorüberfließt; dasselbe hingegen in der Wirklichkeit, solange es schmerzlos ist, uninteressant ist, sobald es aber interessant wird, nicht ohne Schmerzen bleibt« [3].

Auch deshalb sollten wir uns fragen, ob nicht Schweigen Silber ist und Reden Gold (wobei natürlich viel Geschwätz, Manipulation und Lüge als Talmi auszusondern blieben). Dem Dichter hat Gott das Wort gegeben, »das kühn das Dunkelste benennt«[4]; er hat die Macht, den Trost der Benennung auch dann noch zu spenden, wenn *unsere* Kunst des Wortfügens sich schmerzhaft an ihren Grenzen reibt. »Wie der Bildhauer, wenn er den Meißel führt«, schreibt Frisch, »arbeitet die Sprache, indem sie die Leere, das Sagbare, vortreibt gegen das Geheimnis, gegen das Lebendige. Immer besteht die Gefahr, daß man das Geheimnis zerschlägt, und ebenso die andere Gefahr, daß man vorzeitig aufhört, daß man es einen Klumpen sein läßt, daß man das Geheimnis nicht stellt, nicht faßt, nicht befreit von allem, was immer noch sagbar wäre . . .«[5]

Das Wort begleitet, lindert und überhöht unser Leben. Was wir sagen, tritt in die Welt, was wir nicht bereden, bleibt Schimäre. Stummheit ist tierisch, Schweigen manchmal edel, meistens ordinär. »Auch ein Klaglied zu sein im Mund der Geliebten ist herrlich, denn das Gemeine geht *klanglos* zum Orkus hinab.«[6]

Dazu im »Lexikon«: Aphasie 2, Kenning, Metapher, Parechese, Prosopopöie, Rhythmus, Stilebene, Stilfiguren, Verbigeration, Wortschatz, Wortspiel.

VII. Das Wort als Kurier

26. Wer will schon informieren!

Und von denen, die es wollen, können es die meisten nicht

Es genügt nicht, keinen Gedanken zu haben: man muß ihn auch ausdrücken können.

Karl Kraus

Befreit von der Illusion, daß die Wörter vornehmlich dem Zweck dienten, Informationen auszutauschen, können wir uns nun jenem schmalen Sektor der Sprache zuwenden, auf dem Information überhaupt stattfindet oder wenigstens stattzufinden scheint. Der Mitteilung dient derjenige Teil unseres Wortaufkommens, den Gebet, Zuspruch und Selbstdarstellung, Manipulation, Befehl, Utopie und Geschwätz noch übriglassen; und da ist es wenig, was ihr dient, und das wenige dient ihr schlecht.

Daß *Mitteilung* weder der Ursprung noch eine der dominierenden Verwendungsarten der Sprache ist, merken wir ihr schmerzlich an. Wenn Verständigung unsere oberste Absicht wäre, würden wir den Zustand ändern, daß einer, der Bücher macht, indem er sie schreibt, setzt, druckt oder bindet, nicht *Buchmacher* heißen darf, weil »Buchmacher« einer heißen soll, der keine Bücher macht, sondern Wetten auf Pferde annimmt. Wir würden nicht zulassen, daß ein Wort wie *Gleichheit* nahezu alles von der Identität bis zur fast vollständigen Ungleichheit bedeuten kann. Wir würden auf Mittel sinnen, aus dem Urwald der Sprache einen Forst zu machen, der ökonomischen Maßstäben unterworfen wäre. »Wörter-Ökonomie ist dem Verstand ebenso einträglich als Geld-Ökonomie dem Beutel«, schrieb Lichtenberg[1]. Ob sie uns geraten würde, ist offen, doch nicht einmal erheblich, da vor aller Absicht feststeht, daß sich für eine radikale Rodung des Wortdickichts niemals eine Volksbewegung mobilisieren lassen würde. Wir spüren sehr wohl, worin der Wert der Wörter für uns liegt, und ziehen den Urwald vor. Wahrscheinlich ist das gut so. Verwirrung tritt nur dadurch ein, daß wir vom Dschungel so zu reden lieben, als ob er ein Forst wäre, also der Sprache hartnäckig einen dominierenden Informationszweck unterschieben, den sie nicht hat und den wir im Grunde nicht einmal wollen.

Soweit sich die Sprache dennoch zur Mitteilung eignet, wird von dieser Eignung überwiegend ein eigentümlicher Gebrauch gemacht: ein scheinheiliger, irriger oder erstaunlich ungeschickter — und oft genug überhaupt keiner. Denn wer hat schon die redliche Absicht, zu informieren? Wer hat auch nur den Wunsch, stets informiert zu werden? Und wer besitzt das Handwerkszeug, womit er eine etwaige redliche Informationsabsicht in verständliche Information umsetzen könnte?

Viele Menschen und Institutionen *wollen uns nicht informieren,* weil andere, von ihnen höher eingestufte Absichten dem entgegenstehen: die Lüge von Mensch zu Mensch und von Arzt zu Patient, Staatsräson, Propaganda, Werbung und jede Art der Manipulation. Lenin forderte die Lüge als Kampfmittel (S. 117), alle Staaten ohne Pressefreiheit praktizieren sie, »Informationsaustausch mit Bekannten«, war im »Archipel Gulag« ein zentrales Verbrechen[1], »Desinformation« heißt eine ziemlich erfolgreich arbeitende Abteilung des sowjetischen Geheimdienstes. »Zehntausende schon sicher zuhause«, hieß die Schlagzeile des »Daily Express« vom 31. Mai 1940 nach der Katastrophe von Dünkirchen: »Müde, schmutzig, hungrig kehrten sie heim — unschlagbar.« *Unbeatable!* Die Geschlagenheit als Unschlagbarkeit beschrieben — eine treffliche Entlastung und vor allem ein Ausdruck klarer Rangordnung: Wir wollen nicht informieren, sondern siegen.

Andere Menschen wollen uns nicht informieren, weil sie die *elitäre Absonderung* vorziehen, den Informationsaustausch unter Eingeweihten. Das häufigste Mittel dazu ist der *Zunftjargon,* von dem Kap. 29 handeln wird: die Sprache der Angler, Ärzte, Soziologen, leider auch der meisten Linguisten und sogar etlicher Lexikonredakteure. Wen wünschte der Deutsche Bildungsrat zu informieren, als er 1970 schrieb: »So müssen einerseits bildungssoziologische Analysen zum Problem der Statuszuweisung durch den Schulerfolg sowie allgemein zum Problem der Chancengleichheit und andererseits erziehungspsychologische Analysen zum Problem des Zusammenhangs der kognitiven und Persönlichkeitsentwicklung mit der Didaktik des Schulunterrichts nicht mehr unverbunden nebeneinanderstehen, sofern die Individualisierung der schulischen Lernprozesse nach Maßgabe der Interessen und Fähigkeiten sowie des sachstrukturellen Entwicklungsstandes eines Kindes sich auch vom Standpunkt der soziologischen Analyse hinsichtlich der Notwendigkeit kompensatorischer Erziehungsprogramme wie auch einer Differenzierung von Leistungskriterien unabhängig vom jeweiligen Nachwuchsbedarf als Forderung ergibt.«[1] Das heißt mit Locke, »die Männer der Praxis und die Unwissenden mit schwierigen Wörtern zu betrügen«[2].

Den anderen Weg der elitären Absonderung beschreiben viele Dichter; von Hinz und Kunz verstanden zu werden, gilt ihnen als gemein (S. 240). Sie schreiben »Sprachdorn« für Zunge und »Baumwolf« für Wind wie im alten Island; sie verwahren sich ausdrücklich gegen die Verständlichkeit wie Baudelaire, Celan oder die italienischen Lyriker und Nobelpreisträger Quasimodo und Montale, die den *ermetismo* predigen, die hermetische Abgeschlossenheit; sie erfinden sich ihre eigene Syntax wie Uwe Johnson: »Oh. Die Kahlschläge aufforsten können hätte was Achim nannte Meine Entwicklung zu einem politischen Bewußtsein: solche Fußspuren im Gang der vergangenen Alltage.«[3] Der elitäre Wille zur Nichtinformation zeigt sich bei Heidegger, wenn er (in einem Vortrag!) sagt: »Das Wesende der Sprache ist die Sage als Zeige . . . Das Regende im Zeigen ist das Eignen . . . Als die Sage ist das Sprachwesen das ereignende Zeigen, das gerade von sich absieht, um so das Gezeigte in das Eigene seines Erscheinens zu befreien.«[4] Der »Spiegel« liebt Bildunterschriften wie diese: »Personalrat Seemann, Vorgesetzte: Ställe des Augias«. Der Bildinhalt wird per Fußnote mitgeteilt, Augias im Umfeld des Bildes nicht erläutert.

Wir sind ja tolerant gegen Unterlassungen und Verfälschungen der Information. Wir studieren Prospekte, obwohl wir wissen, daß sie eine ins Schöne verzerrte Teilfälschung sind. Wir lesen Sensationsblätter, obwohl wir wissen, daß sie eine ins Sensationelle verzerrte Teilfälschung anbieten. Die meisten Handschriften sind Informations-Erschwernisse, da wir es aus Faulheit oder aus Hochmut nicht wichtig genug finden, leserlich zu schreiben. Den Zirkel der Informationsunwilligkeit macht die Ansichtskarte deutlich: Wer einen Tagesausflug nach Zermatt unternimmt, wird mit überwiegender Wahrscheinlichkeit das Matterhorn nicht sehen, weil es in Wolken steckt; außer auf den Ansichtskarten. Karten, die Zermatt ohne Matterhorn zeigen, werden nicht angeboten; abgebildet wird nur der seltenere Fall. Wären solche Karten jedoch im Handel, würden sie kaum Käufer finden: Wer das Matterhorn sieht, möchte es auch den Adressaten zeigen, und wer es nicht sieht, möchte das erst recht. Für den Empfänger ist die Ansichtskarte dann eine Desinformation über einen in Wahrheit verregneten Ausflug.

Was Prospekt und Bildpostkarte andeuten, erweist sich bei näherem Zusehen als ein Informationshindernis von bedeutendem Rang und mäßigem Bekanntheitsgrad: Der Übelstand, daß viele Menschen *nicht informieren wollen*, findet seine sinnreiche Entsprechung in der Tatsache, daß viele Menschen *nicht informiert werden wollen* — manche über vieles nicht und vermutlich alle über manches nicht. Wir sperren uns gegen Informationen, die unser Weltbild, unsere Lieblingsvorurteile, unser Selbstwertgefühl, unsere Zukunftshoffnungen ankratzen oder zerstören könnten. Wir sehen das beim verbreiteten Widerwillen gegen exakte Definitionen, wir kennen es als Mißtrauen gegen den Arzt, der uns Aufschluß über eine bis dahin nur befürchtete Krankheit geben könnte. Ibsen hat der Psychologie das Stichwort von der *Lebenslüge* geliefert, auf die der Durchschnittsmensch angewiesen sei, um nicht an Selbstverachtung und Verzweiflung zugrunde zu gehen[1]; nichts wäre einem solchen Menschen unwillkommener, als die Wahrheit über sich zu erfahren. »Dem Menschen (ist) die Stabilität eines auf welche Art immer zustande gekommenen Weltbildes so wichtig, daß er für sie allerlei Kräfte mobilisiert. Neue Informationen, die mit dem einmal gewonnenen Urteil oder Bild in Widerspruch stehen, stören dessen Eindeutigkeit und Sicherheit und werden darum instinktiv abgewehrt. Selbst wo solche Informationen — etwa aufgrund von Augenschein — unwiderlegbar sind, versucht man sie als Ausnahme zu werten, nur damit das ursprüngliche Vorurteil beibehalten werden kann. So. . . ordnet ein von Rassendünkel erfüllter Weißer die seinem Negerbild widersprechende Erscheinung eines sauberen und intelligenten Negers als Ausnahme ein, nur um sein Stereotyp vom schmutzigen und dummen Neger zu retten.«[2]

Argwohn gegen Neuigkeiten, die uns zum Umlernen zwingen könnten, Manipulationen im Gewand der Nachricht, hochmütige Verhüllung bei den meisten Wissenschaftlern, vielen Literaten und nicht wenigen Journalisten, das alles vor dem Hintergrund einer Sprache, die sich zu einem Dutzend anderer Zwecke in höherem Grade eignet als zu dem, unmißverständliche Mitteilungen zu formulieren —

das ist eine Bilanz, die uns entmutigen könnte, dem Handwerk des Informierens überhaupt noch Aufmerksamkeit und Mühe zuzuwenden.

Doch merkwürdig: Die schlechten Handwerker, die großen Komplizierer, die eitlen Schwätzer, die Satzschachtelkonstrukteure, die Sünder wider die Verständlichkeit in den Lexikon- und Fernsehredaktionen: sie komplizieren, schwatzen und sündigen *nicht* aus Verzweiflung über die geringen Chancen, unserer Sprache Klarheit abzulisten, sondern gerade sie teilen zumeist das populäre Fehlurteil, daß die Sprache vor allem im Dienst der Verständigung stehe und diesen Dienst auch zu leisten vermöge. Der schwerfälligste, gespreizteste Stil geht auffallend häufig Hand in Hand mit der kritiklosen Überzeugung, die Sprache sei edel und gut, und bei korrekt angewandter Grammatik, vielleicht noch bei Meidung modischer Torheiten könne es an nichts fehlen, mehr noch: Die Wörter seien von ganz allein auf dem Weg zu höherer Verständlichkeit, Bequemlichkeit und Rationalität (was beweisbar falsch ist: Kap. 7 und Kap. 32).

Ist nun die häufige Verbindung zwischen Elogen auf die Sprache und schlechtem Deutsch ein Zufall? Oder *folgt* das Unvermögen zu klarer Information aus zuviel Arglosigkeit im Umgang mit den Wörtern? Würde der Brockhaus-Redakteur den Satz »Alle Umlauterscheinungen sind partielle antizipative vokalische Fernassimilationen« vielleicht nicht haben durchgehen lassen, wenn er sprachkritisches Bewußtsein hätte, den Wörtern grundsätzlich mißtraute und folglich eine schwierige und herrliche Aufgabe darin sähe, *trotzdem* klares Deutsch zu schreiben? Der Sektor »Information« ist in der Sprache klein, aber elementar für das menschliche Zusammenleben, die staatsbürgerliche Bildung, das Funktionieren der Demokratie, die Bewältigung einer immer komplizierter werdenden Welt. Für informationswillige Wortproduzenten lautet daher die Aufgabe: Wie läßt sich, bei voller Einsicht in die unbegrenzten Schwächen der Sprache und durch Argwohn gegen sie gestählt, eine Mitteilung optimal formulieren?

Sage keiner, das Problem sei gelöst. Die Lösung ist zwar bekannt, jedoch den wenigsten, und Folgerungen daraus zieht kaum einer. Allerorten wuchern die Wörter und Satzlabyrinthe. In der renommierten Tageszeitung: »Als die Männer der einstigen feinen Gesellschaft Äthiopiens — unter ihnen zwei ehemalige Premierminister, eine Handvoll Fürsten, Grafen und Prinzen, der Vorsitzende des Kronrates, Minister und Offiziere — aus dem Keller des hoch über Addis Abeba gelegenen Menelik-Palastes, der während der Regentschaft von Kaiser Haile Selassie Schauplatz rauschender Feste gewesen war, herausgeführt wurden, konnten sie nicht wissen, daß ihr Tod bereits beschlossen war.«[1] Im Großen Meyer: »Ging es Marx darum, in kritischer Anknüpfung an die Hegelsche Dialektik und an die Feuerbachsche Religionskritik die gesellschaftlichen Verhältnisse und das Verständnis, das man von ihnen hatte, im Ausgang von der ›Wirklichkeit des Menschen‹, d. h. von dessen Bedürfnissen und von der gesellschaftlichen Organisation der Bedürfnisbefriedigung, aufgrund der (von den Handelnden nicht durchschauten) Wechselwirkung zwischen dieser ›Wirklichkeit‹ und des Verständnisses von ihr dialektisch zu begreifen, so versuchte Engels, auch die Naturgeschichte und die Naturvorgänge nach dialektischen Bewegungsgesetzen zu ordnen.« Wieviel von diesem Text kann nach einmaliger Lektüre haftenbleiben? Seine Unverständlichkeit wiegt umso schwerer, als Marx selbst ein Meister der Sprache war und die Kompliziertheit der Aussage vollständig auf den skandalösen Satzbau zurückgeht. Die gewiß ehrliche Absicht, etwas mitzuteilen, hat sich nicht in etwas umgesetzt, das den Namen *Mitteilung* verdiente.

Dies ist nicht die Ausnahme, sondern die Regel. Gebrauchsanweisungen, Steuerrichtlinien und Fragebogen-Erläuterungen, denen man doch gewiß einen deutlichen Informationszweck unterstellen darf, erreichen nach einer vorbildlichen Untersuchung der Universität Hamburg »lediglich rund 25 Prozent des angestrebten Informationszieles«[2] (vgl. Kap. 30). Offensichtlich neigen die informierwilligen Beamten und Redakteure zu dem verhängnisvollen Fehler, ihre informatorische Absicht mit dem Vollzug der Information zu verwechseln — nein: sich für den Vollzug nicht zu interessieren. Information heißt aber nicht: »Ich will etwas mitteilen«, nicht einmal: »Ich will mich bemühen, es verständlich mitzuteilen«, sondern: *Ich bin verstanden worden*. Nichts wird lieber ignoriert als diese zweite Hälfte, der Effekt.

Und wie *versteht* der Adressat einen Text? »Indem er«, schreibt Brockhaus, und nun wird alles vorbildlich und transparent: ». . . indem er die sprachliche Ganzheit identifiziert, d. h. mit Hilfe des eigenen Sprachbesitzes und durch die Verständnishilfen, die beigegeben sind, einem Bekanntheitsgefüge eigenen Wissens um die Sachverhalte einordnet«.

»Es läßt sich ohne sonderlich viel Witz so schreiben, daß andere sehr viel haben müssen, es zu verstehen«, schrieb Lichtenberg, und »Meine Sprache ist allzeit simpel, enge und plan . . . Wenn man einen Ochsen schlachten will, so schlägt man ihn gerade vor den Kopf . . . Man hat den Deutschen vorgeworfen, daß sie bloß für die Gelehrten schrieben; ob nun dieses gleich ein höchst gesuchter Vorwurf ist, so habe ich mich doch danach gerichtet und überall *für den geringen Mann mitgesorgt.*«[1]

Für den geringen Mann, umso besser — vor allem für die *Adressaten* überhaupt. Kein Wunder, daß die meisten Berufsschreiber den Vorgang der Kundgabe, die erste Hälfte der Information, für die allein beachtenswerte halten: Schon als Schüler wurden sie ja ausdrücklich darin ausgebildet, Schwerverständlichkeit als Schicksal hinzunehmen; noch 1970 plädierte Glinz für mehr Einsicht in die »Forderungen«, die das Verstehen von Texten an Hörer oder Leser stelle[2]. Wer den »Faust« nicht versteht, hat ihm durch emsiges Bemühen einen Sinn zu entlocken, am Ende gar den, den Goethe oder der Studienrat gemeint haben könnte. Das ist vortrefflich, aber es bedürfte dringend der Ergänzung vom andern Ende her: Texte zu studieren, die sich wie von selbst erschließen, obwohl sie von den entlegensten und verworrensten Dingen handeln, solche von Sigmund Freud zum Beispiel. *Wie hat Freud das gemacht?* Das gäbe Unterrichtsstoff.

Am Anfang steht die Einsicht: Wenn ein Text über einen komplizierten Vorgang verstanden werden soll, muß *einer* sich plagen — der Schreiber oder der Leser. Unsere Kultur, unsere Lehrpläne, viele unserer publizistischen Produkte und auch Brockhaus und Meyer sind darauf aufgebaut, daß die Plage selbstverständlich dem Leser gebühre, wie dem Schüler beim »Faust« — ein Grundsatz, den Fichte in die herrischen Worte faßte: »Man lese also, und zwar *bis man es verstanden hat,* und nehme es sodann an, oder widerlege es, wenn man kann; oder wenn man dieses alles nicht will, schweige man von nun an über alles, was die Philosophie betrifft, stille.«[3]

Hier und in den folgenden Kapiteln wird für das Gegenteil plädiert: Man schreibe also, bis man sicher sein kann, verstanden zu werden. Berufsschreiber sind Leute, denen man zumuten sollte, die

Plage selbst zu tragen. Sie brauchen *Service-Gesinnung.* Jede Sprachhandlung, die nicht ausdrücklich einem anderen Zweck als der Mitteilung dienen soll (wie Dichtung, Gebet, Geplapper), könnte sich als Dienst am Hörer oder Leser verstehen. Es müßte im Grenzfall möglich sein, einen Text *nicht zu deuten, sondern zurückzuweisen:* wenn er nämlich dem Leser eine Mühe auferlegt, die weder aus der Sache folgt noch aus der Unzulänglichkeit der Wörter, sondern aus der Arroganz oder der Trägheit des Verfassers. Der Autor — von dem sich nicht zufällig die Autorität herleitet — sollte von seinem Thron herabsteigen und die Kommunikation *demokratisieren.* Mehr Menschen als je zuvor haben größere Chancen und Pflichten als je zuvor zu Informationen, Diskussionen und ungehemmter Rede; eine offene Gesellschaft verträgt es schlecht, daß die Mehrzahl der in ihr verfügbaren Informationen ohne Not nur in Klüngeln zirkuliert.

Und wie muß ein Text von optimaler Verständlichkeit beschaffen sein? Dafür lassen sich Erfahrungen zusammentragen und zwei Dutzend leidlich vernünftiger Faustregeln aufstellen. Daß die linguistische Literatur darüber wenig sagt, erhöht den Reiz der Unternehmung. Das schüchterne Pflänzchen der Information läßt sich hochpäppeln, sobald wir aufhören, es mit dem Gift unserer Gleichgültigkeit oder unseres Hochmuts zu begießen. Es wäre nicht zu früh, gegen das Mißverhältnis anzugehen, das zwischen der Flut der auf uns eindreschenden Informationen und dem beschämenden handwerklichen Standard ihrer Darbietung besteht. Auch sind viele Lügen und Manipulationen rasch enttarnt, wenn man sie aus dem üblichen Wortverhau in eine durchsichtige Sprache transponiert.

Dazu im »Lexikon«: Adressat, Aussage, Effekt, Empfänger, Information, Innovation, Interpretation, Kommunikation, Lüge, Manipulation, message, Mitteilung, Rezeption, Sender, Sprachkritik, Verständlichkeit.

27. Vom notwendigen Überfluß

Erstes Rezept: Die treffende Redundanz

Sag ich je was zweimal oder zeigst du mir ein Flickwort —
spei mir ins Gesicht!

Euripides in der Komödie »Die Frösche« von Aristophanes

Wir nehmen also den Fall: Ich will von der Sprache einen seltenen und edlen Gebrauch machen — ich will jemanden informieren. Ich verneble nicht vorsätzlich, bin nur mäßig geschwätzig, habe eine Abneigung gegen schwammige und aufgeblasene Wörter und definiere so weit, wie man mit Definitionen kommen kann; ja ich bin bereit, mich gegenüber meinen Adressaten in die Rolle des Partners, wenn nicht Dieners zu begeben — kurz: Ich bin ein weißer Rabe. Was kann ich tun? Was sollte geschehen, damit meine Mitteilung von denen, für die sie bestimmt ist, vollständig, mit dem geringsten Risiko des Mißverständnisses, mit möglichst niedrigem Reibungsverlust und mit möglichst geringer Mühe aufgenommen werden kann?

Unter den vielen Antworten lauten die großen drei: Folgerichtigkeit, optimaler Satzbau und angemessene Redundanz. Beginnen wir mit dieser.

Redundantia, *redondance*, *ridondanza*, *redundancy* bezeichnet in allen romanischen Sprachen und im Englischen das Übermaß, den Überfluß, insbesondere die Weitschweifigkeit, den Wortschwall. Die Informationstheorie definiert demgemäß: Redundant sind die ungenutzten Teile des Aufwands, das heißt diejenigen Elemente einer Mitteilung, die über den nackten Neuigkeitswert hinausgehen und folglich weggelassen werden könnten. So ist der Satz »Ich werde am Freitag um 8.32 Uhr mit dem Flugzeug in Frankfurt eintreffen« stark redundant gegenüber dem Telegrammtext »Eintreffe Freitag 8.32 Flug«, der, falls der Adressat in Frankfurt wohnt, alle Fakten ebenfalls enthält. Die Reduzierung läßt sich noch weitertreiben, so dadurch, daß man statt »eintreffe Flug« *einfliege* telegraphiert und statt Freitag nur *Fr*, und warum nicht *F*, da doch kein anderer Wochentag mit diesem Buchstaben anfängt.

Aber hier beginnen die Techniker wie die Theoretiker der Information zu revoltieren — so hatten sie es nicht gemeint. Wenn nämlich das F falsch übermittelt werden sollte (und ist nicht das Leben eine Kette von Pannen?), so sinkt der Informationswert des Telegramms auf Null. Liest der Empfänger dagegen *reitag*, so weiß er immer noch Bescheid. Redundanz ist — glückliches Fachwort! — das Gegenteil von dem, was ihr Name bedeutet: Sie ist *nicht* überflüssig. Mit ganz wenigen Ausnahmen wie den Ein-Wort-Zurufen im Operationssaal oder auf der Baustelle *brauchen* wir Redundanz. Die Grenzen, auf die es in der Praxis ankommt, verlaufen nicht zwischen der Redundanz und dem Nachrichtenkern (der *Innovation*), sondern zwischen notwendiger und ärgerlicher, adäquater und wirklich überflüssiger Redundanz; zwischen einem Text, der durch Instinkt oder Überlegung die angemessene Länge bekommen hat, und der Geschwätzigkeit, die noch zehnmal nachplappert, was ich längst begriffen habe, oder aus der man das eigentlich Neue nur mühsam heraushören kann.

Welche Länge über die Neuigkeit hinaus, wieviel Garnierung für die Innovation verdient es nun, »angemessen« zu heißen? Hier beginnen die Probleme. Je nachdem, was ich zu sagen habe, wem ich es sage und wo ich es sage, bedarf meine Mitteilung eines völlig verschiedenen Grades der Ausführlichkeit. Wenn ich in Chile oder Guatemala zwei Wochen nach dem letzten Beben einen Erdstoß verspüre und die Menschen im Hause warnen möchte, damit sie ins Freie laufen, so genügt der Schrei »Erdbeben!« In Berlin, wo in historischer Zeit noch niemals eines stattgefunden hat, würde derselbe Zuruf nach einem Erdstoß gleicher Stärke ohne Wirkung bleiben. In Berlin müßte ich, damit meine Warnung Erfolg hätte, mindestens einen Text wie diesen ins Treppenhaus rufen: »Achtung, hören Sie bitte alle zu! Ich habe eben einen Erdstoß gespürt. Das kann der Anfang eines Erdbebens sein. Ja, eines Erd-be-bens! Ich kenne mich aus, ich habe vor zwei Jahren in Chile ein Erdbeben mitgemacht. Ins Freie, möglichst weit weg von allen Gebäuden! Glauben Sie mir bitte, ich mache keinen Witz, ich bin auch nicht betrunken, gehen Sie doch bitte, gehen Sie!«

Eine Mitteilung braucht also umso mehr Redundanz, je unvermuteter sie ist, je mehr sie den *Erwartungshorizont* des Adressaten übersteigt. Der Redundanzbedarf kann auf Null sinken, wenn in einer allen gemeinsamen Sprachsituation eine von allen gehegte Erwartung erfüllt wird (»Tor!«). Er kann so beträchtlich sein, wie

Johann Peter Hebel ihn einschätzte, als er seinen Zeitgenossen das Wunder der Fliegenden Fische nahebringen wollte: »Im Meer gibt es Fische, welche aus dem Wasser gehen und in der Luft fliegen können«, und nun, da dieser Satz, anderthalb Jahrhunderte vor Einführung der Fernsehzoologen, den meisten ohne Zweifel provozierend klang, sogleich reichlich Redundanz: »Man sollte meinen, es sei erdichtet, weil bei uns so etwas nicht geschieht. Aber wenn ein Mensch auf einer Insel wohnte, wo er keinen anderen Vogel als Meisen, Distelfinken, Nachtigallen und andere dergleichen lustige Musikanten des Waldes könnte kennenlernen, so würde er ebenso unglaublich finden, wenn er hörte, daß es irgendwo ein Land gäbe, wo Vögel auf dem Wasser schwimmen und darin untertauchen; und doch können wir diese auf unserem Gewässer alle Tage sehen, und wir müssen daher auch nicht glauben, daß alle Wunder der Natur nur in andern Ländern und Weltteilen seien. Sie sind überall. Aber diejenigen, die uns umgeben, achten wir nicht, weil wir sie von Kindheit an und täglich sehen. Was nun die Vögel und Fische betrifft . . .« Und jetzt erst wagt Hebel seinen Lesern weitere Informationen über die Fliegenden Fische zuzumuten; jetzt erst kann er hoffen, für glaubwürdig zu gelten und sein Publikum zu anhaltender Aufmerksamkeit zu verlocken.

Man sieht, welche Probleme bei der richtigen Dosierung der Redundanz neben dem Erwartungshorizont auch der *Erfahrungshorizont* aufwirft. Der Wissensstand des Adressaten bildet das zweite große Redundanz-Problem; gemeinsam machen sie das *Vorverständnis* aus, das der Hörer dem Sprecher entgegenträgt. Wer ein wissensdurstiges Kind oder einen nach England verschlagenen Bewohner von Tristan da Cunha (S. 204) über eine Waschmaschine informieren will, braucht dazu zehnmal, wenn nicht hundertmal soviel Erläuterung, Umschreibung, Wiederholung, als wenn er zu einer erfahrenen großstädtischen Hausfrau spricht. Während sich aber der Erwartungshorizont verhältnismäßig leicht einschätzen läßt (oder doch ließe, wenn man wollte), stellt der Erfahrungshorizont den Sprecher oder Schreiber häufig vor kaum lösbare Probleme: Wie beurteilt man den Wissensstand eines größeren Auditoriums oder gar einer Zeitungsleserschaft? Vermutlich wäre es in den meisten Fällen unangemessen, dem Namen Goethe den Hinweis »der deutsche Dichter« voranzustellen — reine Redundanz für ziemlich alle Erwachsenen im deutschen Sprachraum, sogar mit dem Risiko behaftet, lächerlich zu wirken oder den Leser zu beleidigen. Umgekehrt wäre es in einer Tageszeitung richtig, den Namen Paul Verlaine mit dem Zusatz »der französische Lyriker« zu versehen. Doch wie soll man es bei Wieland halten, bei Balzac, bei Poe? Man kann nicht mehr tun als das Problem erkennen und seine Leser richtig einzustufen versuchen.

Der Bedarf an Redundanz wächst zum dritten mit der mutmaßlichen Müdigkeit oder Trägheit des Adressaten und mit seiner Gleichgültigkeit gegenüber dem Thema, über das ich ihn informieren möchte. Vielerlei, was zu wissen staatsbürgerlich von Nutzen wäre, rauscht an den Angesprochenen vorbei, weil sie sich für das Schicksal etwa der Bundesschatzbriefe oder der kommunalen Selbstverwaltung nicht zu interessieren vermögen. Hier kann die Redundanz, besonders die einleitende, aus einer provokanten These oder aus Anekdoten und praktischen Beispielen bestehen — ebenso, wenn ein an sich interessierendes Thema von unvermeidlicher Kompliziertheit und Abstraktheit ist. Beispiele sind da nicht nur Verständnishilfen, sondern gleichzeitig Erholungspausen, die die Willigkeit des Adressaten fördern können. Auch Rückgriffe und Zusammenfassungen empfehlen sich, um den Abschweifenden und Ermüdeten beim Wiederaufnehmen des Fadens behilflich zu sein. Hat der Redner gar gegen festgefügte Vorurteile anzukämpfen, so kann es eines zweistündigen Vortrags über ein Körnchen Innovation bedürfen, um nur einen kleinen Teil der Hörer ein wenig von der vorgefaßten Meinung wegzubringen.

Wenn H. C. Artmann — »der österreichische Dichter Hans Carl Artmann, der besonders durch surrealistische Sprachspiele und schwarzen Humor bekannt geworden ist«, falls dies die angemessene Dosis Redundanz sein sollte —, wenn sich Artmann also rühmt, er könne »650-Seiten-Romane ohne Substanzverlust auf acht Seiten reduzieren«[1], so mag das, was die Substanz anlangt, für die meisten Romane zutreffen; nicht aber für die Fähigkeit des Lesers, sich die vorgegebene Substanz einzuverleiben. Wittgenstein reiht simple Sätze von kristallener Klarheit aneinander und ist doch schwer zu lesen, weil er dem Leser niemals eine Pause, etwas zum Anfassen oder zum Riechen, einen Blick aus dem Fenster seiner Klosterzelle gönnt.

Wer sich informieren, etwas merken, *lernen* will, braucht Redundanz. Die nackte Innovation ist unverdaulich, das Telefonbuch keine Lektüre, ein Text ohne Beispiele und Erholungspausen ermüdet die meisten. In der »Eselsbrücke« (steuerbord und rechts enthalten beide ein e, luv und Sturm ein u) ist Redundanz institutionalisiert. Auch haben wir ja, verglichen mit primitiven Sprachzuständen, längst drastische Verkürzungen vorgenommen, die uns ebenso glatt von den Lippen wie in die Ohren gehen: »Der König ließ seinen Feldherrn kommen.« Wir kennen afrikanische Sprachen, in denen es stattdessen heißen muß: »Da sagte der König zu seinem Läufer: Der Feldherr soll kommen. Der Läufer lief zum Leibwächter des Feldherrn und sagte: Der Feldherr soll zum König kommen. Der Leibwächter ging zum Feldherrn und sagte: Du sollst zum König kommen. Da ging der Feldherr zum König.« In solchem Stil, den natürlichen Zeitablauf unerbittlich nachvollziehend, hat Homer gedichtet. Unser Kurzsatz »Der König ließ . . .« ist demgegenüber eine außerordentliche Einbuße an Anschaulichkeit — und ein ebenso großer Gewinn an Zeit und Effizienz.

Nimmt man die stilbildende Kraft des Telegramms und unser reiches Abkürzungswesen hinzu, so gilt es festzuhalten: Die Sparsamkeit an Redundanz, die Konzentration auf die Fakten kann übertrieben werden. Redundanz, das scheinbar Überflüssige und fälschlich so Benannte, sichert Texte gegen Verstümmelungen ab, hebt den Erwartungshorizont der Hörer und der Leser, schließt die Lücken ihres Wissens, macht das Abstrakte anschaulich und erleichtert das Lernen. Der Bedarf an ihr wächst umso mehr, je ungebildeter, einfältiger und müder der Adressat und je schwieriger oder unwillkommener das Thema ist. (Dieses Résumé war redundant und doch hoffentlich von Nutzen.)

Sich bei der Einschätzung der angemessenen Redundanz zu irren, ist häufig, oft kaum vermeidbar und meist nicht einmal ein Unglück. Das Ärgernis, die wirklich überflüssige, zeitvergeudende Redundanz entsteht nicht so sehr durch Fehlkalkulation des Bedarfs als vielmehr dadurch, daß der Sprecher oder Schreiber es unterläßt, den Bedarf zu kalkulieren, weil er andere Werte höher ansetzt als ökonomische und höfliche Verständigung: nämlich die Verliebtheit ins eigene Sprachprodukt, das Zungen-Marathon. Unser Ärgernis ist sein Genuß.

Die ärgerliche Redundanz beginnt bei der Häufung der Füllwörter

— im Teenager-Jargon: »Unheimlich irre«, »wahnsinnig toll«. Sie setzt sich fort mit dem Überangebot an Adjektiven, wie schlechte Schriftsteller und schlecht beratene Oberschüler es lieben. Sie speist sich aus dem Bestreben, einen Halbsatz wie »*Ich habe mich über ihn so irrsinnig geärgert . . .*« zu komplettieren, obwohl die Entlastung des Sprechers und die Information des Hörers längst vollzogen sind und die grammatische Korrektheit sich meist nur um den Preis einer törichten Fortsetzung erzielen läßt: » . . . *daß ich es nicht beschreiben kann*«. (Ein Preis dem, der das Unbeschreibliche endlich unbeschrieben läßt!) Die verständliche Mitteilung »Schlangen sind hier« verordnet sich die automatische Ergänzung » . . . keine Seltenheit«. Redner, die auf etwas hinweisen (und wo sonst als an der Stelle, an der sie gerade sind), lieben die Formel »Es sei an dieser Stelle darauf hingewiesen . . .« Andere erzählen umständlich, es sei hier nicht der Ort (der Platz nicht, respektive) das zu sagen, was sie daher einleuchtenderweise nun auch nicht sagen wollten. Eine Handlung oder zwei, früher nur zu »Aktionen« aufgeputzt, müssen heute *Aktivitäten* heißen, was so falsch wie »Glücke« oder »Passivitäten« ist, jedoch die mutmaßliche Faulheit des Handelnden mit bedeutendem Silbenfleiß zudeckt. Wer verdient an der »Internationalen«? hätte der »Spiegel« fast gefragt, doch er zog es vor, die »kommerzielle Melkbarkeit der roten Litanei« einer Prüfung auf Tunlichkeit zu unterziehen[1].

Wie soll es der körnigen Kürze bei uns auch ergehen, solange humanistisch Gebildete die Chance haben, ausgerechnet das Kurze und Spritzige mit den altgriechischen Silben *apophthegmatisch* zuzubaggern? Unnütze Zierate, gekünstelter Witz, italienische Spitzfindigkeiten und spanische Ausschweifungen verdürben die deutsche Rede, rügt Gottsched 1728; der Redner tue, als ob er »zwanzig Griechen und Römer bestehlen müßte«, um Wahrheiten auszudrücken, die andernfalls ein Kind verstehen könnte. Die Sprache windet sich unter den schmerzhaften Blähungen, die sie sich im Umgang mit Festrednern, Verbandsfunktionären, Politikern und Schwätzern jedes Genres zugezogen hat.

Die Krone gebührt der schieren Redundanz. Nicht, wenn sie uns in der harmlosen Alltagsform »Donnerwetter, ist das kalt heute« begegnet (S. 224), sondern wenn sie mit der Miene der Gewichtigkeit, mit der Emphase der Verkündigung aufs Podium schreitet. Wie schrieb ein deutscher Bankier anno 1975? »Die Erfahrungen der letzten Jahre zeigen, daß solche Unternehmen die Krise am besten meistern, die durch rechtzeitige Modernisierung ihrer Unternehmenspolitik neues schöpferisches Geistespotential schaffen und gleichsam neue ›innere Märkte‹ erschließen. Das ist keine Absage an die Tradition, sondern die nüchterne Schlußfolgerung, daß Tradition im Bereich des Handelns dort ihren größten Wert erlangt, wo sie uns hilft, die Zukunft zu gewinnen.«[1] Bei wohlwollender Analyse läßt sich noch ein Nachrichtenkern erkennen: Rechtzeitig modernisieren! Aber wieviel besagt das, da doch die Verneinungen dieser Empfehlung — zur Unzeit oder nie modernisieren — keine ernstlichen Alternativen sind? »Dem Gedanken geht die festliche Rede aus dem Weg; was gemeint ist, bleibt unklar; wahrscheinlich ist überhaupt nichts gemeint.«[2]

Nimmt unter solchen Umständen die Menge der Redundanz auf Erden zu? Schwatzen oder schreiben wir mehr Wörter als unsere Vorfahren, wenn wir die gleiche Information weitergeben wollen? Sollten wir, wie George Steiner anregt[3], die Inflation unseres Geldes und die Aufblähung unserer Sprache in ursächlicher Verknüpfung sehen? Zweierlei spricht gegen solche Vermutungen: Erstens der Siegeszug der Abkürzungen und das Übergreifen des Telegrammstils in Brief und Zeitung (»Meyer zum Stern: Nein«). Weizsäcker verficht die These, im Telegrammstil drücke sich eine Zeittendenz aus: die Wörter »auf ihren Gehalt an Information hin« zu erziehen; »der reine Telegrammstil ist ja nur gleichsam der Parademarsch dieses Drills«[4]. Gegen die Annahme, wir seien geschwätziger als die Alten, stehen ferner die Klagen, die Klopstock, Lichtenberg, Heine, Schopenhauer über den »leeren Wortkram« geführt haben; ja schon Platon rügte die allzu erschöpfende Behandlung eines Themas durch Protagoras mit einer Ruppigkeit, die bei ihm überrascht[5].

Besser geworden ist seither nichts — schlimmer eine Menge, in der Tat. Mit der Ausbreitung des Alphabetismus wächst die Zahl der Menschen, die Geschwätz konsumieren und produzieren. Mit der Erhöhung des Bildungsniveaus steigt die Zahl der Menschen, die der reinen Redundanz auch auf höherer Ebene teilhaftig werden können. Vor allem jedoch wird dem umlaufenden Quantum leeren Wortkrams durch eine riesige Vervielfältigungsmaschinerie eine Ausbreitung verschafft, die Platon entsetzt haben würde. Die Unsitte ist uralt, doch sie hat die Technik in ihren Dienst genommen und reproduziert sich und spreizt sich und gibt sich mehr denn je als die eigentliche Sprache aus. Wir möchten nur zu gern »mit einem Liter Einsicht eine Tonne Wortschwall füllen«, wie Pound es nannte[1], und Fernsehschwätzer können es leicht auf tausend Tonnen bringen.

Unterdessen gilt die Weisheit weiter: »Alles, was man weiß, nicht bloß rauschen und brausen gehört hat, läßt sich in drei Worten sagen.«[2] Oder mit Morgenstern[3]:

Meistes ist in sechs bis acht
Wörtern völlig abgemacht,
Und in ebenso viel Sätzen
Läßt sich Bandwurmweisheit schwätzen.

Dazu im »Lexikon«: Abkürzung, Innovation, Kommunikation, Mitteilung, Nachricht, Redundanz, Tautologie, Verbigeration, Verständlichkeit, Vorverständnis.

28. Die dicke Muse des deutschen Satzes

Zweites Rezept: Transparente Texte

> Sturzbäche erstaunlicher Satzgefüge, prachtvoll exotische Klänge, Sätze, labyrinthisch gebaute, mit kunstvoll verborgenen Prädikaten, die manchmal unerklärlich verlorengingen . . .
>
> *Joseph Roth, Der blinde Spiegel*
> *(über die Diktate des Rechtsanwalts Finkelstein)*

Denen, die etwas zu sagen haben, macht es die deutsche Sprache schwerer als die meisten anderen Sprachen. Denen, die nichts zu sagen haben, aber gern Räucherstäbchen schwingen, macht es die deutsche Sprache leichter als die meisten anderen Sprachen. Die Regeln der Wortfolge und des Satzbaus im Deutschen sind kompliziert, sonderbar und dem Verständnis abträglich.

Nicht vom falschen Satzbau ist die Rede, nicht von glorios verkorksten Sätzen wie Adenauers Kernspruch »Je einfacher denken, ist oft eine wertvolle Gabe Gottes« oder Morgensterns »Korff erfindet eine Mittagszeitung, welche, wenn man sie gelesen hat, ist man satt«[1] oder »Der Antrag verfiel der Ablehnung, obwohl seitens meiner sich dafür ausgesprochen worden war«, oder »Eier haben wir keine, aber kriegen könnt es möglich sein, daß wir morgen welche täten«. Nein: Der *richtige* Satzbau wirft die Probleme auf. Die *korrekte* Beschreibung der deutschen Syntax in der Duden-Grammatik und ihre Umsetzung in *korrekte* Sätze produziert jene hart gestopften und schwer verdaulichen Wortwürste, an denen deutsche Texte beweisbar reicher sind als englische und solche in den romanischen Sprachen. Wer sich auf deutsch optimal verständlich machen will, hat allen Grund, die Grammatik nicht einfach anzuwenden, sondern aus ihren Möglichkeiten eine außerordentlich kritische Auswahl zu treffen.

Nicht für eine andere Grammatik wird damit plädiert, sondern für Mißtrauen gegen die eine Grammatik, wie zuvor gegen die Wörter. Die deutsche Syntax ist so beschaffen, daß wir der klaren Information am besten durch atypische Satzbaupläne und notfalls durch Überlistung einzelner Regeln dienen. Korrekt zum Beispiel ist der Satz: »Und ausgerechnet München, das bei der Branche seit dem vorolympischen Großreinemachen in Sexshops, Dirnenappartements und Massagesalons als ›heilige Stadt des Anti-Porno‹, so Siegfried Bartylla, Dortmunds Bauer-Filmverleih-Syndikus, gilt, verspricht nun Abhilfe aus dem Dilemma.«[1] Doch ein Muster an Verständlichkeit ist der Satz nicht, von der Eleganz zu schweigen. Zwar haftet die Grammatik nicht für den schlechten Gebrauch, den man von ihr machen kann, aber sie hilft den Deutschen auch keineswegs jenen guten Gebrauch erzeugen, auf den sie in anderen Kultursprachen angelegt ist.

»Hauptsätze! Hauptsätze! Hauptsätze!« heißt der erste der »Ratschläge für einen guten Redner«, die Tucholsky 1930 erteilte. Richtig — und doch viel zu wenig: »Die an dem von dem vor dem Rathaus liegenden Platz abgehenden Weg befindlichen Häuser müssen abgerissen werden« ist ein Hauptsatz, sogar korrekt, doch sonst gar nichts. Kurze Sätze, kurze Sätze, kurze Sätze! predigen die Stilfibeln, die »Bildzeitung« und die Deutsche Presse-Agentur (dpa). Die Bildzeitung kommt oft mit 5 Wörtern pro Satz aus, bei dpa werden 20 Wörter als Obergrenze angestrebt und 30 allenfalls zugelassen, und Ludwig Reiners stuft Sätze mit mehr als 25 Wörtern als schwer verständlich ein[2]. Für eine Faustregel mag das angehen. Doch Sätze aus 50 Wörtern können von großer Klarheit und solche von 20 Wörtern ziemlich unklar sein: Der obige mit dem Rathaus hat nur 17, und mit 21 lassen sich veritable Schachteln packen: »Sollte das mit dem neuen Redaktionsteam von ›Le Point‹, dessen wichtigste Leute, so der Generaldirektor, früher beim »Express« waren, anders werden?«[3]

Kürze also ist kein zulängliches Kriterium, oft sogar ein faules Alibi. »Beim Zusammenstoß eines Flugzeugs mit einer Kuh kam diese um«, ein Satz von nur 10 Wörtern, wäre sogar klar gebaut und dennoch schwer verständlich, weil er seine ungewöhnliche Bedeutung auf lächerliche Weise preisgibt (statt: »Auf einer Wiese bei Oldenburg hat sich der ungewöhnliche Fall ereignet, daß ein Flugzeug mit einer Kuh zusammenstieß«). Damit ein Satz optimal verständlich ist, muß er weder kurz noch ein bloßer Hauptsatz sein (wiewohl beides häufig hilft): *transparent* muß er sein, durchsichtig, übersichtlich in der Folge der Wörter und der Gedanken. Und eben dies ist auf deutsch besonders schwer.

Denn deutsch ist die *Umklammerung:* »Peter hat seinem Vater im Garten geholfen«. *Hat* und *geholfen* umklammern das Objekt und die Umstandsangabe, so lautet die übliche — eine sehr positive Beschreibung; negativ und vielleicht treffender könnte man formulieren: Objekt und Umstandsangabe reißen das Verbum in zwei Stücke und schleudern diese an die entgegengesetzten Enden des Satzes. In allen westeuropäischen Sprachen heißt es: Peter hat geholfen (wem?) seinem Vater (wo?) im Garten. »Ich nehme es trotz all Ihrer schönen Worte und Beteuerungen« (was nun?) »hin«, »nicht hin«, »ernst«, »nicht ernst«, »zur Kenntnis«, »als neuerlichen Ausdruck Ihres elenden Charakters« — jeder dieser Satzschlüsse ist möglich und zehn andere dazu; erst das letzte Wort gibt mir das Signal, wie ich alle vorangegangenen Wörter des Satzes hätte hören, lesen, verstehen müssen. Selbst bei kurzen Sätzen ist das eine Erschwernis, die andere Sprachgemeinschaften ihren Mitgliedern nicht zumuten; und selbst bei kurzen Sätzen kann das dem Hörer ein Wechselbad zwischen dem Erhofften oder Befürchteten und der wirklichen Nachricht bereiten: »Der amerikanische Geheimdienst hat einen Mordplan gegen Präsident Ford —« begann eine Rundfunknachricht im Sommer 1975 (spätestens bei dem Wort »Mordplan« ist der Hörer alarmiert und baut unwillkürlich einen *Zwischensinn* auf: Wie? Sollte der Geheimdienst einen Mordplan *hegen?* Oder hat er ihn *durchkreuzt*?) »— aufgedeckt.« Natürlich, das ist die Lösung, nach kurzer Irrfahrt lande ich im Hafen der Wahrheit.

Aber warum die Irrfahrt? Und wie, wenn ich die Nachricht im Autoradio hörte und vor »aufgedeckt« scharf bremsen müßte? Dann bliebe mir nichts, als in einer Stunde den nächsten Nachrichten zu lauschen und zum heiligen Christophorus zu beten, daß beim nächstenmal die schwerfüßige Muse der deutschen Syntax nicht wiederum dem Straßenverkehr nachhinkt. Amerikanische Hörer konnten sich keine Zehntelsekunde im unklaren sein, ob der Geheimdienst die Mordabsicht hatte oder verhinderte; geschützt durch die logisch wie psychologisch überzeugende Wortstellung: Der Geheimdienst hat aufgedeckt/einen Mordplan/gegen Präsident Ford.

Die Irreführung regiert. Offenbar um eine akustische Verwechslung mit *ein* zu vermeiden, ist vor deutschen Mikrofonen das Wort *kein* verpönt; gut — mit dem Ergebnis jedoch, daß der Hörer zum Aufbau eines falschen Zwischensinns förmlich eingeladen wird: »Bei den Verhandlungen über Reiseerleichterungen konnte ein Fortschritt« (wie schön!) »nicht erzielt werden« (wie traurig). »In diesem Augenblick platzte Sebastian« (der arme Kerl) »mit den Worten heraus . . .«

Ein Vater, der seine Familie liebt, sollte sich fragen, ob er durch den Satzbeginn »Wir haben im Lotto —« nicht für eine Viertelsekunde falsche Hoffnungen weckt, da der Satz doch endet »— wieder nichts gewonnen«. Nichts gewonnen, wieder nichts im Lotto! wäre die zielstrebige, menschenfreundliche Information.

Auf solche Sekundenbruchteile komme es in der Praxis selten an? Die »Gesellschaft für deutsche Sprache« sieht das anders. An einer Neuübersetzung der Bibel wirkte sie mit Vorschlägen wie diesem mit: »Denn aus vielen Besessenen fuhren unter lautem Geschrei die unreinen Geister aus; auch viele Lahme und Krüppel« (fuhren heraus? Nein:) »wurden geheilt«. Da der Leser durch diese Wortstellung *auf eine falsche Fährte gelockt* werde, lautet der Vorschlag: »Auch *wurden* viele Lahme und Krüppel geheilt.«[1] Sekundenbruchteile genügen ebenso für die Verwirrung, die im Deutschen aus der absurden Wortfolge »dreiundzwanzig« entsteht — hier zuckt der Finger durchaus nicht selten zunächst ins falsche Loch der Wählscheibe. Auf diesem Teilgebiet halten allerdings die Franzosen den Rekord, wenn sie etwa 93 diktieren wollen: »quatre« (4, notiert der eilige Mitschreiber), »vingt« (aha, viermal zwanzig: 8, malt der Schreiber und streicht die 4 wieder durch), »treize« (dies also, viermal zwanzig und dreizehn, demnach die 8 ebenfalls streichen und beim dritten Anlauf aus dem letzten der drei Wörter folgern, welche Ziffer die erste sein soll: die 9). Nicht von ungefähr ersetzen Belgier und Schweizer quatre-vingt-dix durch *nonante,* zunehmend auch quatre-vingt durch *huitante.*

Während aber die französischen Zahlen von 70 bis 99 nur Entgleisungen einer Sprache sind, die im übrigen auf vorbildlich geraden Schienen läuft, bildet das deutsche *dreiundzwanzig* einen Spezialfall, der einen Stil kennzeichnet: »Ich habe den Schlüssel« (habe ihn?) »verloren« (habe ihn nicht). Erst am Ende des Satzes zu wissen, wie man ihn gleich zu Anfang hätte verstehen sollen, eine Reise ins Ungewisse anzutreten, deren Ziel sich erst beim letzten Wort enthüllt — diese Besonderheit der deutschen Syntax, schon bei kurzen Hauptsätzen oft verwirrend, zeigt ihren ganzen Hintersinn im *Schachtelsatz:* der aus Nebensätzen, Partizipien und Appositionen kunstvoll getürmten, durch ein System von Abhängigkeiten und Unterabhängigkeiten versteiften Schachtel-in-der-Schachtel-Konstruktion. Wer dieses System mit der Kraft Kleists in den Dienst einer großen Prosa zwingt, kann damit große Wirkungen erzielen: »... und sprengt auf sie ein, sprengt, so wahr Gott lebt, auf sie ein und greift sie, als ob er das ganze Hohenlohische Korps hinter sich hätte, an; dergestalt, daß, da die Chasseurs, ungewiß, ob nicht noch mehr Deutsche im Dorf sein mögen, einen Augenblick, wider ihre Gewohnheit, stutzen, er, mein Seel, ehe man noch eine Hand umkehrt, alle drei vom Sattel haut, die Pferde, die auf dem Platz herumlaufen, aufgreifen, damit bei mir ...«[1] und noch so weiter, mit einer wilden Dynamik, wie keine andere Syntax als die deutsche sie möglich macht.

Doch auf *eine* solche Nutzung unserer Satzbaupläne treffen zehntausend, die eine ähnliche Kompliziertheit mit ärmlicher Kraft und starkem Ungeschick anzubieten wagen — und das auch noch zum Zweck der Information, für die selbst Kleist wohl nicht die idealen Muster liefert. Laut Brockhaus vertrat F. H. Jacobi (im Gegensatz zu diesem und jenem, das dem Satzungeheuer in den ersten drei Zeilen aus dem Rachen fällt) »einen von dem unmittelbaren Gefühl, der Erfahrung, der Anerkennung der gegebenen Wirklichkeiten und der von äußeren moralischen Gesetzen unabhängigen Personalität des Menschen beruhenden individuellen Realismus, der ...« (und nochmals drei Zeilen, der Schwanz des Drachens).

Peter Handke schrieb 1975 in einer Filmkritik für den »Spiegel«: »Ein Boot mit Neuankömmlingen aus der Alten Welt schaukelt ein in den nächtlichen Hafen von Halifax, darunter, mit unters Kinn gebundener Haube, die junge Schauspielerin Isabelle Adjani aus dem 20. Jahrhundert, kostümierte Figur einer von der ersten Einstellung an, mit Möwenschreien, Pferdegetrappel, sich öffnenden, sich schließenden oder zum Einblick eigens offenbleibenden Türen, bloßen Geschichten-Maschinerie, die, gerade indem sie einer liebesentschlossenen Frau aus dem vergangenen Jahrhundert eine maschinelle Filmgeschichte verpaßt, dieser Frau posthum das besondere Leben und uns Zuschauern jedes Gefühl für ein solches Leben vor über hundert Jahren wegstiehlt: nicht nur der Film, in seiner auf jedes beliebige andere Leben zu jeder beliebigen anderen Zeit an jedem x-beliebigen Ort anwendbaren vorgefertigten Zeichenstruktur, erscheint so als nichtauthentisch, sondern mit ihm auch die Person, die dazu der Anlaß war.«[2]

So schreibt einer der angesehensten zeitgenössischen Schriftsteller und ein engagierter Sprachkritiker dazu, und er weiß, daß er im

»Spiegel« für fünf Millionen Leser schreibt. Wie schreibt der Inhaber des einzigen deutschen Lehrstuhls für Rhetorik, Walter Jens? »Und schließlich — und vor allem — wäre zu zeigen, daß die These, Rhetorik mache Wissen kommunikabel und führe, jenseits der Spezialisierung, zu einer Verständigung unter den Menschen, indem sie Fachfragen in Lebensfragen verwandle . . . schließlich wäre zu zeigen, daß diese bereits in der Antike vorgebildete These (Philosophie schließt, dem Wahren verpflichtet, die Faust: sie behält Wissen für sich. Rhetorik, ans Wahrscheinliche denkend, öffnet die Hand: sie verbreitet das Wissen) mit aller gebotenen Exaktheit im achtzehnten Jahrhundert formuliert worden ist — und heute, im Zeichen der Soziolinguistik, lediglich repetiert wird.«[1] Man beachte die Feinheit, daß die große Klammer im Inneren der Satzlandschaft ihrerseits mit der Zäsur eines Punktes versehen ist, der sich indessen in Unterabhängigkeit von der Klammerkonstruktion befindet und daher das Gefüge nicht wirksam zu zerreißen vermag.

Für den, der es überlesen haben sollte: Der Satz handelt davon, daß Rhetorik Wissen *verbreitet*. Wieviel tragen solche Sätze zur Verbreitung bei? Da rhetorische Schönheit nicht den obersten Rang beanspruchen darf, wenn es um die Verbreitung von Wissen geht, und da von rhetorischer Schönheit in diesem Beispiel ohnehin nicht ernstlich gesprochen werden kann, möchte man in einem schlichten Hauptsatz fragen: *Findet hier nicht ein aufwendiger Unfug statt?* Da sitzt ein Schreiber und knobelt, wie er ein Dutzend ganzer oder halber Gedanken in einem einzigen Satzgebilde unterbringen kann; und dann sollen tausend Leser dasitzen und aus der Schachtel das wieder herausknobeln, was der Autor in sie hineingeknobelt hat.

In Ansehung solcher Praxis empfiehlt sich Zurückhaltung gegenüber dem Lob, das auf das Umklammerungsgesetz des deutschen Satzbaus gehäuft zu werden pflegt. (»Klammer« heißt hier nicht die Einklammerung — z.B. dieses Hinweises —, sondern die Umklammerung des Objekts durch Subjekt und Prädikat: *»Der Geheimdienst hat* einen Mordplan *aufgedeckt*«) Die zusammenhaltende Kraft der Klammer, meint Weisgerber, werde »allenthalben ausgewertet, um Gedankengefüge zu ermöglichen, die ihren Inhalt zu einem möglichst geschlossenen Ganzen zusammendrängen«. So entstünden »Spannungsbögen von oft unerwarteter Reichweite . . . Wenn die Sicherheit des nachfolgenden Abschlusses hinreichend bewußt gehalten wird und die Art der zu erwartenden Schlußklammer aus dem Zusammenhang schon vorweg erkannt werden kann, läßt die Spannung eine oft überraschende Dehnung zu.« Die eine Voraussetzung dafür sei, daß der Sprecher die geöffneten Klammern bis zur ordnungsgemäßen Schließung festhalte. Die andere Voraussetzung ist es vollends wert, daß man sie auf der Zunge zergehen läßt: »Vom *Hörenden* aus stellt sich die Aufgabe dementsprechend dar als Erzwingung einer angespannten Aufmerksamkeit, *als Anleitung zum* Auswerten der kleinsten Eigenart *als Hinweis auf* die zu erwartende Fortsetzung, in gewissem Sinne sogar als Denkaufgabe in dem Sinne, daß ein zu lösendes Rätsel zunehmend eingeengt wird und oft schon erfaßt ist, bevor der volle Wortlaut des Gehörten die Bestätigung des Erratenen bringt.«[1]

Im Gewand des Lobes und auf hohen Stelzen schreitet hier ein vernichtendes Urteil über den Schachtelsatz einher, soweit er nicht mit der Kunst von Kleist gehandhabt wird. Denn was die Sprecher angeht, so ist es in freier Rede wahrlich den wenigsten gegeben, den Weisgerberschen Anforderungen gerecht zu werden; der deutsche Satzbau und der Hymnus gerade auf seine schwierigsten Formen sind umgekehrt eine Einladung an den Redner, Spannungen zu erzeugen, die er *nicht* durchhalten kann, Klammern zu öffnen, die zu schließen er vergißt, und Sätze, die sich wie Adler aufschwangen, schließlich als Gänseklein unter die Hörer zu streuen. Liest gar der Sprecher ab, eben einen jener geklammerten und gedrechselten, typisch abgelesenen Texte, so kann aus den Darlegungen Weisgerbers nur folgen, daß er sehr schlecht verstanden wird: Denn verstanden werden kann er ja nur bei »Erzwingung einer angespannten Aufmerksamkeit«, bei freiwilliger Lösung einer Denkaufgabe. Welchem Sprecher oder Schreiber wird solche Erzwingung gelingen? Ihm nie. Erst wenn er eine Autorität geworden ist, finden sich Lehrer, die an seiner Stelle und zu seinen Gunsten den Zwang ausüben wie im Fall des »Faust«.

Welch ein Weltbild, welch ein Sprachverständnis! Erzwingung, Rätsel, Bestätigung des Erratenen! Sätze als Mausefallen, die vorn zuschnappen, wenn wir hinten beißen! Sätze als Irrgärten, durch die man sich im Finstern tasten muß, um sie am Schluß in einem Licht erstrahlen zu sehen, das sogleich beim Betreten hätte leuchten können. Lektüre als Echternacher Springprozession: Ohne Zurück und nochmals Zurück und wieder Zurück keine Ankunft in Echternach. Und warum? Woher diese Gesinnung? Wem ist mit ihr gedient?

Die Ursprünge sind dunkel, wie überall in der Sprache. Deutlich sind ein Einfluß, ein Motiv und ein Vorzug. Der Einfluß kommt vom Lateinischen, der einzigen Kultursprache, die der unsern an Unübersichtlichkeit der Wortstellung noch überlegen ist. Klopstock beklagte den »Zeitverlust«, den das Zusammensuchen »der getrennt herumtaumelnden Worte« im Lateinischen mit sich bringe, und übersetzte ein Stück Horaz in der Wortfolge des Originals: »Ihn von der Mauer feindlichen das Weib des kriegenden Fürsten erblickend, und ihre reife Tochter seufze: Weh uns, wenn nur nicht der unerfahrne in Schlachten Bräutigam reizt königliche den wütenden beim Berühren Löwen, welchen der blutige mitten durch fortreißt Grimm das Würgen.«[1] Dem Geist des humanistischen Unterrichts entspringt zugleich die Grundeinstellung, daß ein Text etwas sei, das mit heiligem Eifer und großer Mühe so lange interpretiert werden müsse, bis der elende Leser es endlich begriffen habe — ein Autorenkult, von dessen Nachteilen schon die Rede war und dem auch Weisgerber huldigt, wenn er »Erzwingung« als selbstverständlichen Bestandteil des Hörvorgangs betrachtet.

Die Vorliebe für den schlecht beleuchteten Irrgarten hat ein Motiv: die instinktive oder bewußte Einsicht, daß unklare oder dürftige Gedanken in unklaren Sätzen gut aufgehoben sind. Ein verwinkeltes Satzgerüst verdeckt die Löcher im Bau, und die meisten Leser, die den Satz nicht verstehen, werden sich mit schlechtem Gymnasiastengewissen an die Brust schlagen und sich vorwerfen, sie hätten sich zu wenig Aufmerksamkeit abgezwungen. Das gefällt den Schreibern. »Was ein Mensch zu denken vermag, läßt sich allemal in klaren, faßlichen und unzweideutigen Worten ausdrücken«, stellt Schopenhauer fest: »Die, welche schwierige, dunkle, verflochtene, zweideutige Reden zusammensetzen, wissen ganz gewiß nicht recht, was sie sagen wollen, sondern haben nur ein dumpfes, nach einem Gedanken erst ringendes Bewußtsein davon: oft aber wollen sie sich selber und anderen verbergen, daß sie nichts zu sagen haben.«[2]

Daneben kann der Schachtelsatz durchaus einen Vorzug besitzen, auch wenn er nicht im Dienst poetischer Wirkungen steht: Er macht »die Gleichzeitigkeit aller durch die Umklammerung zusammengeschlossenen Satzglieder« anschaulich[3], er bemüht sich, alles, was zur Sache gehört, »in größtmöglicher Gleichzeitigkeit festzustellen«[4]. Er mindert infolgedessen die Not des Nacheinandersagenmüssens, zu dem uns die Sprache zwingt (S. 190). Doch die Linderung ist keine Heilung, und der Preis — die Verständlichkeit — ist hoch.

Wie also könnte eine vernünftige Anleitung zum Umgang mit der deutschen Syntax lauten? Etwa so: Der deutsche Satz macht bestimmte Formen der Umklammerung unvermeidlich und legt andere nahe, obwohl sie vermeidbar wären. Die Umklammerung hat gewisse Vorzüge, die sich jedoch nur bei meisterhafter Handhabung zeigen, wogegen sie der Mehrzahl von uns zum Nachteil ausschlagen. Wo es sich nicht um Dichtkunst, sondern um Mitteilung handelt, ist selbst die meisterliche Verschachtelung unwillkommen, weil sie die Verständlichkeit herabmindert und mehr Aufmerksamkeit verlangt, als typische Hörer und Leser zu investieren wünschen. Wer informieren will oder gar Berufsinformierer ist wie der Sachbuchautor und der Journalist, steht also vor der Frage: Welcher Satzbau macht einen Text mit der höchsten Wahrscheinlichkeit rasch und lückenlos verständlich? Er muß sich im Rahmen der deutschen Grammatik und des guten Stils bewegen, schon weil er andernfalls viele Leser abstoßen und auf diesem Weg die Verständlichkeit behindern würde.

Die Antwort verlangt keine Zauberei; wer den Service am Leser für ein hohes Gut hält und abseits der Regeln des durchschnittlichen Deutschunterrichts über das Problem nachzudenken beginnt, kann die Lösung nicht verfehlen; auch die Stilmuster sind vorgeprägt.

Der verständliche Satz erleuchtet den Garten, wenn man ihn betritt, und nicht, wenn man ihn verläßt. Der verständliche Satz springt nicht zurück, er ist nicht wie eine Girlande gewunden und verschlungen — er versucht, linear, konsekutiv, ein *Pfeil* zu sein: Jedes Wort und jedes Satzglied streben nach dem Ideal, nicht nur räumlich auf das vorige zu folgen, sondern auch logisch, chronologisch oder psychologisch: »Der König sprach's, der Page lief, der Knabe kam, der König rief: Laßt mir herein den Alten!«[1]

Gewiß, die Reihung von Hauptsätzen, die noch dazu überwiegend kein Objekt enthalten, ist ein glücklicher Grenzfall und für komplizierte Aussagen nur bedingt ein Muster. Die deutsche Satzgirlande zerschneiden und dem Pfeil nacheifern heißt indessen keineswegs auf lange Sätze oder Nebensätze verzichten. Gerade der Nebensatz bringt oft einen Zuwachs an Folgerichtigkeit: »Die Kunst des richtigen Umgangs mit dem Satzbau« liest sich beschwerlicher als »Die Kunst, mit dem Satzbau richtig umzugehen«. Der Nebensatz ist der Freund

und Helfer der Verständlichkeit, sobald er *hinten* steht und sich auf ein Substantiv bezieht, das ihm möglichst eng benachbart sein sollte. Wir besitzen ja eine große Freiheit der Placierung: Der Nebensatz muß sich niemals als *Zwischensatz* im Mittelfeld des Satzes spreizen, wenn wir ihn dort nicht haben wollen, weil die Verschachtelung der Verständlichkeit zuwiderläuft: »Ich blieb, da es regnete, zuhause.« Er kann ebenso als *Vorsatz* im Vorfeld angesiedelt werden (»Da es regnete, blieb ich zuhause«) oder als *Nachsatz* im Nachfeld — die Stellung, die zumeist der Verständlichkeit am besten dient und in mündlicher Rede ohnehin überwiegt: »Ich blieb zuhause, da es regnete.«

Immerhin spricht auch die Duden-Grammatik (1973) eine Empfehlung aus, die in diese Richtung zielt: Sie rät ab von dem Satzbau »Bei mir stellte sich eine starke Abneigung, deren ich nicht Herr werden konnte, gegen Karls Freund ein« und bietet stattdessen an: »Bei mir stellte sich eine starke Abneigung gegen Karls Freund ein, deren ich nicht Herr werden konnte«. Richtig, und doch bleibt da ein Stück Springprozession: Nach *Abneigung* müssen die Wörter »gegen Karls Freund« übersprungen werden, ehe *deren* wieder an die Abneigung anschließt — erträglich, aber nicht erstrebenswert, und es geht ja anders: »Gegen Karls Freund stellte sich bei mir eine starke Abneigung ein, deren ich nicht Herr werden konnte«. Hier bleibt zwischen »Abneigung« und »deren« nur noch das Wort *ein* zu überwinden — ein unvermeidlicher Tribut an das deutsche Klammergesetz.

Nichts scheint schwieriger, als die Scheinwerfer zuerst und nicht zuletzt aufzublenden, den zweiten Schritt nach dem ersten zu tun, Haupt- und Nebensachen vernünftig zu gewichten. Man nehme den Wetterbericht. Muß ein Autofahrer in dicker Nebelsuppe für Blech oder Leben fürchten, so fühlt er sich gefoppt, wenn er aus dem Radio hört: »Nach Auflösung örtlicher Frühnebel heiter«. *Nach der Sintflut trocken* wäre keine vernünftige Warnung an Noah gewesen, und ein Meteorologe sollte fähig sein, den Text zu formulieren: »Achtung, Autofahrer! Verbreitet Frühnebel. Später heiter und trocken.«

Wenn sich schon in dem kurzen Hauptsatz, noch dazu im Telegrammstil, die Hauptsache so nebensächlich präsentieren läßt — wie muß sich erst der deutsche Schachtelsatz solchem Unvermögen anschmeicheln! Wie im folgenden Zeitungszitat, in dem der *Haupt-*

satz einer dürftigen Aussage dient, während die *Hauptsachen* sich in den inneren Schachteln verstecken: »Ob die bitteren Drohungen von Abgeordneten, die zum Beispiel nebenbei eine Rechtsanwaltspraxis unter äußerstem Einsatz der Kräfte vor dem totalen Erliegen bewahren, nach einer bei unbefriedigendem Ausgleich eingeführten Diätenbesteuerung müsse der Bundestag leider auf ihre Mitarbeit verzichten, in die Tat umgesetzt werden, ist eine so ernste wie ungewisse Frage.«[1] Dem Satzbau nach kann nur die Ungewißheit der Frage die Hauptsache sein — eine etwas verquere Hierarchie, die in Kauf zu nehmen wäre, wenn der Hauptsatz am Anfang stünde (»Es ist eine ungewisse Frage, ob . . .«). Als befreiender Ausbruch aus der Satzverschlingung aber, wie der Hauptsatz ihn hier vollziehen muß, ist seine Aussage zum Lachen. Die gliedernde Wirkung der Nebensätze und die wohltätige Abwechslung, die sie bieten können, werden in solchen Satzgebilden zu einem zähen Teig, mit dem sich die Hauptsache bis zur Unauffindbarkeit überbacken läßt.

Den Mitteilungskern abzudrängen und die natürliche Hierarchie der Satzglieder auf den Kopf zu stellen, ist unausbleiblich, wenn man den Satz mit dem Objekt einleitet (was angehen mag, obwohl es nur selten der Verständlichkeit bekommt) — mit einem Objekt jedoch, das sich erst im Satzverlauf als solches zu erkennen gibt: »Eine Worthülse, in der sich das Prinzip verbirgt, durch Zurückweichen vor der Intransigenz der Diktatur zum Frieden mit den Kommunisten zu kommen, nannte die CSU-Landesleitung am Mittwoch Egon Bahrs neue, in Tutzing geprägte Formel von der ›Koexistenz auf deutsch‹.«[2]

So schreiben unsere großen Zeitungen — nicht immer, aber doch so oft, daß man das Urteil wagen darf: Entweder die Gesinnung des Informierenwollens oder die Technik des Informierenkönnens sind verbesserungsfähig; es sei denn beide. Und wiewohl dieses Kapitel die Verständlichkeit und nicht die Eleganz zum Thema hat, wird man sagen dürfen: Erstens, auch elegant waren die zitierten Sätze nicht; zweitens, Verständlichkeit ist durchaus kein Feind der Eleganz, fugenlos läßt sich das eine mit dem anderen verbinden. Wie bei Freud, dem Goethepreisträger von 1930: »Ich zweifle nicht daran, daß die Triftigkeit unserer psychologischen Annahmen auch auf den Ungebildeten Eindruck machen wird, aber wir werden den einfachsten und greifbarsten Ausdruck unserer theoretischen Lehren suchen müssen. Wir werden wahrscheinlich die Erfahrung machen, daß der

Arme noch weniger zum Verzicht auf seine Neurose bereit ist als der Reiche, weil das schwere Leben, das auf ihn wartet, ihn nicht lockt und das Kranksein ihm einen Anspruch mehr auf soziale Hilfe bedeutet. Möglicherweise werden wir oft nur dann etwas leisten können, wenn wir die seelische Hilfeleistung mit materieller Unterstützung nach Art des Kaiser Josef vereinigen können. Wir werden auch sehr wahrscheinlich genötigt sein, in der Massenanwendung unserer Therapie das reine Gold der Analyse reichlich mit dem Kupfer der direkten Suggestion zu legieren.«[1]

Wie auch bei Heine: »Hat Kant eben dadurch, daß er alle Beweise für das Dasein Gottes zerstörte, uns recht zeigen wollen, wie mißlich es ist, wenn wir nichts von der Existenz Gottes wissen können? Er handelte da fast ebenso weise wie mein westfälischer Freund, welcher alle Laternen auf der Grohnderstraße zu Göttingen zerschlagen hatte und uns nun dort, im Dunkeln stehend, eine lange Rede hielt über die praktische Notwendigkeit der Laternen, welche er nur deshalb theoretisch zerschlagen habe, um uns zu zeigen, wie wir ohne dieselben nichts sehen können.«[2]

Dies ist gutes Deutsch nach jeglichem Kriterium, dabei gänzlich im Rahmen der Konvention — mit der bemerkenswerten Ausnahme, daß Heine das Verbum *hielt* nach vorn zieht, um *die Laternen, welche* nicht trennen zu müssen; eine Technik, die die Gleise des Üblichen verläßt und eine oft staubige Girlande herunterreißt. Sogar Thomas Mann schreibt zuweilen so: »Ich möchte nicht verreisen in diesem Sommer«[3]. Und Max Frisch: »Sie will nichts mehr wissen davon, was hier in der Kajüte geschehen ist vor siebzehn Jahren.«[4] Ist es nicht seltsam, daß Poeten sich den Pfeil zum Vorbild nehmen, obwohl sein größter Vorzug — die glatte Verständlichkeit — viel mehr den Berufsinformierern angelegen sein müßte? Daß aber gerade diese, die Zeitungs- und Bücherschreiber, die Lexikon- und Fernsehredakteure, sich der deutschen Schachtel nibelungentreu verbunden fühlen?

Mit herkömmlicher oder mit eigenwilliger Wortstellung, in kritischer Auswahl aus der deutschen Grammatik oder ihre Ränder dehnend — einen Satz transparent machen heißt: (1) die Wörter möglichst lückenlos nach romanisch-englischer Art aufreihen wie die Perlen auf der Schnur; (2) unsere große Freiheit in der Stellung von Wörtern und Satzgliedern in den Dienst dieses Zieles stellen und den hinten angehängten Nebensatz kultivieren; (3) den Satz zu

Beginn erleuchten und den Adressaten niemals auf eine falsche Fährte locken; (4) die Hauptsachen erkennen und sie prominent placieren. Wer folgerichtig denken kann, sollte imstande sein, Sätze zu bauen, die ihrerseits folgerichtig sind, wie Pfeile dem Ziel entgegeneilend.

Damit indessen keinen Augenblick der Eindruck aufkommen kann, als hielte der Verfasser die ökonomische Information für den einzigen oder auch nur vordringlichen Zweck der Sprache, soll selbst dieses Kapitel, das von ihr handelt, mit einem Beispiel dafür schließen, zu welchen Höhen uns ein typischer, ein schwieriger deutscher Satz zu tragen vermag — falls er von einem Meister stammt und die Information nicht sein Hauptzweck ist. »Wenn man nun die wichtige Rolle betrachtet, welche die Geschlechtsliebe in allen ihren Abstufungen und Nuancen, nicht bloß in Schauspielen und Romanen, sondern auch in der wirklichen Welt spielt, wo sie, nächst der Liebe zum Leben, sich als die stärkste und tätigste aller Triebfedern erweist, die Hälfte der Kräfte und Gedanken des jüngeren Teiles der Menschheit fortwährend in Anspruch nimmt, das letzte Ziel fast jedes menschlichen Bestrebens ist, auf die wichtigsten Angelegenheiten nachteiligen Einfluß erlangt, die ernsthaftesten Beschäftigungen zu jeder Stunde unterbricht, bisweilen selbst die größten Köpfe auf eine Weile in Verwirrung setzt, sich nicht scheut, zwischen die Verhandlungen der Staatsmänner und die Forschungen der Gelehrten störend mit ihrem Plunder einzutreten, ihre Liebesbriefchen und Haarlöckchen sogar in ministerielle Portefeuilles und philosophische Manuskripte einzuschieben versteht, nicht minder täglich die verworrensten und schlimmsten Händel anzettelt, die wertvollsten Verhältnisse auflöst, die festesten Bande zerreißt, bisweilen Leben oder Gesundheit, bisweilen Reichtum, Rang und Glück zu ihrem Opfer nimmt, ja den sonst Redlichen gewissenlos, den bisher Treuen zum Verräter macht, demnach im Ganzen auftritt als ein feindseliger Dämon, der alles zu verkehren, zu verwirren und umzuwerfen bemüht ist — da wird man veranlaßt auszurufen: Wozu der Lärm? Wozu das Drängen, Toben, die Angst und die Not? Es handelt sich ja bloß darum, daß jeder Hans seine Grete finde.«[1]

Dazu im »Lexikon«: Ellipse, Hypotaxe, hysteron proteron, Parataxe, Pfeilstil, Satz, Satzlänge, Schachtelsatz, Verständlichkeit.

29. Griechisch für Deutsche

Drittes Rezept: Krieg dem Zunftjargon

> Der Regen ist eine primöse Zersetzung luftähnlicher Mibrollen und Vibromen, deren Ursache bis heute noch nicht stixiert wurde. Schon in früheren Jahrhunderten wurden Versuche gemacht, Regenwasser durch Glydensäure zu zersetzen, um binocke Milien zu erzeugen. Doch nur an der Nublition scheiterte der Versuch.
>
> *Karl Valentin, Der Regen*

Das ist Spott, und die Wahrheit? »Durch Zusatz geeigneter Metallindikatoren, die mit den Metallionen Chelate mit einer von der Farbe des metallfreien Indikators abweichenden Färbung bilden, kann der Endpunkt der Titration erkannt werden« (Brockhaus, *Komplexometrie*). Was die Valentinsche Nublition von der lexikalischen Titration angenehm unterscheidet, ist der einfachere Satzbau. Was man demgegenüber der Enzyklopädie zugute halten muß, ist die Schwierigkeit, Fachthemen ohne Fachwörter darzubieten; häufig wohl noch mehr: die Erleichterung, die das Fachwort dem bringen kann, der es beherrscht.

Im Idealfall, der zumal in den Berufssprachen — der Seeleute, Bergleute, Handwerker — durchaus erreicht werden kann, erfüllt die Fachsprache »genau das, was der Ehrgeiz aller Sprachkünstler anstrebt: das Wesentliche mit dem richtigen Ausdruck zu erfassen«, wie Joseph Conrad lobte[1]. Das *Großgaffeltoppsegel* war in der Tat schwerlich populär zu benennen, und die *Ausbeute*, die *Fundgrube*, der *Raubbau* aus der Sprache der Bergleute, das *Hetzen* aus der Jägersprache haben sogar die Gemeinsprache um treffliche Metaphern bereichert. Das Wesentliche mit dem richtigen Ausdruck zu erfassen, ist auch der Auftrag der technisch-wissenschaftlichen *Sprachnormung*: So legen die DIN-Normen zusammen mit Abmessungen und Eigenschaften die Benennungen fest. Das hat zwar den Nachteil, daß häufig der Sprachgebrauch herrisch und unpassend ins Fachwort gezwängt wird wie früher der Rekrut in die Uniform (so wenn seit 1955 die Glühbirne »Lampe«, die Lampe aber »Leuchte« heißen soll und wir demzufolge von Steh- und Taschen*leuchten* sprechen müßten). Die Vorteile überwiegen jedoch: Was sich klar beschreiben läßt, bekommt einen klaren Namen zugeteilt, Homonyme und Synonyme werden ausgeschaltet, viele Hindernisse der Definition (Kap. 21) weggeräumt.

Es fiele dem Laien freilich leichter, von der Nützlichkeit genormter Leuchten, kraftvoller Jägersprüche oder griechisch-lateinischer Wortsaurier überzeugt zu sein, wenn er bei den Seeleuten und Ärzten, Soziologen und Physikern auf zweierlei stieße: auf ein Quantum Respekt für die Sprache des Normalbürgers — und auf einen pausbäckigen Mitteilungswillen, auf die erkennbare Entschlossenheit, nicht früher als an den Grenzen unerläßlichen Fachwissens zu kapitulieren. Doch wie steht es damit? Haben also die Jäger für den Schwanz des Hasen die niedliche Metapher »Blume« ersonnen. Solange sie sich unter ihresgleichen daran freuen, sind alle zufrieden. Unsereinem dagegen sollten sie die »Blume« *übersetzen*. Und eben dies tun sie nicht. Mehr noch: sie runzeln die Stirn und korrigieren uns, wenn wir mit ihnen normales Deutsch zu reden wagen. So wird die Expertensprache zum *Zunftjargon*, wie er in diesem Buch mit klarer pejorativer Absicht heißen soll: dann nämlich, wenn an der Wahl des fremden Wortes andere Gründe als die lauterste Zweckmäßigkeit beteiligt waren.

Der Lexikonredakteur, der die Titration behandelt hat, ist nur zum Teil der Schuldige. Überwiegend referiert er bloß die Sünden, die *andere* begangen haben, und das seit Jahrhunderten. Die häufigste ist die Nichtübersetzung aus einer Fremdsprache oder gar die mutwillige Übersetzung in eine Fremdsprache: Amerikanische Linguisten schreiben *cognitive procedures* und *profound regularities*; ihre deutschen Kollegen zitieren sie mit »kognitiven Prozeduren« und »profunden Regularitäten« — und unterstellen dreist, sie hätten »übersetzt«! Der amerikanische Präsident hält seine Rede zum Amtsantritt, *his inaugural address*, und findet prompt deutsche Korrespondenten, die seine »Inauguraladresse« würdigen und sich offenbar ebenfalls dem Wahn hingeben, sie hätten »übersetzt«. Daß es anders geht, zeigt der Weg der *nonproliferation*: Washington und Moskau begannen 1965 über einen Vertrag zur Nichtweitergabe von Atomwaffen zu verhandeln. Dies war eine korrekte, aber für Zeitung und Fernsehen höchst umständliche Beschreibung; ein Benennungsbedürfnis tauchte auf. *Proliferation* bedeutet Wucherung, hier war das Gegenteil einer wuchernden Ausbreitung, also die *nonproliferation* von Atomwaffen gemeint — ein schönes Bild, leider mit zwei Nachteilen: Der Mehrheit der Amerikaner konnte sich die Kraft der Metapher nicht erschließen, da sie das medizinische Fachwort nie zuvor vernommen hatten; und daß es sich um Atomwaffen handelte, kam in der Formel *nonproliferation treaty* gar nicht vor. Während die deutschen Korrespondenten sich anschickten, ihren Zeitungen und deren armen Lesern »die Nonproliferation« zuzumuten, wohl sie für deutsche Ohren noch um einiges schlimmer klingt, hatte ein Journalist in Deutschland den Einfall, der vorbildlich war und sich sogar durchsetzte: *Atomsperrvertrag*.

Es stimmt eben nicht, daß der Fortschritt der Wissenschaften oder neue Entwicklungen in anderen Bereichen das antike Wort auf den Plan rufen müßten; es liegt nicht im Wesen griechischer oder neuerdings englischer Silben, dehnbarer zu sein als deutsche Silben. *Mimesis*, Nachahmung, war ein zentraler Begriff bei Platon und Aristoteles, und seit Jahrhunderten legen unsere Philosophieprofessoren Wert darauf, von »Mimesis« statt von Nachahmung zu sprechen, wobei sie darauf verweisen, daß der Begriffsinhalt der Mimesis über den der Nachahmung weit hinausgehe. Das ist wohl richtig. Hätte man aber vor Jahrhunderten in die Nachahmung all das hineingelegt, was die Mimesis zusätzlich enthält, so würde die Nachahmung es seit Jahrhunderten enthalten. Freud hat ins »Unbewußte«, in die »Versagung« und viele andere deutsche Wörter ungleich mehr hineingedeutet, als vor ihm in ihnen war — *und nun ist es drin*.

Daß die Wissenschaftler sich mit Hilfe ihres griechischen, lateinischen und englischen Wortschatzes international verhältnismäßig leicht verständigen können, bleibt natürlich ein Vorzug. Jedoch ein merkwürdiger: Es ist ja der Vorzug, daß ein Arzt aus Wiedenbrück sich mit einem Arzt aus Yokohama besser verständigen kann als mit seinem Patienten in Wiedenbrück. Auch wäre der Vorzug, wenn es denn einer sein soll, noch größer, wenn *alle* Menschen sich mit *allen* Menschen verständigen könnten, indem man die Muttersprachen nicht nur einschränkte wie unsere Wissenschaftler, sondern sie abschaffte und sie durch Esperanto, Englisch oder Griechisch ersetzte (Kap. 33).

Und welches sind die Gründe, aus denen notwendige Fachsprachen so oft in vermeidbaren Zunftjargon umschlagen? Warum müssen wir mit dem Übelstand leben, daß eine Fülle von Informationen ohne

Not einem großen Teil derjenigen vorenthalten wird, die sie angeht? Weil viele Zünftler höhere Werte kennen als den, von jedermann verstanden zu werden: die Hochachtung der Kollegen; das Gefühl, sich in einer geschlossenen Gesellschaft zu bewegen; die Einschüchterung derer, die nicht dazugehören; und im Grenzfall die Chance, das Dürftige oder das Halbgedachte auf schimmernde griechische Silben zu betten. Und dann gibt es natürlich eine Reihe wirklicher Schwierigkeiten: Es ist nicht möglich, allen alles klarzumachen.

Solche Schwierigkeiten sind zu respektieren; dieses Kapitel handelt von der Zunftsprache, insoweit sie vermeidbar wäre. Da aber der Verfasser unmöglich in allen Zünften ein Urteil darüber haben kann, was entbehrlich wäre und was nicht, muß er sich darauf beschränken, die *Antriebe* der Zünftler in Frage zu stellen, jeweils bis zu dem Punkt, da einer kommt und glaubhaft macht: Das läßt sich nicht mit Wörtern von höherer Allgemeinverständlichkeit ausdrücken, jedenfalls nicht mit vertretbarem Aufwand.

Jede Sprache eint nach innen und isoliert nach außen, auch die der Zunft. Geheimsprachen zu erfinden, ist ein uraltes Schülerspiel: Nur ich und die, die ich erwähle, können sich verstehen, die ungesättigte Neugier der anderen würzt uns das Vergnügen, die Sondersprache macht uns zum geschlossenen Club. Durch den angehenden Jäger muß eine Art kosmischen Erschauerns zittern, wenn er hört, daß die Schenkel der Tagraubvögel für ihn von nun an *Hosen* heißen. Zum Lebensgefühl vieler Wirtschaftsjournalisten scheint es zu gehören, daß sie »verschlüsselte Informationen für die schmale Schicht der Wissenden« bieten, wie Glotz/Langenbucher in ihrem Standardwerk »Der mißachtete Leser« schreiben. »Im Bestreben, ›seriös‹ zu sein, schließt man den Normalbürger von der Kommunikation aus.«[1]

Das Vergnügen, sich dem Zirkel der Eingeweihten zuzuzählen, verbindet sich sinnreich mit der Lust an der Einschüchterung derer, die nicht dazugehören — ein Imponiergehabe, das sich der entlegensten und pompösesten Wörter lustvoll bedient. »Die unersättliche Reinigung des Göttlichen vom Mythos, die in der Gebärde erschütterten Fragens nachzuzittern beliebt, übereignet es« (das Numinose) »in mystischer Häresie dem, der irgend dazu sich verhält.«[2] Der so schreibt, hat sich offensichtlich nicht gefragt: Werde ich verstanden? Sondern: Wer würde es wagen, mich nicht ernst zu nehmen? Und wer macht mir solche Sätze nach, worin das Prätentiöse dem Koketten kostbar sich gattet? Er heißt Adorno. Derselbe riet — an anderer Stelle — seinen Studenten »größte Skepsis« gegen Worte an, »durch die man sich als besserer Herr qualifiziert«[1].

Philologen, *Freunde des Wortes*, qualifizieren sich in der »Zeitschrift für deutsche Philologie« mit Sätzen wie diesen: »Repetitio führt zur reflexio: Onomasiologische und semasiologische Parallelen und Kontraste legen den circulus vitiosus semantischer und existientieller Fesseln bloß.«[2] Außenseiter wie Wittgenstein stören zwar das Bild der Cliquen-Harmonie: »Wenn ich über Sprache rede, muß ich die Sprache des Alltags reden«, schreibt er und »Die Philosophie darf den tatsächlichen Gebrauch der Sprache in keiner Weise antasten«, ja er arbeitet mit Vergleichen: »Wir sind aufs Glatteis geraten, wo die Reibung fehlt, also die Bedingungen in gewissem Sinne ideal sind, aber wir eben deshalb auch nicht gehen können.«[3] Doch glücklicherweise holen seine Interpreten ihn in ihren Sprachalltag zurück: »Dann legt keine durch die explizit performative Formel erkennbar gemachte Äußerungsabsicht die illokutionäre Rolle fest«, schreibt einer von ihnen, »sondern (soweit man die explizit performative Formel überhaupt so auffassen kann) eine in Gestalt der explizit performativen Formel vorliegende Absichtserklärung.«[4]

So schreibt man über Sprache. Die Sprachforscher sind sprachlos geworden: Sie teilen nichts mit. »Ihre neue Aktualität verdankt diese Tradition« (wird das am Ende ein deutscher Satz?) »der expandierenden Technizität einer Umwelt« (nun ja), »die mit der Technisierung von Verkehr und Kommunikation die urbanisierte Lebenswelt einer zunehmenden Semiotisierung aussetzt und das Desiderat einer Formalisierung des Signalelements der Objekte in reglementierbaren und reflektierbaren Zeichensystemen, ja in einer ›Soziologie der Objekte‹ konstituiert.«[5] Hat der Autor das verstanden? Nach dem Leser zu fragen, traut man sich kaum. »Viele wissenschaftliche Arbeiten werden in erster Linie veröffentlicht, um den Verfasser als Wissenschaftler auszuweisen oder zu bestätigen«, schreibt der Linguist Prof. H. H. Baumann. »In diesem Sinn besteht wissenschaftliches Arbeiten vor allem im Erfüllen von sozialen Konventionen . . . Für erfolgreiche Sozialisation steht ein System von Belohnungen bereit . . . Der Praxisbezug von wissenschaftlich-theoretischer Arbeit kann einfach der Wunsch nach dem eigenen Fortkommen sein.«[6]

Überdies gebe es keinen besseren Weg, schrieb Locke, »seltsame und absurde Lehren einzuführen und zu verteidigen als den, sie mit einer Unzahl dunkler, zweifelhafter und undefinierter Wörter wie mit einem Schutzwall zu umgeben . . . Kaufleute und Liebhaber, Köche und Schneider haben Wörter, um ihre gewöhnlichen Obliegenheiten zu verrichten. Das könnte meines Erachtens auch bei Philosophen der Fall sein, wenn ihnen daran gelegen wäre, zu verstehen und deutlich verstanden zu werden.«[1]

Ist ihnen daran gelegen — oder mehr an dem Schutzwall der exotischen Wortgebilde? *Wollte* Heidegger verstanden werden? Und Hegel? Man vergleiche die Hegel-Worte auf S. 170 und S. 221 und frage sich, ob man Bertrand Russells Diagnose »a farrago of nonsense« widersprechen will[2] oder der Mutmaßung C. G. Jungs, bei Hegel liege eine »schizophrene Machtsprache« vor, die sich der *Bannwörter* bediene, um »das Unbedeutende als grüblerische Weisheit erscheinen zu lassen«[3].

Wollte auch nur jener namhafte Münchner Gynäkologe verstanden werden, der dem Verfasser auf die Frage, warum seine Tochter mehrere Minuten nach der Geburt noch nicht geatmet habe, mit der Miene gewichtiger Erläuterung erwiderte: »Sie war *asphyktisch*«? Der Vater, nur des Lateinischen mächtig, vertröstete sich auf das heimische Lexikon und erfuhr: asphyktisch heißt »atemlos«. Nun, das hatte er auch vorher gewußt, und die Armut kommt von der pauvreté. Aber welche Entlastung lag für den Arzt darin, eine bloße *Benennung* des erklärungsbedürftigen Zustands betrügerischerweise für die *Erklärung* auszugeben, indem er die Benennung in eine sakrale Sprache transponierte! Vielleicht tut man ihm auch Unrecht, da »Betrug« Vorsatz voraussetzt — vielleicht *glaubte* er, eingesponnen in die unsterbliche Wortmagie, er habe, wenn er statt atemlos »asphyktisch« sage, das Wissen in der Welt vermehrt. Die Wirkung blieb die gleiche, Lockes »Schutzwall« stand ihm zu Diensten: Wir Experten rüsten uns mit Hilfe einer Sondersprache gegen den Anprall der Laien, gerade für den Fall, daß ihren Fragen eine gewisse elementare Vernünftigkeit nicht abgesprochen werden kann.

Wer sich nicht einer Loge zugehörig fühlen will, kann es meistens anders machen. Wie viele Wissenschaftler hätten Neueres, Schwierigeres, Entlegeneres mitzuteilen gehabt als Sigmund Freud? Ein Meister der Sprache, die ihre Kraft mit leichter Eleganz darbietet, ein

Mensch, der klar schrieb, weil er klar dachte und den Ehrgeiz hatte, sich mitzuteilen; ein klassisches Stilmuster für den Deutschunterricht der Oberstufe (wobei jeder, dem seine Lehre nicht behagt, von ihr völlig absehen kann). »Außer dem Ich erkennen wir ein anderes seelisches Gebiet, umfangreicher, großartiger und dunkler als das Ich, und dies heißen wir das Es. Das Verhältnis zwischen den beiden soll uns zunächst beschäftigen. Sie werden es wahrscheinlich beanstanden, daß wir zur Bezeichnung unserer beiden seelischen Instanzen oder Provinzen *einfache Fürwörter* gewählt haben, *anstatt vollautende griechische Namen* für sie einzuführen. Allein wir lieben es in der Psychoanalyse, im Kontakt mit der populären Denkweise zu bleiben, und ziehen es vor, deren Begriffe wissenschaftlich brauchbar zu machen, anstatt sie zu verwerfen. Es ist kein Verdienst daran, wir müssen so vorgehen, weil unsere Lehren von unseren Patienten verstanden werden sollen, die oft sehr intelligent sind, aber nicht immer gelehrt. Das unpersönliche Es schließt sich unmittelbar an gewisse Ausdrucksweisen des normalen Menschen an. ›*Es* hat mich durchzuckt‹, sagt man; ›*es* war etwas in mir, was in diesem Augenblick stärker war als ich‹.«[1]

In den schlichtesten Sätzen können neue Erleuchtungen ausgesprochen werden, Jaspers hat es gesagt[2], und umgekehrt garantieren schillernde Wortkaskaden noch nicht für ein Körnchen Substanz. Wem die »Blume« nicht mehr die Rose, sondern der Schwanz des Hasen ist, der hat es zu etwas gebracht. Wer sich zwischen Semiotisierung und Nublition zuhause fühlt, kann vieler Bewunderer sicher sein (und am Ende tragen die Bewunderer am meisten dazu bei, daß die Sünde gegen die Information verewigt wird). Selbst wo die Fachsprache aber prall ist von Information für die, die sie verstehen, vernimmt man zu selten jenes Zähneknirschen, das man sich doch vom Experten wünscht, so oft er erkennen muß, daß er sein Wissen nur unter die Fachleute statt unter die Leute bringt — und zu häufig spürt man das Wohlgefallen an Sektiererei und Fremdwortschwindel. Eine *Fundgrube* ist die Zunftsprache ziemlich selten. Wer sie in ihre Grenzen scheucht, hat sich verdient gemacht.

Dazu im »Lexikon«: Anglizismen, Fremdwort, Geheimsprache, Sprachbarriere, Sprachnormung, Übersetzung, Verständlichkeit, Zunftsprache.

30. Nicht nur nichts für ungut

Die anderen neun Rezepte für verständliches Deutsch

> Es gibt zwei Wege, mit der Sprache nicht fertigzuwerden: die Phrase und die Verschwierigung.
>
> *Ludwig Marcuse, Argumente und Rezepte (1973)*

In Hamburg wurden 1974 deutsche Behörden, deutsche Schulbücher und deutsche wissenschaftliche Literatur öffentlich blamiert — vor einer kleinen Öffentlichkeit allerdings. Von der Stiftung Volkswagenwerk unterstützt, testete das Psychologische Institut III der Universität in einem Großversuch zwanzig Textvorlagen aus dem deutschen Alltag auf ihre Verständlichkeit. 442 berufstätige Erwachsene lasen jeder ein Beratungsblatt für Lohnsteuerzahler, eine Einführung in die Unfallversicherung, die Allgemeinen Bedingungen einer Hausratversicherung, einen Anstellungsvertrag, einen Kaufvertrag und die Amtlichen Erläuterungen für Sparprämien. Von diesen Texten verstanden sie 25 Prozent; 75 Prozent des Informationsaufwands waren vergeudet. Als die Texte nach den vom Institut entwickelten Modellen *optimiert* worden waren, verdreifachte sich die Verständnisquote. Ähnlich durchschlagende Zahlen zeigten sich bei der Prüfung von vier Schulbüchern durch 514 Schüler und zehn wissenschaftlichen Texten durch 84 Studenten.

Woran lag es, daß die Vorlagen so erbärmlich verstanden wurden, und wie »optimiert« man einen Text? Aus dem *Witterungsgeschehen* des Schulbuchs machten die Hamburger Psychologen Langer, Schulz und Tausch kühnlich das *Wetter*. In einem Fachbuch hieß es: »Erwartungsgemäß erwiesen sich die beobachteten interindividuellen Unterschiede in der sprachlichen Dominanz von Lehrern sowie in der Bevorzugung verschiedener Beeinflussungsstrategien als unabhängig vom Alter der Schüler wie auch der Klassenstärke.« Die optimierte Fassung wählt eine tabellarische Aufgliederung: »Ergebnisse. 1. Lehrer sprechen mehr als Schüler. 2. Das Sprachverhalten von Lehrer und Schüler ist nicht unabhängig voneinander. 3. Das Ausmaß der sprachlichen Dominanz der Lehrer erwies sich als unabhängig von Klassenstärke und Alter der Schüler. 4. Ebenso unabhängig hiervon erwies sich die Bevorzugung verschiedener Beeinflussungsstrategien.«

Welche Methoden lagen dieser Umwandlung zugrunde? Vor aller Methodik eine vorbildliche Service-Gesinnung. »Wenn wir erreichen wollen, daß Informationen von Lesern besser verstanden und gelernt werden, dann gibt es grundsätzlich zwei Wege: *Anhebung der Verständnisfähigkeit der Leser oder Senkung der Schwerverständlichkeit der Texte.* Zur ersten Möglichkeit gibt es im schulischen und vorschulischen Bereich viele Bemühungen, die sich unter dem Stichwort ›Kompensatorische Spracherziehung‹ zusammenfassen lassen . . . Wir waren nicht bereit, die weitverbreitete Schwerverständlichkeit von Texten als ›notwendiges Übel‹ hinzunehmen. *Wir suchten die Probleme, die wir selber beim Lesen von Texten hatten, nicht bei uns.* Die Hauptursache für das Problem sehen wir bei den Schreibern von Texten. Hier setzen wir an.« Das ist erstaunlich, und weiter: »*Manche Schreiber sehen das Problem gar nicht und schreiben drauflos*, wie ihnen ›der Schnabel gewachsen‹ ist. Sie berücksichtigen nicht, wie den Hörern das Ohr beziehungsweise den Lesern das Auge gewachsen ist. Andere Schreiber kennen das Problem, nutzen es aber in entgegengesetzter Richtung. *Sie glauben, die Schwerverständlichkeit erwecke Ehrfurcht* . . . Jedoch wird schwerverständliche Textgestaltung künftig nicht mehr Ehrfurcht erwecken, sondern Mitleid über die gering entwickelte Fähigkeit, sich anderen gegenüber zu verständigen.« (Eine schöne Hoffnung.) »Andere Schreiber wiederum . . . wollen ihren Kommunikationspartner im Unverständnis belassen, zum Beispiel um ihn zu übervorteilen. So ist das Kleingedruckte in unseriösen Kauf- oder Mietverträgen auch ›kleinverständlich‹ . . . Am verbreitetsten liegt die Schwerverständlichkeit am unzureichenden Wissen der Schreiber, *wie* leichtverständliche Texte zu gestalten sind«.[1]

Man traut seinen Augen nicht: Dies ist ein Generalangriff auf die wissenschaftliche Literatur (die linguistische eingeschlossen), von Wissenschaftlern mit kühler Hand geführt, ein Labsal und natürlich eine Ausnahme. Welche Rezepte bieten die Hamburger Psychologen an, um einen Text optimal verständlich zu machen?

Diese:

A. *Einfachheit*: kurze, einfache Sätze, geläufige Wörter, Fachwörter nur mit Erläuterung, Anschaulichkeit. (Was die Kürze der Sätze angeht, ist der Verfasser abweichender Meinung, vgl. S. 264 und unten.)

B. *Gliederung—Ordnung:* Folgerichtige und übersichtliche Texte, »gute Unterscheidung von Wesentlichem und Unwesentlichem, der rote Faden bleibt sichtbar, alles kommt schön der Reihe nach«. (Der Verfasser nennt dies *transparente Texte* — Kap. 28 — und stimmt mit den Hamburger Autoren vollständig überein.)

C. *Kürze—Prägnanz:* »aufs Wesentliche beschränkt, gedrängt aufs Lehrziel konzentriert, knapp, jedes Wort ist notwendig«. (Hier glaubt der Verfasser, mit seinem Begriff von der *treffenden Redundanz* einen fruchtbareren Ansatz zu haben, da die Hamburger Psychologen keinen Platz für Einstimmungen, Beispiele und die Abwehr von Überfrachtung lassen; diesen Spielraum schaffen sie sich mit ihrem Rezept D, das die Empfehlung C insoweit korrigiert.)

D. *Zusätzliche Stimulanz*: direkte Rede, rhetorische Fragen »zum Mitdenken«, lebensnahe Beispiele, Auftreten von Menschen, Reizwörter, witzige Formulierungen[1].

Dies ist ein treffliches Programm. Hier soll es teils angewandt, teils variiert, vor allem aber erweitert werden. Bisher enthielt dieses Buch folgende Vorschläge, einen Text leicht verständlich zu machen:

1. *Treffende Redundanz*: Die meisten Leute reden und schreiben zuviel, manche zuwenig, gemessen am Erfahrungs- oder Erwartungshorizont des Adressaten (Kap. 27).

2. *Transparente Sätze*, möglichst linear, wie ein Pfeil geformt und wie ein Pfeil das Ziel auf dem kürzesten Weg verfolgend. Im Durchschnitt, aber keineswegs regelmäßig, sind kurze Sätze verständlicher als lange und Hauptsätze günstiger als Nebensätze (Kap. 28).

3. *Keine exotischen Wörter*, wo sie entbehrlich sind. Man liege auf der Lauer, einen Mangel an Mitteilungswillen in jedem zu entlarven, der vorgibt, sich nur griechisch, lateinisch, englisch oder sonstwie zünftlerisch ausdrücken zu können (Kap. 29).

Zu diesen Generalregeln, von denen die drei vorigen Kapitel handelten, tritt eine Reihe weniger elementarer, in ihrer Summe aber ebenfalls gewichtiger Empfehlungen. Zum Teil sollten sie nur als Hinweise gewertet werden, wie sich die Verständlichkeit aufs äußerste steigern läßt, wenn es im Extremfall auf nichts als sie ankommt, etwa bei der Gebrauchsanweisung für einen Feuerlöscher — während sich bei längeren Texten die Anwendung nur bedingt empfiehlt; diese Einschränkung gilt mindestens für die nachstehenden Vorschläge 4 und 5.

4. *Kurze Wörter* sind im Durchschnitt leichter, mindestens rascher verständlich als lange Wörter: Auto gegen Automobil und Kraftfahrzeug, Ziele gegen Zielprojektionen, »kriegen« gegen »in Empfang nehmen«, »dumm« gegen »geistig zurückgeblieben«. Eine hohe Zahl von Silben je Wort kann als Indiz für Wortschwulst gelten.

5. *Geläufige Wörter* sind leichter verständlich als seltene Wörter: Motorrad gegen Kraftrad, Briefmarke gegen Postwertzeichen, Telefonzelle gegen öffentlichen Münzfernsprecher. Sogar Abkürzungen können bekannter sein als das, was sie abkürzen, zum Beispiel NATO gegen North Atlantic Treaty Organization, ja selbst gegen Nordatlantikpakt.

6. *Konkrete und bildhafte Wörter* sind leichter verständlich als abstrakte Wörter: Haus gegen Eigenheim, Wohnung gegen Wohneinheit, Stadtpark gegen städtische Grünanlage, Dauerregen gegen ergiebige Niederschläge: »Der Satz soll rote Backen haben.«

7. *Keine Polyseme:* Wörter mit verschiedenen Bedeutungen oder schillerndem Sinn erschweren die Verständlichkeit. *Sollen* kann eine Aufforderung oder die Ungewißheit ausdrücken (Er soll Dirigent werden: Ich wünsche, daß er es wird — ich habe gehört, daß er es wird). *Verplanen* kann heißen: erstens einplanen, in den Plan *richtig* einsetzen; zweitens durch den Plan vollständig abrufen, so daß nichts mehr übrig ist; drittens eine Fehlplanung vornehmen, in den Plan *falsch* einsetzen — eine schöne Variante auf den Gegensinn der Urworte.

8. *Keine Synonyme*: Der Wechsel im Ausdruck, in der Schule ein eisernes Gebot, belebt den Stil — und erschwert die Verständlichkeit. Zunächst dadurch, daß er die Zahl der *verschiedenen* Wörter in einem Text vermehrt; Texte sind jedoch umso leichter verständlich, aus je weniger verschiedenen Wörtern sie bestehen. Oft liegt die Erschwerung darin, daß man suchen muß: *Ersteres* und *letzteres* als Platzhalter für »Jugoslawien« und »Albanien« einzusetzen, zwingt den Leser zur Springprozession, die ihm bei purer Wiederholung der Ländernamen erspart geblieben wäre. Schlimmer, wenn man nicht einmal weiß, wo man suchen soll: *dieses* und *jenes* für zwei vorausgehende Substantive (schon von Jean Paul als Zeitverlust gerügt) stellt im deutschen Sprachraum den Leser mehr und mehr vor die Denkaufgabe, wo wohl *jenes* im Verhältnis zu *diesem* seinen Ort haben könnte. Noch viel nachteiliger ist der Wechsel im Ausdruck, wenn er ein tragendes Wort betrifft: Hat der Sprecher oder Schreiber einmal klargestellt, daß es ihm auf »Lebenshilfe« oder »Kompetenz« ankommt und was ungefähr er darunter versteht, so bleibe er um Gottes willen bei Kompetenz und Lebenshilfe und verwende *kein* Synonym.

Das Schulgesetz, wonach die Penetranz eines dreimaligen »machen« schlechthin zu vermeiden sei, sollte auf eine Regel reduziert werden, die Ausnahmen zuläßt: »Der Herr hat's gegeben, der Herr hat's genommen, der Name des Herrn sei gelobt« (Hiob 1,21). Auch wirkt das Schulgebot in dem lächerlichen Automatismus nach, den die Massenmedien sich verordnen: daß auf den Elefanten »der Dickhäuter« zu folgen habe, auf Frankfurt »die Mainmetropole« und »der gefiederte Sänger« auf die Nachtigall. Ist kein stereotypes Synonym zur Hand, so fühlen sich die Synonym-Poeten aufgerufen (Ersatz der Deutschen Presse-Agentur für *Sonne*: »der glühende Zentralkörper unseres Planeten-Systems«).

9. *Verben sind besser als Substantive*; Verben im Aktiv besser als im Passiv (Passivsätze werden von Kindern spät verstanden und verlangen auch von Erwachsenen eine Umsetzung, die häufig eine meßbare Zeit beansprucht); die aktiven Verben möglichst *nicht im Plusquamperfekt*: »Das Unglück ereignete sich, als der Pilot vom Sessel gefallen war, nachdem der Gangster ihm ins Ohr geschossen hatte« —ebenso korrekt wie unerträglich, eine Springprozession der Tempora.

10. *Keine imaginären Subjekte:* Wo Menschen handeln oder leiden, soll man sie nicht hinter Sachen verstecken, schon gar nicht hinter erdachten Sachen. »Die Eskalation der Gewalt in Spanien hat erneut fünf Todesopfer gefordert.«[1] An diesem Zeitungssatz ist alles schief: Todesopfer einzufordern, war eine Spezialität des Gottes Baal in Karthago; »die Eskalation« ist niemand und nichts, dem irgendeine Forderung zuzutrauen wäre; und schließlich *sind* die fünf Toten eben die Eskalation und können daher nicht von der Eskalation getötet worden sein — so wenig wie der Ruf »Maul halten, Vorsitzender!« von dem »Zwischenfall« *verursacht* worden ist, den eben dieser Ruf und nur er darstellt. Fünf Menschen sind gestorben oder umgekommen, Terroristen haben sie erschossen, umgebracht, ermordet — das sind Sätze, die jeder versteht, und wenn sich in den Tötungen eine Eskalation äußern sollte, so läßt sich das in einem zusätzlichen Hauptsatz feststellen.

11. *Möglichst wenige Verneinungen*: Sie erschweren die Verständlichkeit, gleichgültig, ob sie durch *nicht*, *nein*, *kein*, *kaum*, *außer*, *un-* oder andere Mittel ausgedrückt werden. Das ist ein wichtiges Faktum von überraschend geringem Bekanntheitsgrad. Nach amerikanischen Untersuchungen dauert es im Durchschnitt 48 Prozent länger, einen verneinenden Satz zu verstehen, als einen bejahenden[1]. Da Negationen sich indessen nicht vermeiden lassen, empfiehlt es sich nach derselben Quelle, dem *nicht* ein Wort vorzuziehen, das die Verneinung enthält, ohne sie auszudrücken: Die Verkehrszeichen *Stop* oder *Warten* werden rascher aufgefaßt als die Formeln »nicht fahren« oder »nicht gehen«. Am schnellsten rastet das Verständnis ein, wenn selbst solche Wörter vermieden werden, die eine integrierte Verneinung enthalten: vermeiden, entbehren, ermangeln, Abwesenheit; nur daß dies nicht immer möglich ist. Mit anderen Worten: *anwesend* wird am leichtesten verstanden, *abwesend* langsamer, *nicht anwesend* am langsamsten. Das deutsche *unmittelbar* ist ein psychologisch schiefes Wort und ein schwacher Ersatz für das importierte *direkt*, weil es das Natürliche, das Griffige, eben das Direkte nur im Wege der Verneinung auszudrücken vermag; während das nichtverneinte *mittelbar* das Entfernte, lediglich Vermittelte benennt, also wiederum ungeschickt vorgeht.

Auch Journalisten geraten mit der Verneinung leichter durcheinander als ohne sie: »Durch einen rechtzeitigen Sprung konnte sich der Kraftfahrer wenn schon nicht vor dem Tod, so doch vor schweren Verletzungen bewahren«[2]. Selbst Lessing hat einst im Dickicht dreier Negationen den Faden verloren: »Wie wild er schon war, als er nur hörte, daß der Prinz dich jüngst *nicht ohne Mißfallen* gesehen!« ruft die Mutter der Emilia Galotti[3]. Es kann nur gemeint sein »nicht ohne Wohlgefallen«, also wohlgefällig. Wie viele Leute sollen da der Floskel »nichts für ungut« auf den Grund kommen oder einen jener allzu logischen Sätze verstehen, die sich schüchtern um ein stolzes *nicht nur nicht* gruppieren? Die Mitteilung »Er glaubt *nicht*, daß ich *kein* Geld habe« stellt Kinder, Unausgeschlafene und Ungeübte vor ein schwer lösbares Problem. Nimmt man hinzu, daß in den meisten Dialekten die doppelte Verneinung nicht als Aufhebung der einfachen Verneinung gilt, sondern als deren Bekräftigung, so scheint der Rat eindeutig: Wer von jedermann verstanden werden will, unterlasse die zweifache Verneinung total, und wer rasch verstanden werden will, gehe auch der einfachen Verneinung nach Möglichkeit aus dem Weg.

Dies waren elf Empfehlungen, mit deren Hilfe sich das Optimum an Verständlichkeit sollte erzielen lassen — einem noblen und immer wichtiger werdenden Zweck der Sprache zuliebe. Von keinem Sprachproblem nehmen Philologen, Linguisten, Schriftsteller, selbst viele Journalisten so wenig Kenntnis wie von diesem. Manche Schreiber lösen das Problem für sich selbst mit Instinkt oder gesundem Menschenverstand, aber kaum einer, der nicht durch Forschung noch klüger werden könnte. In die feinsten Verästelungen der Grammatik, der Etymologie und der Textdeutung wird mehr Forscherdrang investiert als in die Schlüsselfrage, wie eine Mitteilung ihr Ziel am schnellsten und mit dem geringsten Reibungsverlust zwischen Mund und Ohr, zwischen Schriftbild und Auge erreichen kann. Sollte sich die Forschung eines Tages dieses Zentralproblems annehmen, so wird sie ohne Zweifel mehr, vielleicht andere Kriterien der Verständlichkeit produzieren, als der Verfasser sie hier aufgestellt hat.

Wie sich die elf Rezepte zur sprachlichen Eleganz oder gar zur literarischen Schönheit verhalten, ob sie ihr eher abträglich oder eher bekömmlich wären, ist eine andere Frage, die im Rahmen dieser Untersuchung über *das Wort als Kurier* nicht zur Debatte steht. Für die Vorschläge 4 und 5 (kurze und geläufige Wörter) wurden oben Einschränkungen gemacht; umgekehrt dürfte das Anraten transparenter Sätze, bildhafter Wörter, vieler und aktiver Verben mit den Erfordernissen eines guten Stils zusammenfallen. Vollends sollte sich die Verständlichkeit mit dem stilistischen Rang versöhnen lassen, wenn man den elf Handwerksregeln die zwölfte hinzufügt, ohne welche sie allesamt nichts taugen: Damit ein Text verständlich ist, muß er *abwechslungsreich* geschrieben sein. Die Gebrauchsanweisung für den Feuerlöscher kann sich sechs kurzgehackte Sätze leisten, weil jeder sie ohnehin interessant findet, sobald es brennt, und nur die höchste Einfachheit darf den Maßstab liefern. Je länger der Text jedoch, desto mehr gilt die Warnung von Storz: »Eine Häufung kurzer Hauptsätze gleicht der Wüste, in welcher der Wanderer alsbald Himmelsrichtung und Weg verliert«, und nichts ermüdet nachhaltiger als der »Ochsentrott von Hauptwörtern, die sich stoßen und treten, weil sie viel zu dicht aufgeschlossen marschieren«[1]. Sprachlicher

Kahlschlag und stilistische Verkarstung mögen hie und da — bei Hemingway, bei Beckett — den Rang einer eigenständigen Kunstform annehmen; für die meisten Texte, gleichgültig welchen Anspruchs, gilt: Wenn die Sätze nicht einen angenehmen Rhythmus und ein Mindestmaß an sprachlicher Kurzweil garantieren, *schläfern sie ein* — und alle anderen elf Rezepte der Verständlichkeit waren für die Katz.

Wie baut man solche Sätze? Wie, wann, wie oft, wie stark läßt man den Ton auf- und abschwellen, wie oft durchbricht man das Ebenmaß, um der Aufmerksamkeit des Lesers einen Stoß zu versetzen, wie befreit man den geschriebenen Text aus der Not der tonlosen Buchstaben und lockt durch Wortwahl, Wortstellung und Satzzeichen die Frische der mündlichen Rede aufs Papier? All dies läßt sich nicht in Faustregeln fassen und selbst in Stilfibeln bestenfalls im Ansatz lehren. »Gedankenreiche und originelle Literaturkritiker haben bewundernswerte Vorschriften für gute Prosa in fürchterlicher Prosa formuliert«, schreibt Ryle. »Andere haben in vorzüglichem Englisch die dümmsten Theorien über gute Prosa aufgestellt.«[1]

Stil ist einerseits eine Frage der Ära. Jede große kulturhistorische Zäsur hat die Art des Umgangs mit den Wörtern verändert: die Erfindung der Schrift und später des Buchdrucks, nach Ossip Mandelstam sogar die Eisenbahn[2], unstreitig das Telegramm und das Radio, in Ansätzen schon erkennbar der Computer. Und über die Zeiten hinweg, wiewohl nicht unberührt von ihnen, ist Stil zum andern und vor allem eine Frage des Charakters: »Luthers Prose«, schrieb Jean Paul, »ist eine halbe Schlacht; wenige Taten gleichen seinen Worten.«[3]

So bleibt als bester Weg für den, der seine Prosa schulen will, sich seine Meister zu wählen. Die Wahl und Empfehlung des Verfassers für mitteilende oder argumentierende Texte heißt: Heine, Nietzsche, Freud. Will man der Forderung von Jaspers folgen, daß beim Informieren die Sprache sich *nicht vordrängen* dürfe[4], so ist Freud sogar die erste Wahl, da Heine wie Nietzsche sich von ihrer sprachlichen Brillanz oft weit über ihre Zwecke hinaustragen lassen. »Wenn sich der Säugling auf dem Arm der Pflegerin schreiend von einem fremden Gesicht abwendet, der Fromme den neuen Zeitabschnitt mit einem Gebet eröffnet, aber auch die Erstlingsfrucht des Jahres mit einem Segensspruch begrüßt, wenn der Bauer eine Sense zu kaufen verweigert, welche nicht die seinen Eltern vertraute Fabrikmarke trägt, ist die Verschiedenheit dieser Situationen augenfällig, und der Versuch scheint berechtigt, jede derselben auf ein anderes Motiv zurückzuführen. Doch es wäre unrecht, das ihnen Gemeinsame zu verkennen. In allen Fällen handelt es sich um die nämliche Unlust, die beim Kinde elementaren Ausdruck findet, beim Frommen kunstvoll beschwichtigt, beim Bauern zum Motiv einer Entscheidung gemacht wird. Die Quelle dieser Unlust aber ist der Anspruch, den *das Neue* an das Seelenleben stellt.«[1]

Für ihre herrliche Funktion, das Neue von Mensch zu Mensch zu tragen, ist die Sprache so schlecht gerüstet, vom Ursprung, vom Charakter, von ihrer typischen Verwendung her, daß wir es uns nicht leisten können, ihre natürlichen Unvollkommenheiten künstlich zu vermehren. Mehr als bisher sollten wir unsere Vorbilder dort suchen, wo es gelungen ist, das Neue, das bis dahin Unbegriffene, den Wissensgewinn mit leichter Hand *mitteilbar* zu machen.

Dazu im »Lexikon«: Fremdwort, Innovation, Polysemie, Synonym, Verständlichkeit, Worthäufigkeit, Wortlänge.

31. Die Massenmedien und die Lüge

Wie man Nachrichten hören und lesen sollte

> Wohl zehn Minuten las ich in einer Zeitung, ließ durch das Auge den Geist eines verantwortungslosen Menschen in mich hinein, der die Worte anderer im Munde breitkaut und sie eingespeichelt, aber unverdaut wieder von sich gibt.
>
> *Hermann Hesse, Der Steppenwolf (1927)*

»Hier ist das Deutsche Fernsehen mit der Tagesschau«, sagt der Fernsehsprecher, und wir hören die Tagesschau. Aber welche Art von Schau das ist — wer wäre imstande, dies zu prüfen? Wie viele politische Lügen werden auf dem Bildschirm treuherzig multipliziert? Wie viele der Politiker, die wir auf der Mattscheibe agieren sehen, haben nur deshalb agiert, damit wir sie auf der Mattscheibe agieren sehen? Zu schweigen von Demonstranten und Geiselnehmern. Und wie oft ist es den Redakteuren gelungen, aus den irdischen Verwirrungen herauszulocken, *was wirklich war*? Das Unwetter zum Beispiel teilt keinem mit, wieviel Schaden es angerichtet hat; die Erhebung kommt vom Landratsamt — von Menschen also, die sich irren und überdies in eine Versuchung geraten können: den Schaden nach oben zu verzerren, damit die Versicherungsleistungen oder die Hilfsmaßnahmen reichlich strömen; es sei denn ihn nach unten zu frisieren, damit die Touristen nicht abgeschreckt werden. Welchen Schaden meldet der Journalist? Wie wappnet er sich gegen Irrtum, Irreführung und Lüge?

Dies ist ein ernster Punkt — abseits aller aphoristischen Zuspitzung, wonach der Mensch durch und durch verlogen (Rousseau), ja »das lügende Tier« sei (Mauthner), mindestens mit der Sprache nichts anderes tun könne als lügen (Kafka, Spengler). Solche Pauschalurteile lassen sich für den Zweck dieser Untersuchung auf zwei vorsichtigere Aussagen reduzieren. Erstens: Die Möglichkeit zu lügen, in wortloser Vorzeit auf das spärliche Ausdrucksarsenal heuchlerischer Gebärden beschränkt, hat sich mit der Sprache ins Grenzenlose ausgeweitet; der Lüge geben sich die Wörter mit derselben Selbstverständlichkeit hin wie der Wahrheit. Zweitens: Staatsmänner haben im allgemeinen andere Ziele als den Dienst am Wahren —

Napoleon, Lenin, Goebbels unbestritten, doch ein eher taktisches als ethisches Verhältnis zur Wahrheit kennzeichnet den Politiker überhaupt. Dies auszusprechen, ist weder Anklage noch Zynismus: Wünscht sich denn ein Volk einen Außenminister, der die Wahrheit höher bewertet als den Vorteil der Nation? Adenauer versprach zu später Stunde einem ausländischen Journalisten das erbetene Interview mit den einleuchtenden Worten: »Ich jebe et Ihnen fünnefzich Prozent jelogen, dann verdienen Se noch wat am Dementi.«

Das sind nur die Lügen. Wer zählt die Irreführungen, Vertuschungen, Beschönigungen — in den Auskünften der Regierungssprecher, in den Verlautbarungen, die nichts besagen oder wenigstens in die Irre führen sollen: »Der Vormarsch dauerte ohne jeglichen Geländeverlust an« (Kommuniqué der Republikaner im Spanischen Bürgerkrieg[1]). »Die Einleitungssätze zu jedem Kapitel gestatten, alles zu bestreiten, was im folgenden verabredet wird« (die Protokolle von Helsinki im Kommentar der »Frankfurter Allgemeinen«[2]).

Kommuniqués jedoch und die Reden von Politikern sind der Hauptteil des Rohstoffs, aus dem der Journalist die Nachricht formt. Auf dem Notizblock des Reporters, auf dem Schreibtisch des Redakteurs prallen sie aufeinander: die Welt der Regierenden, der *Machthaber*, der »Macher«, die sich der Irreführung und der Lüge bedienen, wenn sie dies für zweckmäßig halten, und die Welt der Berichtenden, der *Rechthaber*, der »Merker«, die sich der Wahrheit verpflichtet fühlen sollten. Wie halten sie's damit? Beginnen wir mit dem Schlimmsten.

Einige *Journalisten lügen selbst*. Dieser Vorwurf ist oft erhoben worden, je nach politischem Standort vor allem gegen die »Bildzeitung«, den »Spiegel« und bestimmte Fernsehmagazine. Bundesrichter Jagusch warf der ARD 1975 in einem Fall »gezielte ideologische Desinformation« vor[3]. Da die Wahrheit und die Beweisbarkeit meistens auseinanderklaffen, muß der Verfasser auf Beispiele verzichten. Aber er unterstellt, daß die journalistische Lüge ein vergleichsweise seltenes Vorkommnis, jedenfalls keine der häufigen und typischen Berufsverfehlungen ist.

Übel, aber selten — das gilt auch für die andere journalistische Todsünde: die *provozierten Nachrichten*. Das sind Handlungen, die von Reportern selbst angestiftet oder gesteuert worden sind, damit anschließend »wahrheitsgemäß« darüber berichtet werden kann. Der

Verfasser war mehrfach Zeuge, wie Reporter Demonstranten aufstachelten, die sich bis dahin noch nicht zum Werfen von Pflastersteinen hatten aufraffen können (»Jungs, das laßt ihr euch bieten? Da liegen doch prima Steine rum!«). Werden wir es noch erleben, daß ein Kamerateam den Demonstranten mit einem Lastwagen voll Steinen entgegenfährt, damit der Filmbericht interessant genug werden kann? Bei afrikanischen Revolutionen hat es mehrfach Hinrichtungen gegeben, die auf Wunsch von Reportern zu anderer Zeit in anderer Weise vorgenommen wurden, als wenn die Presse keine Wünsche geäußert hätte[1].

Weniger schlimm als das Lügen und das Selbst-in-Szene-Setzen, dafür auch weniger selten ist die *Anbiederung*. Viele Fernsehjournalisten schmeicheln sich bei Parteipolitikern ein, in der Absicht, ihre Karriere zu fördern, viele Zeitungsredakteure bei den Inserenten, meist einem Wink ihres Verlegers folgend. Anderen genügt es, sich im Gefühl der Wohlgelittenheit zu sonnen, das dem devoten Partner aus erhabenen Korridoren entgegenströmt. Jürgen Tern sprach von »Anpassungsjournalisten« und fand sie vor allem in den Wirtschaftsredaktionen, wo er »Furchtlosigkeit und Freimut vor den Mächtigen der Wirtschaftsszene« vermißte[2].

Lügen, arrangieren oder Zeitungsartikel zu Devotionalien formen, kurz: eine erkannte Wahrheit verschweigen oder frisieren — das ist, wiewohl nicht selten, so doch in Ländern mit staatlich respektierter Pressefreiheit keineswegs die Regel. Für die Bundesrepublik Deutschland schätzt der Verfasser, daß mindestens zwei Drittel dessen, was in Presse und Funk den Anschein der Information erweckt, aus der redlichen Absicht des Informierens fließt; in renommierten Tageszeitungen und in den Nachrichtensendungen des Fernsehens sogar neun Zehntel. Nur daß aus dem guten Antrieb zu selten die gute Wirkung folgt: Die Mehrzahl der *redlichen* Reporter und Nachrichtenredakteure macht sich eines *fahrlässigen Umgangs mit der Wahrheit* schuldig. Seine häufigsten Erscheinungsformen: wirr lassen, selbst verwirren und verschlimmern.

Den Bericht so *wirr zu lassen*, wie die Verlautbarung war, auf die er sich stützt — das ist eine der verbreitetsten journalistischen Untugenden und für den Bürger eine besonders ärgerliche; und man sage nicht, daß der Redakteur an der meist arglistigen Verwirrsprache der Kommuniqués nichts ändern könne, wenn er »objektiv« bleiben wolle: Er kann. Da spricht sich der Außenminister eines militanten Staates »für die Abrüstung aus. Vor der Presse fügte er hinzu, Bedingung dafür sei ... « Es folgen sieben Voraussetzungen, die deutlich erkennen lassen, daß sie eine Abrüstung unmöglich machen. Der Minister hat sich also *gegen* die Abrüstung ausgesprochen, indem er sie an Bedingungen knüpfte, von denen auch er ohne Zweifel wußte, daß sie unrealistisch waren. Für seine Verneinung wählte er die Form der Bejahung — eine beliebte Art, von der Sprache Gebrauch zu machen (S. 229). Darf sich der Redakteur dahinter verschanzen, daß der Minister es »eben so ausgedrückt« habe und der Journalist die Aufklärung höchstens in Form des Kommentars liefern dürfe? Er darf es nicht. Selbstverständlich kann eine handwerklich unanfechtbare, nun aber *informierende* Berichterstattung lauten: »Der Minister nannte für eine Abrüstung sieben Bedingungen, die in der Mehrzahl von allen Partnern bereits abgelehnt worden sind. Gleichzeitig versicherte er, daß er für Abrüstung sei.«

Das Versagen vor dieser Aufgabe ist mit dem Berufsethos nicht und mit technischen Schwierigkeiten nur manchmal zu begründen. Dies zeigt sich an der Leichtigkeit, mit der viele Redakteure ohne Not das Gegenteil betreiben: Sie schreiben in korrekte Textvorlagen grobe Irreführungen fahrlässig hinein, oder sie machen der Sonntagslüge eines Politikers eine unverlangte Beglaubigung zum Geschenk. Die Information aus der Sowjetunion lautet: »In Moskau kann man jetzt unter einer neuen Telefonnummer pausenlos Witze hören.« Beim WDR in Köln wird daraus: »In Moskau braucht niemand mehr schlechter Laune zu sein: Denn ... «[1] Der sachlichen Mitteilung wird ein Kalenderspruch vorangestellt, der täglich tausendfach an der Wirklichkeit zerschellt — nicht gerechnet, daß zensierte Witze aus staatlichen Telefonen sehr schlechte Laune verbreiten können. Eine Nachrichtenagentur meldet: »In Deutschland wurden 1974 auf tausend Einwohner viermal so viele Diebstähle begangen wie in Italien.« Was *besagt* die Statistik? Italien, ein klassisches Land der Diebe, geniert sich nicht, der Öffentlichkeit mitzuteilen, wie gering die Zahl der Aburteilungen wegen Diebstahls ist. In eine nüchterne Zeitungsnachricht übersetzt: »Die Zahl der Aburteilungen wegen Diebstahls ist in Deutschland viermal so hoch wie in Italien. Über die Zahl der Diebstähle, die *begangen* worden sind, sagt die Statistik nichts aus.«

Häufiger als die hineingeschriebene Verwirrung und oft schwerer zu durchschauen ist die andere journalistische Verschlimmerung: die fahrlässige Umwandlung einer Sonntagslüge in eine scheinbare Wahrheit; ja immer wieder stößt man auf Redakteure, die tapfer bestreiten, daß hier überhaupt ein Problem vorliege. Das Problem ist dies: »Ich bin fest überzeugt von einem hohen Wahlsieg unserer Partei!« ruft der Abgeordnete Meier. Der Redakteur macht daraus: »Der Abgeordnete Meier ist fest überzeugt von einem hohen Wahlsieg seiner Partei.« Das ist kurios. Denn: Woher *kennt* der Redakteur die Überzeugungen des Politikers? Aus seinen Worten? Ein dürftiges Indiz. Zwischen seiner Aussage und der Wahrheit sind folgende Relationen möglich: (1) Seine Prognose über den Wahlausgang ist objektiv richtig. (2) Die Prognose ist zwar objektiv falsch, aber subjektiv richtig, der Abgeordnete glaubt an sie. (3) Die Prognose ist objektiv und subjektiv falsch, der Abgeordnete glaubt durchaus nicht; er hält es für angezeigt, die Lüge zu verbreiten, daß er glaube. Dies ist ein alltäglicher Fall, und dem Politiker kann daraus kein ernstlicher Vorwurf erwachsen.

Der Journalist hat im allgemeinen keine Handhabe, diese drei Möglichkeiten auseinanderzuhalten. Also bleibt ihm nur, das zu berichten, was nicht strittig ist: »Meier sagte, er glaube« oder »Meier sprach von . . . « So wird es dem Urteil des Lesers überlassen, ob der Politiker gelogen hat oder nicht. Daß dies oft zu beschwerlicheren Formulierungen führe, deren Feinheit zudem der Mehrheit des Publikums verborgen bleibe, ist ein Einwand von vergleichsweise geringem Gewicht: Wer tausendmal »Nach Ansicht von . . . « gehört hat, wird eher dazu neigen, die Worte eines Politikers mit seinen Ansichten zu verwechseln — und das könnte den Politikern so passen. Müssen ausgerechnet Journalisten solcher Vertuschung Vorschub leisten? Müssen sie einem Minister bescheinigen, daß er *»seine Entschlossenheit bekräftigte*, für Gerechtigkeit zu sorgen« — wenn offen ist, ob es je eine Entschlossenheit gegeben hat, die sich hätte bekräftigen lassen?

Wenn es nur die Todsünden und die läßlichen Sünden der Journalisten wären, die den Wert der gedruckten und gesendeten Nachrichten mindern: das Bild wäre noch nicht ganz so trüb. Es hieße ja, daß sich mit mehr Charakter und mehr gutem Willen das Ideal erreichen ließe: *Die Nachricht sei eine faire Spiegelung der Wirklichkeit*. Leider ist das Problem noch komplizierter: Eine »faire« Spiegelung ist nicht möglich und gar nicht ausdenkbar; ja selbst »die Wirklichkeit« zerrinnt uns zwischen den Händen, wenn wir uns ihr kritisch nähern.

Eine *faire Spiegelung* kann erstens nicht gelingen, weil es die Wörter nicht gibt, die von allen Seiten als fair empfunden werden. Aufstand in Afrika — wer steht da auf? »Rebellen«, sagt die dortige Regierung. »Freiheitskämpfer«, sagen die Rebellen. Was schreibt der deutsche Journalist? »Terroristen«, die Schrecken verbreiten und Blut rücksichtslos vergießen: sind das besonders schlimme Rebellen — oder besonders zähe Freiheitskämpfer? »Freiheitskämpfer« — auch dann, wenn sie im Begriff stehen, sich in totale Abhängigkeit von einem neuen Despoten zu begeben, ob er nun in einem anderen Erdteil oder im eigenen Lande sitzt? Und wenn wir den deutschen Alltag nehmen: Schon das Wort »freundlich« zur Kennzeichnung einer oft spärlichen und flüchtigen Börsentendenz ist Stimmungsmache, Werbejargon und Irreführung der Kleinaktionäre — nach den strengen Maßstäben der alten »Frankfurter Zeitung«[1].

Der zweite Grund, warum eine faire Spiegelung der Realität nicht gelingen kann, liegt in der journalistischen Notwendigkeit, *auszuwählen und zuzuspitzen*. Jede Nachricht ist das Resultat einer mehrstufigen Ausleseprozedur. Ein Wahlredner spricht in anderthalb Stunden über zwanzig Aspekte der Außen-, Innen-, Wirtschafts- und Sozialpolitik. Der anwesende Korrespondent schätzt, daß seine Redaktion ihm von dieser Rede fünfzig Zeilen abnimmt. Also kann er nur auf sechs Themen eingehen. Erste Auswahlstufe: Welche vierzehn Themen bleiben in der Nachricht unbehandelt? Zweite Stufe: Wie werden die sechs Themen gewichtet — welches am längsten, welches im ersten Satz? Steht der Reporter im Dienst einer Nachrichtenagentur, so gibt er seine fünfzig Zeilen an deren Zentrale weiter. Dort wird entschieden (dritte Stufe): Nur vier Themen in dreißig Zeilen. Diese Fassung kommt auf den Tisch des Zeitungs-, Rundfunk- oder Fernsehredakteurs. Der entscheidet (vierte Stufe): Nur zwei Themen in zwanzig Zeilen. Fünfte Stufe: Der Chef vom Dienst verlangt, daß die Meldung halbiert wird, weil der Platz nicht reicht. Und nun bekommt der Hörer oder Leser in zehn Zeilen eine Kurzfassung von einem der zwanzig Themen einer politischen Rede angeboten, die anderthalb Stunden dauerte — ein notwendig unorganisches Bruchstück, im Verständnis des Redners oft eine Nebensache, vielleicht eine Entgleisung. Der Politiker, der über ein Bündel aktueller Themen maßvoll sprach, sieht sich auf seine einzige Fehlleistung festgenagelt.

Der folgenschwerste Fall dieser Art war das eine Wort, das Ludwig Erhard die Tür zur Macht aufschloß. Im Januar 1948 beschuldigte Johannes Semler, Direktor der Verwaltung für Wirtschaft der amerikanischen und britischen Zone, die Amerikaner, sie verlangten von den Deutschen Dankbarkeit »für den Mais und das Hühnerfutter«, das sie nach Deutschland schickten — obwohl es aus Export-Erlösen redlich bezahlt worden sei. Das Wort »Hühnerfutter« und nur dieses lief um die Welt — in Amerika als *chicken feed*, was in der Umgangssprache noch dazu den Beigeschmack von Winzigkeit, Hungerlohn und »einem Dreck« besitzt. Semler wurde von den Militärgouverneuren »wegen böswilliger Opposition gegen die Besatzungsmächte« entlassen; die Deutung ist zulässig, daß es die amerikanische Öffentlichkeit war, die die Entlassung erzwang, weil das Reizwort »Hühnerfutter« sie alarmiert hatte. Semler ging, Erhard kam, rückte aus dieser Position 1949 zum Bundeswirtschaftsminister auf und konnte zum »Vater des Wirtschaftswunders« werden.

Der Zuspitzung einer Rede auf ein einziges Wort ist eine andere vergleichbar: die Zuspitzung halbwegs normaler Zustände auf ihre katastrophischen Rand-Erscheinungen. Zum Beispiel bei der Hamburger Hochwasserkatastrophe im Februar 1962. Schlagzeilen in anderen deutschen Städten: »Hamburg ist eine Wasserwüste«. In Wahrheit traf diese Metapher auf etwa ein Siebentel von Hamburg zu. Aber der Satz »Ein Siebentel von Hamburg ist eine Wasserwüste« würde in der Überschrift lächerlich geklungen haben. In manchen Berichten stellte der anschließende Text die richtige Größenordnung her; nur werden Texte weniger gelesen als Überschriften, und natürlich handelten sie nicht von jenem riesigen, pulsierenden Hamburg, in dem sich das Hochwasser nur als Stromausfall, später als Warnung vor unabgekochtem Leitungswasser niederschlug. Resultat: Überall außerhalb Hamburgs übertriebene Vorstellungen vom Grad der Heimsuchung, vermeidbare Sorgen um Verwandte, unnötige Absage von Geschäfts- und Vergnügungsreisen, Desinformation.

Sie gänzlich zu vermeiden, ist fast unmöglich, da der Journalismus davon lebt, das Ungewöhnliche anzuleuchten und das Normale im Dunkel zu lassen — womit er eine Parallele zur Grundtendenz der Sprache zieht: das Extreme zu benennen und die Mitte zu vernachlässigen (S. 62). Kein Wunder, daß zu den liebsten Kindern der Presse der *Superlativ* gehört; korrekte Verwendung unterstellt, kann er immer noch zwei Fehler haben. Damit er stimmt, wird er oft so lange eingeschränkt, bis er in die Irre führt: »Der kälteste 26. Februar seit fünfzig Jahren« heißt im Klartext möglicherweise: Am 25. Februar war es schon im Vorjahr kälter. Oder er wird zugespitzt bis zur Lächerlichkeit: »Die meisten militärischen Auszeichnungen *pro Quadratkilometer* weist Österreichs Ennstal auf.«[1]

Von welcher Art aber ist *die Wirklichkeit*, deren faire Abspiegelung solche Probleme stellt? Jene Realität, in der Journalisten wirken und Fernsehnachrichten laufen, ist eine andere als die, in der es keine Journalisten gab: Bestimmte Teile der Wirklichkeit *arrangieren sich* zugunsten der Berichterstattung (Nachrichten, die sich selbst *produzieren*). Andere Teile der Wirklichkeit *reagieren* auf die Berichterstattung (Nachrichten, die sich selbst *reproduzieren*). Das ist ein düsterer Punkt.

Nichts läßt sich dagegen sagen, daß ein Politiker oder Verbandsvorsitzender eine Pressekonferenz veranstaltet. Diese direkte und korrekte Art, sich zum Zweck der Publikation in Szene zu setzen, ist nur nicht die einzige. Wahlkampfreden und Parlamentsdebatten zielen oft nicht auf die Anwesenden, sondern auf den Notizblock des Reporters oder auf die Fernsehlinse — und laufen im Dienst dieses Ziels auch anders ab, als wenn es keine Massenmedien gäbe. Viele politische Demonstrationen und zumal die Ausschreitungen dabei sind so kalkuliert und terminiert, daß sie sich auf Millionen Bildschirmen vervielfältigen sollen: »Pseudo-Ereignisse«, wie Daniel Boorstin sie nennt — Nachrichten, die sich selbst produzieren. Politiker wie Rebellen haben die Lektion der Medien zum Teil besser gelernt als die Journalisten selbst. Sie wissen, wie man die nimmersatte Multiplikationsmaschinerie sich zum Nutzen füttern kann.

Und Nachrichten, die sich selbst *reproduzieren?* Das sind zum ersten Informationen über solche Ereignisse, die *nur deshalb* stattfinden, weil vorher über ähnliche Ereignisse berichtet worden ist. Die Berichterstattung regt die Phantasie von Exzentrikern, potentiellen Selbstmördern und Kriminellen an, Anschlußtaten zu begehen. Eine bestimmte Art zu morden (wie 1954 mit dem Pflanzenschutzmittel E 605) zog Presseberichte nach sich, die weitere Giftmorde mit E 605 nach sich zogen, über die wiederum berichtet werden mußte, bis schließlich die Polizei darum bat, wenigstens den Namen des Giftes nicht mehr zu nennen — ein autarkes System, worin die Ereignisse und die Nachrichten sich wechselseitig hervorriefen. Solche Zusammenhänge sind statistisch gesichert: Während des neunmonatigen Zeitungsstreiks in der amerikanischen Millionenstadt Detroit 1967/68 lag die Zahl der Selbstmorde um 20 Prozent, die der Selbstmorde von Frauen um 60 Prozent niedriger als vorher und nachher.[1]

Sich selbst reproduzierende Nachrichten sind zum zweiten Informationen über Ereignisse, die *anders* ablaufen, nachdem und weil über sie berichtet worden ist. »Bestseller« würde es auch ohne Bestseller-Listen geben, doch wäre es kurios, wenn aus deren millionenfacher Publizierung *keine* Rückkopplung auf den Umsatz eben der Bestseller folgte. Die Massenmedien schaffen einen Konformitätsdruck der öffentlichen Meinung; bei übereinstimmender Berichterstattung »eilen (sie) der öffentlichen Meinung voraus«[2]. »Das meiste von dem, was als Volksmeinung in demoskopischen Umfragen erfaßt wird, steht vorher als Schlagzeile, als Werbung, als Bildunterschrift in den großen Boulevardblättern.«[3]

So stoßen wir auf das Phänomen, daß der Beobachter (der der Journalist doch sein soll) zugleich ein Veränderer ist: Das zu beobachtende Ereignis paßt sich dem Vorgang der Beobachtung an, es verändert sich durch sie, und niemand kann erfahren, wie das Ereignis abgelaufen wäre, wenn es unbeobachtet geblieben wäre. Das ist ein tückischer Zusammenhang, der zuerst für die Mikrophysik von Werner Heisenberg mit der Formel von der *Unschärferelation* beschrieben wurde.

Die trübe Bilanz erstrahlt jedoch sofort in herrlichem Licht, wenn wir sie nicht an Idealen messen, sondern an Alternativen. Die Alternative zur Freiheit der Presse, so sehr sie durch Not und Untugend eingeschränkt sein mag, ist die Unfreiheit der Presse. Und die hat alle hier aufgezählten Fehler auch und dazu den einen, der schlimmer ist als alle anderen zusammen: daß sie die Journalisten in eine Zwangsehe mit den Lügen der Politiker treibt, sie zu ausweglosen Mitlügnern und totalen Anpassern erniedrigt. Im Journalistischen Handbuch der DDR liest sich das so: »Nachrichtengebung ist Agitation durch Tatsachen bei gleichzeitiger Information der Leser . . . Die Auswahl der . . . Nachrichten, ihre Plazierung, die Zusammenstellung der einzelnen Fakten innerhalb einer Nachricht sowie die Wortwahl und Überschriftengestaltung (wird) parteilich vorgenommen.« In dem wohl gräßlichsten Produkt auf dem Feld der Nichtinformierung im Zeitungsformat, »The Pyongyang Times«, der englischsprachigen Hauptstadtzeitung Nordkoreas, beginnen die Überschriften zu sämtlichen Texten auf der ersten Seite seit Jahr und Tag ausnahmslos mit den Worten: »Der geachtete und geliebte Führer Genosse KIM IL SUNG . . .«

Dies ist nicht *unsere* Gefahr und wird es hoffentlich nicht werden. Wir müssen stattdessen mit handwerklichen Nöten und charakterlichen Mängeln leben, wie beschrieben — und allerdings mit einem Risiko, dessen Grenzen bis heute nicht zu sehen sind: dem überschäumenden Strom der Wörter aus drei Fernsehkanälen. Eine Handvoll Redakteure tritt die Wortlawine los, die uns am nachhaltigsten in den Ohren dröhnt. Die Fernsehwörter sind nicht nur die zahlreichsten, auch die autoritärsten: Der Fernsehsprecher präsentiert ja nach Reinhard Lettau »mit unbeweglicher Pokermiene die Nachrichten als polierte, unantastbare Funde, die ihm, sagen wir, Zeus auf den Schreibtisch gelegt hat«[1]. Eine Art Zeus scheint es in der Tat zu sein: Auf eine EMNID-Umfrage, wem der Bürger eher glaube, wenn Zeitung und Fernsehen einander widersprechen sollten, erwiderten zwei Drittel: »dem Fernsehen«; wobei Stimmen laut wurden wie »Die dürfen nicht mogeln«, »offizieller Bericht«, »strenge Kontrolle und Zensur«[2].

Das ist umso bemerkenswerter, als den meisten Fernsehgläubigen verborgen bleibt, worin die Fernsehinformationen eigentlich bestehen: 80 Prozent der Zuschauer einer vorgegebenen Auswahl von Informationssendungen sagten: »sehr informativ«, aber nur 20 Prozent hatten eben diese informativen Informationen »einigermaßen verstanden und behalten«; die anderen nahmen »wohlig aufbereitetes Reizmaterial für Information«[3]. Fernsehnachrichten werden von der Mehrheit der 50 Millionen Westdeutschen, die sie betrachten, »weder verstanden noch behalten . . . Wörter und Satzkonstruktionen, die für die meisten Rezipienten undurchschaubar sind, sind unsozial . . . Die einbahnige . . . Kommunikationsstruktur des Fernsehens müßte durch ein Höchstmaß an Verständlichkeit der Aussage kompensiert werden.«[4]

Die Einseitigkeit des Kommunikationsablaufs, die mit der Zeitung anhob und mit Radio und Fernsehen ihren Höhepunkt erreichte, hat frühzeitig die Kritik auf den Plan gerufen, vor allem die marxistische. »Ich hatte, was das Radio betrifft, sofort den schrecklichen Eindruck, es sei eine unausdenkbar alte Einrichtung, die seinerzeit durch die Sintflut in Vergessenheit geraten war«, spottete Brecht 1927; eine jener Erfindungen, »die nicht bestellt sind«, fügte er 1932 hinzu. »Man hatte plötzlich die Möglichkeit, allen alles zu sagen, aber man hatte, wenn man es sich überlegte, nichts zu sagen.« Wenn man sich vernünftigerweise nun trotzdem nach einem Lebenszweck für diesen grundlos geborenen Jüngling umsehe, so könne er nicht darin bestehen, daß der Rundfunk *eine* Seite habe, »wo er *zwei* haben müßte: Er ist ein reiner Distributionsapparat, er teilt lediglich zu«. Der Rundfunk müsse »aus dem Lieferantentum herausgehen und den Hörer als Lieferanten organisieren«; es gelte, »den Mächten der Ausschaltung durch eine Organisation der Ausgeschalteten zu begegnen«[1].

Die starre Rollenverteilung sei nicht durch technische Not, sondern »aus Herrschaftsgründen« erzwungen — so ein durchgängiges Motiv marxistischer Kritik. »Wir haben nichts zu sagen, weil wir nicht gehört werden«, rügte Friedrich Knilli 1969. »Es genügt nicht, daß wir Telefonnummern besitzen und Telefonbesitzer nachts quälen können. Und es genügt nicht, daß die Post böse Hörerbriefe befördert.«[2] Das hat plausible Elemente. Die keimende Hoffnung wird jedoch durch denselben Professor Knilli fürchterlich zertreten. Sein Modell für eine zweiseitige, den Hörer aktivierende Kommunikation ist das Programm, das die »Arbeiter-Radio-Presse« am 1. Mai 1932 gesendet haben wollte: »Morgenmusik des proletarischen Blasorchesters Leipzig — Verlesung des Kommunistischen Manifests — Vortrag: Körperkultur und Lebensreform im Arbeiterstaat — Ansprachen auf den Sammelplätzen der Maidemonstrationen — Konzert des Mandolinenorchesters ›Freiklang‹ — Übertragung der Maifeier der Moskauer Arbeiterschaft — Vortrag: Lenins Leben — Massenkonzert der Volkschöre ›Freiheit‹ und ›Rote Lyra‹ — Proletarisches Kabarett« — und so weiter, durch keine Karikatur in eine höhere Potenz der Scheußlichkeit zu heben, ein Anstoß, in jeden westdeutschen Lautsprecher hineinzu*jubeln* über so *zahme* Herrschaftsstrukturen, so *höfliche* Ausschaltung der Ausgeschalteten, so unbestrittenes Recht zum Abschalten.

Wer mit Verstand hinhört, bleibt vor dem Ärgsten ohnehin bewahrt. Er sollte sich nur stets vor Augen und Ohren halten, was »Nachrichten« alles sind oder unter anderem sein können: die Lügen von Politikern, kritiklos wiedergegeben oder einfältig im Gewand der Wahrheit präsentiert. Die seltenen Lügen, nicht seltenen Anbiederungen und häufigen Zusatzverwirrungen durch Journalisten. Die Berichterstattung über Reden und Aktionen, die nur zum Zweck der Berichterstattung inszeniert worden sind. Parteilichkeit aus List oder aus Mangel an unparteiischen Wörtern. Radikale Auswahl, die unumgänglich, aber auch voller Willkür ist. Zuspitzung, die das Normale ignoriert und dadurch die Erde weit mehr, als sie es verdient, in den Geruch bringt, ein Gestirn der Katastrophen und Verbrechen zu sein.

So sieht es aus, wenn die Sprache in ihrer meistberedeten Funktion, der Mitteilung, offiziös gehandhabt, professionell aufbereitet, millionenfach vervielfältigt und dem lesenden, lauschenden Teil der Menschheit an den Sessel serviert wird.

Dazu im »Lexikon«: Adressat, Empfänger, Information, Innovation, Kommunikation, Lüge, Manipulation, Mitteilung, Nachricht, Rezeption, Sender, Superlativ, Übertreibung.

VIII. Das Wort im Labor

32. Mode und Verfall

Von Sprachschablonen und den Folgen der Freiheit

> Ein Geisteskranker, den man nach dem Grunde seines jahrelangen Schweigens fragte, behauptete: »Weil ich die deutsche Sprache schonen wollte.«
>
> *C. G. Jung, Der Inhalt der Psychose (1908)*

Zum Angriff auf die Verwahrlosung der Sprache trat Karl Kraus 1899 an; 1851 wünschte sich Schopenhauer einen Zensor, der Journalisten für »Sprachverhunzungen« mit Geldstrafen zu belegen hätte[1]; 1782 wetterte Wieland gegen die Sprachverwirrung, die »Unrechtschreibung« und die Anmaßung im Umgang mit der Grammatik, die »seit ungefähr zehn Jahren« grassierten[2]; auf das 13. Jahrhundert setzte Jacob Grimm den Niedergang der deutschen Sprache an (damals habe noch jeder Bauer »Feinheiten ausgeübt«, von denen sich heute — 1819 — die besten Sprachlehrer nichts mehr träumen ließen), im weiteren Sinn auf den zweiten Tag der Sprachentwicklung überhaupt, die ja mit der Urvollendung begonnen habe (S. 26).

Das mag uns wohl mißtrauisch stimmen gegenüber der Klage, gerade unsere Generation habe die Sprache ausgereizt, leergedroschen und weiterem Verderb ohne Hoffnung ausgeliefert. Ein paar Vorbehalte scheinen angebracht: Den jeweiligen Stand der Bedrohung oder des Verfalls scharfsichtig zu registrieren, haben große Geister sich immer wieder zur Ehre angerechnet, so daß die Fülle kompetenter zeitgenössischer Kritik nicht automatisch als Indiz für eine Beschleunigung oder Verschlimmerung der Entartungserscheinungen betrachtet werden kann. Etliche Ärgernisse sind zusätzlich aufgetreten, andere füllen den seit Jahrhunderten gewohnten Rahmen nur mit neuen Bildern.

Altbekannt sind vor allem die Klagen über schlampigen Umgang mit der Grammatik, verschlissene Redensarten und jene Modewörter, die plötzlich aus allen Ritzen schallen, bis feinfühligen Gemütern eines Tages übel wird. »Die Deutschen sollten in einem Zeitraum von dreißig Jahren das Wort *Gemüt* nicht aussprechen, dann würde nach und nach Gemüt sich wieder erzeugen«, schrieb Goethe. Görres beklagte 1814 »den neuen Jargon«, zu dem er *Gemütlichkeit* und *Volkstum* zählte. Grabbe prophezeite, die Wörter *genial*, *sinnig* und *gemütlich* würden den Leuten noch so zum Ekel werden, daß man sie entsprungenen Zuchthäuslern anhängen werde[1].

Der Geniekult liegt darnieder, das Sinnige ist verwelkt, doch die Gemütlichkeit ist uns erhalten geblieben. *Brav* und *wacker*, in den Schullesebüchern des 19. Jahrhunderts zwei bevorzugte Bezeichnungen für vorbildliche Männer, sind auf streng erzogene Kinder und bloßen Stoff zu spöttischer Altväterei eingeschrumpft. Andere unmodern gewordene Wörter stehen keck in neuen Kleidern wieder auf: Die *Empfindsamkeit* des späten 18. Jahrhunderts macht uns lächeln, aber empfindsam heißt heute *sensibel* und ist in dieser Form ein Lieblingswort auf dem Markt der Heiratsinserate, auf den noch die Sprache kommt; und *sensibilisieren* gehört zum allermodernsten Soziologenjargon — wie *Alibifunktion*, *ausdiskutieren*, *Bewußtseinsbildung*, *Denkanstoß*, *Entfremdung*, *Interdependenz*, *kritisch*, *Lernprozeß, Problembewußtsein*. Der Jargon der Psychologen steht ihm an Durchschlagskraft nicht nach: Während der *Minderwertigkeitskomplex* der ersten Hälfte unseres Jahrhunderts und die *Nestwärme* der späten Adenauer-Jahre langsam erkalten, können *Erfolgserlebnis*, *Lustgewinn*, *Motivation* und *Streß* von jeder progressiven Lippe riskiert werden; die *Frustration* nicht zu vergessen, die zweimal über den Atlantik flog: Freud prägte den Begriff *Versagung* »für die Tatsache, daß ein Trieb nicht befriedigt werden kann« (S. 57), seine amerikanischen Schüler wählten die Übersetzung *frustration*, und in der englischen Form kehrte Freuds Versagung nach Deutschland zurück, wo sie sich inzwischen zum *Frust* verkürzt hat — offenbar weil die lange Schleppe lateinischer Buchstaben den Aufschwung an die Spitze der Mode behinderte; auch weil die Jugend zwar das Plappern und die Worthäufung liebt, aber dabei kurze Wörter bevorzugt: echt gut, einsame Spitze, Klasse, irre, kaputt, voll daneben und über allem *in*. Diesem schwer noch weiter zu verkürzenden Minirock unter den Wörtern zuliebe hat Hans Weigel ein stark veraltetes Lied modisch aufgeputzt[2]:

O, du lieber Augustin,
Alles ist in.
Geld ist in, Sex ist in,
Marx ist in, in ist in —
O, du lieber Augustin,
Alles ist in.

Als viertes tonangebendes Modezentrum (neben denen der Soziologie, der Psychologie und der Jugend) haben sich Evangelische Akademien, Podiumsgespräche und oratorische Festveranstaltungen behauptet. Adorno sagte ihnen 1964 einen »Jargon der Eigentlichkeit« nach, benannt nach »dem Eigentlichen«, das der Redner stets suchend im Munde führe, und bestehend aus »marktgängigen Edelsubstantiven« wie *Anliegen*, *Anruf*, *Auftrag*, *Aussage*, *Begegnung*, *Bindung* und *Spannungsfeld* — lauter »signalhaft einschnappenden Wörtern«, mit denen sich reden lasse, als ob man das Geheimnis besitze. »Der des Jargons Kundige braucht nicht zu sagen, was er denkt, nicht einmal recht es zu denken: das nimmt der Jargon ihm ab.«[1] Vielleicht läßt Adornos Liste sich verlängern um *Bandbreite*, *Bekenntnis*, *Gefüge*, *Selbstverständnis, Stellenwert* und *schmales Oeuvre*; wohl auch um das *dürfen*, wenn es nicht die Frage oder die Gewährung ausdrückt, sondern die Selbstermannung: »Ich darf hier aussprechen . . .« In einer tieferen Etage dieses Modehauses, dort, wo die Lichtbildervorträge gehalten werden, erweist der Redner dem *Geschehen*, dem *Erleben*, zumal dem *einmaligen* Erleben, dem *Raum* und der *Spitze des Eisbergs* die Ehre.

Das fünfte Modezentrum im Nachkriegsdeutschland war der »Spiegel«. Er entlehnte seinen amerikanischen Vorbildern überdies die erfolgssichere Mischung des Kessen mit dem Hochgestochenen, die sich in Wortbildungen, Stilmarotten und grammatischen Eigenmächtigkeiten kundtat: in *aufmüpfig*, *genervt* und *gemürbt*, *urlauben* und *rapportieren*, in Kurzbetitelungen wie *Vize*, *Präside*, *Vorständler*, *Frühschöppner*, *Deutschbankier*, die Schopenhauer als »niederträchtigste Silbenknickerei« eingestuft haben würde, während die Abschaffung des Artikels, der Deklination und des Personalpronomens beim Eigennamen (»auf Weisung von Brandt-Schatten Gaus«) ihm als »ganz hottentottisch« gegolten hätte[2]. Die »Spiegel«-Mode hat zunächst von den meisten deutschen Zeitungsredaktionen Besitz ergriffen — was Schmidt »über Widersacher Strauß« sagte, schrieb die »Frankfurter Allgemeine« 1975 — und sickert erst allmählich in den Sprachgebrauch.

Während die Modewörter kommen und gehen, mit der »Gemütlichkeit« als einer raren Ausnahme, sind die Unarten und die Redensarten, die Gemeinplätze, Schablonen, *Sprachklischees* durch Zählebigkeit gekennzeichnet: der *bittere* Ernst, die *goldene* Mitte, die *konstante* Bosheit haben schon unsern Großeltern treu gedient. Wir treffen ins Schwarze, lieben abgöttisch, verlieren den Kopf und schlafen wie die Murmeltiere. Entleerte Metaphern umstellen uns: Wer hört noch den Kummer heraus, wenn die Sekretärin angewiesen wird, sich um die Termine zu *kümmern*? Viele Floskeln sind dermaßen erstarrt, daß wir sie in Frage und Antwort zergliedern müßten, um ihre ganze Hohlheit auszumessen: Was veranstaltete die Bevölkerung mit den Straßen? Sie säumte sie. Was, bitte, machen Sie aus Ihrer Überzeugung? Kein Hehl. Worüber hat man uns gehauen? Übers Ohr. Wessen entbehren meine Einwände? Jeder sachlichen Grundlage. Ein wievielmaliges Erlebnis vermittelte Ihnen der Flug mit dem Freiballon? Ein einmaliges.

Nun ist der beliebte Spott über Modewörter und vorgestanzte Redewendungen einerseits ungerecht. Sie sind ja nicht nur ein phantasiearmes Nachschwätzen, ein Leerlauf der Gedanken, ein Mittel, die Zunge beschäftigt zu halten, während der Geist schläft — sie sind zugleich narrensichere, weitgehend automatisierte Schaltstellen, ohne die uns »der Verkehr durch die dann nötigen Umleitungen so erschwert (wäre), daß wir kaum zu sprechen wagen würden«[1]. Wohl verstehen wir den polnischen Lyriker Zbigniew Herbert, wenn er alle Metaphern hingeben will »für einen Ausdruck, der geschält wäre aus der Brust wie eine Rippe«[2]. Aber sollen wir alle täglich Wörter schälen? Wäre es zumutbar, daß jeder Mensch sich jeden Tag statt der automatischen Wortverknüpfung »Guten Morgen!« einen originellen Gruß einfallen ließe? Erst Norm und Schablone haben aus der Zufallsprägung des Individuums *das Wort* gemacht, das sich zur Kommunikation eignet (S. 34); Modewörter und Sprachklischees unterscheiden sich nur dem Grade nach von Wörtern überhaupt, durch ihren besonders häufigen Austausch in der Sprachgemeinschaft, bis zu dem Grade, daß sie das Denken schließlich nicht nur entlasten, sondern ersetzen.

Wo die Grenze zwischen Erleichterung und Ersatz verläuft, läßt sich selten klar entscheiden; doch scheint die Beliebtheit der Modewörter sich überwiegend darauf zu gründen, daß sie Gedanken weder erfordern noch nach sich ziehen. Die Zaubersilben *Emanzipation* zum Beispiel: für wieviel Haupt- und Nebenbedeutungen, private Ausreden und öffentliche Mißverständnisse, biologische und politische Postulate, Wortfetischismus und Gedankenträgheit liefern sie das Etikett! Modewörter saugen »eine ganze Begriffslandschaft um sich herum auf, deren einzelne Erscheinungen mit vielen verschiedenen Wörtern aufzuzeigen gewesen wären«[1]. Alle Untugenden des Wortgebrauchs heben sie in die Potenz.

Künftigen Sprachforschern werden die jeweiligen Modewörter die einfachsten Schlüssel zum Geist oder Ungeist der Epoche sein; schon unter Zeitgenossen sind sie bunte Fähnchen, die den Geschmack und die Gemütsverfassung, die Wertvorstellungen und die Bedürfnisse bestimmter Menschengruppen markieren. So haben leitende Angestellte sich vor allem anderen auszuzeichnen durch: Verhandlungsgeschick, Führungseigenschaften, Dynamik und Durchsetzungsvermögen[2]. Unsere Toten sind nach der Statistik zuerst lieb, liebevoll, liebenswert und liebenswürdig, dann voller Güte, Menschlichkeit und Hilfsbereitschaft[3]. Den einsamen Seelen, die ihren Partner auf den Plantagen der Heiratsinserate suchen, war 1975 nichts wichtiger, als daß der Gatte/die Gattin *schlank* sei, noch vor gutaussehend — hübsch—attraktiv; es folgten sportlich, intelligent, musikliebend, zärtlich, humorvoll und sensibel[4]. Der größte Sieg der Mode läßt sich in der Annonce jener Lehrerin entdecken, die sich »*schlank*, brünett und frei von *Frustration*« nennt: Der Frust ist dermaßen *in*, daß es der Erwähnung bedarf, ihn *nicht* zu haben; höher kann es ein Modewort nicht bringen.

Ob die rasch wechselnden Modewörter oder die dauerhaften Sprachklischees *zahlreicher* sind als vor hundert Jahren, ist eine ganz andere Frage. Vermutlich nicht, wenn man das Alter der Klagen über das *Gemüt* bedenkt. Ähnliches scheint für die verbreitete Entrüstung über »die Verlogenheit« der Sprache oder ihrer Benutzer zu gelten: Nichts deutet darauf hin, daß der Anteil der Lügen, Verleumdungen, Verzerrungen am Wortaufkommen heute höher wäre als im Biedermeier oder zur Blütezeit der Inquisition. Er war und ist sehr hoch; kein Wunder, daß immer wieder eine Jugend nachwächst, die dies frisch entdeckt und nun den Zeitpunkt ihres Aha-Erlebnisses mit dem Jahr der Geburt des Übels verwechselt.

Geändert gegenüber Goethes Ära, ja noch seit der Zeit von Karl Kraus hat sich etwas anderes: Modewörter und Sprachklischees sind nur noch zwei von vielen Symptomen eines von Grund auf veränderten Verhältnisses zur Sprache. Unsere Beziehung zum Wort ist aufgeweicht, sie ist mokant geworden, zuweilen zynisch eingefärbt. Das

19. Jahrhundert hallte wider von der Lesung heiliger Schriften, vom Rezitieren ehrfurchtgebietender Texte, die auswendig zu lernen waren (der Schillerschen Balladen, der Nationalhymne, der vaterländischen Lyrik), und auch Weihnachtslieder und Kindergebete blieben vor Verspottung (es sei denn durch ein paar als exzentrisch abgestempelte Literaten) geschützt.

Ehrfurcht*gebietend* war dabei das treffende Wort: Ob die Ehrfurcht empfunden wurde oder nicht, sie war *geboten*, wie es umgekehrt *verboten* war, die Vulgärsprache ins bürgerliche Wohnzimmer zu ziehen oder die diversen Funktionen des Unterleibs überhaupt zu benennen. Man kann wohl sagen, daß ein großer Teil der Sprachgemeinschaft — und zwar der sprachlich aktivere — sich im allgemeinen an diese Gebote und Verbote hielt; mit all den Folgen, die das Sprechen für das Denken hat. Binnen einer Generation, im engeren Sinn erst seit den sechziger Jahren ist hier ein Wandel zu radikaler Freiheit eingetreten. Nie zuvor haben Hymnen, Gebete und Verbote so wenig gegolten. Kaum einer muß sich noch rechtfertigen, wenn er über eine Predigt lacht, über die Fortpflanzung mit dem Wortschatz eines Vollmatrosen herfällt und nichtvulgäre Wörter nur noch maulend zuläßt.

Für so viel Freiheit war ein Preis zu zahlen; mit dem Bade wurde manches Kind ausgeschüttet. Es freut ja die meisten, daß wir uns Formeln wie »habe ich die Ehre zu sein Euer Allergnädigster Majestät untertänigster . . .« ersparen können; aber durchaus nicht alle freut es, daß zusammen mit den Verschnörkelungen der Höflichkeit so oft auch die einfachsten Äußerungen der Höflichkeit über Bord gegangen sind. Viele empfinden es als Vorzug, von der Bibel emanzipiert zu sein — aber wer wüßte einen Ersatz für die Sprachkraft des Paulus und des Martin Luther anzubieten und für die Gemütsbewegung, die einst daraus folgte? Daß keine gesellschaftliche Institution oder Konvention mehr die Autorität besitzt, Respekt gegenüber bestimmten sprachlichen Produkten zu ertrotzen, hat sich vielen Menschen als Befreiung mitgeteilt; anderen war es eine willkommene Handhabe, ihre herkömmliche Flapsigkeit im Umgang mit den Wörtern als das neue Maß für Sprachkultur auszugeben. Wer heute auf Partys genüßlich vom Scheißen und vom Bumsen spricht, mag ja einer sein, der die gewonnene Freiheit dazu benutzt, mit der Sprache zu neuen Ufern aufzubrechen; häufiger scheint er das Vergnügen der Vandalen zu empfinden, als sie die Intarsien römischer Paläste unter den Hufen ihrer Pferde splittern sahen.

Gleichzeitig erleben wir, daß Popmusiker sich auf der Kloschüssel porträtieren lassen und »Aktionisten« wie der Wiener Otto Muehl Applaus in Publikum und Presse finden, wenn sie frisches Schweinsgedärm auf lebende Frauen häufen und das so entstandene Gebilde durch Kot, Urin und Erbrochenes eigener Produktion zum Kunstwerk läutern. Die Tabus der Sprache und die des Verhaltens sind zu gleicher Zeit zerbrochen. Ist es erlaubt, gewisse Zweifel anzumelden, ob die fäkalischen Worte und die kotigen Taten gemeinsam »Fortschritt« heißen müssen oder nicht vielmehr Rückschritt, das Zurückfallen auf einen primitiveren Kulturzustand, *Regression*? Es war kurz vor Luther, daß das Volksbuch vom Eulenspiegel breit beschrieb, wie der Schalk den Junkern, den Handwerkern, den Pfaffen in die Stube, in die Kirche, auf den Eßtisch, in den Senf und dem Apotheker in die Büchse schiß; war es seitdem mit deutscher Sprache und Lebensart nicht alles in allem ein bißchen aufwärtsgegangen?

Wie das zusammenhängt, die Sprache und die Lebensart, das vulgäre Sprechen und das vulgäre Tun, die sprachliche Libertinage und die allgemeine Lockerung der Sitten — was hier wessen Ursache und wessen Wirkung war: das ist die ständige Frage, die sich nicht beantworten läßt, mindestens nicht im herkömmlichen Schema der Kausalität. Das Wort *Wechselwirkung* beschreibt das Verhältnis weniger schief, wiewohl ebenfalls nicht recht erhellend. Schlechte Sitten ziehen schlechte Wörter nach sich — aber auch umgekehrt. Ein neuer Sprachgebrauch zeigt einerseits eine Veränderung der gesellschaftlichen Verhältnisse an und trägt andrerseits dazu bei, solche Veränderungen zu bewirken: »Sprache ist nicht bloßer Zeigestock, nicht bloßes Ausdruckskleid . . ., sondern auch Prägestempel, ja sogar Wünschelrute.«[1]

Versuchen wir dennoch, mögliche Ursachen für den Niedergang der Wörter zu isolieren, so stoßen wir auf eine, aus der die meisten anderen zu folgen scheinen: die Industrielle Revolution. Sie bedeutet zum einen Abwanderung vom Acker in die Fabrik, vom Dorf in die Großstadt. Bauern und Hirten sprechen wenig, die Zahl der Anlässe und Möglichkeiten zum Sprechkontakt ist gering; an ihrem bescheidenen Wortaufkommen wiederum sind Gebete, Sprachrituale, Zwiesprache mit unsichtbaren Mächten stark beteiligt — viel Respekt vor den Wörtern also, Bedächtigkeit und wenig Verschleiß. In der Fabrik wird ungleich mehr gesprochen und die Geisterbeschwörung auf das uns vertraute Maß (»Unberufen!«) reduziert — demnach tendenziell sinkender Respekt vor den Wörtern, hohes Wortaufkommen, starker Verschleiß. Industrielle Revolution und Verstädterung bedeuteten zum zweiten Abbau der Hierarchien, soziale Durchlässigkeit; es vermengten sich die Standessprachen, mit der Wirkung, daß viel Vulgäres in die Hochsprache und wenig Hohes in die Vulgärsprache eindrang; und zerstört wurden jene Paradeisgärtlein, in denen höhere Töchter und innige Lyriker Wörter wie Lilien pflegten.

Schließlich machte die Industrielle Revolution das Wort zur Massenware: Es konnte nicht ohne Einfluß auf Art und Geltung der Sprache bleiben, mit welcher Leichtigkeit die Wörter sich millionenfach reproduzieren lassen, ja daß sie von Schallplatten und Tonbändern, durch Lautsprecher und Hörmuscheln schnarren, während der, der sie sprach, schläft oder in Kenia oder längst unter der Erde ist. Ein Sprecher, ein Text, und zwanzig Millionen hören zu! Automatische Anrufbeantworter und telefonische Zeitansage — Stimmen ohne Person und Charakter! Briefe, die ein Magnetband schreibt, tausendmal den gleichen oder, wie in großen Firmen üblich, aus hundert vorgefertigten Textblöcken im Baukasten-System zusammengesetzt. Fernsehprogramme und Comic strips, die sich der Wortsprache nur noch am Rande bedienen. Ein technischer Aufwand, der der Verbreitung homerischer Gesänge angemessen wäre, für die Aussaat von Kunsthonig. Mikrophone, scheint es, inhalieren Modewörter und Sprachklischees am liebsten, und dann jagen sie sie zwanzig Millionen Mal durch die Kanäle.

Diese Sprache, die entheiligte und der Verspottung freigegebene, die vorgestanzte und allgegenwärtige, die Wegwerf-Vokabeln aus der Fließbandproduktion, die quäkende Billigware aus Kofferradios und Kaufhauslautsprechern: diese Sprache fesselt uns nicht mehr. Wir packen einen viel kleineren Wortschatz als unsere Großeltern in viel dürftigere Sätze; unser Umgang mit den Wörtern ist lax, geringschätzig oder lümmelhaft. Nur zwei Minderheiten wissen noch, was sie an der Sprache haben: die einflußarme Minorität der Liebhaber und die einflußreiche Minorität der Manipulierer.

Oder sollte man eine dritte Minorität hinzuzählen — die der beamteten Sprachverwalter? Man zögert, weil sie vermutlich nicht so sehr *wissen*, was sie an der Sprache haben; aber hinzuzählen muß man sie doch, denn ihr Einfluß ist enorm. Die Behördensprache drängt in zwei Richtungen: Zur Genauigkeit und zur Entmenschlichung. Die *Genauigkeit* ist teils Marotte (der *Öffentliche Münzfernsprecher* fügt der »Telefonzelle« nichts hinzu); teils logisch durchaus ein Gewinn wie *Postwertzeichen* statt »Briefmarke«, da man sie in der Tat auch auf Postanweisungen und Päckchen klebt — nur daß das allzu Logische der Sprache fremd und *pars pro toto*, mit einem Teil das Ganze zu benennen, eines ihrer praktischsten und lebendigsten Konstruktionsmerkmale ist. Oft wirkt der Grad der Genauigkeit lächerlich, wiewohl es schwerfällt, ihn zu kritisieren: *Kraftfahrzeughaftpflichtversicherung*, *Körperschaftssteuerdurchführungsverordnung*, »Dritte Verordnung zur Änderung der Verordnung zur vorübergehenden Änderung der Verordnung über die Beförderung gefährlicher Güter auf dem Rhein«[1]. Wer hier noch parodieren will, muß Phantasie besitzen, wie der tschechische Dramatiker Vaclav Havel, der in seinem Stück »Memorandum« die Amtssprache *Ptydepe* vorstellt: Sie ist so genau, daß sie 319 Buchstaben benötigt, um das Wort »Schwalbe« wiederzugeben, aber eben damit ist sie die Wonne der Archive[2].

Natürlich, die Behörden haben es nicht leicht; einem verbreiteten Vorurteil entgegen sind mehr als die Hälfte aller Sätze, die sie schreiben, einfache Hauptsätze[3]; und auch das Schlimmere der beiden Bürokraten-Übel, die *Entmenschlichung*, ist durch den Auftrag der Verwaltung vorgezeichnet. Sie kann und soll nicht sechzig Millionen Bürger als Individuen erfassen, sondern als statistische Masse oder in ihrer jeweiligen Eigenschaft, zum Beispiel als *Verkehrsteilnehmer*, *Geheimnisträger* oder *Krankengut*. Sie muß Oberbegriffe bilden, die sich für Karteien und Computer eignen; und wenn die Eierfrau, die an der Haustür klingelt, *Erzeugerdirektverkehr* betreibt, so ist sie in der Statistik richtig eingestuft, wie töricht die Abstraktion auch klingen mag. Unser Mißfallen an all dem Versorgen, Verabfolgen und Verbescheiden, an den Wortungeheuern und der Eiseskälte behördlicher Abstraktion kann nur zum kleineren Teil dem gelten, was an der Verwaltungssprache oft vermeidbar wäre: dem schlechten Stil, der Schwerverständlichkeit und der häufig zu vermutenden Imponier-Redundanz. Dies alles gab es ja zu Kaisers Zeiten auch, und eher garstiger als heute. Ähnlich aber wie die Modewörter erst durch die

Massenmedien zu Übeln werden, haben wir unter den Sprachunsitten der Bürokratie vor allem deshalb zu leiden, weil unsere hochtechnisierte Umwelt den bürokratischen Apparat und die Zahl unserer unvermeidlichen Kontakte mit ihm so gewaltig vergrößert hat. Doch weder für diesen Apparat noch für die meisten Elemente seiner Sprache fällt uns eine Alternative ein.

Fortschreitende Bürokratisierung und hemmungslose Multiplikation, verhängnisvoll für die Sprache und dabei durch niemanden zu ändern: muß das den Verfall unaufhaltsam machen? Oder gibt es Kräfte — Menschen, Einfälle, Gesinnungen, Institutionen —, die dem Niedergang etwas entgegenzustellen haben?

Dazu im »Lexikon«: Anglizismen, Behördensprache, Gebet, Oberbegriff, pars pro toto, Sprachklischee, Sprachkritik, Sprachnormung, Sprachpflege, Vulgärsprache.

33. Hilfe vom Rechenbrett?

Über Kunstsprachen, Mathematische Logik und strukturale Linguistik

> Der letzte Mensch ist entlarvt: ohne Namen, ohne Exkremente, ohne Blut. Alle Dinge sind zu Wörtern, alle Wörter zu musikalischer Taschenspielerei geworden, und nun sitzt er im äußersten Winkel seiner Einsamkeit und zerlegt die Musik in mathematische Gleichungen.
>
> *Nikos Kazantzakis, Alexis Sorbas*

Etwas ganz Neues müßte man tun, um dem Mißbrauch und Verfall, der einlullenden Geschwätzigkeit und dem Gewoge der Bedeutungen den Garaus zu machen: Die Sprache müßte man ins Bett der Logik zwingen, ihre schwankenden Regeln mit den unendlichen Ausnahmen in ewige Gesetze verwandeln. Falls sich die überlieferte Wortsprache nicht durch ein strikteres Signalsystem ersetzen ließe — sollte man dann nicht wenigstens versuchen, unter der scheinbaren Beliebigkeit unserer Sprachhandlungen die strenge Mathematik zu erkennen, die sich dem erschließt, der die Wörter und Sätze mit dem gehörigen *furor mathematicus* seziert? Kunstsprachen also müßte man erfinden, ertönt es seit Descartes, oder die lebenden Sprachen mit Geometrie und Algebra vermählen.

Den Erfindern von Kunstsprachen boten sich von altersher vier Wege an. Einer hat sich sogar als gangbar erwiesen: natürliche Sprachen durch künstliche Konstruktion zu ergänzen oder maßvoll zu verändern, wodurch vor 2500 Jahren in Indien das *Sanskrit*, vor hundert Jahren in Norwegen das *Landsmal* und 1930 Ogdens Projekt *Basic English* entstanden; auch das Lutherdeutsch enthält solche Elemente. Der zweite Weg wird am häufigsten beschritten: in lockerer Anlehnung an lebende Sprachen eine neue zu erfinden. Damit machte, lange vor dem »Esperanto«, die Benediktiner-Äbtissin Hildegard von Bingen im 12. Jahrhundert von sich reden, bei der Gott *Aigouz*, der Teufel *diveliz* hieß und der Erzbischof ebenso klangvoll wie umständlich *arrezenpholianz*. Steiler ist der dritte Weg: Alle überlieferten Sprachen werden verworfen und eine Totalkonstruktion an ihre Stelle gesetzt — und am steilsten der vierte: das Produkt muß keine sprechbare Sprache sein, wir begnügen uns mit lesbaren Symbolen.

Den eigentlichen Kunstsprachen, denen, die die Wege zwei, drei und vier einschlagen, ist die Zielvorstellung gemeinsam, nicht anschaulich zu sein, sondern präzis, nicht Gefühle auszudrücken, sondern Gedanken, der Vernunft als Instrument zu dienen und Verständigung über die Sprachgrenzen hinweg zu ermöglichen.

Descartes schlug 1629 vor, die Wege zwei und drei gleichzeitig zu beschreiten. Für die schlichten Gemüter (»esprits vulgaires«) sollte eine Sprache eingeführt werden, die aus einem vereinheitlichten Wortschatz und einer radikal vereinfachten Grammatik bestünde, deren Regeln »in weniger als sechs Stunden« zu erlernen sein müßten (wie später beim Esperanto verwirklicht). Dazu aber hätte eine *Erfindung* zu treten, »die eine Ordnung zwischen allen Gedanken herstellt, die der menschliche Geist zu fassen vermag, von derselben Art, wie es eine natürliche Ordnung zwischen den Zahlen gibt«; und da man an einem Tag lernen könne, alle Zahlen bis ins Unendliche zu benennen, müßte dasselbe sich mit den Wörtern machen lassen »für alle Dinge, die dem Menschengeist beifallen«. Die Erfindung dieser Sprache hänge freilich ab vom Besitz der wahren Philosophie, denn andernfalls wäre es unmöglich, »alle Gedanken der Menschen zu beziffern« (oder »aufzuzählen«, *dénombrer*) »und in ein System zu bringen«. Kühn unterstellend, mit der richtigen Philosophie sei die Bezifferung aller jemals möglichen Denkakte *kein* Problem, sagte Descartes voraus, es werde Menschen geben, die fünf oder sechs Tage darauf verwenden würden, die Universalsprache sprechen und schreiben zu lernen — und dann werde es ihnen »nahezu unmöglich sein, sich zu täuschen«, ja im Besitz dieser Sprache würden »die Bauern eine bessere Einsicht in das Wesen der Dinge haben als heute die Philosophen«[1].

Auf den Versuch, eine solche Wundersprache auszuarbeiten, ließ sich Descartes nicht ein. Comenius ersann ein paar Jahre später für seine Universalsprache immerhin einige Vokabeln (*lal* = sprechen, *ilal* = flüstern, *ulal* = schreien) und machte sich Gedanken über ein Zwischenstadium zwischen der heutigen Vielsprachigkeit und dem angestrebten Endzustand: Die Kontinente sollten sich eine einheitliche Regionalsprache wählen, vorzugsweise Griechisch, Lateinisch oder Hebräisch. Während Descartes als Ziel vorschwebte, die komplette und ewige Wahrheit in ein Wortsystem zu fassen, hatte Comenius die Rückkehr zum Paradies im Sinn — mit der Universalsprache würden »alle Menschen wieder so sein, wie sie ursprünglich waren: eine Rasse, ein Volk, eine Familie, eine Schule Gottes«[1]. Leibniz verband beide Motive: Sein Ziel war die »adamische Sprache« wie bei Comenius und zugleich das Lexikon aller Ideen des Menschengeistes wie bei Descartes — »um den Meinungsverschiedenheiten auf den von der Vernunft abhängigen Gebieten ein Ende zu bereiten . . . Dann wird Denken und Rechnen das gleiche sein.« Ziffern und Buchstaben müßten sich austauschen lassen: Die Ziffern 1 bis 9 wären durch Konsonanten wiederzugeben, die Dezimalstellen durch Vokale, 1 sollte *ba* heißen, 10 *be*, 100 *bi* und 81374 *mubodilefa*[2].

Den bei Leibniz anklingenden Gedanken, die Wortzahlen und Zahlwörter würden sich überdies musikalisch ausdrücken lassen, erhob der französische Lehrer Jean François Sudre 1817 zum Prinzip seiner Kunstsprache *Solresol*. Sudre hatte den bemerkenswerten Einfall, eine Sprache total aus der damals üblichen Tonleiter *do-re-mi-fa-sol-la-si-do* zu konstruieren, also aus den verschiedenen Kombinationen von sieben Tönen oder Silben — mit der Konsequenz, daß die Universalsprache auf diese Weise zwar gesprochen, aber auch gesungen und auf der Geige gespielt werden, in Buchstaben, aber ebenso in Noten geschrieben werden konnte. Ein Chinese wäre durchaus nicht an die Wiedergabe der lateinischen Silben gebunden, er könnte stattdessen lalala singen und sich, musikalische Schulung vorausgesetzt, allein durch die Tonhöhe verständlich machen. *Si* sollte ja heißen (wie im Spanischen und Italienischen ohnehin), *do* nein, *Domisol* Gott, *solmido* (die Umkehrung) Teufel — aber stets mit der Möglichkeit, stattdessen auf dem Papier die entsprechenden Noten zu schreiben oder auf dem Klavier die zugehörigen Töne anzuschlagen. Alexander von Humboldt und Victor Hugo äußerten sich begeistert, die französische Marine experimentierte mit Solresol[3]; es schien »etwas nahezu Vollkommenes« zu sein wie Hesses »Glasperlenspiel«.

Mit diesem Gedankenflug verglichen, war die erste Universalsprache von Weltruf ein Rückfall in die Provinz. Den katholischen Pfarrer Johann Martin Schleyer aus Oberlauda in Baden überkam, seiner eigenen Darstellung nach, am 31. März 1879 das *Volapük*. Schleyer beschritt den zweiten Weg, der von Leibniz und Sudre verlassen worden war: Anlehnung an geläufige Vorbilder. Er schüttete Wortstämme aus dem Englischen und anderen westeuropäischen Sprachen zusammen, unterwarf sie eisernen Regeln und verzichtete auf die Buchstaben h und r sowie auf Diphthonge, weil sie einigen Sprachgemeinschaften Schwierigkeiten machen; nicht jedoch auf ö und ü , obwohl sie nur auf der Achse Ankara—Oberlauda heimisch sind und andere Völker erst recht verwirren. So wurde aus »Sprache« über das englische Verbum speak das Wort *pük* (Volapük = Weltsprache), *löfob* hieß »ich liebe«, ich will das Buch nicht *No vilob eli buki*, *bal* hieß 1, *bals* 10, *balsebal* 11 und der Anfang des Vaterunsers: *O Fat obas, kel binol in süls, paisaludomöz nem ola*! Als Journalisten aus aller Welt 1889 zum Volapük-Kongreß nach Paris eilten und dortselbst nicht nur die Delegierten in Schleyers Sprache schwelgten, sondern auch die Kellner *bals francs balsebal* kassierten, schien die Rückkehr zur Sprache Adams zu winken.

Der Welterfolg rief allerorten die Bastelfreunde auf den Plan, die großen Kinder und ehemaligen Schülergeheimschrift-Erfinder: Mußte es nicht erhebend sein, in die egozentrischen Sprachspiele der frühen Kindheit zurückzufallen, indessen mit einem methodischen Apparat, von dem das Kind nicht einmal zu träumen vermochte, und all das im Namen der Vernunft und der internationalen Verständigung, ja in der Hoffnung, die Menschheit in die selige Ära vor der babylonischen Sprachverwirrung zurückzuführen? Über Volapük zu siegen, war obendrein nicht schwer, denn Schleyer erwies sich als Sektierer, der über die Unantastbarkeit seiner »Offenbarung« wachte, und wie eingängig sollte eine Sprache sein, die das Wort *paisaludomöz* zuließ, das doch eher Rhätoromanisch als weltläufig klang? Die Gegner setzten Spottwörter aus angeblichem Volapük in Umlauf, *klonalitakipafablüdacifalöpasekretan* zum Beispiel, und um die Jahrhundertwende zeichnete sich, mit Tolstoi als Fürsprecher, der relative Sieger ab: *Esperanto*, konstruiert von dem polnischen Augenarzt Ludwig Zamenhof. »Geheiliget werde dein Name« hieß bei ihm nicht mehr *paisaludomöz nem ola*, sondern *sankta estu via nomo*, für jeden verständlich, der eine romanische Sprache kennt. Es gibt nur einen Artikel (la) und sechzehn grammatische Regeln; alle Substantive enden auf -o, alle Adjektive auf -a, alle Verben im Infinitiv auf -i; *indo* heißt »Verdienst«, *inda* »würdig« und *admirinda* »bewundernswürdig«. Das Baukastensystem ist derart strikt durchgehalten, daß jeder Esperanto-Text sich allein mit Hilfe des

Wörterbuchs übersetzen läßt, da alle grammatischen Bildungssilben (Morpheme) als selbständige Elemente in ihm auftauchen. Es gibt Esperanto-Lyrik, eine Esperanto-Hymne, selbstverständlich Übersetzungen des »Faust« und von Shakespeares Dramen und dazu seit achtzig Jahren kaum einen internationalen Kongreß, bei dem nicht mindestens ein Herr aus dem Publikum dafür plädiert, die Diskussion in Esperanto fortzusetzen.

An der überlegenen Emsigkeit der Esperantisten sind drei Esperanto-Töchter — *Ido*, *Neo* und *Occidental* — offenbar gescheitert, obwohl sie die zwei meistkritisierten Beschwerlichkeiten des Esperanto beseitigten: die nach slawischer Art verwendeten Akzente und die umständliche Deklination des Adjektivs, auf die doch schon die verbreitetste aller natürlichen Sprachen, das Englische, verzichtet. So lautet der Satz »Sie lieben ihre guten Freunde« in Esperanto *Ili amas liajn bonajn amikojn*, in Occidental dagegen *Ili aman lor bon amicos*. Konjugation und Deklination fast völlig zu beseitigen bemüht sich *Interlingua*, eine nur halbkünstliche Sprache (erster Weg), die das komplette lateinische Wörterbuch mit einer radikal vereinfachten Grammatik verbindet.

Unilingua und *Novial*, *Interglossa* und *Idiom Neutral* — dem Erfindergeist sind keine Schranken gesetzt, nur dem Erfolg. Und dies offensichtlich nicht, weil die Welthilfssprachen *schlecht* konstruiert wären, sondern (dies der erste von drei Gründen) weil sie *konstruiert* sind. Das heißt: Sie haben keine Geschichte, sie bieten keine Kinderlieder, Abzählverse, Sprichwörter, Kneipenwitze und Flüche an, nichts also, um das Gemüt zu wärmen oder zu entlasten; und ihr größtes Versprechen, die Eindeutigkeit der Benennung, kann nur in einen von zwei Fehlschlägen münden: Gelänge es ihnen, unwandelbare Eindeutigkeit herzustellen, dann wäre die Sprache so tot, daß es nur einer Minderheit erträglich wäre, mit ihr umzugehen (wie es ja Leute gibt, die sich durch die Totheit des Lateins gerade angezogen fühlen). Da dies aber nicht gelingen kann, da Swifts Forderung, jeden Bedeutungswandel zu verbieten (S. 61), keine Chancen hat, da niemand uns daran hindern würde, Kunstwörter mit Assoziationen zu umkreisen, mit Emotionen aufzuladen und nach unserem Bedarf zurechtzubiegen — deshalb wird jede künstliche Universalsprache die meisten Nachteile der natürlichen Sprachen behalten, ohne uns durch deren Vorzüge zu entschädigen. Die gemeinsamen Nachteile:

das sind die Undefinierbarkeit, die Manipulierbarkeit und der unklare Bezug zur Realität.

Die Schwächen der Kunstsprachen lassen sich indessen verhältnismäßig leicht ertragen, weil keine von ihnen Aussicht hat, die wahre Universalsprache zu werden. Worin liegt (dies der zweite Grund) für drei Viertel der Menschheit, für Chinesen, Inder, Afrikaner der Vorzug, daß Esperanto und seine Töchter sich ans Lateinische oder ans Englische anlehnen? Die enge Nachbarschaft entstand nicht zufällig auf dem Höhepunkt des Kolonialzeitalters, und das ist vorüber. Wie, andrerseits, sollte eine Kunstsprache von wirklicher Internationalität beschaffen sein? Der Versuch liegt vor: Er heißt *Loglan*, wurde von einem englischen Professor 1960 präsentiert und entnimmt seinen Wortschatz zu 28 Prozent dem Englischen und zu 25 Prozent dem Mandarin-Chinesischen; auf den Plätzen folgen das indische Hindi, Russisch, Spanisch, Japanisch, Französisch und Deutsch. Was dabei herauskam, »ist ein System, das keinem gefällt«[1]. Wie sollte man auch nur die englischen Silbenakzente mit den schwebenden Worttönen (Tonemen) versöhnen, die im Chinesischen über den Wortinhalt entscheiden und derselben Silbe *ma* die Bedeutungen »Mutter«, »Pferd«, »Hanf« und »schimpfen« verleihen, je nach der Höhe, dem Steigen oder dem Fallen des Tons?

Zu Universalsprachen können die Kunstsprachen schließlich nicht werden, weil keine Macht hinter ihnen steht; im Gegenteil, die Mächtigen mißtrauen ihnen: Das Esperanto wurde 1936 von Hitler, 1937 von Stalin verboten. *Weltsprachen* sind nur durch Übermacht entstanden — politische, militärische, wirtschaftliche, kulturelle; und wo die Übermacht herrschte, war keine grammatische Kompliziertheit imstande, die Ausbreitung zu verhindern; höchstens, daß es das Englische durch seinen weitgehenden, sogar das Esperanto übertreffenden Verzicht auf Flexion den Lernwilligen leichter machte als vorher Griechisch, Lateinisch, Arabisch, Spanisch und Französisch.

Daß eine Universalsprache mithin nicht in Sicht ist, läßt sich verhältnismäßig leicht verwinden. Der Traum von der einen Sprache ist in der Rückwärtswendung zu Adam ein grober historischer Irrtum und als Zukunftsaufgabe ein tristes Ideal. Die technischen Vorteile schlügen nicht gegen die gewaltige Verarmung durch, die der Menschengeist durch die Abdrängung der natürlichen Sprachen erleiden würde. »Alle, die auf eine zukünftige einheitliche Weltsprache hoffen, laufen einem falschen Ideal nach«, schreibt Whorf. »Seine Verwirklichung würde der Entwicklung des menschlichen Geistes den schlechtesten Dienst tun. Die westliche Kultur hat durch ihre Sprache eine vorläufige Analyse der Realität erbracht; wenn es dafür kein Korrektiv mehr gibt, wird alle Welt diese Analyse entschlossen als die endgültige betrachten. Die einzigen Korrektive aber liegen in all den Sprachen, die durch Äonen einer unabhängigen Entwicklung zu ganz anderen, ebenso logischen und ebenso vorläufigen Analysen gelangt sind.«[1] Daß dieselbe Sprache sprechen soviel heiße wie die Menschen verstehen, mit denen man die Sprache teilt, ist im übrigen ein leicht zu widerlegendes Vorurteil: Von der Sprachgemeinschaft zwischen Ost- und Westberlin hat keiner einen Nutzen, und noch kein Bürgerkrieg ist dank Mutter Sprache unblutiger geworden.

Das soll niemand hindern, auf international wichtigen Teilgebieten für eine Standardisierung einzutreten oder mit geistvollen Konstruktionen zu spielen wie Solresol, der Sprache für Mund und Klavier, oder wie *Ro*, der eindrucksvollen Systematik des amerikanischen Pfarrers Edward Foster von 1906: einem lückenlos logischen Kunstprodukt, wie Descartes und Leibniz es gefordert hatten. Sein Wortschatz ist in siebzehn Gruppen eingeteilt, die mit siebzehn verschiedenen Konsonanten beginnen, zum Beispiel alle Gegenstände mit *b*, alle Tiere mit *m*. Die Säugetiere setzen sich mit *ma* fort, die Huftiere mit *mam*, die Einhufer mit *mamb*, und nachdem der Hörer Buchstabe um Buchstabe von der höheren zur niedrigeren Ordnung geführt worden ist, kann er sich der untersten Einheit öffnen: *mamba* das Pferd, *mambi* das Zebra, *mambe* der Esel. Großartig; zugleich sehr unpraktisch (denn wie scharf muß man artikulieren, um *mambi* und *mambe* zu unterscheiden, verglichen mit der Unverwechselbarkeit von Zebra und Esel?) und ohne Folgen.[2]

Mehr Widerhall hat die *Mathematische Logik* gefunden, vermutlich weil sie auf den universalen Anspruch verzichtet: Sie will weder von allen verstanden werden noch alles benennen. Gottlob Frege, einer ihrer Väter, rühmte ausdrücklich die »Weichheit und Veränderlichkeit« der Wortsprache, weil dies zugleich »Entwicklungsfähigkeit und vielseitige Tauglichkeit« bedeute. Aber wie die Hand in besonderen Fällen durch das Werkzeug übertroffen werde, so bedürfe man für logische Operationen »eines Ganzen von Zeichen, aus dem jede Vieldeutigkeit verbannt ist, dessen strenger logischer Form der Inhalt nicht entschlüpfen kann«. Symbole für die logischen Verhältnisse wären ein Mittel, Mißverständnisse bei anderen und zugleich Fehler im eigenen Denken zu vermeiden. An der *sprachlichen* Form einer Aussage lasse sich ja nicht ablesen, ob sie ein lückenloser Fortgang logischer Schlüsse sei; umgekehrt, die Wortsprache neige zum »Überspringen von Zwischengliedern«, weil sie sonst von unerträglicher Weitschweifigkeit wäre[1]. Frege selbst schuf die Zeichen, die er forderte. Sie sind unpopulär geblieben (und durch eine Schreibmaschine nicht wiederzugeben); in dem engen Teilbereich der logischen Beziehungen haben sie Nutzen gestiftet. Carnap betonte 1934 noch einmal die Selbstbeschränkung: Er behandle nur die formale Seite der Sprache — »eine eigentliche Sprache hat darüber hinaus andere Seiten«[2]. Und doch: Da scheint nicht selten die Lust an einem Spiel mit erfundenen Zeichen mitzuschwingen, »das zwar einwandfrei ›richtig‹ ist«, wie Jaspers meint, »aber über den Kreis der am Spiel sich Erfreuenden keine Wirkung auf irgendeine gehaltvolle Erkenntnis gezeigt hat«[3].

Der Geist, aus dem Descartes alle jemals möglichen Gedanken »beziffern« und Leibniz das Denken mit dem Rechnen verschmelzen wollte, ist weiter wach; genügend Menschen sind fasziniert von der unentrinnbaren Exaktheit der Zahlen und irritiert von der Flatterhaftigkeit der Wörter. Wie also, wenn man seufzend zwar den Traum aufgäbe, die Wörter in ein mathematisches System zu bringen oder sie durch Symbole zu ersetzen — aber die Wortsprache mathematisch und nur mathematisch erfaßte und durchleuchtete, so, wie sie nun einmal ist? Wenn man die scheinbare Zufälligkeit unseres Satzbaus als verkannten Ausdruck mathematischer Gesetzmäßigkeiten zu enttarnen verstünde?

Das war ein interessanter Ansatz, der auf Teilgebieten unter Teilaspekten zu neuen Einsichten führen konnte. Von solcher Einschränkung jedoch wollte die neue Lehre — die »Linguistik« im engeren Sinn — nichts wissen. Hinweg mit aller Philosophie und Psychologie der Sprache, mit Sprachursprungsforschung, Sprachgeschichte, Bedeutungswandel und der gesamten Praxis der Kommunikation! Wir erfassen die Sprache mit der Geometrie und mit der Algebra, und was diese nicht erfassen können, das ist keine exakte Wissenschaft und interessiert uns nicht. So tönt es in Genf, Paris, Prag, Kopenhagen und Amerika, seit 1916 Saussures »Grundfragen der Allgemeinen Sprachwissenschaft« erschienen, und seit den späten sechziger Jahren wird auch die deutsche Linguistik von den Strukturbäumen beschattet, an denen die Symbole reifen. An überaus schlichten Sätzen wie »Die Katze mag die Maus« oder »Franz-Josef ist ein äußerst leidenschaftlicher Brathähnchenesser« (die Beispiele sind echt) werden mit unerhörter Akribie die Valenzen und Dependenzen, die Strukturen, Relationen und Distributionen dargetan, die eine Einsicht in das Rätsel des Satzes vermitteln sollen; es wird segmentiert, enkodiert, transformiert und substituiert, und vor allem: es wird benannt. Jeder Linguist, der auf sich hält, erfindet sich zunächst seine Terminologie, am liebsten aus dem Griechischen, notfalls aus dem Englischen entlehnt und die eigene Theorie mit dem Schutzwall eines Zunftjargons ummauernd; denn bei aller Faszination durch die Mathematik — der Lohn der Plage ist schließlich doch der Zauber der Wortschöpfung.

Hat nun irgendeine dieser linguistischen Theorien das selbstgesteckte Ziel erreicht, eine natürliche Sprache mathematisch zu beschreiben, die unendliche Kombinierbarkeit der Wörter durch endliche Formeln auszudrücken? Nein, das nicht. So schmal der Sektor des mathematisch Erfaßbaren an der Sprache ist — kein Linguist hat ihn bisher ausgefüllt. Obwohl sie durchaus nicht die Symphonie beschreiben wollen, sondern allein die Rillenauslenkung der Schallplatte, von der sie die Symphonie abspielen könnten, wenn sie wollten (sie wollen nicht!) — es will ihnen nicht gelingen. Bei den Gegnern hat das Spott hervorgerufen, der Spott wiederum hat die Wortführer zum Hochmut gereizt. Sieben Jahre nach Saussure verbreiteten Odgen und Richards folgende Parodie: »Nehmen wir an, jemand behauptet: ›Der Gostak dispimmt die Doschen‹. Sie wissen nicht, was das bedeutet, wir auch nicht. Aber wir wissen: Die Doschen werden vom Gostak dispimmt. Wir wissen weiter: Ein Dispimmer von Doschen ist ein Gostak. Wenn nun ferner die Doschen Galluhnen sind, so wissen wir: Manche Galluhnen werden vom Gostak dispimmt. So könnten wir weitermachen — und so machen wir tatsächlich häufig weiter.«[1] Nun wäre dies zwar nach Chomsky ein Verstoß gegen die Selektions- und Subkategorisierungsregeln, aber es bleibt eine gelungene Karikatur auf die Besessenheit vom Satzbau bei Ignorierung des Sinns der Sätze und des Zwecks der Rede. Storz spricht von eindrucksvollen Beispielen, »was der Genauigkeitstrieb,

(x) [+Ind] → [±Belebt]
(xi) [+N, + —] → [±Belebt]
(xii) [+Belebt] → [±Mensch]
(xiii) [—Ind] → [±Abstr]
(xiv) [+V] → CS / α⌒Aux — (Det⌒β)
(xv) Adj → CS / α . . . —
} wobei gilt: α ist ein N und β ist ein N
(xvi) Aux → Tempus (M) (Aspekt)
(xvii) Det → (Prä-Artikel⌒*of*) Artikel (Post-Artikel)
(xviii) Artikel → [±Def(init)]

(58) (*sincerity*, [+N, +Det —, —Ind, +Abstr, . . .])
(*boy*, [+N, +Det —, +Ind, +Belebt, +Mensch, . . .])
(*frighten*, [+V, + — NP, + [+Abstr] Aux — Det [+Belebt], +Objekt-Tilgung, . . .])
(*may*, [+M, . . .])

Dieses Regelsystem generiert den P-Marker (59):

(59)

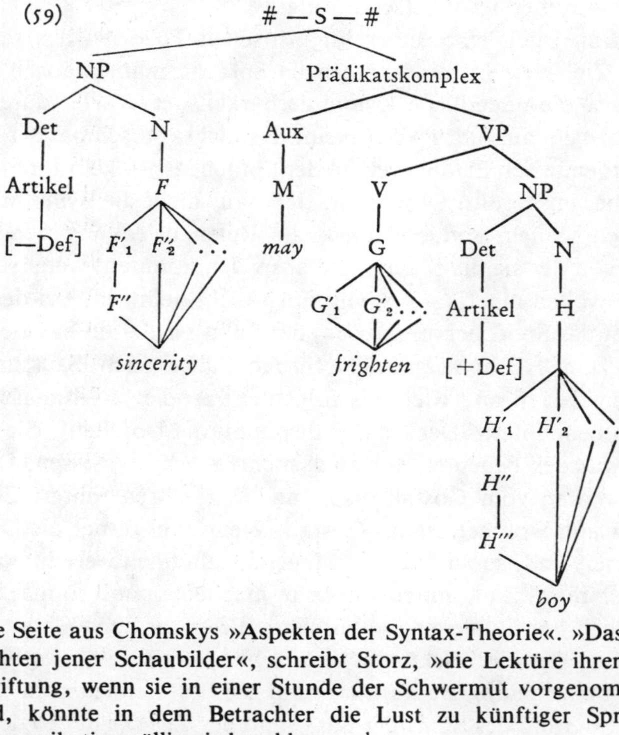

Eine Seite aus Chomskys »Aspekten der Syntax-Theorie«. »Das Betrachten jener Schaubilder«, schreibt Storz, »die Lektüre ihrer Beschriftung, wenn sie in einer Stunde der Schwermut vorgenommen wird, könnte in dem Betrachter die Lust zu künftiger Sprachkommunikation völlig niederschlagen.«[1]

sofern er blind ist, anzurichten vermag«[1]; Slawomir Mrozek verriet, eine Gruppe von Linguisten arbeite zur Zeit »an der Bildung eines imperfekten Plusquamfuturums«[2].

Einen anderen Weg als die bis dahin tonangebenden Linguisten geht seit 1957 Noam Chomsky — einen Weg, der in Deutschland 1969 als »Kopernikanische Wende« gefeiert wurde[3]. Er hat erkannt, daß sich aus der Beschreibung wirklicher Sätze nicht jene Generalregeln ableiten lassen, nach denen die Wissenschaft verlangt. Seine Vorgänger standen hilflos vor zwei widrigen Umständen: Sätze gleichen Wortlauts können Verschiedenes bedeuten; so die Überschrift einer Leitglosse der »Frankfurter Allgemeinen«[4] *Mit Augenmaß sparen*: (1) beim Sparen Augenmaß beweisen, (2) mit Augenmaß sparsam umgehen. Und Sätze verschiedenen Wortlauts können das gleiche bedeuten: »Meier hat beschlossen, sich ein Haus zu kaufen« und »Meier hat den Beschluß zur Erwerbung eines Hauses gefaßt«. Von dieser Tatsache wird auch der schönste Strukturbaum angesägt. Also muß, meint Chomsky, unter der Oberfläche des Satzes, seinem Erscheinungsbild, die *Tiefenstruktur* gesucht werden, die logische Basis, das, was eigentlich Gegenstand der Aussage sein soll; und zur Tiefenstruktur die *Transformationsregeln*, nach denen sich aus der endlichen Zahl von Satzmodellen eine unendliche Zahl von aktuellen Sätzen erzeugen (generieren) läßt — Sätzen, die meist durch Redundanz und Polysemie getrübt oder wegen der bloß hinzugedachten Teile (Vorverständnis) unvollständig sind. Nur mit der Annahme von Tiefenstrukturen läßt sich erklären, wie Menschen Sätze sprechen und verstehen können, die nie zuvor gesprochen wurden. Und erst mit Hilfe der Tiefenstruktur lassen sich (immer nach Chomsky) auch die Gemeinsamkeiten erkennen, die es zwischen allen Sprachen geben *muß*, die *Universalien* — denn wie sonst sollte ein Kind je nach dem Zufall seines Geburtslandes jede beliebige Sprache der Erde erlernen können?

Das klingt einleuchtend. Nur: Neu ist es nicht, ausgeführt ist es nicht, bewiesen ist es nicht, und lebende Menschen haben in dem Denkmodell keinen Platz. *Nicht neu:* Chomsky selbst beruft sich auf Descartes und Humboldt, vor allem auf dessen Satz, die Sprache mache »von endlichen Mitteln einen unendlichen Gebrauch« (S. 45); nach zwischensprachlichen Universalien fahndeten vor Chomsky Carnap, Hjelmslev und andere; über Tiefenstrukturen und Transformationen dachte Occam im 14. Jahrhundert nach. *Nicht durchgeführt und nicht bewiesen*: Daß seine Theorie beides nicht sei, wird Chomsky selbst nicht müde zu betonen. »Man kann vorerst nur isolierte Beispiele innerhalb eines Vakuums an Theorie diskutieren. Daher sollte es auch nicht überraschen, wenn dabei nichts Endgültiges herauskommt« . . . »Wir können hier wiederum nicht mehr tun als Probleme sichtbar machen und die Tatsache unterstreichen, daß es viele unbeantwortete prinzipielle Fragen gibt.«[1] Eine komplette Transformationsgrammatik ist für keine Einzelsprache auch nur von fern in Sicht, und die Behauptung, es müsse darüber hinaus sprachliche Universalien geben, ist eine Behauptung oder eine Hoffnung und sonst nichts.

Kein Platz für den sprechenden Menschen: Dies hat Chomskys System mit nahezu der gesamten Linguistik seit Saussure gemein. Chomsky *will* diesen Menschen gar nicht haben, er schreibt es selbst: »Der Gegenstand einer linguistischen Theorie ist in erster Linie ein idealer Sprecher-Hörer, der in einer völlig homogenen Sprachgemeinschaft lebt, seine Sprache ausgezeichnet kennt und bei der Anwendung seiner Sprachkenntnis . . . nicht von grammatisch irrelevanten Bedingungen beeinflußt wird wie: begrenztes Gedächtnis, Zerstreutheit, Nachlassen des Interesses und zufällige oder typische Fehler . . . Eine Aufzeichnung natürlicher Rede zeigt stets falsche Anläufe, Regelverletzungen, Änderungen der Sprechstrategie mitten im Sprechen usw. Für den Linguisten ebenso wie für das Kind, das die Sprache erlernt, besteht das Problem, aus den Daten der Sprachverwendung das Regelsystem zu bestimmen, das ihr zugrunde liegt.«[2] Mit anderen Worten: Chomsky beschreibt die Sprachnorm, nach der die wenigsten sprechen, und ignoriert den Sprachgebrauch, der eben das ausmacht, was wir »Sprache« nennen.

Nimmt man hinzu, daß Chomsky sich mit klarem Vorsatz, ja in hochmütiger Abweisung nicht um konkrete Sprechsituationen kümmert, nicht um Kommunikation in irgendeiner Form, nicht um die Rolle der Sprache im menschlichen Zusammenleben, nicht um Manipulation, Verständlichkeit, Kritik und Wandel — so fragt man erstaunt: Wie konnte dieser überaus vorsichtige und überaus einseitige Mann so berühmt werden, in Deutschland als neuer Kopernikus gefeiert und auf dem Vormarsch in den Deutschunterricht unserer Schulen? Er hat sich politisch engagiert, publiziert viel und scheint sich auf Publizität zu verstehen; aber das kann nicht den ganzen Ruhm ausmachen. Nein — er hat, obwohl er sich hütet, irgendein konkretes Ergebnis zu versprechen, zweimal den Nerv der Zeit getroffen: Er füttert die Sehnsucht nach der einen Sprache, die Leibniz die »adamische« nannte und Chomsky »Universalgrammatik« nennt; und er wirft der verbreiteten Leidenschaft, alle Wechselfälle des Lebens in mathematische Gleichungen aufzulösen, als stattlichste Beute *die Sprache* vor — von neuem, nachdem seine ebenfalls mathematisierenden Vorläufer das Beutestück schon fast verloren hatten, weil ihnen Chomskys rettender Einfall fehlte: sich aus der Sackgasse ihrer mathematischen Sprachbeschreibung in die Tiefenstruktur zu flüchten, mit der alles erklärt werden kann und nichts bewiesen werden muß.

Eine Gegenströmung ist in Gang gekommen. Sprachwissenschaftler, die von jungen Linguisten freilich gern als »reaktionär« bezeichnet werden, auch marxistische Linguisten, die bei Chomsky zu Recht die soziale Komponente vermissen, unabhängige Geister, die jenseits der Algebra noch Sprachhorizonte sehen — sie sind dabei, das Gleichgewicht wiederherzustellen. Nicht darum geht es ihnen, die Linguistik aus den Klauen der Mathematik zu befreien, sondern darum, einen recht kleinen Teil der Sprachforschung daran zu hindern, daß er sich weiter so aufführt, als ob er das Ganze wäre. Braunroth: Man kann das Produkt »Sprache« nicht beschreiben, ohne die Produktion zu berücksichtigen[1]. Glinz: Die Zeichensprache der Transformationsgrammatik ist »oft eher eine Behinderung der klaren rationalen Diskussion . . ., weil die kritische Überprüfung sehr viel schwieriger und die Versuchung zu Scharlatanerie um einiges größer ist«. Wie verführerisch, daß die Symbole »so mathematisch genau aussehen und unter Umständen eine nicht so große Genauigkeit der zugrunde liegenden Begriffe so leicht zudecken«[2]. Storz: »Die Notationen der neueren Linguistik sehen zwar aus wie Formeln, aber sie sind keine . . . Die organische Einheit der Sprache kann von einer mathematisierenden Grammatik nicht erfaßt werden . . . Ihr Objekt ist anders beschaffen, aber das heißt, daß es nicht eigentlich die Sprache ist. Über diese erfahren wir durch die generative Grammatik so wenig wie durch die anderen neuen Grammatiken.«[3] Baumann: »Wer braucht Linguistik? Vor allem die Linguisten selbst . . . Die Sprachwissenschaft muß sich auf ihre Adressaten hin öffnen!«[4]

Leisi: Die Sprache wird durch die Sprachwissenschaft bedroht.[1]

Gerade Chomskys Thesen trommeln gegenwärtig auf unsere Deutschlehrer ein und beginnen in den Unterricht zu sickern — die Thesen eines Mathematikers, der alles Wachsende, Praktische und Lebendige an der Sprache ignoriert, also im Grunde die Sprache zu verachten scheint, die zu beschreiben er vorgibt. Oder wie sonst soll man seine gönnerhafte Feststellung deuten: »Man kann es einigen Wissenschaftlern nicht verübeln, daß sie den Wunsch haben, ›den Erwerb und die Praktizierung des tatsächlichen Sprachverhaltens‹ zu untersuchen. Es bleibt jedoch nachzuweisen, daß diese Untersuchung etwas mit Sprachwissenschaft zu tun hat. Bisher sehe ich kein Anzeichen dafür, daß dieser Anspruch begründet werden kann.«[2] Da winkt ein Pakt auf Gegenseitigkeit: Chomsky befaßt sich nicht mit dem tatsächlichen Sprachverhalten, und wir befassen uns nicht mehr ganz so viel mit Chomsky.

Dazu im »Lexikon«: Antinomie, Dependenzgrammatik, Disjunktion, Distribution, Flußdiagramm, Formalisierung, Formativ, Glossem, Ideale Sprache, Implikation, Kalkül, Kode, Kompetenz, Komponenten, Konstituenten, Kunstsprache, Lexem, Linguistik, Mathematische Logik, Metasprache, Morphem, Notation, Pasigraphie, Performanz, Proposition, Segment, Sprachnormung, Sprachphilosophie, Sprachwissenschaft, Struktur, Strukturbaum, Tagmem, Tonem, Transformationsgrammatik, Universalgrammatik, Universalsprache, Zeichen.

34. Hilfe aus der Schule

Was Lehrer und Minister alles tun könnten

> Die Artikulationsunfähigkeit früherer Oberschüler und Studenten, trotz ihrem recht ordentlichen Wissen, ist umgeschlagen in ein mehr als lückenhaftes Wissen bei gleichzeitiger Fähigkeit, diese Löcher mit Geschwätz zuzudecken.
>
> *Günter Grass in der »Zeit«, 31.10.1975*

These 1. Es gibt fast keinen Unterrichtsstoff, der nicht auf irgendeine Weise geistesbildend, interessant und nützlich wäre; im Bereich der Sprache zum Beispiel Sumerisch, Sanskrit, Griechisch, Westgotisch, Lateinisch, Mittelhochdeutsch, Plattdeutsch, Serbokroatisch und strukturale Linguistik. Da aber unmöglich alles, was interessant und geistesbildend ist, in dreizehn Schuljahren gelehrt und gelernt werden kann, genügt es nicht, zugunsten eines Lehrstoffs geltend zu machen, daß er geistesbildend und nützlich sei; jeder Stoff muß vielmehr nachweisen, daß er *nützlicher* und *interessanter* ist als diejenigen Stoffe, die in derselben Zeit seinetwegen *nicht* gelehrt werden können.

These 2. Die durchschnittliche Fähigkeit deutscher Abiturienten, sich ihrer Muttersprache intelligent, flexibel und ausdrucksstark zu bedienen, ist geringer: (a) als die durchschnittliche Fähigkeit entsprechender Engländer, Amerikaner und Franzosen; (b) als es im Hinblick auf die überragende Rolle der Sprache für das Denken, die Kommunikation, die Politik und die Wissenschaft erstrebenswert wäre. Unfreundlicher ausgedrückt: Mehr als die Hälfte aller Deutschen mit Abitur sind Stammler oder Schwätzer, die ein vitales Erbe tolpatschig verwalten und von einem geschulten Demagogen in der ersten Runde k. o. geredet werden.

These 3. Die deutsche Schule hat noch nie einen Weg gefunden, *die deutsche Sprache* zu lehren. Sie war früher fasziniert von deutscher *Literatur* und ist heute fasziniert von deutscher *Soziologie* und *strukturaler Linguistik*. Alle drei Lehrstoffe sind interessant, geistesbildend und nützlich im Sinne von These 1; sie wurden und werden aber alle drei überbewertet, wenn man sie an denjenigen Stoffen mißt, die in derselben Zeit ihretwegen *nicht* gelehrt werden können.

Die *strukturale Linguistik* ist ein schmaler Sektor der Sprachwissenschaft, der den Ehrgeiz entfaltet, sich schlechthin an die Stelle der Sprachwissenschaft zu setzen; die Schule hat keinen Anlaß, ihn darin zu unterstützen. Der Nachweis *überlegener* Nützlichkeit, der nach These 1 zu führen wäre, wird für die strukturale Linguistik schwerlich geführt werden können. Ihr griechisch-englisches Vokabular dürfte umgekehrt eher eine Belastung des Schülers sein — es sei denn eine Einladung an ihn, sich oder dem Lehrkörper oder einer erstaunten älteren Generation mit Hilfe des neuesten Zunftjargons »Einsicht« vorzugaukeln. Die Deutsch-Richtlinien deutscher Kultusministerien, soweit sie in den siebziger Jahren entstanden sind, gefallen sich ihrerseits in einem prätentiösen Linguisten-Chinesisch, das sich vorzüglich zur Behandlung im Deutschunterricht unter der Rubrik »Abschreckende Beispiele« eignet (und zwar unabhängig davon, welcher Partei der Kultusminister angehört). Der Jargon wird »in viel zu vielen neuen Institutionen mit ganzen Rudeln von Wissenschaftlern produziert und verbreitet, die sich wenig um Studenten kümmern, weil sie sich im Konkurrenzkampf um die Lehrstühle durch flotte Publikationen profilieren müssen«[1].

Die *Soziologie* ist in den Deutschunterricht in zwei Kolonnen einmarschiert: zum einen als Soziolinguistik und Kompensatorische Spracherziehung (wovon noch zu reden sein wird), zum andern als zusätzlicher oder dominierender Untersuchungsansatz beim Literaturstudium (»Die gesellschaftspolitische Bedingtheit von Fontanes ›Effi Briest‹ « oder »Die gesellschaftlichen Ursachen für die Idealisierung der bürgerlichen Familie in der Literatur des späten 18. Jahrhunderts«). Dieser Ansatz ist ohne Zweifel so interessant und nützlich, daß er den Kriterien von These 1 standhält. Es fragt sich jedoch, ob sein Ort nicht die *Gemeinschaftskunde* wäre, da er zur Ausbildung in deutscher *Sprache* wenig oder nichts beiträgt; eben dieser Ausbildung zu dienen ist aber für das Hauptfach Deutsch eine Aufgabe, die keine Abschweifungen zuläßt.

Im Unterschied zur strukturalen Linguistik, die für die Schule überhaupt entbehrlich ist, und zur soziologischen Literaturbetrachtung, die in die Gemeinschaftskunde abwandern könnte, hat der herkömmliche Umgang mit deutscher *Literatur* im Deutschunterricht seinen angemessenen Platz. Allerdings drängt sich hier nochmals eine umstürzlerische Frage auf: Muß es dabei bleiben, daß die Schule unter »Literatur« nur Lyrik, Drama und Roman versteht, andere Prosatexte aber höchstens dann, wenn sie wiederum von Dichtern stammen (»Dichtung und Wahrheit«) oder den modischen sozialen Zündstoff liefern (»Der Hessische Landbote«)? Verdienen nicht alle sprachlichen Meisterstücke »Literatur« zu heißen, so, wie Mommsen und Churchill für ihre historischen Werke den Nobelpreis für *Literatur* bekamen? Wie stünde es mit Clausewitz, Marx, Spengler für lapidare Kraft und große Pose? Mit Heine und Nietzsche für sprachliches Florett? Mit Lichtenberg, Freud, Kleist (in seinem Essay »Über das Marionettentheater«) für die äußerste Anschaulichkeit im Darlegen komplizierter Zusammenhänge? Mit Nietzsche, Kafka, Freud, Thomas Mann für das Ausleuchten der innersten Winkel der Seele? Dies alles — falls es gelänge, das Zeitbedingte an der Literatur in der Gemeinschaftskunde zu behandeln — in vollständig synchronischem Ansatz: Das Äußerste, was unsere Sprache zu leisten vermag, liegt zeitlos vor uns ausgebreitet, Luthers Kraft ist nie übertroffen worden, Büchners Sprache wirkt ohnehin wie von heute früh.

Doch auch der solcherart verschobene Literaturbegriff rechtfertigt die Auseinandersetzung mit Literatur (und die Produktion eigener literarischer Texte, der Aufsätze) nur für einen Teil der verfügbaren Zeit. In den letzten Jahren sind sogenannte *Gebrauchstexte* — Zeitungen, Flugblätter, Anzeigen, amtliche Bekanntmachungen, überdies Trivialliteratur — zum Unterrichtsstoff geworden; das ist zu begrüßen, jedenfalls dann, wenn sie die Literatur ergänzen und nicht etwa ersetzen, wie es bei jungen Pädagogen vorkommen soll.

Auf Literatur und Gebrauchstexte zu *reagieren*, dürfte dennoch nur ein Teil des Unterrichts im Deutschen sein. Eine gleichgroße Anstrengung gebührt dem Agieren, der Schulung des *aktiven Sprechens*, und ein gutes Stück dem Lehrstoff *Skepsis*.

Skepsis: Das wäre die planmäßige Befreiung von der naiven Wortgläubigkeit, die Emanzipation von den Resten der Wortmagie. Es wäre die Zergliederung von Schlagwörtern, warum nicht auch von Modewörtern, beispielsweise so: Anfang der siebziger Jahre geriet die *Nostalgie* in aller Munde. Die Sache, die das Wort bezeichnet, ist antik: Das Heimweh nach alten Zeiten begann vor mehr als zweitausend Jahren, denn der Grieche Theokrit vermochte die Hofgesellschaft der damaligen Riesenstädte Syrakus und Alexandria mit Gedichten über die entwichene Hirtenidylle zu ergötzen. Nostalgie waren die Renaissance, Rousseaus Ruf »Zurück zur Natur«, der Klassizismus, die Romantik, die Gemälde des Caspar David Friedrich, die falschen Burgen des 19. Jahrhunderts. Von der Nostalgie leben seit Generationen die Antiquitätenhändler, die Museen, die Opernhäuser und die »Western«; von der Nostalgie leben seit Jahrzehnten die Hersteller von rustikalem Tinnef und Gelsenkirchener Barock. Es war also überhaupt nichts passiert, was ein Benennungsbedürfnis auf den Plan gerufen hätte.

Warum übernahmen dann die Deutschen von den Engländern ein Wort, das diese mit Hilfe der Normannen von den Griechen übernommen hatten? »Nostalgie« besitzt einen definitorischen Vorzug: Während das deutsche *Heimweh* nur die Sehnsucht nach einem anderen Ort ausdrückt, übergreift Nostalgie die Sehnsucht nach einer andern Zeit, für die wir kein eigenständiges Wort besitzen. Doch ist dieser Vorzug zweitausend Jahre alt. Was eigentlich passierte 1970? Deutschland importiert englische Wörter seit dem Zweiten Weltkrieg in nicht abreißendem Strom. Daß eines Tages die Nostalgie einfloß, mag Zufall gewesen sein oder eine Reaktion darauf, daß das Wort gerade in Amerika eine Hochblüte erlebte. Auch brachte es den Vorzug des exotischen Klanges mit — und für jeden, der sich einen alten Hut aufstülpte, die Chance, seine simple Handlung sprachlich aufzuputzen und sich den Gaumen mit dem Pausenzeichen »Nostalgiewelle« zu kitzeln.

Allmonatlich ein Schlag- oder Modewort sezieren und sehen, was von ihm übrigbleibt (manchmal nichts), die neue Wortfassade darauf abklopfen, ob sie nicht eine alte Sache schmücken oder tarnen soll — an manchen Schulen geschieht es, für alle wäre es legitimer Unterrichtsstoff, ein Beitrag zur Aufklärung im Kantschen Sinn des Heraustretens aus selbstverschuldeter Unmündigkeit, ebenso eine Tat gemäß dem Vorschlag von Karl Kraus, »vor dem Sprachgebrauch den Kopf zu schütteln . . . Mit dem Zweifel, der der beste Lehrmeister ist, wäre schon viel gewonnen: Manches bliebe ungesprochen.«[1] Skepsis ist geboten gegen »die stille Macht der Wortfügung über die Wahrheit«[2], Skepsis auch gegen die Schlagwörter der Kultusministerien und der Linguisten. »Mißtraut gelegentlich euren Schulbüchern!« rief Erich Kästner[3]. Die allerneuesten verdienen den Argwohn genauso wie die aus der Zeit, da Peter Rosegger noch ein Waldbauernbub war.

Das Lernziel »Skepsis« läßt sich, stete Wachheit vorausgesetzt, mit mäßigem Zeitaufwand erreichen, sobald es einmal an einigen Beispielen durchexerziert worden ist. Ganz im Gegenteil dazu erfordert der Lehrstoff *Sprechen* ein langes und heißes Bemühen — in einem Umfang, über den sich offensichtlich viele Beteiligte nicht im klaren sind. Nicht einmal die Richtlinien-Verfasser — wenn sie kühn als Lehrstoff hinsetzen: die Scheu vor der Äußerung verlieren, sich »unbefangen, zweckgemäß und verständlich« ausdrücken, den Wortschatz vergrößern und differenziert verwenden, die wichtigsten rhetorischen Mittel kennenlernen und sogar das Debattieren üben. Vorzüglich! Aber offenbar wird solcherlei von den Lehrern entweder nicht oder in zu knapper Zeit oder mit unzulänglichem handwerklichen Können betrieben — jedenfalls nicht mit Erfolg, wie der deutsche Alltag lehrt. Braunroth/Seyfert meinen, gerade aufgrund der modischen Ausbildung in abstrakter Linguistik fehle den angehenden Deutschlehrern »jegliches theoretische Rüstzeug dafür, wie die Sprechtätigkeit des Schülers anzuregen und auszubilden ist«. Der Schüler führe fast nur reaktive — vom Lehrer provozierte — Sprechakte aus, während es doch darauf ankomme, seine Fähigkeit zu aktivem Sprechen zu entwickeln[1].

Schon das Allersimpelste ist so schwer, daß die Mehrzahl aller Menschen es nicht vermag: in einfachen Sätzen einfache Aussagen zu machen, ohne *äh* und *hm*, ohne Schwulst und leeres Stroh und ohne daß der Satz kurz vor seinem Ende ins Schleudern geriete oder ins Bodenlose stürzte. Wahrscheinlich bringen es Bauern und Handwerker hierin sogar weiter als durchschnittliche Abiturienten, weil sie im allgemeinen mundfauler sind und weniger Flausen im Kopf haben, also eher dazu neigen, jedem Satz ein Quantum Substanz aufzupacken.

Wenn Gymnasiasten diesen Standard erreichen oder übertreffen sollen, brauchen sie vielerlei. Realistische Selbsteinschätzung zum Beispiel: niemals einen Satz komplizierter anlegen, als man ihn zu Ende führen kann. Ehrgeiz: Jeden angefangenen Satz sicher ins Ziel steuern. Ein paar Tricks: das Verbum möglichst rasch vollständig hinter sich bringen, mindestens ehe man sich auf Umstandsangaben oder gar Nebensätze einläßt (Kap. 28). Übung muß dazukommen — lebenslang in allen Lebenslagen, besonders aber *täglich* in der Schule; und Kontrolle, am besten mit dem Tonband, zum Beispiel so:

Ein Schüler erzählt, referiert oder argumentiert, tunlichst unvorbereitet. Der Text wird aufgezeichnet und anschließend gemeinsam analysiert, mit derselben Gründlichkeit, als ob es sich um »Effi Briest« handelte. Dann wird in der Klasse eine Optimierung des Textes erarbeitet (Kap. 30). Dann spricht der Schüler über sein Thema zum zweiten Mal. Das wäre *Sprach*unterricht.

Ist das Ungeheure erreicht — klare Aussagen in nicht gestotterten Sätzen —, dann können die Steigerungen beginnen: *Hauptsachen von Nebensachen* unterscheiden, eine der schwierigsten logischen Operationen, wie jede Erzählung eines aufgeregten Kindes, fast jede Zeugenaussage vor Gericht bestätigt. Wer einen Meteor sieht, neigt dazu, seinen Schrecken zu beschreiben und eine Hungersnot zu prophezeien: »Das Überflüssige und Sinnlose faßt er in Worte. Als er das Neue sah, hat er das Maul gehalten.«[1] Über den Film von gestern abend das Urteil »unheimlich toll« zu fällen, ist einfach; mitzuteilen, was der Film zeigte und worin eigentlich seine tollen Qualitäten lagen: das ist schwer.

Die andere Steigerung über den klaren Satz hinaus ist die *Verständlichkeit* — das Dornröschen der Sprache, des Lehrers harrend, der die Dornenhecke zerteilt, um es endlich wachzuküssen: handwerkliche Regeln für optimale Verständlichkeit zu vermitteln, wie hier in Kap. 27 bis 30 entworfen; Gesinnung und Arbeitstechnik zu ändern, was sich freilich im Lehrplan niederschlagen müßte. So wird etwa zu wenig geübt, »komplizierte Vorgänge für jemanden darzustellen, der *nicht* weiß, worum es geht. Denn meist wird der Lehrer angesprochen, und der hat schon die entsprechenden Kenntnisse.«[2] Eine Übung könnte darin bestehen, daß die Klasse vom Referat eines Schülers nachträglich aufschreibt, was sie behalten hat; mit der Qualität ihrer Niederschrift sprächen die anderen dann nicht ein Urteil über sich, sondern über das Referat ihres Mitschülers.

Zum Ringen um die Verständlichkeit gehört noch mehr, und keinesfalls dürfen die Deutschlehrer dabei alleingelassen werden. In anderen Fächern treten ohnehin weit größere Probleme des Verständlichmachens auf, zum Beispiel in der Physik. Es ist daher die zentrale These Wagenscheins, daß es falsch sei, Physiklehrer immer noch so auszubilden, als sollten sie Physiker werden: Sie sollen ja Vermittler physikalischer Kenntnisse sein und müssen folglich zur einen Hälfte die Physik, zur andern Hälfte die Kunst der Vermittlung erlernen. »Pädagogisch unberührte Mathematiker« schüchterten viele hervorragende Talente durch verfrühte und überzogene Mathematisierung ein; sie neigten dazu, die Muttersprache nicht auszuschöpfen, sondern auszumerzen.[1] Weder die Wissenschaft noch der Schüler schreitet voran, wenn er statt »teilen« oder »durch« *dividieren* sagen muß oder wenn die Mengenlehre einfache Handlungen in solche Sätze faßt: »Für 50 Pfennig kann man Mengen mit 1 Stück Kirschtorte kaufen.«[2]

Klare Sätze klar zu Ende sprechen und so reden, daß man verstanden werden kann — dies sind die beiden Pfeiler, die die ganze Schulzeit und das ganze Leben lang weiter befestigt werden müssen, damit sie zuverlässig das Bauwerk der höheren Künste tragen können: der sprachlichen Differenzierung, des Argumentierens, der Ausdruckskraft, des poetischen Wortes. Es kann nicht der Ehrgeiz der Schule sein, künftige Lyriker oder Linguisten heranzubilden, sondern Menschen, die Informationen vernünftig aufnehmen und weitergeben können, mit ihren Ausdrucksmöglichkeiten ihre Denkmöglichkeiten erweitern und gegen Übertölpelung durch die Manipulatoren der Sprache gefeit sind.

Diese Aufgabe zu lösen, ist so schwierig und wäre zugleich kulturell, zivilisatorisch, politisch eine derart nützliche Tat, daß der Umfang des Deutschunterrichts an den Schulen in allen Altersstufen wachsen sollte. Fassungslos steht man vor der Tatsache, daß er stattdessen schrumpft. Die Oberstufenreform läßt dem Schüler die Wahl, einen Leistungskurs zu wählen oder sich auf einen Grundkurs zu beschränken; im westdeutschen Durchschnitt haben sich über achtzig Prozent der Schüler für den Grundkurs entschieden, was bedeutet: In ihren letzten drei Schuljahren genießen sie anderthalb Jahre lang drei Stunden Deutschunterricht pro Woche (in Hamburg zwei) und die anderen anderthalb Jahre überhaupt keinen mehr.

Das ist umso erstaunlicher, als die meisten Argumente einer sonst höchst einflußreichen Modeströmung, der *Soziolinguistik*, auf *vermehrten* Unterricht in der Muttersprache hinauslaufen. Soziolinguistik ist die junge Wissenschaft von den Unterschieden im Sprachgebrauch sozialer Gruppen, von den Benachteiligungen, die daraus folgen können, und von der Möglichkeit, diese Benachteiligungen zu beseitigen. Ihr meistzitierter Zeuge, Basil Bernstein, warf 1966 die Unterscheidung zwischen dem *beschränkten Sprachbesitz* (restricted code) der Unterschicht und dem *ausgeformten Sprachbesitz* (elaborated code) der Mittelklasse auf den Markt: Danach spricht die Mittelschicht in komplexen Sätzen mit Nebensätzen und vielen Konjunktionen, trifft eine selbständige Auswahl aus einem großen Vorrat an Adjektiven und Adverbien und bevorzugt die unpersönlichen Pronomen *es* und *man*; die Unterschicht verwendet kurze, oft unfertige Sätze in dürftiger Syntax, wenige und immer dieselben Konjunktionen und Adjektive und neigt zu Sprachklischees. Typisch für die Unterklasse sei es, »in gegenseitiger Übereinstimmung im Kreis herum« zu reden: Na, was sagen Sie zu der Lotte? — Ist ein schlimmes Unglück. — Haben Sie recht. Und die armen Eltern! Ja, die armen Eltern! Was hat sich denn das Mädchen dabei gedacht? — Gar nichts, sie hat eben getan, was sie wollte. — Ein Unglück nenne ich das, ein schlimmes Unglück für das ganze Haus.[1]

Daß viele Menschen oft so reden, ist unbestritten und war Gegenstand von Kap. 23 — dort allerdings ohne die soziale Kluft, in der Bernstein atmet. Dessen Unterstellung, die Mittelklasse verhalte sich in diesem Punkt anders, hält der Verfasser für falsch: Es ist ein Zirkel sprachbegabter oder sprachbewußter Menschen, der sich anders verhält, und auch dies nicht beständig. Ja es fragt sich, ob das Sprachverhalten, das Bernstein der »Mittelklasse« zuschreibt, sich nicht überhaupt auf jene dünne *sprachliche Oberschicht* beschränkt, die die Sprachnorm hütet oder setzt und sich als einzige überwiegend nach ihr richtet. Mindestens bleibt die Einteilung der Menschheit in genau zwei Sprachklassen ein Akt äußerster Grobheit und Willkür.

Nur, wie es so geht: Das Falsche zu sagen, muß nicht ohne richtige Konsequenzen bleiben. Bernsteins Holzhacker-Unterscheidung — links ein Scheit und rechts ein Scheit und die Axt in der Mitte — hat ein öffentliches Bewußtsein dafür wachrufen helfen, daß es sprachlich Benachteiligte gibt und wie schwer gerade dieser Nachteil wiegt: »Das sprachliche Können bestimmt seinerseits die Möglichkeiten des Aufstiegs auf der sozialen Leiter — und zwar nicht etwa nur auf dem Weg über hochachtungsvolle Bewerbungsschreiben, sondern auch dadurch, daß das sprachliche Erfassen von Vorgängen in immer mehr Berufen notwendig wird.«[2]

Wie aber der Nachteil des beschränkten Sprachbesitzes ausgeglichen werden soll — darüber herrscht durchaus keine Einigkeit. Durch *Kompensatorische Spracherziehung*, hieß es zunächst: Chancengleichheit für den Beruf wird hergestellt, indem Kinder, die durch Erbmasse oder häusliche Umwelt sprachlich benachteiligt sind, einen zusätzlichen Sprachunterricht erhalten, am besten im Wege der Vorschul-Erziehung. Dies klingt vernünftig und wird weithin praktiziert.

Doch gerade diesen Weg hält der harte Kern der Soziolinguisten für gefährlich. »Die Schule ist eine Institution«, schreiben sie zum Beispiel, »die von der Mittelschicht geprägt ist; die Lehrer sind in der überwiegenden Mehrzahl Angehörige der Mittelschicht. Infolgedessen ist es plausibel, daß die Angehörigen der Unterschicht an die Sprachgewohnheiten der Mittelschicht angepaßt werden. Das ursprüngliche Konzept der kompensatorischen Erziehung setzt — ausgesprochen oder unausgesprochen — eine Höherwertigkeit der Sprechgewohnheiten der Mittelschicht voraus.« So werde der Schüler gezwungen, »seine soziale Identität aufzugeben«[1]. In Wahrheit liege nicht ein sprachliches *Defizit* der Unterschicht vor, sondern eine *Differenz* gleichwertiger Klassensprachen[2]. Oevermann wirft die Frage auf, ob Bernsteins These nicht die »Arroganz« dessen ausdrücke, der nur seinen eigenen Sprachstil als Abzeichen von Intelligenz gelten lasse[3]. Die »Hessischen Rahmenrichtlinien für das Fach Deutsch« (1972) dekretieren: »Mit der unreflektierten Einübung in die Normen der Hochsprache (werden) die meisten Schüler von ihren Herkunftsgruppen entfremdet«; »die Wahrnehmung und Versprachlichung ihrer Sozial-Erfahrungen und Interessen« werde erschwert, und die Vermittlung der Normen und Wertvorstellungen der Hochsprache trage zur Sicherung der bestehenden Zustände bei.

Bestünde also der Fortschritt darin, die sprachlich benachteiligten Kinder benachteiligt zu lassen, damit sie ihre Benachteiligung »versprachlichen« können? Nein, so auch nicht. Zähneknirschend lassen die Rahmenrichter die Hochsprache als notwendiges Übel zu: »Diese Forderungen schließen nicht Übungen aus, die den Schüler in den Stand setzen, im Sinn der etablierten Sprachnorm zu sprechen und zu schreiben. Denn es ist notwendig, die Schüler so vorzubereiten, daß sie in ihrem privaten, beruflichen und öffentlichen Leben nicht an den zur Zeit bestehenden Kommunikationsbarrieren scheitern.« Wenn Richtlinien-Verfasser schon eine Verbeugung vor der deutschen Sprache machen, wollen sie sich dabei wenigstens erbrechen: das Deutsch, in dem schließlich auch Marx geschrieben hat, zur »etablierten Sprachnorm« abwerten, die eine »Barriere« errichtet haben soll, und sich seiner allein aus taktischen Gründen bedienen, und am Ende noch überzeugt sein, damit den sprachlich Benachteiligten etwas Gutes angetan zu haben.

Wann wird diesem gefährlichen Unfug laut genug der Ruf entgegenschallen: *Leute, lernt Deutsch!* Mehr als bisher, besser als bisher, kompensatorisch, weniger naiv und weniger rüpelhaft, mit mehr Skepsis und zugleich mit mehr Respekt! Wir sprechen eine der großen Kultursprachen der Erde, sie steckt voller Aberglauben, Widerspruch und Tücke wie die andern auch — aber sie ist bei weitem das Beste, was wir haben, um unser Wissen zu steigern, uns das Leben einzurichten, unsere Wünsche zu artikulieren, unsere Nöte hinauszuschreien und unsern Geist das Fliegen zu lehren. »Die Grenzen meiner Sprache bedeuten die Grenzen meiner Welt.«[1] Angewandte Soziologie, das müßte heißen: Mehr Deutsch in der Schule, noch mehr Deutsch und am meisten für Bernsteins Unterschicht. Und im übrigen hinweg mit der Soziologie aus dem Sprachunterricht und hinein damit in die Gemeinschaftskunde. Und Luthers Bibel ist ein würdiger Gegenstand des Deutschunterrichts, gänzlich ohne Religion. Und Brechts »Dreigroschenoper« ist ein würdiger Gegenstand des Deutschunterrichts, gänzlich ohne Ideologie. Die Schule setzt immer das durch, was sie für die Hauptsache hält: im Mittelalter Latein und Religion, im 19. Jahrhundert die deutschen Klassiker, bei Hitler den Sport. Nun ist sie aufgerufen, die deutsche Sprache durchzusetzen.

Man muß freilich, sagt Storz[2] , des Deutschen einigermaßen mächtig sein, will man ermessen, wie viel sich damit leisten läßt.

Dazu im »Lexikon«: Anakoluth, Aphrasie, Aposiopese, Belehrung, Dialekt, Flexion, Grammatik, Hochsprache, Ideenflucht, Katachrese, Kode, Legasthenie, Linguistik, Paralogie, Satz, Soziolekt, Soziolinguistik, Sprachbarriere, Sprachgebrauch, Sprachkritik, Sprachnorm, Stilebene, Stilfiguren, Wortschatz, Zeugma.

35. Bilanz

Sind wir fürs Zeitalter der Information gerüstet?

> Und Worte sind es doch, die einst
> So schwer in deine Schale fallen:
> Ist keins ein nichtiges von allen,
> Um jedes hoffst du oder weinst.
>
> *Annette von Droste-Hülshoff*

Wohin wird die Sprache gehen? Wird es der Philosophie gelingen, »die Herrschaft des Wortes über den menschlichen Geist zu brechen«, wie Gottlob Frege es verlangte[1] ? Werden wir uns von Wortaberglauben, Worthunger, Wortliebe und Worteitelkeit befreien, ja von der »Tyrannei der Sprache« überhaupt, wie Fritz Mauthner es in selbstmörderischer Überspitzung wünschte[2] ? Werden wir uns eine neue Sprache erfinden müssen, wie Werner Heisenberg sie forderte — damit wir imstande sind, in den Kategorien der Quantenlogik zu denken? Sie läßt, bizarr genug, die Aussage zu, daß an diesem Fleck ein Tisch sowohl steht als auch nicht steht — und zwar nicht etwa, weil wir nicht wüßten, wie es sich mit dem Tisch verhält, sondern weil ein »Zwischenwert« beschrieben werden muß, den wir in herkömmlicher Grammatik weder ausdrücken noch denken können[3]. »Vieles spricht dafür, daß sich die Hochsprache . . . entweder den rationalen Forderungen (der technischen Welt) anbequemt, oder daß das höhere menschliche Denken vollständig in konsequent künstliche Sprachen ausweicht.«[4] Besser wohl: ein Teil des höheren Denkens — jener, den die Naturwissenschaft durchdringen kann.

In Wahrheit wird die Rolle der herkömmlichen Wörter weiter *wachsen,* wie sauertöpfisch ein Quantenlogiker dies auch zur Kenntnis nehmen mag. Die Überschwemmung durch die Wörter, die wir erleiden, wälzt sich Milliarden Menschen erst entgegen: den Analphabeten, den Hungerleidern ohne Radio und Fernsehapparat. Vielleicht wird noch in diesem Jahrtausend der Tag kommen, an dem eine Fernsehsammelschaltung vier Fünftel der Menschheit vor der Mattscheibe vereint — wenn es gutgeht, einer Weltmeisterschaft oder einem Spaziergang auf dem Mars zuliebe, wenn es schlecht geht, eines Propaganda-Auftritts vor den Vereinten Nationen wegen, bei dem ein Wortköder ausgelegt wird, auf den die ganze Menschheit anbeißen soll. Wer der Wortlawine seine Richtung aufzunötigen versteht, wer die Macht des Definierens an sich reißt, ist Herr der Taten und der Seelen, und nur mit Entsetzen können wir der Stunde entgegensehen, da ein großer Demagoge die Menschheit so am Bildschirm hängen hätte wie einst Goebbels die Deutschen am Volksempfänger.

Die Rolle der Sprache wird sich auch deshalb noch vergrößern, weil die Abwanderung vom Acker in die wortreichere Fabrik, die in Mitteleuropa als abgeschlossen gelten kann, dem größten Teil der Menschheit erst bevorsteht (vgl. S. 313) — während sich bei uns schon die nächste Wanderungsbewegung vollzieht: von der Fabrik ins Büro. Damit aber macht die Sprache den Sprung von der Lenkung und Entlastung zur auslösenden Tat: Die Sprachhandlungen des Diktierens und Telefonierens bewegen das Geschäft wie der Befehl den Soldaten.

Auch die Gegenströmung läßt sich registrieren, wiederum mit der Folge vermehrter Sprachproduktion: Es wächst die Zahl der Anstöße, das Wort als *Ersatz* für Taten zu verwenden, die zu vollbringen man nicht wagt oder nicht fähig ist. Der Zusammenhang ist an sich alt: »In der Sprache findet der Mensch ein Surrogat für die Tat, mit dessen Hilfe der Affekt nahezu ebenso abreagiert werden kann . . . Es war unter manchen Verhältnissen ein kultureller Fortschritt, wenn sich die Tat zum Wort ermäßigte.«[1] Was Freud als Fortschritt einstufte (und was Kap. 23 als eine Grundfunktion der Sprache vorstellte), wird unterdessen mehr und mehr zu einer Not der Zivilisation: Seit kein Peru mehr zu erobern, kein Wilder Westen mehr zu erschließen ist, werden immer mehr Menschen in immer mehr Lebenslagen *vom Tun ins Sagen abgedrängt*. In Kanada kann man noch jagen, fischen, reiten mit wenig Geld und ohne Schein — eine Aktivität für jedermann, für die in Deutschland eine meist wohlhabende Minderheit mühsam die letzten lizensierten Plätzchen zusammenklaubt. Je mehr Menschen auf je engerem Raum zusammenleben, umso weniger kann ihr Tatendrang sich tätig, sprachlos äußern, umso häufiger muß die Sprachhandlung an seine Stelle treten.

Und selbst dort, wo die Ballung der Menschen längst vollzogen und die Wucherung der Büros weit vorangeschritten ist, bei uns also, finden die Wörter immer noch Lücken, in die sie sich ergießen können, oft mit Nachhilfe der Multiplikationsmaschinerie, die nach Wortprodukten giert. So wird Goethe für seinen Rat »Bilde, Künstler, rede nicht!« heute von den meisten ausgelacht: Es kann kein Prominenter ein Buch publizieren, ohne öffentlich gefragt zu werden, was er sich dabei »gedacht« habe; nur altmodische Menschen schätzen solche Bücher, die eben das enthalten, was sich der Autor dachte, so daß man danach dankbar für sein Schweigen ist. Ja eine ganze Kunstgattung lebt vom Strom der Kommentare, der sie begleitet: die moderne Malerei mit ihren Randbezirken Happening und Material-Aktion. Wie die Germanen in jede bessere Eiche ihren Donnergott projizierten, so fühlen sich heute tausend Münder aufgerufen, einem Margarineblock den rechten metaphysischen Schmelz *zuzusprechen,* sobald er Bestandteil einer Kunstausstellung ist.

Schließlich wird das Gewicht der Sprache auf Erden steigen, weil wir in einer Zeitenwende stehen: Die Ära der *Produktion* geht zu Ende, das Zeitalter der *Information* beginnt — eine These, die am schärfsten Leszek Nowak 1975 vorgetragen hat[1], wobei er als Pole Kopf und Kragen riskierte, denn »Produktion« ist der oberste Begriffsgott des Marxismus (vgl. S. 169). Sie begann vor rund neuntausend Jahren mit der Einführung der Landwirtschaft, der größten Umwälzung, seit der Mensch das Feuer in seinen Dienst gezwungen hatte — Ackerbau, das hieß ja: nicht mehr einsammeln oder einfangen, was die Natur uns bot, sondern in sie investieren.

Nun wird heute und morgen natürlich weiter*produziert*, wie unsere Vorfahren in der Bronzezeit weiter Steine verwendeten, wie gar erst in der Eisenzeit die Kunst der Steinmetze und der Bildhauer ihren höchsten Rang erreichte. Das Wort »Eisenzeit« benannte lediglich das *Leitmaterial.* Und ebenso scheint es sinnvoll, nicht mehr im Produzieren, sondern im Informieren unsere Leittätigkeit zu sehen: Immer größere Teile der Menschheit vereinigen sich immer häufiger zu einer Funkgemeinschaft des Bescheidwissens; immer stärker hängen die Politik, die Wissenschaft und auch die Produktion davon ab, daß aus einer unabsehbaren Fülle von Informationen auf dem kürzesten Weg die richtigen abgerufen werden; immer mehr wird der Computer mit seiner unbegrenzten Speicherkraft zum schlagenden Herzen der Technik, der Wirtschaft und der Bürokratie.

Informiertsein ist alles. Das einzige universale, wenn auch ächzende Vehikel des Informierens ist die Sprache der Wörter. Selbst Computer speien Wörter aus und werden von Leuten programmiert, die ihre Aufträge ebenso den Wörtern entnehmen wie ihre Weltanschauung. Also ist ein kundiger Umgang mit den Wörtern so wichtig, wie er nie zuvor in der Geschichte war.

Dieses Buch hat versucht, einen Beitrag zu solchem Umgang zu leisten. Es hat das ihm Mögliche getan, dem Wortaberglauben heimzuleuchten, Skepsis auszubreiten, Zünftlern das Leben etwas saurer zu machen, Schaumschlägern die Luft abzudrehen und Modenarren durch Parallelen zur Jungsteinzeit zu verunsichern. Dem hohen Gut der Information hofft der Verfasser damit auf zwei Wegen zu dienen:

Nur wer sich vollsaugt mit der Einsicht, daß die Sprache *zur Information nicht gemacht und schlecht geeignet ist,* kann ihr jenen Grad von Information abgewinnen, den sie zu leisten vermag; die vorhandenen Möglichkeiten werden am schändlichsten von denen verplempert, die gut *von* der Sprache und schlecht *in* ihr reden. Diese Kombination ist derart gängig und so gründlich widerlegt, daß man es mit der Umkehrung versuchen sollte.

Und nur wer die Hexereien der Sprachlenker durchschaut, kann die Information gegen die Manipulation verteidigen. Der Ansturm der Propagandisten und die Macht der Fernsehmaschine lassen uns keine Zeit zum Schlafen. Von Goebbels geohrfeigt und mit Honecker im Nacken, haben die Deutschen doppelten Grund zur Wachsamkeit. Keine Sprachgemeinschaft sollte es zulassen, daß ihr das widerfährt, was Deutschen und Russen widerfahren ist oder was die Missionare des Kolonialzeitalters den Sprachkunstwerken der unterjochten Völker angetan haben. »Die Sprache ist eine Waffe«, rief Tucholsky[1]. »Haltet sie scharf!«

Gesetzt, es gelänge, die Information gegen die Manipulation voranzutreiben — wird eine *informierte Gesellschaft* Wissenschaft und Technik dann so verwenden können, wie Steinbuch es prophezeit[2]: allein zum Wohl der Menschheit? Und sind wir überhaupt auf dem Weg von der schlecht informierten zur informierten Gesellschaft, die, wieder nach Steinbuch, die *Konsequenzen* ihres Verhaltens kennt und solche Kenntnis rückkoppelnd ins Verhalten einbezieht?

Der Weg dorthin wird wohl noch gebahnt werden müssen. Die Wörter sind elastisch — aber ob sie das Ziel erreichen? Sie haben so viel damit zu tun, den Irrtum und den Trost zu tragen, den Haß und die Liebe. Das Letzte vermögen sie niemals mitzuteilen — nicht über die Welt, nicht über uns, nicht über sich. »Das Schicksal, unsagbar zu sein, teilt das Höchste mit dem Niedrigsten: Weder Gott noch die Farbe dieses Papiers können mit Worten beschrieben werden.«[3] So bleibt die Sprache in vielem hinter der Fülle, der Kraft, dem Schmerz des Lebens zurück. Sprachlos sieht uns die tiefste Qual wie die höchste Leidenschaft. Dazwischen ereignet sich das Wunder:

Ein Wort, ein Satz: Aus Chiffren steigen
Erkanntes Leben, jäher Sinn,
Die Sonne steht, die Sphären schweigen
Und alles ballt sich zu ihm hin.

Ein Wort — ein Glanz, ein Flug, ein Feuer,
Ein Flammenwurf, ein Sternenstrich —
Und wieder Dunkel, ungeheuer,
Im leeren Raum um Welt und Ich.[1]

Die Sprache zieht die Grenzen des Denkens und die Grenzen der Freiheit. Sie trägt die Erinnerungen des Menschengeschlechts, und das heißt auch: mit jedem Wort, das wir sprechen, mit der Art, wie wir es füllen und biegen, aufladen und verwandeln, produzieren wir Erinnerungen und Denkvorgaben für künftige Generationen und fällen damit Vorentscheidungen über ihr Geschick. In den Wörtern liegt Wahrheit — über die Menschen, die sie sprechen; sogar eine Art Wahrheit über die Welt: Denn die Wörtlichkeit von heute kann die Wirklichkeit von morgen sein.

ANHANG

Bibliographie

Es sind mit wenigen Ausnahmen nur Titel in deutscher, englischer und französischer Sprache aufgenommen. Vollständigkeit war nicht annähernd zu erreichen. Ein * vor dem Namen des Autors bedeutet: Vom Verfasser dieses Buches zum Weiterstudium empfohlen.

Adelung, Johann Christoph: Versuch eines vollständigen grammatisch-kritischen Wörterbuchs der hochdeutschen Mundart, 5 Bände (1774—86)

Admoni, Wladimir: Der deutsche Sprachbau, München 1970

Adorno, Theodor: Jargon der Eigentlichkeit, Frankfurt 1968; Philosophische Terminologie, Frankfurt 1973

Allemann, Beda: Ansichten einer künftigen Germanistik, München 1969

Ammann, Hermann: Die menschliche Rede, 2 Bände (1928)

Ammon, Ulrich: Dialekt und Einheitssprache in ihrer sozialen Verflechtung, Weinheim 1972

Apel, Karl-Otto (Hrsg): Sprachpragmatik und Philosophie, Frankfurt 1975

* *Arens,* Hans: Sprachwissenschaft. Der Gang ihrer Entwicklung von der Antike bis zur Gegenwart. Freiburg 1969

Arnauld/Nicole (Hrsg): Grammaire générale et raisonné de Port-Royal (1660)

Arnold/Sinemus (Hrsg): Sprachwissenschaft, München 1974

* *Austin,* John: How to do Things with Words, London 1962; deutsch: Zur Theorie der Sprechakte, Stuttgart 1972

Baacke, Dieter: Kommunikation und Kompetenz, München 1973

Bach, Adolf: Geschichte der deutschen Sprache (1938); Deutsche Mundartforschung, Heidelberg 1950

Bach/Harms (Hrsg): Universals in Language, New York 1968

Bacon, Francis: Novum Organum (1620)

Badura, Bernhard: Sprachbarrieren. Zur Soziologie der Kommunikation. Stuttgart 1971

Baldwin, James: Genetic Logic, 3 Bände (1908); deutsch: Das Denken und die Dinge (1914)

Bally, Charles: Linguistique générale et linguistique française (1932); Le langage et la vie, Bern 1952

Bar-Hillel, Yehoshua: Language and Information, Jerusalem 1964

Baroth, H. D. (Hrsg): Schriftsteller testen Politikertexte, München 1967

* *Baumann,* Hans-Heinrich: Linguistik für den Verbraucher, München 1974

Baumgärtner/Steger (Hrsg): Funk-Kolleg Sprache - eine Einführung in die moderne Linguistik, 2 Bände, Frankfurt 1973; Lehrgang Sprache - Einführung in die moderne Linguistik, Hemsbach 1974

Bausani, Alessandro: Geheim- und Universalsprachen, Stuttgart 1970

* *Bausinger,* Hermann: Deutsch für Deutsche. Dialekte, Sprachbarrieren, Sondersprachen. Frankfurt 1972

Bayer, Hans: Sprache als praktisches Bewußtsein, Düsseldorf 1975

Behr/Grönwoldt u.a.: Grundkurs für Deutschlehrer: Sprachliche Kommunikation, Weinheim 1972

Belluggi/Brown (Hrsg): The Acquisition of Language, Lafayette/Ind. 1964

Benjamin, Walter: Probleme der Sprachsoziologie (1935)

Bense, Max: Theorie der Texte, Köln 1962

Benveniste, Emile: Problèmes de linguistique générale, Paris 1972; deutsch: Probleme der allgemeinen Sprachwissenschaft, München 1974

Bergson, Henri: L'évolution créatrice (1907); deutsch: Schöpferische Entwicklung (1912)

Berning, Cornelia: Vom »Abstammungsnachweis« zum »Zuchtwart«. Vokabular des Nationalsozialismus. Berlin 1964

Bernstein/Brandis/Henderson: Soziale Schicht, Sprache und Kommunikation, Düsseldorf 1973

Beth/Pross: Einführung in die Kommunikationswissenschaft, Stuttgart 1975

Betz, Werner: Aufs Maul geschaut. Deutsch - wie es wurde und wirkt. Zürich 1975

Bloomfield, Leonard: Language (1933)

Böhme/Dehlsen u.a.: Kleines politisches Wörterbuch, Ostberlin 1973

Bollnow, O.F.: Die Macht des Worts, Essen 1964

Bork, Siegfried: Mißbrauch der Sprache. Tendenzen nationalsozialistischer Sprachregelung. München 1970

Borst, Arno: Der Turmbau von Babel. Geschichte der Meinungen über Ursprung und Vielfalt der Sprachen und Völker. 4 Bände, Stuttgart1957-63

* *Braunroth/Seyfert* u.a.: Ansätze und Aufgaben der linguistischen Pragmatik, Frankfurt 1975

Bright, William (Hrsg): Sociolinguistics, Den Haag 1966

Brinkmann, Henning: Die deutsche Sprache - Gestalt und Leistung, Düsseldorf 1962; Studien zur Geschichte der deutschen Sprache und Literatur, 2 Bände, Düsseldorf 1965

Brown, Roger: Words und Things, Glencoe/Ill. 1958

* *Brunner/Conze/Koselleck* (Hrsg): Geschichtliche Grundbegriffe. Historisches Lexikon zur politisch-sozialen Sprache in Deutschland. 5 Bände, Stuttgart, seit 1973

Buchli, Hanns: 6000 Jahre Werbung. Geschichte der Wirtschaftswerbung und der Propaganda. 2 Bände, Berlin 1962

Bühler, Hans: Sprachbarrieren und Schulanfang, Weinheim 1972

Bühler, Karl: Kritische Musterung der neueren Theorien des Satzes (1918); Sprachtheorie (1934); Abriß der geistigen Entwicklung des Kleinkinds, Heidelberg 1967

Byrne, James: General Principles of Structure of Language (1885)

Campe, Joachim Heinrich: Wörterbuch der Erklärung und Verdeutschung der unserer Sprache aufgedrungenen fremden Ausdrücke (1801)

Carnap, Rudolf: Überwindung der Metaphysik durch logische Analyse der Sprache (1931); Logische Syntax der Sprache (1934)

Carré, M.H.: Realists und Nominalists, Oxford 1961

Carroll, J.B.: The Study of Language, Cambridge/Mass. 1953

Carstensen/Galinsky: Amerikanismen der deutschen Gegenwartssprache, Heidelberg 1963

* *Cassirer,* Ernst: Philosophie der symbolischen Formen: I. Die Sprache (1923); Sprache und Mythos (1925)

Chase, Stuart: The Power of Words, New York 1954; deutsch: Wörter machen Weltgeschichte, München 1955

Chomsky, Noam: Syntactic Structures, Den Haag 1957 (deutsch: Strukturen der Syntax, Den Haag 1973); Aspects of the Theory of Syntax, Cambridge/Mass. 1965 (deutsch: Aspekte der Syntax-Theorie, Frankfurt 1969); Cartesian Linguistics, New York 1966 (deutsch: Cartesianische Linguistik, Tübingen 1971); Topics in the Theory of Generative Grammar, Den Haag 1966 (deutsch: Thesen zur Theorie der generativen Grammatik, Frankfurt 1975); Language and Mind, New York 1968 (deutsch: Sprache und Geist, Frankfurt 1970)

Cohen, M. (Hrsg): Etudes sur le langage de l'enfant, Paris 1962

Comenius: Janua Linguarum reserata (1631)

Condillac, Etienne: La langue des calculs (1746); Essai sur l'origine des connaissances humaines (1754)

Coseriu, Eugenio: Sprache. Strukturen und Funktionen. Tübingen 1970

Couturat/Leau: Histoire de la langue universelle (1903)

Crystal, David: What is Linguistics? London 1968; deutsch: Einführung in die Linguistik, Stuttgart 1975

Curtius, Georg: Grundzüge der griechischen Etymologie (1879)

Damaschke, Adolf: Geschichte der Redekunst (1921)

Daniels, Karl Heinz: Über die Sprache, Bremen 1966

Dante: De vulgari eloquentia (1304)

Darwin, Charles: The Expression of the Emotions in Men and Animals (1872); deutsch: Über den Ausdruck der Gemütsbewegung bei Menschen und Tieren (1896)

Delacroix, Henri: Le langage et la pensée (1924); Psychologie du langage (1933)

Delbrück, Berthold: Grundfragen der Sprachforschung (1901)

Derrida, Jacques: Grammatologie, Paris 1967; deutsch Frankfurt 1975

Dewey, John: How we think (1910); deutsch: Wie wir denken, Zürich 1951

Dieckmann, Walter: Information oder Überredung? Zum Wortgebrauch der politischen Werbung in Deutschland, Marburg 1964; Sprache in der Politik, Heidelberg 1969

Dingwall, W.O. (Hrsg): A Survey of Linguistic Science, College Park/Maryland 1971

Dittrich, Ottmar: Die Probleme der Sprachpsychologie (1913)

Dornseiff, Franz: Bezeichnungswandel unseres Wortschatzes, Lahr 1966

Drach, Erich: Grundgedanken der deutschen Satzlehre (1937)
Dressler, Wolfgang: Einführung in die Textlinguistik, Tübingen 1972
Drube, Herbert: Zum deutschen Wortschatz, München 1968
Dubislav, Walter: Die Definition (1931)
Eggers, Hans: Deutsche Sprachgeschichte, 3 Bände, Hamburg 1963-69
Ehmer, H.K. (Hrsg): Visuelle Kommunikation, Köln 1971
Eis, Gerhard: Vom Zauber der Namen, Berlin 1970
Erbe, Hans-Walter: Der Sprache auf der Spur, Freiburg 1973
Erben, Johannes: Über Nutzen und Nachteil der Ungenauigkeit des heutigen Deutsch, Mannheim 1970
Erckenbrecht, Ulrich: Politische Sprache, Gießen 1975
Erdmann, K.O.: Die Bedeutung des Wortes (1925)
Eschenburg, J.J.: Entwurf einer Theorie und Literatur der schönen Redekünste (1783)
Eucken, Rudolf: Geschichte der philosophischen Terminologie (1879)
Farb, Peter: Word Play: What Happens when People Talk, New York 1974
Fast, Julius: Body Language, New York 1970
Ferguson/Slobin (Hrsg): Studies of Child Language Development, New York 1973
Fester, Richard: Sprache der Eiszeit. Die Archetypen der Vox humana. Berlin 1962
Finck, F.N.: Die Haupttypen des Sprachbaus (1910)
Firth, J.R.: Speech (1930)
Fischer, Geerd: Sprache und Klassenbindung, Hamburg 1971
Flaubert, Gustave: Dictionaire des idées reçues (1850), posthum Paris 1961; deutsch: Wörterbuch der Gemeinplätze, München 1968
Fleischer, Wolfgang: Wortbildung der deutschen Gegenwartssprache, Tübingen 1971
Flekatsch, Eugen: Sprachpsychologie und Sprachpädagogik, Wien 1975
Flesch, R.A.: The Art of Readable Writing, New York 1949
Fodor/Katz (Hrsg): The Structure of Language, New Jersey 1964
Folsom, Franklin: The Language Book, New York 1963; deutsch: Das Wunder der Sprache, Hamburg 1968 (für Jugendliche)
Francescato, Guiseppe: Spracherwerb und Sprachstruktur beim Kinde, deutsch Stuttgart 1973
Fränkel, Hermann: Grammatik und Sprachwirklichkeit, München 1975
Frege, Gottlob: Begriffsschrift - eine der arithmetischen nachgebildete Formelsprache des reinen Denkens (1879); Über die wissenschaftliche Berechtigung einer Begriffsschrift (1882).
Freud, Sigmund: Der Witz und seine Beziehung zum Unbewußten (1905); Der Dichter und das Phantasieren (1908); Über den Gegensinn der Urworte (1910)
Friedrich, Johannes: Geschichte der Schrift unter besonderer Berücksichtigung ihrer geistigen Entwicklung, Heidelberg 1966
Frings, Theodor: Sprache und Geschichte, 2 Bände, Halle 1956
Frisch, Max: Öffentlichkeit als Partner, Frankfurt 1967
Gabelentz, Georg v.d.: Die Sprachwissenschaft - ihre Aufgaben, Methoden und bisherigen Ergebnisse (1891)
Gardiner, Alan: The Theory of Speech and Language, London 1951; The Theory of Proper Names, London 1954
Gauger, Hans-Martin: Wort und Sprache, Tübingen 1969
Gehlen, Arnold: Der Mensch, Bonn 1955; Die Elektronische Revolution, Wien 1975
Geiger, Lazarus: Ursprung und Entwicklung der menschlichen Sprache und Vernunft (1868)
Geißner, Hellmut: Rede in der Öffentlichkeit. Eine Einführung in die Rhetorik. Stuttgart 1970
Gerl, Hanna: Rhetorik als Philosophie, München 1974
Gerlach, Walther: Die Sprache der Physik, Bonn 1962
Gerstner, Karl: Kompendium für Alphabeten, Teufen (Schweiz) 1972
Gipper, Helmut: Bausteine zur Sprachinhaltsforschung, Düsseldorf 1969; Denken ohne Sprache? Düsseldorf 1971
Glaser, Hermann: Das öffentliche Deutsch, Frankfurt 1972
Glinz, Hans: Die innere Form des Deutschen, München 1952; Sprache und Welt, Mannheim 1962; Grundbegriffe und Methoden inhaltbezogener Text- und Sprachanalyse, Düsseldorf 1968; Der deutsche Satz, Düsseldorf 1970; Sprachwissenschaft heute, Stuttgart 1970; Linguistik als Sozialwissenschaft, Frankfurt 1972

* *Glotz/Langenbucher:* Der mißachtete Leser, Köln 1970
Goeppert, Sebastian: Sprache und Psychoanalyse, Hamburg 1973
Goodman, Paul: Speaking and Language, New York 1971
Gottsched, Johann Christoph: Grundriß einer vernunftmäßigen Redekunst (1728); Grundlegung einer deutschen Sprachkunst (1748)
Grégoire, A.: L'apprentissage du langage, 2 Bände, Paris 1937/47
Grewendorf/Meggle (Hrsg): Sprache und Ethik, Frankfurt 1974
Greyerz, O.v.: Sprachpillen (1938)
Grimm, Jacob: Deutsche Grammatik, 4 Bände (1819-37); Geschichte der deutschen Sprache, 2 Bände (1848); Über den Ursprung der Sprache (1851)
Grimm, Jacob u.a.: Deutsches Wörterbuch, 32 Bände (1852-1961)
Groeben, N.: Die Verständlichkeit von Unterrichtstexten, Münster 1972
Große, Ernst-Ulrich: Text und Kommunikation, Stuttgart 1975
Güntert, Hermann: Von der Sprache der Götter und Geister (1921)
Güntert/Scherer: Grundfragen der Sprachwissenschaft, Heidelberg 1956
Gutknecht, Christoph: Geschichte der modernen Linguistik, Stuttgart 1976
Gutknecht/Panther: Generative Linguistik, Stuttgart 1975
Gutt/Salffner: Sozialisation und Sprache, Frankfurt 1971
Haacke, Wilmont: Publizistik und Gesellschaft, Stuttgart 1970
Haarmann, Harald: Soziologie und Politik der Sprachen Europas, München 1975
Hamann, Johann Georg: Schriften zur Sprache (1759-1784), Frankfurt 1967
Hamilton, William: Parliamentary Logic (postum 1808); deutsch: Das Streitgespräch, Heidelberg 1962
Handt, Friedrich (Hrsg): Deutsch - gefrorene Sprache in einem gefrorenen Land? Westberlin 1967
Harris, Zelig: Structural Linguistics, Chicago 1960; Mathematical Structures of Language, New York 1968
Hartig/Kurz: Sprache als soziale Kontrolle, Frankfurt 1971
Hasubek/Günther: Sprache der Öffentlichkeit, Düsseldorf 1973
Hayakawa, S.I.: Language in Thought and Action, New York 1949; deutsch: Semantik. Sprache im Denken und Handeln, Darmstadt 1967
Heger, Klaus: Monem, Wort und Satz, Tübingen 1971
Heidegger, Martin: Unterwegs zur Sprache, Pfullingen 1959
Heintel, Erich: Einführung in die Sprachphilosophie, Darmstadt 1972
Heisenberg, Werner: Sprache und Wirklichkeit in der modernen Physik, in: Physik und Philosophie, Stuttgart 1960
Helbig, Gerhard: Geschichte der neueren Sprachwissenschaft, Hamburg 1974
Helmholtz, Hermann: Über die Tatsachen in der Wahrnehmung (1878)
Henne, Helmut: Semantik und Lexikographie, Berlin 1972
* *Hennig/Huth:* Kommunikation als Problem der Linguistik, Göttingen 1975
Henzen, Walter: Schriftsprache und Mundarten und ihre Zwischenstufen im Deutschen, Bern 1954
* *Herder,* Johann Gottfried: Fragmente über die neuere deutsche Literatur (1767); Abhandlung über den Ursprung der Sprache (1772); Ideen zur Philosophie der Geschichte der Menschheit, II. (1785): Sprache
Heringer, H.J.: Theorie der deutschen Syntax, München 1970
Heupel, Carl: Taschenwörterbuch der Linguistik, München 1973
Hildebrand, Rudolf: Vom deutschen Sprachunterricht in der Schule (1867)
Hjelmslev, Louis: Prolegomena to a Theory of Language, Bloomington/Ind. 1953 (deutsch: Prolegomena zu einer Sprachtheorie, Ismaning 1973); Sproget, Kopenhagen 1963 (deutsch: Die Sprache, Darmstadt 1968).
Hofmannsthal, Hugo v. (Hrsg): Wert und Ehre deutscher Sprache, Frankfurt 1957
Hofstätter, Peter: Vom Leben des Wortes, Wien 1949
Hohendahl, Peter (Hrsg): Sozialgeschichte und Wirkungsästhetik, Frankfurt 1974
Hoijer, Harry: Language in Culture, Chicago 1954
Hörmann, Hans: Psychologie der Sprache, Berlin 1970
Huber, Hans: Handgebrauch und Verständigung bei Affen und Frühmenschen, Bern 1968
* *Humboldt,* Wilhelm v.: Ankündigung einer Schrift über die baskische Sprache und Nation (1812); Über das vergleichende Sprachstudium in Beziehung auf die verschiedenen Epochen der Sprach-

entwicklung (1820); Über den Einfluß des verschiedenen Charakters der Sprachen auf Literatur und Geistesbildung (1821); Über die Buchstabenschrift und ihren Zusammenhang mit dem Sprachbau (1824); Über die Verschiedenheit des menschlichen Sprachbaues und ihren Einfluß auf die geistige Entwicklung des Menschengeschlechts (1835)

Hund, Wulf: Kommunikation in der Gesellschaft, Frankfurt 1972

Hundhausen, Carl: Propaganda - Grundlagen, Prinzipien, Materialien, Quellen. Essen 1975

Hundsnurscher, Franz: Deutsche Syntax, Stuttgart 1975

Husserl, Edmund: Logische Untersuchungen, 3 Bände (1901); Ideen zu einer reinen Phänomenologie (1913)

Hussong, Martin: Theorie und Praxis des kritischen Lesens, Düsseldorf 1973

Huxley/Ingram (Hrsg): Language Acquisition, London 1971

Hymes, Dell: Language in Culture and Society, New York 1964

Ide, Heinz (Hrsg): Bestandsaufnahme Deutschunterricht. Ein Fach in der Krise. Stuttgart 1970

Ischreyt, Heinz: Studien zum Verhältnis von Sprache und Technik, Düsseldorf 1965

Jakobovits/Steinberg (Hrsg): Semantics, New York 1971

Jakobson, Roman: Aufsätze zur Linguistik und Poetik, München 1974

Jakobson/Halle: Fundamentals of Language, Den Haag 1956; deutsch: Grundlagen der Sprache, Ostberlin 1960

Jaspers, Karl: Die Sprache; in: Von der Wahrheit, München 1958

Jean Paul: Vorschule der Ästhetik (1804-13)

Jens, Walter: Von deutscher Rede, München 1969

Jespersen, Otto: Language, its Nature, Development and Origin, 1922 (deutsch: Die Sprache, ihre Natur, Entwicklung und Entstehung, 1925); The Philosophy of Grammar, London 1948

Jung, Paul: Sprachgebrauch, Sprachautorität, Sprachideologie. Heidelberg 1974

Jünger, Ernst: Lob der Vokale (1934)

Jünger, Friedrich Georg: Sprache und Denken, Frankfurt 1962

Just, Wolf-Dieter: Religiöse Sprache und analytische Philosophie, Stuttgart 1975

Kainz, Friedrich: Psychologie der Sprache, 6 Bände, Stuttgart 1960-1969; Sprachentwicklung im Kindes- und Jugendalter, München 1970

Kalow, Gert: Poesie ist Nachricht. Mündliche Tradition in Vorgeschichte und Gegenwart. München 1975

Kaltenbrunner, Gerd (Hrsg): Sprache und Herrschaft. Die umfunktionierten Wörter. München 1975

Kamlah/Lorenzen: Logische Propädeutik oder Vorschule des vernünftigen Redens, Mannheim 1967

Kanngießer, Siegfried: Aspekte der synchronen und diachronen Linguistik, Tübingen 1972

Kant, Immanuel: Von den Definitionen, in: Kritik der reinen Vernunft, II (1787)

Kaper, W.: Kindersprachforschung mit Hilfe des Kindes, Groningen 1959

Katz, Jerrold: The Philosophy of Language, New York 1966; deutsch: Philosophie der Sprache, Frankfurt 1969

Kegel, Gerd: Sprache und Sprechen des Kindes, Hamburg 1974

Kjolseth/Sack (Hrsg): Zur Soziologie der Sprache, Opladen 1971

Klages, Ludwig: Die Sprache als Quell der Seelenkunde, Zürich 1948

Klaus, Georg: Die Macht des Wortes, Ostberlin 1969; Sprache der Politik, Ostberlin 1972

Klaus/Buhr: Marxistisch-leninistisches Wörterbuch, 3 Bände, Hamburg 1972

Kleinstück, Johannes: Verfaulte Wörter, Stuttgart 1974

Kleist, Heinrich v.: Über die allmähliche Verfertigung der Gedanken beim Reden (1807); Lehrbuch der französischen Journalistik (1809)

Klemperer, Victor: Lingua Tertii Imperii, 1947. Später u.d.T.: Die unbewältigte Sprache, Darmstadt 1966

Klopstock, Friedrich Gottlieb: Fragmente über Sprache und Dichtkunst (1779); Grammatische Gespräche (1793)

Kluge, Friedrich: Unser Deutsch, Heidelberg 1958

Knilli, Friedrich: Deutsche Lautsprecher. Versuche zu einer Semiotik des Radios. Stuttgart 1970

Knobloch, Johann: Sprachwissenschaftliches Wörterbuch, Heidelberg seit 1961 (15 Lieferungen)

Kochan, D.C. (Hrsg): Sprache und kommunikative Kompetenz, Stuttgart 1973

Korn, Karl: Sprache in der verwalteten Welt, Frankfurt 1958

Korzybski, Alfred: Science and Sanity (1933)
* *Kraus,* Karl: Die Sprache (1937)
Krauß/Rühl: Werbung in Wirtschaft und Politik, Frankfurt 1971
Kreuzer/Gunzenhäuser: Mathematik und Dichtung. Versuche zur Frage einer exakten Literaturwissenschaft. München 1965
Küpper, Heinz: Wörterbuch der deutschen Umgangssprache, 6 Bände, Hamburg 1955-70
Lang, Wilhelm: Probleme der allgemeinen Sprachtheorie, Stuttgart 1969
Langacker, Ronald: Language and its Structure, New York 1968; deutsch: Sprache und ihre Struktur, Tübingen 1971
* *Langer/Schulz/Tausch:* Verständlichkeit in Schule, Verwaltung, Politik und Wissenschaft, München 1974
Leibniz, Gottfried Wilhelm: Ermahnung an die Deutschen, ihren Verstand und ihre Sprache besser zu üben (1683); Nouveaux Essais sur l'entendement humain (1703), deutsch: Neue Abhandlungen über den menschlichen Verstand (1873); Unvorgreifliche Gedanken betreffend die Ausübung und Verbesserung der deutschen Sprache (1717)
Leinfellner, Elisabeth: Der Euphemismus in der politischen Sprache, Berlin 1971
* *Leisi,* Ernst: Der Wortinhalt, Heidelberg 1971
Lenk, Hans: Metalogik und Sprachanalyse, Freiburg 1973
Lenneberg, Eric: New Directions in the Study of Language, Cambridge/Mass. 1964 (deutsch: Neue Perspektiven in der Erforschung der Sprache, Frankfurt 1972); Biological Foundations of Language, New York 1967 (deutsch: Die biologischen Grundlagen der Sprache, Frankfurt 1972)
Leontev, Aleksej: Sprache, Sprechen, Sprechtätigkeit. Stuttgart 1971
Lerch, Eugen: Über das sprachliche Verhältnis von Ober- und Unterschichten (1925)
Leuninger/Miller/Müller (Hrsg): Linguistik und Psychologie, 2 Bände, Frankfurt 1974
Lévi-Strauss, Claude: Anthropologie Structurale, Paris 1958 (deutsch: Strukturale Anthropologie, Frankfurt 1971); La pensée sauvage, Paris 1962 (deutsch: Das wilde Denken, Frankfurt 1968)
Lichnowsky, Mechthilde: Worte über Wörter, Wien 1949
Lieb, Hans-Heinrich: Sprachstadium und Sprachsystem, Stuttgart 1970
Liebrucks, Bruno: Sprache und Bewußtsein, 5 Bände, Frankfurt 1964-70
Link, Hannelore: Rezeptionsforschung, Stuttgart 1975
List, Gudula: Psycholinguistik, Stuttgart 1973
* *Locke,* John: Von den Wörtern, in: An Essay Concerning Human Understanding (1690)
Lohmann, Johann: Philosophie und Sprachwissenschaft, Berlin 1965
* *Lorenz,* Kuno: Elemente der Sprachkritik, Frankfurt 1970
Lorenzer, Alfred: Sprachzerstörung und Rekonstruktion, Frankfurt 1970
Luther, Henning: Kommunikation und Gewalt, Gießen 1973
Luther, Martin: Sendbrief vom Dolmetschen (1530)
Luther, Wilhelm: Sprachphilosophie als Grundwissenschaft, Heidelberg 1970
Lyons, John: Introduction to Theoretical Linguistics, London 1968; deutsch: Einführung in die moderne Linguistik, München 1971
Lyons, John (Hrsg): New Horizons in Linguistics, London 1970; deutsch: Neue Perspektiven in der Linguistik, Hamburg 1975
* *Maas/Wunderlich:* Pragmatik und sprachliches Handeln, Frankfurt 1972
* *Mackensen,* Lutz: Sprache und Technik, Lüneburg 1954; Die deutsche Sprache in unserer Zeit, Heidelberg 1971; Traktat über Fremdwörter, Heidelberg 1972; Verführung durch Sprache, München 1973
Maier, Hans: Können Begriffe die Gesellschaft verändern? (in: Kaltenbrunner)
Malinowski, Bronislaw: Das Problem der Bedeutung in primitiven Sprachen; in: Ogden/Richards, Die Bedeutung der Bedeutung, Frankfurt 1974
Marr, Nikolai: Über die Entstehung der Sprache, Leningrad 1926; deutsch: München 1968
Martinet, André: Eléments de linguistique générale, Paris 1960; deutsch: Grundzüge der Allgemeinen Sprachwissenschaft, Stuttgart 1963
Martinet, André (Hrsg): Linguistik, Stuttgart 1973
Marty, Anton: Über den Ursprung der Sprache (1875): Untersuchungen zur Grundlegung der allgemeinen Grammatik und Sprachphilosophie (1908)

Maupertuis, Pierre Louis: Réflexions philosophiques sur l'origine des langues et la signification des mots (1752)

* *Mauthner,* Fritz: Beiträge zu einer Kritik der Sprache, 3 Bände (1901/02); Wörterbuch der Philosophie, 3 Bände (1923/24)

Mayer/Patzig u.a.: Die deutsche Sprache im 20. Jahrhundert, Göttingen 1966

McIntosh/Halliday: Patterns of Language, London 1966

McLuhan, Marshall: Understanding Media, New York 1964; deutsch: Die magischen Kanäle, Düsseldorf 1968

McNeill, David: The Acquisition of Language, New York 1970

Meier, Helmut: Deutsche Sprachstatistik, Hildesheim 1967

Meillet, Antoine: Introduction à l'étude comparative des langues indo-européennes, 1903 (deutsch: Einführung in die Vergleichende Grammatik der indogermanischen Sprachen, 1909); Les langues dans l'Europe nouvelle (1918); Linguistique historique et linguistique générale, 2 Bände (1921/1938)

Meillet/Cohen: Les langues du monde, Paris 1955

Menne/Frey (Hrsg): Logik und Sprache, Bern 1974

Mensching, Gustav: Das heilige Wort (1937)

Mieder, Wolfgang: Das Sprichwort in unserer Zeit, Luzern 1975

Miller, G.A.: Language and Communication, New York 1963

Möller, Georg: Deutsch von heute, Leipzig 1965

Monboddo, James Burnett: The Origin and Progress of Language, 6 Bände (1773-1792)

Monnerot-Dumaine, M.: Précis d'interlinguistique générale et spéciale, Paris 1960

Morris, Charles: Signs, Language and Behavior, New York 1946; deutsch: Zeichen, Sprache und Verhalten, Düsseldorf 1973

Mosell, Heinz: Sprache im Computer - ein Weg zur Gesellschaftsanalyse? Darmstadt 1975

Mosellanus, Petrus: De variarum linguarum cognitione paranda (1518)

Moser, Hugo: Deutsche Sprachgeschichte, Stuttgart 1950; Annalen der deutschen Sprache, Stuttgart 1961; Sprache - Freiheit oder Lenkung? Mannheim 1967

Moser, Hugo (Hrsg): Sprachnorm, Sprachpflege, Sprachkritik, Düsseldorf 1968

Müller, Friedrich Max: Lectures on the Science of Language (1861); deutsch: Vorlesungen über die Wissenschaft der Sprache (1866)

Müller, Wolfgang: Wandlungen in Sprache und Gesellschaft im Spiegel des Dudens, Mannheim 1972

Mundt, Theodor: Die Kunst der deutschen Prosa (1837); Die Staatsberedsamkeit der neueren Völker (1848)

Mynarek, Hubertus: Mensch und Sprache, Freiburg 1967

Naß, Otto: Staatsberedsamkeit, Köln 1973

Naumann, Bernd: Wortbildung in der deutschen Gegenwartssprache, Tübingen 1972

Neuland, Eva: Sprachbarrieren oder Klassensprache? Untersuchungen zum Sprachverhalten im Vorschulalter. Frankfurt 1975

Niceforo, Alfredo: Le génie de l'argot (1912)

Niepold, Wulf: Sprache und soziale Schicht, Berlin 1970

* *Nietzsche,* Friedrich: Über Wahrheit und Lüge im außermoralischen Sinn (1873)

Nunn, David: Politische Schlagwörter in Deutschland seit 1945, Gießen 1974

Oberländer/Reinhardt: Presse-Sprache, Stuttgart 1971

* *Oevermann,* Ulrich: Sprache und soziale Herkunft, Frankfurt 1972

Ogden, Charles: Word Magic, London 1964

* *Ogden/Richards:* The Meaning of Meaning (1923); deutsch: Die Bedeutung der Bedeutung, Frankfurt 1974

Oksaar, Els: Spracherwerb im Vorschulalter, Stuttgart 1975

Oldfield/Marshall: Language, London 1968

* *Ortega y Gasset,* José: El hombre y la gente, Madrid 1957; deutsch: Der Mensch und die Leute, Stuttgart 1962

Orwell, George: The Principles of Newspeak, in: 1984, London 1949; Politics and the English Language, in: Selected Essays, London 1957

Osman, Nabil: Kleines Lexikon untergegangener Wörter, München 1971

Otto, Ernst: Stand und Aufgaben der allgemeinen Sprachwissenschaft, Berlin 1954

Partridge, Eric: A Dictionary of Clichés, London 1950
Paul, Hermann: Prinzipien der Sprachgeschichte (1880); Deutsche Grammatik, 5 Bände (1916-20)
Pei, Mario: The Story of Language, New York 1949; One Language for the World, New York 1958
Pelster, Theodor: Die politische Rede im Westen und Osten Deutschlands, Düsseldorf 1967
Pestalozzi, Johann Heinrich: Die Sprache als Fundament der Kultur (1799)
Petrau, A.: Schrift und Schriften im Leben der Völker (1939)
Pfeffer, Alan: Grunddeutsch, Englewood Cliffs/N.J. 1964
* *Piaget,* Jean: Le langage et la pensée chez l'enfant (1924); deutsch: Sprechen und Denken beim Kind, Düsseldorf 1971
Piaget/Inhelder (Hrsg): La psychologie de l'enfant, Paris 1966; deutsch: Die Psychologie des Kindes, Olten 1972
Pike, Kenneth: Language in Relation to a Unified Theory of the Structure of Human Behavior, Den Haag 1967
Polenz, Peter v.: Geschichte der deutschen Sprache, Berlin 1970
* *Porzig,* Walter: Das Wunder der Sprache. Probleme, Methoden und Ergebnisse der Sprachwissenschaft. Bern 1950, Stuttgart 1971
Posner, Roland: Theorie des Kommentierens, Frankfurt 1972
Prokop, Dieter: Massenkommunikationsforschung, Frankfurt 1972
Prokop, Dieter (Hrsg): Kritische Kommunikationsforschung, München 1973
Pound, Ezra: ABC of Reading (1934); deutsch: ABC des Lesens, Zürich 1957
Puchner, Günter: Kundenschall. Das Rotwelsch und die deutsche Sprache, München 1974
Quine, Willard: Word and Object, Cambridge/Mass. 1960
Rahn/Pfleiderer: Deutsche Spracherziehung, Stuttgart 1972
Rapaport, Anatol: Bedeutungslehre, Darmstadt 1972
Rath/Brandstetter: Zur Syntax des Wetterberichts und des Telegramms, Mannheim 1968
Reed, C. (Hrsg): The Learning of Language, New York 1970
Reich, Hans: Sprache und Politik, in: Münchener Germanistische Beiträge, 1968
Reimann, Hans: Vergnügliches Handbuch der deutschen Sprache (1931)
Reiners, Ludwig: Stilfibel, München 1963
* *Révész,* Geza: Ursprung und Vorgeschichte der Sprache, Bern 1946
Richards, I.A.: The Philosophy of Rhetoric (1935)
Riesel, Elise: Der Stil der deutschen Alltagsrede, Leipzig 1970
Rivarol, Antoine: Discours sur l'universalité de la langue française (1784)
Roegele, Otto: Kleine Anatomie politischer Schlagworte, Osnabrück 1972
Röhrich, Lutz: Gebärde - Metapher - Parodie, Düsseldorf 1967
Römer, Ruth: Die Sprache der Anzeigenwerbung, Düsseldorf 1968
Rosenkranz, B.: Der Ursprung der Sprache, Heidelberg 1961
Rosetti, A.: Le mot. Esquisse d'une théorie générale. Bukarest 1947
Roslansky, J.D. (Hrsg): Communication, Amsterdam 1969
Rossi, Eduard: Die Abhängigkeit des menschlichen Denkens von der Stimme und Sprache, Bonn 1958; Die Entstehung der Sprache und des menschlichen Geistes, München 1962
Rossi-Landi, Ferruccio: Sprache als Arbeit und als Markt, München 1972
Rousseau, Jean-Jacques: Essai sur l'origine des langues (1783)
Rucktäschel, A. (Hrsg): Sprache und Gesellschaft, München 1972
Russell, Bertrand: On Propositions - What they are and how they Mean (1919); An Inquiry into Meaning and Truth, London 1940; Human Knowledge, London 1948.
Ryle, Gilbert: The Concept of Mind, London 1949; deutsch: Der Begriff des Geistes, Stuttgart 1969
Saint-Exupéry, Antoine de: Verstand und Sprache in: Carnets, Paris 1949; deutsch: Düsseldorf 1958
Sänger, Fritz: Politik der Täuschungen. Mißbrauch der Presse im Dritten Reich. Zürich 1975
Sapir, Edward: Language (1921); deutsch: Die Sprache, München 1961
Saussure, Ferdinand de: Cours de linguistique générale (1916); deutsch: Grundfragen der Allgemeinen Sprachwissenschaft, Berlin 1967
Savigny, Eike v.: Die Philosophie der normalen Sprache, Frankfurt 1969
Schaff, Adam: Sprache und Erkenntnis, Wien 1965; Einführung in die Semantik, Hamburg 1972

Scherer, Wilhelm: Zur Geschichte der deutschen Sprache (1868)
Schlegel, Friedrich: Über die Sprache und Weisheit der Indier (1808), Philosophische Vorlesungen (1830)
Schleicher, August: Die Darwinsche Theorie und die Sprachwissenschaft (1863); Über die Bedeutung der Sprache für die Naturgeschichte des Menschen (1865)
Schmidt, Arno: Berechnungen, in: Rosen & Porree, Karlsruhe 1959
Schmidt, Franz: Zeichen und Wirklichkeit. Linguistisch-semantische Untersuchungen. Stuttgart 1966
Schmidt-Rohr, G.: Die Sprache als Bildnerin der Völker (1932)
Schneider, Hans Julius: Pragmatik als Basis von Semantik und Syntax, Frankfurt 1975
Schneider, Peter: Die Sprache des Sports, Düsseldorf 1974
Schneider, Wilhelm: Stilistische deutsche Grammatik, Freiburg 1969
Schnelle, Helmut: Sprachphilosophie und Linguistik, Hamburg 1973
Schönau, Walter: Sigmund Freuds Prosa — Literarische Elemente seines Stils, Stuttgart 1968
Schopenhauer, Arthur: Über Schriftstellerei und Stil, in: Parerga II (1851)
Schopp, Joseph: Das deutsche Arbeitslied (1935)
Schottel, Justus Georg: Teutsche Sprachkunst (1641)
Schulz/Enkemann u.a.: Verständlich informieren. Ein Trainingsprogramm für Schüler. Freiburg 1975
Searle, John: Speech Acts, London 1969; deutsch: Sprechakte, Frankfurt 1971
Segerstedt, Torgny: Die Macht des Wortes. Eine Sprachsoziologie. Zürich 1947
Seiffert, Helmut: Information über die Information, München 1968
Seuren, Pieter (Hrsg): Generative Semantik: Semantische Syntax, Düsseldorf 1973
Sinclair de Zwart, H.: Acquisition du langage et développement de la pensée, Paris 1967
Sinnreich, Johannes (Hrsg): Zur Philosophie der idealen Sprache, München 1972
Sirch, Karl: Der Unfug mit der Legasthenie, Stuttgart 1975
Skinner, B.F.: Verbal Behavior, New York 1957
Smith/Miller (Hrsg): The Genesis of Language, Cambridge/Mass. 1966
Snell, Bruno: Der Aufbau der Sprache, Hamburg 1952
Sonnemann, Ulrich: Schulen der Sprachlosigkeit, Hamburg 1970
Sowinski, Bernhard: Deutsche Stilistik, Frankfurt 1973
Spanhel, Dieter: Die Sprache des Lehrers, Düsseldorf 1971
Speier, Hans: Witz und Politik, Osnabrück 1975
Spillner, Bernd: Linguistik und Literaturwissenschaft, Stuttgart 1974
Spranger, Eduard: Zur Psychologie des Verstehens (1918)
Stalin: Marxismus und Fragen der Sprachwissenschaft, Moskau 1950; deutsch München 1968
Stave, Joachim: Wie die Leute reden, Lüneburg 1964; Wörter und Leute. Glossen und Betrachtungen über das Deutsch in der Bundesrepublik. Mannheim 1968
Steffens, Manfred: Das Geschäft mit der Nachricht, München 1971
Stein, Leopold: The Infancy of Speech and the Speech of Infancy, London 1949
Steinbach/Wetzel: Texte zu Theorie und Kritik des Fernsehens, Stuttgart 1972
Steinbuch, Karl: Die informierte Gesellschaft, Stuttgart 1966
* *Steiner,* George: Language and Silence, New York 1967 (deutsch: Sprache und Schweigen, Frankfurt 1973); Exterritorial, New York 1971 (deutsch Frankfurt 1974); After Babel. Aspects of Language and Translation. London 1975
Steinthal, Heymann: Klassifikation der Sprachen, dargestellt als die Entwickelung der Sprachidee (1850); Charakteristik der hauptsächlichsten Typen des Sprachbaus (1860); Einleitung in die Psychologie und Sprachwissenschaft (1871)
Stenzel, Julius: Philosophie der Sprache (1934)
Stern, C.u.W.: Die Kindersprache (1928)
* *Sternberger,* Dolf: Sprache; in: Kriterien, Frankfurt 1965
Sternberger/Storz/Süskind: Aus dem Wörterbuch des Unmenschen, München 1970
Stetter, Christian: Sprachkritik und Transformationsgrammatik, Düsseldorf 1975
Stickel, Gerhard: Untersuchungen zur Negation im heutigen Deutsch, Braunschweig 1970
Stöhr, Adolf: Umriß einer Theorie der Namen (1889)
Storfer, A.J.: Wörter und ihre Schicksale (1935)
* *Storz,* Gerhard: Laienbrevier über den Umgang mit der Sprache (1937); Sprache und Dichtung,

München 1957; Sprachanalyse ohne Sprache. Bemerkungen zur modernen Linguistik. Stuttgart 1975

Straßner, Erich: Emanzipatorische Spracherziehung, Stuttgart 1975

Strawson, P.F.: Logico-Linguistic Papers, London 1971; deutsch: Logik und Linguistik, München 1974

Strehle, Hermann: Vom Geheimnis der Sprache, München 1956

Sturminger, Alfred: 3 000 Jahre politische Propaganda, Wien 1960

Suhrkamp, Peter: Der Leser, Frankfurt 1960

Swift, Jonathan: A Proposal for Correcting, Improving and Ascertaining the English Tongue (1711)

Tarski, Alfred: Der Wahrheitsbegriff in den formalisierten Sprachen (1935); Einführung in die mathematische Logik (1937)

Teigeler, Peter: Verständlichkeit und Wirksamkeit von Sprache und Text, in: Effektive Werbung, Stuttgart 1968

Tern, Jürgen: Der kritische Zeitungsleser, München 1973

Tesnière, Louis: Esquisse d'une syntaxe structurale, Paris 1953

Thiekötter, Friedel: Autor, Text und Leserinteresse, Düsseldorf 1974

Trier, Jost: Der deutsche Wortschatz im Sinnbezirk des Verstandes (1931)

Trubetzkoy, Nikolai: Grundzüge der Phonologie (1939)

Ullman, Stephen: The Principles of Semantics, Glasgow 1957; deutsch: Grundzüge der Semantik, Berlin 1967

Vendryes, Joseph: Le langage (1921)

Voltaire: Ratschläge an einen Journalisten (1737); Philosophisches Wörterbuch (1764)

Vossen, Carl: Mutter Latein und ihre Töchter, Düsseldorf 1968

Voßler, Karl: Sprache als Schöpfung und Entwicklung (1905); Gesammelte Aufsätze zur Sprachphilosophie (1923); Geist und Kultur in der Sprache (1925)

Wackernagel, Wilhelm: Über den Ursprung und die Entwicklung der Sprache (1866)

* *Wagenschein,* Martin: Ursprüngliches Verstehen und exaktes Denken, 2 Bände, Stuttgart 1965/70; Verstehen lehren, Weinheim 1968

Wagner, Hildegard: Die deutsche Verwaltungssprache der Gegenwart, Düsseldorf 1970

Wahrig, Gerhard: Deutsches Wörterbuch, Gütersloh 1975; Deutscher Grund-Wortschatz, (vermutlich 1977; Manuskript vom Vf. eingesehen)

Waismann, Friedrich: Logik, Sprache, Philosophie (1939), neu Stuttgart 1976

* *Wandruszka,* Mario: Sprachen, vergleichbar und unvergleichlich. München 1969

Wängler, Hans Heinrich: Rangwörterbuch hochdeutscher Umgangssprache, Marburg 1963

Wannenmacher, Walter: Vivisektion der Schlagworte, Stuttgart 1968

Wartburg, Walther v.: Einführung in Problematik und Methodik der Sprachwissenschaft, Tübingen 1970

Weigel, Hans: Antiwörterbuch, Zürich 1974

Wein, Hermann: Philosophie und Sprache, Göttingen 1959; Sprachphilosophie der Gegenwart, Den Haag 1963

Weinert, Hans: Der geistige Aufstieg der Menschheit (1940)

Weinreich, Harald: Linguistik der Lüge, Heidelberg 1970; Sprache in Texten, Stuttgart 1976

Weinreich, Uriel: Languages in Contact, New York 1953

Weise, Christian: Politischer Redner, das ist kurze und eigentliche Nachricht, wie ein sorgfältiger Hofmeister seine Untergebenen zu der Wohlredenheit anführen soll (1681)

Weisgerber, Leo: Muttersprache und Geistesbildung (1929); Die Muttersprache im Aufbau unserer Kultur, Düsseldorf 1950; Von den Kräften der deutschen Sprache, 4 Bände, Düsseldorf 1962-71; Die vier Stufen in der Erforschung der Sprache, Düsseldorf 1963; Das Menschheitsgesetz der Sprache als Grundlage der Sprachwissenschaft, Düsseldorf 1964

Weizsäcker, Carl Friedrich v.: Sprache als Information, in: Sprache und Wirklichkeit, München 1967

Welby, Viola: What ist Meaning? (1903)

Wember, Bernward: Wie informiert das Fernsehen? München 1976

Whitney, William: Language and its Study (1867); Life and Growth of Language (1875), deutsch: Leben und Wachstum der Sprache (1876)

* *Whorf,* Benjamin Lee: Language, Thought and Reality, Cambridge/Mass. 1956; deutsch: Sprache-Denken-Wirklichkeit, Hamburg 1963

Wieczerkowski/Alzmann/Charlton: Die Auswirkungen verbesserter Textgestaltung auf Lesbarkeit, Verständlichkeit und Behalten, in: Zeitschrift für Entwicklungspsychologie usw., 1970/2
Wieland, Christoph Martin: Was ist Hochdeutsch? (1782)
Wiggershaus, Rolf (Hrsg): Sprachanalyse und Soziologie, Frankfurt 1975
Wildenmann/Kaltefleiter: Funktionen der Massenmedien, Frankfurt 1965
Winckler, Lutz: Studie zur gesellschaftlichen Funktion faschistischer Sprache, Frankfurt 1970
Wittgenstein, Ludwig: Tractatus logico-philosophicus (1921); Philosophische Grammatik (1934); Philosophische Untersuchungen, Oxford 1958
Wunderlich, Dieter: Grundlagen der Linguistik, Hamburg 1974
Wundt, Wilhelm: Die Sprache, 2 Bände (1912)
Wygotski, Lew Semjonowitsch: Denken und Sprechen, Moskau 1934; deutsch Frankfurt 1969
Zesen, Philipp v.: Deutscher Helicon (1640); Hochdeutsche Sprachübung (1643)
Zimmermann, Hans Dieter: Die politische Rede. Der Sprachgebrauch Bonner Politiker. Stuttgart 1969
Zipf, George: Human Behavior and the Principle of Least Effort, Cambridge/Mass. 1949
Zwierzina, Konrad: Schriftsprache als Mundart (1930)

Zeitschriften in deutscher Sprache

Titel	Herausgeber	Verlagsort	Erscheinungsweise
Der Deutschunterricht	Robert Ulshöfer	Stuttgart	zweimonatlich
Deutsche Literaturzeitung	Werner Hartke	Ostberlin	monatlich
Linguistische Berichte	Peter Hartmann	Wiesbaden	zweimonatlich
Muttersprache	Gesellschaft für deutsche Sprache	Wiesbaden	zweimonatlich
Phonetica	Internationale Gesellschaft für phonetische Wissenschaften	Basel	zweimonatlich
Publizistik	Deutsche Gesellschaft für Publizistik und Kommunikationswissenschaft	Konstanz	vierteljährlich
Der Sprachdienst	Gesellschaft für deutsche Sprache	Wiesbaden	monatlich
Die Sprache	Wiener Sprachgesellschaft	Wien	halbjährlich
Sprache im technischen Zeitalter	Höllerer/Miller	Stuttgart	vierteljährlich
Sprachkunst	Herbert Seidler	Wien	vierteljährlich
Sprachspiegel	Deutschschweizerischer Sprachverein	Luzern	zweimonatlich

Titel	Herausgeber	Verlagsort	Erscheinungsweise
Sprachwart	IG Druck und Papier		monatlich
Wirkendes Wort	Arnold/Essen u. a.	Düsseldorf	zweimonatlich
Zeitschrift für deutsche Philologie	Moser/Wiese	Westberlin	vierteljährlich
Zeitschrift für Literaturwissenschaft und Linguistik	Kreuzer/Klein u. a.	Göttingen	vierteljährlich
Zeitschrift für Phonetik, Sprachwissenschaft und Kommunikationsforschung	Rat für Sprachwissenschaft bei der Akademie der Wissenschaften der DDR	Ostberlin	zweimonatlich

Bei den Zitierungen von *Brockhaus* und *Meyer* handelt es sich um:
Brockhaus-Enzyklopädie, 20 Bände, 1966—74
Meyers Enzyklopädisches Lexikon, 25 Bände, seit 1971

Quellenverzeichnis

Werke, die in der vorstehenden BIBLIOGRAPHIE aufgeführt sind, werden hier nur mit dem Namen des Autors gekennzeichnet, bei Autoren mehrerer Werke außerdem mit dem Erscheinungsjahr.

Seite Nr.

9 1 Wandruszka, S. 10
2 Ogden/Richards, S. 35

10 1 Locke III, 10,22
2 Ungeschriebene Schriften, in: Ges.Schriften, Berlin 1925, Band 4, S. 209
3 Der durchschn. Bürger Westdeutschlands sieht täglich 125 min. fern (FAZ 19.2.76) und hört 47 min. Radio (Handelsblatt 4.6.74). Annahme: In zwei Dritteln der Fernsehzeit (= 83 min.) und einem Drittel der Radiozeit (= 16 min.) wird gesprochen; das ergibt 99 min. *elektronisches Hören pro Tag*. Bei einer durchschn. Sprechgeschwindigkeit von 150 Wörtern/min. sind dies

täglich:	14 850	Wörter
jährlich:	5 420 000	Wörter
in 70 Jahren:	379 000 000	Wörter

In anderen Ländern liegen die Fernsehzeiten ungleich höher: USA 6 Stunden 11 min., Japan 7 Stunden 17 min. (»Spiegel« 29/75).
Der durchschn. Bürger *liest* täglich 34 min. Zeitungen und Zeitschriften (Handelsblatt 4.6.74). Bei einer durchschn. Lesegeschwindigkeit von 280 Wörtern/min. sind dies:

täglich:	9 520	Wörter
jährlich:	3 475 000	Wörter
in 70 Jahren:	243 000 000	Wörter

Dazu die 379 Mio. elektronisch gehörten Wörter ergibt einen *Wortkonsum aus Massenmedien* von 622 Mio. Wörtern. Tendenz steigend.
Schätzungen über die durchschn. tägliche *Gesprächsdauer* reichen von 2 bis 4 Stunden. Annahme: 3 Stunden, die Hälfte fürs Sprechen = 90 min. × 150 Wörter =

täglich	13 500	Wörter
jährlich:	4 927 000	Wörter
in 70 Jahren:	344 000 000	Wörter

Diesen 344 Millionen *gesprochenen* Wörtern stehen gegenüber 344 Millionen im Gespräch gehörte und 379 Millionen aus Radio und Fernsehen gehörte = 723 Millionen *gehörte* Wörter.

11 1 Trommler beim Zaren, Karlsruhe 1966, S. 47f

12 1 Zusammenhänge. Essay über Israel. Zürich 1976, S. 147

14 1 Jaspers, S. 430

15 1 Notizbuch, 6.9.1920; in: Ges.Werke, Frankfurt 1967, Band 20, S. 13

17 1 Sämtl. Werke des Wandsbeker Boten, III; München 1968, S. 163

18 1 Masse und Macht, Hamburg 1960, S. 454f
2 Antonio Pigafetta, Die erste Reise um die Erde; deutsch Tübingen 1968, S. 69f, S. 170

19 1 Cassirer 1923, S. 126f

20 1 Ortega, S. 162

23 1 zit. nach: Paul Hübner, Vom ersten Menschen wird erzählt, Düsseldorf 1969, S. 225
2 Neue Fragmente, 224
3 Symbole der Wandlung, in: Ges.Werke, Band 5, Olten 1973, S. 205-213

24 1 De vulgari eloquentia; zit. nach Arens, S. 57

25 1 Herder 1772, I,3
2 Herder 1772, II,4
3 Hamann, S. 43
4 Sämtl. Werke des Wandsbeker Boten, I; München 1968, S. 78-80

26 1 Schelling, zit. nach Jaspers, S. 442
2 Humboldt 1812; Akademie-Ausgabe, Band 3, S. 297

3 Humboldt 1820; Band 4, S. 16
4 Grimm 1819, Vorrede zum 1. Band
5 Diodor, zit. nach: Bibliothek der Geschichte, Frankfurt 1782, Band 1, S. 15
6 Schleicher 1863, S.7

27 1 Herder 1772, I, 3 und I,2

29 1 Kainz 1960, Band 1, S. 85

30 1 Herder 1772, I,3
2 Rimbaud, »Voyelles«; Jünger, S. 23, S. 30-46
3 Lersch, zit. nach Knilli, S. 55f

31 1 Whorf, S. 71

32 1 Ansichten eines Clowns, 7 und 8
2 »Der neue Vokal«, in: Alle Galgenlieder, Frankfurt 1964, S. 296

33 1 Finnegans Wake, 1,8; deutsch von Wolfgang Hildesheimer, Georg Goyert, Hans Wollschläger

34 1 »Alchimie du verbe«
2 Geschichte der Abiponier, Wien 1784, Band 2, S. 301

38 1 Homo ludens (1938), deutsch Hamburg 1956
2 Monolog über die Sprache
3 Wittgenstein 1958, §§ 7 und 23

39 1 Siebenkäs: Extrablättchen über das Reden der Weiber

40 1 Herder 1772, I,3

41 1 Rousseau, II
2 Cassirer 1923, S. 29
3 Selected Writings, Den Haag 1962, Band 1, S. 335
4 Recent Contributions to the Theory of Innate Ideas (1971)

42 1 Wittgenstein 1958, §5
2 Ortega, S. 354
3 Mauthner 1901, Band 2, S. 403
4 Jaspers, S. 444
5 Jespersen 1922, S. 184

43 1 Lenneberg, zit. nach Leuninger/Miller, Band 2, S. 69
2 Piaget, S. 21-71
3 Wandruszka, S. 26

45 1 Humboldt 1835, Band 7, S. 99

46 1 Humboldt 1835, Band 7, S. 239
2 Whitney 1875, S. 75

49 1 Die Geschichte eines Pferdes, in: Budjonnys Reiterarmee, deutsch München 1961, S. 73
2 Tagebuch, 5.11.1911

50 1 Heinrich Oswald, Wachablösung an der Führungsspitze, Düsseldorf 1970, S. 154f
2 zu Eckermann, 20.6.1831

51 1 »Femmes damnées«

52 1 Mauthner 1901, Band 3, S. 327
2 Rilke, Das Stundenbuch, III (1903)
3 Lichtenberg, Sudelbücher, K 45

53 1 Ogden/Richards, S. 154

55 1 Klages, S. 337
2 »Vorbericht« zur »Deutschen Turnkunst« (1816)

57 1 Die Zukunft einer Illusion in : Ges.Werke, Band 14, London 1948, S. 331
2 Lehrjahre I, 2, 11; I, 1,6; I, 4, 18

60 1 Jean Paul, § 83
2 Leibniz 1717, § 76

61 1 Swift 1711, in: Works, London 1801, Band 5, S. 63ff

62 1 Mauthner 1901, Band 1, S. 489

63 1 Freud 1910, in: Ges.Werke, Band 8, London 1943, S. 213 ff, S. 403

64 1 an Böhlendorf, 4.12.1801

65 1 Reise in die Schweiz, 5.10.1797

66 1 Wahlkapitulation zwischen Vulkan und Venus, IX (1815)
67 1 »Das Ideal und das Leben«
2 »Nacht«
3 »Wiegenlied«
4 »Lied vom Winde«
68 1 zit. nach Helmut Heißenbüttel, Über Literatur, München 1970, S. 13
2 »Frühlingsfeier«
3 an Auguste zu Stolberg, 17.7.1777
69 1 »Für ewig und immer«
2 Das Gesamtwerk, Hamburg 1974, S. 82
70 1 The Great Gatsby, II
2 The Catcher in the Rye, 21
3 Gargantua, XVII
4 Ogden/Richards, S. 184
5 Everybody's Political What's What, VI; London 1944, S. 49
71 1 Kurt Tucholsky, Mir fehlt ein Wort (1929)
73 1 Tristes Tropiques (1955), deutsch: Traurige Tropen (1970)
76 1 Mauthner 1901, Band 2, S. 569
78 1 McLuhan, S. 67f
2 Rousseau; Bordeaux 1968, S. 67
79 1 McLuhan, S. 224
2 Saussure, Einleitung, VI, 2
3 Les Mots, Paris 1964; deutsch: Die Wörter, Hamburg 1965, S. 45-47
80 1 Labyrinthe, deutsch München 1962, S. 102-04
2 Herder 1785, II,9
82 1 Knilli, S. 14
2 Baumann, S. 98, S. 176f
83 1 Kainz 1960, Band 3, S. 332-340, 353-362, 449, 454, 475-483
87 1 Französische Redensarten (1897)
88 1 Wittgenstein 1958, Vorwort
89 1 Nietzsche 1873, in: Werke, München 1956, Band 3, S. 321
93 1 Manfred Hausmann, Wirklichkeit des Wortes, München 1964, S. 28f
94 1 Livius, Römische Geschichte, XXIX, 27
95 1 Soliloquia I, 1
96 1 Die fröhliche Wissenschaft, Aph. 84
97 1 Die Welt als Wille und Vorstellung, II, 37
2 F.G. Jünger, in: Sprache und Wirklichkeit, München 1967, S. 201
3 Homo ludens, 7
98 1 Die Dichtung von Helgi Hjörwardsson
2 vgl. Michael de Ferdinandy, Tschingis Khan, Hamburg 1958, S. 127, S. 147
99 1 Tristram Shandy I, 19
2 Dichtung und Wahrheit II, 2
3 Thomas Mann, Der Zauberberg, S. 196
4 vgl. Winston Churchill, Der Zweite Weltkrieg, deutsch Bern 1954, S. 751; Basil Liddell Hart, History of the Second World War, London 1970, deutsch Düsseldorf 1972, Band 1, S. 326; Joachim Fest, Hitler, Berlin 1973, S. 904, S. 908
100 1 vgl. Bausani, S. 16 f
101 1 Amerika (Der Onkel)
106 1 Zur Genealogie der Moral, I, 2
107 1 Archiv der Gegenwart, 11.11.1956
109 1 Rede vom 19.7.1940
110 1 vgl. Wolf Schneider, Essen — das Abenteuer einer Stadt, Düsseldorf 1963, S. 231
2 zit. nach Jules Michelet, Geschichte der Französischen Revolution, IX, 3
3 zit. nach: Programm für Millionen — Originaldokumentation zum Thema »50 Jahre deutscher Rundfunk«
4 »Die Fackel«, 16. Oktober 1907
5 im Bundestag am 24. 1. 1974 und 19. 12. 1974, zit. nach »Spiegel« 10/75

6 Drucksachen 5, zit. nach »Spiegel« 51/74
111 1 Notizen zu Gottfried Benn, in: Ges.Werke, Frankfurt 1967, Band 19, S. 433
2 »Pastor Klops«, in Ges.Werke, München 1956, Band 8, S. 60
113 1 Kritik der Urteilskraft, § 53
2 Bekenntnisse I,6 und I,25
114 1 Helgoland, 10.8.1830, über die Französische Revolution
2 Dantons Tod, III
3 Heinrich VI., 2. Teil, IV, 7
4 De oratore I,33 und II,35
5 De oratore III, 220
6 De oratore III, 225
115 1 De oratore I, 12
2 Rede vom 16.9.1935 vor den Gau- und Kreispropagandaleitern
3 Brave New World Revisited (1958)
4 Mein Kampf I,6
5 Don Juan in der Hölle
116 1 Der Untergang des Abendlandes, München 1923, Band 2, S. 498
2 zit. nach Bausinger, S. 145
3 zit. nach Damaschke, S. 96
4 Epigramm 11, Venedig 1790
5 Kleist 1809
6 Rede vom 16.9.1935
7 vgl. »Spiegel« 16/70
8 Mein Kampf I,6
9 De oratore I, 221
10 Rede vom 16.9.1935
117 1 Hamilton §§ 416, 417
2 Der »Radikalismus«, die Kinderkrankheit des Kommunismus (1920), VI
3 De oratore II, 335
4 Hamilton §§ 262, 353, 17
5 Hamilton §§ 335, 530, 474
118 1 Vom geometrischen Geist und von der Kunst der Überzeugung, in: Kleinere philosophische Schriften, Berlin 1938
2 De oratore I, 17 und I, 30
3 Mein Kampf I,6 und II, 6
4 De oratore II, 208-216
5 Hamilton, § 442
6 Mein Kampf II,6
120 1 zit. nach Buchli, Band 2, S. 163
121 1 zit. nach Buchli, Band 2, S. 164ff
122 1 Meine Kriegserinnerungen, Berlin 1919, S. 285-288
123 1 Gehlen 1975
2 zit. nach: Encyclopaedia Britannica, 1963, Band 23, S. 642 und Michael Balfour, The Kaiser and his Times, London 1964, deutsch: Wilhelm II, Berlin o.J., S. 424
3 Das Totenschiff I, 8
124 1 The Seven Pillars of Wisdom, III, 33
2 Mein Kampf I,6
3 Mein Kampf II,5
4 vgl. Klemperer, S. 122-127
5 Rede vom 4.12.1935
125 1 Mein Kampf II, 6
2 Mein Kampf II, 11
126 1 Der »Radikalismus« (1920)
2 vgl. Böhme/Dehlsen, S. 14, 689f
3 Rede vom 16.9.1935
4 Hitler, Berlin 1973, S. 605
5 Der Zweite Weltkrieg IV, 13; deutsch Bern 1954, S. 896

127 1 McLuhan, S. 326
2 Rede vom 25. März 1933
128 1 Klemperer, S. 281
2 Rede vom 16.9.1935
129 1 Rede vom 4.12.1935
131 1 Klemperer S. 23f, 30
132 1 Ortega, S. 26
2 1984, Appendix: The Principles of Newspeak
133 1 Lenin, 7.1.1918; Solschenizyn, Der Archipel Gulag, Band 1, deutsch Bern 1974, S. 37f, 52, 63
2 Die Aufgaben der russischen Sozialdemokraten (1897)
134 1 Der Archipel Gulag, Band 1, S. 65
2 The Stalin Epigram, in: Selected Poems, London 1973; zit. nach: Steiner 1971, S. 217-19
135 1 Tagebuch, November 1947; München 1965, S. 165
2 Helmut Schelsky, zit. nach Kaltenbrunner, S. 8
136 1 Über die Demokratie in Amerika, II,14
137 1 Politik V, 1; vgl. III,9
138 1 vgl. »Frankfurter Allgemeine«, 12. 9. 1975
139 1 L'esprit des lois (1748); deutsch: Vom Geist der Gesetze, Tübingen 1951, Band 1, S. 87f
140 1 Lettres à tous les Français; zit. nach: Jules Michelet, Geschichte der Französischen Revolution V,10
2 Analyse de la doctrine de Babeuf (1793)
141 1 Harrison Bergeron (1961)
2 Everybody's Political What's What, London 1944: Equality.
3 vgl. Böhme/Dehlsen, S. 311f
142 1 Franz Niehl, Chancengleichheit ohne Chance? Stuttgart 1975
143 1 Alva Myrdal, Jämlikhet, Stockholm 1969; deutsch: Ungleichheit im Wohlfahrtsstaat, Hamburg 1971, S. 50-53, S. 131
2 Ralf Dahrendorf in der »Zeit«, 3.1.1975
3 Myrdal-Report, S. 58f
144 1 Sudelbücher, K 144
146 1 Braunroth/Seyfert, S. 55
2 Kaltenbrunner, S. 8
147 1 Thesen über Feuerbach
2 Das Proletariat ist nicht in einer weißen Weste geboren, in: Ges.Werke, Frankfurt 1967 Band 20, S. 91f
3 1984, Appendix
149 1 Elisabeth Noelle-Neumann, Die Schweigespirale; in: »Bild der Wissenschaft«, Januar 1975
2 Adorno 1973, Band 1, S. 64
3 1984, Appendix
150 1 »Neues Deutschland«, 21.4.1967; Gregor-Dellin in Baroth, S. 75-87
151 1 Böhme/Dehlsen, S. 297
153 1 Umfrage des Sample-Instituts, Sept. 1972, in: »Dialog« 11/72
154 1 Wolf Rogosky im »Spiegel« 44/75
2 »Mao-Bibel«, S. 306
161 1 Generalaudienz vom 15.11.1972, zit. nach: »Süddeutsche Zeitung«, 27.6.1975
162 1 Gegenwart und Zukunft, in: Ges.Werke, Band 10, Olten 1974, S. 315f
2 Homo ludens (1938), deutsch Hamburg 1956, S. 138
164 1 Whorf, S. 40, S. 65
165 1 Whorf, S. 65
2 Wagenschein, 1968, S. 46
3 Voltaire 1764 (»Seele«)
4 »Die Weltweisen«
5 Notizen zur Arbeit, in: Ges.Werke, Frankfurt 1967, Band 19, S. 414
6 Ansichten eines Clowns, 11

166 1 Die Welt als Wille und Vorstellung, I, 4,68
167 1 Saint-Exupéry, Carnets 2
2 Zusammenhänge, Zürich 1976, S. 142
3 »Spiegel« 26/75
168 1 Ogden/Richards, S. 117
2 Charta der Weltgesundheitsorganisation, April 1948
3 Ogden/Richards, S. 269
4 Bacon I, 60
5 Locke III, 10,2
6 Ogden/Richards, S. 10f
7 Locke III, 110
169 1 Böhme/Dehlsen, S. 669-678, 721f
170 1 Über die Seele, II,1
2 Phänomenologie des Geistes, V, A,a
171 1 Alle vergeudete Verehrung, München 1970, S. 129
2 Saint-Exupéry, Carnets 2
173 1 Whorf, S. 79-81, 89, 93
174 1 Weisgerber 1962, Band 2, S. 132
175 1 Malinowski, S. 383
2 Locke III,3,1
176 1 Jaspers, S. 420.
177 1 Bacon I,60
2 Mauthner 1901, Band 1, S. 394
178 1 Locke III, 6,30
2 Sudelbücher, A 17
181 1 Weisgerber 1962, Band 2, S. 106f
182 1 Cassirer 1923, S. 273
185 1 Bacon, I,43 und I, 59
2 Kleist 1807
3 Die Welt als Wille und Vorstellung I, 4,62
4 Kasimir und Karoline, Szene 52
186 1 Jaspers, S. 415
2 Phänomenologie des Geistes VI, C, c
187 1 Locke III, 5,15
2 Ortega, S. 360
3 Jaspers, S. 428
189 1 Humboldt 1835, Band 7, S. 60
2 Cassirer 1925, S. 26
190 1 Whorf, S. 132, S. 39
2 Whorf, S. 47, S. 98
3 Herder 1772, I,3
191 1 Laokoon XVII
2 Griechisches Tagebuch, deutsch Frankfurt 1973, S. 159
3 Der Idiot II,5; München 1958, S. 347-349, S. 361
193 1 Morgenröte, Aph. 257
2 Ogden/Richards, S. 176
3 Carnap 1931
4 Wittgenstein 1958, § 119
194 1 vgl. Porzig, S. 18
2 Kratylos 438
3 zit. nach Weisgerber 1962, Band 4, S. 173
4 Nietzsche, Die fröhliche Wissenschaft, Aph. 58
5 Herder 1785, II,9
6 Italienische Reise, 17.4.1787
7 Brief vom 17.5.1787
195 1 zit. nach Ogden/Richards, S. 159
2 Cassirer 1923, S. 135f

197 1 Adorno 1973, Band 1, S. 12
2 Kritik der reinen Vernunft II, 1,1
198 1 zit. nach: »Süddeutsche Zeitung«, 14. 8. 1975
2 Ogden/Richards, S. 160
199 1 Kritik der reinen Vernunft II, 1,1
2 Adorno 1973, Band 1, S. 26f
200 1 David Brodies Bericht, deutsch München 1972, S. 93
201 1 Kainz 1960, Band 3, S. 463
202 1 Ogden/Richards, S. 23
2 Goodman, S. 96
204 1 zit. nach Lutz Mackensen (Hrsg), Auf den Spuren des Wortes, Hamburg o.J., T 77
2 Mauthner 1901, Band 3, S. 243
3 Weisgerber 1962, Band 2, S. 237
205 1 Locke III, 10,4 und III, 11,2
2 Humboldt 1835; Band 7, S. 64f
206 1 Liebrucks, Band 1, S. 81
207 1 Jaspers, S. 435, S. 400
2 Mackensen 1973, S. 197
209 1 Wittgenstein 1958, §§ 66, 68, 79, 88, 109, 116, 124, 132, 138, 464
2 an Zwi Werblowsky, 17.6.1952, in: Briefe, Band 2, Olten 1972, S. 283f
3 Das Wort, das gesprochen wird; Vortrag vor der Bayerischen Akademie der Schönen Künste, Juli 1960
210 1 Adorno 1973, Band 1, S. 16f
2 Jorge Luis Borges, Die Inschrift des Gottes, in: Labyrinthe, deutsch München 1962, S. 87
3 Jaspers, S. 403
211 1 Wittgenstein 1958, § 203
212 1 Friedrich Dürrenmatt, Zusammenhänge, Zürich 1976, S. 145
213 1 Herder 1785, II, 9,2
217 1 Sternberger, S. 39
2 Monolog über die Sprache
3 Bacon I,43
4 Locke III, 11,1
5 Herder 1785, II,9
6 Révész, S. 110, S. 122
218 1 Malinowski, S. 348-353
219 1 Der blinde Spiegel, IX
2 Ortega, S. 343
3 Der Untergang des Abendlandes, Band 2, S. 135
4 Kleist 1807
220 1 La Confession de Claude
2 Rodion Raskolnikoff V,4; München 1958, S. 561-565
3 Die Dämonen II,9; München 1961, S. 611-619
4 Thomas Cottle in »Psychology today«, Oktober 1975
221 1 Die Lehrlinge zu Sais, I
2 Phänomenologie des Geistes VII,B,a und VI,B,1,a
223 1 Glaser, S. 71
2 Kaspar, Szene 22/23
224 1 Ossip Mandelstam, Über den Gesprächspartner, in: Die ägyptische Briefmarke, Frankfurt 1965, S. 140
2 Die Bergbahn, I
225 1 Georg Büchner, Woyzeck, 1
2 Piaget, S. 25
226 1 Die schwarze Spinne
2 Siebenkäs: Extrablättchen über das Reden der Weiber
227 1 Mutmaßlicher Anfang der Menschengeschichte
2 J.G. Reißmüller, 4.10.1975

	3	Vereinsrede (1937), in: Sturzflüge im Zuschauerraum, München 1969, S. 67
228	1	»Süddeutsche Zeitung«, »Streiflicht« vom 4.12.1967
	2	Mauthner 1901, Band 1, S. 78
229	1	Die deutsche Turnkunst (1816), S. 235
	2	Der Mann ohne Eigenschaften II,81; Hamburg 1952, S. 1328
230	1	Piaget, S. 25
	2	Les Mots, Paris 1964; deutsch: Die Wörter, Hamburg 1965, S. 134
	3	Freud 1908, in: Ges.Werke, Band 7, London 1941, S. 219f
231	1	Lotte in Weimar VI, in: Ges.Werke, Frankfurt 1960, Band 2, S. 588
	2	Interview im »Spiegel« 5/68
	3	Nietzsche, Menschliches-Allzumenschliches, Vorrede
232	1	Das Prinzip Hoffnung, II
	2	Kommunismus ohne Wachstum? Hamburg 1975
	3	Die Brüder Karamasow II, 5,5
233	1	an Jean Vontobel, 28.4.1959, in: Briefe, Band 3, Olten 1973, S. 248
	2	Considérations sur les causes de la grandeur des Romains et de leur décadence, XXIII
234	1	Die Romantische Schule, III
	2	Zusammenhänge, Zürich 1976, S. 142
	3	Schmidt, S. 296
	4	Sternberger, S. 88
235	1	Liebeskunst I
	2	Alle vergeudete Verehrung, München 1970, S. 68
	3	L'Ecole des Femmes II; deutsch: Die Schule der Frauen, Frankfurt 1954, S. 56
236	1	Das Prinzip Hoffnung I; Tübinger Einleitung in die Philosophie I
237	1	»Ausbrecher«, in: »Süddeutsche Zeitung«, 22. 3. 1975
	2	Die letzte Versuchung, deutsch Berlin o.J., S. 107
	3	Jaspers, S. 416
	4	Die Enzyklopädie II (Fragmente 378)
	5	Elias Canetti, Aufzeichnungen 1942-1948, München 1969, S. 126
	6	»Ihr Worte«, in: Lesebuch. Deutsche Literatur der 60er Jahre. Berlin 1974, S. 173
	7	Kainz 1960, Band 3, S. 526
238	1	»Alchimie du verbe«
239	1	Die Sonnenfinsternis am 8. Juli 1842
	2	Geschlecht und Charakter, Berlin 1932, S. 117, S. 120ff
	3	an Milena; Frankfurt 1965, S. 156
	4	Ödipus der Tyrann V,2
	5	Phaidros 22
	6	Siebenkäs: Rede des toten Christus vom Weltgebäude herab, daß kein Gott sei
	7	Zur Geschichte der Religion und Philosophie in Deutschland III (1834)
240	1	Büchner, Leonce und Lena, III
	2	Die Kirche in Nowograd, in: Budjonnys Reiterarmee, deutsch München 1961, S. 10
	3	Pound, S. 33, 45, 120
	4	Gedichte und Essays, München 1964, S. 344f
	5	Das Prinzip Hoffnung, IV, 36,1
	6	»Blume«, in: Sprachgitter, Frankfurt 1959, S. 25
	7	Notizbuch, 6.9.1920, in: Ges.Werke, Frankfurt 1967, Band 20, S. 13
	8	Nôtre-Dame-des-Fleurs, Paris 1944; deutsch Hamburg 1968, S. 27
	9	Kursbuch 15, S. 92
241	1	Gedicht Nr. 4: Der Gefangene (1921)
	2	Nachwort zu »Anna Blume«
	3	vgl. Bausani, S. 33
	4	Entwurf einer Rheinlandschaft, Köln 1962, S. 13f
	5	Ges. Gedichte und visuelle Texte, Hamburg 1970, S. 18
	6	A Selection of Poems, New York o.J., S. 168
242	1	vgl. »Frankfurter Allgemeine«, 20.11.1971
	2	Freud 1905, VI
	3	Einsätze, zit. nach Sowinski, S. 74

243 1 Tagebuch, 20.12.1921
2 Die Begegnung, in: David Brodies Bericht, deutsch München 1972, S. 36
3 Die Welt als Wille und Vorstellung II,3, 37
4 Eichendorff, »An die Dichter«
5 Tagebuch, Mai 1946; München 1965, S. 34
6 Schiller, Nänie
247 1 Sudelbücher B, 146
248 1 Der Archipel Gulag, Band 1, deutsch Bern 1974, S. 317
249 1 zit. nach »Frankfurter Allgemeine«, 19.12.1970
2 Locke III, 10,9
3 Das dritte Buch über Achim
4 Der Weg zur Sprache; Vortrag vor der Bayerischen Akademie der Schönen Künste, 1959
250 1 Die Wildente, V
2 Eugen Lemberg, Ideologie und Gesellschaft, Stuttgart 1971, S. 71
252 1 »Süddeutsche Zeitung«, 26.11.1974
2 Langer/Schulz, S. 85
253 1 Materialheft I, 69; Sudelbücher E, 189
2 Glinz 1970 (2), S. 90
3 Ankündigung einer neueren Darstellung der Wissenschaftslehre (1800)
258 1 The Best of H.C. Artmann, Frankfurt 1975, S. 388
260 1 »Spiegel« 32/75
261 1 in der »Welt« vom 6.10.1975
2 Glaser, S. 70
3 Steiner 1971, S. 228
4 Weizsäcker, S. 180
5 Protagoras 334—336
262 1 Pound, S. 106
2 Wittgenstein 1921
3 »Die Brille«, in: Alle Galgenlieder, Wiesbaden 1947, S. 150
263 1 »Die Mittagszeitung«, in: Galgenlieder, S. 151
264 1 »Spiegel« 36/75
2 Reiners, S. 221
3 »Frankfurter Allgemeine«, 30. 9. 1972
266 1 Apostelgeschichte 8,7; »Der Sprachdienst« 6/75
267 1 Anekdote aus dem letzten preußischen Kriege
2 im »Spiegel« 44/75
268 1 in der »Frankfurter Allgemeinen«, 11. 11. 1975
269 1 Weisgerber 1962, Band 2, S. 384-389
270 1 Klopstock 1779, 4
2 Schopenhauer 1851
3 Weisgerber 1962, Band 2, S. 389
4 Mackensen 1973, S. 156
271 1 Goethe, »Der Sänger«
273 1 »Frankfurter Allgemeine«, Leitartikel vom 3. 1. 1975
2 »Die Welt«, 12. 7. 1973
274 1 Wege der psychoanalytischen Therapie, in: Ges. Werke, Band 12, London 1947, S. 193
2 Zur Geschichte der Religion und Philosophie in Deutschland (1834), III
3 zit. nach Duden-Grammatik 1973, S. 626
4 zit. nach Duden-Grammatik 1973, S. 625
275 1 Schopenhauer, Die Welt als Wille und Vorstellung II, 4,44
276 1 Spiegel der See, deutsch Frankfurt 1973, S. 32
279 1 Glotz/Langenbucher, S. 68f
2 Adorno 1968, S. 29
280 1 Adorno 1973, Band 1, S. 65
2 »Zeitschrift für deutsche Philologie« 2/75, S. 173

3 Wittgenstein 1958, §§ 120, 124, 107
4 Savigny, S. 279
5 Karl Steinbacher, Nachwort zu Rossi-Landi, S. 211
6 Baumann, S. 169f

281 1 Locke III, 10,9 und III,11,10
2 Philosophy and Politics, in: Unpopular Essays, New York 1950, S. 12
3 Theoretische Überlegungen zum Wesen des Psychischen, in: Ges. Werke, Band 8, Zürich 1967, S. 199

282 1 Die Frage der Laienanalyse, in: Ges. Werke, Band 14, London 1948, S. 222
2 Jaspers, S. 446

284 1 Langer/Schulz, S.8f, S. 85-95

285 1 Langer/Schulz, S. 13-16

287 1 »Die Welt«, 9. 10. 1975

288 1 vgl. »Psychology today«, Sept. 1974, S. 102ff
2 »Kleine Zeitung«, Klagenfurt, nach »Stern« 50/75
3 Emilia Galotti II,6

289 1 Storz 1937, S. 193f

290 1 Ryle, S. 49
2 Die ägyptische Briefmarke, deutsch Frankfurt 1965, S. 51
3 Jean Paul, § 76
4 Jaspers, S. 421

291 1 Die Widerstände gegen die Psychoanalyse (1925), in: Ges. Werke, Band 14, London 1948, S. 99

293 1 zit. nach: Hugh Thomas, The Spanish Civil War, London 1961; deutsch: Der Spanische Bürgerkrieg, Berlin 1962, S. 270
2 »Frankfurter Allgemeine«, Leitartikel vom 24. 6. 1975
3 im »Spiegel« 33/75

294 1 vgl. »Spiegel« 37/68
2 Tern, S. 49-54

295 1 WDR/NDR I, 2. 10. 1975

297 1 vgl. Tern, S. 53

299 1 »Profil« (österr. Nachrichtenmagazin), Mai 1971

300 1 vgl. »Spiegel« 41/70
2 Noelle-Neumann, Die Schweigespirale, in: »Bild der Wissenschaft« 1/75
3 Bausinger, S. 150

301 1 im Westdeutschen Rundfunk, 1. 12. 1971
2 Siegfried Drescher, Zur Wirkung des Fernsehens als Informationsquelle; Vortrag vor dem Programmbeirat der ARD, 25. 7. 1968
3 Bernward Wember im ZDF, 11. 12. 1975
4 Erich Küchenhoff u. a.: Die Darstellung der Frau und die Behandlung von Frauenfragen im Fernsehen, hrsg. vom Bundesfamilienministerium (Bonn), Stuttgart 1975, S. 222f

302 1 Radiotheorie, in: Ges. Werke, Frankfurt 1967, Band 18, S. 119-131
2 Knilli, S. 14, 18, 114

307 1 Schopenhauer, § 283
2 Wieland, in: Sämtl. Werke, Leipzig 1857, Band 33, S. 381f

308 1 zit. nach: Storfer, S. 150, S. 153
2 Die Leiden der jungen Wörter, München 1975

309 1 Adorno 1968, S. 9-12
2 Die Welt als Wille und Vorstellung II, 1,12

310 1 Mackensen 1973, S. 91
2 Gedichte, deutsch Frankfurt 1964, S. 55

311 1 Nikolas Benckiser in der »Frankfurter Allgemeinen«, 27. 9. 1975
2 Auswertung der 237 Stellenangebote in der »Frankfurter Allgemeinen« vom 20. 12. 1975
3 Auswertung der 50 Todesanzeigen in der »Welt« vom 12. 1. bis 4. 2. 1976
4 Auswertung der 175 Heiratsanzeigen in der »Zeit« vom 3. und 10. 10. 1975

313 1 Sternberger, S. 73
315 1 Bundesgesetzblatt, zit. nach »Frankfurter Rundschau«, 28. 1. 1975
2 zit. nach Bausinger, S. 43
3 Wagner 1970
318 1 Brief an Mersenne, 20. 11. 1629; zit. nach: Bausani, S. 94-96. Auf Bausani und Pei stützen sich auch die folgenden Informationen über Kunstsprachen.
319 1 Bausani, S. 97
2 Bausani, S. 104f
3 Bausani, S. 110-112
322 1 Pei, S. 237
323 1 Whorf, S. 45
2 Bausani, S. 136f
324 1 Frege 1882
2 Carnap 1934, S. 5
3 Jaspers, S. 406
325 1 Ogden/Richards, S. 57
326 1 Storz 1975, S. 52
327 1 Storz 1975, S. 49
2 zit. nach: Karl Dedecius (Hrsg), Polnische Pointen, München 1962, S. 115
3 Schlagzeile in der »Zeit«, 10. 10. 1969
4 »Frankfurter Allgemeine«, 16. 6. 1975
328 1 Chomsky 1965, S. 201, S. 204 (ähnlich S. 67, S. 239)
2 Chomsky 1965, S. 13f
329 1 Braunroth/Seyfert, S. 37
2 Glinz 1970 (1), S. 9. Ähnlich Burghard Rieger in »Zeitschrift für Literaturwissenschaft und Linguistik« 16/74, S. 32
3 Storz 1975, S. 24, S. 42
4 Baumann, S. 116
330 1 zit. nach Sternberger, S. 83, S. 412
2 Chomsky 1968, S. 120
332 1 Werner Klose in der »Zeit«, 21. 11. 1975
334 1 Die Sprache, Motto
2 Lichtenberg, Von den Charakteren in der Geschichte, in: Schriften, Band 3, München 1972, S. 500
3 Ansprache zum Schulbeginn; zit. nach: Glotz/Langenbucher, Versäumte Lektionen, Frankfurt 1971, S. 293
335 1 Braunroth/Seyfert, S. 35, S. 103
336 1 Mauthner 1901, Band 1, S. 591
2 Langer/Schulz, S. 9
337 1 Wagenschein 1968, S. 18, 28, 80, 102
2 F. Bärmann in »Die Grundschule« 1/1972
338 1 Basil Bernstein, Soziokulturelle Determinanten des Lernens, in: Franz Weinert (Hrsg), Pädagogische Psychologie, Köln 1967, S. 358f
2 Bausinger, S. 50
339 1 Hennig/Huth, S. 28-31
2 Neuland 1975
3 Oevermann, S. 443
340 1 Wittgenstein 1921, 5.6
2 Storz 1975, S. 28
341 1 Frege 1879, Vorwort
2 Mauthner 1901, Band 1, S. 1
3 Sprache und Wirklichkeit in der modernen Physik; in: Sprache und Wirklichkeit, München 1967
4 Hugo Steger in »Sprache im technischen Zeitalter«, 3, S. 197
342 1 Der psychische Mechanismus hysterischer Phänomene, in: Ges. Werke, Band 1, London 1952, S. 87; und: Die Frage der Laienanalyse, Band 14, London 1948, S. 214

343 1 vgl. Iring Fetscher in der »Frankfurter Allgemeinen«, 12. 9. 1975

344 1 Mir fehlt ein Wort (1929)

2 Steinbuch, S. 338

3 José Ortega y Gasset, Über die Liebe; deutsch Stuttgart 1965, S. 214

345 1 Gottfried Benn, »Ein Wort«, in: Ges. Werke, Wiesbaden 1960, Band 3, S. 208

Lexikon sprachwissenschaftlicher Begriffe

Das nachstehende Lexikon enthält: Erstens Stichwörter, die den Text erläutern, weil sie dort zwar erwähnt, aber nicht behandelt werden. Zweitens Stichwörter, die auch im Text behandelt werden, hier jedoch systematisch-tabellarisch dargeboten. Drittens Fachwörter, die im Text nicht vorkommen, aber ihn ergänzen.

Wo die Stichwörter des Lexikons im Text behandelt werden, darüber informiert das Sachregister am Schluß des Buches. Im Sachregister können auch Stichwörter enthalten sein, die man im Lexikon vermißt.

Das Lexikon versucht, die in der Linguistik häufigen Doppel- und Dreifachbenennungen, Überschneidungen und Widersprüche reinlich zu sortieren (vgl. *Lexem, Morphem, Semiotik*). Vielen der hier erläuterten Fachwörter wünscht der Verfasser eine möglichst geringe Verbreitung.

Abbild s. *Zeichen.*

Abbildtheorie Unzweckmäßiges Sammelwort für zwei einander ausschließende Theorien:

1. Die Lehre, unsere Wahrnehmungen und die Wörter dafür seien korrekte Abbilder der Wirklichkeit (Isomorphie-Relation); so im Materialismus und Marxismus. »Strukturen der objektiven Realität werden in sprachlichen Strukturen widergespiegelt« (Klaus).

2. Die gegenteilige Lehre: Die wirkliche Welt sei nur das Abbild von *Ideen*; so bei Platon, in der Scholastik, auch Goethes »Urpflanze«. Vgl. *Universalien.*

Aberglauben s. *Wortmagie.*

Abkürzung Ein Grenzfall der *Wortbildung,* der im 20. Jh. eine außerordentliche Zuwachsrate hat. Dabei lassen sich unterscheiden:

Verselbständigung der Anfangsbuchstaben

1. Normale Buchstabenreihung: TEE, USA, DDR.

2. Reihungen, die wie eigenständige Wörter gesprochen (NATO, UNESCO, COMECON) oder auch schon geschrieben werden (Nato, Fiat).

3. Reihungen, bei denen die abzukürzenden Wörter so ausgewählt sind, daß sie ein neues Wort von erwünschter Bedeutung ergeben: GUT = Gemeinwirtschaftliches Unternehmen für Touristik; WOMAN = World Organization of Mothers of All Nations; CARE = Cooperative for American Remittances to Europe.

4. Zufallsreihungen, die nachträglich mit einem Sinn erfüllt werden: SOS wurde zum Notsignal wegen der auffallenden Kombination von Morsezeichen (. . . - - - . . .) und erst danach in die Wörter »Save our souls« übersetzt.

5. Buchstabenreihungen, die scherzhaft mit einem anderen Sinn erfüllt werden: Fürstenfeldbruck = FFB = »Führerschein für Blöde«. NSDAP = »Na, suchst du auch Pöstchen?«.

Reduzierung auf den Wortanfang (Wortverkürzung)

6. Reine Verkürzung: Auto, Lok, Kilo, Akku, Labor, Rheuma, Krimi, »Mathe«. Solche Verkürzungen signalisieren, daß ein Wort, gemessen an seiner Popularität, zu umständlich ist; so neuerdings »Frust« für Frustration. Einige Kurzwörter haben ihre Bedeutung geändert: Prolet — Proletarier.

7. Unreine Wortverkürzungen: Kino (aus Kinematographentheater), Nazi, Bomber, Laster, Füller (so im Duden seit 1934, nur fünf Jahre, nachdem der Füllfederhalter aufgenommen worden war).

Reduzierung auf den Wortschluß (Worthalbierung): Omni*bus*, Fahr*rad*, Taler aus »Joachims*taler*«.

Willkürliche Zusammensetzungen aus halben Silben (Trafo, Gestapo, Moped) oder unter Einbeziehung von Buchstaben, die keinen Wortanfang bilden (Dr., Tbc, Refa, Flak).

Das Abkürzen wird durch Weglassen des *Punktes* erleichtert (das Bürgerliche Gesetzbuch wurde im Duden abgekürzt: 1900 B.G.B., seit 1905 BGB., seit 1954 BGB).

Ablaut Hist. Form des *Lautwandels:* der Vokalwechsel innerhalb zusammengehöriger Wörter, vor allem bei Konjugation (singen — sang — gesungen) und *Ableitung* (denken — Gedanke). Eine Spezialform ist der *Lautwechsel*: Band und Bund, zwicken und zwacken stehen gleichberechtigt nebeneinander.

Ableitung lat. Derivation, bei Humboldt Anbildung — eine Standardform der *Wortbildung*: die Abwandlung von *Stammwörtern* nach den Mustern, die die jeweilige Sprache vorgibt (Last — belasten, schenken — ausschenken — Ausschank). Das wichtigste Instrument der Ableitung ist das *Affix*. Die Übergänge zur anderen Standardform der Wortbildung, der *Zusammensetzung*, sind jedoch fließend. Viele Wörter sind abgeleitet *und* zusammengesetzt: Die Zusammensetzung »Gutachten« bildet die Ableitung »begutachten«. »Birnbaum« ist eine Zusammensetzung, franz. »poirier« eine Ableitung (von la poire, die Birne).
In der *Mathem. Logik:* eine Folge von Herstellungsschritten im *Kalkül.*

Abstraktion (lat.) Abziehung: das Fortschreiten vom Konkreten zum Abstrakten, das wichtigste Mittel der *Begriffsbildung*. Dabei lassen sich fünf Stufen unterscheiden:
1. *Metaphorische Abstraktion:* Übergreifen ins Abstrakte durch *Metaphern,* Bedeutungssprung (brennendes Holz — brennender Ehrgeiz).
2. *Generalisierende Abstraktion:* Verallgemeinerung durch Aussondern von Unterscheidungsmerkmalen, Bildung immer theoretischerer *Oberbegriffe* (meine Katze — Hauskatzen — Katzen — Raubtiere — Säugetiere — Tiere — Lebewesen — Etwas). Diese Stufe wird oft mit Abstraktion schlechthin gleichgesetzt: »Da alle Abstraktion im bloßen Wegdenken besteht, so behält man, je weiter man sie fortsetzt, desto weniger übrig« (Schopenhauer).
3. *Synthetische Abstraktion,* Komprehension: Verknüpfung unterschiedlicher Elemente (z. B. Menschen, Musik, Trinken, Jubiläum zu »Fest«).
4. *Isolierende Abstraktion:* Einzelne Eigenschaften eines Objektes werden sprachlich abgesondert (der »Duft« von der Rose, das »Stechen« vom Dorn).
5. *Hyperbolische Abstraktion:* Die Herausbildung der abstraktesten Oberbegriffe aus den Stufen (2) und (4), auch die Benennung des Nichts. Vgl. *Universalien.*
Ein Grenzfall der Abstraktion ist die *Hypostasierung,* ein häufiges Mittel die *Klassifizierung.*

Abundanz (lat.) Überfluß. Im weiteren Sinn ein Synonym für *Redundanz* und *Worthäufung.* Im engeren Sinn: das Überangebot einer Sprache an Wörtern und grammatischen Formen; i. U. zur *Defizienz,* dem Unterangebot.
1. Wörter, die dasselbe oder fast dasselbe bedeuten, semantische Abundanz, *Synonyme* (das Meer und die See, Tischler und Schreiner).
2. Unnütze Formenfülle, grammatische oder strukturelle Abundanz: z. B. die vierzehn deutschen Pluralformen (vgl. *Polymorphie*) oder die Unterscheidung das gut*e* Kind / ein gut*es* Kind — »ein redundanter Formalismus, der keinem lebendigen geistigen Bedürfnis entspricht« (Wandruszka). Vgl. *Kongruenz.*

Adressat der Angesprochene, der Angeschriebene, der intendierte Leser: die Person, der eine *Aussage* zugedacht ist, gleichgültig, ob sie dieser Erwartung entspricht (dann ist sie *Empfänger*) oder nicht entspricht (indem sie nicht hinhört oder nicht liest). Umgekehrt müssen Empfänger nicht Adressaten sein: nicht der Briefträger, der die Postkarte liest, nicht der Abgeordnete, der einer Parlamentsrede zuhört, obwohl die Adressaten am Bildschirm sitzen. Vgl. *Frage, Gespräch, Kommunikation, Monolog.*

Adynaton (griech.) unmöglich — Stilfigur, Unterbegriff der *Übertreibung:* die scherzhafte Übertreibung ins Unmögliche (»Da schlägt's dreizehn«, für große Schuhe »Elbkähne« usw.) — ein Stilmittel der Umgangssprache wie der Literatur (Rabelais, Swift u. a.). Vgl. *Superlativ.*

affektiv (lat.) das Gemüt bewegend oder bewegtem Gemüt entspringend: affektive Sprache i. U. zu *informativer* Sprache. Vgl. *Appell, Appraisor, attitudinell, Emotion, Interjektion.*

affirmativ (lat.) bejahend, bekräftigend, bestätigend, auch assertorisch: eine häufige Form der *Aussage,* zumal der *Tautologie* (»Du bist wirklich die Beste«, »Wir sind wieder wer«) — eine »unkritische Verabsolutierung der eigenen Position, nichtssagend, rückwärtsgewandt, stereotyp, ohne Wahrheitsbezug«, typisch für Festreden (Glaser). Vgl. *performativ, Redundanz.*

Affix Ein *Morphem:* die Summe von *Präfixen, Suffixen* und *Infixen* (Vorsilben, Nachsilben und Einfügseln). Vgl. *Ableitung, Agglutination.*

Agglutination (lat.) Anleimung, auch Anfügung: die *Zusammensetzung* zweier Wörter oder die Anfügung eines *Affixes,* ohne daß an der Nahtstelle eine lautliche Verschmelzung stattfindet. Agglutination ist im Deutschen häufig (Blechtrommel, Zahnbürste), jedoch nicht die Regel (im Ratskeller).

Agitation s. *Propaganda, Manipulation.*

Agnosie (griech.) Erkenntnisunfähigkeit: die Unfähigkeit zu sprechen *(Aphasie)*, zu lesen (Alexie) oder zu schreiben (Agraphie), und zwar als Folge von Gehirnschäden bei intakten Organen. Vgl. *Sprachstörungen.*

Akkumulation auch Kumulation: Entbehrliche lat. Wörter für *Worthäufung.*

Akzent

1. Eine Färbung der Aussprache, die den Ausländer oder einen *Dialekt* erkennen läßt.

2. Die Hervorhebung von *Silben* durch Höhe, Stärke oder Dauer, ein Spezialfall der *Intonation.* Aus diesem Akzent können Bedeutungsunterschiede folgen: *über*setzen (über den Fluß), über*setzen* (einen Text), *Au*gust und Au*gust, da*mit und da*mit.* Vgl. *Tonem.*

3. Die Heraushebung einzelner *Wörter* aus dem Satz (Und sie bewegt sich *doch*).

Die *geschriebenen* Akzente sind im Spanischen und Italienischen zugleich Symbole für die Tonstärke (Colón, Latinità), dagegen im Französischen teils historische Reste (fenestra — fenêtre), teils *Homophone* (la — là), teils Symbole für die Tonfärbung (o — ô); im Ungarischen immer nur Symbole für die Färbung der Vokale.

Akzeptabilität (lat.) Annehmbarkeit: Bezeichnung der amerik. Linguistik (Chomsky u. a.) für *Verständlichkeit.* Das *Akzeptieren* einer Aussage: s. *Effekt.*

Allegorie (griech.) das Anderssagen, das Kundtun auf andere als die gewöhnliche Weise, ein Grenzfall der *Metapher:* die Übersetzung eines abstrakten Begriffs in ein konkretes Bild, z. B. des Todes in den »Sensenmann«, des Friedens in einen »lieblichen Knaben, gelagert am ruhigen Bach« (Schiller). Allegorien sind Kunstprodukte eines verhältnismäßig späten Kulturstadiums; i. U. zu der Neigung von Kindern und primitiven Völkern, eine Person vor und statt der Sache zu sehen, z. B. den Donnergott Donar als Urheber und Namensgeber des Donners *(Personifizierung).*

Allgemeinbegriffe s. *Begriff, Oberbegriff, Universalien.*

Allomorph (griech.) von anderer Gestalt: Variante auf ein *Morphem* (in der Bedeutung 1: kleinste grammatische Einheit). Das Deutsche kennt ein Dutzend Plural-Allomorphe (Bett-*en*, Bild-*er*, vgl. *Polymorphie*), die zusammen das theoretische Plural-Morphem bilden.

Allophon (griech.) anderslautend: ein *Laut*, der je nach seinem Umfeld verschieden ausgesprochen wird (das ch in *ich* und in *ach*). Allophone werden als »Realisierungen eines gemeinsamen Phonems« definiert, lassen sich jedoch ebenso als »zwei Phoneme für einen Buchstaben« beschreiben, womit das Wort »Allophon« überflüssig würde. Vgl. *Distribution.*

Alltagssprache s. *Umgangssprache, Normale Sprache.*

Ambiguität (lat.) Doppeldeutigkeit, griech. Amphibolie: der einfachste Fall der Vieldeutigkeit *(Polysemie)*, die für die meisten Wörter typisch ist (vgl. *Definition, Homonyme, Disambiguierung*). Schon das Wort »Zweideutigkeit« ist doppelsinnig, bedeutet nämlich auch »schlüpfrige Anspielung«.

1. Vorsätzlicher Gebrauch, den der *Adressat* durchschauen soll (Witz, *Wortspiel, Ironie).*

2. Vorsätzlicher Gebrauch, den der Adressat *nicht* durchschauen soll (*Manipulation*). Vgl. *Subreption.*

3. Fahrlässiger Gebrauch — ein übliches Element der Alltagssprache, der Diskussion und sogar der Philosophie (so jedenfalls behauptete es Kant von Leibniz, Schopenhauer von Kant usw.).

Anadiplose (griech.) Verdoppelung, Unterbegriff der *Wiederholung:* die Stilfigur, das letzte Wort von Satz 1 als erstes Wort von Satz 2 zu wiederholen.

Anakoluth (griech.) Unfolge: Durchbrechung der Satzkonstruktion während des Sprechens oder Schreibens — umständliches Wort für die einfache Tatsache, daß die meisten Menschen die meisten Sätze nicht zu Ende sprechen. Ausnahmsweise kann dies auch in rhetorischer Absicht geschehen. Vgl. *Aphrasie, Aposiopese.*

Analogie (griech.) Vernunftgemäßheit, richtiges Verhältnis.

1. Die Übereinstimmung von mindestens zwei verschiedenen Sprachelementen in mindestens einem Punkt.

2. Die Tendenz der Sprache, bei Reihungen, *Flexion* und Ähnlichkeit solche Übereinstimmung herzustellen (System-Angleichung, Systemzwang, Adoptivbildung), z. B. »trotz des Beschlusses« nach dem Muster »kraft des Beschlusses«, obwohl es »trotz dem Beschluß« heißen müßte; »der Mittwoch« analog zu »der Dienstag«, obwohl es mittelhochdeutsch sinnvoll »die mittewoche« hieß. Vgl. *Assimilation.*

Die Analogie bringt Systematik in die Sprache; sie trägt dazu bei, daß Regeln entdeckt und in einer *Grammatik* kodifiziert werden können. In ständiger Spannung dazu steht die Beharrungskraft der Regelwidrigkeit, die *Anomalie.* Wenn ein Dreijähriger sagt »Ich denkte« oder »Ich habe getut«, so erlebt er, daß die Erwachsenen die Anomalie gegen seine höchst achtbare Analogie durchsetzen, die sie als *falsche Analogie* einstufen. Vgl. *Polymorphie.*

analytisch
1. Bezeichnung für *Sprachsysteme,* in denen grammatische Funktionen durch Worthäufung wahrgenommen werden: für lat. »pinxit« *er hat gemalt,* für franz. »j'irai« *ich werde gehen;* i. U. zu synthetischen Sprachen. Vgl. *Flexion, Syntagma.*
2. Analytische Urteile: s. *Tautologie.*
3. Analytische *Definition.*
4. Analytische *Sprachphilosophie.*

Anapher (griech.) das Emportragen.
1. Entbehrliches Wort für *Wiederholung.*
2. Unterbegriff der Wiederholung: die *am Anfang* eines Satzes oder Satzteils (Marx »Ein Gespenst geht um in Europa — das Gespenst des Kommunismus«), i. U. zur *Epipher.*
3. Die Ersetzung eines zur Wiederholung anstehenden Substantivs durch ein Pronomen: Im ersten Satz »Der Mann . . .«, im zweiten Satz »er« oder »dieser« (auch *Substitution*).

Anglizismen Eine *Interferenz*-Erscheinung: engl. Wörter und Wortformen in der deutschen Sprache.
1. Mehr oder weniger engl. ausgesprochene Wörter: *Gangster, Weekend.*
2. Deutsch ausgesprochene engl. Wörter: *Administration* (für Regierung), *Inaugural-Adresse* (für die Rede zum Amtsantritt), *kognitive Prozeduren* (cognitive procedures = Erkenntnisabläufe), *realisieren* (im amerikanischen Sinn von »sich klarmachen«: »Sorry, ich habe das nicht realisiert«).
3. Engl. Wortformen: *Aktivitäten* (Fehlübersetzung von activities, was »Aktionen« oder »Aktivität« bedeutet; Aktivität läßt keinen Plural zu, sowenig wie Passivität, Faulheit oder Fleiß).
4. Schein-Anglizismen: *twen* für die Zwanzigjährigen wurde in der deutschen Textilwirtschaft erfunden.
Vgl. *Assimilation, Franglais, Fremdwörter, Internationalismus, Übersetzung.*

Anlaut und Auslaut Der erste und der letzte *Laut* eines Wortes. Vgl. *Aphärese, Apokope.*

Annomination (lat.) Benennungsumbildung, griech. Paronomasie — Oberbegriff für zwei Stilfiguren:
1. Häufung von zwei oder mehr Ableitungen desselben Stammworts (Schlachten schlagen, betrogene Betrüger), vgl. *Wiederholung.*
2. die *Parechese.*

Anomalie (griech.) Unebenheit, Regelwidrigkeit: die Tendenz aller Sprachen, Ausnahmen von den Regeln am Leben zu halten, die durch *Analogie* entstanden sind; z. B. die unregelmäßigen Verben. In den meisten Sprachen werden gerade die häufigsten Wörter anomal gebildet (haben, sein, gehen). Vgl. *Grammatik, Polymorphie, Sprachnorm, Suppletion.*

Antinomie (griech.) Widerstreit der Gesetze, unauflösbare Spannung; auch Aporie, Paradoxie: der Widerspruch, in den sich laut Kant die theoretische Vernunft verwickelt, wenn sie »das Unbedingte denken« will. So seien die Sätze »Die Welt ist endlich in Raum und Zeit« und »Die Welt ist unendlich in Raum und Zeit« gleichermaßen beweisbar. Für die *Sprachkritik* sind viele Antinomien Scheinprobleme, die aus den Unzulänglichkeiten der Sprache folgen, zumal beim Umgang mit *Universalien.* Vgl. *Mathem. Logik, Sprachphilosophie.*

Antonym auch Komplenym, Sympleronym: ein Gegensatzpaar (gut — schlecht; tot — lebendig). Vgl. *Dichotomie, Disjunktion, Wortfeld.*

Aphärese (griech.) Wegnahme, ein Spezialfall der *Wortverkürzung:* der Anlautschwund ('s ist Nacht). Vgl. *Apokope.*

Aphasie (griech.) Sprachlosigkeit.
1. Die *Unfähigkeit* zu sprechen (motorische Aphasie) oder Gesprochenes zu verstehen (sensorische Aphasie); i. U. zur Stummheit und Taubheit jedoch bei intakten Sprech- und Hörwerkzeugen, meist als Folge eines Gehirnschadens. Vgl. *Agnosie.*
2. Die *Unwilligkeit* zu sprechen: in der griech. Philosophie die Weigerung, zu allem und jedem ein Urteil abzugeben. Vgl. *Sprechzwang.*

Aphrasie Das Unvermögen, Worte zu sinnvollen Sätzen zu verbinden; im engeren Sinn Symptom einiger Geisteskrankheiten, im weiteren Sinn ein häufiges Sprechverhalten. Vgl. *Anakoluth.*

Apokope (griech.) Abschneidung — Sonderfall des *Lautwandels:* der Auslautschwund, zumal die Abstoßung von Schlußvokalen (dem Mann/e, spanisch bueno — buen amigo). Vgl. *Synkope, Aphärese, Flexion.*

Aporie s. *Antinomie.*

Aposiopese (griech.) Verstummen, Verschweigen, auch Anantapodoton, lat. reticentia — rhetorische Figur, Unterbegriff der *Ellipse:* das Abbrechen mitten im Satz, um damit eine dramatische Wirkung zu erzielen (»Plagt ihn ...?« und »So wollt ich doch, daß ihn —!« ruft der entsetzte Wirt in Kleists »Anekdote aus dem letzten preussischen Kriege«). In der Alltagssprache ist das Abbrechen mitten im Satz — ohne dramatische Absicht — ein üblicher Fall. Vgl. *Anakoluth.*

Appell auch Aufforderung, Auslösung, Imperativ, Emotiv, bei Austin illocutionary act: ein *Sprachhandlungstyp* und eine *Intention* beim Sprechen, z. B. in Form von *Befehl,* Forderung, Warnung, Wunsch. Die primitivsten Appelle sind nach Bühler »der Warnruf der Gemsen, das Locken der Henne«, der Anruf »He!« Vgl. *Appraisor, Interjektion, Zeigfeld,* ferner *Effekt, Frage, Mitteilung, Verführung.*

Appellativum s. *Oberbegriff, Name.*

Appraisor von engl. appraise = schätzen, taxieren, bewerten: in der amerik. Linguistik das urteilende (auch: *attitudinelle*) Element einer Aussage (*Urteil);* i. U. zum Deskriptor, dem beschreibenden Element (*Mitteilung),* und zum Preskriptor, dem vorschreibenden Element (*Appell).* Deskriptor: Das Brot ist frisch. Appraisor: Das Brot ist gut. Preskriptor: Kauf das Brot!

äquipollent (lat.) von gleicher Kraft: *Aussagen,* die bei verschiedener Formulierung das gleiche bedeuten (ein halb leeres Glas — ein halb volles Glas); i. U. zu Aussagen gleicher Formulierung und verschiedener Bedeutung (*Homonymen).*

Äquivokation s. *Homonyme.*

Argot franz. für *Gaunersprache.*

Artikel s. *Geschlecht.*

Artikulation (lat.) Gliederung: die Formung der Sprachlaute durch die Sprechwerkzeuge; s. *Laut, Lautung, Lautstruktur, Lautwandel.* Humboldt verwendet Artikulation synonym zu *Innere Sprachform.*

assertorisch s. *affirmativ, Behauptung.*

Assimilation (lat.) Anähnlichung — Unterbegriff des *Lautwandels:* die abschleifende Wirkung, die benachbarte Laute oft aufeinander haben, weil das Sprechen dadurch bequemer wird. So wurde marscha*lk* zu Marscha*ll*, ka*mp* zu Ka*mm*, Ho*chf*ahrt zu Ho*ff*art und A*ds*imilation zu A*ss*imilation. Ein für das Deutsche typischer Sonderfall der Assimilation ist der *Umlaut,* Grenzfälle sind *Analogie, Interferenz, Sprachmischung, Substitution.*
Von reziproker oder *gegenseitiger Assimilation* wird gesprochen, wenn bei der Verschmelzung zweier benachbarter Laute ein dritter entsteht; häufig in *Dialekten*: In Bayern wird »wie eine Gemse« zu »wiara Gamserl«. Vgl. *Epenthese.*

attitudinell von engl. attitude = Haltung, Standpunkt: eine *Aussage,* die eine innere Einstellung, ein Werturteil kundgibt (»Köter« statt Hund). Vgl. *affektiv, Appraisor, Emotion, Urteil.*

Ausdruck Unbrauchbar gewordenes Sammelwort.
1. Synonym für *Wort* (»Der treffende Ausdruck«).
2. Bei Wundt: Oberbegriff für *Signale* und *Symptome* bei Mensch und Tier.
3. Bei Bühler: Eine der drei möglichen *Intentionen* des Sprechers (neben *Mitteilung* und *Appell),* von ihm auch Kundgabe genannt: Schmerzruf, Wutschrei, »aufleuchtende Erkenntnis«. Vgl. *affektiv, Interjektion, Symptom.* Ähnlich Spengler: Die Ausdruckssprache erstrebt einen Eindruck, die Mitteilungssprache heischt Antwort. Kainz: Die Sprache erwächst aus Ausdruckszwang und Eindruckswillen.
4. Bei Révész: Eine der sechs *Funktionen* der Sprache.
5. Bei Riesel: Ausdruckswert = *Intention.*

Ausruf s. *Interjektion.*

Aussage
1. Irreführendes Synonym für einen Spezialfall der Aussage, die *Mitteilung.*
2. In der *Mathem. Logik: Behauptung.*
3. Überwiegende (in diesem Buch ausschließliche) Bedeutung: alle *Sprachgebilde,* die

zur *Rezeption* bestimmt sind (oft »Äußerung« genannt). Formen der Aussage sind *Interjektion, Ellipse, Satz* und *Text*. Aussagen lassen sich unterscheiden:
+ nach der *Intention* des Senders
+ nach der *Rezeption* durch den *Empfänger* und dem *Effekt* auf den Empfänger
+ nach ihrer *Funktion*
+ nach ihrem Gehalt an *Innovation* (vgl. *Redundanz, Tautologie, Lüge).*

Vgl. *affirmativ, performativ, Appraisor, äquipollent, diskursiv, Sprachhandlungstypen, Verwendungsarten.*

Äußerung Unscharfes Synonym für *Aussage,* auch für *Ausdruck.*

Bedeutung engl. meaning, bei Frege »Wahrheitswert«: Synonym für *Wortinhalt.* »Die Ansicht, daß zu den Wörtern Bedeutungen gehören, ist ein Zweig der Magie« (Ogden/Richards). »Die Bedeutung eines Wortes ist sein Gebrauch in der Sprache« (Wittgenstein). Vgl. *Bezug, Definition, Interpretation.*

A k t u e l l e B e d e u t u n g : Die Verwendungsweise eines Wortes, wenn sie durch *Kontext* oder *Vorverständnis* eindeutig festgelegt ist.

Bedeutungswandel Verschiebung des *Wortinhalts.* Kaum ein Wort behält seine Bedeutung über Jahrhunderte bei, mancher Wortsinn ändert sich binnen weniger Jahre (»Gesellschaft« von High Society zum politischen Schlüsselwort). »Die Sprache ist nicht ein Etwas wie Pulver, sondern ein Ereignis wie die Explosion« (Steinthal).

Willkürliche Bedeutungsverschiebung *(Sprachlenkung)* findet statt:
+ durch *Sprachnormung* und *Zunftsprachen*
+ zum Zweck der *Manipulation.*

In den meisten Fällen ist nicht bekannt, wieviel Willkür im Spiel war:

1. *Verlagerung:* »artig« von »kunstvoll, gefällig« zu »folgsam«.
2. *Verschlechterung,* ein Spezialfall der Verlagerung: »gemein« von »gemeinsam« zu »niederträchtig«.
3. *Verengung:* »Hochzeit« von »Fest« zu »Heiratsfest«.
4. *Differenzierung* (z. T. durch *Dissimilation):* aus althochdeutsch *stat* (Ort, Stelle) einerseits »Städte«, andererseits »Stätte«.
5. *Erweiterung,* Übertragung, Sinnstreckung, Bedeutungssprung: *Metapher.*
6. *Ausuferung (vgl. Logos).*

Vgl. *Definition, Disjunktion, Homonyme, Wortkreuzung* 2, *Überlieferung.*

Bedingungssatz auch Konditionalsatz, hypothetische Periode: ein Satz, der aus einer Bedingung (Voraussetzung, Annahme, Kondition, Protasis) und einer Folgerung (Konsequenz, Apodosis) besteht, oft nach dem Schema »wenn—dann« (Wenn einer eine Reise tut, dann kann er was erzählen). Vgl. *Satzbau, Stilfiguren, Implikation* 1.

Befehl Ein *Sprachhandlungstyp:* der einseitige *Sprechakt*, der auf den *Effekt* angelegt ist; ein Spezialfall des *Appells,* ein Grenzfall der *Kommunikation*. Vgl. *Monolog.*

Begriff Schillerndes Sammelwort.

1. Irreführendes Synonym für *Wort.*
2. Das Wort als Gegenstand des Denkens.
3. Bei Jaspers: der Mittler zwischen Wort und Sache (vgl. *Bezug*). »Es zeigt sich, daß der Begriff immer mitspricht, daß Worte nur vermöge eines in ihnen mitgetroffenen Begriffs einen Sinn gewinnen.«
4. Ein Wort für eine *Abstraktion*. Nur in dieser Bedeutung wird »Begriff« in diesem Buch verwendet. Der *Begriffsinhalt* ist somit ein Spezialfall des *Wortinhalts*.

Die B e g r i f f s b i l d u n g geschah in der Frühzeit der Sprache und geschieht bei Kindern zunächst durch *Personifizierung,* später durch *Abstraktion, Hypostasierung* und *Klassifizierung.* Vgl. *Oberbegriff, Dichotomie, Universalien.*

B e g r i f f s s c h r i f t : Freges Wort für *Notation.*

Behauptung auch Assertion, *Proposition:* ein *Sprachhandlungstyp,* eine häufige Form der *Aussage* (in der *Mathem. Logik* mit »Aussage« gleichgesetzt). Behauptungen können sein:
+ objektiv richtig und neu (die erstrebenswerte Form der *Mitteilung)*
+ objektiv richtig, aber *Tautologie*
+ objektiv falsch: *Irrtum*
+ subjektiv falsch: *Lüge*

Behördensprache auch Amts-, Verwaltungs-, Bürokratensprache: die *Zunftsprache* der Behörden. Sie ist vor allem gekennzeichnet durch:
+ das Streben nach letzter Exaktheit, die sich in gehäufter *Zusammensetzung* äußert (Einkommensteuervorauszahlungsbescheid)
+ Bildung neuer *Oberbegriffe* (Verkehrsteilnehmer)
+ starke *Abstraktion* (Zeitkarteninhaber)
+ *Schachtelsätze* und geringe *Verständlichkeit*.

Vgl. *Sprachlenkung, Sprachnormung, Kommunikative Effizienz.*

Belehrung Ein *Sprachhandlungstyp*, eine *Intention* von Sprechern, eine *Funktion* der Sprache — nach Platon eine von zweien: Die Sprache sei ein Werkzeug, »einander zu belehren und das Sein zu gliedern«. Vgl. *Deutung und Ordnung, Information, Überlieferung.*

Berufssprache s. *Zunftsprache.*

Bezug Bezugnahme, Denkakt, engl. reference: bei Ogden/Richards u. a. der geistige Prozeß, der das Wort oder den Satz (*Symbol*) mit dem *Objekt* verbindet. Bezug entspricht damit ungefähr dem *Begriff* bei Jaspers, der *Idee* bei Locke, dem *Zugriff* bei Weisgerber und ist dem *Abbild* bei Humboldt verwandt. Vgl. *Innere Sprachform.*

An eine direkte Verbindung zwischen Wort und Objekt zu glauben, ist »der Ursprung fast aller Schwierigkeiten, auf die das Denken stößt... Der Fortschritt unseres Wissens ist die Zunahme unserer Fähigkeit, auf Objekte so Bezug zu nehmen, wie sie tatsächlich zusammenhängen« (Ogden).

Vgl. *Abstraktion, Bedeutung, Wortinhalt, Semiotik* 3.

Bilinguismus (lat.) Zweisprachigkeit, auch Bilingualität:

1. Die Beherrschung zweier *Hochsprachen* durch ein Individuum; i. U. zur *Diglossie*, der Beherrschung eines Dialekts und der zugehörigen Hochsprache.

2. Die Verwendung zweier *Sprachsysteme* in einer Region, z. B. des Deutschen und des Französischen im Elsaß und in Teilen der Schweiz. Vgl. *Sprachmischung.*

Buchstabe s. *Laut.*

Buchstabenhäufigkeit Die häufigsten Buchstaben in beliebigen Texten sind (in absteigender Reihe):

Deutsch:	E — N — I — R — S/T
Englisch:	E — O — T — H — A
Französisch:	E — S — A — N — I
Spanisch:	A/E — O — I — N
Italienisch:	E/A/I — O — N

Großenteils sind Buchstaben *nicht* gleichbedeutend mit *Lauten*; so erklärt sich die Häufigkeit des englischen H mehr aus dem Laut *th* als aus dem gesprochenen h-Laut.

Buchstabenzauber auch Buchstabenmagie — derjenige Teil der *Wortmagie,* der sich seit Erfindung der Schrift breitmachte: die Lehre der Kabbala (Spanien, 13. Jh.), daß die Welt durch die Verbindung Gottes mit den 22 Buchstaben des hebräischen Alphabets entstanden sei; der Zachariassegen, ein Talisman gegen die Pest, bestehend aus den Anfangsbuchstaben der Wörter eines lat. Gebets (bis ins 19. Jh.); das Magische Quadrat, am bekanntesten das im antiken Pompeji aufgezeichnete aus fünf Wörtern, die sich vorwärts, rückwärts, abwärts und aufwärts lesen lassen *(Palindrom):*

SATOR
AREPO
TENET
OPERA
ROTAS

Die Formel wurde bis ins 18. Jh. als Zauber gegen Seuchen und Feuer verwendet, obwohl ihre Bedeutung unklar ist: Die seit fast zweitausend Jahren andauernden Übersetzungsversuche reichen von »Sämann Arepo hält mit Mühe die Räder« bis »Christus, der Sämann, hält mit dem Pflug des Kreuzes das Rad des Schicksals auf«. Außerdem läßt sich aus den Buchstaben zweimal »Pater noster« (Vater unser) bilden.

Moderner Buchstabenzauber: je mehr Buchstaben zur Kennzeichnung des Autotyps am Heck (SE, tii, GXL), desto größer die Schadenshäufigkeit (HUK-Verband 1973).

Chrië (griech.) Anwendung, Gebrauch: historisches Wort für die Regeln der *Rhetorik.* »In rhetorischen Dingen, Chriën und dergleichen tat es mir niemand zuvor« (Goethe).

Corpus Ein *Text* oder eine Sammlung von Texten, die zum Objekt linguistischer Untersuchung gemacht werden.

Definition (lat.) Eingrenzung: der Versuch, den *Wortinhalt* durch Wörter oder Handlungen festzulegen und zu verdeutlichen. Die Absicht des Definierenden kann sein:

a) den Sprachgebrauch zu *ermitteln* (bei Dubislav: »Feststellung«) und ihn alsdann zu fixieren (Wörterbücher). Vgl. *Sprachnorm.*

b) den Sprachgebrauch zu *verändern* für die Zwecke einer *Zunftsprache* oder der *Manipulation.* Vgl. *Bedeutungswandel, Sprachnormung.*

c) eine bestimmte, zeitlich oder räumlich begrenzte Verwendung festzusetzen, z.B. für ein Buch oder eine Diskussion. Dubislav nennt (b) und (c) »Festsetzung«.

Die gebräuchlichsten Definitionsmethoden:

1. *Zeigdefinition* (deiktische, demonstrierende, symbolisierende, ostensive, wortlose Definition): Das zu definierende Objekt wird real oder als Abbildung vorgeführt. Typisch für die frühe Kindersprache und moderne Formen des Fremdsprachunterrichts; unentbehrlich, wann immer einer das Objekt noch nie gesehen hat (keine Definition von »Blume« kann eine lebendige Vorstellung der Blume vermitteln). Verwandt ist die *operative* (operationale) Definition: anfassen, nachmessen, ausprobieren.

2. *Substituierende,* synonymische Definition: die kürzeste Definition mit *sprachlichen* Mitteln. Ein Wort wird durch ein anderes von gleicher Bedeutung (ein totales *Synonym*) ersetzt, z.B. Samstag durch Sonnabend. Ist »Sonnabend« bekannt, braucht keine Erklärung stattzufinden. Typische Definition in zweisprachigen Wörterbüchern, wann immer die Begriffe sich decken.

A n a l y t i s c h e D e f i n i t i o n e n — die häufigste Art: Die Bedeutung eines in Gebrauch befindlichen Wortes wird mit Hilfe anderer Wörter erläutert und eingegrenzt.

3. *Realdefinition,* in der Philosophie als vorbildlich betrachtet: Angabe der nächsthöheren Gattung, genus proximum (Ein Schimmel ist ein Pferd...), und des artbildenden Unterschieds, differentia specifica (..., das weiß ist). Vgl. *Oberbegriff, Deskriptor, Klassifizierung, Subsumierung.* (Das Wort »Realdefinition« ist irreführend, weil sie eine Definition durch Wörter genau wie die Nominaldefinition ist.)

4. *Nominaldefinitionen* sind i.U. zur »Realdefinition« *unsystematische* Erklärungen, z.B. durch Kontrast (Hart ist das Gegenteil von weich), auch komplementäre Definition; durch Ähnlichkeit mit Betonung des Unterschieds (Lila ist eine ähnliche Farbe wie Violett, aber etwas heller); durch Verursachung (Der Donner ist die akustische Folge des Blitzes); durch räumliche Beziehung (Ein Nachbar ist ein Mensch, der neben mir wohnt); durch zeitliche Beziehung (Der Januar ist der erste Monat des Kalenderjahrs).

Kant läßt alle analytischen Definitionen nicht als Definitionen gelten, sondern nur als Annäherungswerte. Bezieht sich die Definition auf empirische Begriffe, so spricht er von *Explikation* oder »Wortbestimmung«, bei abstrakten Begriffen von *Exposition*, einer »Erörterung«, die man »vorläufig auf einen gewissen Grad gelten lassen kann«.

5. *Synthetische Definition, Deklaration*: Eine *Wortschöpfung* oder eine neue *Wortbildung* oder eine willkürliche *Bedeutungsverschiebung* werden durch vorhandene Wörter definiert. In der *Mathem. Logik* heißt dieses Verfahren *explizite Definition.*

Ferner werden unterschieden: *Extensionale Definition* (Erklärung des *Begriffsumfangs*) und intensionale Definition (Erklärung des *Begriffsinhalts,* nach dem Muster: Der Begriffsinhalt von »Schimmel« ist »Pferd plus weiß«).

Die *axiomatische Definition* beschränkt sich darauf, das Auftreten eines Wortes in einem Axiomsystem ohne Rücksicht auf seinen Inhalt zu beschreiben (*Mathem. Logik*).

T y p i s c h e F e h l e r beim Definieren sind:

a) *Zirkeldefinition:* Das zu definierende Wort wird zum Bestandteil der Definition gemacht.

b) *Tautologie:* Das zu definierende Wort wird nicht erklärt, sondern wiederholt. Doch gibt es fließende Übergänge zur substituierenden Definition.

c) *Unvollständigkeit:* »Ein Dackel ist ein Hund mit kurzen Beinen« — es fehlen weitere Merkmale, da Möpse ebenfalls kurze Beine haben.

d) *Widersprüchlichkeit*, contradictio in adjecto: »rundes Viereck«.

e) *Parteilichkeit.* »Konjunktur — Bezeichnung für die Aufschwungphase des kapitalistischen Krisenzyklus« (DDR-Wörterbuch).

Erschwerungen der Definition: S. 197 bis 210. Vgl. *Interpretation, Kontext, Semantik, Sprachkritik, Verständlichkeit.*

Defizienz (lat.) Mangel: das Fehlen von Wörtern und grammatischen Formen, für die an sich Bedarf bestünde; i. U. zur *Abundanz*, dem Überangebot.

1. *Fehlende Wörter*, semantische Defizienz: *Wortlücke*

2. *Fehlende Formen*, grammatische oder sturkturelle Defizienz: Das deutsche SIE kann eine Frau, viele Männer, die Anrede einer Person oder die Anrede vieler Personen bedeuten. Die mündliche Frage »Haben SIE SIE gesehen« kann meinen: Haben Sie die Frau (Sie sie), Sie die Männer (ebenfalls Sie sie), die Jäger die Rehe (sie sie), oder die Rehe Sie gesehen (sie Sie). Engl. stehen dafür fünf Formen zur Verfügung, franz. mündlich acht, schriftlich siebzehn (Wandruszka).

deiktisch s. *Zeigfeld.*

Deklaration (lat.) förmliche Kundgabe; bei Kant: ein häufig praktizierter Ersatz für die *Definition.*

Deklination Unterbegriff der *Flexion.*

dekodieren s. *Kode.*

Denotat, Denotation Die konventionelle Haupt*bedeutung* eines Wortes; i.U. zu seinen Nebenbedeutungen, den *Konnotaten*. Vgl. *Wortinhalt.*

Dependenzgrammatik Die von Tesnière begründete Methode, den *Satz* nicht nach seiner linearen Erscheinungsform zu beschreiben (wie seit Aristoteles üblich), sondern nach seinen inneren Dependenzen (Abhängigkeiten). An der Spitze der Rangordnung steht das *Verb* als Satzmittelpunkt; alle anderen Wörter sind seine Ergänzungsbestimmungen (Duden: »Mitspieler«). Je mehr Mitspieler ein Verb hat, desto höher seine Wertigkeit *(Valenz).* Die Abhängigkeiten werden durch einen *Strukturbaum* dargestellt:

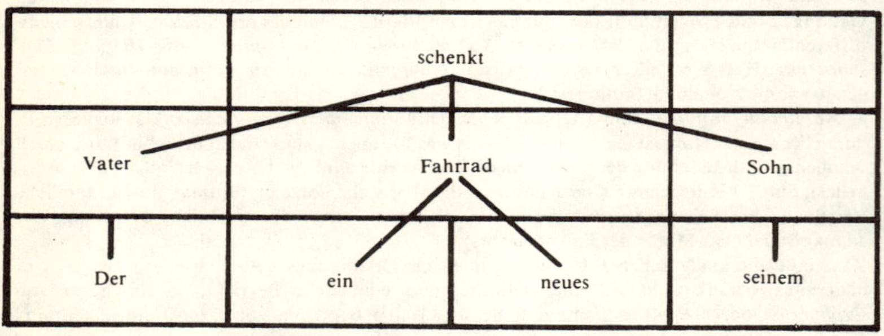

Unter dem regierenden Verbum rangieren die Kernwörter, mit deren Hilfe bereits eine *Aussage* entsteht: Das Schenken des Fahrrads geht vom Vater zum Sohn. Vgl. *Struktur, Transformationsgrammatik, Konnotat* 4.

deskriptiv (lat.) beschreibend. S. deskriptive *Grammatik* und deskriptive *Linguistik.*

Deskriptor s. *Appraisor.*

Deutung und Ordnung eine *Funktion* der Sprache: die Gliederung und Interpretation der Außen- und Innenwelt mit Hilfe der *Begriffsbildung*, »das Verlangen nach Zusammenhang« (Saint-Exupéry). Vgl. *Abstraktion, Hypostasierung, Klassifizierung, Personifizierung, Subsumierung.* Deutung von Texten: *Interpretation.* S. auch *Belehrung, Legitimation.*

diachronisch Seit Saussure das Fachwort für den hist. Teil der *Sprachwissenschaft:* die *Sprachgeschichte.* Vgl. *synchronisch, Linguistik.*

Dialekt (griech). Redeweise; auch Mundart: die Umgangssprache einer regionalen Gruppe, i.U. zur *Hochsprache.* Vgl. *Soziolekt.* Das meiste, was »Dialekt« genannt wird, ist heute eine Mischform: jene Redeweise, die den Einheimischen als Hochdeutsch und nur den Auswärtigen als Dialekt erscheint; so das s-t in Holstein und Niedersachsen, während die Mundart das Plattdeutsch ist, oder die Aussprache schweizerischer Nachrichtensprecher.
Typisch für Dialekte ist Armut an abstrakten, Reichtum an konkreten Wörtern; Bewahrung von Wörtern, die in der Hochsprache abgestorben sind; eigenwillige oder lückenhafte Flexion.

Die soziale Geltung der Dialekte hat in jüngster Zeit wieder zugenommen; ihre Verbreitung nimmt jedoch unter dem Einfluß des Fernsehens und der hohen Mobilität ab. Regional wächst die Geltung im deutschen Sprachraum von Nord nach Süd, mit dem Höhepunkt in der Schweiz, wo der Dialekt dem Rang einer Hochsprache nahe ist und Dialektpoesie gepflegt wird (»Im schueumeischtere sy di meischte schwyzer schwyzermeischter«).

»Die Hochsprache gibt dem Befehl eine gewisse Verschärfung, ohne daß der Befehlende brüllen muß« (Max Frisch über die Schweizer Armee). »Dialekt ist die Unterwäsche des Menschen, Hochdeutsch die Konfektion, die er darüber trägt« (F.X. Kroetz). Ohne Dialekte würde die Sprache »marklos an der Auszehrung verquinen« (Turnvater Jahn).

Dialektbeispiele: *Assimilation, Flexion, Lautstruktur, Metathese, Wiederholung*. Vgl. *Akzent, Diglossie, Wortschöpfung.*

Diärese (griech.) Trennung, Zerteilung.

1. Getrennte Aussprache zweier Vokale, die sonst als *ein* Laut ausgesprochen werden, oft durch ein Trema (zwei Punkte über dem zweiten Vokal) gekennzeichnet (Haïti, Noël).

2. Gleichbedeutend mit *Dichotomie.*

Dichotomie (griech.) Zweiteilung, auch Diärese, Binarismus: eine Standardform der *Begriffsbildung*, ein Spezialfall der *Klassifizierung.*

1. Auflösung eines *Oberbegriffs* (Der Mensch...) in zwei Unterbegriffe (...besteht aus Leib + Seele), Subsumierung.

2. Das Denken und Sprechen in Alternativen (*Antonymen*): schwarz + weiß, gut + böse; in der Linguistik: *Abundanz + Defizienz, Analogie + Anomalie, Performanz + Kompetenz* u.a. — ein Ausdruck der allgemeinen Sprachtendenz, die Ränder zu benennen und die Mitte unbenannt zu lassen. Vgl. *Disjunktion.*

Differenzierung s. *Bedeutungswandel* 4.

Diglossie (griech.) Zweisprachigkeit: die gleichzeitige Beherrschung eines *Dialekts* oder *Soziolekts* und der zugehörigen *Hochsprache*; i.U. zum *Bilinguismus.*

Disambiguierung Beseitigung der Doppeldeutigkeit von Wörtern *(Ambiguität)* durch *Definition* oder den *Kontext* oder die *Sprechsituation.*

Disjunktion (lat.) Trennung. In der *Mathem. Logik:* die Verknüpfung zweier Aussagen durch »oder«, wenn dieses *ausschließenden* Charakter hat (entweder — oder: »Ist heute Dienstag oder Mittwoch?«); i.U. zum »oder« im *einschließenden* Sinn von »und«, der »Konjunktion« (»Reiter oder Radfahrer dürfen hier nicht durch«). Vgl. *Antonym, Dichotomie.*

diskursiv (lat.) durchlaufend; auch sukzessiv, linear:

1. Das Denken in der zeitlichen Abfolge von *Begriffen*; typisch beim Zählen, unvermeidlich bei allen *Sprachhandlungen*, die mit logischem Denken verbunden sind.

2. Das notwendige Nacheinander jeglicher *Aussage* und *Rezeption.*

Dissimilation (lat.) Entähnlichung.

1. Ein Spezialfall des *Lautwandels:* die Auseinanderfaltung eines Wortes in zwei verschiedene Lautgestalten (aus lat. *libellum* = Niveau + Libelle, *costa* = Küste + Kotelett, aus italienisch *tartufolo* = Trüffel + Kartoffel).

2. Die Herstellung verschiedener Schreibweisen zur Unterscheidung gleichlautender Wörter *(Homophone).* Vgl. *Bedeutungswandel* 4.

Dissoziation, Dissoziierung (lat.) Auflösung: die in der Sprachentwicklung häufige Trennung von *Wortfeldern* in Wörter verschiedener Herkunft, das Fehlen etymologischer Kohärenz; bes. engl., auch franz. (deutsch: Stein — ver*stein*ern; engl. aber: stone — petrify; deutsch: Mund — *münd*lich, franz. jedoch: bouche — oral). Vgl. *Suppletion.*

Distribution (lat.) Verteilung: der Versuch einer Schule der strukturalistischen *Linguistik*, alle sprachlichen Elemente (*Laute, Morpheme, Lexeme)* allein durch ihre Verteilung und ihre Umgebung zu beschreiben (*ich* und *ach*: unterschiedlicher ch-Laut je nach der vokalischen Umgebung). Vgl. *Allophon, Kontext, Segmentierung.*

Echosprache auch Nachahmung, Imitation, griech. Echolalie: das verständnislose Nachsprechen von Lauten und Wörtern, zumal bei Kindern im Frühstadium der Sprachentwicklung, auch bei Geisteskranken. Vgl. *Wiederholung.*

Echowörter Klangnachahmende Wörter: Unterbegriff der *Lautsymbolik.*

Effekt (lat.) Wirkung, Erfolg. Im weiteren Sinn: das, was eine *Aussage* beim *Adressaten* bewirkt — im Grenzfall nichts oder das Gegenteil dessen, was der *Sender* beabsichtigte (mißglückte *Kommunikation).*

Im engeren Sinn: das Eintreten desjenigen Erfolgs, der die *Intention* des Senders war: gehört/gelesen zu werden — verstanden zu werden — akzeptiert zu werden — zu einer Handlung anzustiften. Austin unterscheidet:

1. *locutionary act* (lokutiver Akt): die bloße Feststellung (»Der Hund ist bissig«)

2. *illocutionary act* (illokutiver Akt): die engagierte Mitteilung (deshalb warne ich dich vor ihm). Vgl. *Appell.*

3. *perlocutionary* act (perlokutiver Akt): das Eintreten des gewünschten Effekts (der Gewarnte läßt den Hund in Ruhe).

Vgl. *Befehl, Manipulation, Rezeption, Verständlichkeit.*

elaborierter Kode Nichtübersetzung von engl. elaborated code: ausgeformter Sprachbesitz; i. U. zum beschränkten Sprachbesitz (restricted code). Vgl. *Soziolinguistik.*

Ellipse (griech.) Mangel, auch Schrumpfsatz, Torsosatz, Quasisatz, Aussparung, Setzung: eine *Aussage*, die inhaltlich vollständig, grammatisch jedoch i.U. zum konventionellen *Satz* unvollständig ist.

1. Nur einzelne Wörter fehlen, die Aussage bleibt verständlich: Wie gewonnen, so zerronnen. »Publikum noch stundenlang wartete auf Bumerang« (Ringelnatz). So auch der absolute Nominativ: »Man saß am Tisch, er hinein« (Büchner).

2. So viele Wörter fehlen, daß die Aussage nur durch *Sprechsituation* oder *Vorverständnis* verständlich wird (»Her damit!«).

Sprachgeschichtlich und in der Kindersprache ist die Ellipse keine Schrumpfung, sondern die Urform der Aussage, der Satz also umgekehrt eine Ausweitung der Ellipse. In der *Schriftsprache* sind die Ellipsen im Vordringen.

Ellipsen werden auch als *Stilfigur* verwendet *(Aposiopese). Semantische Ellipse:* Ein einzelnes Wort nimmt eine Bedeutung an, die zuvor durch ein *Syntagma* ausgedrückt wurde: Statt »Er sitzt im Gefängnis« nur »Er sitzt«.

Vgl. *Kontext, Redundanz, Umgangssprache, Wortverkürzung.*

Emotion (lat.) Gemütsbewegung: ein Bestandteil vieler *Sprechakte,* z.B. *Appell* und *Urteil.* Vgl. *affektiv, Appraisor, attitudinell, Entlastung.*

Empfänger (lat.) Rezipient: der *Hörer* und Leser; i.U. zum *Sender* (dem *Sprecher* und Schreiber) und zum *Adressaten* (der Person, der eine *Aussage* zugedacht ist, gleichgültig, ob sie sie empfängt oder nicht). Vgl. *Rezeption, Sprechsituation, Zuhörer.*

Energeia (griech.) Tat, Akt, Wirksamkeit — Schlüsselbegriff Humboldts in Anlehnung an Aristoteles: Die Sprache »ist kein Werk (Ergon), sondern eine Tätigkeit (Energeia) ... Die eigentliche Sprache liegt in dem Akte ihres wirklichen Hervorbringens.« Vgl. *Sprachsystem, Sprechakt.*

enkodieren s. *Kode.*

Entlastung auch Tröstung: eine *Funktion* der Sprache: *Gebet, Monolog, Utopie,* Beichte, Selbstdarstellung, Kurzweil, Beleidigung, Schimpfen, Spott. Vgl. *affektiv, Emotion.*

Entropie (griech.) Umkehrung, Umwendung.

1. Falsches Synonym für Negentropie oder *Innovation.*

2. Unsicherheit, Merkmallosigkeit. Die Information WAGEN ist merkmalsarm (entropisch), da man ihr nicht entnehmen kann, ob sie das Substantiv im Singular, oder im Plural, oder das Verbum bezeichnet. Mit zunehmender *Information* (»die Wagen«, »wir wagen«) nimmt die Entropie ab.

3. Der Niedergang einer Sprache. Vgl. *Flexion, Lautverfall, Sprachklischee, Wortschwund.*

Epenthese (griech.) Hinzusetzung, Unterbegriff des *Lautwandels:* Einschub eines Lautes zur Erleichterung der Aussprache (deutsch: wissen*t*lich, französisch: y a-*t*-il...?) Vgl. *Assimilation, Infix.*

Epipher Unterbegriff der *Wiederholung: am Ende* eines Satzes oder Satzteils (»Die Zeitung sieht alles, weiß alles, sagt alles«); i.U. zur *Anapher.*

Erfahrungshorizont Ein Bestandteil des *Vorverständnisses.*

Ergon (griech.) Werk — bei Humboldt: das, was die Sprache *nicht* ist (denn sie ist *Energeia);* teils von ihm aber so definiert, daß Ergon sich mit dem *Sprachsystem* deckt.

Erwartungshorizont Bestandteil des *Vorverständnisses.*

Etymologie Geschichte des *Wortinhalts*, Zurückführung eines Wortes auf seinen Ursprung, genauer: auf die älteste nachweisbare Station. Die Nachweise können nicht älter sein als die

Schrift, erstrecken sich also nur auf das letzte Hundertstel der Sprachentwicklung. Vgl. *Bedeutungswandel, Dissoziation, Lexem, Semantik, Stammwort, Substitution, Wortbildung, Wortschöpfung, Wurzel.*

Euphem, Euphemismus (griech.) gute Rede: die schönfärberische Umschreibung, Unterbegriff der *Metapher*, eine Erschwerung von *Definition* und *Interpretation*, oft ein Versuch der *Sprachlenkung* und der *Manipulation* — früher »erkennen« für begatten, »das Zeitliche segnen« für sterben, heute »Lebensversicherung« für »die zweiseitige Spekulation mit dem Todestermin« (Gehlen). Vgl. *Sprachtabu.*

Fahrlässiger Euphemismus: die Technik des Wetterberichts, bei zwanzig Grad Kälte von »*frischen* Winden aus Ost bis Nord« zu sprechen.

Exegese (griech). Auslegung, vor allem religiöser Texte; ein Grenzfall der *Interpretation.*

Explikation (lat.) Entfaltung, bei Kant: »Erklärung, Wortbestimmung« — ein oft notwendiger Ersatz für die *Definition.*

Exposition (lat.) Herausstellung, dann auch: Darlegung, Auseinandersetzung; bei Kant: »Erörterung«, eine Annäherung an die *Definition.*

expositorisch (lat.) darlegend — in der deutschen Gymnasial-Linguistik: alle *Texte*, die nicht *fiktional* sind, d.h. Sachbücher, Gesetze, Nachrichten, Gebrauchsanweisungen usw.

Fachjargon s. *Zunftsprache.*

fiktional (lat.) gestalterisch, auf Fiktion beruhend: *Texte*, die nicht *expositorisch* sind, also Roman, Erzählung, Gedicht, Drama, Drehbuch, Schlagertext. Vgl. *Stilebene.*

Flexion Die Veränderung der Verben durch Konjugation, der Substantive, Adjektive und Pronomen durch Deklination; ein Teil der *Morphologie.*

Die *Deklination* war in den meisten *Dialekten* immer lückenhaft (kein Genitiv: »dem Müller sein Kind«). In der *Hochsprache* ist sie im Dativ rückläufig: Goethe schrieb Werther*n*, Lott*en*, Helene*n*, Schopenhauer noch Kant*en* (zu Immanuel Kant). Im Zeitungsdeutsch wird sie weiter eingeschränkt: »für Experte Meier« (vgl. *Apokope).* In der *Umgangssprache* gibt es jedoch auch die gegenläufige Bewegung (falscher Dativ): dem Autoren, dem Typen.

Die *Konjugation* ist ebenfalls rückläufig: der Konjunktiv, in der Umgangssprache nie beliebt, stirbt auch in der *Schriftsprache* ab. Dialektspezifische Konjunktive sind ebenso im Aussterben (bayer. früher: »Bals amoi *rang*, daß da Dreck *spratz*« — Wenn es mal regnete, daß der Dreck spritzte!).

Flußdiagramm Die Kombination von Wörtern (im Telegrammstil) mit geometrischen Figuren zur rationellen und leichtfaßlichen Aufzeichnung von Arbeitsabläufen, meist mit der Aufforderung zu Ja-Nein-Entscheidungen. Vgl. *Kunstsprache, Pasigraphie, Programmiersprache, Sprachnormung, Verständlichkeit.*

Formalisierung Die Umwandlung einer natürlichen Sprache in eine *Kunstsprache* nach vereinbarten Regeln und die Schaffung einer *Notation*, bes. in der *Mathem. Logik* und der *Programmiersprache.*

Formativ (lat.) das Gestaltende. Bei Chomsky: die kleinsten lexikalischen Einheiten *(Wörter)* und grammatischen Einheiten *(Taxem, Morphem).* Aus ihnen bauen sich die *Konstituenten* auf. Vgl. *Transformationsgrammatik, Satz.*

Frage Ein *Sprachhandlungstyp* und eine *Intention* beim Sprechen. Für Révész ist die Frage (interrogative Sprachhandlung) die wertvollste Sprachleistung, weil sie meist ein *Gespräch* nach sich zieht. Fragen können ihrem Inhalt nach auch *Behauptungen* sein (»Ist das Wetter nicht herrlich?«) Vgl. *Adressat, Kommunikation.*

Franglais Franz. Scherzwort für den franz.-engl. Sprachmischmasch in vielen modischen und technischen Bereichen. Vgl. *Anglizismen, Interferenz.*

Fremdwort Wort aus einer fremden Sprache, solange es als fremd empfunden wird (Bureau); i.U. zum *Lehnwort*, dem eingebürgerten Fremdwort (Büro), zumal wenn seine fremde Herkunft nur noch dem Fachmann erkennbar ist (Fenster). Wichtiger ist die Unterscheidung nach *Verständlichkeit:*

1. den meisten unverständlich (wie hier *Anadiplose, Aposiopese).*
2. allen Gebildeten verständlich (Substantiv)
3. jedermann verständlich, aber noch als fremd erkannt (interessant).

Verfahren läßt sich mit Fremdwörtern auf viererlei Weise:

a) Sie werden unverändert übernommen (Parfum)
b) Sie werden im Schriftbild oder in der Aussprache eingedeutscht (Parfüm)

c) Sie werden übersetzt (»Vertrag« für Kontrakt)

d) Sie werden wieder aus dem Wortschatz getilgt (»Offizin« für Apotheke und Druckerei; Goethe: »präsumtuos« für überheblich).

Hinzu kommt eine große Zahl von Wörtern, die ohne irgendeine Einbuße gestrichen werden könnten (hier z.B. *Akkumulation, kognitiv*). Vgl. *Anglizismen, Interferenz, Internationalismus, Kunstwort, Sprachmischung, Substitution, Übersetzung, Wortkreuzung* 2.

Funktion Die Funktionen, Aufgaben, Leistungen der Sprache; i.U. zu den *Intentionen* der Sprecher, von denen sie gleichwohl schwer zu trennen sind. Vgl. *Verwendungsarten*. Die wichtigsten Funktionen der Sprache sind *Kommunikation* und *Kontakt, Deutung* und *Ordnung, Entlastung, Legitimation, Manipulation, Überlieferung, Utopie.*

Gaunersprache auch Rotwelsch, franz. Argot — ein *Soziolekt:* die Sondersprache von Asozialen, für Außenstehende oft unverständlich. Vgl. *Geheimsprache, Vulgärsprache, Slang.*

Gebet Ein *Sprachhandlungstyp* und eine häufige *Verwendungsart.* Vgl. *Entlastung, Wortmagie.*

Geheimsprache Eine *Kunstsprache* oder eine verschlüsselte Normalsprache, die die *Kommunikation* auf einen bestimmten Zirkel begrenzen soll (*Sprachbarriere*). Dies ist ein wesentliches Element der *Kultsprache* und der *Gaunersprache* und ein häufiges Motiv für die Verwendung einer *Zunftsprache.*

Gemeinsprache Das gemeinsame Sprachgut einer *Sprachgemeinschaft* über den *Dialekten* und *Soziolekten*, bestehend aus *Umgangssprache* und *Hochsprache.*

Generative Grammatik s. *Transformationsgrammatik.*

Germanismus Eine *Interferenz*-Erscheinung: Die Übertragung deutscher Sprechgewohnheiten auf eine Fremdsprache (negativer Transfer); z.B. deutsch gefärbte Aussprache, deutscher Satzbau, falsche Wortwahl (für schmal »small«, für Smoking »smoking« statt »dinner-jacket«, für Friseur »friseur« statt »coiffeur«).

Geschlecht Grammatisches Geschlecht (lat. Genus): die Einteilung von Substantiven und Pronomen in männliche und weibliche, z.T. auch sächliche — in lockerer Anlehnung an das natürliche Geschlecht (lat. Sexus), oft auch im Widerspruch zu ihm: *das Weib, die Sache.* Für *das Mädchen* und *das Fräulein* wird meist das natürliche Geschlecht *(sie)* eingesetzt (vgl. *Sprachnorm*). Die weiblichen Wörter sind am häufigsten; ihr Anteil steigt noch durch die wachsende Vorliebe für abstrakte Wörter auf -ung, -heit, -keit.

Gespräch auch Zwiegespräch, Dialog, angepaßte *Information* (Piaget): die häufigste *Sprechsituation.* Der einseitige *Sprechakt* wird zum Gespräch, wenn der *Adressat* mit Frage oder Antwort reagiert. Vgl. *Kommunikation, Kontakt, Frage, Monolog, Sprachhandlungstypen.*

Das Gespräch ist nicht die bloße Summe von Sprechen und Hören, sondern »eine Leistungsgestalt höherer Art« (Kainz).

Gleichnis Bildhafter Vergleich, der i.U. zur *Metapher* das Bild *und* die Sache nennt: »Der Winter unseres Mißvergnügens« (Shakespeare). Die philologische Unterscheidung ist linguistisch nicht erheblich: »Ein Wüstenschiff zog vorüber« (Metapher) und »Das Kamel zog wie ein Wüstenschiff vorüber« (Gleichnis) entstehen aus denselben Antrieben und haben eine ähnliche Wirkung. Vgl. *Stilfiguren.*

Glossem Bei Hjelmslev: die kleinste sprachliche Einheit, bestehend aus Kenem (*Laut*) und Plerem *(Lexem).*

Glossematik, auch Kopenhagener Schule: ein Zweig der strukturalen *Linguistik.*

Glossolalie (griech.) Zungenreden: ekstatisches Sprechen oder Lallen in religiöser Verzückung. »Denn der mit Zungen redet, der redet nicht den Menschen, sondern Gott« (1. Korinther 14,2) Vgl. *Kultsprache.*

Glottochronologie Die Lehre von den Zeitbestimmungen in der Sprachentwicklung. Vgl. *Kernwortschatz, Wortschwund, Sprachgeschichte.*

Glottogonie Im weiteren Sinn: die Lehre vom Ursprung der Sprache. Im engeren Sinn: die Geschichte der *Morphologie*. Vgl. *Sprachgeschichte.*

Grammatik Das System von Regeln, nach denen die Wörter einer Sprache gruppiert, konjugiert, dekliniert, ausgesprochen und geschrieben werden *sollen* (normative oder *präskriptive* Grammatik) oder von der Art und Weise, in der dies wirklich geschieht *(deskriptive* Grammatik). Die zweite, duldsame Form der Grammatik ist im Vordringen (Fränkel u.a.). Vgl. *Sprachnorm, Soziolinguistik.*

Die Regelhaftigkeit ist durch *Analogie* entstanden, wird also durch Grammatik nur kodifiziert. »Das Zerschlagen in Wörter und Regeln ist nur ein totes Machwerk wissenschaftlicher Zer-

gliederung« (Humboldt). »Ich bin mißtrauisch, wenn ein Mann 49 Ausnahmen vorbringt, ehe er auf 3 bis 4 Regeln kommt« (Ezra Pound).
Die Gruppierung der Wörter behandelt die *Syntax*, Flexion und Wortbildung die *Morphologie*, die Aussprache die *Phonologie*, die Schreibweise die *Orthographie*. Während sich die Grammatik mit der *Form* der Wörter befaßt, geht die *Semantik* der *Bedeutung* der Wörter nach. Sie steht also neben der Grammatik, wird aber von vielen Linguisten dennoch der Grammatik zugerechnet.
Vgl. *Dependenz-, Transformations-, Universalgrammatik, Anomalie, Polymorphie.*

Grundwortschatz
1. Die Summe der *Stammwörter* eines *Sprachsystems*.
2. Die häufigsten und wichtigsten Wörter eines Sprachsystems, wobei die Grenzziehungen Ermessenssache sind: Basic English 850 Wörter (ohne *Ableitungen* und *Zusammensetzungen*). Deutscher Grundwortschatz nach Wahrig: 14 000 Wörter — darin *nicht enthalten:* reine Dialekt- und Fachwörter, »besonders gehobene« Wörter und Zusammensetzungen, deren Bedeutung sich aus ihren Bestandteilen ergibt; darin *enthalten*: befleißen, erkiesen, spleißen, zeihen.
Vgl. *Wortschatz, Kernwortschatz.*

Hermeneutik (griech.) Auslegung: die Deutung von Texten, vor allem religiösen *(Exegese)* und philosophischen. Vgl. *Interpretation.*

Hochsprache Die Sprachform, die von einer *Sprachgemeinschaft* oder ihren tonangebenden Mitgliedern als vorbildlich und verbindlich anerkannt wird *(Sprachnorm)*; i.U. zu *Dialekt, Soziolekt* und *Idiolekt (Sprachgebrauch).*
Die Hochsprache tritt überwiegend als *Schriftsprache* auf. Mündlich verwendet wird sie nur von Schauspielern, Ansagern und einer Minderheit der Gebildeten (»Hochlautung«). Die Mehrheit bedient sich in mündlicher Rede der *Umgangssprache.* Vgl. *Soziolinguistik, Sprachbarriere.*

Homogramm auch Homograph: ein Wort, das sich genauso schreibt wie ein anderes, aber anders ausgesprochen wird und eine andere Bedeutung hat. Deutsch selten (weg—Weg), engl. häufiger (tear = Träne und tear = reißen). Vgl. *Homonyme.*

Homonyme Gleichlautende Wörter verschiedener Bedeutung; i.U. zu *Synonymen*, verschieden lautenden Wörtern gleicher oder ähnlicher Bedeutung:
1. *Verschiedene Stammwörter* nehmen das gleiche Klangbild an, z.B. durch *Lautwandel* oder *Interferenz* (konvergierende Lautentwicklung): Kluft = Abgrund aus dem Althochdeutschen, Kluft = Kleidung aus dem Neuhebräischen.
2. *Dasselbe Stammwort* nimmt durch Bedeutungssprünge *(Metaphern)* so verschiedene Bedeutungen an, daß der gleiche Effekt wie bei (1) entsteht (divergierende Bedeutungsentwicklung): der Absatz am Schuh und der Absatz von Schuhcreme. Solche Homonyme werden auch *Polyseme* genannt (während andere Linguisten Polysem mit Homonym gleichsetzen).
Homonyme erschweren die *Verständlichkeit: Ambiguität, Definition.* Einige Homonyme sind daher in *Homophone* verwandelt worden. Vgl. *äquipollent, Homogramm, Monosem.*

Homophone Gleichlautende Wörter *verschiedener Schreibweise* und verschiedener Bedeutung (Grad — Grat, knight — night, franz. vert — vers); i.U. zu *Homonymen*, gleichlautenden Wörtern *gleicher Schreibweise* und verschiedener Bedeutung. Homophone entstehen entweder durch historische Zufälle oder durch *Dissimilation* 2.

Hörer Eine Person, die eine mündliche *Aussage* zur Kenntnis nimmt. Soll der Hörer vom *Adressaten* unterschieden werden, so spricht man vom *Zuhörer.* Vgl. *Empfänger, Gespräch.*

Hyperbel s. *Übertreibung.*

Hypostasierung (griech.) Verdinglichung, Vergegenständlichung, Konkretisierung — ein Mittel der *Begriffsbildung* und der *Klassifizierung*: Die Tendenz der Sprache, Abläufe, Zustände, Eigenschaften so zu benennen, als ob sie »Dinge« wären (das Wetter, die Schönheit, das *Sprachvermögen)*; i.U. zur *Personifizierung,* die Abläufen und Dingen mythische Personen unterschiebt. » ›Der Morgen erwacht ‹. Es gibt keinen Morgen! Wie kann er schlafen? Es ist ja nichts als die Stunde, in der die Sonne aufgeht.« (Tieck).
Da die Hypostasierung das Abstrakte so benennt, als ob es konkret wäre, scheint sie das Gegenteil der *Abstraktion* zu sein. Besser wird sie jedoch als diejenige Abstraktion beschrieben, die das Abstrahieren unter dem Vorwand oder mit dem Effekt der Verdinglichung betreibt. Vgl. *Universalien.*

Hypotaxe (griech.) Unterwerfung, lat. Subordination: im *Satz* die Fügung aus Haupt- und Nebensätzen; i.U. zur *Parataxe.* Die Hypotaxe kann zum *Schachtelsatz* entarten. Vgl. *hysteron proteron, Pfeilstil.*

hysteron proteron (griech.) »Späteres früher«, eine Stilfigur: Das zeitlich frühere oder logisch wichtigere Wort oder *Satzglied* wird erst nach einem zeitlich späteren oder weniger wichtigen genannt. (Kleist: »Der Burgvogt, indem er sich noch eine Weste über seinen weitläufigen Leib zuknüpfte, kam und fragte, schief gegen die Witterung gestellt, nach dem Paßschein.«) Vgl. *Schachtelsatz.*

Ideale Sprache Bezeichnung der Erfinder der *Mathem. Logik*, z.T. auch der Erfinder von *Welthilfssprachen* für ihre Erfindung; i.U. zur *Normalen Sprache.* »Eine ideale Sprache würde immer dieselbe Sache durch dasselbe Wort, ähnliche Dinge durch ähnliche Ausdrucksmittel bezeichnen; jede Unregelmäßigkeit oder Zweideutigkeit wäre verbannt; Laut und Bedeutung wären in völliger Übereinstimmung« (Jespersen). Von einer idealen Sprache geht auch Chomsky aus *(Kompetenz).* Vgl. *Kunstsprache, Universalsprache.*

Idee (griech.) Form, Gestalt — vieldeutiges hist. Sammelwort für:

1. die unveränderlichen und unerreichbaren Urbilder oder Archetypen der Dinge (Platon, Hegel); vgl. *Abbildtheorie, Universalien.*
2. das Prinzip, das das Mögliche zum Wirklichen macht und es zur Vollendung bringt (Aristoteles).
3. den regulativen Vernunftbegriff, der, wie »Freiheit« oder »Seele«, die Möglichkeit der Erfahrung übersteigt (Kant).
4. die Vorstellung, die der Mensch sich von einer Sache macht und die er mit einem *Wort* bezeichnet (Locke), vgl. *Bezug.*

Ideenflucht auch Gedankenflucht: rasches Sprechen, bei dem dem Sprechenden das Thema immer wieder entgleitet — Symptom vieler Geisteskrankheiten. Eine Grenze zum üblichen Sprechverhalten ist jedoch schwer zu ziehen. Vgl. *Sprechzwang, Verbigeration.*

Idiolekt Die Summe der *Sprachhandlungen* des Individuums; die persönliche Auswahl, die der Einzelne im Lauf seines Lebens aus dem trifft, was das *Sprachsystem* ihm an Möglichkeiten anbietet; nur scheinbar gleichbedeutend mit Chomskys *Kompetenz.* »Jeder Mensch in seiner Sprache mault, und kein Mensch versteht es, was er jault« (Brecht).

Implikation (lat.) Einbeziehung, das Enthaltensein in.

1. In der *Mathem. Logik:* diejenige Beziehung zwischen zwei Sachverhalten, bei der der eine den andern einschließt oder einschließen soll (wenn — dann; vgl. *Bedingungssatz).*
2. das *Vorverständnis.*

Infix Unterbegriff des *Affixes*: das Einfügsel, insbesondere ein Laut oder eine Silbe, die beim Konjugieren eingefügt werden: lieben — ich lieb*t*e. Vgl. *Epenthese.*

Information

1. Im weitesten Sinn: Unterrichtung über Sachverhalte — von Menschen durch Sprache, von Körperzellen durch Gene usw.
2. Der *Vorgang* des Informierens von Menschen durch Menschen mit Hilfe von Signalen, die Verringerung von Ungewißheit. Vgl. *Kode, Kommunikation, Kybernetik.*
3. Im engsten Sinn und in diesem Buch: nur der *Gegenstand* der Informierung, die *Mitteilung*, bes. die *Innovation.*

Angepaßte Information: *Gespräch*. Vgl. *Belehrung, Überlieferung.*

Bei der Information durch Massenmedien unterscheidet Schelsky: Informationsträger (Verleger, Rundfunkanstalt) — Informationsproduzenten (Journalisten) — Informationskonsumenten. Die Interessen dieser letzten, der »Informationsunterworfenen«, würden von niemandem wahrgenommen.

Informationstheorie auch Nachrichtentheorie:

1. die statistische Untersuchung von *Mitteilungen*, ihrer Übertragung, der Übertragungssysteme und der Störanfälligkeit der Systeme. Vgl. *Entropie, Kode, Kybernetik, Redundanz, Zeichen.*
2. die Untersuchung des Wertes einer Information für den *Empfänger*. Vgl. *Innovation, Kommunikation, Nachricht, Verständlichkeit.*

Innere Sprachform Schlüsselwort bei Humboldt: die Form, in der eine *Sprachgemeinschaft* den »Akt der Verwandlung der Welt in Gedanken« vornimmt. Die Sprachen unterscheiden sich nach Humboldt nicht nur nach Laut und Schrift, sondern vor allem nach der »jeder Sprache eigentümlichen Weltansicht«. Vgl. *Bezug, Sprachphilosophie, Zugriff.*

Innovation (lat.) Neuerung, auch Negentropie, fälschlich *Entropie:* das, was eine *Mitteilung* (auch *Information* 3) für den *Adressaten* an Neuem enthält, der Informationsgewinn, Nachrichtenkern, Lernprozeß; i.U. zur *Redundanz*, die an Umfang meist überwiegt. Im *Satz* wird die Innovation, falls vorhanden, vom *Prädikat* getragen, das in dieser Eigenschaft auch Rhema heißt.

Intention Die Absicht, die ein *Sender* mit einer *Aussage* verfolgt, sein Motiv; i.U. zur *Interpretation* durch den Adressaten und dem *Effekt* auf den Adressaten. Intentionen sind *Appell, Belehrung, Entlastung, Frage, Kontakt, Lüge, Manipulation, Mitteilung, Urteil, Wortmagie,* auch Beleidigung, Spott, Kritik usw. Vgl. *Verwendungsarten.*

Interferenz (lat.) Überlagerung.

1. Die Beeinflussung einer Sprache durch eine andere oder die wechselseitige Beeinflussung zweier Sprachen; meist als Folge enger Nachbarschaft (Letzeburgisch), kultureller Durchdringung *(Franglais)* und des Erlernens von Fremdsprachen. Lernt ein Deutscher Englisch, so beginnt er damit, *Germanismen* ins Englische zu tragen; spricht er oft Englisch, so trägt er umgekehrt *Anglizismen* ins Deutsche. Vgl. *Sprachmischung, Assimilation, Fremdwörter, Internationalismus, Übersetzung.*

2. Der Einfluß, den ein *Dialekt* oder *Soziolekt* auf die *Hochsprache* ausübt oder umgekehrt.

Interjektion (lat.) Zwischenruf: Ausruf, Empfindungswort; die primitivste Form der *Aussage,* ein Mittel des *Ausdrucks* (Bühler), des *Appells* und der *Entlastung.* Vgl. *Zeigfeld, affektiv, Appraisor, attitudinell, Aussage.*

Interlinguistik

1. Vergleich verschiedener *Sprachsysteme.* Vgl. *Interferenz, Sprachmischung, Übersetzung, Universalgrammatik.*

2. Die Lehre von den *Kunstsprachen.*

Internationalismus Ein Wort aus einer Sprache, meist einer Weltsprache, das sich international durchgesetzt hat, z.B. »Computer«. Internationalismen entstehen durch *Interferenz.* Vgl. *Anglizismen, Franglais, Fremdwörter, Germanismen, Pasigraphie, Universalsprache.*

Interpretation Die Deutung einer *Aussage* durch den *Empfänger,* i.U. zur *Intention* des *Senders* und zum *Effekt* der Aussage auf den Empfänger. Präzise Interpretation wird nach Bühler gespeist durch Situation *(Sprechsituation)* und *Kontext.* Vgl. *Kommunikation, Verständlichkeit, Vorverständnis.*

Die Deutung eines einzelnen Wortes heißt auch *Definition.* Vgl. *Exegese, Hermeneutik, Deutung und Ordnung.*

Intonation

1. Die Veränderung der Tonhöhe im gesprochenen *Satz,* die Satzmelodie; beeinflußt durch die Emotion des Sprechenden, beim Vorlesen auch durch die Interpunktion (Frage- und Ausrufungszeichen); i.U. zur *Modulation*, der Abstufung nach Tonstärke und Klangfarbe. Meist steigt jedoch mit der Tonhöhe auch die Tonstärke. Vgl. *Rhythmus.*

2. Die Veränderung der Tonhöhe im *Wort:* der *Akzent.* Vgl. *Tonem.*

Ironie (griech.) Verstellung, Spott: das Stilmittel, das Gegenteil von dem zu meinen, was man sagt. Da diese Umkehrung nicht jedem *Empfänger* klarzuwerden pflegt, ist Ironie ein Feind der *Verständlichkeit* und der *Definition*. Häufige Mittel der Ironie sind *Ambiguität, Übertreibung, Untertreibung, Wortspiel.*

Jargon s. *Soziolekt.*

Kalkül von lat. calculus = Steinchen, Rechenstein: ein System von Regeln und *Zeichen*, mit dem sich logische *Ableitungen* vornehmen lassen; eine »formalisierte Sprache« (Tarski). Vgl. *Mathem. Logik.*

Katachrese (griech.) mißbräuchliche Verwendung: der Gebrauch von unpassenden Wörtern und schiefen Bildern, die entgleiste *Metapher* (»Der Finger Gottes hat schon manchem mit rauher Hand ein Bein gestellt«). Vgl. *Oxymoron, Zeugma.*

Kenning Die *Metapher* in der altnordischen Literatur, meist aus zwei Substantiven zusammengesetzt und oft durch gewollte Schwerverständlichkeit gekennzeichnet: »Purpurschweiß« für Blut, »Heidefisch« für Schlange. Für das Wort »Frau« sind in der Skaldendichtung dreißig *kenningar* überliefert.

Kernwortschatz Diejenigen Wörter einer Sprache, die vermutlich die längste Lebensdauer haben: Zahlwörter, Pronomen, Bezeichnungen für Körperteile und Naturerscheinungen. An diesem Kernwortschatz mißt die *Glottochronologie* den *Wortschwund.* Vgl. *Grundwortschatz, Wortschöpfung.*

Klassensprache s. *Soziolekt.*

Klassifizierung Eine Standardform der *Begriffsbildung*, ein Beitrag zur *Deutung und Ordnung* durch die Sprache: das Hinabschreiten von *Oberbegriffen* (Hund) zu Unterbegriffen (Dackel, Pudel); »die Sortierung der Dinge durch den Geist« (Locke). Die Klassifizierung hängt eng mit der *Abstraktion* zusammen. Ein Mittel der Klassifizierung ist die *Hypostasierung,* ein Spezialfall die *Dichotomie.* Vgl. *Subsumierung.*

Kode auch code, die Verschlüsselungsvorschrift: ein Modewort der *Linguistik.*

1. Ein System von Signalen, die der Übermittlung von *Informationen* dienen. »Kode« umfaßt also einerseits mehr als die Wörter und Buchstaben eines *Sprachsystems* (nämlich auch Symbole der Mathematik oder der Fernschreiber-Tastatur), ist aber andrerseits ein strikterer Begriff, da die Wortsprache fast immer *Redundanz* enthält und überwiegend nicht der Information dient. Vgl. *Kybernetik, Metasprache, Notation, Zeichen.*
2. Entbehrliches Synonym für *Soziolekt* und *Idiolekt.* Vgl. *elaborierter + restringierter* Kode.
3. Entbehrliches Synonym für die Wortsprache überhaupt.

k o d i e r e n, *enkodieren*: die informatorische Absicht in einen Sprech- oder Schreibakt umsetzen.

d e k o d i e r e n: die Signale in die informatorische Absicht des Empfängers zurückübersetzen. Vgl. *Rezeption, Kommunikation.*

kognitiv Nichtübersetzung von lat./engl. cognitive: die Erkenntnis (Kognition) betreffend, erkenntnismäßig, Erkenntnis-

Kollokation s. *Wortfeld* 4.

Kommunikation (lat.) Mitteilung, Gemeinsamkeit; auch Interaktion, Sprachtransaktion: eine *Sprachhandlung* zwischen mindestens zwei Teilnehmern (i.U. zum *Monolog* 1.) Ihr Gegenstand sind *Aussagen.* Kommunikation kann stattfinden:

+ *horizontal*, symmetrisch: Alle Teilnehmer sprechen — zu zweit (Dialog), zu zweien oder mehreren *(Gespräch)*, zu mehreren in noch überschaubarer Zahl (Konferenz, Diskussion).
+ *vertikal*, asymmetrisch: Nur ein Teilnehmer spricht, der/die anderen sind nur *Empfänger* (Vortrag, *Befehl*). Auf einen *Sender* können auch Millionen Empfänger treffen (Fernseh-Ansager, Bestseller-Autor).

G e g l ü c k t e K o m m u n i k a t i o n : Alle *Adressaten* waren *Empfänger* (d.h., sie haben zugehört/gelesen), sie haben verstanden und sie akzeptieren, was sie verstanden haben. Vgl. *Rezeption.*

E r f ü l l t e K o m m u n i k a t i o n (nach Maas/Wunderlich): Die Empfänger handeln überdies erwartungsgemäß, der Intention entspricht der *Effekt.*

M i ß g l ü c k t e K o m m u n i k a t i o n : Es findet keine *Rezeption* statt, oder kein Verstehen, oder kein Akzeptieren, oder kein Effekt. Solche *Kommunikationsstörungen* können verursacht sein:

+ durch *Sprachstörungen*
+ durch akustische/lesetechnische Behinderungen
+ durch Fehlbeurteilung des *Vorverständnisses*
+ durch Wortwahl oder *Satzbau*, die dem Adressaten nicht angemessen sind (vgl. *Verständlichkeit*)
+ durch Desinteresse oder Abneigung des Adressaten.

V e r z e r r t e K o m m u n i k a t i o n : Ein Teilnehmer verschafft sich durch Zurückhalten von *Informationen* oder durch *Lügen* einen *Kommunikationsvorteil.*

K o m m u n i k a t i o n w i d e r W i l l e n : Diebstahl von Geheimdokumenten, Entdeckung eines Tagebuchs, Aussagen in Hypnose, erpreßtes Geständnis.

K o m m u n i k a t i v e E f f i z i e n z :

1. Der Grad, bis zu dem eine informatorische Absicht in verstandene Information umgewandelt wird (in der *Behördensprache* z. B. 25 Prozent)
2. Der Gehalt an *Innovation* pro Wort
3. Die der Sprache oft fälschlich unterstellte Tendenz, sich zu immer höherer Brauchbarkeit für die Kommunikation zu entwickeln.

Kommunikative Kompetenz: die Fähigkeit, sich gegenüber vielerlei Empfängern in vielerlei *Sprechsituationen* verständlich zu machen; i. U. zur bloßen (linguistischen) *Kompetenz*.

Kompatibilität s. *Wortfeld* 4.

Kompetenz bei Chomsky/Katz u. a.: die Kenntnis des Individuums von seinem *Sprachsystem* — jedoch eines »idealen«, abstrakten Individuums, das seine Sprache ausgezeichnet kennt und in seinen *Sprachhandlungen* methodisch, konzentriert und fehlerfrei vorgeht. Diese Idealisierung verbietet den Vergleich mit dem *Idiolekt*. Vgl. *Ideale Sprache*, *Sprachgebrauch*, *Sprachvermögen*. Kommunikative Kompetenz: s. *Kommunikation*.

Komponenten (lat.) Bestandteile, auch Faktoren.

1. Die inhaltlichen Merkmale eines *Lexems*, die in der *Komponentenanalyse segmentiert* werden.
2. Bei Kainz: die Bestandteile des *Wortinhalts* — logische, sphärische, emotionale Komponente.
3. Bei Katz: die Elemente der Sprachtheorie (phonologische, syntaktische, semantische Komponente).
4. *Wörter*, *Lexeme* oder Merkmale, die zueinander in *semantischer* Beziehung stehen (Fohlen, Kalb, Ferkel = Gleichheit des Merkmals »Junghaustiere«); insbesondere die Bestandteile eines *Wortfeldes*. Vgl. *Konstituenten*.

Komposition s. *Zusammensetzung*. Kompositum: s. *Stammwort*.

Kongruenz (lat.) Übereinstimmung.

1. semantische Kongruenz: *Wortfeld* 4.
2. syntaktische Kongruenz: die Übereinstimmung von Satzgliedern nach Geschlecht, Fall und Zahl, bes. zwischen Substantiven und zugehörigen Adjektiven (das große Haus — de*n* groß*en* Häuse*rn*). Im Deutschen stark ausgeprägt (*Abundanz* 2), im Englischen schwach.

Konjugation Unterbegriff der *Flexion*.

Konnotation auch Konnotat: Unzweckmäßiges Sammelwort für:

1. die konventionellen Nebenbedeutungen eines Wortes (»Mutter« auch »Mutter Erde«; »Schraubenmutter« dagegen ist ein *Homonym*). Vgl. *Definition*, *Komponenten* 2.
2. die individuellen Nebenbedeutungen eines Wortes (*Idiolekt)*.
3. die Summe aller Bedeutungen eines Wortes, der *Wortinhalt*, unter Einschluß der *Denotation*.
4. bei Bühler die »Leerstellen«, die ein Wort um sich herum erzeugen kann (»schenken« schafft drei Leerstellen: für den Schenkenden, für den Beschenkten und für das Geschenk). Vgl. *Dependenzgrammatik*.
5. Synonym für Kompatibilität: *Wortfeld* 4.

Konstituenten (lat.) Bestandteile — in der amerik. Linguistik: die syntaktischen Einheiten zur Beschreibung der Struktur von *Sätzen*, oft mit Hilfe von *Strukturbäumen*. Konstituenten bauen sich aus *Formativen* auf und sind z. T. *Satzglieder*. Vgl. *Komponenten*, *Transformationsgrammatik*.

Kontakt Bei Locke eine, bei Révész *die* Aufgabe der Sprache, in diesem Buch: eine *Funktion*, eine *Intention* und eine *Verwendungsart*. Kontakt wird hergestellt durch Begrüßung, Floskeln, Redensarten *(Sprachklischee)* und andere Formen informationsfreien Geplauders (*Tautologie*) sowie durch *Mitteilung*, *Appell* und *Frage*. Vgl. *Gespräch*, *Kommunikation*, *Sprechakt*, *Sprechsituation*. Sprechen ohne Kontakt: *Monolog*.

Kontamination s. *Wortkreuzung*.

Kontext (lat.) Verknüpfung.

1. Sprachlicher Kontext: die Einbettung des Wortes in den *Satz*, der Sätze in den *Text*. Sie ist für die richtige *Definition* und *Interpretation* von Wörtern und Aussagen oft entscheidend. Vgl. *Disambiguierung*, *Distribution*, *Ellipse*, *Vorverständnis*, *Zeigfeld*.
2. Situativer Kontext: das außersprachliche Umfeld eines Textes (*Sprechsituation*, Druckqualität usw.).

Konvention (lat.) Übereinkunft.

1. Die sozialen Regeln der *Kommunikation*: den *Kontakt* nach herrschender Sitte aufnehmen, die *Sprachnorm* nicht verletzen oder nur im erwarteten Rahmen, keine *Lüge* verbreiten usw. Vgl. *Dialekt*, *Soziolinguistik*, *Sprechsituation*, *Vulgärsprache*.
2. Die überwiegend anerkannte Lehre vom Sprachursprung, wonach die Wörter durch Über-

einkunft, arbiträr, »durch willkürliche Festlegung« (Locke) entstanden sind, also weder durch göttliche Schöpfung noch durch *Lautsymbolik*. »Nur vom Zufall kann man die Geburt eines neuen Wortes erwarten« (Condillac).

Kultsprache auch Sakralsprache: eine Sondersprache der Priester für den Umgang mit den Göttern, z. B. das Kirchenlatein. Die Trennung von der Alltagssprache soll die Götter ehren, oft auch eine Priesterkaste auszeichnen und absichern. Vgl. *Geheimsprache*, *Zunftsprache*, *Glossolalie*.

Kunstsprache auch Plansprache: eine Sprache, die von einem Individuum oder einer Gruppe durch *Formalisierung* konstruiert worden ist, um

+ entweder die Allgemeinheit vom Verständnis auszuschließen: *Geheimsprachen*
+ oder umgekehrt universale Verständlichkeit zu ermöglichen: *Universalsprachen*.

Die Kunstsprachen lassen sich einteilen in *sprechbare (Welthilfssprache*, *Kultsprache*) und *nicht sprechbare* (*Mathem. Logik*, *Flußdiagramm*, *Programmiersprache*, *Pasigraphie*).

Daneben gibt es *halbkünstliche* Sprachen: die Ergänzung oder Veränderung natürlicher Sprachen durch künstliche Konstruktion, z. B. Sanskrit, Kirchenlatein, das norwegische Landsmal, Bahasa Indonesia, Basic English.

Kunstwort

1. Ein Wort, das aus Elementen der eigenen Sprache oder einer tonangebenden Fremdsprache bewußt konstruiert worden ist, um einem neu auftauchenden Benennungsbedürfnis gerecht zu werden (z. B. *Automobil*). Vgl. *Fremdwort*, *Sprachnormung*, *Wortbildung*, *Wortlücke*.

2. Eine *Abkürzung*, wenn sie sich zu einem neuen Wort verselbständigt.

Kybernetik (griech.) Steuermannskunst: die Lehre von der Übertragung und Verarbeitung von *Informationen*. Vgl. *Kode*.

langage entbehrliches franz. Wort für *Wortsprache* oder *Sprachvermögen*.

langue s. *Sprachsystem*.

Laut griech. Phonem, bei Hjelmslev Kenem: die kleinste identifizierbare Lauteinheit der gesprochenen Sprache; zumeist nur in lockerer Verbindung mit den Buchstaben des Alphabets:

1. Laut und Buchstabe können zusammenfallen (m, t, i)

2. Ein Buchstabe verknüpft zwei Laute zu einer optischen Einheit (x = k + s, z = t + s)

3. Ein Buchstabe bezeichnet in verschiedenen Wörtern verschiedene Laute (das e in Semikolon, Herr und haben)

4. Ein Laut wird durch mehrere Buchstaben wiedergegeben (ie, th) oder läßt sich nur durch mehrere Buchstaben wiedergeben (ch, sch).

Die 26 Buchstaben des Alphabets (mit ä, ö, ü und ß im Deutschen im Effekt 30) drücken rund 40 Laute aus — allerdings: »Eine wirkliche Zerlegung des Wortes in seine Elemente ist nicht bloß sehr schwierig, sie ist geradezu unmöglich. Das Wort ist nicht eine Aneinandersetzung einer bestimmten Anzahl selbständiger Laute, ... sondern es ist im Grunde immer eine kontinuierliche Reihe von unendlich vielen Lauten, und durch die Buchstaben werden immer nur einzelne charakteristische Punkte dieser Reihe in unvollkommener Weise angedeutet« (Hermann Paul). Vgl. *Allophon, Artikulation*, *Lautstruktur*, *Phonetik*, *Wortkörper*.

Lautgesetze Die Gesetzmäßigkeiten der *Lautstruktur* und des *Lautwandels*.

Lautgestalt s. *Wortkörper*.

Lautstruktur Die Abfolge der Laute im Wort, die in einer Sprache *zulässig* oder für sie *typisch* ist *(vgl. Artikulation*, *Phonetik*). Das Studium der Lautstruktur ermöglicht es, den Rahmen abzustecken, in dem sich auch alle künftigen *Wortschöpfungen* einer Sprache bewegen werden, und einen Computer so zu füttern, daß er entscheiden kann, welcher Sprache ein beliebiges Wort angehört: »Bebig« könnte ein deutsches Wort sein (Carnap), »ngebig« nicht. Zulässig sind z. B.: deutsch und engl. vier konsonantische Laute hintereinander (»er seufzt« mit dem Lautwert f—t—s—t, »the sixths« mit dem Lautwert k—s—Ø—s).

Im *Anlaut* sind zulässig:

+ deutsch und ital. drei Konsonanten hintereinander (Strudel, sfruttamento)
+ in deutschen Dialekten vier Konsonanten (bayerisch: gschtroaft)
+ griech. Pt (Ptolemäus)
+ in afrik. Sprachen Nk (Nkrumah), in asiatischen Ng (Nguyen)
+ span. nur ein Konsonant (Spanien = España, Staat = estado).

Zur *typischen* Lautstruktur gehören Reichtum oder Armut an Vokalen oder bestimmten Vokalen und Konsonanten (vgl. *Buchstabenhäufigkeit*). Im Deutschen ist der zweithäufigste

Buchstabe, der häufigste Konsonant und der typische Laut das N, zumal im Auslaut -en. Rilke: ». . . andre, die mit in den Mond gestreuten / Dörfern, wie mit hingehaltnen Beuten, / Sich ergaben, oder durch geschonte / Parke graue Edelsitze zeigten, / Die er gerne in dem hingeneigten / Haupte einen Augenblick bewohnte . . . «

Lautsymbolik Lautmalerei, fälschlich *Onomatopöie*: Populär die Nachahmung von Naturlauten durch Sprachlaute. Wissenschaftlich jeder Versuch, Sprachlaute symbolisch einzusetzen: zur Symbolisierung von Geräuschen (Kuckuck), aber auch von anderen Sinneseindrücken (Glibber, Modder, quagmire) oder von Abläufen (Holterdipolter, helter-skelter).
Der Eindruck von Lautsymbolik stellt sich meist vorschnell ein; die seit der Antike verbreitete Annahme, die Sprache sei aus der Nachahmung von Naturlauten entstanden (Wauwau-Theorie), kann als widerlegt gelten. Vgl. *Synästhesie*.

Lautung Die Aussprache von *Wörtern*, *Sätzen* und *Texten*. Vgl. *Akzent*, *Artikulation*, *Intonation*, *Modulation*, *Tonem*. »Hochlautung«: Zunftsprache für die Aussprache der *Hochsprache*.

Lautverfall In hist. Zeit die häufigste Form des *Lautwandels*.

Lautverschiebung Ein hist. Sonderfall des *Lautwandels*: derjenige, der etwa von 200 v. Chr. bis 700 n. Chr. im germ. Sprachraum stattfand, z. B. von pater zu Vater, von water zu Wasser.

Lautwandel lat. Mutation: die Veränderung von Lauten durch Bequemlichkeit, Modeströmungen und den Zusammenprall mit fremden Sprachen (*Sprachmischung*, *Interferenz*); häufig bei *Ableitung*, *Wortverkürzung* und *Zusammensetzung*. »Jeder Laut kann im Laufe der Zeit, auf längerem oder kürzerem Wege, in jeden anderen Laut übergehen« (Gabelentz).
Unterbegriffe des Lautwandels sind *Ablaut*, *Apokope*, *Assimilation*, *Dissimilation*, *Epenthese*, *Metathese*, *Substitution*, *Synkope*. Ein historischer Sonderfall ist die *Lautverschiebung*.
Solange der Lautwandel sich zurückverfolgen läßt, ist er überwiegend ein *Lautverfall* durch »Nachlassen der Sprechenergie« (Wartburg). »Die Völker lassen, nachdem der Bau ihrer Sprachen im wesentlichen feststeht, im Laufe der Zeiten immer mehr von dem lautlichen Gehalte der Wörter hinschwinden« (Curtius).

Legasthenie (griech.) Leseschwäche: eine mildere Form der Alexie (vgl. *Agnosie*). Nach Sirch ist Legasthenie die Folge unzulänglicher Lehrmethoden.

Legitimation Eine *Funktion* der Sprache: die *Deutung* von Handlungen und Zuständen, wenn sie die Absicht oder die Wirkung hat, eigenes Handeln oder Unterlassen zu rechtfertigen — um es dadurch zu erleichtern (ein Sonderfall der *Entlastung)* oder überhaupt zu ermöglichen (Aktivierung, Motivierung, *Utopie*).

Lemma (griech.) das Genommene — unzweckmäßiges Sammelwort für:
1. das Stichwort im Lexikon
2. den wesentlichen Inhalt eines Textes, zusammengefaßt in Überschrift, Vorspann, Motto, engl. lead
3. einen Satz, den eine Wissenschaft einer anderen ohne Beweis entlehnt.

Lexem auch Monem, in der amerik. Linguistik: Morphem, bei Bloomfield: Tagmem, bei Hjelmslev: Plerem — die kleinste Bedeutungseinheit der Sprache, Bedeutungsträger, Wortkern, Wortstamm, oft gleichbedeutend mit *Stammwort*; i. U. zum *Morphem*, der kleinsten grammatischen Einheit (europ. Gebrauch), und zum *Phonem*. Das Lexem ist entweder mit dem Wort identisch (Haus), oder es ist die Kernsilbe (früher *Wurzel*: *sag* in *sag*en, abge*sag*t), oder es besteht aus mehreren Wörtern (»ins Gras beißen«). Vgl. *Komponenten*, *Semantem*.

Lexikalische Einheit auch Lexikon-Eintrag: die Grundform des *Wortes* (»sein« für bin, ist, war, gewesen). Vgl. *Dissoziation*, *Suppletion*.

Lexikostatistik
1. Die Bestandsaufnahme des *Wortschatzes* einer Sprache (Thesaurus).
2. Ein Hilfsmittel der *Glottochronologie*.

Linguistik Im weiteren Sinn: die *Sprachwissenschaft*, i. U. zur Literaturwissenschaft (*Philologie*). Im engeren Sinn: die international dominierenden Schulen, die sich in bewußter Abkehr von der Sprachwissenschaft allein mit denjenigen Aspekten befassen, die logisch und mathematisch erfaßbar sind — also nicht mit *Sprachgeschichte*, *Sprechsituationen* und *Kommunikation*, z. T. nicht einmal mit *Semantik*. Die tonangebende strukturale Linguistik läßt sich einteilen in:
1. die strukturalistische, behavioristische, deskriptive (Saussure, Bloomfield, Hjelmslev u. a.)
2. die generative, präskriptive (Chomsky), die den strukturalistischen Ansatz oberflächlich findet (*Transformationsgrammatik*, *Universalgrammatik*).
Der Beschränkung auf das mathematisch Erfaßbare tritt die *pragmatische* Linguistik entgegen:

Sie untersucht die Wechselbeziehungen zwischen Sprechen und Handeln, zwischen dem Wort und seinem Benutzer (Sapir, Whorf, Wittgenstein), neuerdings vor allem in Anlehnung an die *Soziolinguistik* (Braunroth, Maas, Wunderlich).
Vgl. *Inter-*, *Meta-*, *Psycho-*, *Technolinguistik*, *Dependenzgrammatik*, *Distribution*, *Semiotik*.

Logistik Älteres Wort für *Mathem. Logik*.

Logorrhöe (griech.) Wortdurchfall: scherzhaft für Geschwätzigkeit. Vgl. *Verbigeration*.

Logos Schlüsselwort antiker Philosophie und christlicher Theologie; griechisch: *Wort*, aber auch: Abrechnung, Bedingung, Bestimmung, Beziehung, Erzählung, Evangelium, Geist, Gesetz, Gott, Gotteswort, Grund, Handeln, Jesus, Leben, Lebensprinzip, Licht, Logik, Menschenführung, Norm, Offenbarung, Ordnung, Proportion, Ratio, Rechnen, Rede, Rhetorik, Rücksicht, Sachverhalt, Sammlung, Schöpfungsmittler, Sinn, Sittengesetz, Sprache, Tugend, Überlegung, Verlautbarung, Vernunft, Verstand, Verstehen, Wahrheit, Weltgeist, Weltgesetz, Wertschätzung, Wissen, Zahl, Zählung und »die Grundtatsache alles Lebens« (Platon).
48 Bedeutungen (kompiliert aus Brockhaus und Meyer) machen ein Wort unbrauchbar. Vgl. *Polysemie*, *Bedeutungswandel*, *Übersetzung*.

Lüge Eine vorsätzlich falsche *Aussage* — in der Praxis häufig, in den Theorien der *Intentionen* meist übersehen. »Das Lügen ist ein Sprachspiel, das gelernt sein will wie jedes andere« (Wittgenstein). »Sie belügt sich selbst und ihn, er mich und wieder sie; der lügt, weil man ihm log — und reden alle Wahrheit, alle, alle« (Grillparzer).
Grenzfälle der Lüge sind *Superlativ* und *Übertreibung*. Vgl. *Interpretation*, *Sprachhandlungstypen*.

Manipulation aus lat. »manipulus« eine Handvoll, über franz. »manipulation« Handhabung, geschickte Handhabung: eine Steuerung des Verhaltens, von der der Gesteuerte nichts oder möglichst wenig merken soll. Verhaltenssteuerung durch Wörter ist eine Grundfunktion der Sprache. Sie findet in folgenden Formen statt:
1. Überredung, Verführung, *Rhetorik*, Umwertung von Wörtern (*Sprachlenkung*) zum Zweck der politischen oder religiösen *Propaganda*.
2. Überredung und Verführung zum Zweck der kommerziellen *Werbung*.
3. Wechselseitige Beeinflussung als natürlicher Bestandteil des *Gesprächs*: »Menschen können gegenseitig ihr Verhalten steuern, indem sie miteinander sprechen« (Porzig).
4. Verführung durch die Denkgewohnheiten unserer Ahnen, die sich in der Sprache verfestigt haben (*Sprichwörter*, oft schon die *Klassifizierung*, die durch ein einzelnes Wort vorgenommen wird).

Mathematische Logik auch Symbolische Logik, bei Carnap Logistik: eine nicht sprechbare *Kunstsprache* (*Ideale Sprache*, *Metasprache*) aus mathem. *Symbolen (Notation)*. Damit soll die formale Logik von der Willkür und Vieldeutigkeit der natürlichen Sprachen unabhängig werden (vgl. *Normale Sprache*, *Anomalie*, *Polysemie*, *Definition*).
Zu diesem Zweck beginnt die Mathem. Logik mit der Standardisierung der Aussagen (*Sprachnormung*) und schreitet fort zur *Formalisierung*. Sie beschreibt die log. Zusammenhänge zwischen Sachverhalten, unabhängig von ihrem Inhalt (z. B. *Disjunktion*, *Implikation*, *Tautologie*). Vgl. *Kalkül*, *Universalsprache*.
Eine mathem. Logik wurde von Descartes gefordert, von Leibniz begonnen und im 19. Jh. von George Boole und Gottlob Frege aufgebaut. Im 20. Jh. waren Russell, Carnap, Tarski, Quine ihre bekanntesten Vertreter. Vgl. *Sprachkritik*, *Sprachphilosophie*.

message (engl.) das, worauf es in einer *Aussage*, vor allem in einer *Mitteilung* ankommt — der springende Punkt, des Pudels Kern. Vgl. *Nachricht*, *Innovation*. Das Wort ist bei gebildeten Laien beliebt, weil es zielgerichteter ist als jede der Übersetzungen, zumal in Wendungen wie »I hope he has got the message«: Ich hoffe, er hat kapiert, worauf es ankommt.
Die irreführende Übersetzung »Botschaft« knüpft an die engl. Verwendung im 19. Jh. an und ist durch die schiefe Eindeutschung von McLuhans Schlagwort »the medium is the message« gefördert worden — was *nicht* »Das Medium ist die Botschaft« heißt, sondern: Der eigentliche Inhalt der Massenmedien sind sie selbst, oder: Die Technik der Kommunikation zieht ihren Inhalt nach sich.

Metalinguistik
1. Die Wissenschaft von der Herstellung einer künstlichen *Metasprache*.
2. Derjenige Teil der *Sprachwissenschaft*, der von der modernen *Linguistik* vernachlässigt wird.

Metapher (griech.) Übertragung, bildlicher Ausdruck, auch Tropus — ein entscheidendes Konstruktionselement der Sprache. Dieses Buch unterscheidet:

1. Schmückende Metapher, *Sprechblume*: An die Stelle des nüchternen Wortes (seine Freundin) tritt der bildhafte Ausdruck (seine Flamme). Vgl. *Gleichnis*.

2. Bedeutungserweiternde Metapher, *Bedeutungssprung*: Sie überträgt dem Wort einen zusätzlichen Inhalt und ist damit ein Mittel der *Begriffsbildung*. Meist führt der Weg vom Konkreten zum Abstrakten (»Herd« heißt später Wohnung, Obdach und Geborgenheit), aber auch umgekehrt (»Zeitung« war zunächst die Nachricht, dann das Papier, auf dem sie gedruckt wurde). Vgl. *Abstraktion*, *Bedeutungswandel*.

Leisi unterscheidet:

+ direkte Metapher: »Die Steine reden« (was sie nicht können)
+ indirekte Metapher: »Die Steine schweigen« (was sie scheinbar können, doch in Wahrheit auch nicht, da *schweigen* nur in bezug auf tonbildungsfähige Subjekte verwendet werden kann). »Die indirekte Metapher gewährt eine große Erleichterung. Sie gesteht . . . infolge ihres immanenten Widerspruchs . . . dem Uneinteilbaren in der Welt sein Recht zu.«

Porzig läßt als Metapher nur gelten, wovon wir noch das Bewußtsein der Übertragung haben; nicht also »ein Haus bauen«, obwohl »bauen« ursprünglich nur »wachsen, wachsen lassen« hieß (»Bauer«).

Spezialfälle der Metapher sind *Euphemismus*, *Kenning*, *Metonymie*, *Periphrase*, *Sublimierung*. Grenzfälle sind *Allegorie* und *pars pro toto*. Die schiefe Metapher heißt *Katachrese*, die verbrauchte *Sprachklischee*. Ein Mittel der Metapher ist die *Ironie*, eine häufig nachteilige Wirkung die *Homonymie*.

Metasprache (griech.) Sprache jenseits der Sprache, Übersprache.

1. Eine Sprache, in der man über eine andere Sprache (die *Objektsprache*) spricht, z. B. deutsch über die englische Sprache, oder Hochdeutsch über den schwäbischen Dialekt, oder mit der linguistischen Terminologie über die Sprache allgemein. Nach Heidegger ist es allerdings unmöglich, »zur Sprache zu kommen, nämlich zu der Sprache, in der wir über die Sprache Aussagen machen«.

2. Die *Mathem. Logik*.

3. Eine Formelsprache, in die bestimmte Texte für bestimmte Zwecke übersetzt werden müssen (*Programmiersprache*).

Vgl. *Kode*, *Kunstsprache*, *Metalinguistik*, *Zunftsprache*.

Metathese (griech.) Umstellung, auch: Schüttelform — ein Spezialfall des *Lautwandels*: Der Austausch benachbarter Laute im Verlauf der Wortgeschichte, z. B. *Brett* neben *Bord* und *board*, *Balg* neben *Blagen* (westdeutsch: Kinder).

Metonymie Ein bildlicher Ausdruck (*Metapher*), wenn er aus einem benachbarten Begriffsbereich kommt (»Zunge« für Sprache).

Metrik (griech.) Lehre vom Versmaß, ein Sonderfall des *Rhythmus*.

Mimesis (griech.) Nachahmung: bei Platon die Fähigkeit der Sprache, nachahmendes Handeln hervorzurufen; bei Aristoteles der Ursprung der Sprache ebenso wie aller künstlerischen Tätigkeit. Vgl. *Zeichen*.

Mitteilung Eine Aussage mit informierender Absicht, die eine *Innovation* enthält, gleichbedeutend mit *Information 3*; i. U. zur *Lüge*, der Aussage mit desinformierender Absicht, und zur *Tautologie*, der Aussage ohne Innovation. Ein aktueller Spezialfall ist die *Nachricht*.

Der Mitteilung entspricht die »Darstellung« bei Bühler (ein Text, aus dem »der Kundige die Sachverhalte zu entnehmen vermag«, vgl. *Symbol* 3) und die »indikative Sprachhandlung« bei Révész (das Anzeigen von Tatbeständen der inneren und äußeren Wahrnehmung).

Vgl. *Intention, Kommunikation*, *Verständlichkeit*, *Verwendungsarten*, *Vorverständnis*.

Modulation (lat.) Abwandlung.

1. Die Abstufung des Sprechens nach Tonstärke und Klangfarbe, i. U. zur *Intonation*, der Abstufung nach Tonhöhe. Vgl. *Rhythmus*.

2. Die Tatsache, daß dieselbe Situation in verschiedenen Sprachen häufig von verschiedener Warte aus beschrieben wird: engl. *machine tool* (»Maschinenwerkzeug«), deutsch *Werkzeugmaschine*.

Monem Die kleinste Bedeutungseinheit der Sprache, identisch mit *Lexem*.

Monolog (griech.) Alleinrede: das Selbstgespräch, i. U. zum *Gespräch*. Es lassen sich unterscheiden:

1. Im strikten Sinn: Monolog *ohne Zuhörer* (ohne *Kontakt* und *Kommunikation*), »eine primitive und kindliche Funktion der Sprache« (Piaget), aber auch eine Urfunktion (*Ausdruck* 3, *Interjektion*, *Sprechzwang*). Vgl. *Entlastung*.

2. Im weiteren Sinn: Monolog *ohne Adressaten*, jedoch vor potentiellen *Hörern* (mit Kontakt, ohne Kommunikation): der »Monolog vor andern« oder »kollektive Monolog« (Piaget); häufig bei Kindern, infantilen Erwachsenen, Hysterikern und »bei so manchem Kaffeekränzchen: Jeder redet von sich und keiner hört zu«.

3. Im weitesten Sinn: Monolog *mit Adressaten*, ein Grenzfall der Kommunikation: einseitige *Sprechakte* wie Vortrag und *Befehl*.

Vgl. *Sprachhandlungstypen*, *Sprechsituation*.

Monosem Ein Wort mit einer einzigen Bedeutung (z. B. Giraffe); i. U. zum *Polysem* oder *Homonym*, dem Wort mit mehreren Bedeutungen. Die völlig eindeutigen Wörter sind in jeder Sprache die Ausnahme. Vgl. *Definition*.

Morphem

1. Überwiegende Bedeutung in Europa: die kleinste sprachliche Einheit mit grammatischer Funktion (auch Grammatem); i. U. zum *Lexem*, der kleinsten Bedeutungseinheit, und dem *Phonem*, der kleinsten Lauteinheit. *Freie Morpheme* sind Wörter wie »als« und »daß», *gebundene Morpheme* die Endungen der Konjugation und Deklination sowie die *Affixe*. Da Affixe oft die Bedeutung eines Wortes verändern (sagen — *ver*sagen), ist die Grenze zum *Lexem* nicht klar zu ziehen. Vgl. *Allomorph*.

2. In der amerik. Linguistik: die kleinste Bedeutungseinheit, das *Lexem*. Die kleinsten grammatischen Einheiten heißen dort *Tagmem* und *Taxem*.

3. In diesem Buch: wegen des Widerspruchs zwischen (1) und (2) keine Verwendung.

Morphologie Ein Teil der *Grammatik*: die Formenlehre, die Lehre von der Veränderung der Wörter durch *Flexion* und von der *Wortbildung;* auch die Lehre von den kleinsten Formeinheiten oder *Morphemen*.

Mundart s. *Dialekt*

Muttersprache Volkstümliches Wort für das *Sprachsystem* der *Sprachgemeinschaft*, in die das Individuum hineingeboren wird. Das Wort, im 14. Jh. aus lat. entlehnt und von Luther 1532 popularisiert, bedeutete nicht die Sprache der Mutter, sondern »Mutter Sprache« wie »Mutter Erde« oder »Vater Rhein«, d. h. die mütterlich wirkende Sprache.

Die Muttersprache ist »das einzige Band menschlicher Einigkeit« (J. G. Schottel 1641), »durch sie verschaffen sich *die Leute* Eingang in unser Inneres, machen aus jedem von uns einen Einzelfall der Leute« (Ortega). Vgl. *Nationalsprache*.

Nachricht

1. In der *Informationstheorie*: gleichbedeutend mit *Information*.

2. Im Journalismus und in diesem Buch: eine *Mitteilung*, wenn sie aktuell und für den Adressaten mutmaßlich interessant ist; bes. dann, wenn sie von der Erwartungsnorm abweicht (nach der Journalistenregel: »Hund beißt Mann« entspricht der Erwartung, »Mann beißt Hund« ist »Nachricht«).

Vgl. *Innovation, message*.

Name

1. Der *Eigenname*, soweit er mutmaßlich nur auf ein einziges Individuum oder Objekt angewendet wird (Johannes XXIII., Matterhorn). Solche Namen wurden einst Schwertern verliehen (Siegfrieds »Balmung«), heute vielen Autos (»Bimbo«) und den Wirbelstürmen (»Betsy«, »Hilda«).

2. Der landläufige Eigenname, bei dem man in Kauf nimmt, daß er tausendfach existiert (Josef Huber).

3. Expansive Eigennamen, Appellativnamen: solche, die durch den Sprachgebrauch auf eine Gattung übertragen werden: »Zeppelin« für Luftschiff, »Bambi« für Reh, »Flipper« für Delphin.

4. Gattungsname (vgl. *Oberbegriff*).

5. Synonym für Substantiv, Hauptwort, Nennwort (Fehlübersetzung des lateinischen *nomen*). Das Wort »Name« wird daher in diesem Buch nur in Kap. 11 (Namenszauber) verwendet.

Namenstabu Ein Spezialfall des *Sprachtabus*: der Glaube, daß es Frevel sei oder Unglück bringe, bestimmte Namen auszusprechen, z. B. die von Göttern oder Verstorbenen.

Namenszauber Ein Spezialfall der *Wortmagie*. Vgl. *Onomantie*.

Nationalsprache Historisches Wort für das *Sprachsystem* einer *Sprachgemeinschaft*, zumal wenn Verbreitung und Staatsgrenzen sich ungefähr decken. Vgl. *Muttersprache*.

Negentropie Gleichbedeutend mit *Innovation*. Vgl. *Entropie*.

Neologismus Irreführendes Sammelwort für die Produkte der *Wortschöpfung* und der *Wortbildung*.

Nominalismus In der *Sprachphilosophie*: die Lehre, die Allgemeinbegriffe (das Gute usw.) seien bloße Worte oder nachträgliche *Abstraktionen*; i. U. zum *Realismus*. Näheres unter *Universalien*.

Norm, normativ s. *Sprachnorm*, *präskriptiv*.

Normale Sprache Die *Umgangssprache*, wenn sie gegen die *Ideale Sprache* abgegrenzt werden soll. Für Wittgenstein, Ryle, Austin u. a. ist die Normale Sprache die geeignete *Metasprache* der Philosophie und der *Sprachwissenschaft:* »Wenn ich über die Sprache rede, muß ich die Sprache des Alltags reden« (Wittgenstein).

Notation (lat.) Aufzeichnung, auch Schreibung, Schreibweise, Schreibkonvention, bei Frege »Begriffsschrift«: die Mitteilung eines Sachverhalts durch algebraische oder geometrische *Symbole*, wie in der *Mathem. Logik* und den tonangebenden Schulen der *Linguistik* üblich.

Auch in den Notationen herrscht bereits *Polysemie:* **v** heißt in der Mathem. Logik »oder« (von lat. vel), in der Physik »Geschwindigkeit« (von lat. velocitas); **V** in der Chemie »Vanadium«, in der Gestik »Sieg« (von victory, victoire). Vgl. *Formalisierung, Kode, Pasigraphie, Strukturbaum, Zeichen* 4.

Oberbegriff griech. Hyperonym: ein Wort, das

\+ entweder zuerst als *Pauschalbegriff* existierte und dann durch *Klassifizierung* in Unterbegriffe zerlegt wurde (Hund: Pudel). Vgl. *Dichotomie*.

\+ oder durch aufsteigende *Abstraktion* andere Begriffe einbegriffen, subsumiert hat (Säugetiere).

Viele Wörter lassen sich zugleich als *Individuativa* (»Der Mensch da«) und als Oberbegriffe, Gattungsnamen, *Appellativa* verwenden (»Der Mensch ist die Krone der Schöpfung«). Oberbegriffe, die *eindeutig mehr als ein* Lebewesen oder Ding bezeichnen, heißen *Kollektiva*. Leisi unterscheidet:

1. *Gruppenkollektiva* (auch Partialkollektiva): Sie benennen eine Mehrzahl (Herde, Familie), die ihrerseits in den Plural versetzt werden kann (zwei Herden).
2. *Genuskollektiva* (auch Totalkollektiva): Sie stehen für *alle* Mitglieder einer Klasse und können mithin nicht in den Plural versetzt werden (Vieh, Wild, Polizei), ausnahmsweise allerdings gerade ein Individuum bezeichnen (»Polizei!« bei Annäherung eines Polizisten).
3. *Massenwörter:* Sie benennen Mengen, bei denen Einzelteile nicht brauchbar oder nicht denkbar sind (Sand, Wasser, Staub).

Sammelwörter heißen in diesem Lexikon Begriffe, die durch historische Zufälle oder definitorische Willkür verschiedenartige Bedeutungen angenommen haben, also gerade keine Oberbegriffe sind (z.B. *Idee, Lemma, Symbol*). Vgl. *Polysemie*.

Oberflächenstruktur Schlüsselwort der *Transformationsgrammatik*.

Objekt

1. In der Grammatik: der Gegenstand, den eine Handlung betrifft.
2. In der Linguistik: die Person oder Sache, von der gesprochen wird (engl. referent, franz. chose), die also grammatisch auch ein Subjekt sein kann. Vgl. *Bezug*.

Objektsprache: das Gegenstück zur *Metasprache*.

Onomantie auch Onomatomantie (griech.) Namensdeutung, das Wahrsagen aus den Eigennamen: ein verbreiteter Spezialfall der *Wortmagie;* populär in dem geflügelten Wort »nomen est omen«. Vgl. *Namenszauber*.

Onomasiologie (griech.) Benennungslehre: die Erforschung der *Wortfelder*.

Onomatopöie (griech.) Schaffung der Namen, *Wortschöpfung*, fälschlich gleichgesetzt mit »Lautmalerei«. Die Verwirrung geht darauf zurück, daß Platon lehrte, die Sprache sei aus Lautnachahmung entstanden (»Silben und Buchstaben sind die Nachahmung des Seins«). Das Wort »Onomatopöie« mogelt also eine spezielle Theorie des Sprachursprungs in unsern Wortschatz ein, und zwar eine falsche. Vgl. *Lautsymbolik, Übersetzung*.

Organon (griech.) Werkzeug: Bezeichnung der *Sprache*, wenn ihr Charakter als Werkzeug zur Bewältigung des Lebens betont werden soll (Aristoteles, Bühler, Hörmann u.a.). In Bühlers einflußreichem *Organon-Modell* sind die »Leistungen« der Sprache *Ausdruck, Appell* und Darstellung (die letzte hier unter *Mitteilung* behandelt). Vgl. *Funktion, Intention, Kommunikation.*

Oxymoron (griech.) scharfsinnig-dumm — eine beliebte *Stilfigur:* das mutwillige Zusammenspannen

1. einander widersprechender Begriffe (Paradoxon): beredtes Schweigen, alter Knabe.
2. des Hohen mit dem Niedrigen, des Schmutzigen mit dem Feierlichen (Jens): »Kuhreigen der Freiheit« (Heine über die Marseillaise), »bis zur Grobheit göttlich« (F. Schlegel), »Ihre Augen funkelten vor Dummheit« (Proust); umgangssprachlich: »Luxusscheune« (für ein teures Hotel).

Vgl. *Katachrese, Wortspiel.*

Palindrom (griech.) Rücklauf — eine Form des *Wortspiels,* auch des *Buchstabenzaubers* und der *Wortmagie:* Wörter und Sätze, die sich genauso rückwärts lesen lassen (Otto, Madam, Reliefpfeiler, Leben Sie mit im Eisnebel).

Paradigma (griech.) Vorbild. In der *Rhetorik:* Beispiel, Vergleich. In der *Grammatik:* Ein Musterwort, das durch ein Wort anderer *Flexion* oder durch ein *Synonym* ersetzt werden kann, also im Satz austauschbar ist: »Er läuft schnell« ist syntaktisch ersetzbar durch »Er lief schnell« oder »Jemand fuhr wie der Wind«. Vgl. *Syntagma.*

Paralogie (griech.) Vernunftwidrigkeit, Fehlschluß: s. *Subreption.* In der Medizin: die Unfähigkeit, Dinge richtig zu benennen und auf Fragen vernünftig zu antworten — im engeren Sinn Symptom von Geisteskrankheiten, im weiteren Sinn ein normales Sprachverhalten.

Paraphrase (griech.) Umschreibung — unzweckmäßiges Sammelwort für:

1. *Definition* eines Wortes durch einen Satz.
2. Verdeutlichung eines Satzes durch einen anderen Satz, z. B. Übersetzung aus einer *Zunftsprache* in die Umgangssprache.
3. Ein Satz, der den gleichen Inhalt wie ein anderer Satz entweder mit anderen Wörtern oder mit anderem Satzbau wiedergibt (ich komme Samstag/Sonnabend komme ich).

Parataxe (griech.) Beiordnung, Satzverbindung, lat. Koordination: die Nebenordnung gleichberechtigter Hauptsätze nach dem Muster »Balken krachen, Pfosten stürzen, Fenster klirren, Kinder jammern, Mütter irren« (Schiller); i. U. zur *Hypotaxe.* Vgl. *Satzbau.*

Parechese (griech.) Anklang — ein *Wortspiel* mit dem Reim:

1. Verwendung desselben Wortes in verschiedener Bedeutung (Schiller: »Er läßt sich nennen den Wallenstein — ja, freilich ist er uns allen ein Stein«)
2. Scherzhafte Reimhäufung (Fischers Fritze fischte frische Fische).

parole s. *Sprachhandlung.*

pars pro toto (lat.) der Teil für das Ganze, das Besondere als Statthalter des Allgemeinen, griech. Synekdoche, ein Grenzfall der *Metapher* — ein häufiges Stilmittel: »siebzehn Lenze« statt siebzehn Jahre, in der *Zunftsprache:* »Hand« für den Menschen (»Einhandsegler«).
Es gibt auch die umgekehrte Stilfigur, das Ganze für den Teil, *totum pro parte:* »Deutschland ist Weltmeister«, obwohl genau elf Deutsche Fußball-Weltmeister geworden sind.

Pasigraphie Ein international verständliches System von optischen Signalen: anschaulichen Zeichen wie vielen Verkehrsschildern (*Piktogramm*), aber auch abstrakten Zeichen, soweit sie sich international durchgesetzt haben wie arabische Ziffern, chemische Formeln, musikalische Noten. Vgl. *Flußdiagramm, Notation, Universalsprache.*

Performanz bei Chomsky: die Sprachhandlungen des Individuums, jedoch eines »idealen« (vgl. *Kompetenz*), so daß sich die Gleichsetzung mit *Sprachhandlung* verbietet.

performativ (lat.) vollziehend. Performativ sind *Aussagen,* die eine auch sprachlos verständliche Handlung begleiten. (»Darf ich Ihnen Herrn X vorstellen?«) Vgl. *affirmativ, Effekt, Redundanz, Tautologie.*

Periphrase Unterbegriff der *Metapher:* die Umschreibung eines einfachen Begriffs durch eine komplizierte Form, z.B. »stehenden Fußes« für »sofort«. Die ursprünglich rhetorische Umschreibung ist vielfach ins Lexikon eingegangen: franz. für »jetzt« *maintenant,* also »Hand haltend«. Die schönfärberische Periphrase ist der *Euphemismus,* die altnordische die *Kenning.*

Personifizierung Die früheste Form der *Begriffsbildung:* Primitive Völker und kleine Kinder stellen sich Götter und Kobolde als Seelen der Dinge oder als Urheber von Abläufen und Zuständen vor, z. B. den Sturm als Odins Wilde Jagd. Viele scheinbar sachliche Wörter sind mumifizierte Personen, so das »Echo« eine griech. Nymphe. Vgl. *Allegorie, Prosopopöie, Hypostasierung.*

Pfeilstil In diesem Buch: Ein *Satzbau,* der im Dienst der *Verständlichkeit* die für das Deutsche typische Verschachtelung vermeidet und sie (so weit wie grammatisch zulässig) durch eine lo-

gisch-chronologische Abfolge der Satzglieder nach romanischem Muster ersetzt. *Nicht:* »Man sieht, wie nahe diese Beschreibung von Wortinhalten als Komplex der Bedingungen ihrer Geltung an die Frage nach dem Verfahren einer Sprachgemeinschaft bei der sprachlichen Gestaltung der Welt heranführt« (Weisgerber), *sondern:* »Wortinhalte als Komplex der Bedingungen zu beschreiben, unter denen sie gelten, führt nahe an die Frage heran: Wie verfährt eine Sprachgemeinschaft bei der sprachlichen Gestaltung der Welt?«
Dem Pfeilstil verwandt ist das, was Eggers den *Nachtragestil* nennt (»Was hatte er nun erreicht durch diese Anstrengungen?«). Vgl. *Schachtelsatz.*

Philologie Literaturwissenschaft, i. U. zur *Sprachwissenschaft.* Vgl. *Linguistik.*

Philosophie s. *Sprachphilosophie;* ferner *Antinomie, Mathem. Logik, Sprachkritik, Universalien.*

Phonem Die kleinste identifizierbare Lauteinheit der gesprochenen Sprache; i. U. zum *Lexem,* der kleinsten Bedeutungseinheit, und zum *Morphem,* der kleinsten grammatischen Einheit. Näheres unter *Laut.* Die Lehre von den Phonemen ist die *Phonologie,* die statistische Erfassung der Phoneme die *Phonometrie.*

Phonetik Die Wissenschaft vom Sprachschall, die Lautlehre; die Beschreibung und Erklärung, wie die Wörter ausgesprochen werden. Vgl. *Phonologie, Akzent, Artikulation, Intonation, Modulation, Tonem.*

Phonologie Ein Teil der *Grammatik:* die Lehre von der Ermittlung und systematischen Ordnung der kleinsten Lauteinheiten oder *Phoneme.* Vgl. *Lautstruktur, Phonetik.*

Phonometrie Die statistische Erfassung der *Phoneme.*

Piktogramm Ein international verständliches Bildzeichen, also eine nicht sprechbare *Kunstsprache,* ein Spezialfall der *Pasigraphie.* Auf Flughäfen und bei Olympischen Spielen üblich, auf Straßen und Bahnhöfen im Vordringen.

Polymorphie (griech.) Vielgestaltigkeit — strukturelle *Abundanz:* die Tatsache, daß die meisten Sprachen für dieselbe grammatische Funktion mehr als eine Form vorsehen, z. B. die vierzehn Formen des deutschen Plurals:
1. unverändert (die Schüler, die Gebäude)
2. mit Umlaut (Väter)
3. mit -e ohne Umlaut (Schafe)
4. mit -e und Umlaut (Nächte)
5. mit -n (Matten, Kammern)
6. mit -en (Betten)
7. mit -ten (Bauten)
8. mit -ien (Reptilien, Textilien)
9. mit -er ohne Umlaut (Bilder)
10. mit -er und Umlaut (Bücher)
11. einer der vorigen mit Verdoppelung des Auslaut-Konsonanten (Hündinnen, Bildnisse)
12. mit -s (Autos)
13. in fremder Sprache (Visa, Soli, Schemata)
14. in nicht einzuordnenden Mischformen (Alben, Atlanten).

Manche Wörter bilden mehrere Pluralformen: Die Tuche — die Tücher; zehn Männer — zehn Mannen — zehn Mann. Vgl. *Anomalie, Kunstsprache.*

Polysemie (griech.) Vieldeutigkeit, eine Steigerung der Doppeldeutigkeit oder *Ambiguität:* »die geradezu abenteuerliche Vieldeutigkeit aller wichtigeren Wörter« (Ogden/Richards), die größte Erschwerung der *Definition.* Vgl. *Homonymie, Notation.*
Polysem, ein Wort mit mehreren Bedeutungen, i. U. zum *Monosem,* dem eindeutigen Wort. Typische Polyseme in diesem Glossar: *Ausdruck, Logos, Substitution, Symbol, Zeichen.*

Prädikat (lat.) Rangbezeichnung:
1. die Satzaussage, der Träger der *Innovation.* Vgl. *Satzbau.*
2. Synonym für *Urteil* und *Appraisor.*

Präfix Die Vorsilbe; ein *Affix.* Vgl. *Ableitung.*

Pragmatismus s. pragmatische *Linguistik.*

präskriptiv (lat.) vorschreibend. Vgl. präskriptive *Grammatik, Sprachnorm,* präskriptive *Linguistik.*

Präsumption auch Präsupposition: das *Vorverständnis.*

Preskriptor s. *Appraisor.*

Programmiersprache Eine *Metasprache:* die nicht sprechbare *Kunstsprache* der Datenverarbeitung. »Jeder Denkprozeß, der in die Gestalt von Operationen nach einem fest vorher angegebenen Schema an Folgen von Ja-Nein-Entscheidungen gebracht werden kann, kann auch einer Maschine übertragen werden« (Weizsäcker). Vgl. *Flußdiagramm, Formalisierung.*

Prolepse (griech.) Vorwegnahme, lat. Antizipation — eine Redefigur:

1. Vorwegnahme vermuteter Einwände eines Debattengegners
2. Wiederaufnahme eines vorangestellten Substantivs oder Adverbs nach dem Muster: »For the rain *it* raineth every day« (Shakespeare).

Propaganda (lat.) das zu Verbreitende: der Versuch, die Öffentlichkeit für die eigene Meinung zu gewinnen, und die dafür angewandten Mittel; ein Spezialfall der *Sprachlenkung* und der *Manipulation.*

Das Wort, mit der päpstlichen Bulle von 1622 eingeführt, wurde bis ins 20. Jh. als Oberbegriff für politische, religiöse und kommerzielle Werbung verwendet. Heute wird die politische Propaganda meist *neben* die Wirtschaftswerbung gestellt; als Oberbegriff für beide wurde umgekehrt *Reklame* (Sombart 1928) oder *Werbung* (Buchli 1962) vorgeschlagen, während die religiöse Propaganda dem Sprachgebrauch entgleitet.

Lenin (1903) definiert Propaganda als Indoktrination der Parteimitglieder; i. U. zur *Agitation,* die sich an die Massen wendet. Stalin (1939) verwendete Propaganda, Agitation und Parteischulung als Synonyme. In der DDR ist Propaganda der Oberbegriff für die Agitation, die sich an alle »Werktätigen« richtet, und die Parteischulung. Hitlers Propaganda schloß die Nichtwerktätigen ein. Vgl. *Rhetorik.*

Proposition (lat.) Vorschlag, Antrag. Unzweckmäßiges Sammelwort.

1. In der Logik: *Behauptung, Urteil*
2. In der *Rhetorik:* der Vordersatz im *Bedingungssatz*
3. In der *Linguistik* (a): ein Satz, der in einer *Aussage* verwendet wird.
4. In der Linguistik (b): der logisch strukturierte Satz i. U. zum grammatisch strukturierten. »Fritz und Peter sind begabt«, hat die logische Struktur »jeder für sich begabt«, »Fritz und Peter sind befreundet« dagegen »miteinander befreundet« (Heupel). Vgl. *Transformationsgrammatik.*

Prosodie

1. griech. für *Intonation.*
2. Die Prüfung der *Akzente* auf ihre Eignung für den Vers.

Prosopopöie (griech.) Personifizierung: unzweckmäßiges Sammelwort für eine Gruppe von poetischen und rhetorischen Figuren.

1. Dingen und Naturerscheinungen werden menschliche Eigenschaften beigelegt (*Allegorie, Personifizierung*).
2. Personen der Sage oder der Geschichte werden erdichtete Reden in den Mund gelegt, z. B. im historischen Roman. Vgl. *Stilebene.*
3. Der Autor oder Redner läßt eine erdichtete Person zu seinen Gunsten sprechen.

Psycholinguistik Die Wissenschaft von den psychischen Voraussetzungen und Zusammenhängen der *Sprachverwendung,* auch vom Anteil des Psychologischen an *Kommunikation, Sprechsituation, Verständlichkeit.* Die Übergänge zur *Soziolinguistik* und zur Psychiatrie sind fließend *(Sprachstörungen).* Vgl. *Volksetymologie, Wiederholung.*

Quantifizierung

1. Rückführung von Qualitäten auf das Zählbare — häufig in der Soziologie und in der Linguistik. Vgl. *Distribution, Segmentierung, Buchstabenhäufigkeit, Worthäufigkeit.*
2. Angabe des Quantums (*fünf* Hornkonzerte von Mozart statt »Hornkonzerte von Mozart«; eindeutig ist erst *die fünf* Hornkonzerte von Mozart). Vgl. *Verständlichkeit.*

Realismus auch Begriffsrealismus: in der *Sprachphilosophie* der Gegensatz des *Nominalismus.* Vgl. *Universalien.*

Rede Unzweckmäßiges Sammelwort für: Ansprache, Vortrag — *Sprechakt* — *Rhetorik* — die *Wortsprache* überhaupt.

Redundanz (lat.) das Überflüssige, der Wortschwall: diejenigen Elemente einer *Mitteilung,* die über die reine Neuigkeit *(Innovation)* hinausgehen. Redundanz ist jedoch nur bei hohem *Vorverständnis* entbehrlich. Es lassen sich unterscheiden:

1. *Buchstabenredundanz* — mehr Buchstaben als Laute: Er *zieht* mit dem Lautwert *ziht,* engl. *through* mit dem Lautwert *thru.*
2. *Lautredundanz* — mehr Laute, als zur Identifizierung des Wortes erforderlich sind: Konser-

vat*i*vismus statt Konservatismus (vgl. *Wortverkürzung*), Katastrophe, obwohl die Scherzbildung »Kastrophe« völlig eindeutig ist. Vgl. *Abkürzung*.

3. *Wortredundanz* — Flickwörter und *Wiederholungen* im Satz.

4. *Satzredundanz* — wörtliche oder sinngemäße Wiederholungen von Sätzen in einem Text. Vgl. *Tautologie*.

5. *Affirmative* und *performative* Aussagen.

6. *Innovationsredundanz* — das Angebot von Fakten, die den Adressaten nicht interessieren: »Chefarzt Prof. Dr. Carsten-Detlef Meyer (48) mit Ehefrau Hilde«, auch wenn die Formel »Prof. Meyer mit Frau« das Informationsbedürfnis befriedigt hätte.

Vgl. *Abundanz, Kontext, Sprachklischee, Verständlichkeit*.

Referent Nichtübersetzung von engl. referent = *Objekt* 2. *Referenz:* Nichtübersetzung von engl. reference = *Bezug*.

Reklame von lat. reclamare = schreien, laut widersprechen: im weiteren Sinn die kommerzielle *Werbung*, im engeren, von den Werbungstreibenden propagierten Sinn der unbeliebte Teil von ihr.

Rektion (lat.) Lenkung, Regierung: die Tatsache, daß Verben, Adjektive und Präpositionen den Fall eines von ihnen abhängigen Wortes bestimmen (»befehlen« regiert den Dativ, »durch« den Akkusativ).

restringierter Kode Nichtübersetzung von engl. restricted code: beschränkter Sprachbesitz. Vgl. *Elaborierter Kode, Soziolinguistik*.

Rezeption (lat.) Aufnahme: die Entgegennahme einer *Aussage* durch den *Empfänger* (Rezipienten). Die Rezeption kann auch unterbleiben (mißglückte *Kommunikation)* oder zwar stattfinden, doch ohne *Effekt*. Vgl. *diskursiv, Sprechsituation, Verständlichkeit*.

Rezeptionsforschung: Das Wort ist von der *Philologie* besetzt und bedeutet dort:

1. Erforschung der Wirkungsgeschichte eines Autors

2. In jüngster Zeit: Erforschung der aktiven Rolle des Lesers, der als »nachschaffender Produzent« betrachtet wird. Oft hat der Leser auch die Form des *Textes* beeinflußt, wenn er nämlich dem Autor als *Adressat* vorschwebte. Dieser Ansatz berührt sich mit den Forderungen des Verf. nach *Verständlichkeit*.

Rhema s. *Innovation*.

Rhetorik (griech.) Redekunst. Im weiteren Sinn »die Lehre von der Schönheit und der Wirksamkeit des Redens und Schreibens« (Jens), im engeren Sinn nur des Redens. Es werden unterschieden:

1. Theorie oder Redekunst (vgl. *Chrie*)

2. Praxis oder Beredsamkeit

3. *Schönheit* des Redens, Eloquenz (im 17./18. Jh. »Wohlredenheit«). Vgl. *Stilfiguren, Wiederholung*.

4. *Wirksamkeit* des Redens, lat. ars oratoria — die Lehre, wie man durch Wörter überredet und verführt: *Manipulation*.

Rhythmus (griech.) Zeitmaß, geregelte Bewegung — die Gliederung eines Textes durch *Satzbau, Akzent, Intonation* und *Modulation*. Im weiteren Sinn: die Hebungen und Senkungen eines Textes, auch wenn sie nicht periodisch wiederkehren (Prosa). Im engeren Sinn: die Wiederkehr im Vers (Metrik, *Wiederholung*).

Mischformen sind einerseits Verse in freien Rhythmen, die ohne den Zeilenfall als Prosa gelten könnten (seit Brecht dominierend), andrerseits rhythmische Prosa, die heute meist als manieriert empfunden wird (Hölderlins »Diotima«, Rilkes »Cornet«). Den schönsten Prosasatz ergibt »eine Periode, die, metrisch konzipiert, nachträglich an einer einzigen Stelle im Rhythmus gestört wird« (W. Benjamin).

Satz und Satzbau Der Satz ist die Einheit der *Sprachhandlung* (parole), »eine Kette von *Formativen*« (Chomsky), »die innige Verbindung, ja Verschmelzung des inneren, *geistigen Gesamtbildes*, das sich aus allen Einzelinhalten der Wörter oft in vielen Stufen aufbaut, mit der äußeren, *musikalischen Gesamtgestalt*, in die sich die Klangbilder all dieser Wörter einbetten« (Glinz). Den *Satzkern* (die *konstitutiven Satzglieder* oder Satzteile) bilden Subjekt und Prädikat (Ich schlafe), ihre Wechselseitigkeit ist »die Grundbeziehung, die einen Satz konstituiert« (Brinkmann); dazu das Objekt, wenn es zum Verständnis des Satzes erforderlich ist (Ich rette das Kind). Andere Objekte sowie Umstandsangaben und Attribute heißen *freie Satzglieder*. Satzglieder können durch *Nebensätze* vertreten werden.

Hauptsätze sind Sätze ohne Nebensatz und Apposition. Tritt eins von beiden zum Hauptsatz hinzu, so wird er zum *Trägersatz*. Die Aneinanderreihung von Hauptsätzen in derselben Satzverbindung heißt *Parataxe*.

Appositionen sind erläuternde Satzglieder, die i. U. zu den Nebensätzen kein Verbum enthalten (Dies hat Meyer, *ein großer Forscher*, behauptet).

Nebensätze sind abhängige Satzteile; die Satzfügung aus Haupt- und Nebensätzen heißt *Hypotaxe*. In deutschen Texten treffen auf 1 Hauptsatz 0,5 Nebensätze, doch bringen es anspruchsvolle schriftliche Texte auf 1,2 Nebensätze pro Hauptsatz. Die Nebensätze lassen sich unterscheiden:

1. Nach ihrer Stellung:

a) *Vorsätze* (Als es dunkel wurde, ging ich heim).

b) *Zwischensätze* (Ich ging, als es dunkel wurde, heim): *Schachtelsatz*, bei Chomsky »nested construction«.

c) *Nachsätze* (Ich ging heim, als es dunkel wurde) — so in deutschen Texten 80 Prozent aller Nebensätze.

2. Nach ihrer Funktion:

a) *Attributsätze*, die der näheren Bestimmung dienen (Die Lerche, die im Äther singt).

b) *Gliedsätze*, die eine vollständige Aussage enthalten und damit ein Satzglied vertreten:

+ Objektsätze (Ich bedaure, daß du gelogen hast)
+ Subjektsätze (Es war erstaunlich, was er leistete)
+ Umstandssätze: temporal (während er), modal (indem er), kausal (weil er), konditional (falls er), final (damit er), konzessiv (obwohl er), konsekutiv (so sehr, daß er).

3. Nach ihrer Konstruktion:

a) *Relativsätze*, die mit einem Pronomen beginnen (Der Mann, der) oder mit einem Adverb (Dort, wo). Auf Relativsätze mit der Funktion des Attributs (relative Attributsätze) entfallen 50 Prozent aller Nebensätze.

b) *Konjunktionalsätze*, die mit einer Konjunktion beginnen (daß, wie, weil, oder, ob usw.) oder beginnen könnten (Er sagte, er sei krank = daß er krank sei).

c) *Infinitivsätze* (Er ging, ohne zu grüßen)

d) *Partizipialsätze*, Partizipialgruppen (Realistisch betrachtet, haben wir . . .)

Die Konstruktionen der Nebensätze lassen sich mit ihren Funktionen beliebig mischen. Nebensätze lassen sich auch zu *Satzreihen* verbinden (Einer, der mir immer half und mich nie vergaß). Was grammatisch ein Nebensatz ist, kann inhaltlich ein Hauptsatz sein (*Inhaltssatz*): »Es trifft sich, daß ich im Lotto gewonnen habe«.

Unvollständige Sätze heißen *Ellipsen*. Vgl. *Paradigma, Syntagma; Dependenzgrammatik, Transformationsgrammatik; Aussage, Text; Pfeilstil, Rhythmus, Stilfiguren.*

Satzlänge Die Zahl der Wörter pro Satz (in schriftlichen Texten, gemessen von Punkt zu Punkt; Semikolon und Doppelpunkt können einem Text jedoch ähnlich klare Zäsuren verleihen, so daß viele Messungen irreführend sind). Der durchschnittliche Satz besteht in deutschen Zeitungen aus 16 Wörtern, im Johannes-Evangelium und in den »Buddenbrocks« aus 17, in Th. Manns »Dr. Faustus« aus 31 Wörtern. Kurze Sätze sind im Durchschnitt verständlicher als lange, jedoch mit erheblichen Einschränkungen. Vgl. *Pfeilstil, Schachtelsatz, Verständlichkeit, Wortlänge.*

Schachtelsatz Ein *Satz*, in den ein oder mehrere Nebensätze oder Partizipialkonstruktionen eingebettet sind. Chomsky unterscheidet einfache Einschachtelung, *nested construction* (Das Haus, das an der Straße nach Göttingen liegt, wird abgerissen), und doppelte Einschachtelung, *self-embedded construction* (Das Haus, das an der Straße, die nach Göttingen führt, liegt, wird abgerissen). Verschachtelungen mit ähnlich geringer *Verständlichkeit* (bei Reiners: Klemmkonstruktionen) lassen sich auch ohne Nebensätze vornehmen (Das an der nach Göttingen führenden Straße liegende Haus). Appositionen, Klammern und Parenthesen können die Verständlichkeit weiter mindern.

Schachtelsätze sind in allen indogermanischen Sprachen möglich, im Deutschen jedoch besonders beliebt und schwerer zu vermeiden durch das »Umklammerungsgesetz« der deutschen Syntax (Ich *erkenne* diesen Einwand, obwohl ich ihn nicht verstehe, *an*). Bei kunstvoller Handhabung lassen sich damit dramatische Wirkungen erzielen (Kleist), auch ironische (Thomas Bernhard: »Einem, im Falle des Zimmerers Winkler, mit der Plötzlichkeit, die erschüttert, aus der Haft Entlassenen ist, wie ich immer wieder feststellen muß, nicht zu helfen«).

Vgl. *Hypotaxe, hysteron proteron, Pfeilstil.*

Schriftsprache Die *Hochsprache,* soweit sie schriftlich verwendet wird. Von der gesprochenen Hochsprache der Gebildeten unterscheidet sie sich meist durch größeren *Wortschatz,* komplizierteren *Satzbau* und höhere Anforderungen an die grammatische Korrektheit *(Sprachnorm).* Die *Umgangssprache,* auch die *Vulgärsprache* dringt immer stärker in die Schriftsprache ein. Veraltet wirkt Schopenhauers Satz: »Die Alten wußten, daß man *nicht* schreiben soll, wie man spricht; die Neuesten hingegen haben sogar die Unverschämtheit, gehaltene Vorlesungen drucken zu lassen.«

Segment (lat.) Abschnitt — in einem Text ein Teilstück von beliebiger Größe (*Laut, Lexem,* Silbe, *Wort, Syntagma, Satz).*
Segmentierung, Segmentation, auch Taxonomie: die Zerlegung in solche Teilstücke — die zentrale Methode der deskriptiven *Linguistik.* Vgl. *Distribution, Komponenten.*

Semantem, Semem Das *Wort* oder ein Wortteil in seiner Eigenschaft als Träger von *Bedeutung;* verwandt dem *Lexem,* der kleinsten möglichen Bedeutungseinheit. Vgl. *Stammwort, Begriffsinhalt, Definition.*

Semantik (griech.) Lehre von den *Zeichen;* auch Semasiologie. Im engeren Sinn: die Lehre vom *Wortinhalt, Sprachinhaltsforschung;* i.U. zur *Grammatik,* der Lehre von der Form, in der die Wörter anzuwenden sind. Im weiteren Sinn auch die Lehre vom *Bedeutungswandel,* vom Verhältnis zwischen Mensch und Wort und von der Beziehung zwischen Wörtern und Dingen (analytische *Sprachphilosophie,* pragmatische *Linguistik).* Exakte Wortbedeutungen sind selten zu ermitteln *(Definition).*
Semantische Lücke, Defizienz: s. *Wortlücke.*

Semiotik (griech.) Lehre von den *Zeichen.*
1. Irreführendes Synonym für *Semantik.*
2. Bei Morris u. a.: Die Summe von Semantik, Syntax und Pragmatik (d. h. die *Linguistik* noch einmal, nur anders benannt).
3. Bei Klaus u. a.: dazu *Sigmatik* — »die Beziehungen zwischen dem Zeichen und dem, was sie bezeichnen«. Vgl. *Bezug.*

Sender auch Kommunikator: der *Sprecher* oder Schreiber, wenn er vom *Empfänger* (*Hörer,* Leser) unterschieden werden soll. Vgl. *Kommunikation, Sprechsituation.*

Setzung gleichbedeutend mit *Konvention* oder mit *Ellipse.*

Sigmatik Ein Teil der *Semiotik.*

Signal In diesem Buch, der überwiegenden linguistischen Verwendung folgend: ein optisches oder akustisches Verständigungszeichen, das entweder unmittelbar anschaulich ist (Gestik, Schrei, *Piktogramm*) oder eine vereinbarte Bedeutung hat (Trompetensignale, *Sprache*); i. U. zum *Symptom,* dem unwillkürlichen Ausdruckszeichen (Gelächter, Schüttelfrost).
Bei Saussure bedeutet Signal *Zeichen,* bei Ogden *Symbol.* Bühler nennt Laute, Wörter und Aussagen Signale, wenn sie einen *Appell* an den Adressaten richten.

Slang Niedere Umgangssprache in Amerika. Noch tiefer angesiedelt sind *Vulgärsprache* und *Gaunersprache.*

Sondersprachen s. *Geheim-, Kunst-, Zunftsprache, Soziolekt.*

Soziolekt Gruppensprache, Klassensprache, Standessprache: die Sondersprache einer sozialen Gruppe (i. U. zum *Dialekt,* der Sondersprache einer regionalen Gruppe, und dem *Idiolekt,* der Sondersprache des Individuums). Soziolekte werden gesprochen von Berufsgruppen *(Zunftsprache),* Randgruppen der Gesellschaft *(Gaunersprache)* und den unteren Gesellschaftschichten *(Vulgärsprache, Slang).*
Von einer Schule der *Soziolinguistik* wird auch die *Hochsprache* als Soziolekt eingestuft, nämlich als Klassensprache der Oberschicht. (Zumindest für die Anfänge der deutschen Hochsprache trifft dies zu: Sie war im Mittelalter eine Sprache der Fürstenhöfe, Ritterburgen und Klöster). Vgl. *Sprachbarriere.*
Storz bestreitet dem Wort »Soziolekt« die Existenzberechtigung: Es sei eine kühne und falsche Analogie zum Dialekt, »ein städtisch verwaschener Dialekt, in welchen Fachausdrücke beruflicher Art, auch populäre Metonymien des Spaßes eingelagert sind . . . Weit eher könnten die sprachlichen Zunftbräuche der Psychologen, Soziologen, Linguisten . . . als Sondersprachen bezeichnet werden.«

Soziolinguistik Die Wissenschaft von den Unterschieden im Sprachgebrauch sozialer Gruppen, von den Benachteiligungen, die daraus folgen können, und von der Möglichkeit, diese Benachteiligungen zu beseitigen. Seit Bernstein wird dabei vor allem unterschieden zwischen beschränktem Sprachbesitz (restricted code) und ausgeformtem Sprachbesitz (elaborated code). Vgl. *Soziolekt, Sprachbarriere.*

Sprachbarriere

1. Im weiteren Sinn: jede Behinderung durch fehlende oder mangelhafte Kenntnis einer Fremdsprache, einer *Zunftsprache* oder der jeweiligen *Hochsprache.* Vgl. *Dialekt, Soziolekt, Universalsprache, Verständlichkeit.*

2. Im engeren Sinn: in der *Soziolinguistik* die Behinderung des sozialen Aufstiegs durch Dialekt, Soziolekt, geringen *Wortschatz* oder geringes Ausdrucksvermögen.

Sprachbarrieren werden oft mutwillig errichtet (Zunftsprache, *Geheimsprache,* auch Wortwahl oder Tonfall einer Oberschicht). Für manche Linguisten sind Sprachbarrieren »nicht nur Gegenstand der Forschung, sondern auch ihr Sport« (Storz).

Sprachbesitz Der *Wortschatz* und die *Grammatik,* die entweder ein *Sprachsystem* ausmachen oder (beim Individuum) den *Idiolekt;* i. U. zu den *Sprachhandlungen,* die aus dem Sprachbesitz gespeist werden, und den *Sprachgebilden,* die aus den Handlungen entstehen. Vgl. *Dialekt, Soziolekt, elaborierter + restringierter Kode.*

Sprache

1. Kommunikation zwischen Lebewesen durch *Symptome* und *Signale.*

2. Kommunikation nur durch Signale.

3. Kommunikation nur zwischen Menschen nur durch Signale — »eine rein menschliche und nicht instinktive Methode der Mitteilung von Ideen, Empfindungen und Wünschen mit Hilfe eines Systems von vorsätzlich geschaffenen *Symbolen«* (Sapir).

In den drei obigen Bedeutungen wird das Wort in diesem Buch von Kap. 3 an nicht mehr verwendet.

4. Die menschliche *Wortsprache* (langage) — eine *Abstraktion,* da in ihr niemand sprechen kann. Gesprochen wird vielmehr:

5. die Wortsprache der einzelnen *Sprachgemeinschaft (Sprachsystem)* — auch noch ein theoretischer Begriff, abstrahiert aus der Summe aller *Sprachhandlungen* aller Mitglieder dieser Sprachgemeinschaft. Der Begriff ist nötig, damit Wörterbücher und Grammatiken entstehen und Fremdsprachen gelehrt werden können — aber da niemand die Summe ziehen kann, gilt der Satz: *»Die Sprache* gibt es nicht« (Ortega, Whorf u. a.).

6. Die Summe der Sprachhandlungen des einzelnen *(Idiolekt).*

7. Der einzelne *Sprechakt.*

Die Wortsprache läßt sich ferner unterscheiden:

+ technisch nach gesprochener und geschriebener Sprache (primäres und sekundäres Kodierungssystem, vgl. *Kode, Schriftsprache*)
+ soziologisch nach *Hoch-, Umgangs- und Vulgärsprache, Dialekt* und *Soziolekt*
+ nach dem *Wortschatz* und den Regeln seiner Anwendung *(Grammatik)*
+ nach ihren *Funktionen* und *Verwendungsarten.*

Vgl. *Geheim-, Kult-, Kunst-, Universal-, Verkehrssprache, Ideale* und *Normale Sprache, Aussage, Energeia, Kompetenz, Organon, Wort.*

Sprachgebilde Die *Aussage,* wenn sie von der *Sprachhandlung* unterschieden werden soll.

Sprachgebrauch

1. Die in einer Sprachgemeinschaft vorherrschende Art, mit Grammatik und Semantik umzugehen; i. U. zur *Sprachnorm,* der als *richtig* geltenden Form des Sprechens und Schreibens. Viele moderne Linguisten interessieren sich ausdrücklich nicht für den Sprachgebrauch *(Kompetenz).* Vgl. *Dialekt, Idiolekt, Konvention, Soziolekt, Sprachlenkung, Sprachnormung, Umgangssprache.*

2. Unzweckmäßiges Synonym für *Sprachhandlung, Sprachverwendung.*

Sprachgemeinschaft Eine Gruppe von Menschen, die miteinander (im weiteren Sinn) durch einen *Dialekt* oder eine *Gemeinsprache,* im engeren Sinn durch eine gemeinsame *Hochsprache* verbunden sind. Der Grad der Verbindung wird jedoch häufig überschätzt: Es gibt nur bedingte Gemeinsamkeiten zwischen

+ einem, der Plattdeutsch, und einem, der Schweizerdeutsch spricht und sich der Hochsprache selten oder nie bedient
+ einem, der nur einen Dialekt oder die *Vulgärsprache* verwendet, und einem, der allein die Hochsprache erlernt hat.

Auch lassen sich weder die räumlichen Grenzen der Sprachgemeinschaft exakt definieren *(Sprachmischung)* noch der Inhalt des *Sprachsystems.* Vgl. *Muttersprache, Nationalsprache.*

Sprachgeschichte Der von der modernen *Linguistik* abgelehnte *diachronische* (historische) Teil der *Sprachwissenschaft: Wortschöpfung, Etymologie, Bedeutungswandel;* ferner *Dissoziation, Echosprache, Glottochronologie, Glottogonie, Interferenz, Lautwandel, Personifizierung, Sprachmischung, Substitution, Wortkreuzung, Wortlücke, Wortschwund, Wortverkürzung, Wurzel.*

Sprachgesellschaften In Deutschland Vereinigungen von Fürsten und Dichtern, die sich vor allem gegen die lat.-franz. Überfremdung wandten (17./18. Jh.). Verwandte Einrichtungen sind die italienische Accademia de la Crusca (seit 1582), die Academie Française (seit 1635) und die Deutsche Akademie für Sprache und Dichtung (seit 1949). Vgl. *Fremdwort, Sprachpflege.*

Sprachhandlung auch Sprachakt, Sprachdarbietung, bei Saussure parole: die einzelnen Akte des Sprechens *(Sprechakt)* und Schreibens, des Hörens und Lesens, auch des Denkens, soweit es in *Wörtern* und *Begriffen* geschieht; i. U. zum *Sprachgebilde,* das aus dem Sprechen und Schreiben entsteht *(Aussage).* Jede Sprachhandlung ist eine aktuelle individuelle Auswahl aus den Möglichkeiten, die das *Sprachsystem* bereitstellt. Die Summe der Sprachhandlungen des Individuums ergibt seinen *Idiolekt.* Vgl. *Kompetenz, Performanz.*

Sprachhandlungstypen sind *Appell* (*Befehl,* Forderung, Warnung, Wunsch), *Behauptung, Belehrung, Frage, Gebet, Gespräch, Lüge, Mitteilung, Monolog, Urteil,* ferner Antwort, Ausruf, Fluch, Gruß, Kritik usw. Vgl. *Textsorten, Verwendungsarten, Aussage, Sprechakt.*

Sprachinhaltsforschung

1. Synonym für *Semantik.*
2. Bezeichnung für die Richtung der *Sprachwissenschaft,* die in Deutschland etwa von 1930 bis 1965 tonangebend war (Weisgerber u.a.), vor dem Import der generativen *Linguistik* (Chomsky) und in bewußter Abkehr von der deskriptiven Linguistik (Saussure).

Sprachklischee griech. Topos, auch Stereotyp: eine Wortverknüpfung (Floskel, Redensart, *Syntagma*), die sich bei vielen Menschen in vielen *Sprechsituationen* automatisch einstellt, so lange, bis Überdruß auftritt (meist nur bei *andern* Menschen). Doch sind *alle* Wörter »Bräuche« (Jespersen, Ortega, Leisi). Vgl. *Redundanz, Tautologie.*

Sprachkritik Ein Randgebiet der *Sprachwissenschaft:* der Zweifel an der Tauglichkeit der Sprache, auch wenn sie nach der *Sprachnorm* verwendet wird. Die Kritiker fragen vor allem:

1. Ist die Sprache ein taugliches Mittel der philosophischen *Erkenntnis?* (Diese Frage wurde schon von Gorgias im 4. Jh. v. Chr. verneint und wird es heute fast durchweg. Vgl. *Nominalismus).*
2. Nötigt uns die Sprache anfechtbare *Denkgewohnheiten* auf? Führt sie uns irre durch Wörter, denen kein Sachverhalt entspricht?
3. Inwieweit taugt die Sprache zur *Mitteilung?*

Dabei ist jeweils zu prüfen: Richtet sich die Kritik gegen

a) strukturelle Mängel, unvermeidbare Schwächen?
b) fahrlässigen Mißbrauch durch Trägheit oder Unkenntnis?
c) vorsätzlichen Mißbrauch zum Zweck der *Manipulation?*

Die traditionelle Sprachkritik untersucht nur (a). Sie wurde von Philosophen und Mathematikern betrieben, die den bis dahin selbstverständlichen Denkansatz umstülpten, daß die Wörter ein Spiegel der Wirklichkeit seien, ja *mehr* Wahrheit enthielten als die Dinge (vgl. *Abbildtheorie, Wortmagie);* zuerst von *Bacon* 1620, dann von *Descartes* und *Leibniz,* auf denen die Erfinder der *Math. Logik* aufbauten.

Den Ansatz (b) — fahrlässiger Mißbrauch — wählte systematisch zuerst *John Locke* (1690). Ansatz (c) — vorsätzlicher Mißbrauch — ist der jüngste Zweig der Sprachkritik (Karl Kraus, Orwell, Klemperer, Korn, Sternberger, Roegele, Mackensen, Handke, Dürrenmatt). Dieses Buch setzt auf allen drei Wegen an (strukturelle Mängel: Teil II und V; fahrlässiger Mißbrauch: Teil VII; vorsätzlicher Mißbrauch: Teil IV).

Intensive Sprachkritik nach (a) *und* (b) haben vor allem betrieben: Lichtenberg, Nietzsche, Mauthner (am radikalsten), Ogden/Richards, Wittgenstein (»Alle Philosophie ist Sprachkritik«), Korzybski, Jaspers, Whorf, Ortega. Sprachkritische Ansätze finden sich bei vielen Schriftstellern: Novalis, Hebbel, Kafka, Horváth, Hofmannsthal, Saint-Exupéry, Sartre, Frisch, Böll, Handke, Arno Schmidt.

Sprachlenkung Die Steuerung *der Sprache;* i. U. zur *Manipulation,* der Steuerung von Menschen *durch Sprache.* Doch geht die Lenkung häufig der Manipulation voraus oder Hand in Hand mit ihr *(Propaganda).* Sprachlenkung mit manipulierender Absicht bedient sich der willkürlichen *Bedeutungsverschiebung,* des *Euphemismus,* oft der *Wortschöpfung* und *Wortbildung.* Sprachlenkung ohne manipulierende Absicht findet statt durch *Sprachnorm* und *Sprachnormung;* unwillkürliche Sprachlenkung durch *Sprachgebrauch* und *Sprachklischees.*

Sprachmischung Die Durchdringung zweier Sprachen, meist als Folge militärischer Eroberungen (Normannen in England); i. U. zur bloßen *Interferenz.* Sprachmischung ist eine häufige Ursache des *Lautwandels.* Vgl. *Bilinguismus, Fremdwort, Substitution, Wortkreuzung.*

Sprachnorm Die in einer *Sprachgemeinschaft* als richtig geltenden, für *Hoch-* und *Schriftsprache* verbindlichen Regeln der *Grammatik* und *Semantik,* auch »Sollnorm« oder lexikalische Norm; i. U. zum tatsächlichen, d. h. überwiegend normwidrigen *Sprachgebrauch* (auch »Istnorm«, Gebrauchsnorm oder statistische Norm genannt). Vgl. *Kompetenz, Konvention 1.*

Das Wort »Sprachnorm« wird oft zugleich als Oberbegriff für Soll- und Istnorm verwendet, jedoch nicht in diesem Buch. Das gängige Wort »Geltungsnorm« läßt offen, ob die Soll- oder die Istnorm gelten soll.

Die Einübung in die Sprachnorm geschieht durch *Belehrung* (Eltern, Schule, Sprachglossen) und Vorbild (Familie, Nachbarn, Fernsehen, Presse, Literatur). »Das wirkliche Sprechen und Schreiben steht fast immer im Widerspruch zu den Lehrsätzen der Grammatik und den Definitionen des Wörterbuchs« (Ortega). Heute tritt die *Soziolinguistik* gegen die Sprachnorm auf, während Radio und Fernsehen die Wirkung haben, die Norm zu festigen.

Über Verletzungen der Sprachnorm: *Anakoluth, Anglizismen, Dialekt, Flexion, Idiolekt, Paralogie, Soziolekt, Vulgärsprache, Wortkreuzung, Wortspiel.* Vgl. ferner *Definition, Sprachgesellschaften, Sprachlenkung, Sprachnormung, Sprachpflege.*

Sprachnormung auch Standardisierung: die Festlegung von *Definitionen* und Benennungen (unter Ausschaltung von *Homonymen, Synonymen* und *Euphemen*) und der Versuch, diese Festlegung im *Sprachgebrauch* durchzusetzen. Das betreiben seit der Antike die Juristen und für die Technik in Deutschland seit 1917 der Deutsche Normenausschuß (DIN), außerdem ist es die Tendenz vieler *Zunftsprachen,* vor allem der *Behördensprache.* Vgl. *Flußdiagramm, Kunstwort, Technolinguistik, Verständlichkeit.*

Sprachpflege, Sprachreinigung Das Bestreben, die *Hoch-* und *Umgangssprache* gegen *Fremdwörter, Vulgärsprache, Zunftsprache* und jede Art von Mißbrauch und Verwahrlosung abzuschirmen; auch die Pflege von *Dialekten;* in Deutschland zuerst von den *Sprachgesellschaften* betrieben, dann von Leibniz, Lessing, Schopenhauer, im 20. Jh. von Karl Kraus, Wustmann, Reiners, Storz, Süskind, Korn, Sternberger, Moser u. a. Die Sprache ist »ein überaus kompliziertes, leicht zu verderbendes und nicht wiederherzustellendes Kunstwerk« (Schopenhauer). Vgl. *Sprachnorm, Sprachklischee.*

Sprachphilosophie

1. Die philosophische Disziplin, die Wesen, Ursprung und Bedeutung der Sprache zu erfassen versucht (Platon, Humboldt, F. Schlegel, im 20. Jh. Cassirer, Husserl, Wittgenstein, Heidegger, Jaspers, Katz u. a.).

2. Die Lehre, daß jegliche Philosophie nur am Leitfaden der Sprache betrieben werden könne: »Unsere ganze Philosophie ist Berichtigung des Sprachgebrauchs« (Lichtenberg). »Die Ergebnisse der Philosophie sind die Beulen, die sich der Verstand beim Anrennen an die Grenze der Sprache geholt hat ... Eine ganze Wolke von Philosophie kondensiert zu einem Tröpfchen Sprachlehre« (Wittgenstein). »Die philosophischen Probleme sind weitgehend Probleme ihrer Sprache« (Adorno).

3. Die Prüfung der Sprache auf ihre Tauglichkeit zur Erkenntnis und zur *Kommunikation* (analytische Sprachphilosophie, *Semantik* im weiteren Sinn, *Sprachkritik*). Hierbei wird die Philosophie der *Normalen Sprache* und die Philosophie der *Idealen Sprache* unterschieden.

S p r a c h w i s s e n s c h a f t s p h i l o s o p h i e : bei Katz die Überprüfung der Theorien und Methoden der *Sprachwissenschaft.*

Vgl. *Antinomie, Begriff, Bezug, Idee, Innere Sprachform, Universalien, Wortmagie.*

Sprachregelung s. Sprachlenkung, Manipulation.

Sprachstörungen s. *Agnosie, Aphasie, Aphrasie, Ideenflucht, Legasthenie, Paralogie, Verbigeration.*

Sprachsystem Der *Wortschatz* und die *Grammatik* einer bestimmten *Gemeinsprache*, bei Saussure langue (»das im Gehirn jedes einzelnen niedergelegte soziale Produkt«). Das Sprachsystem ist die theoretische Summe der *Sprachhandlungen* all derer, die der *Sprachgemeinschaft* angehören, »ein aus dem realen Sprachverhalten erschlossenes Konstrukt« (Hessische Rahmenrichtlinien).
Was ein Sprachsystem wirklich ist (»*die* deutsche Sprache«), entzieht sich der Definition: Die wenigsten halten sich an die *Sprachnorm*, die wenigsten können oder wollen die *Hochsprache* sprechen, niemand kennt alle Wörter im Duden, niemand kann alle Sprachhandlungen erfassen. Vgl. *Dialekt, Soziolekt, Idiolekt.*

Sprachtabu Worttabu, Wortverbot, Logophobie: die Vorstellung, bestimmte Wörter dürften nicht ausgesprochen werden, weil dies
+ die Götter reize und Unglück bringe *(Namenstabu, Wortmagie)* — in populären Angstrufen wie »Unberufen!« oder »Mal' den Teufel nicht an die Wand« noch lebendig
+ gegen die guten Sitten verstoße, z.B. im Sexualbereich. Diese Sprachtabus sind in den letzten Jahrzehnten in den westlichen Demokratien fast vollständig zerbrochen, oft jedoch ins Gegenteil verkehrt worden: Der Anpassungsdruck, sich der umschreibenden Wörter zu enthalten, ist ähnlich groß wie früher der Druck, sie zu verwenden. Vgl. *Euphem, Vulgärsprache.*

Sprachvermögen auch Sprachfähigkeit, Sprechfähigkeit, bei Saussure langage: Schlüsselwort Humboldts, von ihm synonym mit »Sprachkraft« und »innerer Sprachsinn« verwendet — »ein Phänomen ohnegleichen«(Chomsky), »ein im Grund unerforschbares Rätsel des Menschseins« (Jaspers) — nach Mauthner dagegen eine »unnatürliche Abstraktion«, nicht wirklichkeitsnäher, als wenn man die Fähigkeit zum Briefetragen zur »Briefträgerei« abstrahiere *(Hypostasierung).* Vgl. *Kompetenz.*

Sprachverwendung
1. Die einzelne *Sprachhandlung.*
2. Die Summe der Sprachhandlungen des Individuums, sein *Idiolekt.*
3. Die Summe aller Sprachhandlungen in einer *Sprachgemeinschaft* — von niemandem erfaßt, aber zum *Sprachsystem* abstrahiert.

Vgl. *Verwendungsarten.*

Sprachwissenschaft Die wissenschaftliche Beschäftigung mit sämtlichen Erscheinungsformen der *Sprache*, ihren Ursprüngen, ihrer Entwicklung, ihren Wirkungen; i. U. zur *Philologie*, die sich mit literarischen Texten, also nur einem Bruchteil der *Sprachgebilde*, nicht mit dem *Sprachbesitz* und nicht mit den *Sprachhandlungen* befaßt. »Literatur ist das Fragment der Fragmente: Das wenigste dessen, was geschah und gesprochen worden, ward geschrieben, vom Geschriebenen ist das wenigste übriggeblieben« (Goethe).
Im weitesten Sinn schließt die Sprachwissenschaft auch *Sprachphilosophie* und *Sprachkritik* ein. Im engsten Sinn ist sie ein Kontrastprogramm zur *Linguistik*, da sich diese in ihren tonangebenden Schulen nur mit den mathematisch erfaßbaren Aspekten der Sprache befaßt. Vgl. *Sprachgeschichte, Sprachinhaltsforschung.*

Sprechakt Die häufigste *Sprachhandlung:* die mündliche Rede eines bestimmten Menschen zu einer bestimmten Zeit; auch Sprechhandlung genannt, was jedoch wegen der Verwechslung mit Sprachhandlung unzweckmäßig ist. Vgl. *Aussage, Kommunikation, Sprechsituation.*
Das Sprechen ist »eine Reaktion auf zwei gleichzeitig wirkende Reize, nämlich den Sachverhalt, von dem, und die Person, zu der man spricht. Das sprechende Verhalten richtet sich nach beiden, man spricht in einer bestimmten Weise, weil man von einer bestimmten Sache zu einer bestimmten Person spricht. Die beiden Reize und die Reaktion darauf machen die Sprechhandlung aus« (Porzig).

Sprecher Die Person, die eine mündliche *Aussage* an einen *Adressaten* gelangen lassen will, wobei zufällige oder unbefugte *Zuhörer* in Kauf genommen werden müssen. Vgl. *Empfänger, Hörer, Sender.*

Sprechsituation auch *Sprechakt*bedingungen, situativer Kontext: die Umstände, unter denen mündliche *Aussagen* gemacht werden und *Kommunikation* stattfindet. Zur Sprechsituation gehören:
+ sprachlich: *Artikulation, Kontext, Vorverständnis*
+ psychologisch: *Emotion, Intention, Kontakt* (vgl. *Psycholinguistik*)
+ soziologisch: Teilnehmerkreis, Hierarchie (horizontale/vertikale Kommunikation), Privatheit/Öffentlichkeit

+ räumlich: Ort, *Zeigfeld,* Sichtkontakt/Telefon/Radio.
Vgl. *Empfänger, Sender, Konvention, Rezeption.*

Sprechzwang auch »Ausdruckszwang« (Kainz), »das Sagenmüssen« (Ortega): der unwiderstehliche Drang, entweder etwas mitzuteilen oder einen offenkundigen Vorgang zu bereden, die Unfähigkeit zu schweigen. Vgl. *Echosprache, Tautologie, Verbigeration, Aphasie* 2.

Stammwort Primärwort, lat. Simplex, engl. z.T. term, oft gleichbedeutend mit *Lexem:* ein nacktes Wort (klar) ohne *Ableitung* (klären, Klarheit) und ohne *Zusammensetzung* (Klarsichthülle). Die Stammwörter machen weniger als zehn Prozent des Wortschatzes der deutschen Sprache aus (Weisgerber). Die Summe der Stammwörter ist der *Grundwortschatz.* Vgl. *Wurzel.* Neben dem echten gibt es das scheinbare Stammwort, die verdunkelte Zusammensetzung: *heute* aus »hiu tagu«, jetzigen Tags.

Stereotyp s. *Sprachklischee.*

Stilebene

1. Niveau und Charakter eines *Textes* (hochsprachlich, umgangssprachlich, vulgär, ironisch, poetisch usw.). *Stilbrüche* sind im allgemeinen unerwünscht, können jedoch auch rhetorische oder humoristische Wirkungen haben: *Oxymoron, Rhetorik, Stilfiguren, Synonym* 2.
2. Bezugsebene, Diskurswelt eines Textes, z. B. faktisch/*fiktional.* Die Vermischung ist stets anfechtbar, bei älteren Historikern jedoch häufig und im historischen Roman die Regel (»'Knorke', sagte Tschingis Khan«). Vgl. *Prosopopöie.*

Stilfiguren auch Redefiguren, rhetorische Figuren: *Adynaton, Allegorie, Anadiplose, Anapher, Annomination, Aposiopese, Ellipse, Epipher, Euphemismus, Gleichnis, hysteron proteron, Kenning, Metapher, Oxymoron, pars pro toto, Periphrase, Prolepse, Prosopopöie, Superlativ, Übertreibung, Untertreibung, Wiederholung, Worthäufung.* Schiefe Stilfiguren sind *Katachrese* und *Zeugma.* Vgl. auch *Rhythmus, Satzbau, Sprachklischee, Wortspiel.*

Struktur (lat.) Bau, Gefüge: die *Sprache* als Gefüge von Formelementen betrachtet, wie im *Strukturalismus* üblich (strukturale *Linguistik*). Vgl. *Dependenz-, Transformations-, Universalgrammatik, Distribution, Formativ, Konstituenten, Morphem, Segment.*

Strukturbaum auch Baumdiagramm, engl. phrase marker: die in der modernen *Linguistik,* besonders der *Dependenzgrammatik* und der *Transformationsgrammatik* übliche Darstellung des Satzbaus nach Art eines Stammbaums. Vgl. *Konstituenten, Notation.* Abb. S. 326, 382.

Sublimierung (lat.) Veredelung, Unterbegriff der *Metapher:* die Verfeinerung grober *Begriffe* im Lauf der Sprachentwicklung (gutes Essen — gutes Gewissen).

Subreption (lat.) Erschleichung: ein Trugschluß, der darauf basiert, daß der *Sender* vorsätzlichen oder fahrlässigen Gebrauch von der Mehrdeutigkeit der Wörter macht. Vgl. *Ambiguität, Homonymie.*

Substitution Unzweckmäßiges Sammelwort für:

1. Umwandlung fremdartiger *Laute* in vertraute Laute, z.B. des Nasals von balcon, pension in die norddeutsche Aussprache »Balkong«, »Pangsion«.
2. Umwandlung fremdartiger *Wörter* in vertraute Wörter, damit das Lautbild dem Vorstellungsbild entspricht (Volksetymologie): des »wendischen Hunds« in Windhund, der indianischen »hamaca« in Hängematte. Vgl. *Wortkreuzung* 2. »Fällt von ungefähr ein fremdes Wort in den Brunnen der Sprache, so wird es so lange darin umgetrieben, bis es ihre Farben annimmt« (J. Grimm).
3. Verfälschung von Wörtern der *eigenen* Sprache zugunsten einer fixen Idee, z. B. des althochdeutschen »hevianna« (die Hebende) in *Hebamme,* damit »Amme« darin vorkommt, oder des mittelhochdeutschen »sin fluot« (große Flut) in *Sündflut.*
4. Ersetzung eines Substantivs durch ein Pronomen (»Mann« durch »er«), auch *Anapher.*
5. Methodische Auswechslung von Lauten oder Wörtern zum Studium der Wort- und Satzstruktur (auch Kommutation).
6. Austausch von Sätzen (*Paraphrase* 3).

Subsumierung (lat.) sprachliche Unterordnung. Vgl. *Oberbegriff, Klassifizierung.*

Suffix Die Nachsilbe; ein *Affix.* Vgl. *Ableitung.*

Superlativ

Die höchste Stufe der Steigerung des Adjektivs. Formal wird unterschieden:

1. relativer (besser: *echter*) Superlativ: »Fritz ist der größte in der Klasse.«
2. absoluter (besser: *rhetorischer*) Superlativ, Elativ: »Mein Liebster«.
3. Hypersuperlativ: der allerletzte (vgl. *Adynaton*).

Superlative können irreführend sein (»Der größte seiner Klasse« = ein ziemlich kleiner), grammatisch falsch (der einzigste, in keinster Weise), logisch oder stilistisch bedenklich. Arno Holz schrieb: gotischst, pyramidischst, netzgitterigst. Morgenstern parodierte: »Ich bin deinst, als ob einst wir vereinigst. Sei du meinst! Ich vergehste sonst sehnsuchtstgepeinigst.«

Suppletion (lat.) Ergänzung, auch Suppletivwesen — Unterbegriff der *Anomalie:* Flexion oder Steigerung von Wörtern mit Hilfe verschiedener *Lexeme;* z. B. gut — besser; engl. go — went; franz. aller — vais — irai. Vgl. *Lexikalische Einheit, Dissoziation.*

·**Suprasyntax** Die Erforschung der Formelemente eines *Textes* über den einzelnen *Satz* hinaus.

Symbol (griech.) Erkennungszeichen — unzweckmäßiges Sammelwort für:
1. das *Zeichen* im weitesten Sinn: die Summe von *Signalen* und *Symptomen.*
2. das Zeichen im engeren Sinn: nur das Signal (vgl. *Bezug*).
3. bei Bühler: das Wort, wenn es der »Darstellung« dient (vgl. *Mitteilung*).
4. das Zeichen im engsten Sinn: die Symbole der *Math. Logik (Notation).*
5. die *Allegorie.*

Symbolfeld, Symbolwörter: s. *Zeigfeld.*

Symptom
1. Ein unwillkürliches Ausdruckszeichen (erröten, erblassen); i. U. zum *Signal,* dem willkürlichen Verständigungszeichen.
2. Bei Bühler: Laut oder Wort, wenn sie dem *Ausdruck* dienen.

Synästhesie (griech.) Mitempfindung: das Auftreten paralleler Sinnesreize in einem Sinn, der nicht gereizt worden ist; z. B. von »Gänsehaut« bei bestimmten Tönen oder von Farbeindrücken bei Wörtern (Grass: »aus dottergelber Eifersucht«) oder Vokalen.

synchronisch ist die Untersuchung der Sprache allein in ihrem gegenwärtigen Zustand, wie in der modernen *Linguistik* üblich. Vgl. *Sprachgeschichte, Sprachwissenschaft.*

Synkope (griech.) das Zusammenhauen — eine Sonderform des *Lautwandels:* die Ausstoßung eines Vokals zwischen zwei Konsonanten (geloben: Glaube, gelingen: Glück; noch im 20. Jh. schrieb man Entwickelung). Vgl. *Apokope.*

Synonyme Wörter gleicher oder ähnlicher Bedeutung.
1. Gleiche Bedeutung — gleiche Stilebene: *totale Synonyme,* Austauschbarkeit (Samstag — Sonnabend, Lift — Fahrstuhl)
2. Gleiche Bedeutung — verschiedene *Stilebene* (Wange — Backe; schließen — zumachen; foppen — vergackeiern)
3. Bedeutungsüberschneidung: *partielle Synonyme,* Quasi-Synonyme (Zug — Bahn: in vielen Sprechsituationen austauschbar, in anderen nicht: Bahn kann auch Bundesbahn oder Laufbahn heißen, Zug auch Ziehen und Luftzug).
4. *Ähnlichkeit.* Wörter, die sinnverwandt, aber nicht einfach austauschbar sind, weil sie sich z. B. unterscheiden:
   + nach dem Grade (Wind — Sturm; Vergehen — Verbrechen)
   + nach dem *Appraisor* (Gewinn — Profit; Hund — Köter).

Syntagma (griech.) das Zusammengeordnete: sprachliche Einheit über dem *Wort,* unter dem *Satz.*
1. Grammatische Verknüpfung: Er hat gemalt (lat. mit dem Wort identisch: pinxit).
2. Semantische Verknüpfung: *Wortfeld* 4.
3. Rhetorische Verknüpfung: Bei Nacht und Nebel, Blut und Boden, Friede und Freiheit *(Sprachklischee).*

Vgl. *Ellipse, Paradigma.*

Syntax Der wichtigste Teil der *Grammatik:* die Lehre vom *Satzbau* (s. dort), von der Gruppierung und Zuordnung der Wörter, von der Funktion der Wörter im Satzgefüge.

synthetisch s. *analytisch.*

Tagmem (griech.) Setzungsform. Bei Bloomfield: kleinste bedeutungs*tragende* grammatische Einheit, i. U. zum *Taxem,* der kleinsten bedeutungs*losen* grammatischen Einheit. Bei Pike: der grammatische Raster des Satzes, der durch Wörter ausgefüllt wird. Vgl. *Lexem, Morphem.*

Tautologie (griech.) dasselbe sagen, auch Pleonasmus: eine der häufigsten Formen der *Aussage,* ein Standardelement der *Redundanz,* ein Fehler bei der *Definition.*
1. Im engeren Sinn: Verdoppelung, *Wiederholung* des schon Gesagten mit denselben oder fast denselben Worten, *Worthäufung.*
2. Aussagen, deren *Prädikat* schon im Subjekt enthalten ist (»Alle Körper sind ausgedehnt«), bei Locke: identische Sätze, bei Kant: analytische Urteile.

3. *Performative* Aussagen (»Hiermit überreiche ich Ihnen . . .«)
4. *Affirmative* Aussagen (»Ist das ein Wetter!«)
Nach neomarxistischer Deutung (H. Luther, Winckler u.a.) ist die bourgeoise Sprache notwendig tautologisch, da sie nichts anderes vermag, als den spätkapitalistischen Endzustand verbal zu reproduzieren.

Taxem In der amerik. Linguistik: die kleinste grammatische Einheit, in Europa *Morphem* genannt. Vgl. *Tagmem*.

Taxonomie s. *Segmentierung*.

Technolinguistik Der Versuch, die in der Technik bereits weithin übliche *Sprachnormung* durch Zusammenarbeit zwischen Technikern, Linguisten und Betriebspsychologen zu verfeinern.

Terminologie Die Fachwörter (Termini) eines Fachbereichs. Vgl. *Metasprache, Zunftsprache. Terminus:* ein möglichst klar definiertes Fachwort. Vgl. *Definition*.

Text
1. Synonym für *Aussage*.
2. Hier: Aussagen, die über die Länge eines Satzes hinausgehen, eine kohärente Folge von endlich vielen Sätzen.
3. Bei Glinz: nur Aussagen, die zur Wiederholung bestimmt und geeignet sind: schriftkonservierte, tonkonservierte, auch Sprichwörter, Wortrituale, Gedichte.
Über den Aufbau von Texten: *Pfeilstil, Satzbau, Schachtelsatz.* Über die *Rezeption: Effekt, Verständlichkeit.* Über die Deutung: *Interpretation.* Vgl. *Corpus, Kontext.*
Textsorten: Texte von verschiedener Form (Buch, Brief, Rede, Gutachten) oder *Stilebene, Funktion, Intention, Verwendungsart.* Vgl. *Sprachhandlungstypen, expositorisch, fiktional.*

Thesaurus (griech.) Schatz, Schatzhaus: Sammlung aller Wörter einer Sprache. Vgl. *Wortschatz.*

Tiefenstruktur Schlüsselwort der *Transformationsgrammatik*.

Tonem Die *Tonhöhe* von Wörtern, sofern aus ihr ein Bedeutungsunterschied folgt wie im Chinesischen, das bis zu acht bedeutungsverändernde Worttöne kennt; i. U. zum *Akzent,* der nur auf Silben liegt und überwiegend die Wortbedeutung nicht beeinflußt, und zur *Intonation,* der Satzmelodie.

Topos (griech.) Ort, Platz; von daher: Gemeinplatz, Redensart, Sprechschema, *Sprachklischee;* auch Denkschema, das Denken in festen Gleisen. Vgl. *Tautologie.*

Transformationsgrammatik Chomskys generative Transformationsgrammatik besteht aus Annahmen über folgendes *Regelsystem:*
1. Der *Oberflächenstruktur* unserer Sätze, den »aktuellen Sätzen«, liegt eine *Tiefenstruktur* zugrunde, ihre logische Struktur, das, was der Sprecher eigentlich sagen will (vgl. *Intention, Proposition*).
2. Die Überführung von der Tiefenstruktur in die Oberflächenstruktur erfolgt durch ein System von *Transformationsregeln.* Mit ihrer Hilfe läßt sich aus einer endlichen Zahl von Satzmodellen eine unendliche Zahl von Sätzen *generieren.*
3. Mit Hilfe der Tiefenstrukturen lassen sich überdies zwischensprachliche Gemeinsamkeiten *(Universalien)* nachweisen, ohne die der Spracherwerb des Kindes nicht erklärbar wäre.
Zu Chomskys Thesen ferner: *Formativ, Kompetenz, Konstituenten, Performanz, Universalgrammatik.* Vgl. auch *Dependenzgrammatik, Ideale Sprache, Kalkül, Notation, Strukturbaum.*

Überlieferung Eine *Funktion* der Sprache: Wörter sind gespeicherte *Informationen* und *Urteile,* die von einer Generation zur nächsten weitergegeben werden. Vgl. *Bedeutungswandel.* »Die Sprache ist das Verzeichnis überlieferten Wissens, die Chronik nationaler Eroberungen, die Schatzkammer aller Erfindungen, die das Genie der Einzelnen gemacht hat« (Baldwin). »Wenn die Wolken der aufgetürmten Wortüberlieferung über uns bersten, dann haben bisher bloß wenige Menschen auch nur Ansätze zu einer Verteidigung entwickelt« (Ogden/Richards). Vgl. *Belehrung.*

Übersetzung Die Umsetzung eines *Textes* aus einem *Sprachsystem* in ein anderes. Dem stehen entgegen:
1. *Objektive Schwierigkeiten*
+ Wortübersetzung: keine Entsprechung in der anderen Sprache *(message),* zu viele Entsprechungen *(Logos),* differierende sphärische oder emotionale *Komponenten* (chicken feed, S. 298).
+ Satzbau: Die Wort-Entsprechungen zerstören die Satzmelodie (Unübersetzbarkeit des englischen Buchtitels »50 famous English poets we could do without«)

+ Nicht rekonstruierbarer Zusammenhang (Beispiel bei *Buchstabenzauber*).

2. *Subjektive Schwierigkeiten*

+ Unkenntnis (launched = »in die Boote gegangen« übersetzte ein portugiesischer Funker am 24.9.1957 mit »gerettet« — worauf sämtliche deutschen Zeitungen vierzig ertrunkene Matrosen des Segelschulschiffs »Pamir« als gerettet meldeten).
+ Verführung durch *Interferenz.*

3. *Historische Zufälle*

+ Fehlübersetzungen bürgern sich dennoch ein *(Onomatopöie)*
+ Korrekte und problemlose Übersetzungen bürgern sich dennoch nicht ein (z. B. für Akkumulation, Derivation, Hyperbel, Hyperonym).

Vgl. *Fremdwort, Interlinguistik, Sprachmischung, Welthilfssprachen.*

Übertragung Unzweckmäßiges Sammelwort für *Metapher* und *Analogie.*

Übertreibung engl. overstatement, griech. Hyperbel: eine ständige Versuchung aller, die sprechen und schreiben (»ewige Treue«, »Tausendfüßler«, »seine Anstrengungen verzehnfachen«); i. U. zur *Untertreibung.* Spezialfälle der Übertreibung sind *Adynaton* und manche Formen des *Superlativs.* Eine Dosis Übertreibung liegt in jedem Wort.

Umgangssprache auch Alltagssprache, die häufigste Form der *Gemeinsprache:* die gesprochene Sprache über oder zwischen den *Dialekten* und *Soziolekten;* »alle die sprachlichen Elemente, die in einer aufgelockerten Unterhaltung verwendet werden« (Wahrig); i. U. zur *Hochsprache* und zur *Vulgärsprache.* Vgl. *Normale Sprache.*

Umlaut Ein Sonderfall des *Lautwandels,* bes. der *Assimilation:* die Umfärbung von a, o, u zu ä, ö, ü. Sie fand vor allem bei Wörtern statt, deren nächste Silbe im Althochdeutschen ein i enthielt (ahd: vallu — vallis, nhd. falle — fällst). In einigen Fällen existieren beide Formen: Die Bänder des Hutes, die Bande der Freundschaft.

Universalgrammatik auch allgemeine oder philosophische Grammatik: die Theorie, daß es grammatische *Strukturen* geben müsse, die allen Menschen eingeboren und allen *Sprachsystemen* gemeinsam sind. Diese Hypothese, schon von Descartes, Arnauld/Nicole (1660), Rousseau u.a. vertreten, ist durch Chomsky seit 1957 zu einer tonangebenden Richtung der *Linguistik* gemacht worden. Für Chomsky ist die Universalgrammatik das Endziel, der Weg dorthin die Schaffung einer generativen *Transformationsgrammatik* für jedes einzelne Sprachsystem.

Universalien

1. Grundlegende Gemeinsamkeiten aller Sprachen, »linguistic universals« (nach der Theorie der *Universalgrammatik*).

2. Allgemeinbegriffe, Gattungsbegriffe (»das Schöne«, »das Wahre«, »die Raubtiere«, vgl. *Oberbegriff*). Im *Universalienstreit* des späten Mittelalters wurden auf die Frage »Wie verhalten sich die Allgemeinbegriffe zu den Dingen?« vier Antworten gegeben:

+ Radikaler »Realismus« (Platon): Der Allgemeinbegriff ist eine eigene Realität und vor der Sache da *(ante rem).* Vgl. *Idee.*
+ Gemäßigter »Realismus« (Aristoteles, Thomas von Aquin): Der Allgemeinbegriff wohnt in der Sache *(in re).*
+ Konzeptualismus, gemäßigter *Nominalismus* (Occam, später Locke, Kant u. a.): Die Allgemeinbegriffe kommen nach der Sache *(post rem),* sie existieren lediglich subjektiv als *Abstraktionen* aus der Fülle der einzelnen Sinneswahrnehmungen (Occam: »Das Universale ist nur in der Seele und darum nicht in der Sache«); damit aber sind sie wichtige Ordnungselemente. Diese Ansicht hat sich gegen kirchliche Verfolgung und antike Philosophie fast allgemein durchgesetzt. Vgl. *Deutung und Ordnung, Sprachkritik.*
+ Radikaler *Nominalismus:* Die Universalien sind bloße Wörter (»flatus vocis«, Stimmhauche oder Stimmblähungen) ohne notwendigen Bezug zur Wirklichkeit; real und erkennbar ist nur der sinnlich wahrnehmbare Einzelgegenstand (Nietzsche: »der Wahnsinn der allgemeinen Begriffe«, Mauthner). Vgl. *Hypostasierung.*

Siehe auch *Antinomie, Sprachphilosophie, Zeichen.*

Universalsprache Eine Sprache, die allen Menschen verständlich sein soll. Diesem Ziel am nächsten gekommen sind Weltsprachen, *Verkehrssprachen* und *Pasigraphie.* Weniger erfolgreich waren bisher die künstlichen Universalsprachen *(Kunstsprache).* Sie versuchen die typischen Ärgernisse der natürlichen Sprachen zu vermeiden: *Anomalie* und *Polymorphie, Abundanz* und *Defizienz, Polysemie* und *Bedeutungswandel.* Dabei haben sie zwei Wege beschritten:

1. philosophisch, *a priori,* frei erfunden:
+ sprechbar (Solresol, Ro)
+ nicht sprechbar *(Math. Logik)*
2. praktisch, *a posteriori,* an natürliche Sprachen angelehnt: Volapük, Esperanto u. a.
Vgl. *Ideale Sprache, Interlinguistik, Kommunikation, Sprachbarriere, Übersetzung.*

Unterbegriff griech. Hyponym: s. *Oberbegriff.*

Untertreibung engl. understatement, griech. Litotes — ein häufiges Stilmittel: Das Große wird durch etwas Kleines ausgedrückt (statt Atlantik »Großer Teich«), das Lob durch einen verneinten Tadel (statt hervorragend »nicht ganz schlecht«); i.U. zur *Übertreibung.* Lichtenbergs klassische Untertreibung der Völkerwanderung: »Als es den Goten und Wandalen einfiel, die große Tour durch Europa in Gesellschaft zu machen, so wurden die Wirtshäuser in Italien so besetzt, daß fast gar nicht unterzukommen gewesen sein soll. Zuweilen klingelten drei, vier auf einmal.«

Urteil Ein *Sprachhandlungstyp* und eine *Intention:* Werturteil, Kundgabe einer *Emotion;* entweder über ein Objekt (»Das Buch taugt nichts«) oder über den Adressaten (»Du bist ein Esel«). Vgl. *Appraisor, attitudinell, Zugriff.*
Analytische Urteile: *Tautologie* 2.

Utopie Eine *Funktion* der Sprache: das Entwerfen eines Zukunftsbildes, das meist als positiv vorgestellt wird (Endzeitverheißung, Schlaraffenland) und zweierlei *Intentionen* oder *Effekte* haben kann:
+ Trost, Vertröstung, *Entlastung* (das, was nicht ist, wenigstens sagen)
+ Aktivierung, Motivierung, *Legitimation* (die Umwelt dem anpassen, was man voreilig über sie gesagt hat).

Valenz (lat.) Wertigkeit — Schlüsselwort der *Dependenzgrammatik.*

Verbigeration Rededrang bei gleichzeitigem Stocken des Gedankenflusses, hartnäckige *Wiederholung* derselben Wörter oder Sätze — ein Symptom vieler Geisteskrankheiten, jedoch ohne klare Grenze zum üblichen Sprechverhalten. Vgl. *Ideenflucht, Sprechzwang.*

Verkehrssprache
1. Eine internationale Hilfssprache, vor allem die Sprachen der (ehemals) seefahrenden Nationen oder Abarten davon (Englisch und Pidgin English, Spanisch, Portugiesisch, Arabisch).
2. Eine Sprache, die neben der Amtssprache eines Staates verwendet wird, meist als Überbleibsel der Kolonialherrschaft.
3. Synonym für *Gemeinsprache* oder *Umgangssprache.*
Vgl. *Universalsprache.*

Verständlichkeit auch Mitteilungsleichtigkeit (Jaspers), acceptability (Chomsky): die leichte, rasche Verstehbarkeit von *Aussagen* — bes. *Mitteilungen* — für den/die *Adressaten.* Die Verständlichkeit wird erschwert:
1. von der *Sprache* her: durch *Polysemie* und *Diskursivität* (vgl. *Definition, Homonyme*).
2. vom *Sender* her:
+ in der Wortwahl: durch *Fremdwörter, Zunftsprache, Ironie*
+ im Satzbau: durch *Schachtelsätze*
+ im Aufbau des Textes: durch Fehlbeurteilung des *Vorverständnisses.*
3. vom *Empfänger* her: durch Desinteresse.
Als Kriterium für die Bewertung von *Texten* spielt die Verständlichkeit in der *Philologie* keine Rolle, in der *Linguistik* eine untergeordnete, in diesem Buch eine zentrale. Mittel zur Herstellung von Verständlichkeit: *Pfeilstil, Definition, Sprachnormung,* treffende *Redundanz.* Vgl. *Kommunikation, Interpretation, Rezeption, Satzlänge, Wortlänge, Sprachkritik.*

Verwendungsarten In diesem Buch: Oberbegriff für die *Funktionen* und Leistungen der Sprache, die *Intentionen* der Sprecher und die *Sprachhandlungstypen,* weil diese Bereiche ineinanderfließen (Mitteilung = Sprachhandlungstyp + Intention + Funktion). Die häufigsten Arten, Sprache zu verwenden, sind: *Wortmagie, Kontakt, Entlastung, Deutung und Ordnung, Mitteilung, Manipulation.* Vgl. *Sprachgebilde, Sprechakt, Sprechsituation.*

Volksetymologie Populäre Fehldeutungen über die Wortherkunft, zumal wenn sie zu einer Veränderung des Laut- und Schriftbilds führen: *Substitution* 2 + 3. Vgl. *Wortkreuzung* 2.

Vorverständnis auch Vorwissen, lat. Präsumption, Präsupposition, z. T. Implikation: die Erfahrungen und die Erwartungen, die der *Sender* beim *Adressaten* voraussetzen kann (»Gib Gas!« ist für Autofahrer verständlich, für Urwaldindianer nicht). Auch eine Ideologie oder bestimmte Vorurteile, die Sender und Adressat gemeinsam haben, erhöhen das Vorverständnis. Je größer es ist, desto mehr kann sich eine *Mitteilung* auf die *Innovation* beschränken (»Pinzette!«), desto weniger *Redundanz* muß ihr beigegeben sein. Vgl. *Ellipse, Kontext, Sprechsituation, Verständlichkeit.*

Vulgärsprache Niedere *Umgangssprache* mit Vorliebe für fäkalische oder grobsexuelle Wörter, auch der *Soziolekt* der Unterschicht. Elemente der Vulgärsprache dringen immer weiter in die Umgangssprache ein (vgl. *Sprachtabu*), ebenso in die Literatur: Was früher eine Ausnahme war (Villon, Schillers »Räuber«), wird mehr und mehr die Regel (Brecht, Miller, Weltkriegsliteratur, Genet, Queneau u. a.) — »mit dem Wort ›Scheiße‹ als Erkennungssignal für die Gemeinschaft der Progressiven« (Glaser).

Welthilfssprache Eine sprechbare *Kunstsprache* mit dem Ziel, *Universalsprache* zu werden.

Weltsprache s. *Verkehrssprache, Universalsprache.*

Werbung

1. Oberbegriff für politische, religiöse und kommerzielle Werbung — die häufigsten Fälle der *Manipulation,* zumeist durch das Wort.
2. Nur die kommerzielle Werbung, Wirtschaftswerbung, Reklame, während die politische Werbung als *Propaganda* bezeichnet wird.
3. Im engsten, von den Werbungstreibenden propagierten Sinn: die nicht übertreibende, lautere Werbung, i. U. zur unlauteren, marktschreierischen *Reklame.*

Wiederholung Verdoppelung, lat. Iteration, Reduplikation: die *Tautologie* im engeren Sinn, die typische Form der *Redundanz* — ein Strukturmerkmal der *Sprache,* ein Herzstück des *Gebets,* eine Grundregel von *Werbung* und *Propaganda.*

1. Silbenwiederholung (Mama, Bonbon)
2. Wortwiederholung — in der Umgangssprache (dalli-dalli), als Stilfigur *(Anapher, Epipher),* auch in der Lyrik (Gemination): Goethe: »Süßen Frühlings süßer Bote«.
3. Satzwiederholung (Tautologie, Refrain)
4. Sinnwiederholung durch totale *Synonyme* (eingebürgert: Oberhaupt, Stillstand, letzten Endes — im Nachdrängen: bereits schon, Attentatsversuch, lohnenswert).
5. Fahrlässige Wiederholung aus Mangel an Wortschatz oder Übersicht (Schüleraufsatz).
6. Falsche Wiederholung: die doppelte Verneinung in *Dialekt* und *Vulgärsprache* (»keen Jeld nich«).
7. Krankhafte Wiederholung: *Verbigeration.*

Ein Spezialfall der Wiederholung ist die *Worthäufung,* Grenzfälle sind Silbenwiederholung mit Vokalwechsel (Wirrwarr, Krimskrams) oder Konsonantenwechsel (Kuddelmuddel), *Annomination, Rhythmus.* Vgl. *Echosprache.*

Wort Die kleinste selbständige Einheit von gesprochenen *Lauten* oder geschriebenen Buchstaben (Bloomfield: »the minimal free form«). Ein Wort kann sein: ein *Lexem* (Auge), ein *Morphem* (in) oder eine fast beliebig große Verbindung solcher Elemente (Inaugenscheinnahme); ein *Syntagma* oder Teil eines Syntagmas. Eine Minderheit der Wörter sind *Stammwörter,* die große Mehrzahl wird durch *Ableitung* oder *Zusammensetzung* gebildet.

Das Wort besteht aus *Wortkörper* und *Wortinhalt.* In seiner Eigenschaft als Träger von Bedeutung wird das Wort auch *Semantem* genannt, in seiner Grund- oder Wörterbuchform (»sein« für bin, ist, sind, war, gewesen) *lexikalische Einheit. Name* ist ein historisches, unzweckmäßiges Synonym für einen Teil der Wörter *(Name 5).* Oft werden auch *Begriff* und *Symbol* synonym verwendet.

»Wörter sind Namen für Vorstellungen, die ihrerseits Bilder von Weltausschnitten sind« (Lorenz). Sie sind »Ähnlichkeitsbilder«, »uneinlösbare Spielmarken« (Mauthner), »Masken«, »Vorurteile« (Nietzsche), »die Leichen der Dinge« (Brecht), »Träger versunkener Tiefen und Fessel unmerklichen Zwangs« (Jaspers), »die mächtigste Droge, die die Menschheit benutzt« (Kipling).

Vgl. *Bezug, Satz, Signal, Sprache, Sprachphilosophie, Zeichen.*

Wortbildung Die sekundäre Vergrößerung des Wortschatzes, nämlich durch Anwendung der grammatischen Möglichkeiten auf die *Stammwörter;* i. U. zur *Wortschöpfung,* dem Erfinden neuer Wörter. Die Wortbildung geschieht durch *Ableitung* und *Zusammensetzung.* Grenzfälle sind *Abkürzung, Wortkreuzung, Wortverkürzung.* Vgl. *Wortlücke.*

Worten s. *Zugriff.*

Wortfeld auch sprachliches Feld, Begriffsfeld — Wörter, die in einer der folgenden Beziehungen zueinander stehen:

1. Wechselwirkung, *Antonym:* Vater — Sohn, rechts — links.

2. Austauschbarkeit oder Ähnlichkeit, *Synonym:* klug — gescheit.

3. Sinnverwandtschaft, Abdeckung eines Sinnbezirks: Teig — Ofen — backen — Brot.

4. Vereinbarkeit, Kombinierbarkeit, semantische Kongruenz *(Syntagma* 2, *Konnotation* 5, auch Kollokation, Kompatibilität, Konfiguration, Konvenienz): Pilze sind mit »sammeln« kombinierbar, Blumen mit »pflücken«, »blond« nur mit Haar.

5. *Oberbegriff* — Unterbegriff: Hund — Pudel.

6. Die Summe aller Haupt- und Nebenbedeutungen eines Wortes (Worthof, *Komponenten* 2). Über Lücken im Wortfeld: *Wortlücke.* Vgl. *Dissoziation, Komponenten, Onomasiologie.*

Worthäufigkeit Die häufigsten Wörter der geschriebenen und gesprochenen Sprache sind im Deutschen *die, der, das, und, in.* Das häufigste Wort ohne Artikel, Konjunktionen und Präpositionen ist *ich.* Die häufigsten Substantive: *Tag, Mensch, Mann, Geld, Frau, Jahr, Zeit;* Adjektive: *weit, schön, gut;* Verben (nach sein, haben, werden): *können, lassen, machen, müssen.* (Quelle: Arithmetisches Mittel aus Wängler 1963, Pfeffer 1964, Meier 1967.)

Von einem durchschnittlichen deutschen Text entfallen auf:

die + der + und:	9,5 % aller Wörter
die häufigsten 15 Wörter:	25 % aller Wörter
die häufigsten 66 Wörter:	50 % aller Wörter
die häufigsten 4 000 Wörter:	97,5 % aller Wörter

Vgl. *Buchstabenhäufigkeit.*

Worthäufung lat. Kumulation, Akkumulation, Abundanz — ein Spezialfall der *Wiederholung,* eine typische Form der *Tautologie* und der *Redundanz.*

1. Häufung von *Synonymen* (Jugendsprache: »Unheimlich toll, ganz irre, wirklich!« Schiller: »Und es wallet und siedet und brauset und zischt«).

2. Häufung desselben Wortes — eine beliebte Stilfigur seit Gertrude Stein (»A rose is a rose is a rose«), bei Grass: ». . . hoffend, daß bald Schluß sei mit dem Schluß. Hofften nur, daß bald Schluß, schon morgen Schluß, heute hoffentlich noch nicht Schluß«.

Worthof Unscharfes Sammelwort für *Komponenten* 2 und *Wortfeld* 5.

Wortinhalt auch Wortsinn, *Bedeutung,* im Spezialfall *Begriffsinhalt,* engl. meaning, auch connotation: die Objekte und die Merkmale, die durch ein Wort benannt werden; i. U. zum *Wortkörper.*

Wörter haben Haupt- und Nebenbedeutungen (Kainz: *Komponenten*). Leisi unterscheidet *einfachen* Wortinhalt (Mensch, Apfel, grün) und *komplexen* Wortinhalt (Braut, Onkel, groß), weil zu ihm Bedingungen beitragen, die außerhalb des Benannten liegen (ohne Neffe kein Onkel). Wortinhalte sind meist unscharf *(Homonyme, Polysemie, Definition).* Sie verschieben sich mit dem *Kontext,* der *Sprechsituation,* dem *Vorverständnis.* Sie verändern sich durch *Bedeutungswandel.* Sie haben einen unklaren *Bezug* zum benannten Objekt.

Oft wird unterschieden: *Wortinhalt* (Begriffsinhalt, intention) = die *Merkmale,* die das Wort bezeichnet, und *Wortumfang* (Begriffsumfang, extension) = die *Objekte,* die das Wort bezeichnet; mit zunehmendem Umfang nimmt der Inhalt ab und umgekehrt (Zebra: Inhalt groß, Umfang klein; Säugetier: Umfang groß, Inhalt klein). Die Unterscheidung ist irreführend: Der Umfang ist ein Teilaspekt des Wortinhalts.

Wortkörper auch Wortform, i. U. zum *Wortinhalt:*

1. Die *Laute,* die das Hörbare am Wort ausmachen (auch Lautgestalt, Schallstück).

2. Die Buchstaben, die das Sichtbare am Wort ausmachen (Schriftbild).

Wortkreuzung lat. Kontamination (Ansteckung), engl. blend.

1. Ein Grenzfall der *Wortbildung:* die Verschmelzung zweier sinnverwandter Wörter unter Verletzung der *Sprachnorm,* oft zur Schließung einer *Wortlücke* oder zum Zweck einer komischen Wirkung — unbewußt (wie *Attentäter* aus Attentat und Übeltäter) oder vorsätzlich: *Osram* aus Osmium und Wolfram, *electrocute* (durch den elektrischen Stuhl hinrichten) aus electric und execute. Vgl. *Wortverkürzung.*

2. Ein Spezialfall des *Bedeutungswandels: Fremdwörter,* die lautlich an ein deutsches Wort erinnern, nehmen dessen Bedeutung an (rasant: von der flach abrasierenden Geschoßbahn zu »rasend«; oppor*tun* von günstig, bequem zu *tun*lich, ratsam, angebracht); i. U. zur Volksetymologie, die zugunsten der überlieferten Bedeutung das Laut- und Schriftbild ändert *(Substitution* 2 + 3*).*

Wortlänge Nach internationalem Brauch die Zahl der Silben pro Wort, unabhängig von der Zahl der Laute oder Buchstaben pro Silbe (anfechtbar: *ability* hat vier Silben, *Schnellzugzu-*

schlag auch). In literarischen Texten haben engl. Wörter im Durchschnitt 1,4 Silben, franz. 1,6, deutsche 1,7, russ. 2,2, lat. 2,4. Der Anteil einsilbiger Wörter an umgangssprachlichen Texten beträgt: engl. 75 %, franz. 65 %, deutsch 50 %, span. und ital. 40 % (Wandruszka). Das Matthäus-Evangelium hat griech. 39 000 Silben, deutsch 33 000, engl. 29 000 (Jespersen).
Innerhalb eines *Sprachsystems* sind Wörter umso leichter verständlich, je weniger Silben sie haben (Flesch). Vgl. *Verständlichkeit, Satzlänge.* »Dem Deutschen ist es sogar gut, etwas lange Worte im Munde zu haben: denn er denkt langsam und sie geben ihm Zeit zum Besinnen« (Schopenhauer).

Wortlücke Wortschatzlücke, Wortfeldlücke, Feldlücke, semantische *Defizienz:* das Fehlen einer Benennungsmöglichkeit, obwohl ein Bedürfnis nach Benennung besteht (Unterscheidung von *Lehrling* oder *friend* nach männlich/weiblich) oder im Zug der technischen Entwicklung oder durch Mode auftaucht. Soweit Wortlücken geschlossen werden, geschieht dies durch: *Bedeutungswandel* — *Wortbildung* und *Wortschöpfung* — Nachschub aus *Dialekten, Soziolekten* und *Zunftsprachen* — Entlehnung von *Fremdwörtern.*
Chomsky unterscheidet: vorkommende Wörter — mögliche, aber nicht vorkommende Wörter (»zufällige semantische Lücken«, d.h. Wortlücken) — unmögliche Wörter (solche, die nur unter Durchbrechung des semantischen Systems einer Sprache geprägt werden könnten).

Wortmagie Wortzauber, Wortaberglaube — eine der häufigsten *Intentionen* beim Sprechen: der allgegenwärtige Glaube, daß Wörter eine Zauberkraft über Götter, Dämonen, Menschen und Sachen haben können. Die häufigsten Erscheinungsformen:
1. die Vorstellung, bestimmte Wörter *müßten* bei bestimmten Gelegenheiten gesagt werden (*Gebet,* Eid)
2. die Vorstellung, bestimmte Wörter *dürften nicht* gesagt werden, um nicht Götter oder böse Geister zu reizen (*Sprachtabu, Namenstabu*)
3. die Vorstellung, die Kenntnis eines Eigennamens verleihe Macht über seinen Träger (Namenszauber, *Onomantie*)
4. Zaubersprüche, um einen bestimmten Zweck zu erzielen (Tischlein, deck dich!) oder Unheil abzuwenden (Unberufen toi, toi, toi)
5. im weiteren Sinn: der Glaube, jedem Wort müsse eine Sache entsprechen (es müsse z. B. »die Seele« geben, weil es das Wort »Seele« gibt), und die Kenntnis des Wortes verleihe Einsicht in das Wesen der Sache *(Abbildtheorie;* vgl. *Nominalismus, Sprachkritik)*
6. der *Buchstabenzauber.*

Wortschatz Die Summe aller *Wörter,* die zusammen mit der *Grammatik* das *Sprachsystem* einer *Sprachgemeinschaft* ergibt. Die Summe ist schwer zu ziehen: Sie läßt sich nicht eindeutig erfassen, soweit sie erfaßt ist, nicht eindeutig zählen, und hat eine außerordentliche Schwankungsbreite.
M ö g l i c h k e i t d e r E r f a s s u n g. Korrekt erfaßbar sind nur die schriftlich überlieferten Wörter einer toten Sprache. (In München wird seit 1894 der »Thesaurus linguae Latinae« erstellt; 1976 war er nicht zur Hälfte fertig.) Das mündliche Latein ist unbekannt, jede *lebende* Sprache eilt dem Erfassungsvorgang davon, die Erfassung des *gesprochenen Deutsch* mit Tonbändern steckt in den Anfängen.
W ü n s c h b a r k e i t d e r E r f a s s u n g. Das Grimmsche Wörterbuch enthält Kanone, Kaserne, Lazarett, Militär, nicht aber Kapital, Literatur, Logik, Materialismus (Glaser: »Methode!«). Jede Lexikon-Redaktion steht vor der Frage, ob und inwieweit sie erfassen soll:
a) Vulgärwörter?
b) »Situationsbildungen« und Modeprägungen, deren Lebensdauer noch nicht übersehbar ist?
c) Wörter, die keiner mehr benutzt, die aber in noch gelesener Literatur vorkommen? Bei Goethe steht *Saumsal* und *Fraubaserei* — Duden und Wahrig registrieren das erste, das zweite nicht. Vgl. *Wortschwund.*
d) Eigennamen? Duden führt etwa 7 000 geographische Namen (darunter Kamtschatka und Dordogne) sowie Personennamen auf.
e) Fachwörter? Duden und Wahrig gehen weit in die Fachsprache: Psittakose, Psoriasis, Pteranodon.
Z ä h l u n g. Es gibt keine schlechthin einleuchtende Methode, den *erfaßten* Wortschatz zu zählen.

\+ *Zusammensetzungen:* Blume, Strauß und Blumenstrauß — zwei Wörter oder drei? Duden führt Rosenstrauß auf, Veilchenstrauß nicht. 100 Blumenarten, jeweils mit Strauß kombiniert — 101 Wörter oder 200 Wörter?

\+ *Ableitungen:* Mit Hilfe der *Präfixe* und *Suffixe* kann jeder Hunderte von Wörtern bilden, die nicht im Lexikon stehen und doch korrekt und jedermann verständlich sind (zerrütten: im Duden; zerreden: nicht im Duden, aber gebräuchlich; zerquatschen, zerstammeln: nicht im Duden, nicht gebräuchlich, aber verständlich und korrekt gebildet).

\+ Soll man Wörter zählen oder *Bedeutungen?* Duden zählt »Ball« zweimal (Spielball und Fest), Wahrig dreimal (auch noch: »Anschlagen der Jagdhunde, wenn die Sau gestellt ist«). »Absatz« zählen beide nur einmal (Absatz am Schuh, Absatz von Schuhcreme). Vgl. *Ambiguität, Definition, Homonyme, Metapher, Polysemie.*

\+ Wie oft soll man Dorothea-Thea-Dora-Dorchen zählen? Duden zählt sie als vier Wörter. Als *sechs* zählt er Humboldt, humboldtisch, humboldtsch, Humboldtisch, Humboldtsch, Humboldt-Universität. Wahrig hat die *sieben* Eintragungen Ding, Dings, Dingelchen, Dinglein, Dingsbums, Dingsda, Dingskirchen.

Schwankungsbreite.

1. *Der Totalbestand* — alle Wörter, die auf deutsch je gesprochen oder geschrieben worden sind, z. B. seit Luther. Nicht erfaßt und nicht erfaßbar — aber darum nicht ohne Wirkung.
2. Der total erfaßte, *lexikalische Bestand* oder Thesaurus. Hierfür werden Zahlen bis 400 000 genannt. Sie können nur bei maßloser Zählung und Erfassung zustande kommen. Duden (Rechtschreibung) enthält 105 000 Stichwörter, Wahrig 95 000 (mit nur wenigen Eigennamen). Zieht man davon jeweils 3 der 4 »Dorchen« und 6 der 7 »Dingsbums« ab, außerdem alle entlegenen Fremdwörter, so können nicht mehr als etwa 60 000 Wörter übrigbleiben.
3. Der *präsente Bestand:* aus dem Thesaurus nur diejenigen Wörter, die in jüngster Vergangenheit von mindestens einem Mitglied der Sprachgemeinschaft gesprochen oder geschrieben worden sind (d. h. »Saumsal« vermutlich nicht), jedoch vermehrt um diejenigen Wörter, deren Erfassung entweder nicht möglich war oder den Wörterbuch-Redaktionen nicht als wünschenswert erschien.
4. Der *Grundwortschatz* (s. diesen).
5. Der *passive Wortschatz* des Individuums: die Wörter, die einer versteht, gleichgültig, ob er sie benutzt. Er kann 50 000 Wörter erreichen. Einen passiven Wortschatz haben auch Hunde.
6. Der *aktive schriftliche Wortschatz:* die Wörter, die einer beim Schreiben verwendet — an Zahl immer geringer als der passive und meist größer als beim Sprechen. »Ulysses« (Joyce) enthält 29 900 verschiedene Wörter, darunter jedoch viele private *Wortschöpfungen.* Für Shakespeare, Goethe, Woodrow Wilson, Churchill werden Zahlen um 20 000 genannt. Luther benutzte 8 000. Als Durchschnitt gelten 2 000 Wörter.
7. Der *aktive mündliche Wortschatz:* die Wörter, die einer beim Sprechen verwendet. Landarbeiter kommen mit 500 Wörtern aus, Adenauer soll weniger als 1 000 verwendet haben, mehr als 3 000 sind selten.

Zu unterscheiden von der Zahl der *verschiedenen* Wörter ist die Menge der Wörter, die einer insgesamt ausspricht — im Durchschnitt eines Lebens rund 300 Millionen (S. 362).

Wortschöpfung Die primäre Ausweitung des Wortschatzes, das Erfinden neuer Wörter; i. U. zur *Wortbildung* durch *Ableitung* und *Zusammensetzung.* In historischer Zeit sind reine Wortschöpfungen teils selten (bei Substantiven, Adjektiven, Verben), teils gänzlich unbekannt (bei Pronomen, Präpositionen, Konjunktionen). Vgl. *Wortlücke, Wortschatz, Kernwortschatz.*

Wortschwund Die Erscheinung, daß brauchbare Wörter aus dem *Wortschatz* verschwinden. Die Ursachen sind unerforscht; *Homonymie* und der Anprall von Fach- und Fremdsprachen spielen mit. Vgl. *Kernwortschatz, Glottochronologie.*

Wortspiel Das Spiel mit Wörtern und Silben, um damit eine komische oder satirische Wirkung zu erzielen, oft unter Verletzung der *Sprachnorm (Oxymoron, Palindrom, Parechese,* auch viele Formen von *Wortkreuzung* und *Zeugma).* Vgl. *Ambiguität, Stilfiguren.*

Wortsprache bei Saussure langage, oft irreführend »menschliche Rede«: die *Sprache* im engeren Sinn (d. h. ohne die Sprache der Tiere und ohne die menschliche Kommunikation durch *Signale* und *Symptome*); ein theoretischer Oberbegriff für alle *Sprachsysteme.* Vgl. *Sprachvermögen.*

Wortstamm Das *Lexem.* Vgl. *Stammwort, Wurzel.*

Wortverkürzung Grenzfälle der *Wortbildung:*

1. Ein Wort schrumpft auf seinen Anfang oder seinen Schluß ein (Lok, Bus): *Abkürzung.*

2. Ein Wort schrumpft in der Mitte (Haplologie): statt Zaubererin *Zauberin,* aus griech. archiatros *Arzt.* Solche Schrumpfungen finden auch bei der *Wortkreuzung* statt. Vgl. verdunkelte *Zusammensetzung.*

Die Satzverkürzung ist die *Ellipse.*

Wurzel Eine Leitvokabel der Sprachforschung des 19. Jh.: die urtümlichen Wortstämme, aus denen sich die heutigen Wörter entwickelt haben sollen. Die »Wurzeln« waren ein zufälliges Einrasten auf einem unendlichen Weg, nämlich bei den ältesten Schriftdokumenten — d. h. in einem bereits sehr späten Stadium der Sprachentwicklung. Der Wortstamm ohne historischen Bezug heißt heute *Stammwort* oder *Lexem.* Vgl. *Etymologie.*

Zeichen Unzweckmäßiges Sammelwort.

1. Oberbegriff für *Signale* (d. h. vor allem: Wörter) und *Symptome.*

2. Bei Saussure: nur das Signal, franz. *signe,* definiert als Einheit von

a) Form (Lautbild, *signifiant,* Signifikant), dem »Bezeichnenden« und

b) Inhalt (Vorstellung, *signifié,* Signifikat), dem »Bezeichneten«.

Die Unterscheidung ist unfruchtbar und irreführend: Das Bezeichnete kann nicht Teil des Zeichens sein.

3. Diejenigen Signale, die keine Wörter sind: Ziffern, chemische Formeln und die Symbole der *Mathem. Logik* (vgl. *Kode, Notation, Pasigraphie, Semiotik*). Jaspers nennt diese Zeichen »willkürlich, eindeutig, leblos, ersetzbar«, i. U. zu den *Wörtern,* die »geschichtlich, vieldeutig, unersetzlich« sind; die *Universalien* stuft er als Wörter ein, »die sich den Zeichen nähern«.

4. Bei Humboldt ist das *Wort* »zugleich Abbild und Zeichen, nicht ganz Produkt des Eindrucks der Gegenstände und nicht ganz Erzeugnis der Willkür der Redenden«. Das Gemüt entscheide, ob es durch »die volle Einwirkung des eigentümlichen Stoffes der Sprache« zum Abbild oder durch *Abstraktion* zum Zeichen gelangen will. Vgl. *Bezug.*

Zeigfeld Bei Bühler: »Das Hier-jetzt-ich-System der subjektiven Orientierung«, aufbauend auf den *Zeigwörtern* (Deixemen, deiktischen Rufen: Demonstrativpronomen, Zeitadverbien, Ortsadverbien), die nach Bühler als erste Wörter entstanden sind.

Den Zeigwörtern traten später die *Symbolwörter* zur Seite. Sie entsprangen dem Bedürfnis, die Wörter aus der Reichweite des Zeigefingers zu lösen, Abwesendes in die Sprache einzubeziehen. Das Umfeld, in dem die Symbole (*Wortschatz,* Stoff) angeordnet sind, nennt Bühler *Symbolfeld* (*Syntax,* Form). Das Ineinandergreifen von Zeigfeld (Situation) und Symbolfeld (Kontext) mache die Sprache aus. Vgl. *Appell, Interjektion, Sprechsituation.*

Zeugma (griech.) Verbindung: in der Stilistik die *schiefe* Verbindung, vor allem zweier unverträglicher Substantive durch ein gemeinsames Verbum; oft als *Wortspiel* verwendet: »Mit tadellos lackierten Manieren und Stiefeln« (Joseph Roth), »Mit einer Gabel und mit Müh' zieht ihn die Mutter aus der Brüh« (Wilhelm Busch).

Vgl. *Katachrese.*

Zugriff Bei Weisgerber: der geistige Prozeß, mit dem der Mensch die Außen- und Innenwelt sprachlich gestaltet, sie »wortet«; »das Umschaffen der Welt in das Eigentum des Geistes« (Humboldt). Die Sprache bezeichnet »niemals einfach die Objekte, sondern die vom Geist gebildeten *Begriffe*« (Cassirer). So ist es eine Frage des Zugriffs, »ob ich Gesicht, Antlitz oder Visage sage« (Weisgerber).

Mackensen schlägt statt Zugriff »Herausgriff« vor. Vgl. *Bezug, Innere Sprachform, Urteil.*

Zuhörer Der *Empfänger* einer mündlichen *Aussage.* Er kann sein: entweder der *Adressat* oder ein zufälliger o. unbefugter *Hörer.* Vgl. *Kommunikation, Monolog.*

Zunftsprache Berufssprache, Fachsprache, Fachjargon — ein *Soziolekt* mit Elementen einer *Geheimsprache:* die Sondersprache einer Berufsgruppe (Ärzte, Soziologen) oder einer Interessengruppe (Jäger, Segler), die für Außenstehende meist schwer verständlich ist; was sich teils aus der Sache ergibt, teils aber auch aus dem Wunsch nach Abkapselung. Vgl. *Behördensprache, Sprachbarriere, Sprachnormung.*

Zusammensetzung lat. Komposition, eine Standardform der *Wortbildung.* Zusammensetzen lassen sich im Deutschen

+ zwei Substantive (Kellertür)
+ zwei Adjektive (hellhörig, großspurig)
+ Substantiv und Adjektiv (Heißhunger, fleischhungrig)
+ Substantiv und Verb (radfahren, Bratkartoffeln)
+ Adjektiv und Verb (heißlaufen)

+ ein Satz zu einem Substantiv (Stelldichein, Vergißmeinnicht)
+ alles mit allem (in der Stilistik: Machtwörter): »Der Brandstifter wurde feuerzündgockelrot« (Grass).

Die Zusammensetzung kann per *Agglutination* (Leibspeise) oder per *Flexion* (Leibesfrucht) erfolgen, außerdem mit falscher Flexion (Schiffahrtsgesellschaft). Ferner wird unterschieden: beiordnende, additive, *kopulative* Zusammensetzung (taubstumm) und die im Deutschen dominierende unterordnende oder *determinative* Zusammensetzung (die Kellertür ist eine Tür mit dem untergeordneten Zusatz »Keller«).

Verdunkelte Zusammensetzung: Wörter, die wir in ihrer heutigen Kürze nicht mehr als Zusammensetzungen erkennen; wie *zwar* aus zi ware (in Wahrheit), *Adler* aus edler (adliger) Aar, *Pferd* aus lat. paraveredus = Beipferd, Postpferd. Vgl. *Wortverkürzung*.

Namen- und Sachregister

Kursiv gesetzte *Stichwörter* kennzeichnen Wörter der deutschen Sprache, die im Text vorgestellt oder analysiert werden.
Kursiv gesetzte *Seitenzahlen* verweisen auf die jeweils wichtigsten Textstellen sowie auf den Eintrag im »Lexikon sprachwissenschaftlicher Begriffe« (S. 374—418).
Autoren aus der Bibliographie (S. 349—361) sind nur aufgenommen, soweit sie im Text zitiert werden.